Pohl.76

PETER TOWNSEND

DUELL DER ADLER

Die Luftschlacht um England

WILHELM HEYNE VERLAG

MÜNCHEN

HEYNE-BUCH Nr. 5202
im Wilhelm Heyne Verlag, München

Titel der französischen Originalausgabe
UN DUEL D'AIGLES
Deutsche Übersetzung von Norbert Nolda

Vorwort

Ein kurzer Abschnitt des fünf Jahre dauernden Krieges, die »Luftschlacht um England«, hat stets die Historiker aller Nationen fasziniert, vielleicht weil er neben seiner strategischen Bedeutung doch auch das letzte große »Turnier« der Einzelkämpfer war, den Peter Townsend das »Duell der Adler« nennt.

Es ist nicht ungewöhnlich, daß es immer wieder Engländer sind, die sich über die »Luftschlacht um England« äußern. Die Bedeutung, die man dort – historisch und strategisch – der Luftschlacht beimißt, ist bei uns noch nicht annähernd erkannt.

Während bisher die »Luftschlacht« historisch im wesentlichen als zeitlich begrenztes Kampfgeschehen untersucht und beurteilt worden ist, unternimmt Townsend den interessanten Versuch, bis beinahe in die Entstehungszeit der militärischen Fliegerei zurückzugreifen und mit groben Strichen die Porträts der Duellanten zu zeichnen. So ist ein sympathisches menschliches Dokument entstanden, das die Lebensgeschichten der Akteure und derer, die vor und während der Schlacht Regie führten, einschließt.

Die Rückblende bis in die Tage der Zeppelin- und Bomber-Offensive des Ersten Weltkrieges zeigt uns einen Aspekt, den wir selten in der Wertung dieses Ereignisses finden. Er macht deutlich, daß die Wurzeln der strategischen Idee, die Engländer aus der Luft zu demoralisieren und die Insel sturmreif zu machen, bis in den Ersten Weltkrieg reichen, daß die (kostspielige und relativ wirkungslose) Zeppelin-Offensive der Jahre 1915/16 und die Bomber-Offensive gegen Kriegsende die britische Nation auf das, was ihr im Zweiten Weltkrieg bevorstand, vorbereitet hatten. (Wie wenig wußten wir jungen Jagdflieger der deutschen Luftwaffe über die Lehren des Ersten Weltkrieges! Daß es 1940 auf der Insel eine beinahe perfekte Warn- und Leit-Organisation und schließlich ein elektronisches Mittel zur Ortung von Bombern und Jägern – genannt Radar – gab, ist uns nur durch den dramatischen Verlauf der Luftschlacht zu unseren Ungunsten klar geworden.)

Andere (wie Richard Collier in *Adlertag*) haben versucht, ein möglichst zutreffendes Bild des Kampfverlaufs, des wechselnden Schlachtenglücks und der jeweiligen seelischen Verfassung der jungen Jagdflieger zu geben, wie sich dies aus zahlreichen Gesprächen mit den Überlebenden rekonstruieren läßt. Townsend geht noch weit darüber hinaus. Indem er den Lebensweg, die Kindheit, Jugend, Herkunft und Entwicklung der Duellanten beschreibt, gelingt es ihm nicht nur – soweit ich dies für die deutsche Seite zu beurteilen vermag –, ein menschlich anrührendes Bild zu zeichnen, er zerstört gleichzeitig gewisse unrichtige Klischee-Vorstellungen.

Frappierend, wie sich diese jungen Männer beider Seiten ähneln! Meist kommen sie aus den gleichen Motiven zur Fliegerei. Sie gehören keiner bestimmten gesellschaftlichen Schicht an, und die Offiziere unter ihnen zeichnen sich durch eine betonte Nonchalance aus, die – was die deutschen Jagdflieger angeht – gar nicht in die Klischee-Vorstellung vom damaligen deutschen Offizier und Soldaten paßt.

Dazwischen stehen die Bilder der militärischen Führer beider Seiten – der Regisseure der Schlacht. Unterkühlt und sachlich, soweit es die Engländer angeht, farbig, zuweilen karikiert (und beinahe zu wohlwollend) die der Deutschen.

Der Verlauf der Luftschlacht selbst bis zu ihrem dramatischen Ende (15. September 1940) – bisher meist historisch trocken beschrieben oder mit mehr Phantasie als zuträglich zu einer Art von Luftzirkus gemacht – ist so packend, daß auch ich als Teilnehmer das Buch nicht aus der Hand gelegt habe. Ich habe vielmehr in steigendem Maße empfunden, daß es Townsend gelungen ist, die Tragödie zu beschreiben, deren Wiederholung wir alle verhindern müssen; die Tragödie, die darin bestand, daß zwei zivilisierte Nationen ihre Söhne in einem sinnlosen Kampf verloren.

Ich weiß, daß bei uns mancher der »Verbrüderung« der ehemaligen Gegner skeptisch, ja ablehnend gegenübersteht. Der Verdacht, daß Soldaten mit der einfachen Geisteshaltung von *war-bodies* eine schreckliche Vergangenheit nachträglich romantisieren, liegt nahe.

Wer diese Haltung und Absicht Townsend unterstellt, geht fehl. Vielmehr ist dieses Buch mit dem Ziel geschrieben, uns zu sagen, daß unter den Nationen der Krieg nicht die Fortsetzung der Politik sein darf.

Johannes Steinhoff

Duell der Adler

Prolog

»Halten Sie Kontakt, halten Sie Kontakt ...«

Die ruhige Stimme der Funkerin vom Dienst in der Radarstation von Danby Beacon, an der Küste von Yorkshire, wurde über 300 Kilometer hinweg im Hauptquartier des Jagdflieger-Kommandos empfangen.

Am 3. Februar 1940 um 9.03 Uhr morgens näherte sich die Heinkel 111 (Nr. 3232) vom Löwen-Kampfgeschwader 26 der englischen Küste.

»Feind 2 jetzt in 50 Kilometer, Charlie 2710, Höhe 1000 Fuß«, sagte die Stimme von Danby Beacon sachlich.

Das Jagdflieger-Kommando übermittelte die Information dem Hauptquartier des 13. Geschwaders in Newcastle.

Weiter nördlich an der Küste im Royal Air Force Fliegerhorst Acklington klingelte das Telefon im Pilotenbereitschaftsraum der 43. Staffel.

»Blaue Kette, starten!«

Einige Minuten später stiegen drei Hurricane-Jagdflugzeuge in die frische Morgenluft.

Ich war der Kettenführer, Folkes und Hallowes folgten dicht hinter mir.

»Sektor 180, Bandit nahe Whitby, 1000 Fuß.«

Knapp über den Wellen rasten wir mit Vollgas nach Süden, um die größtmögliche Chance zu haben, den Gegner zu entdecken, ehe wir gesehen wurden.

»Achtung, Jäger!« rief Peter Leushake, der Beobachter des Heinkel-Bombers.

Soeben hatte er unter sich die drei Jäger ausgemacht, die in einer Steilkurve hochzogen.

Kaum hatte er den Ruf ausgestoßen, als schon Geschosse in die Heinkel schlugen und ihn töteten. Im selben Augenblick war auch der Bordmechaniker Johann Meyer hinter seinem Maschinengewehr schwer verwundet worden. Zur Verteidigung blieb der Heinkel nur noch das obere Heck-MG mit Unteroffizier Karl Missy.

Missy zielte sorgfältig und gab einen Feuerstoß auf die vorderste Hurricane ab. Doch sein einziges MG 15 war eine schwache Erwiderung der acht Browning 303, die sich in schwenkbarer Schußposition befanden. Es war ihm klar, daß die zweite Salve des Jägers ihn getroffen hatte, aber wie schwer, vermochte er nicht zu sagen.

Der Flugzeugführer der He 111, Hermann Wilms, zog die Maschine hoch, um in den Wolken Deckung zu finden. Doch sehr bald wurde ihm klar, daß die Motoren getroffen waren – unter Geschwindigkeitsverlust gehorchte der Bomber kaum mehr seinen Händen. Bis zur Küste waren es zwei oder drei Kilometer. Schlecht und recht gelang es Wilms, sie zu erreichen; tief glitt er über die Stadt Whitby hinweg.

Zur selben Zeit bremste der Autobus von Castle Park und hielt an der Haltestelle der Promenade. Eine Frau, die ausstieg, glaubte vor Angst umzukommen, als die riesige Heinkel so tief über sie hinwegflog, daß sie hinter dem Glas der Kanzel Wilms erkennen konnte und auch das schwarze Hakenkreuz am Heck des Flugzeugs. Für sie und hundert andere, die jetzt den Kopf hoben, konnte das Hakenkreuz nur eines bedeuten: ein Nazi. Dies war einer von Hitlers Bombern, und er brachte Whitby den Krieg.

Der Unteroffizier Karl Missy war schwer verwundet. Ich besuchte ihn am nächsten Tag im Lazarett von Whitby und brachte ihm eine Schachtel Players mit – eine klägliche Kompensation für das, was ich ihm und seinen Kameraden angetan hatte. Ich bedauerte ihn, nicht aber meine Tat. Später habe ich oft an seinen leidenden und stummen Blick gedacht und an die Art, wie er mir die Hand drückte. Doch hätte ich niemals geglaubt, daß ich ihn wiedersehen würde.

Achtundzwanzig Jahre später öffnete mir eines Tages Missy die Tür des Hauses Dohlerstraße 43 in Rheydt. In den folgenden Stunden erzählte er mir, wie er zur Luftwaffe kam, um dann an jenem 3. Februar 1940 die Heinkel Nr. 3232 zu fliegen.

Mit einigen hundert anderen, teils Deutschen, teils Engländern, gehörten wir beide zur Flieger-Generation, die geboren wurde, als die Fliegerei noch in den Kinderschuhen steckte.

Mein Buch erzählt, wie es dazu kam, daß wir uns am Himmel über England im Laufe jenes Sommers 1940 ein Duell auf Leben und Tod lieferten.

Am Tag nach diesem 3. Februar machte Missys Heinkel in der englischen Presse Schlagzeilen. »Das erste Feindflugzeug dieses Krieges, das auf englischem Boden zerschellte. Die vorangegangenen Erfolge der R.A.F. hatten Schottland zum Schauplatz«, meldete in großen Lettern die *Gazette* in Whitby, nicht ohne eine Quentchen Kirchturm-Chauvinismus.

An diesem 3. Februar feierte auch ein hochgewachsener Mann, der sich kerzengerade hielt und über eine Donnerstimme verfügte, Geburtstag. In seiner Dienststelle (und niemand war berechtigter als er, sie »seine Dienststelle« zu nennen, da er sie aufgebaut hatte) nannte man ihn »Boom«. Lord Trenchard, Marschall der R.A.F., wurde an diesem Tag siebenundsechzig Jahre alt. Vielleicht war es ein zufälliges Zusammentreffen, aber es fehlte ihm nicht eine gewisse Bedeutsamkeit.

I

Die Jahre der Entwicklung

1

Am 18. Mai 1918 traf General Trenchard in Nancy in Frankreich ein, um das Kommando einer kleinen Bomberflotte zu übernehmen – im ganzen etwa hundert Maschinen. Seine Aufgabe war, den Deutschen die Bomben heimzuzahlen, die sie während der letzten drei Jahre auf England hatten niederregnen lassen. In der Nacht des folgenden Tages flogen 43 Gotha-Bomber der kaiserlich deutschen Luftstreitkräfte nach London. Sechs zerschellten am Boden, einer davon bei Harrietsham in Essex. Niemand in England ahnte, daß diese Gotha das letzte feindliche Flugzeug war, das auf englischen Boden stürzte bis zum 3. Februar 1940, als die Heinkel von Karl Missy in der Nähe der Bannial-Flats-Farm bei Whitby herunterkam.

Im Januar 1915 hatte Kaiser Wilhelm II. selbst grünes Licht für die Luftoffensive gegen Großbritannien gegeben. Diese Entscheidung hatte im Volk starken Beifall gefunden. Eine von Begeisterung für die graziösen und riesigen Zeppeline überschäumende Presse und das deutsche Volk waren mit der Obersten Heeresleitung einig in der Überzeugung, daß die Luftschiffe den Kampfeswillen Englands brechen würden. Sie sahen schon London in einer apokalyptischen Feuersbrunst untergehen. Im Schutz der Nacht überflogen die großen lenkbaren Luftschiffe kreuz und quer den britischen Südosten und die Vorstädte Londons; überall ließen sie ihre Bomben fallen. Zuerst gab es verhältnismäßig wenig Tote, und der Schaden war gering; doch sehr bald schon fand man diesen Zustand ärgerlich, und die Entrüstung der Öffentlichkeit erweckte auch innerhalb der Regierung Unbehagen.

Schließlich kreuzte in der Nacht vom 8. September 1915 Kapitänleutnant Heinrich Mathy als Kommandant von Zeppelin L 13, ohne auf Widerstand zu stoßen, majestätisch am Londoner Himmel auf und warf eine halbe Tonne Bomben in das Zentrum der Hauptstadt. Die Zahl der Todesopfer und der Sachschaden waren groß. In dieser Nacht unternahm Deutschland einen ersten verhängnisvollen Schritt auf dem Weg zu einer neuen Kriegführung: es begann die strategische Bombardierung. Natürlich galt der Auftrag Mathys militärischen Objekten; doch da die meisten seiner Ziele in Wohngegenden lagen, traf der Tod unvermeidlich wehrlose Zivilisten jeden Alters und Geschlechts.

Strategische Bombardierungen oder, realistischer gesagt, der totale Luftkrieg war eine Erfindung der Deutschen, auch wenn die Engländer sie ihnen später mit Zinseszinsen zurückzahlen sollten. Beide Lager hatten jedoch bald bemerkt, daß sich, wenn man ohne Unterschied die Zivilbevölkerung aus der Luft angriff, eine wünschenswerte Nebenwirkung auf die Kampfmoral des Feindes ergab. So wurden bald ebenso selbstverständlich die Zivilisten bombardiert wie Munitionsfabriken. Doch wenn man auch entdeckte, daß der Kampfgeist der Zivilbevölkerung ein leicht zu treffendes Ziel war, so stellte sich doch heraus, daß er am schwersten zu zerrütten war. Der wachsende Mut der Zivilbevölkerung schien der einzige Trost bei dieser neuen und barbarischen Art der Kriegführung.

Trenchard war am 19. August 1915 zum Kommandierenden General des Königlichen Fliegerkorps (Royal Flying Corps) ernannt worden. Der neue Oberbefehlshaber hatte die Statur, die Beherztheit und die Stimme eines Riesen. Maurice Baring, sein Adjutant, schilderte ihn damals: »Sehr groß, steif wie ein Pflock, eilte er über das Terrain in raschen und ausgreifenden Schritten und zwang seinen Adjutanten, der viel kleiner war, in bizarrem Zuckeltrab neben ihm herzulaufen, um immer auf seiner Höhe zu bleiben.«

Trenchards Staffeln hatten den Auftrag, den in Flandern kämpfenden Armeen Schutz und Unterstützung zu geben und auch Aufklärungsflüge zu übernehmen. Diesen Staffeln widmete er seine ungeheure und aggressive Energie. Ebensowenig wie sich selbst schonte er seine Staffelführer bei dem erbitterten Ringen, den Deutschen die Luftherrschaft zu entreißen.

Wer nicht für ihn war, war gegen ihn. Einen Monat zuvor, im Juli 1915, ehe er den neuen Posten übernahm und als er noch das I. Geschwader befehligte, hatte sich der Chef der 16. Staffel bei ihm beklagt: man habe einen Posten Propeller geliefert, die nicht die richtige Größe hätten. Die »pedantische und zimperliche« Art, mit der der junge Offizier dabei vorging, versetzte Trenchard in Wut: »Sorgen Sie dafür, daß diese Propeller passen, und keine Diskussion! Das ist ein Befehl!« brüllte er.

Der fragliche Staffelführer war Hugh Dowding, von dem fünfundzwanzig Jahre später noch oft die Rede sein sollte.

Selbst auf die Gefahr hin, sich den Hals zu brechen, unternahm Dowding den ersten Versuchsflug, um zu beweisen, daß die Propeller falsch waren. Ihm schien der Zwischenfall typisch für die »technische Borniertheit« Trenchards. Und Trenchard bezeichnete Dowding als einen »rechtschaffen halsstarrigen Offizier«.

Während Trenchard in Frankreich seine Staffeln zusammenstellte, bombardierten die Zeppeline weiter ein beinahe wehrloses England. In den ersten Tagen des Jahres 1916 griffen neun von ihnen die Midlands an und töteten 59 Zivilisten. Wieder protestierte die Öffentlichkeit gegen die Wirkungslosigkeit des Luftverteidigungssystems und forderte Maßnahmen. Doch die Liste der Toten wurde ständig größer. Im April flogen Marinezeppeline bis in den Norden nach Schottland. Bilanz: 84 tote Zivilisten.

Für Trenchard jedoch, der weit entfernt in Saint-Omer saß, zählten ein paar hundert tote Zivilisten und die damals auf eine Million Pfund Sterling geschätzten Zerstörungen weniger als der harte und unbarmherzige Kampf, den seine Flugzeugführer den Jagdeinsitzern des Majors Stempel mit ihren Fokker-Eindeckern lieferten, in denen Männer wie Max Immelmann und Oswald Boelcke oder ein junger, noch unbekannter Leutnant saßen, der sich schon bald auszeichnen sollte: Manfred von Richthofen.

Im Unterhaus erhoben sich Stimmen, die Trenchard heftig angriffen: weil er sich allzuleicht mit den schweren Verlusten abfinde, die seine Staffeln in Frankreich erlitten, während die Zeppeline ungestraft den Himmel Englands durchkreuzten. »Ich sehe, daß die Abgeordneten in ihren Reden von mir sprechen, als ob ich Angst hätte, man könnte auf mich schießen, und als ob ich nie die Linien überquerte«, schrieb Trenchard General Henderson. »Ich zähle auf Sie, daß Sie diese Politiker fragen, ob sie bereit sind, bei mir als Passagier einzusteigen.« Tatsächlich ging ihm der Verlust seiner Piloten sehr nahe, doch bis auf wenige Gelegenheiten, bei denen er die Maske abnahm, verriet er diese Trauer nie. Seine tiefe Überzeugung war, daß es in diesem neuartigen, dreidimensionalen Krieg unmöglich sei zu überleben, wenn man sich auf die Verteidigung beschränke. Der einzige Weg, den Feind in der Luft zu schlagen, sei der Angriff. Übrigens hatte Trenchard, wie alle Generäle in jenem Augenblick, anderes zu tun. Er war mit intensiven Vorbereitungen zu einer neuen »großen Offensive« beschäftigt: die erste Somme-Schlacht stand bevor.

1. Juli 1916, 4.45 Uhr morgens: Die britische Infanterie verläßt unter einem Feuerhagel die Schützengräben. Acht Stunden später betrugen die Verluste 50 000 Mann. Diese Art von Metzelei gab es im Luftkrieg nicht. Im wesentlichen war er noch Einzelkampf. Doch im Verhältnis war die Bilanz dieser Zweikämpfe von Mann zu Mann ebenso schwerwiegend. Nach der ersten Offensiv-Woche an der Somme schrieb Trenchard: »Bei den Bombenwürfen aus niedriger Höhe verlor ich acht Flugzeuge, und ich habe Angst, daß meine Piloten ein bißchen nervös werden könnten...« Dowding sagte prosaischer: »Die Deutschen hatten alle Möglichkeiten, unsere schwachen Verbände in erdrückender Überzahl anzugreifen, und unsere Verluste erreichten fast 100 Prozent im Monat.«

Dowding war damals mit vierundzwanzig Jahren Oberstleutnant. Als im Juni 1916, am Vorabend der Offensive an der Somme, Trenchards vorgeschobener Gefechtsstand in dem kleinen Dorf Fienvillers bei Doullens lag, stand Dowding an der Spitze von vier Staffeln, die das Stabsgeschwader bildeten. Seine reservierte Art und seine ein wenig zeremoniöse Haltung hatten ihm den Spitznamen »Stuffy« (der »Verschnupfte«) eingetragen. Wenigen wurde es klar, daß sich unter dem borstigen Äußeren »seiner rechtschaffenen Halsstarrigkeit«, wie Trenchard gesagt hatte, eine überraschende Sensibilität verbarg.

Gegen Ende August 1916 flaute die Heftigkeit der Kämpfe am Boden etwas ab. In der Luft jedoch gab es kein Nachlassen. Heftige Luftkämpfe lichteten ständig die Reihen der britischen Flieger.

Im September 1916 hatten Trenchard und seine Flieger durch ihre Beharrlichkeit und ihren Angriffsgeist den Himmel Frankreichs von den deutschen Staffeln gesäubert. Aber die Luftherrschaft an der Westfront blieb nicht lange auf Seiten der Briten. Ständig wurde sie erbittert umkämpft.

Der aufsteigende Stern eines einzelnen begnadeten Fliegers wurde zum Symbol der deutschen Luftmacht. Manfred von Richthofen, der in der Jagdstaffel (Jasta) Boelcke flog, schoß am 23. November sein elftes Opfer ab. In den ersten Tagen des Jahres 1917 fügte er seiner Abschußzahl vier Briten hinzu, und am 17. Januar erhielt er den höchsten deutschen Militärorden: das Großkreuz mit Medaillon des Ordens pour le mérite.

An diesem Tag verließ die 43. Staffel des Royal Flying Corps unter Führung von Major Sholto Douglas Northolt bei London; sie wurde nach Treizenne in Frankreich verlegt. Aus Gründen, die Hauptmann Harold Ward, der Beobachter von Sholto Douglas, mit »scheußlichem Wetter, versagenden Motoren und einfachen Navigationsfehlern« beschrieb, brauchte die Staffel eine ganze Woche, um zu ihrem Bestimmungsort zu kommen. Inzwischen hatte Richthofen die Jasta Boelcke verlassen, um den Befehl über die 11. Jasta zu übernehmen. Zu einem Zeitpunkt, an dem die Flieger beider Lager sich in der Luft mit unnachgiebiger Erbitterung bekämpften, wurde er sein eigener Herr. »Es verging kaum ein Tag«, schrieb damals Sholto Douglas, »ohne Verwundete und Vermißte.« In weniger als drei Monaten nach der Ankunft der 43. Staffel blieben von 32 Offizieren nur noch sechs Überlebende.

Der 43. gegenüber lag die 11. Jasta. Oberst Harold Balfour berichtete: »Wir haben es mit dem Richthofen-Zirkus zu tun ... Wir sehen die lustig bemalten Albatrosse sich tummeln . . . und ihre Luftkunststücke und Loopings ausführen wie junge Hunde, die miteinander spielen.« Wenn die Sopwith Pups der 43. heranjagten, rissen die Deutschen ihre Mühlen hoch, um sich dann von oben mit der Sonne im Rücken auf sie zu stürzen. *Beware of the Hun in the sun!* [Hüte dich vor den Hunnen, die aus der Sonne kommen!] hieß es.

Am 4. März 1917 stürzte sich Richthofen auf ein Flugzeug der 43., dessen Pilot offensichtlich ein Neuling in der tödlichen Kunst des Luftkampfes war, denn er bemerkte nicht sofort, daß er sich im Feuer des Feindes befand und noch weniger, daß der Feind der berühmteste der deutschen Jagdflieger war. Dann riß er die Maschine heftig herum und verlor eine Tragfläche. Richthofen notierte, nicht ohne Bedauern: »... Nur die Maschinengewehre Lewis Nr. 17500 und 20024 konnten noch gefunden werden.« Er war ein ebenso besessener »Souvenir«-Sammler wie ein abschußsicherer »Killer« und schmückte seine Unterkunft mit Überbleibseln seiner Opfer.

Am 2. April hatte die 43. abermals einen Zusammenstoß mit dem Roten Ritter, wie man ihn getauft hatte. Der erste Feuerstoß Richthofens verwundete den Sergeanten Dunn tödlich, den MG-Schützen des Hauptmanns Warren. Der zweite Angriff machte das Flugzeug praktisch zu Schrott. Doch es ging im Gleitflug zu Boden, um dem Kampf auszuweichen, während Richthofen nochmals zum Angriff ansetzte. Warren entging auf wunderbare Weise den Geschossen, die seine Schuhe und Hemdsärmel durchbohrten. Schließlich gelang ihm eine Bruchlandung. Als er dem tödlich getroffenen Dunn zu helfen versuchte, griff der Deutsche zum letztenmal an. Richthofen behauptete, »von mehreren Kugeln getroffen worden zu sein«, die aus der Maschine unter ihm abgefeuert wurden. In Wirklichkeit aber war der tapfere Warren viel zu sehr mit seinem sterbenden MG-Schützen beschäftigt.

Harold Balfour erklärt, die 43. habe schon sehr bald bemerkt, daß der beste Schutz sei, »ständig im Kreis zu fliegen... wobei einer dem anderen folgte... und dann sich langsam an die Linien heranzuarbeiten.« (Dreiundzwanzig Jahre später, als ich die Rotte B der 43. Staffel befehligte, war die Reihe an den Messerschmitt 110, sich zu einem »Abwehrkreis« zu formieren, während wir mit unseren Jagdflugzeugen auf sie stürzten.) Wenn die britischen Jäger aus der Runde ausscherten, waren sie so gut wie geliefert. Fehlleistungen kosteten den Kopf. Balfour schreibt: »Vor mir verlor eine Maschine die Flächen, die von Kugeln zerfetzt waren, und einer meiner besten Flugzeugführer, ein Südafrikaner mit Namen Rimer, und sein Beobachter wurden herausgeschleudert... Ich erkannte Rimer an seiner hellen Lederjacke, während er im Raum trudelte... Ich konnte seinen Sturz Hunderte von Metern verfolgen.« Die Piloten von 1917 hatten keine Fallschirme, obwohl es sie in den Vereinigten Staaten bereits seit 1912 gab. Das Problem wurde 1917 im Luftfahrtberatungsausschuß erörtert. J. L. Nayler, beigeordneter Sekretär dieser Kommission, erinnert sich, eines der Mitglieder (es war möglicherweise O'Gorman von der Royal Aircraft Factory) habe berichtet, General Trenchard hätte sich geweigert, seine Besatzungen mit Fallschirmen auszurüsten aus Angst, sie ihre Flugzeuge aufgeben zu sehen, was ebenso ausgeschlossen wäre wie die Aufgabe eines Schiffes durch seinen Kapitän. »Das ist glatter Mord«, kommentierte Sholto Douglas, als er davon erfuhr.

Eines der Geheimnisse der Persönlichkeit Trenchards war, daß seine Männer ihn genauso verehrten wie er sie. Harold Balfour hat nicht vergessen, daß »Trenchard zu unserer Staffel kam, als die Verluste am stärksten waren... Er erklärte uns, wir müßten durchhalten, wir würden noch viele Verluste haben, aber wir müßten um jeden Preis eisern bleiben und ohne nachzulassen täglich unsere offensiven Feindeinsätze fliegen...«

Wenn die Hauptaufgabe des Militärischen Fliegerkorps der Kampf gegen die deutschen Staffeln an der Front in Frankreich und Flandern war, so hatte man doch auch Maßnahmen getroffen, um die Luftverteidigung der Britischen Inseln zu verstärken. Schon am 3. September 1916 hatte Hauptmann Leefe Robinson von der 39. Staffel, während eines Einsatzes mit Hauptmann Fred Sowrey, den Zeppelin SL 11 gesichtet. Robinsons tödliche Maschinengewehrgarbe verwandelte die hölzerne Gondel des lenkbaren Luftschiffes in einen Scheiterhaufen für die sechzehn tapferen Mitglieder der Besatzung; taghell war die Nacht beleuchtet, während das Wrack wie ein Komet durch die Luft raste, um bei Cuffley in Middlesex zu zerschellen.

In der Nacht vom 23. September war die Reihe an Fred Sowrey: elf Zeppeline griffen England an. Einer von ihnen, L 32, überflog um ein Uhr morgens Dungeness, wurde von den Scheinwerferbündeln erfaßt und von der englischen Flak getroffen. Zehn Minuten später stürzte sich Sowrey auf ihn – so erzählt ein Flugzeugführer als Augenzeuge –, »deckte das Luftschiff mit einem Kugelhagel ein.« Sowrey schrieb in seiner Meldung: »Deutlich sah ich die Propeller kreisen. Meine beiden ersten Munitionsstreifen führten zu nichts, aber der dritte ... entzündete mehrere Brandherde. Ich konnte das brennende Luftschiff am Boden zerschellen sehen.« Wenigstens brauchte er das schreckliche Schauspiel des Todeskampfes und die Schreie der Männer, denen er diese Hölle bereitet hatte, nicht aus der Nähe miterleben. Die Flammen waren noch hundert Kilometer weit sichtbar. Die Mannschaft eines britischen U-Bootes sah sie, sechzig Meilen entfernt, auf der Höhe von Dover.

Am 1. Oktober 1916 starb in der Nacht auch Kapitänleutnant Mathy, der kaum ein Jahr zuvor die Ära des strategischen Bombenwurfs eingeleitet hatte, in seinem brennenden Zeppelin L 31, den Leutnant Tempest abschoß. »Ich sah das Luftschiff wie einen riesigen Lampion im Inneren rot aufglühen«, schrieb Tempest. »Es kam mit Donnergetöse direkt auf mich zu. Ich raste abwärts mit dieser feurigen Masse hinter mir her, die wie ein Hochofen fauchte.« Bestürzt, aber keineswegs durch das Versagen der Zeppeline, London in Schutt und Asche zu legen, entmutigt, verdoppelte die deutsche Oberste Heeresleitung die Anstrengungen. Am 28. November überflogen die Leutnants Brandt und Ilges den Victoria-Bahnhof am hellen Tage und warfen sechs Bomben ab.

Im Mai 1917 löste das deutsche Kommando eine neue Luftoffensive aus, und zwar diesmal mit Bombern. Am 25. dieses Monats überflogen 21 schwere Maschinen vom Typ Gotha die englische Küste. Zum Glück rettete, wie in der Folge noch so manches Mal, schlechtes Wetter die Stadt London. In einer nutzlosen Geste, die einigen britischen Bürgern den Tod brachte, ohne den Krieg auch nur einen Schritt voranzutreiben, warfen sie ihre Bomben über der Grafschaft Kent ab und kehrten dann, ohne angegriffen zu werden, zu ihrer Basis Gent zurück. Nur ein einziges Flugzeug ging verloren.

Nachdem auch ein weiterer Angriff auf London gescheitert war, verwirklichte der Kommandeur des England-Geschwaders, Hauptmann Brandenburg, endlich seinen Traum. Nachdem er am 13. Juni, um 11.35 Uhr, London in 3500 Meter Höhe überflogen hatte, war er in der Lage, melden zu können, »daß die Themse-Brücken, die Bahnhöfe, die City und sogar die Bank von England klar zu sehen waren... Unsere Maschinen haben ihre Bomben abwerfen können, ohne sich beeilen zu müssen und ohne gestört zu werden«. Ungefähr sieben Tonnen Bomben waren nötig, um 162 Londoner zu töten und 426 zu verwunden. Ein einziges englisches Flugzeug versuchte, die Gothas anzugreifen; doch die deutschen Maschinen flogen unbeirrt in Keilformation, erwiderten das Feuer und töteten den Beobachter an Bord des Engländers.

Dieser Angriff verursachte in der britischen Öffentlichkeit Wut und Empörung; die britische Regierung reagierte sofort. Man lud Trenchard vor. Der Befehlshaber des Royal Flying Corps erschien am 20. Juni 1917 vor dem Kriegskabinett.

Die Verteidigungsstrategie, die er bei dieser Gelegenheit vorschlug, hatte nichts Originelles: sie entsprach den Prinzipien, die England seit der verfehlten Invasion der Armada im 16. Jahrhundert anwendete: zunächst sich der belgischen Küste zu bemächtigen, wo die feindlichen Stützpunkte errichtet waren. Das bedingte Aufklärungs-Jagdeinsätze sowie Marinevorstöße. Doch mangels eines ausreichenden Warnsystems setzte es eine unerschwingliche Anzahl von Maschinen und Menschen voraus, um ständig genügend Flugzeuge in der Luft halten zu können, was allein als sicheres Verteidigungsmittel gelten konnte. Trenchard bestand darauf, die beste Form der Verteidigung liege in Angriffen auf feindliche Stützpunkte, Flugzeuge und Hangars durch die Luftstreitkräfte. Zum Schluß erklärte er mit kalter Logik, daß »Vergeltungsmaßnahmen gegen offene

Städte zwar dem britischen Ideal zuwider seien, daß man sie aber vielleicht zu erwägen habe. Mehr als zwecklos wäre es freilich, so zu handeln..., ohne konsequent bis ans Ende zu gehen. Wenn wir nicht den Entschluß fassen, es noch besser als die Deutschen zu machen, wäre es besser, sich gar nicht erst auf Vergeltungsmaßnahmen einzulassen.«

Der Premierminister Lloyd George erklärte wütend: »Mannheim muß bombardiert werden!« Trenchard lehnte es ab. Er besitze keine Stützpunkte, die nahe genug lagen, und der Angriff würde kläglich scheitern. Außerdem war er in jeder Beziehung gegen diese Art sensationeller Rache, wie der Premierminister sie forderte.

»Beordern wir aus Frankreich zwei Elite-Jagdstaffeln zur Verteidigung von London zurück«, verfügte Lloyd George.

In den folgenden Tagen standen also die 56. und 66. Staffel in ihren Stützpunkten in Essex in Alarmbereitschaft. Doch Trenchard erhob dagegen Einspruch. »Mit seinen Bombenangriffen auf London und England versucht der Feind, uns dazu zu bringen, unsere Luftstreitkräfte an der Front zu zersplittern.«

Nach zwei Wochen Einsatzflügen ohne Zwischenfall kehrten die 56. und die 66. Staffel wieder nach Frankreich zurück. Wenige Stunden später tauchten die Gothas wieder über London auf. Am 7. Juli 1917 drängten sich die Mitglieder und das Personal des Luftfahrtbüros auf den Balkons des Hotels Cecil in der Strand, ihrem Hauptquartier, und renkten sich die Hälse aus, um die 22 Gothas zu beobachten, die in 5 000 Meter Höhe, bei klarem Himmel, in tadelloser Formation ihren Zielanflug über der Hauptstadt begannen. Im Nu erledigten sie die abwehrenden Jäger, warfen 10 Tonnen Bomben ab und töteten dabei 250 Zivilisten.

Dieser neue Angriff empörte die Menschen, die Presse und die Politiker dermaßen, daß der Chef des Großen Hauptquartiers schrieb: »Man hätte das Ende der Welt nahe geglaubt.« Lloyd George verlangte in seiner tiefen Entrüstung abermals, daß Mannheim bombardiert werde. Trenchard antwortete aus Frankreich: »Man muß zwar den Bombardierungen Londons Einhalt gebieten, aber das einzige Mittel dazu ist, die deutschen Luftstreitkräfte restlos zu vernichten... Es besteht kein Zweifel, daß auch wir Bombenangriffe fliegen müssen, und sobald Sie mir die De Havillands 4 beschafft haben, werde ich damit beginnen, Mannheim zu bombardieren.«

Zwei Tage nach dem Angriff der 22 Gothas drückte General Robertson die um sich greifende Meinung folgendermaßen aus: »Ich neige zu der Annahme, daß wir eine selbständige Luftstreitmacht brauchen, aber das ist ein großes Unterfangen.« Lloyd George war zu demselben Schluß gekommen. Er beauftragte Jan Christian Smuts, den südafrikanischen Staatsmann und General, einen Bericht über dieses Thema vorzulegen.

Schon im August 1917 legte Smuts gleich zwei Berichte vor, in denen er den erbärmlichen Zustand der englischen Luftverteidigung schilderte und die tauglichsten Mittel zur Abhilfe vorschlug. Mit der visionären Weisheit eines Propheten schrieb er: »Der Tag ist vielleicht nicht fern, an dem die Luftoperationen ... mit der Zerstörung großen Ausmaßes von Industriegebieten und volkreichen Städten ... möglicherweise das Wesentliche des Krieges werden.« So abwegig die Logik von Smuts bei seinen Vorschlägen, die Luftstreitkräfte der Armee und der Marine im Rahmen eines besonderen Luftfahrtministeriums zu verschmelzen, auch zu sein schien, so überzeugte sie doch den beunruhigten Premierminister. Trenchard dagegen befürchtete, daß die in Frankreich stationierten Luftstreitkräfte, die er befehligte, geschwächt werden würden, und er begann wie viele andere sich dem zunächst zu widersetzen.

Während die führenden Männer sich in Erwägungen verloren, schlug die deutsche Luftstreitmacht noch einmal zu. Am 24. September veranlaßte ein schwächerer Angriff auf London die *Gazette* in Westminster zu der Meldung, der Premierminister habe, um den Bomben zu entgehen, London überstürzt verlassen. Die unwahre Nachricht sollte für den Besitzer der Zeitung, Lord Cowdray, der zugleich Präsident des Luftfahrtbüros war, schwerwiegende Folgen haben. Aber ebenso auch für die Luftstreitkräfte selbst, die ja erst ihre frühesten Gehversuche machten.

Vom 27. bis zum 30. September verdoppelten die Zeppeline und Gothas ihre Angriffe auf London. Am 1. Oktober telegraphierte General Robertson nach Frankreich: »Das Kabinett wünscht eine sofortige Aktion gegen ... deutsche Ziele ... Trenchard hat sofort nach London zu kommen.«

Am Tag darauf hörte sich das Kriegskabinett in London gespannt Trenchards Worte an: »Der Flugplatz von Ochey bei Nancy ist bereit. Schicken Sie mir Flugzeuge, und innerhalb von einer Woche werde ich den Deutschen die Schläge zurückzahlen.«

Er hielt Wort. Am 17. Oktober stiegen ein halbes Dutzend De Havilland-Bomber zum ersten englischen Fernflug nach Deutschland auf. Die Eisenhütten von Burbach bei Saarbrücken wurden am hellen Tag bombardiert. Dann stießen zu den De Havilland des Royal Flying Corps die riesigen Handley-Page-Bomber der Marineflieger. Von nun an war die Reihe an wehrlosen deutschen Bürgern, den Tod vom Himmel fallen zu sehen.

Am 15. November waren in Downing Street Nr. 10 zwei Gedecke aufgelegt worden. Lloyd George aß privat mit Lord Northcliffe, dem Besitzer der *Times* und der *Daily Mail* zu Mittag. »Ich würde tausendmal lieber an einem schönen Sommerabend mit einer Heuschrecke spazierengehen, als mit Lord Northcliffe zu arbeiten versuchen«, hatte der Premierminister einmal gesagt. Dennoch bot er ihm jetzt den neuen Posten eines Luftfahrtministers an.
Lloyd George hatte seine Gründe. Lord Cowdray hatte in den letzten elf Monaten erfolgreich das Luftfahrtbüro geleitet. Doch obwohl der Premierminister Schadenersatz und Entschuldigungen für den verleumderischen Artikel der *Gazette* in Westminster verlangt hatte, wollte er Cowdray doch nicht mit der neuen Stellung belohnen. Noch vor dem Ende des Essens war Lloyd George davon überzeugt, in Northcliffe seinen Mann gefunden zu haben.
Noch am selben Abend erreichte ihn ein alarmierender Telefonanruf von Max Beaverbrook, dem Eigentümer der *Daily Express*, der großen volkstümlichen Tageszeitung, der ihn das Schlimmste ahnen ließ. Am folgenden Morgen konnte Lloyd George in der *Times* den offenen Brief lesen, den Northcliffe an ihn richtete. Nachdem er darin erklärt hatte, warum er sich gezwungen sähe, das Luftfahrtministerium abzulehnen, schloß Northcliffe: »Ich werde sehr viel Besseres leisten, wenn ich mir meine Unabhängigkeit bewahre und mich nicht durch eine Loyalität knebeln lasse, die ich gegenüber ... Ihrer Amtsführung nicht empfinde.« Er schilderte sie als schwankend und des englischen Volkes unwürdig.
Da sich sein erster Kandidat für den Posten des Luftfahrtministers gegen ihn gewandt hatte, ging Lloyd George zum zweiten über: Lord Rothermere, Northcliffes jüngerem Bruder, der auch annahm. Am 29. November erhielt das Gesetz über die Schaffung einer Luftwaffe die königliche Unterschrift. Es galt jetzt nur noch, einen Stabschef zu finden.
Die Szenerie dieses beschämenden Schauspiels wechselt nun in die

Privatgemächer Rothermeres im Londoner Hotel Ritz, wohin man Trenchard ohne sonstige Erläuterung am 16. Dezember hatte aus Frankreich kommen lassen. Es war seine erste Begegnung mit Rothermere, und er konnte ihn von Anfang an nicht ausstehen. Der neue Luftfahrtminister wollte ihn als Stabschef. Doch die Gründe, die er dafür anführte, ließen Trenchard das Angebot eindeutig ablehnen. »Mein Bruder und ich werden eine Pressekampagne gegen Haig (den Oberstkommandierenden der britischen Streitkräfte in Frankreich) entfesseln«, erklärte Rothermere ihm. Sein Ziel war, im stummen Einverständnis mit Lloyd George, sich Trenchards an der Spitze der jungen Luftwaffe zu bedienen, um den Forderungen Haigs entgegenzuwirken, der die Fliegerunterstützung der Bodentruppe in Frankreich bemängelte. Mit anderen Worten, alles zunichte zu machen, was Trenchards Männer im Verlauf der letzten sechzehn Monate aufgebaut hatten.

Trenchard selbst erzählt, er habe folgende Warnung ausgesprochen: »Ich erklärte, daß ich in Kriegszeiten weder gegen die Armee noch gegen die Flotte streiten würde. Doch die Diskussion erhitzte sich und wurde immer unerfreulicher.« Sie endete um 3 Uhr 30 morgens. Trenchard war am Ende seiner Kraft. Durch Abnutzungstaktik hatten die beiden Brüder ihn herumbekommen. Er nahm schließlich den Posten als Stabschef an, weil er überzeugt war, daß er dadurch noch am besten das Heeres- und das Marinefliegerkorps schützen könnte, wobei er sich freilich fragte: »Ich wußte, daß ich mich von dem Tag an, an dem ich den Posten annahm, mit Rothermere und Northcliffe herumzuschlagen haben würde.«

Schon ein paar Stunden nach ihrem Auseinandergehen im Ritz kreuzten der Luftfahrtminister und der Stabschef die Klingen. Rothermere schrieb an Trenchard, das Kriegskabinett empfände Unbehagen bei den Vorbereitungen zu Fernflügen von Bombern nach Deutschland. Trenchard erwiderte: »Mir wird unbehaglich vor dem Unbehagen anderer Leute ... über die Vorbereitung von Bomberfernflügen. Der Verantwortliche bin ich ... Doch wenn man kein Vertrauen in mich setzt, dann sehe ich keinen Grund für Ihre Bitte, Ihr Stabschef zu sein.«

Inzwischen gingen die Vorbereitungen in Nancy mit voller Unterstützung der Franzosen und unter dem neuen Kommando von Major Cyril Newall weiter.

Anfang 1918 war das Hotel Cecil in der Strand der Sitz des Luftfahrtbüros (das einige Wochen später der »Luftstab« werden sollte). Nach einem der aufmerksamsten Beobachter der Fliegerei in jener Zeit, C. G. Grey, gehörte es zu jenen »düsteren Baulichkeiten aus den mittleren Jahren der viktorianischen Ära voller Blattpflanzen und goldener Paneele. Die Atmosphäre reichte hin, auch den letzten Rest von Unternehmungsgeist zu töten, den irgendeiner der Insassen etwa hätte entwickeln können.« Man hatte dem Bau den Spitznamen »Bolos Haus« angehängt, nach dem Namen des berüchtigten, in Frankreich füsilierten Spions. Dieser Spitzname »erweckte in uns« – immer nach Grey – »den typisch englischen Sinn für bizarr pervertierten Humor«, und der Name »Bolos Haus« kam daher, daß sich dort jedermann damit beschäftigte, »entweder aktiv den Fortgang des Krieges zu behindern oder aber nichts zu tun, was seine Fortschritte fördern konnte«.

In diesem grausigen Dekor nahm die Spannung zwischen Trenchard und Rothermere immer stärker zu. Ende Januar richtete Trenchard es ein, für ein paar Tage nach Frankreich zu entwischen, um seinem alten Freund und Vorgesetzten, General Haig, einen Besuch abzustatten. Er öffnete ihm sein Herz, und Haig notierte in seinem Tagebuch unter dem Datum vom 26. Januar: »General Trenchard kam zum Dinner. Seine ganze Konversation, alle seine Reflexionen drehten sich um die Hundsföttischkeit der Politiker und der Presse.« Und weiter unten: »Lord Rothermere hat keine Ahnung von den Bedürfnissen und dem Funktionieren der Luftstreitkräfte.« Seinerseits schrieb Trenchard am 11. Februar: »Der Fluch dieses Ministeriums ist, daß man hier zu viele Offiziere findet, die etwas ganz anderes tun.« Tatsächlich gab es unter den 207 Offizieren, die in »Bolos Haus« bedienstet waren, nur 29 Flieger. Ein paar Tage später schrieb der Stabschef abgekämpft: »Meine Londoner Sorgen nehmen ständig zu... Kein Tag vergeht, in dem man mir nicht einen Knüppel zwischen die Beine wirft, während ich eine Luftstreitmacht aufbaue.«

Der schlimmste Knüppel war allerdings Rothermere selbst. Am 18. März erreichten die Reibungen zwischen den beiden Männern ihren Höhepunkt. Trenchard schrieb in rasender Wut über »das Scheitern, die Unzulänglichkeiten und Verzögerungen in der Vergangenheit« an Rothermere: »Ich bin zwar Ihr Berater... Wenn Sie aber nicht genug Vertrauen zu mir haben, was so weit geht, daß

Sie mir nicht einmal sagen, was sich in meiner eigenen Dienststelle eigentlich ereignet, dann sehe ich die Situation als unmöglich an.« In seiner Antwort behauptete Rothermere, daß es keineswegs in Frage käme, Trenchards Stellung in Zweifel zu ziehen: »Sie sind der Stabschef und mein hauptsächlicher, aber nicht mein einziger Ratgeber... Den politischen Spitzen von irgendeiner Dienststelle steht es immer frei, sich Rat zu holen, bei wem es ihnen gut dünkt, ohne ihren Stabschef zu konsultieren.«

Vor Mittag des nächsten Tages lag Trenchards Rücktrittsgesuch auf Rothermeres Schreibtisch, kurz darauf trat Trenchard auch persönlich in sein Büro. Rothermere bat ihn inständig zu bleiben: er würde, sagte er, nicht mehr lange damit warten, selbst seine Demission anzubieten; ob Trenchard bereit wäre, solange noch zu bleiben? Trenchard ging darauf ein, wenn es ihn auch große Überwindung kostete.

Weniger als achtundvierzig Stunden nach dieser eisigen Unterredung zwischen den beiden Männern stürmte eine Million deutscher Soldaten im Schutz des Nebels gegen die britischen Stellungen in Frankreich. Nach mehreren Durchbrüchen zogen sich die Engländer hinter die Somme zurück. Trenchard erinnert sich, daß Rothermere während des düsteren Wochenendes vom 22. zum 24. März zu ihm gesagt hatte: »Schluß mit Verstärkungen für Haig. Holen Sie die größtmögliche Anzahl von Flugzeugen aus Frankreich herüber, um England zu verteidigen, was die Armee auch tun mag.« Trenchard schloß daraus, daß Rothermere die Landstreitmacht ihrem Schicksal überlassen wollte, doch sein Gesprächspartner sprach in einem solchen Redeschwall, daß es schwierig war, seine Ansichten genau zu erfassen. Er redete dem Minister ein, sich ein paar Tage lang auf dem Land auszuruhen (neben dem Druck der Ereignisse litt Rothermere damals schrecklich unter dem Verlust seiner beiden Söhne, die an der Front gefallen waren). Danach schickte er alle verfügbaren Flugzeugbesatzungen und Flugzeuge nach Frankreich mit einem Brief an Salmond, den Oberstkommandierenden der Luftstreitkräfte, worin er sagte: »Sie sind prächtig...« In der Tat ließ Salmond am folgenden Tage wissen, daß »es in der Luft derart wimmele«, daß er beinahe schon »Kollisionen befürchte, aber wir müssen uns damit abfinden«. Und von Nancy aus drangen Newalls Bomber endlich tief in den deutschen Luftraum ein.

Am 1. April 1918 schickte König Georg V., der keine Ahnung hatte, was hinter den Kulissen vor sich ging, an Rothermere ein Telegramm: »An diesem Tag, der die Royal Air Force, die unter Ihrer Obhut als Minister steht, Gestalt annehmen und zur dritten Verteidigungswaffe des Empire werden sieht ... beglückwünsche ich Sie zu dieser Geburt und wünsche dem Neugeborenen Kraft und Erfolg.«

Wenn die R.A.F. auch geboren worden war, so hatte in Wirklichkeit doch niemand dieses Kind gewünscht. Ihr Stabschef hatte seine Demission angeboten, und ihr Minister war drauf und dran aufzugeben. Trenchard war nicht in Laune, das Ereignis mit Begeisterung zu feiern. Er fand, es sei ein Irrsinn, ein derartiges Datum gewählt zu haben, zumal es gar zu sehr nur von den Umständen abgehangen habe. Um seine Stimmung zu heben, machte er am 5. April eine Inspektionsreise zu den Bomberstaffeln in Nancy. Der prächtige Ton Newalls und seiner Männer belebte auch ihn sofort. Zu seinem größten Stolz sagten ihm alle: »Denen bereiten wir da oben die Hölle.«

Mit einem Brief vom 13. April erklärte Rothermere sich endlich bereit, die Demission seines Stabschefs offiziell anzunehmen. Für die Nachwelt notierte er: »Indem ich mich von Trenchard trenne, schmeichele ich mir, der R.A.F. einen großen Dienst erwiesen zu haben. Mit seinem stumpfen und phantasielosen Geist und seiner Besserwisserei hätte er in den kommenden zwölf Monaten unserem Flugwesen Tod und Verderben gebracht.«

Trenchard saß an seinem Arbeitstisch, als Generalleutnant Frederick Sykes an die Tür klopfte.

»Mich schickt Lord Rothermere«, sagte der neue Stabschef.

Bis zu diesem Zeitpunkt hatte Trenchard keinerlei Vorstellung, wer sein Nachfolger werden würde, und Sykes war der Letzte, den er an seinem Platz zu sehen wünschte. Er mochte ihn so wenig wie er Vertrauen zu ihm hatte.

»Kann ich Ihnen mit irgendwelchen Auskünften behilflich sein?« fragte er.

»Nein, nichts, danke«, erwiderte Sykes.

Trenchard packte seine Akten zusammen und verließ den Raum. Sykes im Kriegsministerium stand Sir Henry Wilson, dem Chef des Großen Generalstabs nicht nach; er war ebenfalls ein neuer Mann. Sykes hatte 1917 unter seinem Befehl gedient, und das, sagte er,

»stets mit dem größten Vergnügen. Ich fand ihn immer originell, wendig und einfallsreich.« Alle anderen waren weit davon entfernt, sich diesem Urteil anzuschließen. Die einen sahen in Wilson einen Schwätzer und Intriganten, die anderen eine »Skandalnudel« mit widerlich arroganten Manieren, wieder andere eine unerfreuliche und langweilige Persönlichkeit. Zum mindesten hatte er jedoch die Grundtugend des Soldaten: er war mutig. Vier Jahre später stand er mit dem Säbel in der Hand, dem irischen Terroristen gegenüber, der ihn ermordete. Doch inzwischen sollte er sich als ein ernstlicher Widersacher Trenchards erweisen.

Am 25. April jedenfalls hörte einer von denen, die »Bolos Haus« beherbergten, auf, »den Fortgang des Krieges aktiv zu behindern.« An diesem Morgen applaudierten zahlreiche Offiziere der R.A.F., sie beugten sich aus den Fenstern und winkten mit Zeitungen. Als einer von den vielen Passanten, die auf der Strand stehengeblieben waren, ihnen zurief: »Was ist denn los? Ein Sieg in Frankreich?« antworteten sie: »Nein, ein Sieg an der Heimatfront! Rothermere hat demissioniert!« Andere, die um die Dinge Bescheid wußten, hielten es für wahrscheinlicher, daß man ihn gebeten habe zu gehen. Trenchard las die Nachricht am nächsten Morgen in seiner Junggesellenwohnung am Berkeley-Square. Der Briefträger brachte ihm ein Schreiben seines Freundes, des Personalchefs Sir Godfrey Paine: »Ich fühle mich um Jahre verjüngt, und ich sehe wieder Licht!« Der Brief enthielt auch ein Wort der Ermutigung für Trenchard, dessen Demission innerhalb der R.A.F. eine Welle von Mutlosigkeit hervorgerufen hatte. »Halten Sie durch, alter Freund!« Paine riet zur Geduld bis zur Ankunft des neuen Ministers.
Seine Name war Sir William Weir, und er bot am 6. Mai 1918 Trenchard die Wahl unter vier Posten an, von denen der verführerischste das Kommando über die autonomen Bomberkräfte in Frankreich war. Aber Trenchard zögerte. Dann gingen am 8. Mai zwei höhere Marineoffiziere an der Bank vorüber, auf der er im Green Park lesend saß. Sie sprachen über ihn. Hinter seiner Zeitung hörte Trenchard einen von ihnen erklären: »Es ist doch eine Schande! . . . Ein Mann, der sich mitten in der Schlacht ergibt . . . Ich würde ihn an die Wand stellen lassen!« Kaum waren sie vorüber, stand Trenchard auf, lief eilig nach Hause und schrieb an Weir: »Ich bin bereit, die Langstreckenbomber zu übernehmen . . .

und mich nach bestem Vermögen für ihren Erfolg einzusetzen. An der französischen Westfront gewannen in den erbitterten Luftkämpfen, die täglich Mann gegen Mann am Himmel tobten, die britischen Jagdflieger immer mehr die Oberhand über einen tapferen und entschlossenen Feind.

Am 5. April 1918 setzte sich Major Sholto Douglas, der jetzt die 84. Staffel befehligte, an die Spitze seiner Formation und brachte sie zu ihrer neuen Basis Bertangles in der schönen Gegend von Amiens. Zwei Jagdstaffeln, die 48. und die 209., waren schon dort. Eine beachtliche Karriere hatte den Befehlshaber der 48. von seiner Heimat in Neuseeland nach Bertangles geführt. Er war ein großer, schlanker Mann und hieß Keith Park. 1914 hatte er sich freiwillig als Kanonier zur neuseeländischen Artillerie gemeldet. »Etwas Niedrigeres gibt's in der Artillerie überhaupt nicht«, pflegte er zu sagen. Im Dezember brach er von den Antipodeninseln auf und hatte sich tapfer in der verhängnisvollen Dardanellen-Schlacht geschlagen, dann an den mörderischen Kämpfen an der Somme teilgenommen, um schließlich auf einer Bahre in England zu landen. Wegen seiner Verwundungen war er als kriegsuntauglich erklärt worden. Doch »ein Drückebergerposten im Hinterland« lag ihm nicht; er hatte es irgendwie fertiggebracht, daß er zum Bodenpersonal des königlichen Fliegerkorps versetzt wurde. Daraufhin gingen seine medizinischen Akten verloren, und er brachte es wiederum fertig, daß er diesmal in eine Flugzeugführerschule versetzt wurde. Er mußte im Lazarett von Woolwich noch eine Behandlung durchmachen, und jeder aktive Dienst war ihm auch weiterhin untersagt. Sechs Monate später jedoch war er nichtsdestoweniger Flugzeugführer in der 48. Staffel, und nach weiteren acht Monaten hatte er sich an der Spitze dieser Staffel einen ruhmreichen Namen gemacht. Unter den Kettenführern der 209. Staffel in Bertangles befand sich auch ein Kanadier, Hauptmann Roy Brown. Er hatte zum Marinefliegerkorps gehört, ehe es mit dem Militärfliegerkorps zusammengelegt worden war, um die R.A.F. zu bilden. Obwohl ein diensterfahrener Veteran, machte Roy Brown auf Sholto Douglas den Eindruck, ein kranker und müder Mann zu sein. Freilich nicht müde genug, den größten Kampf seines Lebens durchzustehen.

Den britischen Jägern lagen auf der deutschen Seite etwas mehr als ein Dutzend Jagdstaffeln gegenüber, und die gefürchtetsten von allen waren jene vier Jastas, die das Jagdgeschwader 1, besser gesagt den »Zirkus Richthofen«, bildeten. Nur wenige Wochen vorher war Richthofen auf einen Sprung in Cateau-Cambrésis gewesen, um sich mit dem Führer der 37. Jasta, Ernst Udet, zu unterhalten, einem hervorragenden und tollkühnen Flieger. Udet ließ sich gern überreden, zum »Zirkus Richthofen« zu stoßen. Er hatte damals etwa zwanzig Abschüsse hinter sich.

Zwei Tage bevor Sholto Douglas in Bertangles mit seiner 84. Staffel eintraf, errang Richthofen seinen 78. Sieg. Doch er hatte die Scheitelhöhe seines Ehrgeizes schon überschritten, und die Bilanz begann ihn zu quälen. Von den langen Monaten der Somme-Schlacht hatte er einmal gesagt: »In meinem ganzen Leben habe ich kein so wunderbares Jagdrevier erlebt.« Doch das »wunderbare Jagdrevier« war für ihn zu einer Art düsterer Walhalla voller Gespenster geworden, Gespenster seiner jungen verkohlten oder verstümmelten Opfer. »Die letzten zehn, die ich abgeschossen habe, sind lebend verbrannt«, hatte er eines Tages aufgewühlt gestanden. Es war unvermeidlich, daß ein von solchen Visionen heimgesuchter Geist auch bei dem härtesten der »Killer« schließlich versagen mußte.

»Wenn es für Sie zu mulmig wird, dann hauen Sie ab!« So lautete der kategorische Befehl von Hauptmann Roy Brown für den Leutnant W. R. May, einem Kanadier wie er selbst und Mitglied seiner Staffel, jedoch jung und unerfahren. Und genau das tat May am 21. April 1918, als ihn in 3000 Meter Höhe über dem Somme-Tal ein roter Fokker-Dreidecker zu jagen begann. Kurvend und in einer Spirale niederstoßend, fing er die Maschine erst wenige Meter über dem Fluß, um auf die alliierten Linien zuzurasen. Doch der Fokker war ihm auf den Fersen und feuerte ununterbrochen. Der feindliche Flieger war so auf seine Beute versessen, daß er nicht daran dachte, nach rückwärts zu blicken. Sonst hätte er sicher den britischen Sopwith bemerkt, der hinter ihm her war. Vor seinen beiden Vickers-MGs hatte Hauptmann Roy Brown den Fokker im Fadenkreuz. Da die Flugzeuge sehr tief über die australischen Schützengräben hinwegfegten, begannen auch die Gewehre und MGs vom Boden aus auf den Deutschen zu schießen. Im selben Augenblick gab auch Brown einen Feuerstoß ab. Er sah, wie der deutsche Pilot auf seinem Sitz nach vorne sackte; der Dreidecker begann plötzlich wie ein verwundeter Vogel zu trudeln und schlug schließlich auf den Boden. Hinter dem Steuerknüppel zog man Manfred von Richthofen hervor, den eine einzige Kugel ins Herz getroffen hatte. Seine sterbliche Hülle wurde in einem Hangar der 84. Staffel aufgebahrt, und britische Flieger erwiesen ihm die letzte Ehre. »Es machte einen merkwürdigen Eindruck«, meinte Sholto Douglas, »ihn tot daliegen zu sehen, nach allem, was man von ihm wußte.« Noch am Tage zuvor hatte Richthofen das 80. alliierte Flugzeug abgeschossen. Da darunter viele Zweisitzer waren, fielen ihm mehr als hundert alliierte Flieger zum Opfer. Der Tod so vieler Männer, die Trauer von so vielen Müttern, Ehefrauen und Geliebten, nur weil eine einzige Hand einen Knopf bedient hatte – alles das machte Richthofen zugleich zum hervorragenden Helden und zum öffentlichen Henker. Seine Taten wurden vom deutschen Volk bejubelt, sein Tod betrauert, doch auch alle britischen Flieger, unter denen er seine nächsten Opfer gefunden haben würde, zollten ihm Bewunderung und Trauer. Am folgenden Nachmittag wurde seine Leiche respektvoll von sechs Offizieren der R.A.F. zum Friedhof von Bertangles getragen, wo er seine vorläufige Ruhestätte fand.

Im Mai 1918 gelang einem britischen Flieger, dessen Maschine von Kugeln durchlöchert war, die Notlandung auf einem deutschen Flugplatz. Er wurde dem Kommandanten vorgeführt. Mit einiger Frechheit fragte der Gefangene, ob er nicht in dem Flugzeug, das ihn gerade abgeschossen hatte, eine Spritztour machen dürfe. Zu seiner Verblüffung bewilligte es der Deutsche. Doch vor dem Start rief er ihm noch zu: »Versuchen Sie bloß nicht, den Schlauberger zu spielen. Sie haben nur für zehn Minuten Treibstoff im Tank.« Der Deutsche mit dem Puppengesicht war niemand anders als Erhard Milch, der spätere Helfer Görings an der Spitze der Luftwaffe.
Wenn Milch gegenüber dem gefangenen englischen Piloten diese sportliche Geste zeigte, dann vielleicht deswegen, weil er sich daran erinnerte, daß einmal einer seiner eigenen Männer bei Cassel östlich von Saint-Omer von einem Jäger der 5. Staffel des Royal Flying Corps abgeschossen worden war; und am Tag darauf hatten die Briten den Deutschen die Botschaft zukommen lassen: »Schickt Uniform und persönliche Dinge des Fliegers morgen um 13 Uhr. Sicherheit über unseren Linien wird garantiert.« Zur angegebenen Zeit warf eine deutsche Maschine das Kleiderpaket ab.
Zwischen Milch und Major Trafford Leigh-Mallory, dem Kommandanten einer britischen Aufklärerstaffel, bestand eine gewisse

Ähnlichkeit; die gleiche stämmige und kräftige Statur, die gleichen rosa Wangen, die gleichen dynamischen und befehlerischen Manieren. Beide waren ehrgeizig und arbeitsam. Aber Milch hatte eine messerscharfe Intelligenz, während Leigh-Mallory eher etwas von einem Rammbock hatte. Beide waren zunächst bei den Aufklärern, ehe sie zur Jagdfliegerei kamen – allerdings mit einer Verspätung von mehreren Jahren für Leigh-Mallory.

In Bertangles stieß 1918 auch eine neue Staffel zu der 48. von Keith Park und der 84. von Sholto Douglas. Die Neulinge von der 85. Staffel unterstanden dem Kommando von Major Billy Bishop, kurz genannt »Bish«. Er war Kanadier und einer der erfolgreichsten Kampfflieger, und er hatte eine wirklich kosmopolitische Mannschaft um sich versammelt: Neuseeländer, Australier, Kanadier, einen Südafrikaner, ein ganzes Sortiment von Engländern, Schotten, Iren und schließlich auch vier Amerikaner – sie waren die Schrittmacher und legten ein scharfes Tempo vor. Einer von ihnen, Elliot White Springs, sollte später die Geschichte der damaligen 85. Staffel schreiben – eines der besten und lebendigsten Bücher über Fliegerei, die es überhaupt gibt: *War birds* (Kriegsvögel).
Springs und seine Freunde, Larry Callahan, Mac Grider und Jake Stanley hatten ihre Ausbildung auf der Shorthorn Farman erhalten. Von diesem Flugzeugtyp behauptete Springs, es sei »ein scheußlich anzusehender Omnibus« gewesen. Es wird erzählt, man mußte, um die Verspannung zu kontrollieren, einen Vogel zwischen die beiden Tragflächen stecken; entwischte er, so bedeutete es, daß irgendwo eine Verspannung gerissen war. Der Abflug der 85. Staffel von Hounslow Anfang Mai war, wie Springs erzählt, zum »Totlachen«. Vor einer Versammlung von Fliegerfrauen, kleinen Freundinnen und höheren Offizieren verkündete Billy Bishop, »die erste Zwischenlandung sei in Lympne, und man dürfe nicht außer acht lassen, nach dem Windsack zu sehen und je nach dem Wind aufzusetzen. Doch statt ,Windsack' zu sagen, bediente er sich eines Wortes, das unter uns gang und gäbe war ... sofern keine Damen oder Vorgesetzte zugegen waren. Er wurde blutrot, und die Damen versteckten sich hinter ihren Sonnenschirmen«.
Die Ankunft der Staffel in Bertangles war Anlaß zu einem Saufgelage. Eine der Ketten der 84. Staffel wurde ausschließlich von Amerikanern geflogen. Es ware jene von Sholto Douglas, der Billy

Bishop gut kannte. Doch berichtet Sholto Douglas: »Die Sauferei . . .
war längst nicht so gewaltig . . . wie Springs es in seinem Buch glauben machen will, so lustig seine Schilderung auch ist, die er davon
gibt. Längst schon hatten wir entdeckt, daß zuviel Alkohol sich nicht
mit dem Luftkrieg verträgt. Zur rechten Zeit und am rechten Ort
hielten wir uns nicht zurück. Doch wenn wir so ausdauernd gesoffen hätten, wie Springs es erzählt, dann hätte es nicht lange gedauert, bis wir sechs Fuß unter der Erde lagen.«

Elliot Springs empfand die echte Verachtung der Jagdflieger für
Dienstgrade. Einmal hingen ihm südlich von Courtrai sechs Deutsche am Rockschoß. Um ihnen zu entkommen, drückte er so plötzlich nach unten, daß an seinem Doppeldecker der Stoff der oberen
Tragfläche losgerissen wurde. Wie Espenlaub zitternd setzte Springs
in Bertangles auf und rollte prompt in die Maschine seines Vorgesetzten hinein. Bishop kletterte heraus, »um ihn gehörig anzuscheißen.« Springs ging seelenruhig auf ihn zu, strich mit den Fingerspitzen über die ansehnliche Ordensspange (einschließlich des
Victoria Cross), die die Brust des Majors schmückte, und meinte:
»Sie können sie behalten; ich will sie gar nicht.« Worauf er in Richtung Offiziersmesse davonschlenderte.

Gegen Ende Mai 1918 übergab Billy Bishop das Kommando der
85. Major Mick Mannock und kehrte nach England zurück. In der
Zeit, die er in Bertangles verbrachte, machte er, nach Sholto Douglas, den Eindruck, »in einer abgesonderten, harten und spröden
Welt zu leben«. Als Douglas ihn viele Jahre später wiedersah, hatte
er »ein liebenswürdigeres und umgänglicheres Gehabe«. So kam er
auch mir vor, als er zweiundzwanzig Jahre später eines Tages die
85. Staffel inspizierte, die ich damals befehligte.

2

Die Drachensaat, die die Deutschen gesät hatten, ging 1918 auf.
Noch vor fast einem Jahr hatte Trenchard dem Kriegskabinett die
Nutzlosigkeit von Vergeltungsschlägen klargemacht, wenn Großbritannien nicht wirkungsvoller angreifen könne als Deutschland.
Jetzt war es dazu in der Lage. Sir William Weir, der Luftfahrtminister, der glaubte, daß derartige Blutopfer die Deutschen emp-

findlich treffen würden, schrieb an Trenchard: »Mir wäre es sehr recht, wenn Sie in einer deutschen Stadt eine wirklich große Feuersbrunst ausbrechen lassen könnten.« Und er riet: »Ich würde die Treffsicherheit der Bomben auf Bahnhöfe inmitten von Wohnvierteln nicht allzu genau nehmen.«

Doch Trenchard war viel zu sehr Berufsoffizier, um in Versuchung zu geraten, strategische Ziele außer acht zu lassen und reine »Metzeleien« zu veranstalten, auf die Weir hinauswollte. Seine Absicht war zuerst vor allem, die Fabriken der Kriegsindustrie zu treffen. Doch er machte sich auch keine Illusionen darüber, welche Leiden seine »strategischen« Bombardierungen für die deutsche Zivilbevölkerung mit sich brachten. Er antwortete Weir: »Ich glaube nicht, daß Sie Befürchtungen haben sollten, wenn es um den Grad an Präzision bei der Bombardierung von Bahnhöfen in Stadtzentren geht. Die Zielsicherheit ist gegenwärtig noch nicht groß, und alle Flieger werfen im allgemeinen ihre Eier über der Stadtmitte ab.« Ein Rheinländer, der in der »Stadtmitte« seiner Heimatstadt lebte, hat dazu geschrieben: »Meine Augen fallen mir zu, während ich schreibe. Heute nacht sind wir zweimal und heute morgen ein weiteres Mal in den Keller gestiegen. Ich habe den Eindruck, kein menschliches Wesen mehr zu sein; das ist kein Krieg mehr, das ist Mord.«

Die deutschen Flieger, denen es nicht gelungen war, England durch Bombardierungen in die Knie zu zwingen, konzentrierten ihre Kräfte nun sehr vernünftigerweise auf nützlichere Ziele. Der Flugplatz von Bertangles war eines davon. Eines Nachts, als Keith Park in einem Hangar der 48. Staffel eine Kinovorstellung veranstaltete, zu der auch Nigger Horn *seine* beiden Amerikaner, Larry Callahan und Elliot Springs, mitgebracht hatte, während Sholto Douglas mit Alex Matthews, einem amerikanischen Piloten aus seiner Staffel, herübergekommen war, flogen mitten in der Vorstellung fünf deutsche Nachtbomber an. Das Pfeifen der Bomben riß die Zuschauer hoch. Sholto, der in der ersten Reihe saß, sprang sofort unter einen Flügel, während die anderen sich in den Gangreihen auf den Boden legten. Der Offizier vom Dienst stürzte herein und rief nach der Feuerwache. Die Zuschauer empfingen ihn mit einem Hagel von Schimpfwörtern. Gleichzeitig krachte die betäubende Explosion einer ganz in der Nähe heruntergegangenen Bombe, der weitere unmittelbar folgten. Diesmal sprang die Versammlung wie ein Mann auf und stürzte zu den Ausgängen. Mehrere Hangars standen bereits in Flammen. Beim Schein der Brände beschossen die Deutschen aus Maschinengewehren die rennenden Männer. Es gab mehrere Tote, darunter auch Alex Matthews. Die 48. verlor sechs Bristol-Jäger, und fünf Hangars brannten völlig herunter. Als taktisches Bombardierungsmanöver war die Operation ein großer Erfolg. Mit einer »unbedeutenden Zahl von Bomben« hatten die Deutschen gegen die alliierte Kriegsmaschinerie sehr viel mehr erreicht, als mit irgendeinem ihrer strategischen Angriffe auf London.

Die beiden Amerikaner der 85. Staffel hatten mit Alex Matthews einen guten Freund verloren. Springs und Callahan härteten sich gegen den Krieg ab. Springs schrieb: »Vielerlei hab' ich gelernt und vor allem, daß Klugheit der beste Teil der Tapferkeit ist. Wenn man zwei Feinde über sich hat und wenn das Blei in unmittelbarer Nachbarschaft spritzt, dann, alter Junge, wird es Zeit, heimzukehren. Zwecklos, zu versuchen, einen abzuknallen... Man verschiebt das besser auf morgen.«

Doch beim Luftkampf nützt auch Geschicklichkeit nichts, wenn man kein Glück hat, und zwar viel Glück. Major Mick Mannock, der neue Chef der 85., hätschelte und umsorgte seine jungen Piloten. Er bezahlte es mit seinem Leben. Er war leicht zu beeindrucken und sehr nervös. Ganz zu Anfang seiner Karriere hatte er gesagt: »Ich werde in Flammen aufgehen, und dann ist's aus! Mich werden sie erwischen.« Er trug während des Einsatzes stets einen Revolver bei sich, »um schon bei der ersten Flamme Schluß zu machen«. Trotz eines schlechten linken Auges hatte er die Sehschärfe eines Falken. Einer seiner taktischen Kniffe, und auf diesem Gebiet war er überhaupt sehr stark, bestand darin, für Larry Callahan, seinen »Flügelmann«, als Köder zu dienen. Larry bewunderte ihn sehr. Und wäre es nur darum gewesen: »Mick war kein ‚Kopfjäger'«; im Gegensatz zu Richthofen, dessen Abschußzahl er beinahe erreichte. »Er flog immer unten... und ich kann das bezeugen, denn ich war stets dabei. Wenn ein Schwarm Feinde kam, reizte er sie zum Angriff, während unsere übrigen Maschinen in einiger Entfernung warteten. Er war ein so tollkühner Kämpfer und guter Schütze, daß er sich auf die schlimmsten Situationen einlassen konnte und immer einen Weg fand, sich mit seinem MG den Rückzug freizuschießen.« Von der ganzen Staffel war offensichtlich Callahan der einzige, der dieses Draufgängertum ertragen konnte. Springs stellte fest: »Keiner von uns ist fähig, das Glas mit einer Hand an die Lippen zu heben, nach einem solchen Lockvogel-Einsatz, außer Callahan. Der Bursche hat keine Nerven – das ist ein Klotz.«

Niemand wird je wissen, ob Mick Mannock sich mit seinem Revolver erschossen hat. Der junge Neuseeländer Donald Inglis flog mit ihm zusammen tief über den feindlichen Linien, als er plötzlich aus Mannocks Maschine Flammen schlagen sah; sie stürzte dann senkrecht zu Boden und brannte aus.

Es war das Schicksal, das Mannock immer befürchtet hatte. Und Springs schrieb damals: »Schritt um Schritt gehe ich vor die Hunde. Ich hoffe nur, durchhalten zu können. Ich will nicht aufgeben. Ich habe keine Nerven mehr, und gleichzeitig kann ich nicht aufhören. Nicht etwa, daß ich Angst vor dem Tod hätte... Die Tatsache, ihn ständig zu erleben und ihm knapp zu entkommen, hat mich feige gemacht. Wenige Menschen wissen genau, was Angst wirklich ist.«

Vor seinem Tod hatte Manfred von Richthofen mit Bleistift auf einen Zettel gekritzelt: »Sollte ich jemals nicht zurückkommen, wird Oberleutnant Reinhard das Geschwader übernehmen.« Zwei Monate danach, am 18. Juni, trafen sich Reinhard und der Befehlshaber der 27. Jasta, ein gewisser Hermann Göring, auf dem Flugplatz Adlershof bei Berlin, um ein neues Jagdflugzeug zu prüfen. Den ersten Versuchsflug unternahm Göring. Die Maschine funktionierte hervorragend. Dann stieg Reinhard hinein und startete. Einige Minuten später sahen die Zuschauer mit Schrecken, daß die Tragflächen des Flugzeugs brachen. Wie ein Stein fiel die Maschine mit Reinhard herab und bohrte sich in den Boden. Der berühmte »Zirkus« war abermals seines Führers beraubt. Göring kehrte bestürzt zur 27. Jasta zurück. Drei Wochen später, am 8. Juli, rief Leutnant Karl Bodenschatz, Adjutant des 1. Geschwaders, die Flugzeugführer zusammen, um ihnen einen Befehl des Oberkommandos vorzulesen: »Tagesbefehl Nr. 178654 vom 8. Juli 1918. Oberleutnant Hermann Göring wird zum Kommandeur des 1. Geschwaders ernannt.« Für die Flieger war die Nachricht eine Überraschung: Göring war ein Unbekannter. Auf dem Flugplatz Bagneux übernahm er das Kommando über das berühmteste aller Geschwader, mit Maschinen, die in allen Farben angestrichen waren. Er paßte sich sofort an und ließ seine kleine Fokker D 7 in Lila und Gelb anmalen. Da zeigte sich schon sein guter Geschmack! Einen Monat später ging er in Urlaub. Bevor er nach Hause fuhr, begannen die französischen und amerikanischen Armeen im Südabschnitt der Front einen tiefen keilförmigen Einbruch zu erzielen. Und anschließend führten am 8. August um 4.20 Uhr morgens bei dichtem Nebel die britischen, australischen und kanadischen Streitkräfte vor Amiens einen Angriff durch und überraschten die Deutschen völlig. Tatsächlich wurde dem deutschen Oberkommando an diesem Tag klar, daß der Krieg verloren war. Gegen 9 Uhr hob sich der Nebel, und die Staffeln der R.A.F. dröhnten am Himmel, um die Infanterie zu unterstützen und ihr Fliegerschutz zu geben. Auf deutscher Seite setzte man den »Zirkus« jeweils am Brennpunkt der Schlacht ein und zog ihn über die ganze Front hin und her, um schwache Stellen zu schützen. Die 85. Staffel wie auch die 84. von Sholto Douglas hatten mehrere Zusammenstöße mit den kleinen bunten Fokkern. Während Görings Abwesenheit führte Lothar von Richthofen, Manfreds Bruder, den »Zirkus«. Ein paar Tage später wurde er verwundet, und es kam die Reihe an Ernst Udet, das Kommando bis zu Görings Rückkehr zu übernehmen. Ende August traf Göring wieder ein, und es mußte schmerzlich für ihn sein, Udet an der Spitze des »Zirkus« zu finden; die beiden Männer konnten sich schon damals nicht ausstehen.

Die deutschen Flieger kämpften tapfer. Nach H. A. Jones wäre Göring »vielleicht von einem aggressiveren Temperament gewesen als sein Vorgänger«, Manfred von Richthofen. Sholto Douglas andererseits meinte, daß Görings mangelnde Vorsicht zur Dezimierung des Richthofen-Geschwaders führte. Die Verluste waren so groß, daß man es mit der Jagdgruppe, die von Robert Ritter von Greim befehligt wurde, und mit dem 3. Jagdgeschwader von Bruno Lörzer zusammenlegte. Doch so heroisch sich diese zusammengewürfelten Einheiten auch schlagen mochten, sie wurden dennoch von dem Angebot der von den Engländern und Franzosen eingesetzten Geschwader erdrückt, zu denen noch die amerikanischen kamen. Görings Niedergeschlagenheit wurde in seiner Meldung vom 1. September an das Oberkommando deutlich: »Die Feindflugzeuge sind stark bewaffnet und operieren sehr geschickt in geschlossenen Formationen, auch wenn sie von mehreren deutschen Einsitzern angegriffen werden.«

Am 5. November lieferte der »Zirkus« seinen letzten Kampf. Dann hielt schlechtes Wetter ihn bis zur Feuereinstellung am 11. November am Boden. An diesem Tag schrieb einer der Piloten mit Kreide ans Schwarze Brett des Flugzeugführerraums die Worte: »Im Krieg geboren, im Krieg gestorben.« Ein zutreffender Nachruf auf die deutsche Luftstreitmacht.

Schon ein paar Tage vorher hatte Göring den Fliegern des 1. Geschwaders zu verstehen gegeben, daß das Ende nahe war. Am 11. November erhielt er den Befehl, seine Maschinen einer amerikanischen Einheit auszuliefern. Er richtete sich jedoch nicht danach und schrieb selbst einen anderen Befehl aus: »Morgen am 12. November bei Tagesanbruch Start. Bestimmungsort: Darmstadt.« Tags darauf leuchtete der »Zirkus« in allen Farben des Regenbogens auf dem Flugplatz von Darmstadt. Doch erwartete ihn hier eine bittere Erniedrigung. Die Maschinen erhielten sofort Startverbot von den Revolutionären, die sich des Flugplatzes bemächtigt hatten. Göring, den diese Behandlung der Helden der Nation fuchsteufelswild machte, bedrohte sie mit den Bordmaschinengewehren, falls man die Flugzeuge nicht freigäbe. Man gab sie frei. Ein paar Tage später stellten die Franzosen Göring in Aschaffenburg, und er willigte ein, seine Maschinen den Alliierten auszuliefern. Aber die Flieger des 1. Geschwaders machten absichtlich die ärgste Bruchlandung ihres Lebens. Mit dem letzten Widerstand zerstörte Göring die Maschinen des »Zirkus«.

Die Nachricht vom Waffenstillstand erreichte den Gefreiten Adolf Hitler in Pasewalk im Lazarett, und sie nahm ihn schwer mit. »Während es mir um die Augen wieder schwarz ward, tastete und taumelte ich wieder zum Schlafsaal zurück, warf mich auf mein Lager und grub den brennenden Kopf in Decke und Kissen ... Was folgte, waren entsetzliche Tage und noch bösere Nächte ... In diesen Nächten wuchs mir der Haß, der Haß gegen die Urheber dieser Tat.«

Mick Mannock fiel am 26. Juli 1918. Zu jener Zeit saß ich oft mit meinen Brüdern auf dem dichten und duftenden Rasen der hohen Klippen von Trebarwith in Cornwall. Wer hätte ahnen können, daß ich einstmals den Platz Mick Mannocks und Billy Bishops an der Spitze ihrer Staffel einnehmen würde? Oder daß ich die Wirklichkeit jener Angst erleben würde, von der Elliot Springs spricht und die nur wenige Menschen je kennenlernen? Ich war noch keine vier Jahre alt und hatte vor nichts Angst, außer vor dem Meer, das sich zu Füßen der Klippen unermeßlich dehnte und am Horizont mit dem Himmel verschmolz. Diese ungeheuren Wassermassen bedrückten mich. Meine Augen und meine Ohren nahmen den Rhythmus und das Tosen ihrer unablässigen, endlosen Bewegung wahr, wie die Wogen anrollten, sich brachen und auf dem gelben Sand des Strands unten ausliefen oder sich gegen den roten Granit der Felsen stürzten. Diese ruhe- und mühelose Kraft zu zermürben machte das Meer so erhaben und schrecklich. Als mir später klar wurde, daß ich wie alle Engländer das Meer im Blut hatte, begriff ich, daß das Meer uns einen festen Verteidigungswall bot und daß der beharrliche Widerstand gegen seine unerbittlichen Rammstöße schließlich irgendwie zu einem Teil des englischen Charakters geworden ist. Dem kleinen Jungen, der ich damals war, schien der Himmel viel freundlicher zu sein. Im Gegensatz zu dem Meer war er leicht und vielfältig. Und wenn man nur Flügel hätte, könnte man nicht nur in die Weite davonfliegen, sondern auch in den Himmel hinauf. Im Gegensatz zu den unsichtbaren und düsteren Tiefen des Wassers war die Luft voller Zauber. Ich war viel zu jung, um mir zusammenhängende Vorstellungen zu bilden, aber dort auf der Steilküste von Trebarwith fragte ich mich beim Anblick der Vögel, die ich über dem Abgrund segeln sah, welche Magie sie schweben ließ. Ich denke, daß ich in Bilderbüchern Flugzeuge gesehen haben mußte, doch es kam mir nicht in den Sinn, daß sie richtig fliegen könnten. Diese Zauberkraft war den Vögeln vorbehalten. Und dann ließ mich eines Nachmittags ein Lärm am Himmel mit nackten Füßen aus dem Haus laufen. Da niemand auf den am Himmel schwebenden Gegenstand achtete, schrie ich, so laut ich konnte: »Schaut doch! Schnell, schnell! Ein Flugzeug!« Dieser Nachmittag wurde zu einem Samenkorn, das zur gegebenen Zeit keimen sollte.

Die zweite Fliegergeneration stand wie ich noch im Kindesalter, als die Deutschen am 11. November 1918 die Alliierten ersuchten, die Feindseligkeiten einzustellen, die sie selbst vier Jahre vorher angefangen hatten. Norman Ryder ist einer von ihnen und wurde fast zur gleichen Zeit wie ich geboren (sechs Tage später in seinem Fall). Er wuchs in Indien auf, woher auch ich stamme. Bob Tuck wurde geboren, als Tausende seiner Landsleute im Blutbad des ersten Tages der Somme-Schlacht fielen. In Westfalen kam Paul Temme als zehntes Kind seiner Familie an einem Novembertag auf die Welt, als der Winter dem schrecklichen Gemetzel ein Ende setzte. Sein Vater betete darum, daß sein Sohn niemals den Krieg kennenlernen sollte.

In Grevenbruck in Westfalen war Werner Borner der beste Schüler seiner Klasse. Und in Rheydt, im Rheinland, war Karl Missy gerade Abc-Schütze in der Volksschule geworden. Wer hätte ahnen können, daß diese beiden kleinen Deutschen, die sich jeden Morgen auf den Schulweg machten, eines Tages hinter dem MG eines Flugzeugs sitzen würden, um sich mit dem Kind, das von der Klippe bei Trebarwith auf die drohende See hinabblickte, ein Maschinengewehrduell zu liefern?

II

Der Weg zum Frieden

1

»Sie können sich entscheiden, ob Sie das Kriegsministerium oder die Admiralität vorziehen; in beiden Fällen können Sie dazu auch das Luftfahrtministerium mitübernehmen. Ich habe nicht die Absicht, ihm seine Eigenständigkeit zu belassen.«

Diese Worte richtete der Premierminister Lloyd George Anfang Januar 1919 an Winston Churchill. Und Churchill übernahm am 15. Januar das Kriegs- und das Luftfahrtministerium.

Trenchard war gerade in Southampton eingetroffen; seine Aufgabe hatte nicht das mindeste mit Luftfahrt zu tun. Meuternde Soldaten und Matrosen hatten sich der Docks bemächtigt. Ein Mann von seiner Autorität war nötig, um in dieser sehr brenzligen Situation die Ordnung wiederherzustellen.

Bei seiner Ankunft empfing ihn Fliegeroberst Smyth-Piggot herzlich im South Western Hotel; doch es fiel ihm auf, daß der große Mann aus den Tagen des Royal Flying Corps nicht mehr länger von einem großen Stab begleitet war. »Ehemals allmächtig, blieb ihm nun nichts mehr«, erzählte Smyth-Piggot. »Das Hotel war vollgestopft mit subalternen Offizieren. Der Radau war schrecklich. Und in diesem Schwarm schwatzender Papageien saß unbeweglich der alte Adler.« Für jemanden, der Trenchard immer von einer Kohorte von Wagen und Sekretären umgeben gesehen hatte, war es ein Schock, ihn nun »von allem entblößt« wiederzutreffen. Und Smith-Piggot schließt: »Soviel ich sehen konnte, war er ein erledigter Mann.«

Einige Wochen später, Anfang Februar, frühstückte er zusammen mit Trenchard und Maurice Baring, der Trenchards Adjutant war, seit er 1915 das Royal Flying Corps in Frankreich übernommen hatte. Man brachte Trenchard ein Telegramm, und Smyth-Piggot stellte fest, daß es für Trenchard unerfreulich sein mußte. Tatsächlich war es der Befehl, sofort nach London zurückzukommen und sich im Kriegs- und Luftfahrtministerium zu melden: »In dringenden Angelegenheiten der Luftstreitkräfte.« Beunruhigt fragte Trenchard sich, was das zu bedeuten habe.

Er brach sofort nach London auf und meldete sich bei Churchill im Kriegsministerium. Nach einem kurzen Eröffnungsgespräch beglückwünschte Churchill seinen Besucher, die Meuterei von Southampton meisterhaft überwunden zu haben. Dann kam der Minister auf die R.A.F. zu sprechen. »Hinsichtlich der Frage, ob sie autonom bleiben soll«, sagte er, »bin ich für jede Anregung zugänglich.« Darauf erläuterte Trenchard dem Minister seine Ansichten. Während er die autonomen Bomberstreitkräfte kommandierte, hatte er erfahren, wie groß die Freude persönlicher Machtbefugnis sein kann, wenn man von allen Regierungsintrigen und Bindungen frei ist. Die klebrige Atmosphäre in »Bolos Haus« hatte er vergessen, ebenso die strapaziöse Verantwortung, welche die entstehende R.A.F. mit sich brachte, bis er sie in die Hand eines Sykes übergeben hatte. Jetzt reagierte der alte Krieger äußerst heftig auf die lauen Gefühle des Ministers gegenüber der R.A.F., für die Trenchard seine Seele verkauft hätte. Die R.A.F. müsse um jeden Preis autonom bleiben. Eine andere Lösung gebe es überhaupt nicht.

»Was halten Sie in diesem Fall davon, wieder das Oberkommando über die Luftstreitkräfte zu übernehmen?« fragte Churchill. »Unmöglich«, erwiderte Trenchard. »Sie haben doch schon einen Generalstabschef.«

»Oh, lassen Sie Sykes meine Sorge sein!« beruhigte ihn Churchill. »Die zivile Luftfahrt wird dem Luftfahrtministerium unterstellt. Wir werden Sykes zum Generalsekretär ernennen und ihn zum Sir machen.«

Die Vorstellung, wieder zu einer Figur auf dem politischen Schachbrett zu werden, empörte Trenchard. Die Erinnerungen an Rothermere waren noch immer zu frisch. Churchill ahnte sein Zögern. »Im Kabinett werden Sie niemanden gegen sich haben«, sagte er. »Bedenken Sie die Sache. Inzwischen möchte ich gern, daß Sie Ihre Vorstellungen über eine Reorganisation des Luftfahrtministeriums schriftlich skizzieren und mir zuschicken.«

Noch am selben Abend machte sich Trenchard an die Arbeit. Er stellte sieben Paragraphen auf – nicht mehr als achthundert Wörter auf großformatigem Papier – und gab das Dokument mit Churchills Adresse auf die Post. Eine Woche verstrich ohne Antwort. Dann kam eine Ladung ins Kriegsministerium.

»Ihre Gedanken gefallen mir«, erklärte Churchill. »Sie müssen unbedingt zurückkommen. Von einer Weigerung will ich nichts hören.«

Am 15. Februar 1919 war Trenchard zum zweitenmal innerhalb eines Jahres der Stabschef der Luftstreitkräfte. Aber kaum zwei

Wochen danach warf die spanische Grippe ihn nieder. Und eine Lungenentzündung kam hinzu, die wenig Hoffnung auf eine Genesung ließ.

Churchills Vorgänger im Luftfahrtministerium, Sir William Weir, war nach seinen eigenen Worten »entsetzt und schockiert« über die Gleichgültigkeit Lloyd Georges gegenüber der Zukunft der R.A.F. Man muß allerdings auch sagen, daß der Premierminister, nach Sir Maurice Hankey, der als Sekretär des Kriegskabinetts »praktisch mit Lloyd George gelebt« hatte, durch die Einzelheiten der im Juni bevorstehenden Friedenskonferenz so beansprucht war, daß er unmöglich an irgend etwas anderes denken konnte; am allerwenigsten an die R.A.F., deren Auflösung seiner Meinung nach beschlossene Sache war.

Die Alliierten waren zum erstenmal im Januar 1919 zusammengekommen, um die Möglichkeiten einer Bestrafung Deutschlands zu diskutieren, Lloyd George hatte offen ausgesprochen, was er darüber dachte; in einem Memorandum vom 25. März 1919 schrieb er: »Es muß eine Regelung sein, die in sich keinerlei Vorwand für einen künftigen Krieg enthält. Sie können zwar Deutschland seiner Kolonien berauben, sein Heer auf eine bloße Polizeitruppe zurückführen und seine Flotte auf die einer Macht fünften Grades beschränken. Das wird es aber nicht daran hindern, schließlich, wenn es sich durch den Frieden von 1919 ungerecht behandelt glaubt, die Mittel zu einer fürchterlichen Rache an den Siegern zu finden.«

Doch je mehr Monate verstrichen und je näher der Juni kam, desto mehr schien der Geist der Verhandlungen sich zu wandeln. Nach William McElwee »ging Lloyd George an die Probleme des Friedensvertrages heran wie ein Advokat bei einem Abkommen voller Fallstricke oder bei einem politischen Kuhhandel. Er brachte für die Aufgabe in höchstem Grad die Geschicklichkeit eines walisischen Notars mit, nicht aber die Weisheit eines Staatsmannes, der sich seiner Verantwortung bewußt ist.«

Nach dem Willen der siegreichen Alliierten war die deutsche Luftwaffe zum Tode verurteilt. Man brauchte sie nur noch zu begraben, und der Artikel 198 des Friedensvertrages besorgte es. Er verbot für Deutschland jede militärische Luftfahrt. Das gleiche Verbot galt auch für Unterseeboote. Deutschland hatte nur das Recht auf ein Hunderttausend-Mann-Heer, die Reichswehr. Vergeblich plädierte

Friedrich Ebert, der Präsident der jungen Weimarer Republik, für Nachgiebigkeit. Clemenceau wollte davon nichts wissen. Am 16. Juni forderte er von der deutschen Regierung die Annahme des Vertrages innerhalb von fünf Tagen. Es blieb nichts anderes, als sich zu unterwerfen. Als am 28. Juni die Delegierten der alliierten Mächte sich im Spiegelsaal von Versailles einfanden, um die definitive Unterzeichnung des Vertrags zu vollziehen, hofften sie damit auf das Ende aller Kriege.

Der besiegte Feind teilte diese Ansicht jedoch nicht. Zehn Jahre später sprach der junge Adolf Galland, der gerade die Segelfliegerei erlernte, »von der Atmosphäre nationaler Frustration«. Der Mann, der eines Tages die Ketten brechen würde, könnte auf die bedingungslose Unterstützung der deutschen Jugend und auf die Begeisterung seiner Flieger rechnen.

Und diesen Mann gab es. 1919 hatte er in München eine neue Beschäftigung gefunden; seine angeborenen politischen Talente hatten Adolf Hitler die Ernennung zum »Bildungsoffizier« eingetragen, womit die Rolle eines Truppeninstrukteurs umschrieben wurde, der die Soldaten gegen sozialistische, pazifistische und demokratische Gedanken festigen sollte. Für den Augenblick war das eine ideale Stellung.

Um dieselbe Zeit begann eine andere Persönlichkeit von ganz anderem Schlag Pläne auszuarbeiten, um Deutschland aus den demütigenden Verpflichtungen des Versailler Vertrages zu lösen. Als Mitglied der deutschen Delegation auf der Friedenskonferenz kannte er den Geist der Rache bei den Alliierten aus eigener Erfahrung. Er hieß General Hans von Seeckt, und er tat sein möglichstes, damit sich Deutschland weder dem Buchstaben noch dem Geist nach an die im Versailler Vertrag vorgesehenen Klauseln über die Entwaffnung hielt.

Der junge Tom Gleave war 1911 erst drei Jahre alt, als ein kleiner Blériot-Eindecker, in Walton, einer Vorstadt von Liverpool, über sein Elternhaus flog. Von dem Augenblick an war er verrückt nach Flugzeugen. Übrigens: der Pilot, ein gewisser Melly, wurde von den Behörden verfolgt; man beschuldigte ihn, die Stadt Liverpool trotz des Verbotes überflogen zu haben. Zum Glück wurde er von diesem Delikt freigesprochen. Auch andere Flugzeuge, die vom anderen Ufer der Mersey kamen, überflogen von Zeit zu Zeit in niedriger

Höhe Toms Haus. Und der Junge verfolgte die Flugzeuge wie Schmetterlinge, sobald sie scheinbar landen wollten, um jedesmal, wenn er atemlos auf dem Feld stehenblieb, festzustellen, daß sie wieder verschwanden.

Als Anfang 1919 die Delegierten auf der Friedenskonferenz die Verhandlungen aufnahmen, wurde Toms Onkel an die Dienststelle für Flug-Heeresbestände auf dem Flughafen von Aintree berufen, der im übrigen durch das berühmte und mörderische Hindernis seiner Piste, den »Becher's Brook«, Becher-Bach, bekannter ist. »Ich lief sehr oft in Begleitung des treuen Jagdhundes der Familie zum Flugplatz«, erzählt Gleave. Der Betrieb war nur schwach; doch einen Piloten gab es, der offenbar aktiver war als die anderen. Tom entdeckte, daß dieser Mann Alan Cobham hieß, eben jener Cobham, dessen verblüffende Flüge im Lauf der folgenden zehn Jahre ihn zu einem der berühmtesten Pioniere der Luftfahrt machen sollten. Was aber Tom in Aintree am meisten auffiel, waren die Reihen der im Freien nebeneinander liegenden Flugzeugrümpfe mit ihren daneben aufgestapelten Flügeln. Im Inneren der Flugzeugfabrik gab es noch weitere Reihen von Flugzeugrümpfen, die mit dem Heck nach oben gelagert waren. Das Kind staunte vor allem, daß man gleichzeitig die Sperrholzrümpfe von zwei Wasserflugzeugen – für Spanien, wie er meinte – zusammensetzte, andererseits Dutzende von Maschinen in einer Ecke des Flugplatzes wie zu einem gewaltigen Johannisfeuer aufgestapelt lagen und funkelnagelneue Sunbeam-Arab-Motoren als Altmetall verkauft wurden. Was für ein Sakrileg! dachte der junge Tom. Und er war nicht der einzige. Denn das war das wenig ruhmreiche Los für die meisten der 2 200 Flugzeuge aus dem Besitz der R.A.F. nach Kriegsende von 1918. Feuer und Schrotthändler reduzierten die 96 Staffeln der R.A.F., die beim Waffenstillstand in Frankreich stationiert waren, im Mai 1919 auf 23. Davon waren nur zehn einsatzfähig, da die restlichen kein Bodenpersonal zur Instandhaltung der Flugzeuge hatten.

Trenchard überlebte seine Erkrankung, die für andere weniger robuste Konstitutionen fatal geworden wäre. Im Mai 1919 kehrte er ins Luftfahrtministerium zurück. Den ersten Schock versetzte ihm die Mitteilung, daß zahlreiche seiner besten Offiziere entlassen worden waren. Sogar Salmond, sein Nachfolger an der Spitze der R.A.F. in Frankreich, war selbst drauf und dran zu demissionieren.

Trenchard ließ ihn wütend wissen: »Man hat mir eine Stellung angeboten, die mir viermal soviel einbringt, als ich jetzt bekomme, außerdem noch zwei weitere, ebenfalls glänzende Stellungen. Ich habe abgelehnt..., um ohne Zögern diesen Posten anzunehmen. Wenn man mich nicht hinausschmeißt, habe ich die Absicht, bis ans Ende zu gehen, wenn ich auch dabei viel Geld einbüße und obwohl die Aufgabe sehr hart, schwierig und ziemlich unerfreulich ist.« Das war zuviel für Salmond. Er gab seinen Entschluß, den Abschied zu nehmen, auf.

Trenchard war überaus erfreut. Er brauchte Männer vom Schlag eines Salmond, denn er hatte bereits das Gefühl, daß die Existenz der R.A.F. als völlig autonomer Dienstbetrieb eine Tatsache sei, wenn auch ihr ungeheueres materielles Potential unter seinen Augen in Rauch aufging. Es war vor allem Winston Churchill zu verdanken, daß trotz des von Lloyd George über die R.A.F. verhängten Todesurteils, die Vollstreckung einstweilen aufgeschoben war. Trenchard arbeitete Tag und Nacht daran, dem verurteilten Dienstbetrieb eine Zukunft zu sichern. Er schrieb an Salmond: »Ich bin überzeugt, Ihre Zustimmung zu haben, wenn ich um keinen Preis nachgebe. Niemals wieder werden wir eine solche Chance haben...«
Im Juli hatte er eine Konfrontation mit dem Vorsitzenden des Obersten Heeresrates, Sir Henry Wilson. Die Diskussion drehte sich um die neuen Dienstgrade der R.A.F.
Wilson wandte sich höhnisch an Trenchard: »Sie wollen doch nichts anderes, als den Rang des Feldmarschalls in Mißkredit bringen, indem Sie den ‚Luftmarschall‘ erfinden!«
Aber Trenchard war dem Soldaten, der selbst den Rang eines Feldmarschalls hatte, um eine Länge voraus: »Daran hätten Sie früher denken sollen. Das Wort Marschall gibt es doch bereits in allen möglichen Zusammensetzungen.« Er führte eine ganze Anzahl davon auf, bis zum Hofmarschall und Reisemarschall und Marshall and Snelgrove, dem Namen des großen Londoner Kaufhauses. Zum Ärger Wilsons brach Churchill in ein dröhnendes Gelächter aus. Doch als Trenchard ein paar Tage später beim König im Buckingham-Palast das Thema von neuem anschnitt, meinte Georg V.: »Meinen Sie nicht, daß der Titel Luftmarschall in den Jagdgefilden des Allmächtigen wildert? Warum nicht einfach Marschall der R.A.F.?« Damit war die Sache erledigt.

Im März 1919 hatte das Parlament ein Budget von 66 Millionen Pfund für das Luftfahrtministerium bewilligt. Doch der größte Teil dieser Gelder war für die Auflösung der R.A.F. bestimmt. Und Trenchard sagte: »Ich stehe an der Spitze eines Nichts, abgesehen von zwei Trümmerhaufen, einem aus Mörtel und Backsteinen, dem anderen aus Männern.« Seinem Minister erklärte er, daß ihm 25 Millionen Pfund genügten, um auf diesen Ruinen wieder einen Dienstbetrieb aufzubauen.

Wenn Churchill sich über soviel Bescheidenheit auch freute, hatte Trenchard an der unerschütterlichen Hilfe, die ihm sein Minister gewährte, allmählich Grund zur Freude. Seit einiger Zeit hatte Churchill für die verlorene Sache der Weißrussen gegen die Bolschewiken Feuer gefangen. Die Millionen, die er für die 20 000 nach Rußland expedierten Soldaten verschwendete, alarmierten den Premierminister und das Kabinett. Lloyd George fand, daß ein Kriegs- und Luftfahrtminister »überhaupt nur noch den Bolschewismus im Kopf« habe. Es kam soweit, daß man unter den Ministern Churchill scheel ansah und von ihm nur als von »diesem wilden Mann« sprach.

Für Trenchard war das sehr schlimm. Wenn es etwas gab, worüber das Kabinett nicht mit sich spaßen ließ, dann war es das Geld. Lloyd George hatte ein Mittel gefunden, die Ausgaben der drei Kriegs-Departements zu drosseln. Man nannte es den »Zehn-Jahres-Plan«, und dieser besagte, daß das Land sich in den nächsten zehn Jahren in keinen Krieg verwickeln lassen werde. Man konnte ihn, wenn die Regierung es für gut befand, von Jahr zu Jahr verlängern. Eindeutig würde die R.A.F. als das zuletztgekommene der erste sein, der darunter zu leiden hatte. Wenn Churchill seine Mittel für das Kriegsministerium überzog, würde er gezwungen sein, die Ausgaben des Luftfahrtministeriums zu kürzen. Und ein gesondertes Luftfahrt-Departement aufrechtzuerhalten, wäre nicht die beste Art, das zu erreichen.

Trenchard mußte »unter einem Trommelfeuer der Kritik leben und arbeiten«. Er bemerkte dazu: »Höheren Orts lag man mir ständig in den Ohren, die Armee und die Flotte sollten meine Leute dazu ausbilden, Offiziere und Gentlemen zu werden ... Mir stünde es ja frei, soviel ich nur wollte, auch deren medizinische und zahnmedizinische Dienste, ihre Ingenieure, ihr Büropersonal, ihre Wissenschaftler und ihre Priester in Anspruch zu nehmen. Dadurch würde man einen Haufen Geld einsparen.« Nachdem er »ein wenig nachgedacht« hatte, schienen sich ihm zwei Wege anzubieten. Der eine war, dem Druck der Regierung und der älteren Waffengattungen nachzugeben. Das wäre seiner Meinung nach jedoch eine schlechte Verwendung der Luftstreitkräfte, die, wie er voraussah, dazu bestimmt waren, der Schlüssel für die Verteidigung des Heimatlandes zu werden. Der zweite Weg war, unter Mißachtung der anderen Dienststellen, die Fundamente zu legen – so schmal sie auch zur Stunde nur sein konnten –, Fundamente aber, die man in der Folge so leicht nicht wieder wegräumen könnte.

Zum Glück für England beharrte Trenchard auf diesem zweiten Weg. Damit tat er den ersten Schritt auf dem Weg, der zwanzig Jahre später zu einer Luftstreitmacht führen sollte, deren technisches Geschick, Bewaffnung und Kampfgeist auf der Höhe ihrer geschichtlichen Aufgabe waren. Hätte er früher oder später nachgegeben, so wären Wissenschaft, Technik, Ausbildung und Tradition in den Händen von Leuten geblieben, die kein Verständnis dafür haben konnten. Armee und Marine hätten niemals eine so wirksame Waffe zu konzipieren vermocht, wie das Jagdkommando es war, so wenig wie ja auch die Männer des Fliegerkorps die spezifischen Probleme und Gefahren der Infanterie oder Marine erfolgreich hätten lösen können. Der Krieg in der Luft erforderte genau wie der Krieg zur See und zu Lande erfahrene Fachleute.

Doch in dem Augenblick, in dem Trenchard diese folgenschwere Entscheidung traf, hatte er das Gefühl, als ob ihm Churchill, der ihm doch so sehr geholfen hatte, nun den Boden unter den Füßen wegzog. Er stellte eine Tendenz seines Ministers fest, »auszuweichen, wenn man ihn angriff«, im krassen Gegensatz zu dem Churchill von 1940. Er sah ihn in Gefahr, sich von den Argumenten der Generäle und Admiräle überzeugen zu lassen. Daher entschloß sich Trenchard, den Stier bei den Hörnern zu packen. Am 11. September 1919 kam er unangemeldet zu Churchill. Nach einigen Minuten entstand zwischen den beiden Männern ein Hin- und Hergebrüll, dessen Echo in den würdevollen Korridoren des Kriegsministeriums widerhallte.

Als die Ruhe endlich wieder eingekehrt war, sagte Churchill nachdenklich: »Gerade haben Sie gesagt, daß es doch absurd wäre, die gut ausgebildeten Flieger zu Chauffeuren für das Heer und die Flotte zu machen. Das Argument ist gut. Ich möchte, daß Sie dieses

und alle anderen, die Sie vorgebracht haben, schriftlich ausarbeiten.«
Kaum sieben Monate war es her, seit Trenchards erster Bericht
Churchills Zustimmung erhalten hatte: »Ihre Gedanken gefallen
mir.« Wieder einmal setzte er sich wie ein braver Schüler an seine
Hausarbeit und beendete spät in der Nacht seinen »Entwurf«. Das
Wesentlichste ließ sich in den Worten zusammenfassen: »Ich glaube,
die Experten werden einstimmig den Schluß anerkennen, daß in
den kommenden Jahren die Luftstreitmacht eine immer größere
Bedeutung gewinnen wird... Die Alternative scheint mir einfach
zu sein: 1. Entweder das Flugzeug ausschließlich als Transportmit-
tel zu benützen, wobei es von Piloten des Heeres und der Flotte
geflogen wird, denen man Aufträge der Aufklärung... der Bombardierung... und der Artilleriebeobachtung überträgt; 2. Oder
aber wirklich ein Luftdepartement zu schaffen, das die Luftfahrt
generell fördert und entwickelt und einen Korpsgeist erweckt...,
um daraus eine Streitmacht zu machen, welche die Strategie der Zukunft von Grund auf verändern wird.«
Churchill machte sich zum Echo dieser Worte, als er den detaillier-
ten Plan Trenchards dem Kabinett vorlegte: »Wenn wir die Über-
macht, die wir in den letzten fünf Jahren – und um welchen Preis –
errungen haben, nicht aufgeben wollen, dann müssen wir eine wirkliche Waffengattung schaffen, die von hoher Wirksamkeit ist, ohne
daß sie deswegen allzu groß zu sein braucht.«

Wie ein bedrohlicher Schatten tauchte nun eine neue Figur am Horizont auf: Admiral David Beatty, der Held der Skagerakschlacht
und Archetyp des britischen Seemanns mit der ganzen Sturheit einer
Bulldogge. In seinem Kielwasser folgten ihm mit Volldampf voraus eine ganze Flottille anderer Marineoffiziere, einschließlich des
Schwagers Trenchards, Admiral Roger Keyes, und sie alle waren
entschlossen, das Marinefliegerkorps der R.A.F. zu entreißen, um
es wieder sicher in den Hafen der Flotte zu führen.
Beatty ging zunächst sehr vorsichtig vor, und zwar aus offensicht-
lichen Gründen. 1917 hatte er die Übernahme des Marinefliegerkorps in ein gesondertes Luftdepartement befürwortet. Doch er
warf schon sehr bald das Ruder so unvermutet herum, daß es
zwangsläufig zum Zusammenstoß mit Trenchard kommen mußte.
Trenchard gab einen Schuß vor den Bug ab, als er dem Admiral
am 22. November einen Brief schrieb. Er sprach darin von der Zu-

kunft der R.A.F. und von seinem Plan, der für die neue Waffengattung zwei Zweige vorsah, die jeweils zur Zusammenarbeit mit der Armee und der Flotte ausgebildet werden sollten. Doch der größte Teil der R.A.F., betonte er, würde »eine autonome Luftstreitmacht« werden. Er forderte eine Schonzeit, in der man sich jeder Kritik enthalten sollte.

Inzwischen hatte Beatty Generalstabschef Wilson auf seine Seite gezogen, der zwar nur ein Mitläufer, aber in der Lage war, eine Menge Scherereien zu machen.

Die Feindseligkeit Beattys richtete sich vor allem gegen den Beschluß, Trenchard die Befehlsgewalt über die gesamte Fliegerei, einschließlich des Marinefliegerkorps, zu übertragen. Das war ein Schlag gegen die Ehre und das Erstgeburtsrecht der Flotte. Wilson dagegen hegte ein persönliches und heftiges Vorurteil gegen Trenchard und überhaupt gegen alle Flieger. Trenchard wünschte sich nichts anderes, als »in einen offiziellen Ring steigen zu können, um Wilson und Beatty gegenübertreten zu können. Wenn sie mich fertigmachen wollen«, fügte er hinzu, »werden sie dann gezwungen sein, nach fairen Boxregeln zu kämpfen«. Doch Beatty, sein wichtigster Gegner, wich aus. Trenchard entschloß sich darum, ihn zu stellen.

An einem trockenen und hellen Wintertag, zu Beginn der zweiten Dezemberwoche 1919, fiel der Sonnenschein schräg in das Büro des Ersten Lords der Admiralität. Beatty saß aufrecht hinter seinem Schreibtisch, als Trenchard eintrat. Hinter ihm stützte Wilson sich mit den Ellbogen auf den Kaminsims; das Monokel im Auge ließ sein von Runzeln durchzogenes Gesicht noch zynischer als gewöhnlich aussehen. Er war nur gekommen, um sich über die Breitseiten zu amüsieren, die der Admiral abfeuern würde.

Trenchard spürte die Feindseligkeit. Außerdem war er überzeugt, daß weder Wilson noch Beatty seine Doktrin von der Einheit und Unteilbarkeit der militärischen Luftfahrt akzeptierten. Das stehe hinter seinen Argumenten, hatte Wilson in einem Brief Beatty auseinandergesetzt, weil es ihm darum gehe, die Kontrolle über die Gesamtheit der R.A.F.-Geschwader zu behalten, einschließlich derer, die mit der Armee oder der Marine zusammenarbeiteten. Aber Beatty wollte davon nichts wissen: die Staffeln des Marinefliegerkorps konnten nur zur Flotte gehören.

Als die Diskussion sich erhitzte, begann Trenchard in dem großen Büro auf und ab zu gehen. Wilson blieb ungerührt am Kamin stehen und begnügte sich damit, wiederholt, bei allem, was der Admiral vorbrachte, »völlig richtig, völlig richtig!« zu sagen. Beatty ließ sich seine Ungeduld anmerken. Er mußte seine Augen gegen die Sonnenstrahlen abschirmen, um dem Hin- und Hergehen Trenchards folgen zu können. Schließlich stand er wütend auf und begann, auch seinerseits mit großen Schritten in entgegengesetzter Richtung auf und ab zu gehen. Keiner der beiden Männer wollte auch nur einen Daumenbreit nachgeben. Doch plötzlich sagte Trenchard: »Wenn Sie beide entschlossen sind, mir entgegenzutreten, kann ich nichts machen. Ich bitte nur um eines, mir eine faire Chance zu geben: lassen Sie mir ein Jahr Zeit, um die Dinge ins Rollen zu bringen.«

Beatty schien den Vorschlag vernünftig zu finden. »Also gut«, erwiderte er. »Ich werde Sie ein Jahr lang in Ruhe lassen.«

Diesmal kam von Wilson keinerlei Zustimmung. Er hatte keine Lust, Trenchard Konzessionen zu machen.

Im Adastral House, dem neuen Hauptquartier des Luftfahrtministeriums in Kingsway, hatten Trenchards »Gehilfen« den ersten Entwurf seines Memorandums für alle, die es interessieren konnte, zu einem Weißbuch erweitert. Trenchard – wie später ein anderer seiner Mitarbeiter, John Slessor, der heutige Marshall of the R.A.F., schreiben sollte – Trenchard »verstand sich nur schlecht auszudrücken. Sein Geist war schneller als seine Zunge. Er war schon physisch kaum in der Lage, seine Gedanken zu Papier zu bringen; seine Handschrift war unglaublich, sein Diktat ein wahrer Alptraum für die Sekretärinnen«. Auf keinen Menschen hat er je den Eindruck gemacht, »der Typ des intellektuellen Offiziers« zu sein. Das Geheimnis seines Erfolgs lag in »einem Gespür, einem Instinkt, der es ihm möglich machte, genau auf den Kern der Probleme zu stoßen«.

Am 11. Dezember, ein paar Tage nach Trenchards Zusammenkunft mit Beatty und Wilson, wurde sein Memorandum durch Churchill dem Parlament vorgelegt. Die Aufnahme war lau. Die Abgeordneten blieben apathisch und gaben damit die Stimmung der öffentlichen Meinung wieder. Die Presse, vor allem die Blätter von Rothermere und von Northcliffe, zeigte sich in ihrem Mangel an Begeisterung noch freimütiger. Nur sehr wenig Leute begriffen, daß das Memorandum eine der beachtlichsten Erläuterungen von Militärpolitik war, die je geschrieben worden waren. Noch niemand hatte es sich einfallen lassen, die Statuten einer Waffengattung im einzelnen zu Papier zu bringen. Die Armee und die Flotte hatten sich im Verlauf der Jahrhunderte englischer Geschichte von selbst geformt. Die R.A.F. dagegen war nach ein paar kurzen und hastigen Diskussionen durch eine Parlamentsakte ins Leben gerufen worden. Außer dieser Akte selbst hatte man alles, was davon noch geblieben war, ins Feuer oder zum Schrott geworfen.

Das Memorandum war das Werk eines Fachmannes und eines Propheten. Es wiederholte die grundsätzliche Notwendigkeit einer Autonomie der neuen R.A.F. Trenchard faßte darin in einem Zug die vordringlichen Bedürfnisse der neuen Waffengattung zusammen: technische Experten für die Forschung und Entwicklung der aeronautischen Wissenschaft; Ausbildungsstätten für Offiziere, Piloten und technisches Personal. Aus der Luftkadettenschule würden ständig von neuem geprüfte aktive Offiziere etwa ein Drittel des Bedarfs stellen; die beiden anderen Drittel würden von »Offizieren auf Zeit« gebildet, die sich für fünf Jahre verpflichteten. So würde eine Reserve bei geringstem Kostenaufwand entstehen. Eine Reserve von »Sonntagsfliegern« würde für die stehenden Geschwader einen ständigen Rückhalt garantieren. Ein Teil der R.A.F. würde speziell dafür ausgebildet werden, mit der Flotte zusammenzuarbeiten, ein anderer Teil mit der Armee. Um die Qualität des Personalbestandes zu sichern, würde der Ausbildung die unbedingte Priorität eingeräumt. Die Offiziere müßten lernen, mehr als nur Piloten zu sein, die Mechaniker Meister ihres Handwerks werden.

Das Memorandum legte die Bedürfnisse und Funktionen der neuen Waffengattung mit solcher Genauigkeit dar, daß es noch fünfzehn Jahre später fast in derselben Formulierung die Grundlage für den gewaltigen Erweiterungsplan der R.A.F. bot. Außerdem sollte es zu einem Modell für die meisten Luftstreitkräfte der Welt werden und schließlich auch das Leben von Tausenden wie mich an der Schwelle zu einer neuen Epoche der Fliegerei formen.

Unter denen, die nicht nur im Schatten Trenchards Memorandum, sondern auch in dem seines Verfassers standen, befand sich auch Fliegeroberst Hugh Dowding, inzwischen Kommandant des 1. Ausbildungslagers in Kenley bei London. Er stand offenbar noch immer auf Trenchards Liste, da ihm trotz seiner Begabungen als Flieger und als Verwaltungsoffizier keinerlei Angebot gemacht worden war, ständig in die R.A.F. einzutreten. Es sah so aus, als ob man ihn bald bei der Artillerie wiederfinden würde.

In dem Vorwort zu seinem Memorandum verglich Trenchard die R.A.F. mit dem Wunderbaum des Propheten Jonas: »Die Kriegsnotwendigkeit hat sie über Nacht entstehen lassen, aber die Friedenswirtschaft hat sie weitgehend an einem einzigen Tag verkümmern lassen.« Diese Worte gaben dasselbe wieder, wie die mit Kreide geschriebene Inschrift auf dem Schwarzen Brett im Flugzeugführerraum des deutschen Geschwaders: »Im Krieg geboren, im Krieg gestorben.« Der einzige Unterschied war, daß die einst siegreiche R.A.F. noch nicht ganz tot war. Nichtsdestoweniger war sie aber fast auf den gleichen Stand reduziert wie die besiegten Gegner. Und das war nicht die einzige Gemeinsamkeit. Wenn auch nur in der Vorstellung des Generals von Seeckt, stand das Wiederaufleben der deutschen Luftfahrt ebenso wie das der R.A.F. nahe bevor.

Carl August von Schoenebeck und die Flieger seiner 33. Staffel waren tief betroffen, als sie am 11. November 1918 die Nachricht vom Waffenstillstand erfuhren. Seine Fokker D 7 den Siegern auszuliefern kam für den Staffelkapitän von Schoenebeck ebensowenig in Frage wie für Hermann Göring. Sobald das Wetter es erlaubte, startete er von dem Fliegerhorst bei Brüssel und steuerte mit seiner Staffel Döberitz bei Berlin an. Carl von Schoenebeck und seine Kameraden waren noch nicht kriegsmüde; sie meldeten sich zu einem Freikorps, um sich im Baltikum mit den Bolschewiken herumzuschlagen.

Während des Sommers 1919 befand sich von Schoenebeck mit seiner Staffel 421 in Altautz in Kurland. Eines Tages tauchten unvorhergesehen britische Offiziere auf, die aus Riga kamen. Sie erklärten kurz, daß sie zur Alliierten Kontrollkommission gehörten. Zum Teufel mit diesen lästigen Engländern, dachten Schoenebeck und seine Freunde, und während jene sich bei den Flugzeugen und Hangars zu schaffen machten, »manipulierten« die Deutschen die Fahrzeuge der Engländer so, daß sie bei der Abfahrt nicht ansprangen. Zuvorkommend boten darauf die Leute von der Staffel ihre eigenen Fahrzeuge an. Ein ausgezeichneter Tausch, denn die englischen Wagen waren von bedeutend besserer Qualität.

Hauptmann Werner Junck hatte das Kriegsende in Schlesien erlebt. Die Auflösung seiner Jagdstaffel vollzog sich ohne Zwischenfall, und er ging in Weihnachtsurlaub. Aber wie von Schoenebeck fühlte er sich durchaus geneigt, den Krieg fortzusetzen, und als es in Oberschlesien zu Kämpfen zwischen deutschen Freikorps und polnischen Freischärlern kam, nahm er die Gelegenheit wahr, an Ort und Stelle eine Jagdstaffel aufzustellen. Die Maschinen – es waren Siemens SSWD 3 – gehörten zum Flugpark der Reichswehr in Brieg. Um nicht die Aufmerksamkeit der Alliierten Kontrollkommission zu erregen, zog man es vor, von einem grenznahen Flugplatz aus zu operieren.

Jeden Abend bei einbrechender Nacht brachte Werner Junck eine Maschine dorthin. Seine Mechaniker lagen im Gebüsch versteckt auf der Lauer und eilten herbei, um die Maschine in dem Schuppen einer nahen Zuckerfabrik zu verstecken. Nach einem Dutzend Expeditionen dieser Art war die Staffel einsatzbereit. Doch Gerüchte sickerten durch und gelangten zu Ohren der Kontrollkommission. Junck mußte seine gesetzwidrige Kampfstaffel auflösen, und sie wurde schmählich vom 8. motorisierten Infanteriebataillon übernommen.

Die Kontrollkommission versagte in einer schwierigen Aufgabe. Das war zum Teil ihre eigene Schuld, vor allem aber lag es daran, daß die deutschen Militärs nicht die geringste Absicht hatten, den Buchstaben und noch weniger den Geist des Versailler Vertrags zu respektieren. Natürlich zur größten Freude eines von Schoenebeck, eines Werner Junck und einer Menge junger Flieger, die voll bitteren Ressentiments waren, weil man ihnen die Flügel gestutzt hatte. Carl von Schoenebeck wurde im November 1919 von einem Flakgranatsplitter am Fuß verwundet, als er bolschewistische Bodentruppen mit dem Maschinengewehr beschoß. Nach Deutschland zurückgekehrt, fand er in keinem Lazarett Aufnahme, denn die Reichsregierung hatte ihm wegen seines Kampfes gegen die Roten die deutsche Staatsbürgerschaft entzogen. Nach seiner Ausheilung bei Freunden, die ihn aufgenommen hatten, fuhr er nach Freiburg und trat in die Reichswehr ein.

Der Versailler Vertrag hatte die kaiserliche Armee und den Großen Generalstab aufgelöst und deren Wiedererrichtung untersagt. Die Reichswehr bildete den Rumpf der zahlenmäßig begrenzten

Armee, die Deutschland aufstellen durfte. Trotz des Vertrags gelang es General Hans von Seeckt, sich mit 55 Generälen und 670 Generalstabsoffizieren zu umgeben, während weitere 300 Offiziere in dem grauen, massiven Bau des Reichswehrministeriums in der Berliner Bendlerstraße saßen.

Das Regiment des Generals von Seeckt war das Badische Leibgrenadier-Regiment. Carl von Schoenebeck wurde die Ehre zuteil, hier einzutreten. Wie die anderen Offiziere widmete er dem General einen wahren Kult. Von Seeckt war wenig gesprächig, und man nannte ihn »die Sphinx«. Groß, schlank und sich sehr gerade haltend, elegant in seiner tadellos geschneiderten Uniform stellte er den Idealtyp des deutschen Generals dar. Ein Schnurrbart, der ihm eine zynische Falte im linken Mundwinkel zu verbergen half, und das Monokel riefen den für den deutschen Offizier charakteristischen Eindruck hervor. Nur die Hände waren nicht die eines Soldaten, sondern lang, feingliedrig und eher die eines Künstlers.

Anfang 1920 hielt von Seeckt anläßlich einer Inspektion des 8. motorisierten Infanteriebataillons dem Sinn nach folgende Rede: »Es sei nutzlos, den Kampf gegen die Russen fortzusetzen. Die Stunde des Kampfes sei für Deutschland noch nicht gekommen. Sie müßten sich in den kommenden Jahren darauf vorbereiten. Dann erst werde der Augenblick gekommen sein.«

Die Worte machten tiefen Eindruck auf Werner Junck. »Der Champagner floß in Strömen. Wir fühlten, daß von Seeckt recht hatte; er war ein außerordentlicher Mann, der beste General, den wir je hatten.« In der Reichswehr gab es keinen Offizier, der sich nicht, noch unter dem Eindruck der Niederlage, durch die Kraft der Autorität und den stummen Willen dieses Mannes, dem Vaterland die Ehre – und die verlorenen Gebiete– zurückzuerobern, ermutigt gefühlt hätte. Werner Junck kehrte also zu seinem 18. Infanterieregiment zurück. Wie die anderen ehemaligen Flieger in der Reichswehr, gehörte er zu einer besonderen Rasse: »Wir ähneln dem Trakehner-Vollblut und sind wie sie mit glühenden Eisen gebrannt«, sagte er. Der Offizier, der das Regiment kommandierte, enttäuschte ihn allerdings. »Sie und Ihre netten Bengels von der Fliegerei!« spöttelte er. »All das ist jetzt vorbei.«

Das war aber nicht die Meinung des Chefs der Reichswehr. Einen Monat, bevor er auf diesen Posten berufen wurde, versammelte er die Offiziere seines ganzen Stabs und brachte sie in Fahrt, indem er ihnen von der Forderung der Alliierten berichtete, welche die Auslieferung des Kaisers und der anderen »Kriegsverbrecher«, vor allem der Generäle des ehemaligen kaiserlichen Heeres, verlangten. Wenn die deutsche Regierung darauf eingeht, erklärte er, würde die Reichswehr wieder zu den Waffen greifen und sich kämpfend so weit zurückziehen, bis sie sich mit der russischen Armee vereinigte. Dann würde sie kehrtmachen, Polen liquidieren und den Marsch nach Westen gegen die Franzosen und die Briten antreten.

Die drei Hauptziele im Denken des Generals waren: 1. Polen von der Landkarte vertilgen, 2. mit den Russen zusammengehen. Obwohl er mit den Kommunisten nicht sympathisierte, respektierte er ihre kämpferischen Qualitäten und war entschlossen, mit ihrer Hilfe den dritten Punkt seines Programms durchzusetzen: 3. seinen Lieblingswunsch, die Wiedererrichtung der deutschen Kriegsmaschinerie. So traditionsgebunden von Seeckt auch war, so war er doch – im Gegensatz zu dem Briten Wilson – aufgeschlossen für die Möglichkeiten einer Luftwaffe. So ging er sofort daran, im Reichswehrministerium eine geheime Luftfahrtabteilung ins Leben zu rufen. Hundertachtzig ehemalige Fliegeroffiziere wurden zweckentsprechend in die Reichswehr eingereiht, während andere Armeeoffiziere der geheimen Luftfahrtabteilung zugeteilt wurden. Unter den letzteren befanden sich auch Albert Kesselring, der von der Artillerie kam, Hans Jürgen Stumpff und Hugo Sperrle, der ehemalige Beobachter bei den Heeresfliegern. Sie sollten 1940 die Befehlshaber der drei Luftflotten sein, mit denen Göring England angriff. Göring selbst war nicht müßig. In Stockholm war er voll ausgelastet, das Vergnügen, der schönen Karin, der Frau des Schweden Nils von Kantzow, den Hof zu machen, mit den seriösen Aufgaben des Leiters der schwedischen Luftfahrtgesellschaft, der Svenska Lufttrafik, zu verbinden.

2

»Die Desintegrierung der Völker... wird das unmittelbare Werk... der Luftstreitkräfte sein...« Diese Worte des italienischen Generals Giulio Douhet stehen in seinem 1921 erschienenen Buch *Die Luftherrschaft*. Seine extremen Ansichten schockierten und beleidigten sowohl seine Landsleute als auch das Ausland. Die alte Garde – Soldaten, Seeleute wie auch Zivilisten – bezeichnete seine Schriften als lächerlich. Sogar die Luftfahrtexperten meinten, er übertreibe. Wie Trenchard war auch Douhet ein Prophet, der seiner Zeit voraus war, seine Ansichten blieben jedoch in Deutschland nicht unbeachtet. Hans von Seeckt sprach zwar sehr selten von der Fliegerei und noch weniger von Douhet. Aber es war nicht weiter verwunderlich, daß die »Sphinx«, die ja nie sehr redselig war, über die militärische Luftfahrt stumm blieb. Sie war für Deutschland durch den Versailler Vertrag verboten. Und um sie neu zu schaffen, bedurfte es gewundener Schleichwege.

Die grauenvollen Visionen einer Apokalypse, wie sie der prophetische Flieger Douhet entworfen hatte, drangen nicht bis in die Kreise der britischen Armee vor, um von der öffentlichen Meinung in England ganz zu schweigen. Slessor, einer der Mitarbeiter Trenchards, schrieb: »Wir alle, die Offiziere der neuen R.A.F., verbrachten angeblich unsere Nächte damit, die Werke des Generals Douhet zu studieren. Vielleicht stand sein Buch in den Regalen der Bibliothek unserer Generalstabsschule. Ich für mein Teil habe es aber nie zu Gesicht bekommen.«

Schließlich hatten die Briten ihren eigenen Propheten: Trenchard sollte sogar noch weiter gehen als Douhet. Die Meinung, die er öffentlich äußerte, daß »man vielleicht den Tag erleben wird, an dem die Regierungen in Unterständen leben und tief unter dem Erdboden beratschlagen«, konnte zwar als ein schlechter Scherz dieses »Luftfahrtnarren« gelten, wie ihn die meisten nannten. Eine andere Sache aber war es mit dem offiziellen Bericht, der im März 1921 folgte. Er schlug in den Büros der Admiralität wie eine Bombe ein. Unter Berücksichtigung der Sparmaßnahmen bei der Regierung gründete Trenchard geschickterweise seine Argumentation auf wirtschaftliche Erwägungen. Er schlug ganz einfach vor, daß die bisherige Rolle der Flotte, England gegen die Angriffsabsichten anderer Länder zu schützen, nunmehr von der R.A.F. übernommen werden müsse. Das Meer könne nicht mehr wie zu Shakespeares Zeiten und in den folgenden Jahrhunderten als Schutzwall dienen. Kriegsschiffe und Flugzeugträger waren, nach Trenchard, »kostspielig und verwundbar«. Bei gleichem Gewicht war eine Bombe wirkungsvoller als eine Schiffsgranate und konnte in größerer Entfernung niedergehen. Selbst wenn die Wirkung von Luftangriffen auf große Schiffe noch zu beweisen bliebe, so könne doch niemand leugnen, daß ein einziger Panzerkreuzer soviel koste wie mehrere Bomber- und Torpedostaffeln.

Trenchard ging heftig mit den herkömmlichen Ansichten der alten Waffengattungen ins Gericht. Neue Ideen und Phantasie seien unbedingt nötig, um eine Defensiv-Strategie zu schaffen. In Zukunft käme die schwerste Bedrohung für Großbritannien »nicht von einer Landung auf den Inseln, sondern von wiederholten Einflügen feindlicher Flugzeuge auf breitester Front. Sofern wir ihnen nicht eine entsprechende Verteidigung entgegensetzen können, müssen wir mit einem Zusammenbrechen des öffentlichen und zivilen Lebens rechnen... wie es früher nicht vorstellbar war. Das Heer und die Flotte können uns materiell gegenüber dieser Art Angriff nicht helfen... Die Verantwortung dafür muß vom Luftfahrtministerium übernommen werden.«

Als Antwort auf diese zwar ketzerische, aber unwiderlegbare Argumentation, die Churchill buchstäblich entzückte, stimmten Beatty und Wilson im Chor den alten Refrain an: »Gebt jedem von uns beiden seine Fliegerverbände zurück!« Im Verteidigungsausschuß endeten die geheimen Debatten in einer Sackgasse. Die Regierung bat Arthur Balfour, das dienstälteste ihrer Mitglieder, um ein Schiedsurteil. Zwei Monate lang hörte er die Meinung der beiden entgegengesetzten Parteien an. Dann stellte er folgende Frage: »Gibt es militärische Operationen, in deren Verlauf die Hauptverantwortung auf den Luftstreitkräften lastet?... Die Luftwaffe behauptet es, und mir scheint, daß dieser Anspruch berechtigt ist.«

Hinsichtlich der Verteidigung gegen Luftangriffe gab Balfour zu bedenken: »Wir haben es hier mit militärischen Operationen zu tun, die nur von den Luftstreitkräften ausgeführt werden können... Man neigt zuweilen dazu... die militärische Wirkung von Luftangriffen zu bagatellisieren. Man verbreitet manchmal das Bild eines England, dessen Hauptstadt zwar in Ruinen liegt, wo jedoch die Admiralität und das Kriegsministerium ihre Aufgaben weiter erfüllen, indem sie sich unerschrocken in irgendeine stillgelegte Kohlengrube zurückziehen. Selbst eine solche Katastrophe, so behauptet man, würde in keiner Weise den Ausgang eines Krieges beeinflussen.« Mit maßvollem Ernst fuhr er dann fort: »Die Geschichte beweist, daß der Friede meist ausgehandelt wird, lange bevor die Besiegten in diese bedauerliche äußerste Lage gebracht worden sind.

Aber selbst wenn... die Vorstellung, daß der Generalstab der Armee und der Marine heroisch den Kampf von einer Kohlengrube aus weiterverfolgen, weniger katastrophal sein mag, als sie erscheint, würden doch die feindlichen Flugzeuge in der Lage sein, ihr Zerstörungswerk zu vollenden, unabhängig von der Zahl und dem Heldentum von Heer und Flotte des Landes, das sie in einen Trümmerhaufen verwandeln.«

An einem schwülen Augusttag klingelte das Telefon in Trenchards Büro. Am Apparat war Guest, der Luftfahrtminister, der die Entscheidung Balfours durchgab. Er hatte kaum eingehängt, als Trenchard schon auf alle Knöpfe der Zentrale drückte. In wenigen Augenblicken war sein ganzer Stab um ihn versammelt. »Wir haben gewonnen!« verkündete er strahlend. Am nächsten Tag las er in seinem Exemplar des Balfour-Berichtes: »Ich bin zu dem Ergebnis gekommen, daß die Luftstreitmacht autonom sein muß. Gegen Fliegerangriffe können Heer und Flotte nur zweitrangige Rollen spielen.«
Trenchard hatte die erste Runde nach Punkten gewonnen. Doch er mußte aus seiner Ecke kommen, um die zweite zu bestehen, und zwar rascher, als er erwartet hatte. Und der Schiedsrichter hatte gewechselt. Diesmal hieß er Eric Geddes. Die von allen Seiten der Verschwendung beschuldigte Regierung bat Geddes um einen Vorschlag, wie sie ihre Ausgaben auf ein Minimum reduzieren könnte. Die R.A.F. stand obenan auf Geddes' Liste der Sparmaßnahmen und wurde als erste vorgeladen.
Trenchard fürchtete die Wirkung dieser Sparmaßnahmen auf die R.A.F., »diesen jungen Baum mit tiefen Wurzeln«, den er so sorgfältig während der Stürme der letzten achtzehn Monate gepflegt hatte. Vielleicht würden die älteren Waffengattungen ihn fällen, um ihn zu zersägen. Seine Befürchtungen erwiesen sich sehr bald als begründet. Wilson beauftragte die Heeresbüros, einen Vermerk in Umlauf zu setzen, worin empfohlen wurde, daß Geddes vor allem beim Luftfahrtministerium Budget-Einsparungen erzielen solle. Der Tiefschlag überraschte Trenchard keineswegs; er erwiderte: »Ich begrüße von ganzem Herzen jede Anregung zu einer sorgfältigeren Untersuchung... vorausgesetzt, daß auch das Heer einer solchen unterworfen wird.... Ich bin sicher, daß die Luftstreitkräfte unsere am wenigsten kostspielig Verteidigungsmittel

sind und daß, sofern man uns nur mit der Zeit gehen und aus den eingefahrenen Geleisen einer veralteten Dogmatik herauskommen läßt, die Übertragung mancher dem Kriegsministerium anvertrauten Funktionen an das Luftfahrtministerium... wesentliche Einsparungen bedeuten würde.«

Das Argument war einleuchtend. Und Geddes war beeindruckt von der Hilfe, die er vom Luftfahrtministerium erhielt, nachdem Trenchard angeordnet hatte, daß dem Untersuchungsausschuß alle Akten zur Verfügung stehen sollten. Doch so intelligent und scharfsinnig der »Großinquisitor« auch war, so wußte er doch nicht das Heck eines Flugzeugs von dessen Schnauze zu unterscheiden. Trenchard gab sich viel Mühe, »Geddes zu unterrichten, ohne ihm bange zu machen«.

Im Oktober schoß die Admiralität ihre Torpedos ab. Admiral Sir Ernie Chatfield schrieb dem neuen, der Marine beigeordneten Generalstabschef, Admiral Roger Keyes: »Wir haben endlich mit der Offensive auf das Luftfahrtministerium begonnen, auf dem Umweg über die Geddes-Kommission.« Der Zufall wollte es, daß Keyes Trenchards Schwager war, und die Familienbeziehungen, besonders zwischen den Damen, kühlten sich ab, je heißer der Streit zwischen Luftfahrt und Marine wurde.

Da mischte sich Churchill, ein kriegerisches Funkeln in den Augen, unter die Streiter und führte, in seiner Eigenschaft als anerkannter Experte in Sachen der Verteidigung, den Entscheidungsschlag. »Wir sind überzeugt, wenn der Krieg abermals in großem Ausmaß ausbräche, hätte jene Macht, die das Studium des Luftkrieges am weitesten vorangetrieben hat, von vornherein einen gewaltigen Vorsprung... Wir betonen, daß es die britische Politik sein muß, die Luftstreitkräfte als Waffe ersten Ranges zu entwickeln... Diese neue Waffe mit ihrem unermeßlichen Potential in einem Zustand ewiger Versklavung unter die Flotte und das Heer zu halten... hieße, ihre Entwicklung in entscheidender Weise zu hemmen... Wir glauben, daß die Entwicklung einer autonomen Luftstreitmacht sich weitgehend auf die Kosten der beiden älteren Waffengattungen vollziehen wird... und daß es auch wesentliche Einsparungen in deren Budgets mit sich bringen dürfte.«

Das spornte den Eifer von Geddes nur noch mehr an, als er sich die Rechnungslegungen von Heer und Flotte vornahm. Wilson ging jetzt einen Schritt weiter, um die Aufmerksamkeit von Geddes abzulenken. Am 18. November wohnte er einer Gedächtnisfeier zu Ehren eines Regiments in Amiens bei. Hier, auf französischem Boden, nahm er die Gelegenheit wahr, um die R.A.F. zu beschimpfen, indem er sie in einer Rede als »Unternehmen zum Abschlachten von Frauen und Kindern« bezeichnete.

Trenchard las die Rede am folgenden Tag als Schlagzeile auf der ersten Seite der gesamten Presse. In einem Brief an Wilson gab er seinem Zorn und seinem Ekel Ausdruck. »Es ist unmöglich, unter den ständigen Attacken – die von Ihnen angeregt oder ausgeführt werden – weiterhin stillzusitzen.« In einem anderen Brief an das Kabinett protestierte er gegen die »unversöhnliche Feindseligkeit [von Wilson] gegen meine Abteilung.« Und er fügte hinzu: »Dieser Brief ist nicht der Ort, um über die humanitären Verdienste jeweils der Luftwaffe und des Heeres zu debattieren, obwohl ich dazu, wenn nötig, durchaus bereit bin.« Und er schloß mit dem Alarmruf: »Die Konsequenzen müssen verheerend sein, wenn der Chef einer der Verteidigungsabteilungen sich die Freiheit herausnimmt, seinen Zwist mit dem Chef unserer Dienststelle vor der gesamten Welt auszutragen. Zu Recht oder zu Unrecht hat die Regierung ein Amt für die Luftstreitkräfte geschaffen ... Wieviel leichter würde unsere Aufgabe sein ..., wenn die älteren Ämter immer gesagt hätten: Wie können wir Ihnen behilflich sein? – anstatt zu sagen: Was können wir tun, um Sie abzuschaffen?«

Nun waren die Admiräle an der Reihe. Sie bedienten sich der Presse. Am 5. Januar 1922 schmetterte die *Pall Mall Gazette:* »Chaos bei der R.A.F.« Der Verfasser des Artikels hatte seine Informationen direkt von einem aktiven Offizier erhalten. Andere Blätter fielen in den Chor ein. Trenchard gelang es sehr bald, die undichte Stelle herauszufinden. Dabei stieß er auf einen ehemaligen Offizier des Marinefliegerkorps, der jetzt in der R.A.F. diente. Ohne zu zögern, eilte er zu seinem Schwager Keyes und verlangte eine Erklärung für diesen plumpen Versuch, die öffentliche Meinung gegen die R.A.F. aufzuputschen. Keyes gestand, daß er von dem ehemaligen Marineflieger vertrauliche Dokumente erhalten habe. Er habe sich jedoch beeilt, sie sofort zu verbrennen, als er erfuhr, daß sein Informant vor einem Kriegsgericht erscheinen sollte. Er hatte keine Lust, in die Affäre hineinverwickelt zu werden. Und als wolle er damit alles wiedergutmachen, ließ er Trenchard das letzte Memorandum der Admiralität an das Kabinett zustellen. Beatty und Keyes hatten sich darin nach besten Kräften bemüht, die Untersuchung von Geddes zu sabotieren. Die ständigen Angriffe der Abgeordneten, die der R.A.F. feindlich gesonnen und der Marine gewogen waren, wurden von der Presse aufgegriffen und noch aufgebauscht. Im Februar 1922, am Vorabend der Veröffentlichung des Geddes-Berichtes, verbreitete sich ein Gerücht in Whitehall: der Premierminister Lloyd George habe ein für allemal entschieden, mit der R.A.F. Schluß zu machen. Danach wurde der Geddes-Bericht veröffentlicht. Hinsichtlich der R.A.F. kam er zu folgendem Schluß: »Aus der neuen Existenz der Luftstreitkräfte müßten sich Einsparungen bei den älteren Abteilungen ergeben ... nicht nur Ersetzung mancher herkömmlichen Waffen durch die Flugzeuge, sondern eine taktische Revolution ... auf dem Gebiet mancher Operationen.« Abermals hatte der Schiedsrichter sich zugunsten der R.A.F. geäußert. Doch allein das Kabinett konnte diese Entscheidung entweder bestätigen oder ablehnen. Die Gerüchte über eine unmittelbar bevorstehende Auflösung der R.A.F. kursierten so hartnäckig, daß Trenchard befürchtete, das Kabinett könnte dazu erpreßt werden, sie zu bestätigen. Er wußte, daß nur ein einziger Mann fähig war, die junge Waffe zu retten: Churchill. Und Churchill zeigte sich der Situation großartig gewachsen. Am 11. März informierte er Lloyd George und Austen Chamberlain, den Lordsiegelbewahrer, daß er sich als Kabinettsmitglied weigere, einem gegen die R.A.F. gerichteten Druck nachzugeben. Warum unternehme das Kabinett nichts, um den Gerüchten entgegenzutreten? Sei man sich denn nicht klar darüber, daß die R.A.F. durch eine Parlamentsakte ins Leben gerufen worden sei und daß nur die Aufhebung dieser Akte das neue Amt abschaffen könne? Es liege sicherlich gar nicht in der Macht des Kabinetts, darüber zu entscheiden. Es sei Chamberlains Aufgabe, das öffentlich und deutlich auszusprechen, um mit dem verhängnisvollen Geschwätz Schluß zu machen, das der R.A.F. soviel Schaden zufüge.

Zum Glück teilten der Premierminister und der Lordsiegelbewahrer diese Ansicht. Am 16. März erläuterte Austen Chamberlain vor dem Unterhaus, ruhig und korrekt wie stets, ausführlich den Fall der Luftstreitkräfte. Die Ansicht der Regierung sei, erklärte er, daß es einen Schritt rückwärts bedeute, wenn man das Luftfahrtministerium abschaffe, um die Luftstreitkräfte zwischen der Admiralität und dem Kriegsministerium aufzuteilen. Von Soldaten und Seeleuten könne man nicht erwarten, daß sie sich der Entwicklung der Luftfahrt als unabhängiger Waffengattung widmeten. Dann griff er beinahe wörtlich Balfours Worte auf und verkündete das Urteil der Regierung: »Erstens muß die Luftstreitmacht autonom sein ... Zweitens, gegen Luftangriffe müssen Heer und Flotte sich mit sekundären Rollen begnügen.«

Bei der lebhaften Debatte, die dieser verblüffenden Erklärung folgten, spottete John Moore-Brabazon, als Vertreter des Luftfahrtministeriums im Parlament, selbst ein Veteran des Luftkriegs, respektlos über die Traditionalisten. Ihre Flüsterpropaganda, rief er, sei eine Schande für die Nation. Wenn sie wenigstens »von uralten Generälen mit Ordensauszeichnungen für Crézy und Agincourt« ausgegangen wäre. – Aber nein, ausgerechnet die Königliche Marine sei der Urheber, die »seit einem Jahrhundert das Hätschelkind des Landes« wäre und das nur, weil sie sich in ihrem Ehrgeiz getroffen fühle. »Wenn der Ärmelkanal plötzlich ausgetrocknet wäre«, meinte er ironisch, »wäre die Verteidigung Englands gewiß der Armee zugefallen. Aber es handelt sich um ein noch weit größeres Wunder: um die Eroberung der Luft. Sie bringt es mit sich ..., daß die Flotte für die Verteidigung dieser Inseln nicht mehr allein verantwortlich sein kann.«

Als diese Debatte am 21. März ihren Höhepunkt erreichte, erfuhren die verblüfften Leser der *Times,* daß von den 185 Staffeln, welche die R.A.F. 1918 gezählt hatte, nicht mehr als 28 verblieben, von denen nur sieben in England stationiert waren. Und von diesen sieben bildeten nur drei die magere Verteidigung zur Luft. Zur gleichen Stunde verfügte Frankreich über 126 Staffeln. Diese Tatsachen waren dem Luftfahrtministerium längst bekannt. Doch der Verfasser der Artikel in der *Times,* der Brigadegeneral Perry Groves, stellte fest: »Das gesamte Land ist wie vor den Kopf gestoßen durch die Aufdeckung dieses ungeheuren Verrats.« Der *Observer,* fügte er hinzu, fasse alle Schattierungen der britischen Pressemeinungen zusammen, wenn er schreibe, dieser Tatbestand sei »der monumentalste Schnitzer seit dem Waffenstillstand«.

Groves war mehr als großzügig, als er andeutete, daß die britische Presse einmütig aufgebracht sei. Zum Teil war sie selber schuld. Manche Zeitungen hatten seit 1919 unaufhörlich die R.A.F. angeprangert und sich über sie mokiert, indem sie sie die *Royal Ground Force* (Bodenwaffe) nannten und ihr Verschwendung, Inkompetenz und sogar Greueltaten vorwarfen. Groves, der für Trenchard keine freundschaftlichen Gefühle hegte, schrieb: »Das britische Volk ist nicht verantwortlich für diese Zerstörung der Luftverteidigung. Hätte man es nach seiner Meinung gefragt . . ., so hätte es sie niemals zugelassen.« Aber Samuel Hoare, der alsbald die Schicksale der R.A.F. lenken sollte, bedauerte, daß »der Presse alle Ruten recht seien, um das unerwünschte Kind zu schlagen«. Jedenfalls hatten die Unterhausdebatten und die *Times* gemeinsam die Öffentlichkeit alarmiert. In der ersten Erregung stellte Oberst Wedgwood als Spezialist der Labour Party für Verteidigungsfragen einen Meinungswandel fest: »Immer mehr Leute begreifen, daß die Flotte nicht mehr unsere erste Verteidigungslinie ist. Die Luftstreitkräfte nehmen ihren Platz ein.«

Während die Geddes-Kommission und das Unterhaus im Lauf der Monate Februar und März 1922 sich mit dem Los der R.A.F. beschäftigten, verhandelten die Deutschen ihrerseits im geheimen mit den Russen. Die Welt erfuhr den Abschluß des Vertrages von Rapallo erst bei seiner Unterzeichnung am 16. April. Die Ideen des Chefs der Reichswehr, Hans von Seeckt, hatten ihre Früchte getragen. Aus diesem Vertrag ging eindeutig hervor, daß Deutschland und Rußland beschlossen hatten, auf politischem und wirtschaftlichem Gebiet zusammenzuarbeiten. Doch verriet er nichts davon, daß die beiden Mächte eine weitere Übereinkunft getroffen hatten, die in einer Geheimklausel niedergelegt war. Im Austausch gegen deutsche technische und wissenschaftliche Hilfe willigten die Russen ein, ihnen drei Militärbasen zur Verfügung zu stellen: Die Gaskriegsschule in Saratow, das Panzerausbildungslager von Kazan, und vor allem den Flugplatz von Lipezk, 360 km südöstlich von Moskau. Von nun an sollten Flugzeuge, Motoren, Munition, Ersatzteile und Techniker heimlich über Stettin und Leningrad nach Rußland gebracht werden, dann von Leningrad aus per Eisenbahn nach Lipezk transportiert.
In Lipezk baute Deutschland seine künftige Luftwaffe auf, dort wuchs sie heimlich heran, lange Jahre bevor sie offiziell den Namen »Luftwaffe« erhielt.
Kaum zwei Wochen nach dem Überraschungscoup von Rapallo machten die Alliierten selbst eine Geste, die Deutschlands heimlichen Plänen beträchtlich weiterhalf. Schon 1920 hatte Trenchard

die britische Luftfahrtindustrie (Sopwith, De Havilland, Handley Page und Fairey) davon unterrichtet, daß sich die R.A.F. in ihrem gegenwärtigen Zustand nicht in der Lage sehe, genügend Aufträge zu erteilen, um sie am Leben zu erhalten. »Suchen Sie sich fremde Märkte oder fabrizieren Sie Spielzeug«, hatte er ihnen geraten. Und die britische Luftfahrtindustrie verkümmerte langsam, als am 3. Mai 1922 die Alliierten es für gut befanden, das Veto ein wenig zu lockern, das der Versailler Vertrag dem deutschen Reich für den Bau ziviler Flugzeuge auferlegt hatte. Es war eine Entscheidung, die den deutschen Luftfahrtriesen, Junkers, Dornier und Heinkel, sehr gelegen kam; sie hatten mit Hilfe von Schweden, der Schweiz, der Türkei und Italien, das selbst zu den Unterzeichnern des Versailler Vertrages gehörte, das Verbot längst umgangen und im Ausland Werke eröffnet. Jetzt konnten sie ihre Produktion auch auf heimatlichem Boden wiederaufnehmen.

Heinkel erhielt alsbald von der Reichswehr den Auftrag, ein Aufklärungsflugzeug zu bauen, die He 17, dann zwei Trainings-Maschinen, die He 18 und die He 21. Es gelang, die Vorschriften der Kontrollkommission zu umgehen, indem man die Pläne für diese Maschinen in den spezifisch für Sportflugzeuge erlaubten Grenzen hielt. Albatros und Arado öffneten ihre Fabriken wieder, und sogar Ernst Udet, der sein Leben als Luftakrobat und Kunstflieger verdiente, rief eine kleine Gesellschaft ins Leben, die Udet-Flugzeugbau, in der Nähe von München. In Augsburg öffnete ein junger Flugzeugkonstrukteur seine Werkstätten: sein Name war Willy Messerschmitt.

Carl von Schoenebeck freute sich, wieder fliegen zu können, auch wenn es sich nur darum handelte, eines der Segelflugzeuge zu steuern, die über der Wasserkuppe in der Rhön wie Adler ihre Kreise zogen. Er war ein enger Freund von Ernst Udet. Eines Tages bat ihn »Udlinger«, wie dieser im engsten Kreis genannt wurde, ein Flugzeug aus seinen Werkstätten bei einem Wettbewerb in Kissingen zu fliegen. Es gab nur eine Schwierigkeit: von Schoenebeck gehörte nicht zu den wenigen Piloten, die berechtigt waren, auf Motorflugzeugen zu fliegen. An besagtem Tag setzte er sich trotzdem in Udets Maschine an den Steuerknüppel. »Leider wurde ich Sieger«, erzählt er, »und nach der Landung mußte ich vor den Augen einer begeisterten Menge, einschließlich der Schiedsrichter und der Presse, über die Piste rollen; sie merkten sofort, daß nicht Udet am Steuer saß.« Selbstverständlich berichteten am nächsten Tag die Zeitungen davon, und alle fragten: »Wer ist dieser von Schoenebeck, der ohne Lizenz fliegt?« Rasch besorgte er sich bei der Luft-Reederei in Magdeburg, der einzigen in Deutschland autorisierten Fliegerschule, eine entsprechend vordatierte Lizenz. Der Schein war gewahrt und die Kontrollkommission wieder einmal hinters Licht geführt. Werner Junck lebte damals in Magdeburg. Er gehörte zur Luft-Reederei und verbrachte seine Freizeit damit, seinerseits heimlich zu fliegen.

Langsam verebbte die vom Geddes-Bericht und den Unterhausdebatten hervorgerufene Erregung, doch war England sich mehr denn je der jämmerlichen Lage seiner Luftstreitkräfte bewußt. Im Herbst trat Lloyd George zurück. Die allgemeinen Wahlen brachten einen neuen Premierminister nach Downing Street Nr. 10: Bonar Law. Er hatte die Mitglieder seines Kabinetts schon ausgesucht. Das Luftfahrtministeramt bot er Samuel Hoare an, jedoch mit der Warnung: »Ehe Sie mir antworten, bedenken Sie gut, daß dieser Posten in einigen Wochen abgeschafft werden könnte.« Denn der Premierminister machte kein Hehl aus seiner Absicht, die R.A.F. so bald wie möglich aufzulösen.
Auch diesmal wieder teilte Hoare die Ansicht Grove's nicht. »Die Haltung von Bonar Law«, sagte er, »spiegelte die Meinung der Mehrheit wider... Wenn 1922 eine Volksabstimmung stattgefunden hätte... wäre die Antwort gewesen: zwei Ämter reichen völlig aus... Beseitigen wir das dritte, indem wir es zwischen die beiden anderen aufteilen.« Obwohl es so aussah, als habe das Luftfahrtministerium keine Zukunft, nahm Samuel Hoare doch an, und zwar mit Freuden. Nach seiner ersten Unterredung mit Trenchard bedauerte er es noch weniger, angenommen zu haben. »Gefesselt lauschte ich ihm«, erzählt er in seinen Memoiren. »Plötzlich wurde mir klar, daß ich das Luftfahrtministerium vielleicht doch nicht übernahm, nur um alles aufzulösen, wie Bonar Law es angedeutet hatte, sondern um dabei behilflich zu sein, in Friedenszeiten eine Luftstreitmacht zu schaffen, die als autonome Einrichtung nicht weniger bedeutend wäre als Heer und Flotte.« Soviel optimistische Begeisterung war damals wahrlich nötig. Denn am 25. November präsidierte Bonar Law einer Sitzung des Verteidigungsausschusses,

um gelassen mitzuteilen, daß er entschlossen sei, die R.A.F. aufzulösen. Hoare, der anwesend war, ging voller Sorge davon. Trenchard, den er am Tag darauf informierte, blieb sprachlos angesichts der Blindheit des Premierministers, der die einzige Waffe vernichtete, die England in einem künftigen Krieg zu verteidigen mochte.

Ein paar Tage nur nach dem Todesurteil der R.A.F. durch Bonar Law gab das Schicksal dem künftigen Chef der deutschen Luftwaffe ein Zeichen. An einem trüben Sonntagmorgen im November 1922 nahm Hermann Göring, der vergnügt vom kleinen Vermögen seiner Frau Karin – inzwischen hatten sie geheiratet – lebte, auf dem Königsplatz in München an einer Versammlung teil, die gegen die Forderung der Alliierten protestierte, Kriegsverbrecher auszuliefern. Für die Landsknechtsromantik eines Hermann Göring waren die »Kriegsverbrecher« Helden. »Ich begab mich als bloßer Zuschauer hin«, erzählte er später. »Zum zweitenmal hörte ich den Namen Hitler, und ich wollte wissen, was er zu sagen hatte.« Er hörte allerdings nur einen Satz, den Hitler wütend einer Gruppe seiner Getreuen zurief: »Mit diesem feigen Bürgerpack rede ich nicht!«, aber der Ton gefiel dem ehemaligen Kampfflieger. Achtundvierzig Stunden nach der Versammlung auf dem Königsplatz war Göring bei einer anderen Versammlung, die diesmal von Hitler selbst einberufen worden war und auf der er diesen proklamieren hörte: »Deutschland muß wieder stark werden.« Der Weg dazu war einfach: »Unser Wahlspruch lautet: wenn du nicht deutsch sein willst, dann schlagen wir dir den Schädel ein! Denn wir sind überzeugt, daß wir ohne Kampf nichts erreichen können.« Göring fühlte sich zu diesem sonderbaren, ungestümen Menschen hingezogen. Am nächsten Tag suchte er ihn auf. Der ehemalige Gefreite des 16. Bayerischen Reserve-Infanterieregiments war geschmeichelt, daß der Ex-Kommandeur des berühmten Richthofen-Geschwaders ihm seine Aufwartung machte. Zudem war Hermann Göring genau der Mann, den er brauchte, um seine Braunhemden zu drillen. Er bot ihm einen Posten in der Partei an, Göring nahm sofort an. Dann schüttelte er Hitler die Hand und erklärte mit Inbrunst: »Ich vereine mein Schicksal mit dem Ihren ... ich weihe mich Ihrer Person.« Parallel zu Hitlers Karriere stieg auch Göring alsbald auf: vom obersten SA-Führer schließlich bis zum Reichsmarschall der mächtigsten Luftwaffe.

Ein paar Tage nach diesem historischen Handschlag präsidierte Bonar Law die berühmte Sitzung vom 25. November. Dort erklärte er vor dem Verteidigungsausschuß, die einzige Frage sei, nicht ob, sondern wie man die R.A.F. auflösen könne. Er wollte sie durch Dekret mit einem einzigen Federstrich abschaffen. Hoare hat zugegeben, daß er nur »sehr nervös« eine unparteiische Untersuchung verlangte. Balfour, dessen eigene, gerade erst drei Monate alte Untersuchung zugunsten der R.A.F. entschieden hatte, kam Hoare zu Hilfe. Vielleicht war das der Grund, der den Premierminister zum Nachdenken veranlaßte; jedenfalls beauftragte er eine Unterkommission unter dem Vorsitz von Lord Salisbury, einen verfassungsmäßigeren Weg zu suchen, um die R.A.F. abzuwracken.

Wieder einmal stand das Schicksal der künftigen Rivalin der deutschen Luftwaffe auf dem Spiel. Es blieb noch abzuwarten, ob der edle Lord Herrn Göring eine Menge Sorgen ersparen würde.

Trotz allem besaß die R.A.F. einige Trümpfe. Robert Watson-Watt zum Beispiel, ein pausbäckiger Schotte, hörte am Abend des Tages nach dem Wahlsieg Bonar Laws, für den die R.A.F. das Anathema bedeutete, einen Bericht über neue Oszillographen mit Kathodenröhre, die von amerikanischen Wissenschaftlern vervollkommnet worden waren. In ganz England gab es damals nur zwei von diesen Röhren. Eine davon brachte Watson-Watt nach Aldershot. Die zweite sollte alsbald Dr. E. V. Appleton in Cambridge übergeben werden. Trotz der Erregung Watson-Watts waren diese Kathodenröhren eigentlich nichts Neues. Ein deutscher Professor, Ferdinand Braun hatte sie schon erfunden, als Hermann Göring 1897 noch mit Bleisoldaten spielte. Ein anderer Deutscher, Christian Hülsmeyer, hatte auch bereits mit dieser Röhre experimentiert. Das britische Patent Nr. 13170, vom 22. September 1904, hatte sie offiziell anerkannt: »Ein Sender und Empfänger von Hertz'schen Wellen … bestimmt dazu, das Vorhandensein eines metallischen Körpers, eines Schiffes etwa oder eines Zuges, zu melden.« Seit damals versuchten Wissenschaftler in Amerika, Deutschland, Großbritannien und sogar Japan, das phantastische Gebiet der elektromagnetischen Wellen zu erforschen. Die Deutschen und die Briten hatten die gleiche Karte in der Hand. Alles würde davon abhängen, wie sie sie ausspielten.

Anfang 1923 war die deutsche Wirtschaftslage so katastrophal, daß die Reichsregierung um einen Aufschub für die Zahlung der Kriegsentschädigungen an die Alliierten bitten mußte. Ihre Argumente vermochten den französischen Ministerpräsidenten Poincaré nicht zu überzeugen. Am 11. Januar 1923 setzte sich die französische Armee in Bewegung, um die Ruhr zu besetzen, ein ungerechtfertigtes Vorgehen. Es stürzte Deutschland nur noch mehr in den Ruin. Im Volk wurden die antifranzösischen Gefühle angeheizt. Der kräftige Protest der britischen Regierung hielt die selbstsicheren Franzosen nicht auf. Sie waren von der Wirksamkeit einer Drohung mit ihren 126 Staffeln auf die öffentliche Meinung jenseits des Kanals überzeugt, einer Drohung, die die mageren sieben auf den Inseln stationierten Staffeln der R.A.F. kaum mildern konnten.

In London kam der Ausschuß von Lord Salisbury mit seiner Untersuchung nur langsam voran, als Admiral Beatty am 20. Februar in Downing Street Nr. 10 erschien, um dem Premierminister mitzuteilen, er werde, falls die Regierung nicht der Flotte ihre Luftstreitkräfte zurückgebe, seine Demission einreichen und den Kampf im Parlament fortsetzen.

Samuel Hoare übermittelte diese dramatische Neuigkeit am folgenden Tage Trenchard. Zusammen verbrachten beide den Vormittag damit, Pläne für den bevorstehenden Kampf aufzustellen. Dann wurde Hoare nach Downing Street Nr. 10 gerufen, wo der Premierminister ihn aufforderte, die Angelegenheit mit Beatty selbst zu besprechen. Hoare empfing Beatty am 22. allein im Luftfahrtministerium. Der Erste Seelord »vertrat seine Sache sehr liebenswürdig, aber mit allem Nachdruck«. Und als Hoare vorschlug, die Diskussion zu vertagen, versteifte sich der Admiral: »Seit Jahr und Tag warte ich nun schon; so kann es nicht weitergehen. Ich bestehe darauf, daß die Sache sofort untersucht wird.«

Am nächsten Tag fand eine Konfrontation Beatty-Trenchard in Gegenwart der beiden betroffenen Minister statt. Beatty drohte wieder mit seiner Demission, worauf Trenchard ihm erklärte: »Das Spiel läßt sich auch zu zweit spielen.« Später am Tag rief der Premierminister, den diese doppelte Demissions-Drohung erschreckte, Trenchard zu sich. »Ich habe keineswegs gedroht«, sagte ihm Trenchard. »Aber ich werde nicht eine Minute länger bleiben, wenn man die R.A.F. zerstückelt, um Beatty einen Gefallen zu tun.«

In der Überzeugung, die Existenzberechtigung der R.A.F. sei im Lauf der letzten drei Monate nacheinander von Balfour, von Geddes und schließlich durch die Erklärung Austen Chamberlains im Unterhaus anerkannt worden, glaubte Trenchard, daß Bonar Law sich von Beatty erpressen lasse, als der Premierminister eine neue Untersuchungskommission einsetzte, die diesmal vom Verteidigungsausschuß ernannt worden war. Die Untersuchung sollte eine doppelte Funktion haben: während Lord Salisbury das umfassendere Problem der Rolle der R.A.F. bei der Verteidigung des Landes prüfen sollte, würde Balfour versuchen, die beiden offensichtlich unversöhnlichen Gesichtspunkte der Flotte und der R.A.F. auszugleichen. Beide Parteien würden von der großen und der kleinen Kommission gesondert gehört. Nach den Worten von Andrew Boyle wurde diese Untersuchung zu einem »ständigen Zweikampf zwischen den beiden Hauptakteuren, Beatty und Trenchard, sekundiert von ihren rivalisierenden Stäben ... vor einem Tribunal, das auf Beachtung der Spielregeln mit dem einen Auge und mit dem anderen auf die Punktzahl sah«. Man ging davon aus, daß Frankreich der potentielle Gegner sei. Weder der Kommission noch irgend jemanden sonst war der Gedanke gekommen, daß Deutschland diese Rolle je übernehmen könne. Die Tatsache, daß dies jedoch geschah, ändert nichts an der Gültigkeit dessen, was Trenchard nachwies: Auch in einem Krieg mit Frankreich würde das Fortbestehen Englands von der Luftherrschaft abhängen. »In einem demokratischen Land wie dem unseren ... kann man einen Krieg nur mit der Unterstützung des Volkes führen. Wenn das Volk aber genügend schwere Bombenangriffe erdulden muß, wird es die Regierung zu einem Friedensschluß zwingen.«

Zwei Wege gab es, um die Inseln gegen eine Luftoffensive zu verteidigen. Der eine war, in der Defensive zu bleiben und den Anflug der feindlichen Bomber abzuwarten; doch unmöglich war vorauszusehen, wann, wo und in welcher Höhe sie auftauchen würden; die einzige Hoffnung, sie abzufangen, lag darin, ständig den Luftraum zu überwachen. Doch diese Lösung, weit davon entfernt, vollen Schutz zu garantieren, verlangte eine unerschwingliche Zahl von Jagdflugzeugen und Piloten. Die Alternative war, sich nach dem Prinzip zu richten, wonach »der Angriff die beste Verteidigung ist.« Es war die Strategie, welche Trenchard vorzog. Abgesehen von technischen Erwägungen, entsprach sie seiner Natur. Während des

Krieges hatte er bewiesen, daß es, auch wenn es viel kostete, immer lohnend war, der Drohung durch einen harten Schlag zuvorzukommen. »Auf der Bomber-Offensive muß die Verteidigung ruhen. Auf der Zerstörung von Fabriken und vor allem auf dem Zusammenbruch der Kampfmoral beim Feind durch Bombardierungen beruht der Endsieg.« Mit dem brutalen Freimut eines Realisten legte Trenchard das Ziel der strategischen Bombardierung fest und gab somit deutlich zu verstehen, daß die Zivilbevölkerung unsagbar leiden werde, wenn ein neuer Krieg ausbrechen sollte.

Inzwischen war Bonar Law ernstlich erkrankt und hatte sein Amt als Premierminister aufgeben müssen. Die beiden wahrscheinlichsten Kandidaten für die Nachfolge hießen Lord Curzon und Stanley Baldwin. Curzon war bei weitem der Favorit, besonders in seinen eigenen Augen. Das beunruhigte Trenchard, denn Curzon liebte die R.A.F. keineswegs und hielt von ihren defensiven Möglichkeiten sehr wenig. Als Premierminister würde er die R.A.F. auflösen, ohne mit der Wimper zu zucken. Das Schicksal jedoch griff aufs seltsamste ein. Ein Memorandum über die jeweiligen Verdienste der beiden Aspiranten landete auf dem Schreibtisch des Königs; der Inhalt war für Curzon keineswegs schmeichelhaft. Als guter konstitutioneller Monarch hielt Seine Majestät sich an die in der Denkschrift niedergelegte Auffassung, zumal er annahm, das Schriftstück sei das Werk des Premierministers. Der König ließ Baldwin kommen und bat ihn, das Amt zu übernehmen. Zu spät erst merkte er, daß das Memorandum nicht von Bonar Law, sondern von einem Assistenten stammte, der von Curzon nicht viel hielt. Doch Baldwin war Premierminister, und Trenchard atmete auf. Die Untersuchung nahm ihren Lauf. Die beiden Kämpen gerieten sich darüber wieder in die Haare. Beatty beharrte auf seiner Forderung einer gesonderten Luftstreitmacht für die Flotte. Die Beurkundungen der Lordkommissare der Admiralität stellten ja doch fest, daß nur das Marinefliegerkorps für die Einsatzbereitschaft der Flotte in Kriegszeiten garantieren könne. Ohne die Kontrolle über eigene Luftstreitkräfte wäre dieses Prinzip hinfällig. Trenchard fand das lächerlich. »Der Marinegeneralstab«, sagte er, »weigert sich anzuerkennen, daß die Ausdehnung des Krieges in den Luftraum für die Landesverteidigung neue Aufgaben mit sich gebracht hat. Wenn das Britische Empire irgendwann in der Zukunft sich gezwungen sieht, für seinen Weiterbestand in der Luft zu kämpfen ... dann wird es von äußerster Wichtigkeit sein, daß unsere Luftstreitkräfte nach einem einzigen System ausgebildet sind und sich nach einer einzigen Doktrin richten.«

Das Argument war überzeugend, doch ehe Balfour, der Präsident der Kommission Zeit gehabt hatte, es sich zu eigen zu machen, mußte er sich auf seinem Besitztum in Norfolk mit einer Venenentzündung zu Bett legen. Die Kommission setzte ihre Arbeit ohne ihn fort und gelangte zu dem Schluß, daß auf Seiten der Flotte »der derzeitige Meinungsstreit zum großen Teil auf psychologische Momente zurückzuführen ist: Stolz, Prestige und Treue zur eigenen Waffe«. Die R.A.F. sei von gleicher Nützlichkeit für Heer und Flotte in einem für beide fremden Element. »Wäre es gerechtfertigt«, fragte die Kommission, »eine Wehreinrichtung, deren Existenz ein Faktum ist, aufzuspalten, nur aus psychologischen Gründen?« Nein, entschied sie, und wies die Forderung der Admiralität zurück. Doch Balfour als ihr Präsident, immer noch gezwungen das Bett zu hüten, weigerte sich, das Gutachten zu unterzeichnen. Er konnte nicht glauben, daß Arroganz und Eifersucht genügten, um die Flotte zu solchen Wutausbrüchen gegenüber der R.A.F. zu veranlassen. Es müsse doch noch einen tieferen Grund geben, den man finden müsse. Damit sank er aufs Krankenlager zurück, während sich die Kommission auf den Flugzeugträgern H.M.S. *Eagle* und H.M.S. *Argus einschiffte,* in dem Versuch, den Grund dort zu entdecken. Die Kommissionsmitglieder waren allesamt überrascht von der ausgezeichneten Zusammenarbeit beider Waffengattungen. Sie besuchten Balfour erneut in seinem Krankenzimmer, mehr denn je davon überzeugt, daß das Problem nur eine Frage der Eigenliebe, nicht etwa von Seiten der Marine im allgemeinen, sondern von Seiten der Admiräle war. Balfour sah seinen Irrtum ein; das erlassene Verdikt war das richtige: keine gesonderten Fliegereinheiten für die Flotte. Die Entscheidung wurde der Admiralität am 21. Juli mitgeteilt. Beatty und das gesamte Büro der Admiralität drohten mit dem Rücktritt, wenn die Regierung das Verdikt billigte. »Prächtig! Laßt sie doch laufen. Dann sind wir sie los!« kommentierte Trenchard. Und mindestens ein Admiral war derselben Meinung: Lord Fisher, der zäheste Seebär von allen. »Die künftige Entwicklung der Luftfahrt setzt die Flotte k. o.«, wetterte er, »und macht damit die Invasion möglich. Sie bewirkt, daß England keine Insel mehr ist und verwandelt den Himmel in das Schlachtfeld der

Zukunft. Vor den Vogel-Strauß-Politikern, die Millionen für eine Waffe ausgeben, welche in einem neuen Krieg so nützlich wie Pfeil und Bogen sein wird, gibt es nur eine Lösung: die ganze Bande entlassen!«

Am 26. Juli erfreute Baldwin das Herz aller Parteigänger der R.A.F., als er im Unterhaus proklamierte: »Neben den wesentlichen Aufgaben der britischen Luftstreitmacht bei der Marine, beim Heer, in Indien und für unsere Überseepolitik hat sie auch Kräfte zur Landesverteidigung bereitzustellen, um uns gegen Luftangriffe der stärksten Flugwaffe, in deren Aktionsradius unser Land liegt, zu schützen ... zunächst müssen diese Verteidigungskräfte aus 52 Staffeln bestehen. Sie sind so kurzfristig wie möglich aufzustellen.«

Danach zog er sich in die ländliche Ruhe von Chequers für das Wochenende vom 27. zum 29. Juli zurück, um über die heftige Reaktion der Admiräle zu grübeln. Die Presse verstieg sich in lärmende Spekulationen: Es war klar, daß Baldwin vor einer schweren Krise stand. Schlimmer noch, die Zeitungen und die Öffentlichkeit, die in der Mehrzahl mit der Marine sympathisierten, hatten davon Wind bekommen. Würde Baldwin dem Störfeuer und Beatty nachgeben? Viele glaubten es. Doch Baldwin war aus stärkerem Stoff. Am 2. August erklärte er zum größten Kummer aller Parteigänger der Flotte, das Kabinett habe sich zugunsten des Luftfahrtministeriums ausgesprochen, und er gab auch die Gründe dafür an. Erstens: »Obwohl die Luftstreitmacht engste Beziehungen zu den anderen Waffen unterhalten muß, unterscheidet sie sich von ihnen doch wesentlich. Andererseits sind Flugzeuge, ob sie nun über dem Meer oder sonstwo fliegen, immer von den gleichen Prinzipien beherrscht.« Zweitens: »Die Luftfahrt ist in einer raschen Entwicklung begriffen ... Die Erfahrung sowohl über dem Meer wie über dem Land, ist für den Erfolg wesentlich.« Drittens: »Es kann sein, daß die am Boden stationierten Flugzeuge und die Marineflugzeuge zu gemeinsamen Aktionen eingesetzt werden ... Ihre Leistungsfähigkeit erfordert also gemeinsame Kenntnisse, gemeinsame Ausbildung, gemeinsamen Nachschub, kurz einen gemeinsamen Dienstbetrieb. Die Wirtschaftlichkeit verbietet eine Verdoppelung der Fliegerschulen, der Flugplätze und der Wartungsanlagen ... Aus allen diesen Gründen muß der Beschluß, daß es einen einzigen Luftfahrtdienstbetrieb geben soll, angenommen werden.«

Trenchard und die R.A.F. gingen bei dem Kampf ums Leben in der letzten Runde als Sieger hervor. Das Prinzip, wonach die Luftstreitmacht unteilbar sein sollte, das Trenchard an jenem Morgen im Dezember 1919 verteidigt hatte, als er im Büro von Beatty auf und ab geschritten war, triumphierte endlich und sollte der Eckstein ihres künftigen Aufbaus werden.

Während Trenchard um das Überleben seiner Flugwaffe kämpfte, planten die Deutschen insgeheim die Zukunft ihrer eigenen. Das britische Parlament hatte seine Pforten für die Sommerferien geschlossen. Trenchard reiste ins schottische Hochland und Baldwin zur Kur nach Aix-les-Bains. Die russische und die deutsche Delegation aber feilten die letzten Punkte der Abmachung über die Benützung des Flugplatzes von Lipezk durch die Deutschen aus – auch Lipezk ein Kurort, der einst unter dem besonderen Schutz Peters des Großen gestanden hatte.

Über das Abkommen hätte Hitler sich bestimmt gefreut, wenn er davon gewußt hätte. Im März hatte er in München eine Unterredung mit General von Seeckt gehabt und eine Gewaltaktion gleichzeitig gegen Frankreich und gegen die Reichsregierung gefordert, weil sie die Ruhrbesetzung geduldet habe. Er war weit davon entfernt zu ahnen, daß von Seeckt seine eigenen, aber subtileren Pläne hatte. Hitlers Redeschwall ließ den General völlig ungerührt, und er verabschiedete sich mit den Worten: »Wir haben uns nichts mehr zu sagen, Herr Hitler.« Hitler fuhr fort, Zorn und Haß zu predigen, und schließlich alarmierte sein lautstarkes Gezeter doch die Reichsregierung. Im November versammelte Stresemann, der einen Putsch fürchtete, das Kabinett. Besorgt fragte er von Seeckt:

»Wird die Reichswehr zu uns stehen, Herr General?«

»Die Reichswehr, Herr Präsident, steht hinter mir«, antwortete von Seeckt.

Am Abend des 8. November 1923 strömte ganz München zu einer Versammlung in den Bürgerbräukeller. Der Reichskommissar von Kahr sprach schon seit zwanzig Minuten, als Göring plötzlich an der Spitze einer Gruppe bewaffneter SA-Leute die Türen sprengte. Inmitten des Lärms stieg Hitler, einen Revolver in der Hand, auf einen Tisch und schoß eine Kugel in die Saaldecke. Er kreischte: »Die nationale Revolution ist ausgebrochen!«, und teilte der erschrockenen Versammlung mit, daß die Brauerei von weiteren sechshundert SA-Leuten umzingelt sei. Dann zog er sich in ein Nebenzimmer zurück, um mit von Kahr und anderen Versammlungsrednern zu verhandeln, während er es Göring überließ, die Menge zu beruhigen.

Am folgenden Tag marschierten Hitler und Göring mit dem Veteranen General a. D. Ludendorff und anderen nationalsozialistischen Führern und Sympathisierenden durch die Straßen Münchens. Göring trug einen schweren Ledermantel, dessen offener Kragen den Pour le mérite sehen ließ. Auf den Kopf hatte er sich einen Stahlhelm gestülpt, auf den ein weißes Hakenkreuz gemalt war. Als die Kolonne gegen halb eins die enge Residenzstraße erreichte, eröffnete die Polizei das Feuer und verwundete Göring schwer an der Hüfte.

Frau Ballin, die Frau eines jüdischen Kaufmanns, und ihre Schwester hoben den Bewußtlosen auf und verbanden seine Wunde. Nach Einbruch der Dunkelheit brachte man ihn heimlich in die Klinik seines Freundes, des Professors Ach. Inzwischen war ein Haftbefehl gegen ihn erlassen worden. Doch ein paar Nächte später gelang es Karin Göring, ihn mit Nachthemd und Pelzmantel bekleidet über die Grenze nach Österreich zu schmuggeln, wo er zunächst in Sicherheit war. Inzwischen hatte die bayerische Polizei Hitler bereits verhaftet.

Im Krankenhaus in Innsbruck erhielt Göring zwei Morphiumspritzen täglich. Aber die Schmerzen quälten ihn so sehr, daß er ins Kopfkissen beißen mußte, um nicht laut zu schreien. Langsam genas er und konnte das Krankenhaus auf Krücken verlassen, um Weihnachten im Hotel »Tiroler Hof« zu feiern. Der Besitzer, ein Anhänger der Nationalsozialisten, gewährte ihm gratis Unterkunft. Göring und seine Frau waren im Exil und völlig mittellos. Sie lebten von Lebensmittelpaketen, die Karins Familie ihnen aus Schweden schickte. Im Februar 1924 war die Wunde völlig geheilt. Göring veranstaltete jetzt einen heftigen Propagandafeldzug zugunsten des Nationalsozialismus, und verärgert forderte ihn die österreichische Regierung auf, das Land zu verlassen. Er schwor, als Sieger zurückzukommen, und nahm das Asyl an, das die italienische Regierung ihm anbot.

Während er sich im April 1924 in einem schäbigen kleinen Hotel in Rom einmietete, trat Hitler auf der Festung Landsberg seine achtmonatige Haft an, zu der er verurteilt worden war. Dort begann er seinem Freund Rudolf Hess die ersten Kapitel von *Mein Kampf* zu diktieren. Verglichen mit Göring, führte er ein angenehmes Leben. Trotz ihrer gesellschaftlichen Beziehungen, einer Audienz bei Mussolini und der Reisen, die Karin nach Deutschland unternahm, um Unterstützung zu suchen, blieben die Görings bettelarm. Im Mai kehrten sie niedergeschlagen nach Schweden zurück. Göring war rauschgiftsüchtig geworden und dem Wahnsinn nahe. Einen Posten in der zivilen Luftfahrt zu finden war jetzt unmöglich. Unterdessen begann an den Ufern des Voronej-Flusses im Süden von Moskau der heimliche Aufbau jener Luftstreitmacht, die er eines Tages kommandieren würde.

3

In Lipezk war seit ein paar Monaten das Bau- und Ausrüstungsprogramm angelaufen; doch sehr bald zeigte sich, daß das Budget, ursprünglich auf zwei Millionen Mark festgesetzt, für den Ausbau der Basis nicht ausreichte. Man mußte weitere Mittel flott machen. Die französische Besatzungsarmee an der Ruhr lieferte den Vorwand. Von Seeckt hatte gesagt: »Wenn die Franzosen nicht von selbst abziehen, werden wir sie vertreiben.« Er wandte sich an die Ruhr-Industriellen um Geld für Waffenkäufe. Das Geld kam. Zehn Millionen Mark. Aber nicht etwa aus den Taschen der Industriellen, sondern offensichtlich von der Arbeiterwohlfahrt. Diese Summe wurde buchstäblich unterschlagen, um bei dem Holländer Fokker einhundert Jagdflugzeuge D 13, sowie Material für die nötigen Hangars und Baulichkeiten in Lipezk anzukaufen. Der Gipfel der Ironie jedoch war, daß die Fokker D 13, die die Deutschen kauften, mit britischen Motoren ausgerüstet wurden; mit robusten Napier Lion. Vermutlich meinte die Firma Napier, daß es nicht ihre Sache sei, darüber zu wachen, für wen die von ihr an Fokker gelieferten Motoren schließlich bestimmt waren. Fokker expedierte die Flugzeuge nach der Montage von Holland direkt nach Leningrad. Es war ein geschicktes Spiel.

Werner Junck hatte es fertiggebracht, die Reichswehr im Mai 1923 zu verlassen. Durch einen Freund hatte er ein Angebot von einer

Fluggesellschaft in Kolumbien erhalten und seinen Freund Major Wilburg im Reichswehrministerium angefleht: »Man bietet mir eine Chance, wieder zu fliegen. Das ist mein einziges Interesse. Sorgen Sie doch bitte dafür, daß man mich entläßt.«

»Unmöglich«, hatte Wilburg erwidert. »Die Bestimmungen lassen es nur zu, wenn geistige oder körperliche Mängel vorliegen.«

»Aber körperliche Mängel liegen ja vor«, hatte Junck gedrängt. »Ich bin dreimal verwundet worden. Und wenn ich noch länger in der Armee bleiben muß, werde ich bald soweit sein, auch geistige Mängel aufzuweisen.«

Nach stundenlangen Diskussionen erreichte Junck schließlich sein Ziel und nahm das erste Schiff nach Südamerika. In Kolumbien blieb er bis 1924. Er kehrte dann in seine Vaterstadt Magdeburg zurück und wurde Fluglehrer bei der Deutschen Luft-Reederei.

Carl von Schoenebeck schmachtete in der Reichswehr. Ab und zu ein Segelflugzeug zu steuern war ja schön und gut; aber er sehnte sich nach dem Steuerknüppel und nach dem Hochgefühl, das ein mächtiger Motor verschafft, den man unter Kontrolle hat. 1924 schickte man ihn plötzlich nach Lipezk, um die Fokker-Jäger einzufliegen. Er schäumte vor Begeisterung. Kurz darauf kam ein Befehl vom Reichswehrministerium, in die Firma Dornier in Südamerika einzutreten, das eine Art El Dorado für die deutschen Flieger wurde, die begierig waren, ihre Erfahrungen zu erweitern, was ihnen zu Hause verwehrt war.

Um diese Zeit bildeten die beiden Luftstreitkräfte einen eher komischen Kontrast. Wenn die junge R.A.F. lange Zeit ein unerwünschtes Kind war, so war die deutsche Militärfliegerei ganz und gar ein uneheliches. Im dunkelsten Versteck war sie gezeugt worden, und äußerste Vorsicht wurde aufgewendet, um ihre Existenz geheim zu halten. Ihre alten Adler hatten nicht das Recht, am deutschen Himmel zu fliegen, und sie hatte keinen Chef. Auch unter den Widerspenstigen wie Albert Kesselring und Walther Wever, die man trotz ihrer Proteste von ihren Regimentern holte, damit sie heimlich in der Luftfahrtabteilung des Reichswehrministeriums Dienst taten, befand sich der künftige Chef nicht. Er lebte noch in Stockholm und scherte sich nicht um Flugzeuge und Fliegerei. Nur hatte die deutsche Luftstreitmacht, zum Unterschied zur R.A.F., von Anfang an die zärtliche Sorge ihrer großen Schwester, der Reichswehr, genossen. General von Seeckt wachte darüber, daß man ihren Bedürfnissen großzügig Rechnung trug.

Dagegen mußte die R.A.F. hart um ihren Fortbestand kämpfen. Sehr viel Beharrlichkeit war nötig, um sich durch das fast undurchdringliche Dickicht der konstitutionellen und parlamentarischen Prozedur zu schlängeln und ihrer Stimme, trotz des wütenden Protestgeschreis ihrer älteren Schwestern, Gehör zu verschaffen. Doch 1925 stand sie, gestützt von der festen Hand Trenchards. In den ersten Tagen des Jahres 1925 wurde ein neues Oberkommando gebildet: das Luftverteidigungs-Kommando von Großbritannien. An seiner Spitze stand Sir John Salmond als kommandierender Luftmarschall. (Kommandierender Luftmarschall ist gleichzeitig Titel und Dienstgrad und entspricht dem Befehlshaber einer Luftflotte; danach kommt der Luftmarschall, Befehlshaber einer Luftdivision, und der Kommodore, Befehlshaber einer Luftbrigade.) Der Bomber war noch die Hauptverteidigungswaffe. Seine Aufgabe war der Gegenangriff, die Zerstörung der gegnerischen Luftbasen und Flugzeugfabriken und die Demoralisierung der Zivilbevölkerung. Die Bomberkräfte der Luftverteidigung waren in zwei Bezirke aufgeteilt: Mitte und Wessex. Tausend Jahre waren vergangen seit jener Zeit, da der große König Alfred über das Königreich Wessex herrschte und die Wikinger-Invasion abwehrte. Beide Bezirke hatten die gleiche heroische Aufgabe. Leider schienen jedoch die Maschinen, die Ausrüstung und die Technik noch aus den schönen Tagen König Alfreds zu stammen.

Dasselbe galt auch für die Jäger. Dem Jagdkommando fehlte es an Stärke: ein einziges Jagdflugzeug auf drei Bomber. Dafür hielt die Jagdwaffe sich an dem höchst farbigen Charakter ihrer Flieger schadlos und war stolz auf den besonderen Stil ihrer Uniform: die kecke Mütze, einen oben aufgeknöpften Waffenrock. Die »Jungs von der Jagd« waren von einem besonderen Schlag. Sie nahmen sich nie allzu ernst; so wenig wie sie andere von ihrer Bedeutung zu überzeugen versuchten.

Trenchard jedoch glaubte nicht an die Jagd als Verteidigungswaffe. Selbst wenn er von den beiden berühmten Kathodenröhren gewußt hätte, von denen die eine Watson-Watt, die andere Dr. E. V. Appleton besaß, gäbe es keinen Grund anzunehmen, daß er eher als die beiden großen Wissenschaftler einen Zusammenhang zwischen dieser Erfindung und der Luftverteidigung gesehen hätte. Doch Appleton war auf der richtigen Spur: seine Experimente auf dem Gebiet der radiomagnetischen Wellen ermöglichten ihm, die Höhe der Ionosphäre zu messen. Die Entdeckung des Radars lag in der Luft.

Trenchard zeigte sich hinsichtlich der Jagdfliegerei unnachgiebig. In einer Rede in Cambridge erklärte er im April 1925: »Das Flugzeug ist die offensivste Waffe, die je erfunden wurde. Aber als Verteidigungswaffe taugt es überhaupt nicht.« Er glaubte aufrichtig an die strategische Bombardierung als Abschreckungsmittel und als vollkommenes Werkzeug der Verteidigung. »Obwohl es notwendig ist, eine gewisse Verteidigung zu unterhalten, um die Stimmung im Volk zu stützen«, sagte er, »ist es sehr viel notwendiger, die Stimmung im gegnerischen Volk zu untergraben, indem man es mit Bomben angreift.« Doch hatte der Chef des »Luftstabs« nichts vom brutalen, gnadenlosen Mörder an sich. In derselben Rede sagte er auch: »Wenn es nur an mir läge, würde ich sagen: Schaffen wir die Kampffliegerei ab! Denn sie ist die verheerendste Waffe von allen.« Keiner wußte besser als er, wovon er sprach.

Die Luftverteidigung Großbritanniens sollte aber nicht ausschließlich der aktiven Luftwaffe überlassen werden. Trenchard hatte die Idee, sie durch eine ständige Reserve zu verstärken. Die Armee hatte ihren Landsturm. Warum nicht auch die R.A.F.? Diesmal sträubte sich das Kabinett nicht. Das Projekt war verführerisch, denn es kostete nicht viel. Die Einwohner von London, Glasgow und Edinburgh zeigten sich begeistert. Schon im Oktober 1925 hatten jede dieser drei Städte bereits ihre Reserve-Staffel formiert. Die Grafschaft London bildete eine vierte. Manche der besten Piloten aus dem Ersten Weltkrieg ergriffen die Gelegenheit, um wieder zu fliegen, wenn sie auch die Bedingungen ziemlich verändert fanden. Der Kommandant der Staffel von Edinburgh beklagte sich bei Trenchard: »Ich begreife diese neuen Vorschriften überhaupt nicht.« Worauf der Stabschef erwiderte: »Das ist Ihre Angelegenheit. Wenn die Vorschriften Ihnen nicht passen, machen Sie einfach neue.« So verwandelten sich einfache Bürger am Wochenende in kühne und geschickte Flieger mit einer Sorglosigkeit, die die aktiven mißbilligten.

Die deutschen Zivilisten, welche nach Lipezk reisten, waren von ganz anderer Art. Viele von ihnen waren gar keine Zivilisten, sondern Offiziere der Reichswehr, die sich als Bürger verkleidet hatten. Sie reisten in kleinen Gruppen mit dem Schiff von Stettin nach Leningrad, unter falschen Namen und mit falschen Papieren. Sobald sie russischen Boden betraten, leitete sie die Agentur Intourist mit der Eisenbahn weiter nach Lipezk. Dort fanden sie sich wieder als Mitglieder der 4. Staffel der Roten Armee. Um den Schein zu wahren, standen ein paar alte sowjetische Maschinen auf dem Flugplatzgelände herum, das von russischen Soldaten bewacht wurde. Das erste Kontingent des Stammpersonals, das 1924 in Lipezk ankam, bestand aus sechzig deutschen Piloten und Fluglehrern. Die »Saison« dauerte von Mai bis September, und in diesem Zeitraum wurde das fliegende Personal auf einhundert Mann erhöht.

Die Russen lieferten das Baumaterial. Der Rest, bis zur kleinsten Schraubenmutter, kam von Stettin nach Leningrad per Schiff, dann per Bahn nach Lipezk. Dieser Schmuggelverkehr lief unter dem Deckmantel einer sowjetischen Firma: der Gesellschaft zur Förderung industrieller Unternehmungen. Flugzeuge, deren Reichweite es erlaubte, kamen direkt auf dem Luftweg. Die anderen, wie die Fokker-Jäger, wurden in Kisten verpackt. Ausrüstung, die geeignet war, Verdacht zu erregen, wurde über das Baltikum auf kleinen, von deutschen Offizieren geführten Schiffen eingeschmuggelt, die angeblich unschuldigen Handel mit russischen Häfen trieben. Tödliche Unfälle waren in Lipezk selten, aber etwaige Leichen wurden nach Stettin in Kisten zurückgeschafft, die die Aufschrift »Maschinenteile« trugen.

Anfang des Jahres 1925 wurde Werner Junck nach Berlin ins Reichswehrministerium gerufen. Dort informierte man ihn, daß er im Rahmen des Geheimabkommens mit den Russen zum Chefinstrukteur ernannt sei. (Später erfuhr er, daß auch der Name Udet genannt worden war, seine Karriere als Schauflieger sich jedoch nachteilig für das Weltkriegsjäger-As ausgewirkt hatte.) Kurz darauf schiffte sich Junck in Stettin ein, diesmal für eine Aufgabe, die sehr viel mehr Dividende abwerfen sollte als sein gescheitertes Abenteuer in Kolumbien. In Leningrad angekommen, bemerkte er, daß alle Russen Mützen trugen; nur seine kleine Gruppe von Deutschen hatte Hüte auf. Südlich von Moskau hielt der Zug in einem Umsteige-Bahnhof nach Lipezk. Ein Gepäckträger kam auf Junck zu und sagte zu ihm: »Sie sind Deutscher, man sieht es an Ihrem

Hut. Ich war als Kriegsgefangener in Deutschland, und ich liebe Ihr Land.« Dieser aufmerksame Empfang trug dem Mann sofort seine Ernennung zum offiziellen Reisebetreuer für die deutschen »Touristen« ein. Seine Technik war einfach. Er sprach jeden an, der einen Hut auf hatte, und flüsterte ihm ins Ohr: »Sie wollen nach Lipezk? Folgen Sie mir.« Auch Carl von Schoenebeck machte die Reise etwa zur selben Zeit. Zusammen mit einem anderen namens Bormann, war er der einzige Instrukteur unter Juncks Befehl. Obwohl Offiziere der Reichswehr, hatten sie ihre Uniformen in Deutschland gelassen, um einfach »Zivilangestellte« zu werden. Zwar standen sie im Dienst der Regierung, die Zeit in Rußland zählte jedoch nicht als Dienstjahre bei der Pensionierung. Sie wurden gut bezahlt, das war ein Trost. Denn ihre Quartiere waren alles andere als luxuriös: die Möbel waren aus alten Kisten gezimmert, in die die Fokker-Flugzeuge verpackt gewesen waren.

Für die Zeit ihres Aufenthaltes war jede direkte Korrespondenz unmöglich: Briefe gingen an eine Deckadresse in Berlin oder über die Russische Botschaft Unter den Linden. Juncks Vater kam niemals auf den Gedanken, sein Sohn sei in Rußland. Trotz dieser Beschränkungen, die schließlich nicht schwerwiegend waren, durften die drei Instrukteure das Lager verlassen. Die Flugschüler dagegen führten das Leben von Mönchen. Kameraden von der sowjetischen Luftwaffe trafen sie nur im Kasino. Von Schoenebeck fand sie nicht besonders sympathisch, aber die Flieger kamen mit ihnen ganz gut zurecht. Einmal wurden die Russen von den Deutschen zu einem Schein-Luftkampf aufgefordert, bei dem die Deutschen spielend gewannen. Dann tauschte man die Maschinen aus. Die Russen hatten klapprige alte De Havillands und Martinsydes, die wie Klaviersaiten klirrten, erzählte Junck. Trotzdem kurvten die Deutschen die Russen aus. Von diesem Tag an begegneten sie ihnen mit dem größten Respekt. Selbst ohne ihren militärischen Aufputz merkten Junck und seine Kameraden doch, daß die fliegerischen Leistungen ihr bester Trumpf bei den russischen Mädchen war. Der Major Hugo Sperrle, der aus Berlin angereist kam, um an Manövern in Lipezk teilzunehmen, hatte weniger Glück. Er war im Krieg Flieger gewesen, allerdings nur Beobachter. Ein Mädchen, daß es nicht wußte, fragte ihn: »Sagen Sie mal, Genosse Major, sind Sie ein wirklicher Pilot, oder begnügen Sie sich damit, zu Ihrer Verteidigung mit dem Maschinengewehr zu schießen?« Als sie erfuhr, daß er nur im Beobachtersitz mitflog, schwand bei ihr jedes Interesse. Um Erfolg bei den Frauen von Lipezk zu haben, mußte man Flugzeugführer sein.

Flugzeuge jeder Art und jeder Größe flogen zur Erprobung nach Lipezk, um auf ihre militärische Brauchbarkeit hin getestet zu werden. Sie kamen aus den Junkers-Werken in Fili bei Moskau, von den Dornier-Werken in der Schweiz, von den Rohrbach-Werken in Kopenhagen und sogar von den Heinkel-Werken in Rostock aus Deutschland selbst. Sie auf dem Luftweg heranzuholen, machte keinerlei Schwierigkeit. Was die Heinkel-Flugzeuge betraf, so drückte, nach der Meinung Werner Juncks, die Kontrollkommission einfach beide Augen zu.

Die erste deutsche Belegschaft in Lipezk bestand fast ausschließlich aus Weltkriegsfliegern, manche hochdekoriert, die kamen, um ihre Kenntnisse aufzufrischen. Einige waren den erheblichen Anstrengungen des Flugbetriebs nicht mehr recht gewachsen, so schrieb Junck an das Ministerium in Berlin und regte die Rekrutierung von jüngeren Piloten an, wie er sie in Magdeburg ausgebildet hatte. Das Ministerium zögerte. Die Vorstellung, Schüler müßten von Sportflugzeugen, die 90 Stundenkilometer flogen, auf Militärmaschinen umsteigen, die 220 machten, erweckte Sorge. Junck beruhigte die Bürokraten. Da es Herbst wurde und das schlechte Wetter dem Flugbetrieb für sechs Monate ein Ende setzte, kehrte er mit von Schoenebeck nach Berlin zurück. In den offiziellen Fliegerklubs von Magdeburg bis München und unter den Schülern der Deutschen Verkehrsflieger-Schule, die damals in Stettin lag, warb er ein Dutzend junger Piloten. Dieses erste Dutzend sollte zu Fluglehrern für jene Offiziere der Reichswehr ausgebildet werden, die schon sehr bald in großer Zahl im Lipezk eintrafen.

Erhard Milch, der einst seine Maschine einem englischen Gefangenen geborgt hatte, arbeitete seit 1920 bei Junkers. Sehr oft reiste er nach Rußland. Zwar nicht nach Lipezk, aber nach Fili bei Moskau, zu den Werken der Firma. Die Fliegerlaufbahn von Milch war nicht bemerkenswert gewesen. Dagegen hatte er sich bei Junkers schon bald als glänzender Organisator bewährt, obwohl er die Berufsflieger, die er jetzt übertrumpft hatte, ein wenig verachtete. Lipezk schien ihm überflüssig und absurd, ein Spielzeug, das keinen großen·Nutzen brachte. Keiner, der die Ausbildung dort mitgemacht hatte, habe in der Folge einen höheren Dienstgrad erreicht, sagte er später. Es sei ein Spielplatz gewesen, amüsant für die, die ihn besuchten. Milch irrt: denn hier im Exil an den Ufern des Voronej erlebte die deutsche Luftwaffe ihre Wiedergeburt. Hier wurden mindestens 120 hervorragende Jagdflieger herangebildet, ganz zu schweigen von den 450 anderen Mitgliedern des fliegenden Personals, einschließlich der Piloten von Aufklärungsflugzeugen und von Sturzbombern. Diese Männer sollten alsbald den Kern der künftigen Luftstreitmacht Adolf Hitlers bilden.

Dennoch waren die Vorteile nicht nur einseitig gegeben. Russische Piloten nahmen nun an den Ausbildungskursen in Lipezk teil. Die technischen Bodentruppen der Russen zogen enormen Nutzen aus den Instruktionen, die ihnen deutsche Techniker gaben. Die Ingenieure des Zagi (des russischen technischen Institutes) arbeiteten eng mit den Gästen zusammen. In mancher Hinsicht erwies sich diese Zusammenarbeit als schwierig. Die sowjetischen Piloten standen weit hinter den deutschen zurück. »Man kann nicht primitive Menschen in komplizierte Maschinen setzen«, erklärte ein sowjetischer Offizier.

Die deutsche Flugzeugindustrie hatte nicht das Recht, Militärflugzeuge auf deutschem Boden zu konstruieren. Unbehelligt konnten jedoch in Lipezk die ersten deutschen Ganzmetall-Jäger hoher Geschwindigkeit sowie Aufklärer und Bomber getestet werden. Die K 48, der erste Sturzkampfbomber, ein Entwurf der Firma Junkers, in der Milch arbeitete, und ein Vorläufer des berühmten Stuka Ju 87, absolvierte dort seine ersten Probeflüge. Milch selbst aber sollte bald einer der Architekten der jungen Luftwaffe werden.

Inzwischen hatte Manfred von Richthofen noch einmal die Aufmerksamkeit seiner Landsleute auf sich gelenkt. Am 20. November 1925 läuteten überall in Deutschland die Glocken. Die Fahnen wehten halbmast. Der Rote Ritter war in seine Heimat überführt worden. Der Sarg, auf dem sein Ulanen-Degen lag, wurde zwei Tage lang in den Gewölben der Gedächtniskirche in Potsdam aufgebahrt. Tausende erwiesen ihm die letzte Ehre. Bei der grandiosen Gedächtnisfeier, die am 20. stattfand, stand eine noch riesigere Menge in den Straßen Spalier, während der prächtige Trauerzug unter gedämpftem Trommelklang zum Invalidenfriedhof zog. Ein Gespann glänzender Rappen zog die Lafette. Flankiert von den Mitgliedern des Ordens pour le mérite, darunter Udet, der einstige Star des berühmten Geschwaders des Roten Ritters. Unmittelbar hinter dem Sarg die Mutter Manfred von Richthofens, in Begleitung des Generalfeldmarschalls Paul von Hindenburg, dem Präsidenten der Republik. Dann folgten hohe Beamte und die Generäle der Reichswehr, mit zahlreichen alten »Adlern« des Geschwaders I.

Von den Tausenden ahnte niemand, daß bald das Geschwader Richthofens abermals am Himmel fliegen würde. Und kaum jemandem fiel die Abwesenheit des letzten Geschwader-Chefs Hermann Göring auf. Er befand sich noch in Schweden im Krankenhaus Langbro. Unter strenger ärztlicher Behandlung besserte sich seine Rauschgiftsucht nach und nach.

»Besser eine Null als ein Nero«, hatten die Gegner Hindenburgs gesagt, als er im April 1925 zum Reichspräsidenten gewählt worden war. Aber von Seeckt und die Reichswehr verehrten den greisen Generalfeldmarschall. Als Gegendienst erteilte der Reichspräsident ihrer Politik und namentlich dem geheimen Bündnis mit Rußland seinen Segen. Gleichzeitig nahmen die Deutschen die Einladung der Alliierten an, in den Völkerbund einzutreten und sich mit Frankreich, England, Belgien, Italien, Polen und der Tschechoslowakei in Locarno an den Konferenztisch zu setzen, um über Frieden, menschliche Brüderlichkeit und Abrüstung zu reden. Für Winston Churchill, der jetzt Schatzkanzler war, lieferte das Gurren der Friedenstauben von Locarno einen willkommenen Vorwand, die Budgets der Streitkräfte zu kürzen. Im Oktober 1925 warnte er, daß die R.A.F. ihre Expansion bremsen müsse. Der altehrwürdigen englischen Tradition entsprechend, schuf man zwei Ausschüsse, um die militärischen Ausgaben zu überprüfen. Der eine unter Lord Colwyn prüfte die Rechnungen, der andere unter der Leitung von Churchill und seinem Freund Lord Birkenhead sollte die nötigen Maßnahmen untersuchen, um das Programm für den Aufbau von 52 Staffeln zur Verteidigung der Insel einzuschränken. Diese zweifache Untersuchung war für Beatty das Signal zu einer neuen Offensive. Unter Schützenhilfe des Heeres bereitete der halsstarrige alte Seemann seinen letzten und zugleich schärfsten Angriff gegen die R.A.F. vor.

Man hatte, wie Trenchard später zu Baldwin sagte, alles getan, um zu verhindern, daß »Sparsamkeitsgründe einmal der Nagel werden sollte, an dem die anderen beiden Waffengattungen die R.A.F. aufhängen konnten«. Er hatte Churchill gebeten, weitere Kontroversen zu vermeiden. Doch die Antwort lautete, das sei unmöglich; denn die Admiralität und das Kriegsministerium hätten abermals die R.A.F.-Frage aufgeworfen und zwar »unter dem Vorwand des Nutzeffekts und der Sparsamkeit«. Trenchard bat Churchill wiederum die Royal Air Force, die geschaffen wurde und sich jetzt rasch entwickle, genau zu betrachten. »Wohin man auch geht«, fügte er hinzu, »ob ins Marionettentheater oder in die Oper, überall in den höchsten wie in den niedrigsten Kreisen hört man die Meinung, daß die R.A.F. besser abschneide als irgendwer sonst. Und doch fürchten Sie, wir hätten uns vielleicht geirrt, nur weil ein paar Leute... behaupten, man könne vier oder fünf Millionen einsparen, wenn man sie auflöse.«

Churchill antwortete, daß das Schatzamt Druck auf ihn ausübe und daß er hoffe, Trenchard werde Verständnis für ihn haben. Ein magerer Trost für Trenchard.

Und dann kam endlich der Dezembertag, an dem er schreiben konnte: »Ich komme aus dem härtesten Kampf, den ich in dieser Frage seit langem geliefert habe, und ich habe meinen schönsten Sieg errungen.

Für den Laien schien die Luftabrüstung ein leichtes Mittel für Einsparungen zu sein. Man hatte Trenchard um seine Meinung als Fachmann gebeten. Mit seiner typischen Offenheit sagte er: »Nur die totale Abschaffung jeder Art Luftfahrt, sowohl der zivilen wie der militärischen, kann die Luftabrüstung wirksam machen.« Sein Hauptargument: »Handelsflugzeuge sind leicht zu einer Verwendung im Krieg umrüstbar... Wenn die Zivilluftfahrt abgeschafft würde, hätte man einen wichtigen Schritt auf dem Weg zu einer möglichen Begrenzung der Luftrüstung getan.«

Diese Rede hätte der Verwaltungsrat der Deutschen Lufthansa nicht hören mögen. Die nationale deutsche Luftverkehrsgesellschaft war am 6. Januar 1926 gegründet worden. Einer ihrer Aufsichtsräte war ein hagerer, hochgewachsener Mann mit schmalen Augen unter ein wenig schweren Lidern: Konrad Adenauer. Doch der Mann, der dank seiner ungeheuren Dynamik aus der Lufthansa die bedeutendste zivile Luftverkehrsgesellschaft machen sollte, war ihr Verwaltungsdirektor Erhard Milch. Ein paar Jahre nach ihrer

Gründung hatten die 120 Maschinen der Lufthansa bereits über sechs Millionen Kilometer zurückgelegt. (Navigationsinstrumente für den Nachtflug und für den Blindflug wurden in Deutschland rascher als in anderen Ländern vervollkommnet. Die R.A.F. übernahm sehr bald ein Blindflugsystem, das ein Pilot der Lufthansa namens Lorenz erfunden hatte.) Milch behielt Verbindung zur Reichswehr über Ernst Brandenburg, einen ehemaligen Luftschiff-Kapitän, der nun die »Abteilung Luftverkehr« im Verkehrsministerium leitete. Ebenso wie die Maschinen der Lufthansa sehr rasch zu Militärtransportflugzeugen verwandelt werden konnten, waren auch die Besatzungen nach einem Programm ausgebildet, das im gleichen Sinn konzipiert worden war.

Im März 1926, das Jahr, in dem Milch zur Lufthansa kam, verließ Göring die Pflegeanstalt in Langbro. Er war von seiner Süchtigkeit geheilt. Doch sein Arzt beurteilte ihn als hochgradig nervös, von lebhafter Sensibilität und dabei gleichzeitig doch dickfellig; zur Heftigkeit neigend, jedoch von Angstzuständen beherrscht; in verzweifelter Situation zu großem Mut fähig, aber wirklicher Tapferkeit ermangelnd. Kurzum, ein schwacher Charakter, der sich aufzuspielen liebte, um eben diese Schwäche zu verbergen.

Aus Langbro entlassen, fing Göring sich jedoch und schlug einen Weg ein, der ihn zurück nach Deutschland und zu Erhard Milch brachte. Zunächst mußte er erst diesem ebenso durchtriebenen wie ehrgeizigen Direktor der Lufthansa dienen; später wurde er dessen despotischer Herr.

In diesem Stadium wurden die geheimen Machenschaften Deutschlands und Rußlands vom inquisitorischen Auge der internationalen Presse entdeckt. Die *Times* war das erste Blatt, in dem das mögliche Vorhandensein eines Militärprotokolls als Geheimklausel des russisch-deutschen Friedensvertrages erwähnt wurde. Lipezk war seit Jahren in Betrieb, ganz zu schweigen von den beiden anderen geheimen Basen in Kazan und in Saratow. Darauf erklärte Reichskanzler Stresemann: »Man redet ... von geheimen Abmachungen zwischen Deutschland und der Sowjet-Union. Es hat darüber schon genug Dementis gegeben. Wenn man heute noch immer solchen Unterstellungen Rechnung trägt, kann ich nicht mehr glauben, daß sie wohlmeinend sind.« Kurz darauf unterlief Seeckt ein Fehler. Er bat den ältesten Sohn des Kronprinzen, an den jährlichen Manövern der Reichswehr teilzunehmen. Der politische Sturm, den daraufhin ein düsterer Intrigant, der General Kurt von Schleicher, entfesselte, zwang den Reichspräsidenten von Hindenburg seinen fähigsten militärischen Kopf zu entlassen. Doch die von General von Seeckt aufgestellten Pläne zur militärischen Aufrüstung Deutschlands sollten sich in einem Ausmaß realisieren, das weit über seine Vorstellungen hinausging; sie war das Werk einer Generation, die alsbald in Deutschland die Ablösung vollziehen sollte.

Karl Missy gehörte zu dieser Generation. 1926 verließ er mit vierzehn Jahren die Volksschule. Nach der Schule hatte er bereits seinem Vater, einem Klempner, geholfen und dieser gab ihn nun bei einem Freund, dem Klempnermeister Albert Koellges, in die Lehre, einem Handwerker wie er selbst, der die gleiche Hochachtung in dem kleinen Städtchen Rheydt genoß. Karls Ehrgeiz war es, wie sein Vater ein Meister und ein angesehener Bürger zu werden. Doch es fing schlecht für ihn an. Der alte Koellges schickte ihn eines Tages aufs Dach, um dort eine Reparatur vorzunehmen. Karl streckte die Hand nach einem Werkzeug aus, rutschte und fiel; um Haaresbreite brach er sich das Genick. Es war sein erster Gleitflug, doch diese Erfahrung schätzte er ganz und gar nicht, um so weniger, als der alte Koellges ihn dafür auch noch ohrfeigte.

Während Karl Missy auf einem Dach in Rheydt den Akrobaten spielte, war ich auf der Wychwood Preparatory School inmitten der Nadelwälder hinter Bournemouth. Es war ein viktorianischer Bau aus rotem Backstein mit Türmchen, auf denen sich Wetterfahnen drehten. Eine große Allee führte hinauf bis zum Portal, vor dem der nachtblaue Bentley-Sportwagen des Schuldirektors häufig hielt. Einer meiner besten Freunde war der Tischler des Colleges, Mr. Longley. Durch ihn lernte ich das Holz von Tanne und Eiche nach dem Geruch zu unterscheiden, doch auch den Gestank schätzen, der von seinem auf dem Feuer gewärmten schwarzen Topf mit Fischleim aufstieg. Mr. Longley war ein alter Seemann. Er zeigte mir, wie man kleine Schiffsmodelle fertigte. Unter seinem erfahrenen Auge brachte ich Stunden damit zu, Schiffsrümpfe zu schnitzen, Segel zu nähen und aufzutakeln. Wenn meine Schiffchen auf dem Teich schwammen und graziös im Winde krängten, war ich hingerissen. Und dann nahm mich mein Vater eines Tages zu einer Flugveranstaltung in Bournemouth mit. Während die Maschinen mit Vollgas über unsere Köpfe hinwegrasten und in die Senkrechte kurvten, konnte ich die Piloten hinter der Windschutzscheibe hokken sehen; ihre Schals flatterten im Wind. Ich war begeistert. Von nun an räumten die Schiffsrümpfe und Segel den Tragflächen und Flugzeugrümpfen den Platz. Einer der Piloten, der am engsten kurvte und am tiefsten flog, war mein künftiger Vorgesetzter: Sholto Douglas. Zu jener Zeit, da Missy die Volksschule verließ, war ich in Wychwood in der Abschlußklasse, zusammen mit Anthony Hughes, einem intelligenten, dunkelhaarigen Jungen. Hughes war für mich die Ursache eines Gefühls äußerster Frustration. Denn höchst selten entriß ich ihm den ersten Platz, und, was noch schlimmer war, er war der Liebling von Hochwürden Batley, dem Schuldirektor, der meine Sensibilität dagegen auf unfaire Weise ausnutzte. Als er sich damit amüsierte, mich vor der übrigen Klasse zu hänseln, stand ich auf und sagte urplötzlich: »Sie sind nur ein elender Dummkopf, und ich kann sie nicht riechen!«

Ein alter Stich in unserem Geschichtsbuch zeigte die Armada, wie sie sich 1588 im Ärmelkanal entfaltete. In jeder Ecke pustete ein dicker Cherub aus vollen Backen, und die Inschrift lautete: »Er blies, und sie wurden zerstreut.« Mit anderen Worten, es war vor allem Gott, ein bißchen auch von Sir Francis Drake unterstützt, der die Spanier zurückgeschlagen hatte. An einer anderen Stelle des Buches war ein anderes Zitat. Keiner von uns konnte sich je erinnern, von wem die Worte stammten, noch auch zu welcher Zeit sie gesprochen wurden, aber sie blieben doch im Gedächtnis hängen: »Noch nie hat unser England sich unters stolze Joch eines Eroberers gebeugt, und nie wird es sich darunter beugen.« Fügt man noch, um das Maß vollzumachen, das großartige Signal Nelsons bei Trafalgar hinzu, so waren wir mit zwölf Jahren geistig gerüstet gegen jeden, der versuchen sollte, unsere Insel zu knechten. Aber Hochwürden Batley hatte auch noch eine Methode ersonnen, um uns von der Größe des Vätererbes zu überzeugen. Er hatte uns in vier Sektionen eingeteilt: Kelten, Sachsen, Dänen und Normannen. Ich war Normanne und blickte mit freundschaftlicher Verachtung auf meine Mitschüler aus den anderen, weniger zivilisierten Stämmen herab. Derart waren die gewundenen und ausgeklügelten Mittel, um in uns die Flamme des Patriotismus anzufachen. Karl Missy und Werner Borner wurden ihrerseits in der Volksschule auch mit handfestem patriotischem Lehrstoff gefüttert.

4

Ein schöner Tag zu Beginn des Jahres 1926. Das Städtchen Westport in Neuseeland war in Sonne gebadet. Drei Jungen, sie waren Brüder, dachten nur an ihr Murmelspiel; da drang plötzlich ein seltsames Geräusch an ihr Ohr. Als es immer lauter wurde, hoben sie die Köpfe und sahen ein ungewöhnliches Schauspiel. Am Himmel surrte ein kleiner Doppeldecker. Dann glitt er sanft herab, um sich schließlich auf den festen Sand des Strandes zu setzen. Die drei Brüder vergaßen ihre Murmeln und liefen hin. Der kleinste war acht Jahre alt und kam als letzter bei dem Flugzeug an, ganz außer Atem. Er hieß Alan Deere. Mit seinen Brüdern saß er stundenlang im Sand, fasziniert vom Anblick der kleinen, aus dem Himmel herabgekommenen Maschine. Schließlich erlaubte man ihnen, auch das Innere der Kabine zu besichtigen. Alan durfte sogar den Steuerknüppel berühren. Während vieler Monate träumte er nur davon, in einem solchen Flugzeug mitfliegen zu dürfen. Doch es kam kein anderes Flugzeug mehr nach Westport, und das Fieber Alans beruhigte sich wieder. Trotzdem sollte Alan später an dieses Erlebnis oft zurückdenken.

Der Fliegerhauptmann Cyril Burge hatte den Titel eines persönlichen Adjutanten beim Stabschef des R.A.F., »Boom« Trenchard. Er war auch der Onkel von Douglas Bader. Bader wäre im Sommer 1927 beinahe an Gelenkrheumatismus gestorben. Der Herzfehler, der blieb, hinderte ihn nicht daran, Weihnachten seinem Onkel zu schreiben, um ihn zu fragen, was er tun müsse, um in die Fliegerschule der R.A.F. in Cranwell einzutreten. Seine Mutter war dagegen. Sie haßte die Fliegerei. Sie hatte auch nicht die Mittel, ihren Sohn nach Cranwell zu schicken. Doch um Baders Eifer zu dämpfen, hätte es weit mehr bedurft. Im Frühling 1928 stellte er sich zum Examen in Burlington House, einem düsteren Bau in der Nähe von Bond Street. In Cranwell traf er im September des gleichen Jahres ein. Einen Monat später sagte ihm sein Fluglehrer beim Aussteigen aus der Avro 504, der Übungsmaschine: »Sehr schön! Fliegen Sie los! Aber machen Sie keinen Bruch!« Und an jenem Tag startete Douglas Bader zu einer in den Annalen der Fliegerei unvergleichlichen Laufbahn.

Johannes Jankes Onkel war Admiral der deutschen Kriegsmarine. Eines Tages im Jahre 1927 – Johannes hatte gerade sein Abitur gemacht – überraschte der Admiral ihn durch die hingeworfenen Worte: »Du mußt fliegen lernen, mein Junge! Ein junger Mann kann heutzutage kaum etwas Besseres tun. Ich werde meine Verbindungen spielen lassen, um dich bei der Deutschen Verkehrsflieger-Schule (D.V.S.) anzumelden.« Er hielt Wort, und im selben Jahr trat Janke in der D.V.S. ein, die von Stettin nach Schleißheim bei München umgezogen war. Jedoch der Vater von Johannes, Gutsbesitzer in der Gegend von Stralsund, ließ ihn nur ungern gehen, denn er hatte gehofft, sein Sohn würde eines Tages das Gut übernehmen. Das Fliegen hielt er außerdem für gefährlich. Als Janke seinen ersten Lehrgang beendet hatte, wurde er zur Station für Wasserflugzeuge versetzt, die 1928 in Warnemünde an der Ostsee lag. Werner Junck war zu dieser Zeit Testpilot für Heinkel in Rostock, wo der neue Jäger He 38 ausprobiert wurde. Wiederum drückte die Kontrollkommission der Alliierten beide Augen zu. Mit einem BMW-Motor von 750 PS ausgerüstet, erreichte dieses Flugzeug 280 Stundenkilometer und war damit schneller als di Jagdmaschine der R.A.F., die Bristol Bulldog. Neidisch beobachtete Janke den kleinen deutschen Jäger am Himmel und schwor sich, daß er eines Tages die schwere Zivilmaschine, die er damals flog, aufgeben werde, um Jagdflieger zu werden. Aber wie, das wußte er nicht, denn seine Bestimmung schien zu sein, immer schwerere Flugzeuge zu steuern. Von Warnemünde und seinen Wasserflugzeugen kam er nach B aunschweig zu den dreimotorigen Rohrbach Rolands, ehe er sein Patent als Flugkapitän machte und auf der Lufthansa-Linie München–Madrid eingesetzt wurde.

Hermann Göring, der ehemalige Patient der Pflegeanstalt von Langbro, war 1927 auf Grund der vom Reichspräsidenten Hindenburg unterschriebenen Amnestie nach Deutschland zurückgekehrt und arbeitete jetzt in Berlin für die Lufthansa. Er war entschlossen, Geld zu verdienen. Karin ließ er zunächst in Schweden; er hatte eine kleine Wohnung in der Berchtesgadener Straße gemietet und sich nebenbei als Vertreter für BMW und für Tornblad-Fallschirme etabliert. Als Lufthansa-Mitarbeiter hatte er engen Kontakt zu Milch. Eines Tages kam Hitler zu einem seiner seltenen Besuche nach Berlin. Göring ging ins Hotel »Sanssouci«, wo Hitler abzusteigen pflegte. Doch statt erfreut zu sein, als er seinen ehemaligen SA-Chef wiedersah, empfing Hitler ihn ziemlich kühl. Dazwischen hatte er andere Männer um sich sammeln können, wie Heinrich Himmler, der nun die neu geschaffene, persönliche Leibgarde des Führers befehligte, die Schutzstaffel, abgekürzt SS. Oder Joseph Goebbels, dessen Intelligenz und Rednergabe ihm als Gauleiter von Berlin zustatten kamen. Hitler jedoch brauchte Leute, die ihn finanziell unterstützten. Göring, dessen Geschäfte zu florieren begannen und dessen Verbindungen sich rasch verzweigten, überzeugte ihn davon, daß er der richtige Mann sei. Hitler willigte ein, ihn als Kandidaten der Partei für den Abgeordnetenposten bei den Reichstagswahlen zu unterstützen.

Inzwischen war auch Karin wieder zu Göring gestoßen. Das Paar mietete sich eine größere Wohnung in der Gaisbergstraße. Milch besuchte sie häufig und unterstützte gleichfalls Görings Wahlkampagne. Am 20. Mai 1928 war Göring denn auch einer der zwölf nationalsozialistischen Abgeordneten, die gewählt wurden, um jene 800 000 Wähler zu vertreten, die für die NSDAP gestimmt hatten. Auch Goebbels war in den Reichstag gewählt worden. Um etwa diese Zeit geriet die Lufthansa in finanzielle Schwierigkeiten. Der Verwaltungsrat beschloß, die Rechnungsbücher Milch zu übergeben, der erwiderte: »Ich staune über Ihren Mut. In meinem ganzen Leben habe ich noch nie eine Bilanz gelesen.« Nichtsdestoweniger machte er sich sofort ans Werk, die Gesellschaft von Grund auf neu zu organisieren. Der erste, an den er sich wandte, war Göring, der nun im Reichstag die Sache der Lufthansa vertrat. Im November 1929 füllten sich die Straßen mit SA-Männern, aufgerufen von Goebbels, der Propagandaleiter der Partei geworden war. In Sprechchören brüllten sie »Deutschland, erwache!«

Ein paar Monate später fand der SA-Mann Horst Wessel bei einem Straßentumult den Tod. Goebbels verstand dies auszunutzen: Er machte aus ihm einen Märtyrer. Von nun an wurde in den Straßen das *Horst-Wessel-Lied* gesungen.

Göring war abermals umgezogen und wohnte jetzt in einem modernen Appartement in der Badischen Straße. Auch hier ging Milch aus und ein, und Göring vertraute ihm eines Tages an: »Wenn die Partei die Macht ergreift, schaffen wir eine neue Luftwaffe.«

Bis es soweit war, wurde diese künftige Luftwaffe weiterhin in Lipezk ausgebildet. Doch plötzlich wurde der junge Bau im Jahre

1928 in den Grundfesten erschüttert. Zwei Maschinen kollidierten über Lipezk, und einer der Piloten, der Rittmeister von Hammlinger, fand den Tod. Die Leiche wurde unter der üblichen Geheimhaltung nach Stettin überführt. Während das Schiff mit dem Toten an Bord in den Hafen einlief, zog ein Charterflugzeug mit der jungen und schwangeren Witwe von Hammlingers am Himmel seine Kreise. Es gelang der jungen Frau, die Tür zu öffnen und ins Leere zu springen.

Das Ereignis machte in der deutschen Presse Schlagzeilen, die die Existenz von Lipezk verrieten und vom Geheimabkommen zwischen Deutschland und Rußland sprachen. In der *Weltbühne* beschuldigte Carl von Ossietzky, der später während seines Aufenthaltes in einem KZ den Nobelpreis für Förderung des Weltfriedens erhielt, offen die Regierung der Komplicenschaft. Die Regierung leugnete abermals jede Kenntnis der Tatsachen. Von Hammlinger, erklärte man offiziell, sei ein pensionierter Rittmeister und habe nicht unter der Verantwortlichkeit der Regierung gestanden.

Johannes Janke, der das in Rostock erblickte Heinkel-Jagdflugzeug nicht vergessen konnte, erschien eines Tages bei seinem Onkel, dem Admiral, und rief: »Die dreckigen alten Passagierkisten hängen mir zum Hals heraus!« Und wiederum konnte der alte Admiral helfen: er arrangierte, daß Janke nach Lipezk abkommandiert wurde, und im Mai 1929 begleitete er ihn selbst dorthin.

In Lipezk verwirklichte Johannes Janke seinen Traum. Endlich konnte er am Steuerknüppel eines Jagdflugzeuges sitzen, einer Heinkel 38.

Carl von Schoenebeck, der zum Major befördert worden war, sorgte dafür, daß Janke, auf Grund seiner außerordentlichen Flugerfahrungen, gewisse Privilegien genoß. Er bekam Erlaubnis, in einem Umkreis von 150 km rund um die Basis auf die Jagd zu gehen und durfte in einem kleinen Chevrolet-Lkw herumfahren. Doch auch die anderen Piloten fanden Mittel und Wege, die engen Grenzen ihrer Freiheit auszuweiten. Sie fälschten Passagierscheine, die mit »offiziellen«, handgebastelten Stempeln bedeckt waren und von den russischen Wachtposten, die gar nicht lesen konnten, niemals angezweifelt wurden.

Hans-Heinrich Brustellin entstammte einer schlesischen Gutsbesitzersfamilie. 1927 ging er in Stettin zur Schule und liebte es, die

Flugzeuge der Deutschen Verkehrsflieger-Schule in der Luft zu beobachten. Doch das Fliegen interessierte ihn eigentlich nicht. Sein Ehrgeiz war die Kavallerie. Als er 1929 bei ihr eintreten wollte, befand sich Deutschland in der Wirtschaftskrise, und Anstellungen waren rar. Von den dreitausend Anwärtern auf den Reichswehrdienst nahm man nur 300. Bei den Eignungsprüfungen wurde auch gefragt: »Wollen Sie fliegen?« Brustellin bejahte, und man sagte ihm: »Kein Wort darüber!« Er wußte zu schweigen, und am 4. April 1929 kam er zur Deutschen Verkehrsflieger-Schule nach Schleißheim. Im Mai 1930 trat er die Reise nach Lipezk an.

Als Flugschüler fand Brustellin das Leben in Lipezk sehr hart. Die Ernährung war schlecht, doch die Messe war recht komfortabel. Die Fluglehrer wurden »Altmärker« und die Schüler »Jungmärker« genannt, nach den Bewohnern des heiß umstrittenen Grenzbezirks. Offiziell lebten Altmärker und Jungmärker getrennt und doch heimlich vereint vor der gleichen Aufgabe.

Selbst für die Jungmärker hatte Lipezk zur Zeit Brustellins seine guten Seiten. Manchmal promenierten sie im Kurgarten mit Mädchen, die allerdings die ärgerliche Gewohnheit hatten, sobald sie sich beobachtet fühlten, zu verschwinden. Oder sie luden ihre Gefährtinnen zum Baden im Fluß ein – worauf dann ein Altmärker den Strand überflog und Zettelchen abwarf mit Aufschriften wie: »Schont Eure Nerven, Jungs!« und anderen Anzüglichkeiten.

Wenn das Essen schlecht war, so war das der Russen noch schlechter. Das brachte Probleme mit sich: die Mechaniker waren meist Russen, und die deutschen Piloten hatten strengen Befehl, darauf zu achten, daß beim Rollen von und zu der Startbahn an beiden Tragflächen der Fokker D 13 je ein Mechaniker mitlief. Der sowjetische Kommandant bestellte jene Piloten, die zu rasch rollten und die Mechaniker außer Atem brachten, sofort in sein Büro. Doch wenn ein Deutscher knapp vor Mittag einfiel, baten die Russen ihn, noch schneller zu rollen, sonst kämen sie zu spät in die Kantine und bekämen nichts mehr zu essen. Schwierige Situation!

Während einige Privilegierte in Lipezk auf Motorflugzeugen flogen, waren Tausende andere, ebenso in die Fliegerei Vernarrte, durch den Versailler Vertrag gezwungen, sich mit Segelflugzeugen zu begnügen. Diese Beschränkung erfüllte sie mit Zorn und jemand nannte die Klausel »einen arroganten Willkürakt von Seiten der

Siegermächte«. Dieser Jemand war Adolf Galland. 1928 griff die Leidenschaft für Gleit- und Segelflüge immer mehr um sich und erreichte auch seine Vaterstadt Westerholt in Westfalen, wo der Gelsenkirchener Klub ein Fluggelände einrichtete. Das Schauspiel der von einem nahen Hügel, dem Borkenberge, in die Luft katapultierten Segelflugzeuge begeisterte den jungen Adolf Galland. Sein Vater erlaubte ihm, zweimal pro Woche theoretische Kurse im Gelsenkirchener Klub mitzumachen. Das unmittelbare Ergebnis war freilich, daß Adolf seine Schulexamen verpatzte. Doch »Dank sei Gott und meinen Klassenkameraden«, sagte er, »ich konnte die Sache ins Lot bringen«; es gelang ihm, sein Studium fortzusetzen, ohne seine Wochenenden am Borkenberge opfern zu müssen. Zunächst mußte er sich mit anderen jungen Leuten darauf beschränken, dem Schweben und Kurven der Segelflugzeuge zuzusehen und an den Hängen des Hügels beim Rücktransport der Segler zu schwitzen. Endlich kam 1929 für ihn der große Tag. Mit siebzehn Jahren saß er am Steuerknüppel eines Segelflugzeugs. Bei der ersten Landung machte er freilich fast Bruch. Doch der Junge erzielte rasche Fortschritte. Ein anderer Junge, dem man am Borkenberg begegnete, hieß Werner Borner. Nach dem Schulabschluß hatte er sich im Mai 1929 zum 18. Infanterieregiment gemeldet. »Ich verging vor Sehnsucht danach, um zu fliegen«, erzählt er, »doch da der Versailler Vertrag mich daran hinderte, ging ich zum Heer.«

Ein paar Monate später wurde er zur Einheit seines Vaters, dem 5. Bataillon des 18. Infanterieregimentes versetzt, das in Münster stand. Borkenberg lag ganz in der Nähe. Borner schrieb sich beim Segelfliegerklub ein. Zusammen mit seinen Freunden, alle so jung wie er selbst, baute er ein Segelflugzeug, einen »Zögling«. Und eines Tages hatte er dann, wie Galland, sein Patent erhalten und durfte das Abzeichen mit der kleinen weißen Möwe auf blauem Grund tragen. Wichtiger aber waren sicher die Glückwünsche seines Freundes Hauptmann Heldmann, der ihn stets ermutigt hatte. Obwohl Borner sich freute, nun Segelflieger zu sein, hatte er dennoch nur einen einzigen Gedanken im Kopf: ein Motorflugzeug zu fliegen. Vorläufig wurde er aber ein schneidiger Infanterist, und seine Treffsicherheit mit dem Gewehr Modell 98 und mit dem MG 08-15 trugen ihm besondere Preise ein. Mir sollten seine tödlichen Schießkünste eines Tages verhängnisvoll werden.

In jenem Sommer 1929 war ich noch zu jung, um ein Flugzeug, sei es Motor- oder Segelflugzeug, zu steuern. Dennoch erreichte ich es, genau wie Adolf Galland und Werner Borner, den Boden einmal zu verlassen und meine Lufttaufe zu erhalten. Ich war ein Schüler von vierzehn und einem halben Jahr. Während des Sommertrimesters verfehlte ich mehr als einen Kricketball, nur weil ich den Siskins von North Weald, dem nahen Fluggelände, nachgaffte, wenn sie am Himmel ihre Kapriolen vollführten. Sehr wahrscheinlich saß auch Sholto Douglas, damals Kommandeur des Standortes North Weald, am Steuerknüppel eines der Jäger. (Derselbe Sholto Douglas, der mich und die Menge beim Wettfliegen in Bournemouth begeistert hatte.) Einmal landeten drei Siskins auf einem unserer Sportplätze. Es war das erste Mal, daß ich ein Flugzeug berühren und beschnuppern konnte. Es war berauschend. Doch das Beste sollte noch kommen. Im selben Sommer begab ich mich ins Officers' Training Corps Camp in Tidworth. Man erreichte für drei von uns hundert Jungen die Erlaubnis zu fliegen. Ich war einer von diesen drei. Die Maschine war ein Bristol-Jäger, ein alter Doppeldecker und Kriegsveteran. Man schnallte mich auf dem Sitz des Beobachters fest, und hinter die breiten Schultern des Flugzeugführers, Hauptmanns Guy Charles, geduckt, begann mein erster Flug. Die eisige Luft nahm mir den Atem; der Regen, frisch und belebend, traf mein Gesicht wie Nadelstiche. Das Grün der Wiesen und Wälder und das Gelb des reifenden Korns zogen unter uns dahin. Das Schachbrett der Erde, die wir hinter uns ließen, wurde immer kleiner und bar jeder Bedeutung. Was bei mir aber den größten Eindruck hinterließ: trotz der Geschwindigkeit schien das Flugzeug stillzustehen, im Raum von unsichtbarer Hand getragen. Ich beugte mich vor, um die Tragflächen und das Heck zu sehen. Nichts bewegte sich, doch der Donner des Rolls Royce Eagle gab ein Gefühl von ungeheurer Kraft.

An jenem Tag faßte ich den Entschluß, Flieger zu werden.

Der Gedanke, daß er fliegen wollte, hatte Karl Missy noch nicht gestreift. Nach der dreijährigen Spenglerlehre trat er ins Geschäft seines kranken Vaters ein und übernahm allmählich die Leitung. Es waren harte Zeiten für Deutschland. Im September 1929 gab es anderthalb Millionen Arbeitslose, deren Zahl 1930 auf drei Millionen anstieg. Es wurde nicht mehr gebaut. Die Spenglerei hatte darunter zu leiden. Doch Karl hatte noch Arbeit. Die kleinen Unternehmen, zu denen das seine gehörte, hielten sich als Zulieferer für die großen über Wasser. »Missy und Sohn« spezialisierten sich auf das Zusammensetzen von Webstühlen, die aus England importiert wurden, einem Land, das Karl Missy auf unerwartete Weise etwa zehn Jahre später besuchen sollte.

In Lancashire, wo man einen großen Teil dieser Webstühle fabrizierte, träumte Tom Gleave noch vom Fliegen wie in jenen Tagen, da kurz nach dem Krieg zwei Flugzeuge in der Nähe seines Vaterhauses gelandet waren, und er rannte, um sie zu sehen.
Im Jahre 1927 trafen sich eine Handvoll Enthusiasten, darunter auch Tom Gleave, unter dem Vorsitz Sir Frederik Marquis' im Rathaus von Liverpool. Aus dieser Versammlung ging der Fliegerklub von Liverpool und Merseyside hervor, dessen Gründungsmitglied Gleave wurde. 1929 trug ihm sein Eifer das Patent ein. Seine Familie war im Gerberhandwerk tätig. 1930 schiffte er sich nach Kanada ein, um bei Toronto in einer Leder- und Häutefirma zu arbeiten. Wenn er abends nach Hause kam, beschäftigte er sich in seinen Mußestunden damit, eigenhändig ein Flugzeug zu bauen. Doch es sollte nie fliegen, denn der Wall Street-Krach wirkte sich 1930 auch in Kanada aus. Tom bestieg das Schiff zur Heimreise nach Liverpool; die Montageteile seines Flugzeugs ließ er einfach liegen.
Zurück in England, verpflichtete er sich für fünf Jahre bei der R.A.F. Im Herbst trat er in die Fliegerschule in Sealand ein und fing wieder von vorn an, fliegen zu lernen.
Fliegen, das entdeckte Gleave, war nicht ungefährlich. Doch manche Unfälle waren geradezu lächerlich. Einmal, als das grasbewachsene Gelände von Sealand zum Teil überschwemmt und die Startbahn mit Fähnchen markiert war, befanden sich auch einige »fremde Herren«, wie er sie nannte, auf dem Platz. Einer von ihnen, der zum erstenmal in Sealand flog, rollte zur Startbahn, während die übliche Zuschauermenge zusammenströmte. Beim Gasgeben gewann er an Schnelligkeit, verfehlte die Fähnchen und raste direkt in die überschwemmte Zone. Während das Heck des Bristol-Jägers sich mehr und mehr hob, bohrte sich der Propeller in das seichte Wasser und warf eine riesige Fontäne auf. Die Bristol stellte sich senkrecht auf den Kopf und legte sich dann auf den Rücken. Einen

Augenblick lang herrschten Ratlosigkeit und Stille, bis auf die Wagen der Feuerwehr und der Ambulanz, die zur Unfallstelle rasten. Ehe man noch Zeit fand, den unseligen Piloten zu befreien, der mit dem Kopf nach unten in den Riemen hing, befreite er sich selbst und purzelte kopfüber ins aufspritzende Wasser. Offenbar hatte er an allen Strippen gezogen, die ihm erreichbar waren, denn wenige Sekunden später entfaltete sich sein Fallschirm über dem Wasser, füllte sich mit Wind und schleppte ihn fort aus der ärgerlichen Situation.

Tom Gleave wurde in Sealand Jagdflieger. Er mußte deshalb eines Tages die schrecklichste aller Torturen erdulden. Dennoch hat er es nie bereut, die Gerberei aufgegeben zu haben.

Die Meute von Warwickshire bekam 1929 in der Person von John Verney, dem zwanzigsten Baron Willoughby de Broke, einen neuen Chef. Willoughbys Regiment, die 17./21. Lancers, war in der Kaserne von Hounslow stationiert, und manche Offiziere lernten ganz in der Nähe, in Heston, fliegen. Einer von ihnen, Ronald Cooke, pflegte sein Flugzeug zu benutzen, um sich nach Sywell zu begeben; von dort aus konnte er mit der Meute von Warwickshire auf die Jagd gehen.

Obwohl er seinen Flugschein noch nicht besaß, hatte John Willoughby schon immer den Wunsch zu fliegen. Im College von Eton las er Fliegerzeitschriften und Fluglehrbücher; seine Stube war mit Bildern aus demselben Bereich dekoriert, und in einem Schuppen, tief in den Wiesen bei Eton, baute »ein erstaunliches Männchen« (nach seinen Worten), ein gewisser E. J. Benton, ein Flugzeug. Willoughby erschien sobald er eine Minute frei hatte, um ihm zur Hand zu gehen.

Es kam der Tag, in dem das Flugzeug ausprobiert werden sollte. Benton hatte sich ebensowenig wie seine Maschine je in die Luft erhoben. Er glaubte es ganz allein lernen zu können. Es gelang ihm, vom Boden abzuheben, doch da er nicht wußte, wie man eine Kurve flog, landete er geradeaus in einem Graben. Traurig sah John Willoughby zu, wie ein Bauernkarren die Trümmer wegschaffte. Als er während des Ersten Weltkrieges mit seinen Lancers in Frankreich lag, versuchte er vergeblich, zur Fliegerei versetzt zu werden. Dann verlor er den Kontakt bis zu jenem Tag, an dem er in Warwickshire von seinem Freund Ronald Cooke die Lufttaufe erhielt.

Bald hatte »Pedlàr« Palmer, der Fluglehrer in Sywell, einen neuen Schüler. Palmer, der 120 Kilo wog, liebte den Kunstflug. Als er einmal ein paar Figuren vorführte, gab der Führersitz unter seinem Gewicht nach und der unselige »Pedlar«, so erzählt John, »mußte landen, ohne die geringste Stütze für seinen Hintern«. Im Frühjahr 1929, kurz nachdem er sein Patent erhalten hatte, sah John Willoughby einen rot und silber lackierten Eindecker herabkommen und in Sywell aufsetzen. Es war eine Klemm, eine deutsche Maschine. Er verliebte sich auf den ersten Blick in das Flugzeug und kaufte es. Bald unternahm er damit eine Rundreise durch ganz Europa: Le Touquet, Brüssel, Stuttgart, Wien, Budapest, Prag, Amsterdam und zurück.

Im Jahre 1929 gab es in England kein Flugzeug ähnlicher Qualitäten wie die kleine Klemm. Die drakonischen Sparsamkeitsgebote, die der noble Lordschatzmeister der R.A.F. erteilt hatte, hatten sie gezwungen, sich mit den Holz-Doppeldeckern aus dem Krieg zu begnügen, wie dem Bristol-Jäger, an dessen Bord ich zum ersten Mal geflogen war. Mangels Aufträgen stagnierte auch die englische Flugzeugindustrie. Hinsichtlich der Stärke in der Luft war England auf den fünften Platz zurückgefallen, hinter Japan und Italien. Und im März 1929 konnte Garvin, der berühmte Leitartikler des *Observer* schreiben: »Wir sind heute vergleichsweise weit schwächer, als wir es jemals waren ... seit der Eroberung durch die Normannen. Es gibt auf der Welt kein Volk, das durch Luftangriffe verwundbarer wäre als das englische.«
Man hielt sich an Trenchard. Doch was vermochte er, wenn Churchill den Geldbeutel zugeschnürt hielt? Außerdem träumte das Volk von Frieden und Abrüstung. Niemand wollte eine mächtige Luftstreitmacht unterhalten. Wenn auch Trenchard nichts gegen die Schwäche in der Luftverteidigung Englands tun konnte, wußte er doch besser als irgend jemand sonst, was ein Angriff aus der Luft bedeutete. Kurz vor seiner Pensionierung sprach er 1929 die prophetische Warnung aus: »Es gibt gar keinen Zweifel ..., daß diese Form des Krieges angewandt werden wird. Es mag zahlreiche Menschen geben, die sich klar darüber sind, daß sich Schrecken und Leiden, bisher auf die Schlachtfelder beschränkt, in Zukunft auf die Gesamtbevölkerung ausdehnen wird, und die dafür plädieren werden, daß der offensive Luftkrieg rein militärischen Auseinander-

setzungen vorbehalten bleibt. Wäre diese Beschränkung durchführbar, so wäre ich der letzte, mich ihr zu widersetzen. Doch das ist nicht der Fall. Wir selbst sind ganz besonders durch Luftangriffe verwundbar ... Unsere Feinde werden ihren diesbezüglichen Vorteil wahrnehmen.« Doch seine Landsleute mochten solche Worte nicht hören. Man fand sie lächerlich und beinahe unanständig: Wie konnten solche Scheußlichkeiten heraufbeschworen werden, wenn hochherzige Männer dafür kämpften, den Traum eines Weltfriedens zu verwirklichen?

Friede und Abrüstung, darüber machte sich Adolf Hitler keine Illusionen. Auf einer Zusammenkunft von Parteiführern im September 1928 in München hatte er von »dem erbärmlichen Glauben an Möglichkeiten ... wie Versöhnung, Verständigung, Weltfrieden« gesprochen. Und er fuhr fort: »Diese Art von Ideen tilgen wir aus. Es gibt nur ein Recht auf dieser Welt, das gute Recht der Gewalt.« Er war jetzt endlich auf dem Weg zur Macht. Die Wirtschaftskrise und die Arbeitslosigkeit, die 1929 einsetzten, waren die Ursache zu Unzufriedenheit bei den Arbeitern, zu Verzweiflung und Bankrott beim Bürgertum. Man wartete auf einen Retter. Hitler schien der Mann zu sein, der die Lage meistern konnte.

Auch die Flugzeugindustrie bekam die Wirtschaftskrise zu spüren. Das Werk von Ernst Udet ging 1929 in Konkurs und wurde von den Bayerischen Flugzeugwerken, Augsburg, aufgekauft. Udet setzte sich wieder an den Steuerknüppel. Ende 1930 ging er in den Sudan, um Luftaufnahmen von wilden Tieren zu machen. Aber eines Tages verschwand er samt seinem Kameramann. Zu seinem Glück befand sich einer seiner Gegner aus der schönen Zeit des »Zirkus« Richthofen, Sholto Douglas, damals in Khartum, im Stabsquartier der R.A.F. Dieser schickte drei Maschinen der 47. Staffel auf die Suche nach Udet, der von Campbell Black auch gefunden wurde. Die Mechaniker von Sholto Douglas, an Ort und Stelle abgesetzt, reparierten das Flugzeug Udets. Tags darauf war er zurück in Khartum und wurde von Douglas eingeladen. Die beiden »Adler« sprachen von der guten alten Zeit, als sie an der Westfront noch gegeneinander gekämpft hatten. Udet dankte seinem Retter und sagte zu ihm: »Ich hätte nie gedacht, die dreifarbenen Kokarden der R.A.F. über mir am Himmel zu sehen.« So wurde Udet von der R.A.F. gerettet, um später gegen sie zu kämpfen.

Willy Messerschmitt war ein sehr viel besserer Geschäftsmann als Udet. Seine Firma fusionierte mit den Bayerischen Flugzeugwerken und konnte weiterbestehen. Die Großen der Flugzeugindustrie: Junkers, Dornier und Heinkel, überstanden die Krise. Am 21. Oktober 1930 hob sich das Riesenwasserfluzeug Do X von Dornier schwerfällig mit 169 Personen an Bord von der Wasseroberfläche des Bodensees. Etwas Ähnliches gab es nirgends auf der Welt. In meiner Studierstube in Haileybury beugte ich mich über die illustrierte Zeitschrift *The Aeroplane,* um das fliegende Monstrum anzustaunen, das von zwölf luftgekühlten Bristol-Jupiter-Motoren angetrieben wurde, die in Deutschland von Siemens hergestellt worden waren. Das Problem der Kühlung führte später dazu, daß sie durch wassergekühlte Curtiss-Motoren ersetzt wurden. Die Junkers-Werke brachten ihrerseits einen anderen viermotorigen Riesen vom Typ G-38 heraus. In zwei Decks transportierte er 34 Passagiere; stolz nannte man die ersten beiden G-38 »Deutschland« und »Generalfeldmarschall von Hindenburg«. Heinkel setzte die Produktion traditioneller Doppeldecker fort, hatte aber bemerkenswerte Projekte in Vorbereitung. Die deutsche Flugzeugindustrie wartete nur noch auf Hitler.

Doch noch einmal entging Hitler die Macht, trotz der wachsenden Stärke seiner Bewegung. Sein Wahlspruch lautete: »Der Weg zur Macht führt über Hindenburg«. Aber der ehemalige Gefreite hatte kaum eine Chance, bei dem Generalfeldmarschall Gehör zu finden. Göring fiel es zu, den alten Soldaten aufzusuchen, der schwerlich einem Träger des Pour le mérite eine Audienz verweigern konnte. Göring suchte den Reichspräsidenten im Herrenhaus von Gut Neudeck auf. Ein Besuch, dann ein zweiter. Man kam gut voran. Da erkrankte Karin Göring sehr schwer und bat ihren Mann, sie nach Schweden zu bringen. Obwohl Göring stündlich eine Aufforderung des Reichspräsidenten erwartete, ihm Hitler vorzustellen, war es für ihn wichtiger, seine todkranke Frau in ihre Heimat und zu ihrer Familie zu bringen. In Stockholm wachte er angstvoll am Krankenbett. Am 14. Oktober 1931 meldete ihm ein Telegramm aus Berlin, daß Hindenburg bereit war, Hitler zu empfangen. Göring nahm zum letztenmal Abschied von seiner geliebten Frau. Am 16. Oktober ging er, zusammen mit Hitler, zum Reichspräsidenten. Karin starb am nächsten Tag.

Göring setzte nie wieder den Fuß in die Wohnung in der Badischen Straße. Er mietete eine Junggesellenwohnung am Kaiserdamm. Dort begann er, seine alten Fliegerkameraden um sich zu sammeln: Milch, Lörzer, Udet. Von Zeit zu Zeit sah auch Karl Bodenschatz herein, ehemaliger Stabsadjutant des Richthofen-Geschwaders. Stundenlang sprach man von der guten alten Zeit und von der Zukunft. Trotz dieser fröhlichen Abende war Göring einsam. Eines Abends im März 1932 begab er sich nach einer politischen Versammlung in Weimar ins Theater und sah *Minna von Barnhelm*. Die Hauptrolle wurde von einer Schauspielerin namens Emmy Sonnemann gespielt. Göring war damals Reichstagspräsident, denn die Wahlen vom 31. Januar hatten 231 Abgeordnete der NSDAP ergeben. Zurück in seinem Büro im Reichstagsgebäude, fielen seine Augen auf das Schreibpapier mit dem offiziellen Briefkopf. Er nahm ein Blatt und schrieb die Worte: »Ich liebe Dich. H.« Dann schickte er den Brief an Emmy Sonnemann.

Einer von den Wachtposten vor dem Präsidentenpalais würde eines Tages den Versuch machen, mich umzubringen. Es war der Obergrenadier Werner Borner, der seine militärische Laufbahn beim 5. Bataillon des 18. Infanterieregimentes begonnen hatte, einem Eliteregiment, dem man die Aufgabe zugeteilt hatte, für die Regierungsgebäude in Berlin die Wachen zu stellen. Borner gehörte zur Wachabteilung des Reichspräsidentenpalais. »Drollig war das nicht«, erzählt er heute. »Zwei Stunden mußte man »stillgestanden« dastehen, während die Touristen einen anglotzten«. Die Wachtposten grüßten nur Offiziere. Er erinnert sich, daß er Göring vorbeikommen sah, als er Abgeordneter war: er nahm wie ein manierlicher Zivilist den Hut ab, genau wie Staatssekretär Meissner, der jeden Morgen ins Palais kam. Für den Reichspräsidenten Hindenburg selbst trat die ganze Wache unters Gewehr, und der alte unerbittliche und strenge Feldmarschall schritt täglich ihre Front ab. Nachts patrouillierte die Wache innerhalb des Palais. Hindenburg zog nie die Vorhänge zu; Borner und seine Kameraden schauten respektlos zu, wie er zu Bett ging. Um diese Zeit gab es fast täglich blutige Zusammenstöße zwischen Kommunisten und Nationalsozialisten. Es kam vor, daß die Wache eingreifen mußte. So hatte Borner gegen Hitler gekämpft, ehe er für ihn kämpfen mußte.

Im Herbst 1931 konnte England stolz auf seine Luftstreitmacht sein. Eine Supermarine S. 6 B. von der Wettbewerbspatrouille der

R.A.F. hatte zum drittenmal den Schneider-Pokal gewonnen. Diese sehr begehrte Trophäe schien dazu bestimmt, für immer in den Händen der Briten zu bleiben. Es war freilich nicht undramatisch abgegangen. Acht Monate früher hatte sich die Regierung trotz der vorangegangenen beiden Siege geweigert, die Wettbewerbsteilnahme zu finanzieren. Lady Houston war, von solcher Kleinlichkeit angeekelt, patriotisch zu Hilfe gekommen und hatte 100 000 Pfund gestiftet. Der Rolls-Royce-Motor R wurde frisiert, um für ein paar Minuten 2 300 PS zu erreichen. Die Italiener, die mit diesem Wundermotor nicht konkurrieren konnten, schieden freiwillig aus. Die französische Maschine, eine Bernard-Hispano, zerschellte sechs Wochen vor dem Wettkampf. Damit blieb Hauptmann Boothman als einziger im Rennen und durchmaß die Strecke mit einer Geschwindigkeit von 520 Stundenkilometern. Zwei Wochen später stellte Hauptmann Stainforth mit einem Rolls-Royce-Motor R, der bis auf 2 530 PS gezüchtet war, den Weltrekord von 610 Stundenkilometern auf.

Man schalt Trenchard einen Verschwender; aber Reginald Mitchell, der die Pläne zu der Supermarine entworfen hatte, sollte drei Jahre später einen Jäger entwickeln, der der Supermarine S. 6 B. merkwürdig ähnelte und der den Namen Spitfire erhielt, während sein Merlin-Motor eine Weiterentwicklung des phänomenalen Rolls Royce R war. Die von Lady Houston investierten 100 000 Pfund trugen reiche Dividende.

In jenem Herbst wurde ich zu einem Besuch auf den Erprobungsplatz Martlesham mitgenommen. Dort sah ich die allerneuesten Typen der R.A.F. Doch der Höhepunkt des Tages war die Supermarine S. 6 B., die in Felixstowe vorgeführt worden war. Ich durfte mich in die Kabine des schönen blauen Flugzeugs setzen, das die Trophäe gewonnen hatte, und war weit davon entfernt zu ahnen, daß ich einmal, allerdings unter sehr viel dramatischeren Umständen, nach Martlesham und nach Felixstowe zurückkommen würde. Das Luftfahrtministerium war so begeistert von dem Sieg der R.A.F. beim Schneider-Pokal, daß es in der Erwartung weiterer Wettkämpfe ein großes Budget vorschlug; doch der Leiter der Luftfahrtmaterial- und Programm-Abteilung, der Vizeluftmarschall Dowding, widersetzte sich hartnäckig dieser Idee. »Geben Sie das Geld lieber zur Verbesserung der Zahl und Qualität der Jagdflugzeuge aus!« sagte er. Und das Ministerium bekehrte sich zu seiner Ansicht.

Die R.A.F. hatte 1931 als Jagdflugzeuge nur die Hawker Fury und die Bristol Bulldog, zwei Doppeldecker, die sich gut für Kunstflüge eigneten, jedoch nicht sehr schnell waren. Die Deutschen übertrafen, trotz des Versailler Vertrages, die Bulldog mit ihrer Heinkel 38. Die Staffel von Douglas Bader, die 23., war gerade auf Bulldogs umgerüstet worden, als Ersatz für die Gloster Gamecocks. Bader selbst gehörte zu der Kette von drei Piloten, die Formationskunst-flüge in Hendon vorführten. Der *Times* zufolge, die es »den Höhe-punkt des Tages« nannte, waren 175 000 Zuschauer zugegen, dar-unter auch ich mit besonderer Erlaubnis. Ich hatte mir den Hals ausgerenkt, um mit Staunen den Kunstflügen von Harry Day, George Stevenson und Bader zu folgen. Es war der Schwanengesang der Gamecocks. Die Bulldogs, die sie ersetzten, hatten ganz andere Flugeigenschaften und die Tendenz, beim Looping abzutrudeln.

Am 14. Dezember flog Bader nach Woodley bei Reading. Nach dem Mittagessen sagte jemand zu ihm: »Ich wette, daß du keinen Loo-ping bis 'runter zu den Gänseblümchen machen wirst!« Bader ging auf die Wette ein, und die graziöse kleine Bulldog beendete ihre Laufbahn als Schrott. Bader schwebte lange Zeit zwischen Leben und Tod und verlor seine beiden Beine. In Cranwell hatte ihn sein Vorgesetzter einmal angeherrscht: »Die R.A.F. braucht Männer, keine Schulbuben!« Jetzt war er keines von beiden mehr. Nun würde die R.A.F. ohne ihn auskommen.

Unter den 175 000 in Hendon zusammengeströmten Zuschauern befand sich auch Erhard Milch. »Hendon hat mir allerlei beige-bracht«, gesteht er heute. Einer der Ingenieure der Firma Bristol erklärte ihm damals das System des Einspritzmotors.

»Englisch sprach ich sehr schlecht«, hat Milch mir erzählt. »Doch der Mann war so nett, daß ich schließlich begriff. Damals hatten wir in Deutschland nichts Vergleichbares.«

Denn Anfang der dreißiger Jahre war die deutsche Forschung auf dem Gebiet der Triebwerke noch sehr rückständig. Und doch ver-lieh das System des Einspritzmotors, den die Jäger der deutschen Luftwaffe hatten, ihnen 1940 einen enormen Vorteil. Diesmal war die Rückständigkeit auf Seiten der Engländer.

Ein anderes Charakteristikum der Messerschmitt-Jäger im Jahre 1940 waren die automatisch ausfahrenden Spaltflügel. Diese Erfin-dung von Handley-Page war bei zahlreichen britischen Doppeldeckern verwendet worden, um ihre Leistung bei niedrigen Geschwindigkeiten zu verbessern. Doch das Luftfahrtministerium blieb skeptisch, als Handley-Page sie auch bei einem Eindecker verwenden wollte. Allerdings gab es damals in England keinen Eindeckertyp, der dafür geeignet gewesen wäre. Also fragte Handley-Page, der gute Beziehungen zu Heinkel pflegte, ob diese Firma nicht die Idee an ihrer Heinkel 64 ausprobieren wolle. Die Demonstration fand im November 1932 in Radlett mit Werner Junck, dem Cheftestpiloten von Heinkel, statt. Es war ein Erfolg. Die Erfindung wurde bei den He 64 verwendet, später auch bei den Messerschmitt-Jägern. Zur gleichen Zeit verließ ein noch viel bemerkenswerteres Produkt die Werke von Ernst Heinkel. Seine beiden Hauptingenieure, Walter und Siegfried Günter, hatten auf die spezielle Anfrage der Lufthansa hin, die sich ein »schnelles Postflugzeug« wünschte, die neue He 70 entwickelt. Sie erreichte 350 Stundenkilometer und war damit schneller als der R.A.F.-Jäger, die Fury. Die Lufthansa übernahm die He 70. Daneben diente die Maschine als experimenteller Zweisitzer beim Heer. Von ihr wurde, ebenfalls für die Lufthansa, ein schnelles, zweimotoriges Linienflugzeug abgeleitet: die He 111. Werner Junck flog sie am 2. Dezember 1932 zum ersten Mal. Später sollte diese Maschine in England Berühmtheit erlangen, doch nicht als Zivilflugzeug, sondern als Bomber – eben jenes Types, mit dem einmal Karl Missy bei Whitby abstürzen sollte.

Die Lufthansa konnte es sich erlauben, unter den jungen Leuten in Deutschland, die sich für die Fliegerei begeisterten, die Besten auszusuchen. 1932 zählte man für die Deutsche Verkehrsflieger-Schule in Braunschweig 4000 Bewerber. Adolf Galland war einer von den zwanzig Auserwählten. Die restlichen 3980 wurden auf einen Arbeitsmarkt verwiesen, der damals sechs Millionen Arbeitslose zählte. Die Tausende von jungen Leuten in den Segelfliegerklubs flogen nicht mit gewinnsüchtigen Zielen, sondern aus Liebe zur Fliegerei. Aus diesem Idealismus, meint Galland, sollte der Nationalsozialismus seine Kraft schöpfen. Die ersten Fliegerklubs traten »leidenschaftlich, aus freiem Antrieb, allein weil die Sache ihnen gut und gerecht erschien«, der Partei bei.
Idealismus war ja schön und gut, wichtig aber war vor allem, Arbeit zu finden, und zwar dort, wo sechs Millionen andere geschei-

tert waren. Diesem Problem stand auch Johannes Trautloft gegenüber. Im Jahr 1931 war er neunzehn Jahre alt. Auch er hatte, wie Tausende andere junge Leute, nur einen Wunsch: Flieger zu werden. Er hatte immer wieder die Segelflugzeuge auf der Wasserkuppe durch den Himmel gleiten gesehen, als er noch in Schloß Bieberstein auf die Schule ging, und schließlich tat er sich mit einer Gruppe ebenso begeisterter Kameraden zusammen, um gemeinsam ein eigenes Segelflugzeug zu bauen. Nachdem es fertig war, hatte jeder von ihnen Recht auf einen »Sprung« von zwei Sekunden. Ein paar Landungen, und das Segelflugzeug ging zu Bruch. Was schadete es, waren sie doch »geflogen«. Mit den zusammengeklaubten Bruchstücken machten sie sich an den Bau eines neuen Segelflugzeuges.

Trautloft wohnte in Ettersberg, einem winzigen Dörfchen im Thüringer Wald. Dort war sein Vater Forstmeister. Von ihm lernte er die Kniffe der Jagd. Er wurde ein guter Turner, war groß und stark und beschloß, in die Reichswehr einzutreten. Er schrieb dem Obersten des 15. Regiments in Kassel, ohne sich darum zu kümmern, daß es für zwei freie Plätze 300 Anwärter gab. Auf dem Exerzierplatz des Regimentes prüfte man die körperliche Eignung der Bewerber in Anwesenheit des Obersts. Als Trautloft eine Übungshandgranate warf, wandte er soviel Kraft auf, daß sie in einer Wasserpfütze zu Füßen des Obersts landete und seine schöne Uniform von oben bis unten bespritzte.

»Wie heißt der Bursche?« brüllte der Oberst.

Vor ihn gebracht, war Trautloft nicht wenig erstaunt, als er eine Einladung zum Essen in die Offiziersmesse bekam. Kurz danach informierte ihn der Oberst, daß er nach einem Jahr in sein Regiment eintreten könne. Doch er meldete auch dem Reichswehrministerium, daß der junge Mann sicherlich einen ausgezeichneten Flieger abgäbe. Auf diese Weise gelang es vielen jungen Deutschen, in die »schwarze« Luftwaffe einzutreten. Das Ministerium schrieb Trautloft alsbald: »Melden Sie sich bei der Deutschen Verkehrsflieger-Schule in Schleißheim.« Und das ließ er sich nicht zweimal sagen.

Sie waren dreißig in Schleißheim. Ein Jahr später fuhren zehn von ihnen, darunter auch Trautloft, heimlich nach Lipezk.

Trautlofts Segelflugzeug, das er als Schüler bastelte, hatte ihn in seine Fliegerlaufbahn katapultiert. Während er in Lipezk ausgebildet wurde – im Sommer 1932 –, bauten auch Paul Temme und seine Kameraden sich ihr Segelflugzeug. Es kostete sie viel Mühe, einen genügend großen Schuppen im kleinen Städtchen Lippstadt zu finden, wo sie den Rumpf und einen Flügel unterbringen konnten. Das Flugzeug war plump. Sie tauften es »Schädelspalter«, doch es verschaffte ihnen das Prickeln, das der Traum ihres Lebens war: ein paar Sekunden, in denen sie Flügel besaßen. Sie mußten in den Wäldern erst eine Startbahn roden. Stunden und Stunden verbrachten sie nach der Schule damit. Vor der körperlichen Anstrengung hatte Paul keine Bange. Er war Mitglied einer katholischen Jugendgruppe und ging oftmals für mehrere Tage auf Fahrt durch die Wälder rund um Lippstadt. Die Kameradschaft, die frische Luft, die oft schwierigen Aufgaben, die man ihnen stellte – all das fand er wunderbar. Doch eine Lichtung ins Gehölz zu hauen, war eine verteufelte Strapaze. Die Behörden erfuhren davon, und statt das Unternehmen zu verbieten, ermutigten sie es sogar. Nicht weiter verwunderlich! Die Piste von 100 mal 300 m sollte eines Tages erweitert werden und eine Basis für die Luftwaffe abgeben.

Paul war in seiner Familie das zehnte Kind, und sein Vater nahm seine Fliegerträume schlecht auf. Einmal nahm er Paul mit in den Wald zu einer Stelle, wo er, nicht weit von der Piste, einen Bienenstand errichtet hatte. Plötzlich glitt dicht über ihren Köpfen ein Segelflugzeug dahin, und sie mußten sich in einen Graben werfen. »Na? Willst du immer noch Pilot werden?« fragte der Vater. Paul Temme hatte sein Abitur noch vor sich; doch nichts hinderte ihn daran, seinem Traum nachzuhängen.

Die geheime Luftbasis in Lipezk war seit zehn Jahren in Betrieb. Jener Jahrgang, an dem Johannes Trautloft teilnahm, sollte der letzte sein. Das deutsch-russische Geheimabkommen lief ab. Doch das war ohne Bedeutung; neue und überraschende Ereignisse erwarteten die »schwarze« Luftwaffe.

Inzwischen wurde Trautloft bei seiner Rückkehr aus Lipezk der Reichswehr überstellt. Einem Bataillon Jäger zu Fuß in Magdeburg. Während der Manöver unterrichtete ein Offizier die Männer der Kompanie: »Wenn Flugzeuge auftauchen, dann tut, als sei es der Ernstfall, sucht Deckung.« Was Trautloft ein Lächeln entlockte: der Kompanieführer ahnte nicht, daß er es mit einem Jagdflieger zu tun hatte. Für welche Posten die aus Lipezk Zurückgekehrten auch ernannt wurden, ihre neue Aufgabe gab keinen Hinweis auf ihre Ausbildung als Jagdflieger. Johannes Janke war in eine Reklame-Staffel eingetreten, deren Piloten an Bord kleiner Albatros F 86 ihre Zeit damit verbrachten, am Himmel Reklamestreifen zu schleppen.

Hans-Heinrich Brustellin stand beim 2. Kavallerieregiment. Dieser voll ausgebildete Jagdflieger wurde jetzt einfacher Soldat und striegelte die Gäule unter der Fuchtel eines Feldwebels. Er mußte schwören, das Geheimnis seiner Ausbildung in Lipezk zu bewahren. Nach dem ersten Jahr beim Regiment ging er »in Urlaub« zur Deutschen Verkehrsflieger-Schule in Braunschweig, wo er eine Reserveübung machte, höchst zufrieden, sich wieder unter Fliegern zu befinden. Nach vier herrlichen Wochen kehrte er zum Heer zurück, diesmal zur Infanterieschule in Dresden. Er lebte dort nur im Gedanken an seinen nächsten »Urlaub«: eine weitere Reserveübung im September 1932. Von da kam er zur Kavallerieschule in Hannover. Dort war er am 31. Januar 1933, dem Tag, an dem Hitler Reichskanzler wurde und das Dritte Reich seinen Anfang nahm. Der einzige Unterschied für Brustellin bestand darin, daß auf seiner Mütze die schwarz-rot-goldene Kokarde in den Farben der Republik von Weimar der schwarz-weiß-roten der ehemaligen kaiserlichen Armee Platz machen mußte.

III

Der erste Aufschwung

1

Im Freudentaumel feierte Berlin den Anbruch des Dritten Reiches. In den Straßen vermischte sich das *Deutschland, Deutschland über alles* ... mit dem *Horst-Wessel-Lied*, um die Verschmelzung des alten mit dem neuen Reich zu symbolisieren. Am Abend zog vor dem neuen Reichskanzler in der Wilhelmstraße ein langer Fackelzug vorüber. Göring, der in SA-Uniform neben Hitler stand, sprach zu der Menge: »Deutsche Volksgenossen ... dieser 30. Januar 1933 wird in die Geschichte eingehen als der Tag, an dem das deutsche Volk, nach vierzehn Jahren des Elends, der Schmach und der Schande wieder zu sich selbst gefunden hat ... Die Zukunft wird uns alles bringen, wofür wir und die Partei gekämpft haben.« Göring sprach ebensosehr für sich wie für das Volk. Seine eigenen Jahre »des Elends, der Schmach und der Schande« waren jetzt nur noch Vergangenheit. Als mutiger Jagdflieger und treuer Gatte hatte er sich einst erwiesen. Das Rauschgift und die Armut hatten ihn in Schande gebracht und seine Gesundheit untergraben; sein Ehrgeiz und seine Hartnäckigkeit hatten es ihm ermöglicht, aus den Tiefen des Exils und der Verzweiflung bis zum schwindelnden Gipfel der Macht zu gelangen.

Sein Ziel war nun, eine Luftwaffe zu schaffen, die stark genug wäre, in einem europäischen Krieg die entscheidende Rolle zu spielen. Ihre Inspiration sollte sie aus den Schriften des Generals Giulio Douhet schöpfen, des Propheten eines totalen Luftkriegs, dessen begeisterter Anhänger er, Göring, selber war. Göring hat die Legende geschaffen, daß er allein der Vater der Luftwaffe gewesen sei. Das stimmt nicht ganz. Das Reichswehrministerium unter General von Seeckt hatte mit Hilfe der Russen bereits in Lipezk das Fundament gelegt, in technischer wie auch in personeller Hinsicht. Auch das Ministerium war von den Theorien Douhets ausgegangen. Außerdem hatte Göring neben sich einen Mann, dessen brillantes Verständnis für alle technischen und Verwaltungsprobleme der Fliegerei sein eigenes weit übertraf: Erhard Milch.

Laut Ernst Heinkel hatte Göring diesen Mann ausgesucht, weil er »große Fähigkeiten, vereint mit einem grenzenlosen Ehrgeiz und einer unerbittlichen Energie«, besaß. Göring hatte Milch unbedingt nötig, während Milch nur ungern die Lufthansa verlassen wollte, nachdem sie die führende europäische Luftverkehrsgesellschaft geworden war. Doch Hitler ließ Milch kommen und erklärte ihm, daß er ihn brauche. Mit anderen Worten, es sei seine Ehrenpflicht, den Posten als Görings Stellvertreter anzunehmen. Milch hat mir erzählt: »Hitler verlangte die Seele eines Menschen. Er hatte eine erstaunliche Gabe, technische Details zu erfassen. Er wußte sehr viel besser Bescheid als Göring.« Hitler jedoch schenkte Göring volles Vertrauen und überließ ihm stets alle Fragen der Luftfahrt.

Wenn auch eine Kerntruppe von technischem und von fliegendem Personal vorhanden war, so fehlte es Deutschland doch völlig an Berufsfliegern für die höheren militärischen Kommandostellen. Diese Krise hatte auch von Seeckt vorausgesehen. Soldaten, die gegen ihren Willen auf seinen Befehl hin in die geheime Luftabteilung des Reichswehrministeriums versetzt worden waren, standen nun für die höchsten Posten bereit: Walther Wever wurde Chef der Operationsabteilung; Albert Kesselring Chef der Material- und Organisationsabteilung; Hans Jürgen Stumpff Personalchef. Der ehemalige Beobachter Hugo Sperrle, über den sich die jungen Mädchen in Lipezk lustig gemacht hatten, und der junge Hans Jeschonnek stiegen auf. Göring hätte es vorgezogen, seine persönlichen Freunde unterzubringen (Bruno Lörzer erhielt den Luftsport-Verband, den Dachverband der Fliegerklubs). Doch zum Glück für die Luftwaffe wählten Werner von Blomberg, der Kriegsminister, und Erhard Milch unter der Elite des Heeres aus, auch wenn keiner von diesen Offizieren, mit Ausnahme von Jeschonnek, jemals ein Flugzeug gesteuert hatte. Sie hatten den Mut, trotz ihres vorgeschrittenen Alters und der verminderten Reaktionsfähigkeit noch fliegen zu lernen.

Kesselring entdeckte in Göring einen Meister und ein Arbeitstier. Einen Vorgesetzten, der mit Lob nicht geizte, aber auch härteste und ständige Ansprüche stellte. Daß Kesselring stets freimütig seine Meinung sagte, gefiel Göring gar nicht. Immer häufiger traf er jetzt Emmy Sonnemann. An einem schönen Sommertag hatte er sie zu einem Spaziergang in die Schorfheide eingeladen, eine reizende Gegend nördlich von Berlin. Plötzlich blieb er vor einer ehemals kaiserlichen Jagdhütte stehen, die zwischen zwei Seen in einem breiten Tal lag. Er beschloß, hier seine private Residenz und gleichzeitig die letzte Ruhestatt seiner geliebten Karin zu errichten – wogegen Emmy vergeblich protestierte. Um »sich sehen zu lassen« – eine Notwendigkeit –, ließ er sich auch eine kleine Villa dicht bei dem berühmten Berghof in Bayern bauen und nannte sie »Adolf-Hitler-Höhe«.

Das Luftfahrt-Referat wurde im April 1933 zum Luftfahrtministerium. Gleichzeitig wurde Göring Luftfahrtminister mit Milch als Staatssekretär. Göring war seit seinem römischen Aufenthalt und seit der ersten Begegnung mit Mussolini, dem italienischen Diktator, eng verbunden geblieben. Nun beeilte er sich, Mussolini zu besuchen. Nach seiner Rückkehr verkündete er: »Ich habe ein herrliches Übungsgelände für meine Flieger gefunden – Italien!« Er beorderte siebzig von ihnen ins Ministerium, darunter Brustellin (der soeben die Kavallerieschule in Hannover abgeschlossen hatte), und Adolf Galland (der als Linienpilot gerade einen Kursus im Kunstflug in Schleißheim absolvierte). Galland war über Görings Unförmigkeit verblüfft, ließ sich aber von der Begeisterung des »Dicken«, wie er ihn nannte, verführen. Göring erklärte vor den Versammelten ungefähr: »Der Augenblick ist gekommen, die Ketten von Versailles zu sprengen. Jetzt kann nicht mehr heimlich in Rußland trainiert werden; aber Mussolini wird helfen, unsere Jagdflieger auszubilden. Doch um jeder Schwierigkeit aus dem Weg zu gehen, werdet ihr unter strikter Geheimhaltung nach Italien gehen.«

Hans-Heinrich Brustellin wurde am 16. Juni 1933 vom 2. Kavallerieregiment zur Geister-Luftwaffe versetzt, um kurz darauf nach Italien abzureisen. Zusammen mit Adolf Galland und mit anderen meldete er sich Anfang Juli am Brenner-Grenzübergang. Von dort kamen sie zur Basis Grotaglia. Dort zogen sie die Uniform der italienischen Luftstreitkräfte an. Doch das Training wurde zum Fiasko. Göring hatte vergessen, welchen Ausbildungsstand seine Piloten bereits besaßen – einen sehr viel höheren wie sich sehr bald erwies, als ihre italienischen Instrukteure. Im Herbst 1933 wurde Brustellin der Jagdfliegerschule in Schleißheim als Jagdlehrer »in Zivil« zugeteilt, während Adolf Galland an die Deutsche Verkehrsflieger-Schule in Braunschweig zurückkehrte und schließlich seinen normalen Dienst auf der Lufthansa-Strecke Stuttgart–Barcelona wieder aufnahm.

Anfang des Jahres 1934 wurde Galland abermals mit einer Gruppe von Fliegern ins Luftfahrtministerium gerufen. Dort fragte man: »Wollen Sie in den aktiven Dienst treten?« Das bedeutete einen erheblichen Einkommensverlust. Aber nur sehr wenige zögerten. Am 15. Februar 1935 durchschritten Galland und seine Kameraden das Portal der Grenadier-Kaserne in Dresden. Eine Zeit weiterer intensiver Ausbildung begann.

Im April 1934 begann für Galland eine Karriere, die ihn eines Tages zum berühmtesten Kampfflieger Deutschlands machen sollte. Beinahe gleichzeitig erlebte Douglas Bader das Ende der seinen. Nachdem er auf zwei Beinprothesen zu gehen erlernt hatte, schlug er sich tapfer beim Bodenpersonal auf Standort Duxford durch. Eines Morgens überreichte ihm der Stabsadjutant einen Brief: »An den Fliegeroffizier D. R. S. Bader. – Der Luftfahrtrat bedauert... Sie nicht weiterhin im allgemeinen Dienst der R.A.F. verwenden zu können... und Sie aus gesundheitlichen Gründen auf die Liste der Pensionierten setzen zu müssen.« Ein paar Tage später verließ Bader Duxford – für immer wie er glaubte – und kehrte ins Zivilleben zurück.

Nach Galland »brodelte es 1933 in der deutschen Retorte«. Eingeweihte ahnten schon, daß die Luftwaffe wiedererstehen würde. Doch war man bemüht, eine unschuldige Fassade all denen vorzuzeigen, welche die öffentliche Meinung im Ausland beeinflussen konnten. Wie zum Beispiel den 25 Mitgliedern des Ober- und Unterhauses, die während der Pfingsttage 1933 eine Flugreise durch Deutschland unternahmen.
Lord Willoughby de Broke war unter jenen zehn Besitzern von Privatflugzeugen, die ihre Maschine selbst steuerten. Bei der Landung in Düsseldorf wurden sie »wärmstens durch Horden von Braunhemden empfangen«, erzählt Willoughby. Während der ganzen langen Reise gaben sich ihre Gastgeber Mühe, ihnen klar zu machen, daß eine Wiederaufrüstung, insbesondere in der Luft, überhaupt nicht in Frage komme. Es sei bedauerlich, daß der Versailler Vertrag den Flugzeugbau so sehr einschränke; daher die große Beliebtheit des Segelflugs. Die gleichen Gastgeber begleiteten sie häufig auch an Bord deutscher Sportflugzeuge, wegen deren Langsamkeit sie sich entschuldigten. Von der Heinkel 70, die schon einen Monat später mehrere internationale Schnelligkeitsrekorde aufstellen sollte, oder von der erstaunlichen kleinen Me 108 »Taifun« Willy Messerschmitts ließen sie kein Wort verlauten. Und von der

Me 108 zur Me 109, einem ultra-schnellen Jäger, war doch nur ein kleiner Schritt.

Die Gruppe besuchte die Junkers-Werke in Dessau. Sie wirkten fast verlassen. Hier und da lagen ein paar alte Rümpfe herum. Zum Glück wußte keiner der Besucher etwas von den Junkers-Werken in Fili bei Moskau. Oder von dem Sturzbomber K 47, den man dort baute und den man schon 1928 in Lipezk ausprobiert hatte. Göring selbst nahm an dem prächtigen Dinner teil, zu dem der deutsche Aero-Klub einlud. Er kam in schwarzer Uniform und trug nur eine »verhältnismäßig bescheidene Anzahl von Orden«. John Willoughby schüttelte ihm die Hand und war betroffen von dem »kalten und berechnenden Blick«. Willoughby saß beim Dinner Ernst Udet gegenüber. Sie unterhielten sich aufs allerbeste; Udet zeichnete eine treffende Karikatur von seinem Gegenüber, die Willoughby in sein Erinnerungsalbum klebte. Damals war Udet noch Kunstflieger und Filmstar. In dem Film *Die weiße Hölle vom Piz Palu* hatte er in einer Fliegerrolle geglänzt. Doch Göring hatte nicht die Absicht, ihn Hollywood zu überlassen.

Die britischen Parlamentarier ließen sich durch die Harmlosigkeit der Fassade nicht völlig täuschen. Doch was sich dahinter verbarg, vermochten sie nicht zu sehen. Allerdings weihte Göring persönlich einen jungen englischen Studenten, Innes Westmacott, in das Geheimnis ein. Westmacott war zwanzig Jahre alt, als er im April 1933 einige Zeit in einer Hamburger Familie verbrachte, um Deutsch zu lernen, ehe er in Cambridge sein Studium begann. Er traf zahlreiche Leute, die heftige Gegner der Nationalsozialisten waren, und knüpfte Freundschaft mit einer Menge Juden. So jung er auch war, das, was er erlebte, überzeugte ihn davon, daß ein Krieg unvermeidlich sei. In Begleitung des Sohnes seiner Gastgeber, der Seekadett war, und anderer junger Marineoffiziere nahm er an einer örtlichen Flugveranstaltung teil. Alle erschienen in Uniform. Sie erzählten ihm, daß sie eine hohe Parteipersönlichkeit kennenlernen sollten. Die Veranstaltung fand ihren Abschluß in phantastischen Kunstflug-Vorführungen. Westmacott dachte: »Was für einen wunderbaren Jäger würde diese Maschine mit einem stärkeren Motor und Maschinengewehren abgeben!«

Dann sprach ein korpulenter Mann zu der kleinen Gruppe. Plötzlich fragte er, auf Westmacott weisen: »Wer ist denn das? Spricht er Deutsch?«

»Nein, er ist ein junger englischer Student.« Westmacott verstand aber genug Deutsch, um dem Gespräch zu folgen. Darauf drückte der Korpulente ihm die Hand, und als Westmacott ihm auf Englisch sagte, er wünsche in die Armee einzutreten, erwiderte ihm der Mann: »Meinen Glückwunsch!« Dann nahm er das Thema seiner Ansprache wieder auf und rief: »Was Sie heute in der Luft gesehen haben, ist gar nichts im Vergleich zu dem, was Sie in zwei oder drei Jahren sehen werden, wenn Deutschland wieder mächtig geworden ist!« Der Redner war niemand anderes als Hermann Göring. Westmacott trat nie ins Heer ein. Doch als Jagdflieger sollte er später England gegen Göring und seine Flugzeuge verteidigen.

Göring hatte eine Hilfspolizei geschaffen, zu der auch 15 000 SS-Männer gehörten. Sie war Hitlers Antwort auf die SA, einen disziplinlosen Haufen in brauner Uniform, deren Gewalttätigkeit den Aufstieg des Führers zur Macht mit bewerkstelligt hatte. Sie stand jetzt unter dem Befehl des homosexuellen Ernst Röhm und begann Hitler lästig zu werden. Die SS und ihr Chef Himmler sollten in der Folge zu einem Instrument des Terrors werden. Zu jener Zeit aber, da Karl Missy ein Aufnahmegesuch stellte, bildeten sie ein Elitekorps, das den Eid unbedingten Gehorsams geleistet hatte. Karl Missy hatte alle nötigen Qualifikationen – einen ordentlichen Beruf, einen angesehenen Vater, und natürlich war er auch arischer Abstammung. Obwohl er für die Hitlerjugend eigentlich schon zu alt war, mußte er doch dort eine Probezeit bestehen. Als er endlich in die SS eintreten konnte, hatte er die Genugtuung, sicher zu sein, zu der Elite der deutschen Jugend zu gehören.

Während Missy die schwarze SS-Uniform anzog, legte ich die blaue Uniform der Flieger an. Mein erster Versuch, in die R.A.F.-Schule in Cranwell einzutreten, war gescheitert. Als Mitspieler der Rugby-Mannschaft meiner Schule war ich am Kopf verletzt worden, so daß ich vorübergehend zurückgestellt wurde. Noch enttäuschender war das Ergebnis des schriftlichen Examens und der noch wichtigeren mündlichen Prüfung, der mich drei wohlwollende Offiziere der Luftstreitmacht unterzogen hatten. Nach meinen Noten war ich Fünfter mit einem Stipendium als Kadett. Nichtsdestoweniger teilte man mir mit, daß es umsonst sei: ich müsse die schriftliche Prüfung wiederholen, wenn die Ärzte mich gesund geschrieben hätten. Das tat ich denn auch im Sommer 1933. Und zu meinem größten Erstaunen erreichte ich diesmal den vierten Platz.

Am 15. September 1933 kletterte der Fliegerhauptmann Poyntz Roberts, mein Instrukteur, ein rotgesichtiger, energischer Mann, dessen Aufrichtigkeit und Begeisterung reichlich für seine bilderreichen Schimpfereien entschädigten, auf den Flügel meiner Avro Tutor, gab mir einen Klaps auf die Schulter und sagte: »Los, Junge!« An diesem Tag wurde mein Traum Wirklichkeit. Immer hatte ich gewünscht, eines Tages den Fliegern nachzueifern, die bei den Flugveranstaltungen von Bournemouth mit flatterndem Schal über unsere Köpfe hinweggebraust waren. Oder mit den kühnen Jagdfliegern, ihren geflogenen Rollen und Loopings an Bord der Siskins oder mit den Sportkanonen von den Wettkampf-Teams, die die Luft an Bord ihrer Supermaschine beim Schneider-Pokal durchschnitten. Jetzt hatte ich wenigstens eines mit ihnen gemeinsam: ich flog allein!

Ich war achtzehn Jahre alt. In Lincolnshire erwarteten mich zwei Jahre harten Trainings: Übungsflüge, Unterricht in Aeronautik, Geschichte und Geographie und in Literatur und anstrengender Sport – kurz, alles, was nötig war, um von unseren braven Übungs-Tutors zur ernsten Kunst, ein Jagdflugzeug zu steuern, überzugehen. Janes McComb hatte nicht die geringste Lust zu fliegen. Aber nach vier Jahren Gewaltmärschen beim Officers' Training Corps von Stowe wußte er eines ganz bestimmt: daß er niemals ein Infanterist sein werde. Er wollte dann beim Korps der Elektroingenieure von Tyne eintreten – deren Hauptwaffen nach seinen Worten »ein Scheinwerfer und ein Kasten Bier auf einem LKW« waren. Da sagte ein Freund zu ihm: »Bei den Luft-Hilfstruppen gibt man dir sogar noch ein Kissen untern Arsch.« Das gab den Ausschlag. Er bewarb sich bei der 607. Hilfsstaffel der Grafschaft Durham. Er war vierundzwanzig Jahre alt und bereitete gerade sein Abschlußexamen als Rechtsanwalt vor, als Hitler die Macht ergriff und in die Reichskanzlei einzog. McComb war überzeugt, daß das zum Krieg führen mußte. Seine Mutter, die ganz und gar von viktorianischen Vorstellungen durchdrungen war, hätte seinen Eintritt in die Flotte, ja auch in die Armee gebilligt; aber bei den Fliegern! »Du meinst doch die komischen Burschen, die wie Motorradfahrer aussehen, ein wenig verrückt und mit nicht sehr guten Manieren?« fragte sie ihn. Doch, wie James McComb erklärte, »die alte Dame hätte mich niemals daran gehindert das zu tun, was ich wollte, vorausgesetzt, daß es einen patriotischen Zweck erfüllte.« Er begann seine Ausbildung also in Usworth im September 1933. Von Anfang an zauderte er nicht eine Sekunde lang – »und dabei«, sagte er, »hatte ich eine Höllenangst«.

Am 27. September befand sich Udet in Buffalo in den Vereinigten Staaten. Der berühmte Flieger, der mit der äußersten Flügelspitze ein Taschentuch vom Boden aufnehmen konnte, sperrte bewundernd Mund und Ohren auf, als er den Sturzbomber Curtiss Hawk sah. Göring beauftragte ihn damit, zwei davon zu kaufen. »Wir werden sie natürlich aus privaten Mitteln bezahlen«, setzte der Reichsluftfahrtminister hinzu.

Trotz brillanter Vorführungen gelang es Udet nicht, Milch und Kesselring von den Möglichkeiten des Sturzbombers zu überzeugen. Göring packte die Gelegenheit, auf die er lange gewartet hatte, beim Schopf. »Treten Sie in die Luftwaffe ein«, sagte er zu Udet, »dann werden Sie besser dazu in der Lage sein, Ihren Stuka schmackhaft zu machen.« Udet lehnte zunächst jedoch jede offizielle Stellung ab. Aber mit Junkers entwickelte er den Sturzbomber, der eines Tages als Ju 87 Soldaten und Zivilisten überall in Europa mit Entsetzen erfüllen sollte.

Heinkel, Dornier, Junkers, Messerschmitt und Arado benützten das Jahr 1933, um gründlich zu expandieren. Drei große Werkzeugfabriken, die Henschel Lokomotiven-Werke, die Fabriken für rollendes Material Gotha und die Werft Blohm & Voß befaßten sich wieder mit Flugzeugbau. Zusammen mit anderen kleineren Firmen bildeten sie das Rückgrat des Entwicklungsprogramms, das Milch am 31. Januar 1934 in die Wege leitete. Als Ziel hatte er sich den Bau von 4 000 Flugzeugen bis Ende 1935 gesetzt. Sein impulsiver Chef verlangte, man müsse in zwölf Monaten das für fünf Jahre vorgesehene Programm ausführen. Milch beharrte, sehr viel klüger, auf einem langfristigen Programm, das eine strategische Luftstreitmacht mit großem Aktionsradius liefern sollte. Wenn Göring auf ihn gehört hätte ... Doch das war nicht der Fall. So daß die Luftwaffe, so furchterregend sie letzten Endes auch werden sollte, doch weniger Kampfwert besaß, als sie beim Angriff auf England hätte besitzen können.

Die Arado-Werke in Warnemünde übernahmen die ersten Aufträge der »schwarzen« Luftwaffe. Sie produzierten die Jäger AR 64 und AR 65. Die Entwicklung der ausgezeichneten Arado-Jagdmaschinen wurde den erfahrenen Händen von Carl von Schoenebeck anvertraut. Seit seiner Rückkehr aus Lipezk war er 1930 Chefpilot der Firma. Für die Zukunft benötigte man einen besseren Jäger. Denn es schien nunmehr klar, daß die deutsche Flugzeugindustrie eine Zukunft hatte, auch wenn es noch einige Probleme gab.

Eines dieser Probleme war ihre Rückständigkeit auf dem Gebiet der Motoren. Hier halfen ihr die englischen Konstrukteure, diese Schwierigkeit zu überwinden: Napier unfreiwillig mit seinen Motorenblocks für die Fokker D 13 von Lipezk, und Bristol, dessen Patent Siemens benützte. Dann kam die Reihe an Rolls Royce. Der verbesserte Arado-Jäger AR 67 wurde zu Versuchszwecken mit einem Rolls Royce Kestrel ausgerüstet, dem Motorenblock der Fury, die gleichzeitig Standardflugzeug der Abwehr-Verbände der R.A.F. war. Aus der AR 67 wurde die AR 68 entwickelt. Zusammen mit der Heinkel 51 bildeten sie die Ausrüstung der Jagdeinheiten der Luftwaffe 1937. Dann tauchte die Messerschmitt 109 auf, deren Prototyp ebenfalls mit einem Rolls-Royce-Motor ausgestattet war.

Der Bomber Heinkel 111, den Werner Junck 1932 zum ersten Mal als Zivilflugzeug geflogen hatte, begann seine Laufbahn als »schnelles Post-Flugzeug.« Ein weiteres »schnelles Post-Flugzeug«, die Do 17, verließ gerade die Dornier-Werke. (An Bod einer Maschine dieses Typs sollte Werner Borner mich über der Nordsee abschießen.) Beide »Zivil«-Flugzeuge wurden von der Lufthansa technisch abgelehnt. Das hinderte aber ihren ehemaligen Verwaltungsdirektor Milch nicht, sie in großer Stückzahl in Auftrag zu geben. Man hatte ein paar sehr einfache Änderungen vorgenommen, so daß sie nun als schnelle Bombenflugzeuge für die Luftwaffe geeignet waren. Der Austausch von Maschinen wirkte sich in beiden Richtungen aus. Wenn der Stuka und die Me 109 mit Rolls-Royce-Motoren flogen, wurde der Merlin-Motor zuerst in einem deutschen Flugzeug, das Heinkel entwarf, ausprobiert.

Die Deutschen waren jetzt mit den Kestrel-Motoren vertraut, aber sie wußten noch nichts über den beinahe doppelt so starken Merlin. Er stand auf der Geheimliste. Die Heinkel 70 »Blitz« mit der wundervoll aerodynamischen Auslegung und den elliptischen Tragflächen bildete für diesen Motor ein willkommenes Versuchsobjekt. Denn der »Blitz« war sehr viel schneller als die Doppeldecker-Jäger der R.A.F. oder sonst irgendeine englische Maschine jener Zeit. So half Heinkel, ohne sein Wissen, den berühmten Merlin zu vervollkommnen, den Motor der Spitfires und der Hurricanes, der Whitleys, der Mosquitos und der Lancasters; alles künftige Werkzeuge der deutschen Niederlage.

Von der Regierung unterstützt, entwickelte sich die deutsche Flugzeugindustrie rasch. Die Regierung ließ auch der Jugend und ihrer Leidenschaft für die Fliegerei die Zügel schießen. Trotz seines Jurastudiums brannte Hajo Hermann darauf zu fliegen. Zunächst wurde er Infanterist. Die Chance bot sich bei einem Manöver in Döberitz bei Berlin. Ein dicker General ritt vorüber, senkte den Blick auf den Gemeinen Hajo Hermann und schien seine Gedanken zu lesen.
»Warum treten Sie nicht bei den Fliegern ein?« fragte ihn der Reiter, den der Reichspräsident gerade zum General befördert hatte und der Hermann Göring hieß.
Der Gemeine Hajo Hermann brauchte keine weitere Ermunterung.

Rudolf Braun bereitete sich in Augsburg auf das Ingenieurdiplom vor, der Stadt, die als Zentrum der Bayerischen Motorenwerke berühmt war. Braun hatte viele Freunde in dieser Firma. Eines Tages flanierte er an einem See der Umgebung, als ein Flugzeug neben ihm auf einem Acker landete. Er lief hin, und zum Unterschied von Tom Gleave, kam er auch an, ehe die Maschine wieder abgeflogen war. Stumm betrachtete er das geflügelte Wunder, das im Gleitflug vom Himmel herabgekommen war. »Plötzlich packte es mich«, erzählte er. »Unbedingt mußte ich fliegen lernen.« Wie Hajo Hermann klingelte er an der Hintertür, und am 6. April 1934 wurde er bei den Panzern eingestellt. Sechs Monate intensiver Panzerausbildung, bevor er im Oktober die Deutsche Verkehrsflieger-Schule – ein inzwischen recht unpassender Name – in Schleißheim besuchen konnte.

Die Idee zu fliegen war Otto Hintze niemals gekommen. Sein Ehrgeiz galt mehr den Pionieren. Kurz nach der Abreise Rudolf Brauns nach Augsburg zu den Panzern stellte er ein Gesuch um Aufnahme beim Pionierpark. Zu seiner Verblüffung bekam er die Antwort:

»Tut uns leid, mein Junge, zu spät. Die Listen sind abgeschlossen.«
Doch der Oberfeldwebel setzte hinzu: »Warum klopfen Sie nicht
beim Deutschen Luftsport-Verband mal an? Vielleicht nimmt man
Sie als Flieger.«

Da der Vater von Joachim Pötter General war, schien es ganz natürlich, daß der Sohn beim 1. Preußischen Artillerieregiment eintrat. Doch die Vorliebe für die »dritte Dimension« hatte ihn nie
verlassen, seit jenem Tag im Jahre 1918, als sich ein kleines Flugzeug auf dem Gutsgelände seines Onkels in Schlesien niedergelas-
sen hatte. In Königsberg an der Ostsee hatte er oft die Reklame-
Staffel gesehen und viele Mitglieder des Segelflug-Klubs kennengelernt; so wuchs sein Interesse. Doch gab es Millionen Arbeitslose,
und die Artikel des Versailler Vertrages billigte Deutschland jähr-
lich nur dreißig neue Piloten zu, also war ein Generalssohn bei
einem guten Regiment besser aufgehoben.
Eines Tages im Jahre 1933 wurden die jungen Offiziere auf der
Artillerieschule in Jüterborg südlich von Berlin zu einer geheimen
Versammlung gerufen. Man fragte sie, ob jemand unter ihnen gern
Flieger werden wollte. Sechzig von hundert, darunter auch Pötter,
meldeten sich. Er wurde angenommen, hatte aber Mühe, seinen
Oberst zu überreden, der sich mit den Worten beklagte: »An unse-
rem Busen hätscheln wir junge Laffen Ihrer Art, nur damit sie uns
dann den Rücken kehren!« Bei seiner Ankunft in der Deutschen
Verkehrsflieger-Schule Kottbus gab Pötter die Artillerieuniform
ab und zog Zivil an. Doch Leutnant Pötter hatte die Gewißheit,
daß man ihn als Offizier behandeln werde.
Ende Juni 1934 verließ auch der Obergrenadier Werner Borner das
Heer, um bei der noch »schwarzen« Luftwaffe einzutreten. Da befahl man ihm, die Uniform wieder anzuziehen und sich bei seiner
Einheit zu melden. Die Erklärung dafür erhielt er erst ein paar
Tage später. Die Geschichte von der Nacht der langen Messer gelangte in die Öffentlichkeit. Und auch da noch ahnte Werner nichts
vom Ausmaß des von Hitler veranstalteten Blutbades.
Ebensowenig wie Adolf Galland. »Die Röhm-Affäre erweckte nicht
viel Interesse«, sagte er. »Sie ließ uns völlig kalt.«

Während die »schwarze« Luftwaffe stetige Fortschritte machte,
blickte auch die R.A.F. in die Zukunft. Der Mann, der seit 1930

hinter ihrer technischen Entwicklung stand, war Vizeluftmarschall Dowding. 1934 wurde seine Abteilung geteilt. Er übernahm Forschung und Planung. Material und Organisation fielen an Newall – den Trenchard einstmals 1916 an die Stelle von Dowding an die Spitze der Stabsstaffel gesetzt hatte.

Dowding verfügte über die tüchtigsten Männer im technischen Dienst der R.A.F. Einer von ihnen, Oberst F. W. Hill von der Forschungsstation für Bewaffnung in Martlesham, war, nach Dowdings eigenen Worten, »eben jener Typ, der neue Ideen genau fünf Jahre vor allen anderen hat«. Am Donnerstag, dem 19. Juli, erklärte Hill vor einer Gruppe von Waffenspezialisten, die im Kriegsministerium zusammengekommen waren:

»Acht Maschinengewehre mit tausend Schuß pro Minute genügen, um einen Bomber in zwei Sekunden zu vernichten.«

Ein Jagdflieger konnte einen Bomber normalerweise nur zwei Sekunden genau anvisieren. Der Luftmarschall Brooke-Popham, »einer von der alten Schule«, wie Dowding ihn nannte, protestierte:

»Acht Maschinengewehre, das ist doch ein bißchen weit gegriffen.« Popham war auch gegen die geschlossene Pilotenkanzel. Reginald Mitchell, der die beim Schneider-Pokal siegreiche Supermarine entwickelt hatte, und Sydney Camm, der Chefingenieur von Hawker, arbeiteten beide an Plänen eines Jagdtiefdeckers mit vier Maschinengewehren. Diese Auslegung wurde nun annulliert, und die Ingenieure erhielten Anweisung für das Projekt F 37/34, einen Jäger mit acht Maschinengewehren, mit einziehbarem Fahrgestell und geschlossener Pilotenkabine.

An jenem Donnerstag gab die englische Regierung eine nur allzu lang hinausgeschobene Entscheidung bekannt: ihre Absicht, die R.A.F. um 41 Staffeln zu vermehren, von denen viele mit den neuen Jägern von Mitchell und Camm ausgerüstet werden sollten.

2

Zwischen der Nacht der langen Messer, dem deutschen Röhm-Putsch, und dem dritten Tag des berühmten internationalen Krikket-Treffens in Old Trafford, in Lancashire, lag ein Abgrund. Am 23. Juli hatte England nur Augen für den Spielstand, als das Oberhaus die Debatte über das Erweiterungsprogramm der Regierung für die R.A.F. eröffnete. »Was ist der Zweck der außerordentlichen Verstärkung der R.A.F.?« erkundigte sich einer der edlen Lords. »Wo sieht man denn eine drohende Gefahr?«

»Was für einen Grund gibt es denn?« protestierte auch ein anderer.

»Wenn es Deutschland ist, das man im Auge hat, so muß darauf hingewiesen werden, daß es die einzige europäische Macht ist, die bedingungslos angeboten hat, den Luftkrieg abzuschaffen.«

In Deutschland bestanden keine Zweifel über die Bedeutung des Luftkrieges. Ein paar Tage nach dieser Debatte erhielt Hans-Heinrich Brustellin den Befehl, sich nach Döberitz bei Berlin zu begeben. Er wurde der »Reklame-Staffel Mitteldeutschland des Deutschen Luftsport-Verbandes« zugeteilt; der Name sieht ziemlich harmlos aus. Bald sollte er jedoch durch einen romantischeren ersetzt werden: den des berühmtesten deutschen Jagdfliegers aus dem Ersten Weltkrieg, Manfred von Richthofen.

Auch die Tätigkeit des Obergrenadiers Werner Borner hatte nichts damit zu tun, den Luftkrieg abzuschaffen. Er hatte endlich erreicht, daß er das Heer verlassen konnte, um in die Ausbildungsschule für Luftbeobachter in Prenzlau einzutreten. Borner trug jetzt Zivil unter der Uniformmütze, und wie seine Kameraden erzählte er, er gehöre zu einer Mannschaft, die über den Feldern Pulver zur Insektenbekämpfung zerstäube. Eine solche Einheit gab es tatsächlich unter dem Namen Versuchsanstalt für Schädlingsbekämpfung. Ihr war es bestimmt, alsbald das erste Bombengeschwader der Luftwaffe zu werden.

Zur Stunde waren die Arbeitsbedingungen der Beobachterschule noch kümmerlich. Bei Schießübungen flog Borner in 6000 Meter Höhe, ohne Sauerstoff im offenen hinteren Führersitz eines soliden Heinkel 45 Doppeldeckers. Die meisten Schüler wurden vor Erschöpfung ohnmächtig, wenn sie das MG bedienen mußten. Für die Navigations- und Bombenabwurfübungen verwendete man die Ju 52. Das »modifizierte« Flugzeug war mit einem Spezial-Zielgerät ausgerüstet, das außen angebracht war. Der Bombenschütze mußte sich, um zu zielen, im Fahrtwind des Flugzeugs den Hals ausrecken. Trotzdem machten die Schüler Fortschritte, und eines Tages besuchten sie Göring und Milch auf einer Inspektionsreise.

Göring flog an Bord einer luxuriös eingerichteten Ju 52, die stolz den Namen Manfreds von Richthofen trug.

Am 30. Juli sollte das Unterhaus die Erweiterungspläne der R.A.F. diskutieren. Die Opposition behauptete, daß sie »weder durch neue Verpflichtungen erforderlich noch darauf berechnet sind, die Sicherheit der Nation zu verstärken.« Im Namen der Regierung erwiderte Baldwin, trotz der nun achtjährigen Abrüstungsverhandlungen hätten Frankreich, Italien, Belgien, die Vereinigten Staaten und Rußland ihre Luftstreitkräfte vermehrt. Was Deutschland beträfe, so zeige es »das lebhafteste Interesse für die Fliegerei«. Im Ausland bestehe eine Tendenz, die, »sofern sie überhandnähme, vielleicht das Ende von allem bedeuten werde, was unser Leben lebenswert macht«.

Dann folgte eine Feststellung, die alle Abgeordneten aufhorchen ließ. »An dem Tag, an dem die Luftfahrt entstanden ist, existieren die alten Grenzen nicht länger. Englands Verteidigungsanlagen sind nicht mehr die Kreidefelsen von Dover, sondern der Rhein. Dort liegt unsere Grenze.«

Winston Churchill, damals Abgeordneter von Epping, warf sein Gewicht in die Waagschale. England, sagte er, ist besonders verwundbar »mit unserer riesigen Metropole, dem größten Angriffsziel der Welt, eine Art von ungeheurer fetter Milchkuh..., die zum Anlocken der Raubtiere angebunden ist«. Jener Mann, der als Schatzkanzler in den zwanziger Jahren das Programm für 52 Staffeln der R.A.F. beschnitten hatte, änderte plötzlich seine Meinung. Deutschland, sagte er, ist jetzt die Gefahr! Nach seinen persönlichen Informationen besaß es, durch Bruch des Versailler Vertrags, bereits eine Luftwaffe, die zwei Drittel der Verteidigungs-Luftstreitkräfte der R.A.F. entsprach. Ende des Jahres 1935 würden die beiden Luftflotten bereits gleichwertig sein. 1936 würde Deutschland das Übergewicht haben, selbst wenn das Parlament den vorgeschlagenen Erweiterungsplan für die R.A.F. billigte. An Maschinen, die für militärische Zwecke adaptiert werden konnten, an Flugzeugführern und an Segelfliegern übertraf das Reich bereits Großbritannien. Tatsächlich war Churchill auf dem laufenden über alles. Aber bei der Opposition weckte er nur Spott; sie nannte ihn einen »mittelalterlichen Baron« und beschuldigte ihn »die Steckenpferde der Apokalypse zu reiten«. Clement Attlee, der Sprecher der Labour

Party, erinnerte daran, daß Baldwin selbst gesagt hatte: »Die Bomber werden überall durchschlüpfen. Die einzige Verteidigung liegt in der Offensive, das heißt, daß man selbst rascher mehr Frauen und Kinder tötet, als der Gegner, wenn man sich selbst retten will.«

Drei Tage später wurden die höheren Offiziersränge der »schwarzen« Luftwaffe in der mächtigen Halle des Luftfahrtministeriums in Berlin zusammengerufen. Dort verkündete Göring ihnen mit dem Tremolo des Tragöden den Tod Hindenburgs. Dann zog er den Dolch und forderte sie auf, den neuen Eid nachzusprechen. Milch trat als erster vor und legte die Hand auf den Dolch, während ein Adjutant den Eid vorlas, den jeder, den Arm zum Gruß erhoben, wiederholte. Alle hatten Adolf Hitler Treue und Gefolgschaft gelobt.

Die Manöver der R.A.F. vom August 1934 erwiesen Mängel am Warnsystem über große Entfernungen. Alles hing von den Augen und Ohren des Beobachtungskorps ab. Es gelang erst, Feindflugzeuge zu entdecken, wenn sie bereits in Hör- und Sehweite waren. Der Alarm kam für die verteidigenden Jäger zu spät – selbst wenn der »Feind« sich aus Vickers Virginia-Bombern zusammensetzte, die bei 110 Stundenkilometern tiefer als 2 500 Meter flogen.

Das System der Funkpeilung Adcock-Chandler hatte vielversprechende Fortschritte gemacht. Es ermöglichte, die Jäger der Verteidigung vom Boden aus »einzuweisen«, sie zu lenken und ihre Position zu bestimmen. Doch es versteht sich von selbst, daß dieses System regelmäßige Sendeimpulse der Jäger erforderte. Von feindlichen Bombern ließ sich soviel Entgegenkommen kaum erwarten, und ein Identifizierungssystem war noch nicht erfunden.

Im Juni 1934 – als ich das Jagdfliegerhandwerk erlernte und Werner auf der Beobachterschule ausgebildet wurde – suchte A. P. Rowe von der wissenschaftlichen Forschungsabteilung des britischen Luftfahrtministeriums den Schlüssel eines Verfahrens, das es mir sechs Jahre später ermöglichte, Borners Bomber in den Wolken auszumachen und zwar meilenweit vor der Küste. Rowe wertete fleißig Tausende von Zetteln und Aktenstücken aus, ehe er einen dramatischen Bericht an seinen Chef, H. E. Wimperis, schickte. »Sofern die Wissenschaft nicht eine neue Hilfsmethode für die Luftverteidigung erfindet«, schrieb er, »werden wir in den nächsten zehn Jahren jeden Krieg verlieren.«

Wimperis und Rowe wußten nicht, daß Dr. Rudolf Kühnold, Leiter der deutschen Marine-Forschungsabteilung für Nachrichtenübermittlung, schon seit einiger Zeit an der Ausarbeitung eines radiomagnetischen Gerätes für Unterwasser-Identifizierung arbeitete. Da er von jener Erfindung keine Kenntnis hatte, für die neunundzwanzig Jahre vorher sein Landsmann Hülsmeyer in England das Patent Nr. 13170 angemeldet hatte, dehnte er seine Experimente auf das Erkennen von Objekten an der Oberfläche, nach denselben Prinzipien wie Hülsmeyer, aus.

Die Gema-Gesellschaft wurde gegründet, um diese Arbeiten weiterzuverfolgen. Im Oktober 1934 veranstaltete Kühnold in Pelzerhaken bei Lübeck eine Demonstration. Während die Zuschauer gespannt das »Echo« des Panzerkreuzers *Hessen* auf der Kathodenröhre verfolgten, kam zufällig ein kleines Wasserflugzeug vorüber und hinterließ auf der Röhre eine deutlich sichtbare Spur.

»Schauen Sie!« rief Kühnold begeistert. »Das Gerät erfaßt sogar Flugzeuge!« Die Gema-Gesellschaft erhielt einen Entwicklungsbetrag von 70 000 Reichsmark.

Doch Kühnold wußte ebensowenig wie das britische Luftfahrtministerium, daß das englische Postministerium in dem Bericht Nr. 233 bereits im Juni 1932 festgelegt hatte: Flugzeuge rufen Interferenzen bei Funksignalen hervor und werfen sie zurück. Der Bericht trug die Unterschrift von Robert Watson-Watt, des Mannes also, der 1922 in Farnborough eine der beiden amerikanischen Kathodenröhren in Empfang genommen hatte. Und an diesen braven Schotten wandte sich Wimperis damals mit der Bitte, so rasch als möglich das Problem der Ortung von Flugzeugen zu lösen. Die Forschung sollte sich sogar noch auf Todesstrahlen erstrecken.

Im Luftfahrtministerium wurde die wissenschaftliche Untersuchung der Luftverteidigung einer Kommission unter Leitung von H. T. Tizard übertragen. Anläßlich der ersten Sitzung im Januar 1935 erklärte Watson-Watt, daß irgendwelche Todesstrahlen nicht in Frage kämen, hinsichtlich der Ortungsmöglichkeit habe er bestimmte Vorstellungen. Dr. Appletons Experiment über die Höhe der Ionosphäre habe das Prinzip festgestellt, daß Radiosignale durch Flugzeuge reflektiert werden, wie es auch in dem Bericht Nr. 233 des Postministeriums nachgewiesen sei. Eine einfache Kathodenröhre würde die notwendige Reflexion ergeben, um die Entfernung und Höhe des Zieles zu zeigen.

Watson-Watt beeindruckte mit seinem Bericht über »Die Erkennung und Standortbestimmung von Flugzeugen durch Radio-Methoden«, der am 12. Februar 1935 vorgelegt wurde, die Tizard-Kommission derart, daß sie sofort eine Subvention von 10 000 Pfund Sterling für die Fortsetzung der Forschungen vorschlug (1 500 Pfund weniger als die Gema-Gesellschaft erhalten hatte). Doch der Leiter der Abteilung für Forschung und Planung der Luftfahrt, der 1931 gegen die Verwendung der Kredite des Ministeriums für Geschwindigkeitsflüge statt für Jagdflugzeuge protestiert hatte, erhob abermals Einwände: »Sehen wir doch erst einmal zu, ob dieses System funktioniert«, erklärte der Vizeluftmarschall Dowding. Für den 26. Februar wurde eine Vorführung angesetzt.

Adolf Galland begab sich nach Beendigung seiner militärischen Ausbildung im Oktober 1934 zur Deutschen Verkehrsflieger-Schule nach Schleißheim, die Brustellin seinerseits gerade verlassen hatte, um bei der »Reklame-Staffel« einzutreten. Wieder einmal legte Galland Zivil an. Sogar nachdem die Deutsche Verkehrsflieger-Schule sich zur ersten Jagdflieger-Schule gemausert hatte, der ersten dieser Art in Deutschland. Er trug eine »merkwürdige Uniform«, bei der die Anzahl der gestickten Adler auf dem Revers dem Eingeweihten anzeigte, welchen militärischen Dienstgrad der »Zivilist« hatte.

Johannes Trautloft, inzwischen Fluglehrer in Schleißheim, wartete täglich auf die Bestätigung seiner Ernennung zum Offizier der Luftwaffe. Doch Rudolf Braun, Flugschüler am selben Ort, war fest entschlossen, Verkehrsflieger zu werden, und die Luftwaffe lag seinen Gedanken ganz fern.

Eines Tages im Februar kam der Luftfahrtminister Hermann Göring zur Inspektion nach Schleißheim, auch er in Zivil unter einem langen Ledermantel. Begleitet wurde er von Rittmeister Bolle in einer graublauen Uniform mit Kragen und Schlips, die noch kein Mensch bisher gesehen hatte. Die Schüler und Lehrer der Jagdflieger-Schule hörten Görings Ankündigung: »Wir werden eine neue Luftwaffe ins Leben rufen, und Sie werden ihre ersten Offiziere sein.« Rittmeister Bolle trat drei Schritte vor, und Göring fuhr fort: »Das ist Ihre neue Uniform.« Kragen und Krawatte trugen den Fliegern den Spitznamen »Schlipssoldaten« ein, weil sie gegen die Uniform des Heeres mit stehendem und geschlossenem Kragen abstachen.

Ein paar Tage später, am 26. Februar, empfing Hitler in der Reichskanzlei Göring und den Reichswehrminister von Blomberg. Er setzte seine Unterschrift unter eine Verordnung, die Göring ihm vorlegte. Sie rief eine dritte Wehrmachtssäule, die Reichsluftwaffe, ins Leben.

Am gleichen Tag spielte sich am späten Nachmittag eine andere historische Szene ab: ein Morris-Wagen hatte einen Anhänger auf ein Feld in Daventry, neben die hohen Antennen der BBC geschleppt. Am Himmel flog ein Heyford-Bomber; an Bord langweilten sich der Flugzeugführer und die Besatzung. Sie ahnten nichts von den außergewöhnlichen Ereignissen unter ihnen. Dort waren versammelt: Dr. Watson-Watt, sein Assistent Wilkins und Rowe, der mit seinen Papieren und Akten aus dem Luftfahrtministerium der Urheber des Ganzen war. Auch der Fahrer des Morris, namens Dyer, war mit von der Partie. Die Augen auf den Leuchtschirm eines plumpen Fernsehempfängers gerichtet, sahen die vier Männer den Bomber herankommen. Der grüne Punkt in der Bildschirmmitte wurde größer, dann wieder kleiner, je nachdem, ob das Motorengeräusch anschwoll oder abnahm. Robert Watson-Watt frohlockte: Er hatte das Mittel gefunden, das eine entscheidende Rolle bei dem Sieg der R.A.F. über eben jene Luftwaffe, die Hitler gerade ins Leben gerufen hatte, spielen sollte.

Während der Flugzeugführer des Heyford-Bombers am Himmel seine Kreise zog, flog ich an Bord eines doppelgesteuerten Bulldog-Jagdflugzeuges über Cranwell. Hinter mir saß Oberleutnant McKenna. Die Bulldog mit Doppelsteuerung war in jeder Hinsicht ein »seltsamer Vogel«. Von dem Einsitzer gleichen Namens hatte sie die graziös emporgerichteten Flügel und einen verlängerten Rumpf, der auch noch einen Sitz für den Fluglehrer hatte. Beim Trudeln war sie ein ekliger Vogel. Unter 8 000 Fuß war Trudeln untersagt. Das war die Höhe, in der ich mich an jenem Nachmittag befand, als McKenna zu mir sagte: »Gut, trudle nach links!« Und da wirbelten wir dem Boden entgegen. Eine Runde, zwei Runden, drei

Runden. »Abfangen!« rief McKenna in die Sprechanlage. Doch wie es häufig vorkam, das Flugzeug gehorchte der Steuerung nicht mehr. Wir waren bei 5 000 Fuß, als McKenna mir zurief: »Uff! sie kommt!« während ich spürte, wie er mit aller Kraft am Ruder, am Knüppel und am Gashebel zog. Jedoch wir trudelten weiter, und jetzt schrie er: »Mach dich fertig – abspringen!« Die Hand auf dem Griff meiner Anschnallgurte, betete ich, nicht abspringen zu müssen. Endlich richtete sich der dreckige kleine Vogel mit Geheul wieder auf. »Das Biest!« sagte McKenna. »Jetzt steigen wir wieder und du versuchst's noch einmal!«

Ich erlernte das Handwerk des Jagdfliegers.

3

Nach dem 26. Februar 1935 entwickelte sich die Lage in Deutschland sehr schnell. Eine Verordnung über die Gründung der Luftwaffe wurde am 1. März wirksam. Am gleichen Tag leisteten Offiziere, Unteroffiziere und Mannschaften der neuen Waffe Hitler den Treueschwur. Eine Woche später befahl er der Luftwaffe, den üblichen militärischen Gruß einzuführen. Es gab kein Geheimnis mehr. Und am 10. März lieferte Göring die Bestätigung in einem Interview, das er dem englischen Journalisten Ward Price von der *Daily Mail* gab. »Unser Ziel«, erklärte er, »ist nicht die Schaffung einer Offensiv-Waffe zur Bedrohung anderer Länder, sondern vielmehr ein militärisches Flugwesen, das stark genug ist, jeden Angriff auf Deutschland abzuweisen.« Er fügte hinzu, daß Deutschland die Gleichberechtigung in der Luft fordere. »Eine neue deutsche Luftwaffe ist auf der Bühne der Weltpolitik erschienen.« Die Ereignisse sollten bald die Wahrheit seiner Prahlerei erweisen.

Zwei Monate später zeigte sich der Chef der Luftwaffe von noch kriegerischerer Laune: »Meine Absicht ist es«, schrie er, »eine Luftwaffe zu schaffen, die sich im Ernstfall wie eine Heerschar der Rache auf den Feind stürzt! Der Feind muß merken, daß er verloren hat, ehe es überhaupt zu einer Schlacht gekommen ist.«

Am 13. März lag Paul Temme zu Hause auf einer Couch und las, als einer seiner Freunde hereinplatzte.

»Weißt du das Neueste?« rief der Freund. »Hitler hat die Wehr-
hoheit verkündet. Deutschland wird wieder aufrüsten!«
Temme sprang auf. Endlich schüttelte man die Ketten ab. Seit Januar
wartete er auf diesen Augenblick. Damals hatte der Leiter seiner
Schule die älteren Schüler zusammengerufen, um ihnen diskret zu
erklären, die Luftwaffe würde ihnen eine Karriere bieten. Sie erhielten eine – als »persönlich« bezeichnete – Drucksache mit einer
Adresse in Berlin. Von dort schickte man sie nach einer Prüfung
und einer medizinischen Untersuchung nach Münster zum psychologischen Test. Das alles war also nicht umsonst gewesen. Paul
Temme wußte sich vor Freude kaum zu fassen.
Am Tag darauf, dem 14. März, erschien eine weitere Verordnung:
»Die Luftwaffe wird als neuer Wehrmachtszweig geschaffen.« In
ihr lebe der Name Manfreds von Richthofen und seines Jagdgeschwaders weiter. Der letzte Kommandeur dieses Geschwaders, der
General der Flieger Göring, habe den Kampfgeist und Siegeswillen
Richthofens als heiliges Erbe bewahrt. Auf seine Initiative hin sei
ein erstes Jagdgeschwader geschaffen worden. Dieses Geschwader
werde von nun an Jagdgeschwader »Richthofen« heißen.
Die »Reklame-Staffel« hatte ihren neuen Namen erhalten.

Der Propagandaminister Goebbels ergriff als nächster zu diesem
Thema das Wort. Am 16. März verkündete er der Welt ein neues
Gesetz »über das Wiedererstehen der Verteidigungskraft des Vol-
kes«. Hitler, sagte er, habe beschlossen, alle Paragraphen des Ver-
sailler Vertrags, die sich auf Deutschlands Streitkräfte bezogen, zu
zerreißen. Am Tag darauf, einem Sonntag, ließ das Volk seinem
Jubel freien Lauf. »Die Fesseln von Versailles, dieses Symbols der
Erniedrigung Deutschlands, waren abgeschüttelt worden«, stellt
William Shirer fest.
Acht Tage später, am Sonntag, dem 24. März, hatte der britische
Außenminister, Sir John Simon, begleitet von Anthony Eden, eine
Unterredung mit Hitler. Die beiden Engländer wurden durch eine
»kriegerische SS-Wache empfangen. Ihr Kommandant erstattete
dem Leiter des Foreign Office Meldung. Sir John Simon senkte
daraufhin verwirrt den Kopf«. William Strang, ein hoher Beamter
des Foreign Office, fand, daß Hitlers Laune sich gewandelt habe:
»Seine Manieren waren brüsk, knapp an der Grenze des noch Höf-
lichen... Seine Gesten verrieten kaum verschleierten Ärger.«

Sir John Simon hatte ihn unversehens gefragt: »Wie stark ist Ihre Luftwaffe?« Hitler zögerte, ehe er erwiderte: »Wir haben jetzt mit Großbritannien gleichgezogen.« Er log. Aber diese Lüge versetzte die englische Regierung in Bestürzung; sie beschloß, das Expansionsprogramm der R.A.F. noch auszuweiten.

Von einem Tag zum anderen hatte sich die Reklame-Staffel von Hans-Heinrich Brustellin in das Jagdgeschwader 2 verwandelt. Brustellin war in Urlaub auf der Winkelmoosalm, als er folgendes Telegramm erhielt: »Oberleutnant Brustellin. Glückwünsche zu Ihrer Beförderung.« Sofort kehrte er zum Fliegerhorst Döberitz zurück, dem Modellflugplatz, dessen Gebäude zwischen Kiefern versteckt lagen. »Es war der Beginn eines außergewöhnlichen gesellschaftlichen Lebens«, erzählte er. »Wir empfingen pro Tag mindestens einen distinguierten Besucher.« Unter diesen Besuchern auch Adolf Hitler, der, nach Brustellin, weit davon entfernt war, »distinguiert« auszusehen. Sein Besuch im April war sogar eines der deprimierendsten Erlebnisse, an die Brustellin sich erinnern kann. Der Führer schien sich inmitten dieser Gesellschaft recht unbehaglich zu fühlen. Seine Bewegungen waren schwerfällig, und er benahm sich linkisch. Er hielt sich schlecht mit krummem Rücken und hängenden Schultern. Er schien in sich zusammengesunken. Er wußte nicht, was er zu den Offizieren, die ihn umstanden, sagen sollte und begnügte sich damit, ein Stück Zucker nach dem anderen in seinem Tee zu verrühren. Als Brustellin Gelegenheit hatte, mit ihm zu reden, fielen ihm vor allem die feuchtwäßrigen Augen Hitlers auf. Tags darauf traf Brustellin in Berlin einen Freund, der den Führer nicht mochte und der ihn überrascht fragte: »Was hast du denn? Man könnte meinen, du hättest ein Gespenst gesehen.«
»Hitler hat uns gestern besucht«, antwortete Brustellin.
»Was?« rief der Freund. »Und du hast ihn nicht abgeknallt? Warum nicht?«

Ein weiterer Besucher war der neue Stabschef der Luftwaffe, General Walther Wever, der, so sagte Brustellin, »vor Begeisterung strahlte«. Es war beinahe schon lächerlich. Ebenso wie Kesselring, dem Verwaltungschef der Luftwaffe, hatte er gut seine vierzig Jahre auf dem Buckel und lernte trotzdem noch fliegen.
Adolf Galland gehörte ebenfalls zur ersten Gruppe des Jagdge-

schwaders Richthofen. Es war ihm jetzt erlaubt, jene Uniform zu tragen, die Rittmeister von Bolle in Schleißheim vorgeführt hatte. Übrigens dauerte es nicht lange, bis unter dem Kommando eines »alten Adlers« aus dem Ersten Weltkrieg, des Majors Theo Osterkamp, eine zweite Gruppe des Jagdgeschwaders 2 geschaffen wurde. Johannes Janke gehörte auch zum Jagdgeschwader »Richthofen«. Doch als aus diesem eine neue Einheit hervorging, das Jagdgeschwader 134, JG. »Horst Wessel«, wurde Janke mit dem Dienstrang eines Staffelkapitäns zu ihm versetzt. (Nebenbei: Manche fanden die Verbindung des ruhmreichen Namens Richthofen mit dem von Horst Wessel ziemlich ärgerlich.)

Theo Osterkamp, sehr bald unter dem Namen »Onkel Theo« bekannt, fragte Werner Junck, der noch bei Heinkel in Warnemünde flog, ob er nicht Lust habe, in die Luftwaffe einzutreten. Bei einer Flasche Burgunder hatten sie das Für und Wider durchgesprochen. Werner Junck hatte schon Vorwürfe Görings einstecken müssen, weil er nicht wieder aktiv geworden war. Junck antwortete: »Mein Platz ist hier in der Erprobungsabteilung von Heinkel. Wenn ich ja sage, steckt man mich in einen Bomberverband. Nachtarbeit aber mag ich nicht.« Osterkamp war derselben Meinung; auch er hatte das Gefühl, er könnte sich in der Seefliegerstation auf Norderney nützlich machen.

Da kam Milch hinzu. Zu Osterkamp sagte er: »Sie schulden es den jungen Jagdfliegern.« Und als alter Kriegsflieger, der Osterkamp war, gehorchte er. Werner Junck folgte ihm. Beide opferten ein Monatsgehalt von 2 500 Mark für einen Leutnantssold von 360 Mark.

Dasselbe passierte Carl von Schoenebeck. Nur war es bei ihm Oberst Stumpff, der Chef der Personalabteilung, der ihn überredete. Von Schoenebeck hatte wirklich keine andere Wahl; er willigte ein, seine Stellung als Testpilot bei Arado aufzugeben. Für ihn war der Tausch jedoch nicht schlecht. Stumpff akzeptierte, daß er das Kommando über die Luftwaffen-Erprobungs-Stelle Rechlin übernahm. Die »alten Adler« flogen wieder. Doch mußten sie mit drei Monaten intensiver militärischer Ausbildung in Döberitz beginnen. Viele hielten nicht durch.

Ernst Udet widerstand lange Görings Bitten. Er liebte das ungezwungene Leben eines Kunstfliegers. Disziplin jeder Art war ihm lästig, und vor Büroarbeit grauste ihm. Nur sein leidenschaftlicher Glaube an den Sturzbomber, den Stuka, brachte ihn schließlich dazu, dem Angebot Görings nachzugeben. Udet erhielt den Dienstgrad eines Obersten und den Titel Inspekteur der Jagdflieger. Und Göring sagte zu ihm: »Auf diesem Posten werden Sie viel mehr Chancen haben, den Generalstab für die Stuka-Idee zu gewinnen.« Also trat Udet schließlich in die Luftwaffe ein.

Da die Luftwaffe jetzt offen auftrat, hatte Werner Borner endlich eine »richtige« Uniform erhalten.

Die Fliegerei hatte Borner schon immer angezogen. Als geprüfter Funker meldete er sich bei der Fliegergruppe in Merseburg. Der Kommandierende hieß Graf Luckner, ein Neffe des berühmten »Seeteufels«. Den Neffen nannte er allerdings »das schwarze Schaf der Familie«. Das Leben in Merseburg war ziemlich rauh. Es gab Hangars, aber keine richtigen Unterkünfte. Borner schlief mit zehn Kameraden zusammen in einem alten Schweinestall. Ihm machte das nichts aus, wenn er nur fliegen konnte und jeden Morgen auf der Startbahn »unsere wunderbaren Maschinen«, die Ju 52 und die Do 23, sah. Außerdem herrschte ein wundervoller Korpsgeist zwischen der Mannschaft, der er angehörte, den Piloten und den Offizieren. Endlich erhielt er dann die Erlaubnis, sich neben den Flugzeugführer auf den Kopilotensitz zu setzen und die Maschine zu fliegen. Davon hatte er immer geträumt. Er war auf dem Gipfel des Glücks. Eines Tages kam Göring zur Einweihung eines nach ihm benannten Stadions. Er trug Reitstiefel mit Sporen, ein kastanienbraunes Sportjakett und einen merkwürdigen kleinen Hut mit einer Adlerfeder. Er sah einfach lächerlich aus, doch die Leute sagten: »Ach, das ist unser Hermann!« als er mit jedem wie mit alten Freunden sprach.

Die Fliegerschule in Kitzingen am Main arbeitete rund um die Uhr. Einer der eifrigsten Schüler war Hajo Hermann. Sein Instrukteur, der Feldwebel Hetzel, verdoppelte noch diese Begeisterung durch seine Kunstflug-Vorführungen in geringer Höhe.

Am 12. August verbrachte Hermann einen Urlaubstag im Steigerwald. Er verpaßte den letzten Bus und mußte, um zurückzukommen, 30 Kilometer zu Fuß marschieren. Am 13. morgens um 7 Uhr kam er an. Drei Stunden später startete er zu seinem ersten Alleinflug auf einer Heinkel 172 »Kadett«. Er verfranzte sich aber, nachdem er einen Fasan gejagt hatte. Die Belohnung waren drei Tage Knast. In Kitzingen galt Otto Hintze als einer der besten Flugschüler. Beim Verlassen der Schule 1935 hatte er nach neunmonatiger Ausbildung bereits 157 Flugstunden hinter sich.

Nach zwei Ausbildungsjahren auf der R.A.F.-Schule in Cranwell hatte ich die gleiche Zahl Flugstunden erreicht, und während der letzten sechs Monate war ich immer ungeduldiger geworden, endlich zu einer Staffel versetzt zu werden. Ich war einer der drei Unteroffiziere im Wettbewerb um den Ehrensäbel. Doch ich verlor mehr und mehr das Interesse daran, je stärker meine Ungeduld wurde. Eines Tages lud mich der Adjutant des Kommandeurs, Generalmajor Babington, zum Tee ein. Von meinen Freunden hörte ich mit Bestürzung, daß ich als einziger eingeladen war.
Während dieses »Solo-Tees« machte mir Philip Babington sehr ernste Vorhaltungen. In aller Ruhe machte er mir klar, daß ich für ihn selbst und für meine Ausbilder eine große Enttäuschung wäre. »Das Ärgerliche ist, daß Sie ein Rebell sind«, sagte er. »Sie sind viel zu eigensinnig und wollen Ihren Kopf durchsetzen.« Ich war in die R.A.F. eingetreten, um zu fliegen. Die relativ kurze Zeit, die man in der Luft verbrachte, wurden mir im Vergleich zu den vielen Unterrichtsstunden lästig. Diese Einstellung war übrigens sehr verbreitet, doch die meisten verbargen sie besser als ich. Ich lebte nur für den Augenblick, wenn ich in eines unserer graziösen kleinen Bulldog-Jagdflugzeuge steigen konnte. Der Pilot saß darin genau in Höhe der oberen Tragflächen, so daß er den Eindruck hatte, selbst Flügel zu haben. Nichts war so hinreißend, wie aufzusteigen und alle Schwerkraft zu vergessen.
Ende Juli 1935 nahm ich Abschied von der R.A.F.-Schule und von den Bulldogs. Beim Fliegen zum mindesten hatte ich mich nach Meinung von Philip Babington rehabilitiert. In meine Beurteilung schrieb er: »Fehlerlos, war mehr als großzügig. Wenn nötig, braucht er Ansporn.« Ich war als Pilot überdurchschnittlich qualifiziert, was aber nicht viel besagte, da ich erst einige 150 Flugstunden hinter mir hatte. Wie bei allem aber besonders beim Fliegen ist die Praxis die beste Schule.

Tangmere, wo ich im August 1935 zur I. Jagdstaffel kam, hat bei mir den Eindruck einer unermeßlichen Wiese hinterlassen. Die Heuernte war noch nicht geschnitten, und die Räder unserer Maschinen peitschten bei der Landung durch das in diesem Jahr besonders hohe Gras. Als es endlich gemäht worden war, führte man eine Schafherde auf das Gelände, um es abzugrasen. Doch Schafe und Flugzeuge sind nicht unbedingt füreinander geschaffen. So hatten die armen Tiere – genau wie wir – ihre angstvollen Augenblicke. Die Hangars mit ihren sanft geschwungenen Dächern, ihren Balken und Stützen aus Holz gaben dem friedlichen Platz ein altväterliches Gepräge. Deutsche Kriegsgefangene hatten sie während des Ersten Weltkrieges gebaut. Nach zwanzig Jahren nützlichen Daseins wurden sie dann von anderen Deutschen während des Zweiten Weltkrieges wieder zerstört.

Nördlich davon lag zwischen den Downs von Sussex eine Windmühle, für uns eine lebenswichtige Markierung in dieser ländlichen Gegend. Unsere Staffeln trugen Vogelnamen. Die erste Staffel hieß »Seidenschwanz«, die 43. »Grünspecht« und der Kontrollturm »Auerhahn«.

Die schlanken Hawker Fury, die wir flogen, waren eine reine Freude. Mit ihren Rolls-Royce-Kestrel-Motoren, schneller und stärker als die Bulldogs, und dabei doch wendiger. Ich habe vergessen, wer gesagt hat, die R.A.F. sei damals der beste Fliegerklub der Welt gewesen. Das Leben bei der 1. Staffel in Tangmere war ein Beweis dafür.

Die Abfang-Staffeln mit ihrer raschen Steigfähigkeit hatten die Aufgabe, den Feind so weit wie möglich vor seinem Ziel anzugreifen. Auf welche Weise, das hätte keiner genau sagen können. Mangels wissenschaftlicher Ortung, die es ermöglichte, Jäger und Gejagten vom Boden aus zu verfolgen, kam ein genau kontrolliertes Abfangen überhaupt nicht in Frage. Wir kannten das Führungssystem Adcock-Chandler, um den Jäger »einzuweisen«, doch in Tangmere gab es keinerlei derartige Einrichtung. Wir wußten allerdings nicht, daß man am 12. Mai, etwa zehn Wochen vor meinem Eintreffen bei der 1. Staffel, unter größter Geheimhaltung in Orford Ness in Suffolk die erste »Station zur Erforschung der Ionosphäre« errichtet hatte. Und dort widmeten sich Wilkins und Dr. Bowen Experimenten, die schließlich der Defensiv-Jagd die fehlenden »Augen« geben sollten. Bereits im September 1935 konnte man schon eine Maschine beim Flug 90 Kilometer vor der Küste »sehen«. Von da an war es wenigstens möglich geworden, einen Feind zu erkennen und ihn vor allem auf große Distanz, weit vor seinem Ziel, abzufangen.

Seit Beginn des Jahres arbeiteten die Ingenieure Sydney Camm (bei Hawker) und Reginald Mitchell (bei Supermarine) unabhängig voneinander an der Auslegung eines neuen Jagdflugzeuges, der F 37/34. An einem Sommertag sah Mitchell in Martlesham die von Rolls Royce gekaufte Heinkel 70 Blitz. Ihre saubere aerodynamische Formgebung beeindruckte ihn sehr. Er setzte die Arbeit an seinem Jagdeinsitzer-Entwurf F 37/40 fort. Doch Camm schlug Mitchell zeitlich mit seiner eigenen Version. Sein Hawker-Jäger mit einem Merlin-Motor, der unter der Nr. K 5083 eingetragen war, unternahm den ersten Probeflug schon am 6. November 1935. Zwei neue deutsche Maschinen machten in diesem Herbst ebenfalls ihren ersten Probeflug. Die eine war die Me 109, der sensationelle Jäger von Willy Messerschmitt. Die andere, dem Gehirn Udets entsprungen, war der Sturzbomber Ju 87. Doch die Jumo-Motoren, welche für beide Flugzeuge vorgesehen waren, wurden nicht fertig. Kurzentschlossen kaufte man in Großbritannien für die Me 109 und den Stuka den berühmten Rolls-Royce-Kestrel, mit dem auch unsere Hawker Fury ausgerüstet waren. Wenn die Heinkel 70 in England als nützliches Versuchsobjekt für den neuen Merlin-Motor diente, zahlten die Briten mit gleicher Münze zurück.

Im Oktober 1935 begann Mussolini seinen Feldzug gegen Abessinien. Das britische Kabinett geriet in Alarmzustand. In Tangmere spürten wir die Auswirkung: ein halbes Dutzend Flugzeugführer der I. Staffel wurden mit ihren Hawker Fury zur Verstärkung nach dem Mittleren Osten verlegt. Drei weitere Flugzeuge wurden gefechtsklar gehalten.

Doch trotz dieser internationalen Krise ereignete sich in Tangmere nichts Besonderes. Im November besuchte ich für eine Woche in Catfoss an der Küste von Yorkshire einen Waffenlehrgang. Meinen 21. Geburtstag verbrachte ich vor einem rauchenden Ofen und wartete darauf, daß die kalten Novembernebel sich hoben. Es wäre schwer gefallen, im ganzen britischen Empire einen düstern Vorposten zu finden. Aber es gab auch Tage, an denen ich meine Maschinengewehre bedienen konnte – zwei Vickers, die in der Kanzel eingebaut waren und durch den Propeller schossen. Eine kleine Werkzeugtasche hing in Griffnähe.

Zurück in Tangmere, fröstelten wir unter den eisigen Stürmen eines rauhen Winters. Ungeduld packte mich. Ich bestürmte unablässig Philip Babington, der zum Personaldirektor ernannt worden war. Schließlich traf im Januar 1936 das so sehr ersehnte Telegramm ein: »Sie werden zur 36.Torpedo-Bomberstaffel nach Singapur versetzt.« Singapur ging über das Ziel meiner Erwartung hinaus, aber ich freute mich. Vier Wochen später trafen wir in Singapur ein. Als erstes erfuhren wir, daß drei Mann unserer Staffel am Vortag bei einer Nachtübung über dem Meer verschwunden waren.

Ein wichtiger Faktor und fast ein »lebendes Wesen« war für uns der Pegasus-Motor in unseren Maschinen. Von ihm hing unser Leben ab, da wir immer über das von Haifischen verseuchte Meer oder über den Dschungel flogen. Der Motor hat uns nie im Stich gelassen. Es kam vor, daß eine Kerze ausfiel, doch unsere »Peggy« brachte uns, wie eine Lokomotive rauchend, immer zurück. Die Flugzeuge, die er mit einem riesigen Holzpropeller durch den Himmel zog, waren Vickers Vildebeeste [geflecktes Gnu]. Der Name paßte gut zu ihnen, denn schön waren sie nicht. Doch auch als Jagdflieger – und mit mir ein halbes Dutzend meiner Kameraden – faßte ich Zuneigung zu der Vildebeeste. Sie hatte Temperament. Und wir Jagdflieger bemühten uns immer, die klobigen Torpedo-Bomber mit ihren viereckigen Tragflächen wie Jagdflugzeuge zu fliegen.

4

Anfang 1936 war in Berlin der Bau des neuen Luftfahrtministeriums in der Leipziger Straße beendet. In diesem prächtigen modernen Gebäude wurden die meisten Ideen, die die Luftwaffe leiten sollten, geboren und entwickelt. Im Inneren stellten Kolossalfresken die Geschichte der deutschen Luftfahrt, von den ersten Ballons bis zu den Bombern dar. Die riesige, prunkvolle Ehrenhalle diente Feierlichkeiten. Alles in diesem Ministerium sollte den Besucher beeindrucken und ihm Ehrfurcht und Begeisterung für die Luftwaffe einflößen.

In diesem verschwenderischen Rahmen hatte auch Göring seinen Amtssitz, einen riesigen Raum. Zu seinen Besuchern im Februar 1936 zählte der Flugkapitän Paul Stehlin, der kürzlich zum Adjutanten des Luftfahrtattachés an der Französischen Botschaft in Berlin ernannt wurde. Stehlin, später mit Göring gut bekannt, wurde zum Zeugen der historischen Ereignisse der nächsten dreieinhalb Jahre. Als er in Görings Arbeitszimmer eintrat, fand Stehlin ihn an seinem Schreibtisch sitzen; doch so weit entfernt, daß Göring den Eindruck eines auf der Bühne verlorenen Schauspielers machte. Der Empfang war herzlich. Stehlin bemerkte, daß Görings Gesicht, obwohl aufgeschwommen und schlaff, schön war, mit gut gezeichneten Zügen, intelligenter Stirn und hellen, durchdringenden Augen. Auf dem Schreibtisch kein einziges Papier, kein Aktenstück. Göring las und schrieb so wenig wie möglich. Wie Hitler erteilte er seine Befehle mündlich. Neben ihm drei Fotos: Karin, Emmy und Hitler. Im Februar 1936 prahlte Göring mit der Stärke seiner Luftwaffe: »Wenn Deutschland und England zusammenstehen, kann keine Machtkonstellation uns die Stirn bieten.«

Im Frühjahr 1936 rollten die ersten Maschinen von Deutschlands neuer Luftwaffe über die Fließbänder: die He 111- und Dornier 17-Bomber, die Ju 87-Sturzkampfflugzeuge und die Me 109-Jäger – Flugzeugtypen, die in aller Welt ohnegleichen waren. Drei Prototypen der viermotorigen Dornier 19-Bomber wurden fertiggestellt, aber dieser schwere Bomber sollte in der Luftwaffe nie Verwendung finden. Dieser Ausbau der Luftwaffe beeindruckte außerordentlich, aber auch die R.A.F. verlor keine Zeit. In den auf Görings Erklärung unmittelbar folgenden Tagen wurde ein neues Entwicklungsprogramm der R.A.F., der »Plan F«, aufgestellt. Mit dem Ziel: eine Stärke von 1736 in England stationierten Maschinen; und zwar bis 1939. Lord Swinton, der neue Luftfahrtminister, entwarf voller Dynamik und Erfindungsgabe den Plan einer »Schatten-Industrie«, die unter anderem die fünf großen Automobilfabriken des Landes als Zulieferer zusammenfaßte für die Erzeugung von 4 000 Bristol-Motoren. Ferner sollten Rolls Royce und Bristol selbst nebenbei ihre »Schatten-Fabriken« errichten, und auch Vickers erhielt einen entsprechenden Hinweis.

Inzwischen war der Prototyp des Vickers-Supermarine-Jägers entstanden. Am 5. März 1936, vier Monate nach dem ersten Flug der Hawker-Hurricane-Prototypen, rollte die erste Spitfire K 5054 auf dem Gelände von Eastleigh zur Startbahn.

Auch die britische Jugend strebte zur R.A.F. Bob Tuck und Caesar Hull hatten sich fast gleichzeitig gemeldet. Auf einer Hurricane sollten Caesar wie ich Leutnant und Rottenführer in derselben 43. Staffel werden. Was Tuck betrifft, so konnte sein Lehrer auf der Fliegerschule in Grantham nicht viel aus ihm herausholen. Trotzdem träumte er davon, den Fliegerhelm zu tragen. Mehrmals fürchtete er, wieder ins Zivilleben entlassen zu werden. Im gegebenen Augenblick sollte er aber einer der besten und tapfersten der englischen Jagdflieger sein.

Gus Holden kam einige Monate später nach Grantham, als Tuck die Schule schon verlassen hatte, um bei der 65. Jagdstaffel zu fliegen. Vierzehn Tage lang wurde er gedrillt, gequält und immer wieder eingeschüchtert von einem brutalen Feldwebel. Ein Rekrut hatte es, völlig durchgedreht, dennoch erreicht, diesem Rohling ein Lachen abzunötigen, als er die Ehrenbezeigung mit der linken Hand machte. »Es war das erste Anzeichen von Menschlichkeit, das uns dieser Feldwebel gab«, sagt Holden.

In Grantham fand er, »daß das schönste Geräusch der Welt für die Ohren junger Leute, die perfekte Flieger werden sollten, das Brummen von Rolls-Royce-Kestrel-Motoren der Hawker Hart und Fury war«. Er zeichnete sich auf der Schule durch hervorragende Leistung aus. Schließlich kam er zur 56. Staffel nach North Weald. Die Männer dieser Staffel waren es, die mich durch ihre Kunstflüge auf ihren Siskins mit Bewunderung und Bangen erfüllt hatten, als ich noch Schüler in Haileybury gewesen war. Seitdem hatte man die Siskins durch Gauntlet-Doppeldecker ersetzt.

Mit zehn Jahren aus Indien nach Hause gekommen, hatte sich Norman Ryder nach Abschluß seiner Studien in England 1931 zu den Royal Fusiliers in der Hounslow Kaserne gemeldet. Was für ein Leben wartete auf ihn! Kein Tropfen warmes Wasser, nicht ein bißchen Komfort; nur Kargheit und Strenge. Zwei Holzbänke, eine Tischplatte auf zwei Böcken und etwa zwanzig eiserne Pritschen. Das war die Stubeneinrichtung. Als Heizung ein Feuer aus Eierbriketts in einem eisernen Rost, das abends entzündet wurde, um es eine Stunde vor Zapfenstreich wieder mit einem Wasserguß zu löschen. Jene Unseligen, die dazu kommandiert waren, den erkalteten Rost zu reinigen, mußten die Backsteine des Feuerlochs mit Kreide und mit Hilfe eines Rasierpinsels weißen. »Den ganzen Tag über hieß es: Stillgestanden! Rührt euch! Vorwärts marsch! Weggetreten!« erzählt Norman Ryder. »Eingekleidet waren wir in Drillich-Overalls. Jeden Abend mußten sie mit der Bürste für den morgendlichen Appell gewaschen werden. Wir legten uns in dem nassen Zeug schlafen, um es zu trocknen. Wenn eine Grippe-Epidemie drohte, mußten wir im Chor zur Vorbeugung gurgeln. In zwei peinlichst ausgerichteten Gliedern auf beiden Seiten einer Wasserrinne.«

1934 verließ Ryder enttäuscht die Armee. Um »seine Gedanken zu reinigen«, wurde er Mathematiklehrer an der Tredennick-Schule in einer Vorstadt von Worcester. Eines Abends, als er noch im Lehrerzimmer arbeitete, das traurig mit einem großen Tisch, einem alten, durchgesessenen Sofa und zwei nicht viel tauglicheren Sesseln möbliert war, las ihm einer seiner Freunde aus der *Daily Telegraph* eine Anzeige vor, in der die R.A.F. angepriesen wurde. Daraus ergab sich eine Diskussion, die Norman Ryders Leben ändern sollte. Der Krieg, darüber waren sich beide einig, schien unvermeidlich. Das beste schien, sich so gut wie möglich darauf vorzubereiten. Die Armee? Kam nicht in Frage. Die Flotte? Recht verführerisch; doch die Vorstellung, bei eisiger See auf einer Fregatte zu sein ... Nein, entschieden besser war die R.A.F. Zwei oder drei Monate später befand sich der Offiziersanwärter Norman Ryder bei der Flugausbildung in Thornaby, Yorkshire. Als »außergewöhnlicher Flieger« beurteilt, kam er zur 41. Jagdstaffel nach Catterick, Yorkshire.

In Deutschland hatte »Onkel Theo« Osterkamp in Döberitz als einer der »alten Adler« den Drill durchgestanden. Mit knapper Not übrigens. Denn eines Tages, als er auf einem prächtigen Gaul und mit erhobenem Säbel seine Kompanie meldete, verfehlte er beim Einstecken der Waffe die Säbelscheide und traf sein Pferd. Man fand ihn Stunden später abgeworfen im nahen Wald.

Tatsächlich fühlte er sich als Staffelkapitän der 2. Staffel des Jagdgeschwaders 2 (JG. »Richthofen«) mehr zu Hause, das in Jüterborg stationiert war. Carl von Schoenebeck kommandierte hier eine andere Staffel. Einer seiner Piloten, der unter den Trümmern eines abgestürzten Flugzeuges hervorgezogen wurde, hieß Adolf Galland. Am 7. März 1936 startete Osterkamp vor Morgengrauen mit seiner Staffel. Kurz vor dem Start riß er den versiegelten Briefumschlag auf, den man ihm überreicht hatte. Er enthielt folgende Zeilen: »Der Führer hat befohlen, das Rheinland zu besetzen. Die Gruppe 2 des JG. 2 nimmt Kurs auf Werl. Von dort wird sie nördlich der Mosel den ins Rheinland einrückenden Truppen Luftsicherung geben.«

Die Botschafter von Frankreich und Großbritannien wurden davon unterrichtet, daß Deutschland den Vertrag von Locarno kündige, durch den es sich feierlich neben diesen zwei und vier weiteren Nationen zu Frieden und gegenseitigem Schutz verpflichtet hatte. Kurz danach kam die Meldung, daß deutsche Truppen den Rhein überschritten. Hätte die französische Armee unter General Maurice Gamelin Widerstand geleistet, würde es das Ende Hitlers gewesen sein. Und wenn Großbritannien das Seine dazu getan hätte, dann würde Frankreich vermutlich gehandelt haben. Doch Großbritannien zog es vor, eine Vermittlerrolle zu spielen, und Gamelin, dessen Truppenstärke der Hitlers weit überlegen war, unternahm nichts. Hitler selbst sagte: »Die 48 Stunden nach dem Einmarsch ins Rheinland sind die aufregendste Zeitspanne in meinem Leben gewesen. Wären die Franzosen damals ins Rheinland eingerückt, hätten wir uns mit Schimpf und Schande zurückziehen müssen...«

Die Luftwaffe bildete einen ebenso dünnen Vorhang wie die deutsche Wehrmacht. Osterkamp gab seinen Fliegern die Anweisung: »Überall muß man uns sehen, um den Eindruck zu erwecken, daß unsere Jagdwaffe stark ist. Wenn die anderen intervenieren, greifen wir an.« Womit sagte er nicht. Seine Heinkel 51 hatten gar keine Maschinengewehre.

Hajo Hermann war gerade erst ins Kampfgeschwader 4 eingetreten, das mit umgerüsteten Verkehrsmaschinen Ju 52 ausgerüstet war. Die Befehle lauteten, sich zum Start nach Paris bereit zu halten. Die 3. Gruppe des JG. 134 (»Horst Wessel«), die kaum eine Woche vor der Rheinlandbesetzung gebildet worden war, verlegte man nach Lippstadt. Der Flugplatz war aus jener Segelfliegerpiste entstanden, die Paul Temme und seine jungen Kameraden 1932 gerodet hatten. Johannes Janke war Kapitän der 8. Staffel geworden. Wie »Onkel Otto« wußte auch er nicht, was er im Fall eines Angriffs tun sollte. Seine Maschinen waren zwar mit Munition vollgepackt, hatten aber keine Maschinengewehre!

In dieser Zeit war die Jagdfliegerschule in Schleißheim aufgelöst. Johannes Trautloft und die anderen Fluglehrer waren zur 3. Gruppe des JG. 134 versetzt worden. Sogar die Fliegerschule in Kitzingen am Main, aus der Otto Hintze und Hajo Hermann hervorgegangen waren, schloß und schickte ihr Ausbildungspersonal ins

Rheinland. Die Maschinen, über die sie verfügte, Arados 65 und Heinkel 51, hatten zwar Maschinengewehre, doch sie waren nicht synchronisiert. »Um die Bevölkerung aufzumuntern«, machte Theo Osterkamp über Aachen ein paar Loopings und flog an der Spitze seiner Jungen an den Türmen des Kölner Doms vorbei. Die 3. Gruppe des JG. 134 tat das gleiche, Janke an der Spitze seiner Staffel, und Nikolaus von Below (der bald Hitlers Adjutant werden sollte) führte die 7. Staffel. Trautloft erinnert sich noch daran: »Es war ein schöner Augenblick.«

Und das stimmte nicht nur für die Piloten. Denn drunten winkten die Rheinländer, begeistert über die Kunstflüge und die scheinbar unbegrenzte Anzahl von Flugzeugen, die am Himmel paradierten. Mit einer Handvoll waffenloser Maschinen hatte die junge Luftwaffe einen kühnen und völlig gelungenen Handstreich vollführt. Karl Missy, SS-Mann und immer noch Spengler in Rheydt, war nicht allzu fern vom Zentrum dieser Ereignisse. Seit einiger Zeit dachte er daran, sich bei einem Flak-Regiment zu melden. Das schien ihm, die heldischste Art, das Land zu verteidigen. Nicht daß Missy wirklich an einen feindlichen Überfall glaubte. Doch sein technisches Interesse für die Flak reizte ihn weit mehr als der Wunsch, das Vaterland zu verteidigen. Übrigens hatte er einen Abscheu vor dem Waidwerk; um nichts in der Welt hätte er auf einen Vogel geschossen.

Im Frühjahr 1936 hatte er eine ernsthafte Auseinandersetzung mit seinem Vater. Darauf erklärte ihm Karl, daß er genug habe. »Ich werde in die Wehrmacht eintreten. Such dir einen anderen, der dir hilft.« Er bewarb sich bei der Flak. Nach einigen Monaten kam die Antwort: kein Platz frei, »aber Sie können beim 7. Infanterieregiment eintreten«. So verließ Karl Missy die SS und das Vaterhaus. Immer noch mit seinem Vater verzankt, nahm er eines schönen Morgens den Zug. Zu seiner Überraschung traf er am Bahnhof seinen »Alten«, der ihn, die Augen voller Tränen, umarmte. Der Zug brachte ihn bis nach Schlesien zum Rekrutenlager des 7. Infanterieregiments.

Werner Borner beachtete die Rheinlandbesetzung kaum. Er war zu stark mit den Blindflug-Kursen in Berlin-Rahnsdorf beschäftigt. Hauptmann Bauer, der die Kurse leitete, war der persönliche Pilot Hitlers. Er leitete eine Flotte von Regierungsflugzeugen. Sie dienten nebenbei der Blindflugschulung. Borner war bei vielen offiziellen Flügen dabei. Hitlers Flugzeug war in der Kabinenausstattung von äußerster Kargheit. Das Flugzeug Himmlers war schwarz und silbern bemalt, in den Farben der SS. Göring dagegen hatte zwei Maschinen, sehr luxuriös ausgestattet und in Rot, Silber und Schwarz bemalt.

Der Generalstabschef der Luftwaffe, General Walther Wever, liebte es, sein Flugzeug selbst zu steuern. Er bereitete Osterkamp manche Sorge, weil er erst seit einem Jahr fliegen konnte, schon vierundvierzig Jahre alt und froh wie ein Kind war, »Flügel zu haben«. Doch seine Flugerfahrung war recht mäßig. Bei allem Respekt bemühte sich Theo Osterkamp, ihn von der Wichtigkeit exakter Flugvorbereitung, der Bordinstrumente, Schalter und Knöpfe zu überzeugen.

Am 3. Juni 1936 startete General Wever auf einer Heinkel 70 »Blitz« in Dresden. Normal gewann er Höhe. Plötzlich sahen die Zuschauer die Maschine abschmieren. Wever war auf der Stelle tot. Man stellte fest, daß die Querruderverriegelung nicht gelöst war. Wenn Wever vor dem Abflug kontrolliert hätte, ob alle Ruder auch funktionierten – eine selbstverständliche Vorsichtsmaßnahme –, dann hätte er bemerkt, daß die Querruder verriegelt waren.

Für die Luftwaffe war es ein schwerer Verlust. Wever war ein überzeugter Verteidiger des viermotorigen strategischen Bombers, der, stark bewaffnet, dazu fähig sein sollte, von deutschen Basen aus eine Bombenlast bis nach Schottland zu tragen. Zwei Prototypen, die Dornier Do 19 und die Junkers Ju 89 waren fast fertig, als er starb.

In England hatte man soeben die Daten für die viermotorigen Lancaster-Bomber, Halifax und Stirling, festgelegt. Deutschland lag technisch bei weitem in Führung. Wäre General Wever am Leben geblieben, so hätte es über eine Flotte Langstrecken-Bomber verfügt, die für die Schlacht um England vielleicht entscheidend gewesen wären. Nach dem Tod Wevers aber wurde das Projekt des schweren Bombers fallengelassen. Sein Nachfolger Kesselring erklärte Göring: »Sie haben die Wahl zwischen drei viermotorigen Bombern oder vier zweimotorigen.« Göring entschied sich für die zweite Möglichkeit. Einwände fegte er mit dem Argument hinweg: »Die Größe unserer Bomber ist dem Führer völlig egal, wichtig ist ihm nur die Zahl.«

Zur Erinnerung an Wever erhielt das in Nordhausen stationierte Kampfgeschwader 253 seinen Namen. Unter denen, die darauf stolz waren, befand sich auch der Bordfunker Werner Borner.

Ohne Begeisterung für den viermotorigen Bomber, hielt man sich in der Luftwaffe an den Sturzbomber. Udet war es zu verdanken, wenn er Furore machte. Johannes Janke hatte den ersten Versuch eines Sturzfluges auf der Henschel 123 in Rechlin ausgeführt. Aus einer Höhe von 5 000 m niederstoßend, hatte er seine Bomben in einen Wald auf ein Quadrat von 500 oder 600 m Seitenlänge geworfen. Der Kommandeur, Oberst Student, hatte dazu trocken bemerkt: »Wenn Sie so weitermachen, wird Göring Sie an die Wand stellen lassen. Begründung: Sie bringen mir meine Rehe um.« Janke testete auch die Ju 87. Er fand sie im Normalfall langsam und schwerfällig, beim Sturzflug jedoch handlicher als irgendein anderes Modell.

Als Janke Rechlin verließ, um im Februar 1936 in Döberitz beim JG. »Richthofen« einzutreten, faßte in Schleißheim Rudolf Braun einen schicksalsschweren Entschluß. Man suchte Freiwillige für die Stukas. Man verhehlte nicht, daß es eine gefährliche Fliegerei war. Man ließ auch durchblicken, daß Stuka-Piloten zwar jede Freiheit erhielten, sich mit Mädchen zu amüsieren, daß aber eine Heirat nicht erwünscht sei. Rudolf Braun meldete sich freiwillig zum Stukageschwader 1 »Immelmann« in Schwerin. Die Maschinen waren Arado 65 und Heinkel 50. Aus dem St.G. 1 wurde das St.G. 168 formiert. Der Unteroffizier Braun ging mit ihm nach Lübeck. Dort flog er zum ersten Mal mit einer Ju 87.

Die Stuka-Piloten bemerkten schon sehr bald, daß Sturzflüge eigentlich gar nichts so Aufregendes waren: »ein Waagerechtflug nur nach abwärts«. Die Angst, die Ingenieure und Piloten bewegte, bestand darin, daß die Tragflächen nicht widerstandsfähig genug seien: die ersten Stukas hatten keine Sturzflugbremsen und waren nicht besonders verstärkt. Das schwierigste schien, sie in dem Augenblick abzufangen, da die Zentrifugalkraft 6 g erreichte – was bedeutet, daß ein Mensch von 70 kg auf einmal 420 kg schwer war und sein Flugzeug von 5 Tonnen 30 Tonnen wog. Manchmal wurden die Tragflächen abgerissen. Rudolf Braun verlor gute Freunde.

Mit den alten Maschinen ohne Sturzflugbremse warf man Bomben aus 800 oder 900 m ab bei einer Neigung von 70°. Doch mit der Ju 87, die mit Sturzflugbremsen versehen war, warf man die Bomben bei 500 m ab, mit einer Neigung von 80°, beinahe vertikal. Erst bei 100 m fing sich das Flugzeug. Das sehr gute Zielgerät war einstellbar je nach Windstärke und Windrichtung, nach der Höhe der Bombenauslösung und dem Winkel des Sturzfluges (je steiler er war, desto besser).

Die Vernarrtheit Udets in den Sturzflug war so ansteckend, daß nur wenige nicht davon befallen wurden. Erhard Milch war eine bemerkenswerte Ausnahme. Er hatte seinen Glauben in den mehrmotorigen Kampfbomber bewiesen, indem er im vorausgegangenen Jahr bei Junkers eine hochleistungsfähige Maschine bestellt hatte. Die Ingenieure Evers und Garner machten sich ans Werk. Beide hatten in den Vereinigten Staaten gearbeitet; Garner war sogar amerikanischer Staatsbürger. Zusammen schufen sie ein »Wunderding«: den Bomber Ju 88. Doch selbst bei ihm bestand Udet auf Sturzflugbremsen, ebenso für die Heinkel 111 und die Dornier 17 – um auch ihnen Sturzflüge zu ermöglichen.

Monatelang wurden diese drei Bomber, nebst dem Messerschmitt-Jäger 109, in Rechlin, wohin Carl von Schoenebeck im Herbst 1936 im Rang eines Majors versetzt wurde, allen möglichen Tests unterworfen. Carl von Schoenebeck flog selbst alle Maschinen. Zwei oder drei Me 109 beendeten ihren Sturzflug am Boden. Dasselbe wäre beinahe auch von Schoenebeck passiert, bis er bemerkte, daß das Spornrad dazu neigte, die Maschine kopflastig zu machen. Das war die Ursache der tödlichen Unfälle.

Die Ju 88 war bei weitem der beste von den drei hervorragenden Bombern. Die Verstärkung der He 111 und der Do 17 für den Sturzflug machte aus den beiden ausgezeichneten Maschinen allerdings zwei alte Seifenkisten von schrecklichem Gewicht.

Am 27. Juni waren in Rechlin alle Augen auf die verbesserte Ju 87 und die He 118 gerichtet, beides wirkliche Sturzbomber. Der vorgesehene Wettstreit zwischen beiden hätte beinahe Ernst Udet das Leben gekostet. Er irrte sich bei der Bedienung seiner He 118 und mußte mit dem Fallschirm abspringen. Die Ju 87 wurde der Standard-Stuka der Luftwaffe.

Im Sturzflug zu bombardieren, war im Prinzip auch eine der Rollen unserer Vildebeeste. Doch offengestanden waren die Vildebeeste keine wirklichen Stukas. Eine Notiz im Führerraum erklärte warum. Es war eine lange Notiz (bei einer Normalgeschwindigkeit von

150 Stundenkilometern hatte man zum Lesen alle Muße). Sie besagte: »Diese Maschine darf nicht mit einer Geschwindigkeit von mehr als 220 Stundenkilometern fliegen.« Selbst wenn man so langsam flog, daß im Sturz die Landeklappen buchstäblich flatterten und kaum daß man mit dem Visier das Ziel angeschnitten hatte, meldeten bereits Pfeifen und Vibrieren der Verspannungen, daß man der Geschwindigkeitsgrenze nahekam. Überschritt man sie, hatte man alle Chancen, ohne Flächen auf die Nase zu fallen.

Abgesehen davon verlief das Leben in Singapur ebenso ruhig wie der Flug der Vildebeeste. Um 7 Uhr 30 morgens begab man sich zu den Hangars. Um 13 Uhr 30 machte man Feierabend. Nachmittags schlief man oder segelte. Meistens teilte ich mich mit meinem Freund Ted ein kleines Boot. Er war wie ich als Jagdflieger ausgebildet. Wir waren glücklich wie Könige in unserem Jagdrevier, der Luft und dem Meer, die uns von allen Seiten umgaben.

Ständig warfen fremde Schiffe im Hafen Anker. Oft gingen wir an Bord. Am liebsten hatten wir die deutschen Passagierdampfer, auf denen das Bier geradewegs aus Dortmund oder München kam. Eines Tages lief der Schul-Kreuzer *Emden* in den Hafen ein. Der Tanglin Club lud die Offiziere zum Golf und zum Tennis ein. Die *Emden* sandte eine Fußballmannschaft zu unserem Flugstützpunkt. Wir schlugen sie knapp: zwei zu eins. Danach wurde in der Messe gesungen. Wir hoben das Glas zu dem Toast: »Deutschland und England vereint, werden wir die gesamte Welt schlagen.« Das war mit anderen Worten genau dasselbe, was Göring im Februar in Berlin geäußert hatte.

Vor allem aber lebten wir nur, um zu fliegen. Auf ihre träge Art waren die Vildebeeste ausgezeichnete Torpedo-Bomber. Weniger leisteten dagegen die Torpedos. Es hieß, sie seien am Ende des Ersten Weltkrieges zu einem jede Konkurrenz unterbietenden Preis von der Flotte gekauft worden. Sie waren demnach fast genau so alt wie wir selbst. Man mußte sie bei 150 Stundenkilometern und aus acht Meter Höhe »ins Ziel bringen«. Flog man weniger hoch, spritzten die Wasserfontänen alarmierend gegen das Flugzeugheck. Bei größerer Höhe sprang die »Blechsardine« wie ein schottischer Salm aus dem Wasser – hübsch anzusehen, aber es brachte keine Glückwünsche des Staffelführers ein. Er geriet einmal aus dem Häuschen, als er hörte, daß der Pilot Miller versehentlich in 8 000 Fuß Höhe mitten über dem Hafen von Singapur auf den Auslöseknopf gedrückt hatte und damit die größte Verwirrung unter den vor Anker liegenden Schiffen anrichtete.

Unseren Commanding Officer (CO) Peter Davies mochten wir sehr gern. Groß und massig war er voller Nachsicht. Wir wären mit ihm durch dick und dünn gegangen. Er führte uns über die Dschungel und weit übers Meer hinaus. Unser Vertrauen in die Pegasus-Motoren war nur dem Vertrauen vergleichbar, das wir für ihn hegten. Beide zusammen brachten uns stets zu unserem Stützpunkt zurück. Nächtliche Torpedoangriffe, meilenweit vor der Küste, bildeten unsere »saftigsten« Übungen. Bei der Spiegelung der Leuchtraketen gingen wir mehr oder weniger bis auf 8 m über den Meeresspiegel herunter. Funk hatten wir nicht. Untereinander oder mit der Basis konnten wir uns nicht verständigen: wir folgten den Positionslichtern unseres Staffelführers. Er allein verfügte über ein Funkgerät mit einer langen Antenne, die er hinter sich herschleppte.

Einmal passierte mir ein seltsames Abenteuer: Die Offiziersmesse des Stützpunktes Seletar war ein langgezogenes Gebäude, flankiert von zwei Flügeln, die auf die grasbewachsene Fläche des ungefähr 200 m entfernten Flugfeldes ragten. Gewöhnlich parkte ich meinen Wagen hinter diesem Gebäude, nahe meinem Zimmer. Als ich eines Nachmittags einen Reifen wechselte – am rechten Hinterrad –, trieb mich ich weiß nicht was weg, um die Arbeit zu unterbrechen und einen Lappen zu holen. Ich lief zu meinem zehn Meter entfernten Zimmer, und während der wenigen Sekunden, in denen ich dort war, hörte ich ein Flugzeug im Landeanflug über die Messe hinwegfliegen. Einige Augenblicke später war ich wieder bei meinem Wagen. Der rechte Kotflügel, über den ich mich kurz vorher gebeugt hatte, war gehörig verbeult. Auf dem Boden lag ein Dutzend schwerer Bleikugeln von einer Schlepp-Antenne. Während meiner kurzen Abwesenheit war das Flugzeug mit 100 Stundenkilometern eingefallen, und die mit Blei beschwerte Antenne schleifte hinterher. Ich bin niemals Fatalist gewesen. Doch je länger ich flog, desto stärker wurde in mir die Gewißheit vom Vorhandensein eines Schutzengels.

Es gibt Leute, die für derlei Dinge empfindlicher sind als andere. Dowding, der Luftmarschall, war einer von ihnen. Was ihn durchaus nicht hinderte, ein Realist von seltener Klarsicht zu sein. Seit mehr als zehn Jahren waren alle Luftverteidigungsmittel im Hauptquartier der Luftverteidigung Großbritanniens zentralisiert worden. 1936 grenzte diese Zentralisierung, nach den Worten Dowdings, daran, zu einem »schwerfälligen System« zu werden. Die Jäger waren ebenso wie die Bomber dem Befehl eines Oberstkommandierenden unterstellt, der viel zuviel zu tun hatte – einschließlich der unmöglichen Aufgabe, die rivalisierenden Ansprüche beider Kräfte auszugleichen. Die Luftverteidigung Großbritanniens wurde deshalb unterteilt in die dezentralisierten Kommandostellen: Bomber, Jagdflieger, Küstenschutz und Lehrflugzeuge.

Neun der letzten zehn Jahre hatte Dowding im Luftfahrtministerium verbracht. Er kannte alle Probleme der Ausbildung, der Forschung, der Entwicklung der R.A.F. und natürlich auch der Luftverteidigung. Er stand hinter der allgemeinen Einführung des Radargerätes und auch des Jägers mit acht MGs. Er hatte sein Einverständnis mit der Politik Trenchards immer verweigert, der den Hauptakzent auf die Entwicklung der Bomberwaffe zur Luftverteidigung legte. Auf Trenchards Prinzip (»der Angriff ist die beste Verteidigung«) antwortete Dowding: »Er scheint ganz zu vergessen, daß die Sicherheit des Stützpunktes eine *conditio sine qua non* ist.« Kurzum, Dowding schien ganz und gar berufen dazu, der erste Befehlshaber des jungen Jagdfliegerkommandos zu werden.

Als er sein neues Hauptquartier in Bentley Priory bei Stanmore, nördlich von London, am 14. Juli 1936 bezog, entdeckte er »bedauerliche Mängel, die man abstellen mußte«, das jedoch, ohne im geringsten seinen Vorgänger zu kritisieren, dessen Aufgabe, wie er sagte, »so ziemlich unmöglich gewesen war«.

Das Oberkommando der Jagdflieger residierte primitiv. »Zunächst mußten die Kommandostellen und Einsatzräume mit Tafeln ausgestattet werden, auf denen wir die Routen eigener oder feindlicher Maschinen verfolgen konnten. Überhaupt nichts war für die personelle Besetzung vorbereitet. Bei törichten Übungen, die wir manchmal an langen Sommerabenden veranstalteten, übte das Kommando selbst die Kontrolle aus, und sein Stabsquartier übernahm die Rolle des Operationsraums. Außerdem hatte man sich niemals bemüht ... auf irgendeine Weise den Bewegungen unserer eigenen Bomber vom Abflug bis zur Rückkehr zu folgen. Alles, was man auf der Tafel sah, wurde als Feind angesehen.« Zuweilen verweigerte das Hauptquartier des »Luftstabs« sogar im Verlauf der Manöver »Freund-Bomber« zu stellen. Die Gruppe der Beobachter bestand ausschließlich aus Freiwilligen, die abends nach der Arbeit ihre Übungen machten. Es gab keinen Einberufungsplan und keine Behörde, die diese Leute bezahlte. Es gab auch keine All-Wetter-Pisten. Während des folgenden Winters war der Flugplatz Kenley drei Wochen lang außer Betrieb. Der »Luftstab« legte einfach keinen Wert auf winterfeste Flugplätze. Ein speziell dazu abgestellter Heeresoffizier hatte zwar einen Tarnplan für Fluggelände entworfen. Befestigte Pisten, sagte er, würden die schöne Tarnung verderben. Der Kampf Dowdings gegen den »Luftstab« hatte gerade erst begonnen.

Drei Tage nach dem Eintreffen Dowdings beim Oberkommando der Jagdflieger brach der Bürgerkrieg in Spanien aus. Es war der 17. Juli. Am Abend des 22. Juli war Hitler im Bayreuther Festspielhaus, als ihm der Kreisleiter der Stadt einen Brief General Francos gab. Hitler fragte Göring um Rat. Der drängte ihn, Franco zu unterstützen. Erstens, um den Kommunismus zu bekämpfen; zweitens, um »die junge Luftwaffe auszuprobieren«. Noch in derselben Nacht beschloß Hitler, Franco Hilfe zu schicken. Wieder einmal begaben sich die Piloten der Luftwaffe – wie üblich in Zivilkleidung – auf eine lange Reise.

Johannes Trautloft war einer der ersten. In jener Woche, die auf Hitlers Entscheidung folgte, befand er sich bereits in Sevilla mit fünf anderen Jagdfliegern und sechs Heinkel 51, Flieger auszubilden. Zwanzig Ju 52 flogen ebenfalls ab, um sich der »Luftfahrtgesellschaft Hisma« anzuschließen. Niemand bemerkte, daß es sich dabei um militärisch ausgerüstete Maschinen handelte, um Transportbomber, die, als es September wurde, bereits 14 000 marokkanische Soldaten nach Spanien gebracht hatten.

In ganz kurzer Zeit flogen die spanischen Jagdflieger drei Heinkel 51 zu Bruch. Berlin entschied daraufhin, daß die drei noch verbliebenen von Deutschen geflogen würden. Trautloft verzeichnete den ersten Sieg. Von drei Bréguets, die nationalistische Linien bombardierten (sie warfen ihre Bomben mit der Hand ab), schoß er einen ab. »Das klappte wie bei einer Übung«, erzählt er.

Dafür hatte er aber auch am Freitag, dem 13. August, die Ehre, der erste abgeschossene Deutsche zu sein. Er beschoß eine Potez, die weiterflog, ehe sie dann plötzlich Rauch spuckte und deren Besatzung mit dem Fallschirm absprang. Im selben Augenblick heftete sich eine Dewoitine an Trautlofts Fersen und landete einen Volltreffer im Motor der Heinkel. Trautloft kam sich recht dumm vor, als er in einem offenen Hemd, Shorts und Tennisschuhen an den Leinen seines Fallschirms baumelte. Zumal die Dewoitine abermals angriff. Schließlich kam er nahe einem Bauernhaus herunter und versteckte sich hinter einer Mauer. Denn schon wurde er von beiden Seiten aus nahen Schützengräben beharkt. Als es Nacht geworden war, robbte er bis zu einem Olivenhain. Er geriet mitten in eine Abteilung von Soldaten, die seinen Tennisdreß argwöhnisch musterten. Ein Sergeant stieß ihm eine Pistole in den Bauch und eine Faust auf den Mund. Als er das rot-gelbe Abzeichen des Sergeanten erkannte, faßte Trautloft alle seine spanischen Kenntnisse zusammen und schrie verzweifelt: »Viva Franco!« Daraufhin fiel der Sergeant ihm um den Hals und küßte ihn.

Im Luftfahrtministerium in Berlin war die Vorbereitung für die Abreise der »Legion Condor« nach Spanien eine Quelle endlosen Ärgers für den Chef des Stabes Kesselring. Im November 1936 verließ das Passagierschiff Usaramo den Hamburger Hafen zu einer »Kraft-durch-Freude«-Kreuzfahrt. Doch die 370 jungen Männer an Bord waren Flieger der Luftwaffe. Bestimmungsort: Sevilla. Hajo Hermann war unter ihnen. Er war kürzlich zum KG. 253 versetzt worden, der Einheit von Werner Borner, und hatte in Nordhausen seinen Kommandeur beim Aufsetzen gerammt. Der hatte lediglich geäußert: »Ich stelle Sie ab nach Spanien.«

Während die Männer der »Legion Condor« in Zivilkleidung nach Spanien schwammen, flog unsere 36. Torpedo-Bomber-Staffel zur Nordwest-Grenze Indiens: zwölf Maschinen in geschlossener Formation (einem »Balbo«, wie wir es bei der R.A.F. nannten, zur Erinnerung an den Atlantikflug des italienischen Generals). Es war in der Frühe des 6. November. Bei 150 Stundenkilometern flogen wir fünf Tage mühsam quer durch Burma und Indien, bis wir endlich den Himalaja sahen, dessen phantastische Gipfel im rötlichen Weiß in der dunstigen Ferne auftauchten, je näher wir unserem Bestimmungsort Risalpur kamen.

Unsere schwierigste Teilstrecke führte nach Victoria Point, einem winzigen, grasbewachsenen Terrain im Süden Burmas, wo wir nach vier Flugstunden, von der blühenden und duftenden Insel Penang kommend, eintrafen. In der dem Fahrtwind ausgesetzten offenen Kanzel eingeschnürt, verfügten wir in der Vildebeeste nur über sehr beschränkte Mittel, um uns, falls nötig, »zu erleichtern«. Einer hatte einen ingeniösen Trick gefunden, die »Abänderung P-I«: Das Gerät bestand aus mehreren Metern Gosport-Hörrohr.

Meine Methode war weniger ausgeklügelt. Ich begnügte mich, meinem Mechaniker eine Notiz zuzureichen – Roberts saß direkt hinter mir – um ihn zu bitten: »Mach die Klappe auf.« Ich meinte die im Boden des Zielstandes angebrachte Klappe. Doch diesmal war dort der Boden mit allen möglichen Ausrüstungskram vollgepackt, und nach einigen Minuten klopfte mir Roberts auf die Schulter und reichte mir seinerseits ein kleines Stück Papier, auf das er geschrieben hatte: »Tut mir leid, kann die Klappe nicht öffnen. Nehmen Sie meinen Hut bitte!« Der fragliche Hut war ein kleiner Tropenhelm mit schmalem Rand, speziell für Flieger gedacht. Roberts setzte ihn nur am Boden auf. Denn diese »Bombay-Melone«, wie wir sie nannten, hatte einen Nachteil: wenn man den Kopf nur ein wenig über die Windschutzscheibe hob, verfing sich der Fahrtwind unter dem Rand, und der Kinnriemen brach einem fast das Genick. Ich zog daher den Fliegerhelm aus Leinwand vor, selbst auf die Gefahr eines Sonnenstichs.

Während dieser ganzen Zeit aalte sich Feldwebel Spinks im geräumigen hinteren Führersitz (der »Badewanne«) in der Sonne. Er war sich des kleinen Dramas keineswegs bewußt, das sich vorne abspielte. In Victoria Point tankten wir mit Zehn-Liter-Kanistern auf. Wir saßen dabei auf der oberen Tragfläche und füllten das Benzin durch einen Lederlappen ein. Der Kuli, der mir dabei half, ließ prompt einen leeren Kanister fallen. Er durchschlug die Leinwand der unteren Tragfläche. Die Reparatur schien für den nicht aus der Ruhe zu bringenden Feldwebel Spinks gar kein Problem. Er brauchte nur ein paar Minuten, um mit einer gekrümmten Chirurgennadel und mit Zwirn einen Flicken auf den Riß zu nähen.

In Risalpur blieben wir eine Woche, ehe wir bis zu dem berühmten Khyber-Paß flogen. Dort landeten wir bei einer von der indischen Armee besetzten kleinen Festung. Die Rückkehr nach Singapur geschah mit mehr Muße, wobei wir eine ganze Kette von neuen Flugplätzen an der Küste von Burma bis Bangkok abklapperten. Dort bekam ich Ärger. Ich lebte für die Fliegerei, aber aus einem rätselhaften Grund wurde ich krank. Ich wurde gereizt, und meine Füße schwollen an, so daß ich mein Flugzeug ohne Schuhe steuerte. In Singapur erklärte mir der Arzt mir: »Sie dürfen nicht mehr fliegen.

Kehren Sie nach England zurück.« Ich war sehr unglücklich. Doch ich fand meine gute Laune wieder, als man mich nach meiner Rückkehr zum Oberkommando der Jagdflieger und anschließend nach Tangmere schickte – diesmal zur 43. Staffel.

Der Oberkommandierende der Jagdflieger hatte einst begonnen, im College von Winchester ein »unbeliebter kleiner Junge« zu sein, weil er »zu frech« war. »Stuffy« Dowding berichtet von sich selbst: »Schon seit meiner Kindheit habe ich niemals Gedanken übernommen, nur weil sie orthodox waren, so daß ich mich häufig in Opposition zu den allgemein hingenommenen Prinzipien gesehen habe.« Diese Philosophie lenkte auch seine energischen und weit sichtbaren Bemühungen, eine wirksame Luftverteidigung zu schaffen. Seine Ansprüche waren enorm: an die Menschen, an die Maschinen, an die Bodenausrüstung, an die Baulichkeiten und an die Nachrichtenübermittlung – einschließlich Radar, das noch in den Kinderschuhen steckte. Alles mußte erst noch gemacht werden, und die Zeit arbeitete gegen ihn. Dowding war kein Mann der Kompromisse. Er war entschlossen zu bekommen, was ihm fehlte, um die Sicherheit Großbritanniens zu verstärken. Als einmal ein höherer Offizier ihm des langen und breiten die berühmte Theorie Trenchards auseinandersetzte: der Angriff sei besser als die Verteidigung, drückte er kräftig seine gegenteilige Meinung aus: »Das ist alter Käse! Eine Art, mit den Worten zu spielen, die ein Quentchen Wahrheit enthalten, jedoch nicht genug, um alle Zweifel auszuräumen.« Ärgerlich unterstrich er die Tatsache, daß »der einzige entscheidende Punkt, ehe man zur Offensive schreitet, die Sicherung der Heimat-Basis ist. Das fegt jede andere Erwägung vom Tisch.« Sein unerschütterlicher Glaube an dieses Prinzip, seine Beharrlichkeit zu fordern, was er brauchte, machten ihn bei seinen Kameraden nicht beliebt. »Erinnern Sie sich«, pflegte er später gern zu äußern, »ich stand im ‚Luft-Stab‘ im üblen Geruch.« Im Februar 1937 begann sich dieser »Geruch« überall zu verbreiten. Mit der Zeit mußte Dowding sich mehr und mehr klar darüber zu werden, daß manche Mitglieder des »Luft-Stabs« nur den einen Gedanken hatten: ihn loszuwerden.

Dowding stand an der Schwelle zu einem harten und einsamen Kampf gegen Orthodoxie und Obstruktion. Der erste Schlag gegen ihn sollte bald fallen. Vor seinem Auszug aus dem Luftfahrtministerium hatte ihm Sir Edward Ellington zu verstehen gegeben, daß er sein Nachfolger als Stabschef der Luftstreitkräfte werden würde. Offenbar war er weit davon entfernt, zu argwöhnen, daß dafür bereits Sir Cyril L. N. Newall vorgesehen war.

Sieben Monate schon hatte er das Oberkommando der Jagdflieger übernommen, als diese Nachricht durch einen handgeschriebenen Brief des Chefs des »Luftstabs« zu ihm durchsickerte. Er war vom 3. Februar datiert – die Jahreszahl 1937 war ausgelassen – und lautete: »Der Minister [Lord Swinton] hat mich gebeten, Sie noch vor der offiziellen Ernennung darüber zu unterrichten, daß er beschlossen hat, daß Newall auf mich als Chef des ‚Luftstabs' folgen wird.« Eine Begründung war nicht weiter angegeben, und Dowding wußte absolut nicht, was sich hinter diesem Wechsel verbarg. Seine Reaktion war nur zu natürlich. »Es war eine Art Schock für mich, angesichts der berechtigten Hoffnung, bis in den Gipfel des Baumes aufzusteigen.« Newall, von Trenchard ausgewählt, der schon einmal in Frankreich Dowding ersetzt hatte, um ihn jetzt knapp vor dem Ziel zu überrunden, hatte einen geringeren Dienstgrad. Es war wirklich ein harter Schlag. Doch in der Folge sollte Dowding darin die Hand der Vorsehung erkennen.

5

Das Jahr 1937 war durch eine Reihe von Besuchen und Gegenbesuchen der R.A.F. und der Luftwaffe gekennzeichnet. Die Neugier der deutschen wie der englischen Gäste war natürlich. Sie fand ihr Gegenstück nur in der Entschlossenheit der Gastgeber, mancherlei zu verbergen. Der Vizeluftmarschall Courtney, Leiter der Operationen und des Nachrichtendienstes, eröffnete den Zyklus der Besuche Ende Januar 1937. Die Luftwaffe zeigte ihm mehrere ihrer Einheiten. Er inspizierte Fabriken, einschließlich der Heinkel-Werke in Rostock. Die schnelle Heinkel 111, die für die Lufthansa gebaut wurde, hatte ihren ersten Demonstrationsflug genau ein Jahr vorher über dem Berliner Flugplatz Tempelhof absolviert. Doch ihre »Väter«, Walter und Siegfried Günter, hatten bei ihrem Entwurf alle Merkmale eines Bombers berücksichtigt. Zur Zeit von Courtneys Besuch wurde die Heinkel He 111 in Serienproduktion hergestellt. Ihre Version als »Verkehrsflugzeug«, die von der Lufthansa nur widerwillig abgenommen wurde, diente außerdem in vielfacher Ausfertigung Hauptmann von Rohwehl und seiner Spezialeinheit, die in Berlin-Staaken lag. Sie unternahm zahlreiche Flüge über England »zur Erkundung von Luftverkehrswegen«. Daher sammelte sie unschätzbares Material über eventuelle Ziele. Gleichzeitig wurde die militärische Version auch der »Legion Condor« in Spanien geliefert.

Auf dem Flugplatz von Sevilla lagen die Trümmer eines Flugzeugs. Neben der Startbahn stand vor Johannes Trautloft ein Mann von hohem Wuchs. Er war in Zivil und stellte sich vor: »Von Richthofen«. Es war Wolfram, der jüngere Vetter von Manfred.
»Wir besitzen zwei Me 109«, fuhr er fort. »Die eine liegt hier.« Er zeigte mit dem Finger auf das Wrack im Gelände. »Bleibt Ihnen also nur übrig, die zweite zu fliegen. Sie hält den Geschwindigkeitsweltrekord.« Aber niemand war dazu in der Lage, Johannes Trautloft die Maschine zu erklären. Die Flugzeuge waren mit dem Schiff gekommen. Er fragte also Mechaniker aus. Es war das erste Mal, daß Trautloft den Steuerknüppel einer Maschine mit geschlossenem Führersitz in die Hand nahm; außerdem hatte sie – auch das war eine Neuheit für ihn – ein einziehbares Fahrwerk. Der Vogel schaukelte während des ersten Fluges nicht schlecht – aber Trautloft schaffte es. Anläßlich seiner Rückkehr aus Spanien, Ende Februar 1937, wurde er zum Führer befohlen. Während er im Vorzimmer der Reichskanzlei wartete, trat ein Adjutant ein, schnupperte in die Luft und sagte: »Ihre Brillantine stinkt ja zum Himmel!« (Es handelte sich um ein spanisches Produkt.) »Auf keinen Fall können Sie so vor den Führer treten!« Er mußte sich den Kopf waschen.
Seine Unterredung mit Hitler sollte zehn Minuten dauern. Er blieb aber eine Stunde. Hitler sprach langsam und ruhig. Trautloft war überrascht. Er dachte an die Schimpfkanonaden im Radio. Er hatte dem Führer viel zu berichten; der schien jedoch bereits über alles im Bild zu sein. Trautloft erklärte: »Wir brauchen einige Messerschmitt 109 in Spanien.« Hitler versprach, dafür zu sorgen.

Die Heinkel 111, die der »Legion Condor« soeben geliefert worden waren, flogen am Montag, dem 26. April, den ersten Einsatz. Das Ziel war eine lebenswichtige Straßenbrücke bei Guernica im Baskenland.

Adolf Galland war an jenem Tag auf hoher See unterwegs nach Spanien. Bei seiner Ankunft berichtete man ihm, daß nach dem Angriff der deutschen Bomber die Brücke unversehrt geblieben, aber die Wohngebiete stark beschädigt worden seien. Ein anderer Bericht gab die Zahl der Toten mit 1600 an. Die Weltpresse berichtete, der Angriff auf Guernica sei in der Militärgeschichte ohnegleichen. Er sollte es freilich nicht für lange bleiben. Verglichen mit den Bombardements von Warschau, Rotterdam, London und einer großen Anzahl von britischen Städten, dann später von Hamburg, Berlin, Dresden und so weiter, war die Zerstörung von Guernica nur ein bescheidener Anfang.

Sogar Adolf Galland merkte, als er im Mai 1937 auf spanischem Boden landete, daß Guernica »die Mitglieder der ‚Legion Condor‘ schrecklich deprimierte«. »Der Angriff«, sagte er, »mußte als gescheitert gelten, da es einer unserer Grundsätze war, den Feind unerbittlich zu vernichten, aber, soweit wie möglich, die Zivilbevölkerung zu schonen.«

Göring war weniger naiv. Neun Monate vorher war er der erste gewesen, der Hitler erklärte: »Wir müssen Franco beistehen. Es wird eine gute Gelegenheit sein, meine junge Luftwaffe auszuprobieren.« Jahre später bestätigte er wiederum: »Guernica war für die Luftwaffe ein Probeunternehmen... Wir hatten keinen anderen Platz, um unsere Maschinen zu testen.«

Aber jetzt begriff auch er, was Trenchard bereits fünfzehn Jahre vor Guernica erkannt hatte: »Auf der Vernichtung der feindlichen Industrie und der Beeinflussung der Stimmung im Feindvolk beruht der Sieg.«

Die Deutschen waren an der Reihe, England zu besuchen. Die Krönung Georgs VI. diente als Vorwand, einen von Hermann Göring längst gehegten ehrgeizigen Wunsch zu erfüllen. Er war sicher, in London gut aufgenommen zu werden. Eine britische Abgeordnete der Labour Party, Ellen Wilkinson, war dessen weniger sicher. »Kann man die Garantie haben«, fragte sie Lord Cranborne, Unterstaatssekretär im Foreign Office, »daß dieses Land die Anwesenheit des Generals Göring nicht als eine Beleidigung auffassen wird?« Hitler schickte zu den Krönungsfeierlichkeiten seinen Kriegsminister von Blomberg. Doch Göring wollte sich seine kleine Reise nicht ausreden lassen. Am 11. Mai setzte seine Junkers Ju 52 mit dem ungebetenen Gast in London auf. Beamte von Scotland Yard eskortierten ihn unauffällig zur Deutschen Botschaft. Sogar Emmy Göring wußte von der Eskapade ihres Mannes nichts. Nicht eine Sekunde hätte sie angenommen, daß der Botschafter Joachim von Ribbentrop sein Kommen dulden würde. Tatsächlich verbrachte von Ribbentrop, der es nicht ertragen konnte, von der starken Persönlichkeit Görings in den Schatten gestellt zu werden, eine Stunde mit dem Versuch, Göring davon zu überzeugen, daß er damit rechnen müsse, ausgepfiffen zu werden, wenn er sich in London zeige. Am nächsten Morgen bestieg Göring wütend wieder sein Flugzeug nach Berlin.

Am 1. Juli empfing Göring Trenchard in Berlin, und zwar wärmstens wie einen Flugkameraden. Es war selten, daß er so viel Hochachtung zeigte.
»Sie sind in Deutschland sehr bekannt«, meinte er, »und ich hege die größte Bewunderung für die Luftstreitkräfte, die Sie geschaffen haben.«
Am Nachmittag inspizierte Trenchard die Luftschutzräume und die Organisation des Luftschutzes. Am Abend war er Gast Görings. Bei dem zu seinen Ehren im Charlottenburger Schloß gegebenen Bankett floß der Wein in Strömen. Der Herr der Luftwaffe, in weißer, ordenüberladener Uniform, erhitzte sich bei seinem Lieblingsthema.
»Es wäre schade, wenn unsere beiden Nationen sich eines Tages bekriegen müßten«, sagte er zu Trenchard.
»Ihre Piloten sind erstklassig. Wie schade, daß sie nicht unsere Maschinen haben!«
Nach beendeter Mahlzeit traten die einhundert geladenen Gäste ins Freie, um einem phantastischen Feuerwerk beizuwohnen. Auf das Feuerwerk folgte ein Höllengetöse. Trenchard hatte den Eindruck, daß »man das Donnern eines modernen Artilleriesperrfeuers, vermischt mit dem Geheul von Bomben abwerfenden Sturzbombern, über Lautsprecher übertragen habe«. Tatsächlich war es eine Tonbandaufnahme von Stukas im Einsatz. »Wollen Sie einen Beweis für die Stärke Deutschlands? Da haben Sie ihn! Ich sah Sie erschrecken. Eines Tages wird die ganze Welt vor Deutschland erbeben!« sagte Göring strahlend.
Zornig brüllte Trenchard: »Sie müssen verrückt sein! Gerade haben Sie doch gesagt, Ihre ganze Hoffnung sei, daß wir niemals gegen-

einander kämpfen werden. Das hoffe ich auch, in Ihrem Interesse. Ich warne Sie, Göring: unterschätzen Sie nicht die R.A.F.!«
Dann verabschiedete er sich. Er sah Göring niemals wieder. »Er ist vulgär, grob und brutal«, sagte er von ihm. »Aber er ist ein großer Mann.«

Im Juli lud die R.A.F. Udet, Junck und von Schoenebeck zum Flugtag nach Hendon ein. Udet, Leiter des technischen Luftwaffenamts; Junck, Direktor der Versuchsabteilung; von Schoenebeck, Kommandant der Erprobungsstelle Rechlin; und zudem die drei erfahrensten Flieger Deutschlands. Sie kamen, jeder mit einer Messerschmitt Me 108 »Taifun«. Was sie in Hendon sahen, bestätigte sie in ihrer Meinung über die R.A.F. Junck faßte seine Gedanken folgendermaßen zusammen: »Im Gegensatz zu den Franzosen haben die Briten alles, um eine phantastisch ausgerüstete Luftstreitmacht aufzustellen, namentlich was die Motoren betrifft.«
Nach einem angenehmen Wochenende im Landsitz des Master of Sempill sollten sie am Montag nach Deutschland zurückfliegen. Schlechte Sicht hinderte an diesem Vormittag die Linienmaschinen am Start. Aber die drei zeigten, aus welchem Holz die Luftwaffe geschnitzt war: sie starteten im dichtesten Nebel, um nicht eine Einladung zum Abendessen in Hannover zu versäumen.
Die gesamte Flugwelt – mit Ausnahme der Briten – war in der letzten Juliwoche anläßlich eines großen internationalen Flug-Wettbewerbs in Zürich versammelt. Trautloft hatte gehört, die Briten würden die stärksten Konkurrenten sein. Aber sie zeigten sich nicht. Und Trautloft führte beim Schnelligkeitswettbewerb die Kette der Messerschmitt 109 [Kette = Formation von drei Maschinen] zum Sieg. Diese Me 109 verblüffte alle Anwesenden wegen ihrer Schnelligkeit und ihres Steigvermögens. Sie übertrafen darin sogar die Hurricane, von der die ersten Maschinen erst fünf Monate später, im Dezember, der 111. Staffel übergeben wurden. Die schnellere Spitfire war noch stärker im Verzug. Die Jagdflieger der R.A.F. erhielten sie erst ein Jahr nach dem Treffen in Zürich. Für England war es also besser, nicht teilzunehmen, zumal der Bomber Dornier Do 17, der in Zürich alles in den Schatten stellte, sich noch um 75 Stundenkilometer schneller erwies, als die elegante, aber veraltete Fury, mit der damals die 43. Staffel in Tangmere ausgerüstet war.

Drei Monate waren seit der stürmischen Szene zwischen Göring und Trenchard vergangen, als General Milch, begleitet von den Generalen Stumpff und Udet am 17. Oktober nach Croydon abflog. Am 18. wurden die Deutschen vom Luftfahrtminister Swinton – »einem sehr reizenden Mann« erinnert sich Milch – und vom Luftmarschall Newall, dem Stabschef empfangen; von Newall hat Milch mir gesagt: »Das war kein großer Mann.«

Milchs Bewunderung galt vor allem der Kadettenanstalt, den technischen Schulen und den Einrichtungen auf den Flugplätzen. »Ich fand keinerlei Unterschied zwischen Ihren Jungen und den unseren«, hat er mir ebenfalls gesagt. »Dieselbe Qualität, derselbe Geist. Ob Deutscher oder Engländer, die gleiche Sorglosigkeit und der gleiche Humor. Es gab zwischen ihnen tatsächlich eine natürliche Brüderlichkeit.«

Der Unterschied, fand Milch, lag woanders. »England hatte alle Hilfsquellen seines Empire für die Ausbildung hinter sich, und ich habe mich damals gefragt, was in einem Kriegsfall passieren werde. Der Luftwaffe fehlte es an erfahrenen Führungspersönlichkeiten.« Er konnte nicht wissen, daß das R.A.F.-Ausbildungsprogramm im Empire damals blockiert war. Der kanadische Premierminister Mackenzie King weigerte sich halsstarrig, die Pilotenschulung zu koordinieren; später freilich war die kanadische Hilfe unschätzbar, doch sie kam zu spät, um England schon 1940 zu helfen.

Mit seiner Neugier und seinem wachen Geist jagte Milch der R.A.F. Angst ein. Bei einem Besuch auf dem Flugplatz von Hornchurch traf er Dowding und die Jäger der 65. Staffel. Gerade hatte man die Gladiator-Doppeldecker des Stützpunktes mit der letzten Neuigkeit auf dem Gebiet der Zielgeräte ausgerüstet. Der Kommandeur des Platzes, Oberst Frew, hatte die Piloten gewarnt:

»Wenn die Deutschen über das Zielgerät Fragen stellen sollten, sagen Sie nichts!« Milch blieb vor einem Gladiator stehen:

»Darf ich ihn von innen besichtigen?« fragte er den Piloten; es war Bob Tuck.

Und als er die Nase in die Kanzel gesteckt hatte, erkundigte er sich: »Wie funktioniert das Zielgerät?«

»Tut mir leid, Herr General«, erwiderte Tuck prompt, »das Ding ist so neu, daß ich noch gar nicht darüber Bescheid weiß.«

Worauf er die Stimme des Vizeluftmarschalls sagen hörte:

»Erlauben Sie, Herr General, ich werde es Ihnen erklären.«

Die Haare standen Bob Tuck zu Berge, als er den Besucher das Gerät eingehend untersuchen sah und ihn sagen hörte, daß es sich mit seinem Gegenstück vergleichen lasse.

Vizeluftmarschall Sir Ernest Gossage, der das 11. Geschwader kommandierte, nahm an dem Essen teil, das der Oberbefehlshaber der Jagdflieger zu Ehren Milchs gab. Er erzählte John Willoughby de Broke davon, der es mir später so schilderte: »Während die hohen Tiere sich im kleinen Salon den Hintern am Kamin wärmten und dabei ein Gläschen tranken, wandte sich Milch plötzlich an die Versammelten und fragte laut:

Meine Herren, seien wir doch offen! Wie weit sind Sie mit Ihren Forschungen über die Funkortung von Flugzeugen, die sich Ihrer Küste nähern?

Mehrere von den Herrschaften fielen fast in Ohnmacht, und einige Gläser zersplitterten auf dem Parkett. Der Gastgeber versuchte, rot vor Verwirrung, die Lage mit einem gezwungenen Lachen abzutun. Doch Milch fuhr fort: Kommen Sie, meine Herren, Sie brauchen doch nicht so geheimnisvoll zu tun! Schon seit einiger Zeit wissen wir, daß Sie ein Funkortungssystem entwickeln. Wir übrigens auch, und ich glaube sogar, daß wir allen voraus sind!«

Milch war zu optimistisch. Allerdings hatte das deutsche Radargerät Freya im Herbst 1937 bei den Manövern in Swinemünde Sensation gemacht, als es ein Flugzeug in 100 Kilometer Entfernung aufspürte. Kriegsmarine und Luftwaffe hatten es schon bestellt, und es sollte bald ausgeliefert werden.

Doch die R.A.F. schlug die Deutschen um Kopflänge. So wenig wie wir bei der 43. Staffel wußte Milch, daß bei den britischen Luftmanövern im August »Feind«-Bomber von drei Radarstationen ausgemacht worden waren: Bawdsey in Suffolk, Canewdon in Essex und Dover in Kent. Dieses Netz, CH *(chain home)* genannt, war längst noch nicht komplett, bildete jedoch den Grundstock zu dem, was ein entscheidendes Element bei der englischen Luftverteidigung werden sollte. Die wichtige Auswertungsstelle, in der die Meldungen nachgeprüft und analysiert wurden, ehe sie an den Operationsraum des Oberkommandos der Jagdflieger gingen, lag in Bawdsey. Die ersten Ergebnisse waren ermutigend: Man hatte Verbände von sechs Maschinen oder mehr in Entfernungen von 150 km und in einer Höhe von mehr als 3000 m erkannt.

Erforderlich aber war eine Kette von 21 Stationen. Ihre Einrichtung sollte zwei Jahre beanspruchen. Die Verzögerungen und der Amtsschimmel machten Watson-Watt verrückt; er sprach darüber mit Churchill, als sie im Unterhaus zusammen beim Tee saßen, mit dem Ergebnis, daß schon wenige Tage nach den Manövern das Schatzamt die 21 Stationen bewilligte.

Die Herstellung der Radargeräte ging unter strengster Geheimhaltung vor sich. Der größeren Sicherheit wegen wurde ein winziges, aber wichtiges Teilchen des Apparates gesondert von einer sorgfältig ausgesuchten Belegschaft hergestellt.

Inzwischen war die erste Ausbildungsschule für Radar in Bawdsey eröffnet worden. Als Watson-Watt vorschlug, weibliches Bedienungspersonal zu verwenden, lehnte das Luftfahrtministerium mit der Begründung ab, daß Frauen unter feindlichem Feuer die Nerven verlieren könnten. Glücklicherweise änderte das Ministerium jedoch seine Meinung. Viele von den jungen Frauen sollten später zu Heldinnen werden.

Milch war von seinem Besuch »aufs tiefste beeindruckt«. Am 25. Oktober kehrte er nach Berlin zurück, um dem »Eisernen« Meldung zu machen, stieß aber bei Göring auf Gleichgültigkeit. Zwischen den beiden »Köpfen« der Luftwaffe gab es schon seit einiger Zeit Mißhelligkeiten. Grund dafür war Görings Eifersucht – »Eifersucht ist eine schlechte Eigenschaft der Deutschen«, hat Milch mir gestanden. Seit der Rheinlandbesetzung im Jahre 1936 wurde der Name Milch mehr und mehr neben dem von Göring genannt; man setzte sie beide als Organisatoren der Luftwaffe gleich, und das mißfiel dem dicken General.

Milch war ein unermüdlicher Arbeiter. Nach den Worten seines Generalstabschefs Kesselring leitete er das Luftfahrtministerium praktisch allein. Nach Kesselring arbeitete Göring nur, wenn es sich nicht vermeiden ließ, dann allerdings mit leidenschaftlicher Dynamik. Im übrigen überließ er alles Milch, dem großen Organisator, und Udet, dem technischen Genie. Sein alter Freund Bruno Lörzer diente als Verbindungsmann und als Puffer. Das Geschick der Luftwaffe lag in den Händen dieser drei.

Göring hatte eine Abneigung gegen Milch gefaßt. Monatelang weigerte er sich, ihn zu sehen. Er entzog der starken Hand seines Gehilfen die Kontrolle über den Luftwaffen-Generalstab, über das

Personal und über die technischen Abteilungen. Um die Mitte des Jahres 1937 zerstritt sich der Stabschef der Luftwaffe Kesselring mit Milch. Man setzte Kesselring vor die Tür und berief an seine Stelle General Stumpff, während Göring Udet offiziell mit der Leitung des technischen Amtes betraute. Milch hat mir über Udet gesagt: »Er war ein netter Kerl, der es vorzüglich verstand, junge Flieger bei einem Drink zusammenzubringen.« Als Göring ihn zum Leiter der Technik berief, war Milch höchst erstaunt. »Er hatte nicht die geringste Ahnung, weder von der Organisation noch von der Produktion.« Aber Göring war das egal. Er wußte, Milch und Udet würden einander nichts schenken. So wurde Udets Anwesenheit zum Knüppel für Milch.

Milch erklärte daraufhin Göring: »Es ist an der Zeit, daß ich gehe. Offenbar habe ich meine Aufgabe nicht zufriedenstellend erfüllt. Ich möchte zur Lufthansa zurückkehren.«

»Durchaus nicht«, erwiderte Göring. »Zuviel haben Sie sogar getan. Alle Welt hält Sie für den Chef der Luftwaffe.«

Doch auch jetzt noch, da er der Herr war, benötigte er Milchs Hilfe. »Ich werde Ihnen nicht gestatten zu demissionieren«, fuhr er fort. »Und kommen Sie mir nicht damit, Sie seien krank. Wenn Sie Lust haben, Selbstmord zu verüben, genieren Sie sich nicht. Andernfalls aber bleiben Sie, wo Sie sind.«

Milch wurde unerwartet zum Generalinspekteur befördert. Es war nicht der letzte Dienst, den Göring der R.A.F. erweisen sollte. Da er Göring nicht sprechen konnte, hatte Milch die Gewohnheit angenommen, sich direkt an Hitler zu wenden. Bei seiner Rückkehr aus England wurde er zu Hitler befohlen, der ihn bat, über seine Reise zu berichten.

Milch erzählte Hitler, die britischen Maschinen seien alt und langsam, doch die Fabriken produzierten rasch neue Typen. Die Briten seien eher Geschäftsleute als Soldaten. Es fehle ihnen nicht an Führungskräften, während dies der schwache Punkt der Luftwaffe sei. Er erzählte auch, er habe bei einem Dinner neben Churchill gesessen, der ihm erklärte: »Wenn ihr aus den Flugzeugen die Motoren entfernen und euch mit dem Segelflug begnügen würdet, würden wir uns sehr viel wohler fühlen.«

»Auch wir würden uns sehr viel wohler fühlen«, gab Milch zurück, »wenn die Royal Navy wieder zu einer Segelflotte würde.«

Hitler fand das Wort ausgezeichnet.

Milch berichtete auch, daß von Ribbentrop der deutschen Sache in England beträchtlichen Schaden zufüge. Man müsse den Botschafter auswechseln, um zwischen beiden Ländern das gute Einverständnis herbeizuführen, das der Führer wünsche.

»Seien Sie versichert«, antwortete ihm Hitler, »daß ich auf England immer vertrauen werde und daß ich mein Bestes tun werde, um mit diesem Land zusammenzuarbeiten.«

Im September 1937 machte ich einen kurzen Besuch – den ersten – in Deutschland, als ich aus einem in Dänemark verbrachten Urlaub zurückfuhr. Wir hatten gerade Warnemünde hinter uns gelassen. In der Abteiltür erschien der Kontrolleur, hob lässig die Hand bis in Schulterhöhe und ließ in müdem Ton sein »Heil Hitler« hören. Alle Welt schien Uniform zu tragen. Ich bemerkte im Zug eine Schar junger Leute von der Luftwaffe, denen ein Dolch an der Seite baumelte.

Mein kurzer Aufenthalt in Deutschland war keineswegs beruhigend.

Befand sich zufällig auch Karl Missy unter den jungen Burschen der Luftwaffe, die ich im Zug sah? Er erinnerte sich nicht daran, doch es wäre nicht unmöglich. Er war damals in Lüneburg stationiert. Während seines Aufenthalts beim 7. Infanterieregiment hatte er noch nicht darauf verzichtet zur Flak zu gehen. Dann waren für ihn sechs Manöverwochen angebrochen.

»Da sah ich die Flak am Werk«, hat mir Missy erklärt. »Und ich begriff, daß eigentlich nichts Übermenschliches dabei war, wie ich mir eingebildet hatte. Die Flugzeuge, die sie abzuschießen versuchte, stellten eine wesentlich größere technische Leistung dar.«

Von nun an wechselte sein Ehrgeiz. Er wollte Flieger werden. Beim Regiment war der gemeine Soldat ein winziges neutrales Rädchen in einer gewaltigen Maschinerie. Er träumte davon, ein Individuum zu werden, alleiniger Herr über seine Maschine zu sein. Dieser Individualismus ist eines der fundamentalen Charakteristika jeden Fliegers.

Während der Manöver hatte Missy die Chance, Flugzeuge am Boden kennenzulernen. Sogar in die Kanzel konnte er klettern. Dabei entzündete sich die Begeisterung, die in ihm schlummerte. Würde er nicht Flugzeugführer werden können, so fände er doch bei den technischen Vorkenntnissen, die er besaß, gewiß Verwendung. Sein

Entschluß war gefaßt. Er verfaßte ein Gesuch, und am 1. Oktober 1937 wurde er zur Luftwaffe versetzt – ein Ereignis, das zwei Jahre später ernste Folgen für ihn haben sollte.

Er tauschte seine graue Uniform gegen eine blaue der Luftwaffe. Schließlich versetzte man ihn zum Kampfgeschwader 26 in Lüneburg.

Während am 5. November 1937 die kleinen Engländer überall Freudenfeuer und Knallfrösche zum Guy Fawkes' Day entzündeten, war Hitler hinter verschlossenen Türen in der Reichskanzlei mit seinen Oberbefehlshabern und Ratgebern in den auswärtigen Angelegenheiten versammelt. Anwesend waren der Kriegsminister von Blomberg, der Außenminister von Neurath und drei Kommandierende, der General von Fritsch, der Admiral Raeder und der General der Flieger Göring. Ferner nahm der Adjutant des Führers, Oberst Friedrich Hoßbach, teil, der das Gespräch für die Nachwelt aufzeichnete. Thema: der »Lebensraum« und der Krieg. Hitler erinnerte zunächst daran, das Ziel der deutschen Politik sei, »die rassische Gemeinschaft zu erhalten und zu erweitern; es handele sich also darum, den Lebensraum auszudehnen«. Deutschlands Sicherheit hinge in Zukunft vom Lebensraum ab, den es nicht etwa jenseits der Meere, sondern in Europa fände – folglich mit dem Risiko eines Krieges. »Der Angreifende stößt immer auf einen Besitzenden«, erläuterte Hitler. Unter Europa verstehe er Osteuropa; im Westen habe er keine territorialen Ansprüche, da er schon übervölkert sei. Seit 1925, als er *Mein Kampf* schrieb, hatte sich seine Politik nicht geändert: deutsche Expansion nach Osten. Jedoch, so erklärte er seinen Zuhörern: Das deutsche Problem könne nur durch Anwendung von Gewalt gelöst werden. Rußland war ein Problem. Ein weiteres, noch fundamentaleres waren die »vom Haß auf Deutschland verblendeten Gegner Frankreich und England« – und das drei Tage nach den Worten, die er zu Milch über England gesagt hatte. So oder so, eine Lösung müsse gefunden werden.

Die Frage sei nur: wann? Deutschland stände zwischen 1943 und 1945 auf dem Gipfel seiner Macht. Er sei entschlossen, bis dahin eine Lösung zu finden. »Solange die übrige Welt ihre Verteidigung vorbereitet, müssen wir angreifen. Eines ist sicher: wir können nicht länger warten.«

Im Vordringen Deutschlands nach Osten sollten die ersten Opfer

Österreich und die Tschechoslowakei sein. Ihre Besetzung sollte die Flanken Deutschlands konsolidieren, seine wirtschaftlichen Hilfsquellen vermehren und seinem Heer zwölf Divisionen hinzufügen. Hitler war überzeugt, daß Frankreich und England die Tschechoslowakei bereits abgeschrieben hätten. Auf jeden Fall war die Wahrscheinlichkeit gering, daß Frankreich sich ohne den Beistand Englands Deutschland widersetzen werde. Wenn die westlichen Verteidigungslinien des Reiches stark genug wären, würden die Alliierten nicht angreifen.

Von den Zuhörern Hitlers stimmte nur ein einziger bei: Göring. Begeistert schlug er den Abzug der deutschen Streitkräfte aus Spanien vor. Raeder schwieg, von Neurath, Blomberg und Fritz erhoben Einwände. Drei Monate später wurden alle drei entlassen. Hitler wartete vorsichtig und entschlossen auf seine Stunde. Sie sollte früher schlagen, als er es erwartete. Doch an diesem 5. November war er bereits entschlossen, das Schicksal Europas und von Millionen Menschen zu ändern.

6

Mein eigenes Schicksal wurde auf die unangenehmste Weise von irgendeinem Beamten in die Hand genommen, der sich in den Kopf gesetzt hatte, als früherer Angehöriger einer Torpedo-Bomberstaffel gehöre ich rechtens zur Küstenverteidigung. Trotz meiner Proteste versetzte man mich von der 43. Jagdstaffel in Tangmere und ihren Furies, um mich zu einem Kursus von drei Monaten auf die Luftnavigationsschule in Manston, Kent, zu schicken.

Meine Versetzung von der Jagd zur Küstenverteidigung deprimierte mich zutiefst. Ich war in die R.A.F. eingetreten, weil ich das Fliegen über alles liebte. Nach Anlage und Ausbildung war ich für die Jagdfliegerei geschaffen. Sogar in Singapur hatte mir das vorübergehende Vergnügen, an Bord meiner gebrechlichen Vildebeeste über die Wogen und die Dschungel hinzufegen, das Glück verschafft, das ich seit je vom Fliegen erwartete. Kein Gedanke an einen Krieg trübte es.

Doch seit den vierundzwanzig Stunden, die ich in Deutschland verbracht hatte, beschäftigte mich dieser Gedanke immer mehr. Es war eine düstere und deprimierende Aussicht, ohne einen Schimmer von Heroismus. Und ich war nicht der einzige, der solche Gefühle hegte. Die Dinge hatten sich seit meinem ersten Aufenthalt in Tangmere, bei dem ich das Gefühl gehabt hatte, dem besten Fliegerklub der Welt anzugehören, sehr gewandelt. In Singapur hatten wir genauso empfunden. Wir flogen, und das genügte zu unserem Glück. Wir waren jung, mehr verlangten wir nicht. Als ich nach Tangmere zurückkehrte, waren die Gesichter nicht mehr dieselben; sie waren gezeichnet von der unabwendbaren Empfindung, daß die schönen Tage zu Ende gingen. Doch ich weilte noch unter Jagdfliegern – Caesar Hull, John Simpson, Fred Rosier und anderen. Wir sprachen dieselbe Sprache, und ich genoß ihre Gesellschaft. In Manston jedoch hielt mir nur ein einziger Kamerad den Kopf über Wasser: Larry Skey, ein schlaksiger Kanadier aus Toronto. Bei dem Kursus arbeiteten wir als Navigatoren zusammen.

Ich merkte sehr rasch, daß Larry ein ausgezeichneter Freund und immer zum Lachen aufgelegt war. Unser tollstes Gelächter erschallte anläßlich einer Rettungsübung inmitten der Nordsee. Es gelang uns, unseren Dampfer auszumachen und seine Position mittels Code dem Flugplatz zu signalisieren. Leider machten wir aber einen Fehler im Code, so daß wir den Standort des Schiffes aufs Land in die Nähe eines kleinen Dörfchens mitten in Norfolk verlegten.

Am 5. November 1937, als ich an Bord einer Avro Anson in meiner Eigenschaft als Navigationsoffizier über der Nordsee Kreise zog und mich fragte, wie ich es anstellen sollte, um zur Jagdfliegerei zurückzukommen, munterte Larry mich auf, indem er mir versicherte, daß er mich für fähig hielt, aus allem herauszukommen. Endlich war mein Kursus in Manston zu Ende. Ich las nicht ohne Schamgefühl, was auf meinem »Diplom« stand; es war das genaue Gegenteil meiner ganzen Haltung während dieser Periode: »Nahm ein lebhaftes Interesse an seiner Arbeit ... bei der nötigen Erfahrung wird er einen sehr guten Navigator und Beobachter abgeben.« Für mich war es ein schwerer Schlag. Doch das Schlimmste sollte noch kommen. Es waren gerade neue Küstenstaffeln in Tangmere aufgestellt worden, und ausgerechnet dorthin wurde ich versetzt. Mein neuer Vorgesetzter und ich waren einander unsympathisch, und dazu noch mußte ich zusehen, wie sich meine Freunde von der 43. mit ihren Furies in der Luft verlustierten. Obwohl völlig veraltet, blieben die Furies für den Flieger eine wahre Freude.

Dann erkrankte ich abermals. Es war meine einzige Chance herauszukommen. Aber ich hätte es ohne die Anteilnahme von zwei Personen niemals erreicht. Der eine war Dr. Moynahan, ein reizender Ire, Rebell in der Seele, der mir den Rat gab, an die Ärzte der R.A.F. zu schreiben. Mein Brief war ganz einfach. Ich erklärte, daß mich der Flug als Passagier oder Kopilot in einem zweimotorigen Flugzeug krank mache. Wenn ich nicht wieder auf einen Einsitzer käme, sähe ich mich gezwungen, zu demissionieren. Auch der Standortkommandant zeigte Verständnis. Er war sein Leben lang Jagdflieger gewesen. Er hieß Keith Park und war ein intimer Freund von Ginger Bowhill, dem Oberstkommandierenden der Küstenverteidigung. Wie er es allerdings fertigbrachte, weiß ich nicht. Fest steht jedenfalls, daß ich mich wie durch Hexerei von einem »sehr guten Navigator-Beobachter« zurück in einen Jagdflieger verwandelte. Kurz darauf kam ich wieder zur 43. Staffel. Diesmal jedoch endgültig.

Meine Karriere bei der Staffel des Kommandos der Küstenverteidigung hatte nur eine Woche gedauert. Am 10. März ging sie zu Ende. An diesem Abend war der deutsche Einmarsch in Österreich nur noch eine Frage von Stunden. Hitler gab den Befehl dazu im Lauf der Nacht. Die Möglichkeit einer britischen Intervention war dem Chef des Generalstabs der Luftwaffe, General Stumpff, nicht entgangen. Schon am 18. Februar hatte er General Helmuth Felmy, der die Luftflotte kommandierte, gebeten, den Operationsplan zu einem Angriff auf England aufzustellen. Der Plan erhielt den Codenamen »Fall Blau«. Danach hörte man einige Zeit lang nichts mehr davon.

Am 11. Oktober um 14.15 Uhr hatte Göring als Chef der Luftwaffe viel zuviel zu tun, um sich über einen Luftangriff auf England Gedanken zu machen. Aus dem Einmarsch in Österreich hatte er für sich eine Privataktion gemacht: er telefonierte mit Wien. Um 17.30 Uhr brüllte er noch immer in die Muschel. In der österreichischen Hauptstadt war der Innenminister Seyß-Inquart am Apparat.

Göring hatte für diesen Abend einen großen Empfang in seinem Jagdhaus arrangiert. Er war noch immer am Telefon, als die ersten Gäste eintrafen. Etwa tausend Leute mußten eine Stunde lang warten. Während das Ballett der Oper tanzte, kritzelte Göring einen Brief an den Botschafter Großbritanniens, Henderson: »Ich möchte Sie sprechen ...«

Henderson suchte ihn auf und überreichte ihm »eine in sehr kräftigen Worten abgefaßte Protestnote«, die aber ohne jede Wirkung blieb. Dann bestellte Göring den Gesandten der Tschechoslowakei, Dr. Mastney, zu sich und erklärte: »Ich gebe Ihnen mein Ehrenwort, daß Ihr Land vom Deutschen Reich nichts zu befürchten hat.«
Der französische Luftfahrtattaché, Paul Stehlin, versäumte den Empfang bei Göring. Er lag infolge eines Unfalls im Krankenhaus, wo die Schwester und die Schwägerin Görings ihn regelmäßig besuchten. Am 9. März konnte er bereits seinen Chef, den französischen Botschafter, informieren, daß die deutsche Wehrmacht am 12. März die österreichische Grenze überschreiten werde, was sich als zutreffend erwies. Kurz nach dem Mittagessen fuhr Hitler an jenem Tag im Wagen durch die begeisterte Menge in Linz. Österreich, sein Geburtsland, wo er seine Schulzeit verlebt hatte, war von der Landkarte verschwunden und zu einer deutschen Provinz geworden. Am selben Abend noch begann die Gestapo ihre Arbeit.
Auch Hans-Heinrich Brustellin war am 12. März in Linz, obwohl er diese Stadt genauso wenig mochte wie Hitler selbst. Seine Einheit, die 1. Staffel des JG. 51, startete, um das Vorrücken der Wehrmacht und des Führers aus der Luft zu decken. Die dritte Staffel war auf Messerschmitt 109 umgerüstet worden; die beiden anderen Staffeln behielten noch ihre Heinkel He 51, bis der Anschluß vollzogen war. Das JG. 51 wurde dann in Wien-Aspern stationiert. Brustellin erzählte, daß man sie wie Befreier empfing. Zwei alte Offiziere der ehemaligen k. u. k. Armee befanden sich in veralteten Uniformen unter den Tausenden von Menschen, die zum Flugplatz Aspern eilten, um die Luftwaffe zu begrüßen.
Die Einheit von Rudolf Braun, die 1. Gruppe des Stukageschwaders 168, wurde nach Graz versetzt. Zwischen den Flügen erhielten die Piloten eine Einweisung zur Identifizierung feindlicher Flugzeuge. Braun hatte dabei den Eindruck, daß die R.A.F. ungefähr an Zahl und Qualität der Luftwaffe gleichwertig sei.
Otto Hintze, inzwischen bei der 4. Gruppe des JG. 253 in Düsseldorf, wurde ebenfalls zum erstenmal über die R.A.F. unterrichtet. Er glaubte nicht, daß die Hawker Furies den Messerschmitt 109 des JG. 253 zu schaffen machen würden, wenn es jemals zum Kampf käme. Im Augenblick befand sich seine Einheit im Alarmzustand; mit geladenen MGs, um die Ruhr zu verteidigen, falls alliierte Bomber einen Angriff wagen sollten.

Hätte es Krieg gegeben, so wäre das Kampfgeschwader 51, in dem Joachim Pötter Do 17 flog, als erstes eingesetzt worden. Seit 1937 war er in Memmingen, einen Steinwurf von der österreichischen Grenze entfernt, stationiert. Pötter wählte als Geschwaderabzeichen das Edelweiß. Der Anschluß verursachte beim KG 51 wenig Aufregung. Die Maschinen überquerten lediglich die Alpen, um Wien zu überfliegen und die Österreicher zu beeindrucken. Statt der vorgesehenen drei Monate hatte Hajo Hermann ein ganzes Jahr in Spanien verbracht, ehe er zum KG 4 nach Nordhausen zurückkehrte. Während der Österreich-Krise wurden die Junkers Ju 86 mit Bomben beladen. Wie die Jäger der Einheit von Otto Hintze hielten sie sich bereit, nach Westen zu fliegen. Die Luftwaffe stellte einen möglichen Angriff Englands und Frankreichs in Rechnung, auch wenn der Operationsplan von Felmy, der »Fall Blau«, immer noch nicht Gestalt gewonnen hatte.

Werner Borner war von Nordhausen mit einer neuen Bomber-Einheit, dem KG 153, ostwärts nach Liegnitz geschickt worden. Auch sie verfügte über Ju 86. Die Übungen im Bombenwurf und im MG-Schießen wurden intensiviert. Alles war bereit.

Nichtsdestoweniger war es für Hitler Glück, daß es zu dem damals von ihm befürchteten Krieg nicht kam. Denn die Dieselmotoren der Ju 86 waren höchst unzuverlässig. Bei der Einheit von Werner Borner mußten verschiedene Maschinen überall in Deutschland notlanden. Der einzige Trost war, daß die Diesel nur selten brannten. Nur eine einzige sah er in Flammen aufgehen. Einer der besten Mechaniker hatte eine Auseinandersetzung mit dem Oberfeldwebel gehabt. Fluchend verließ er die Schreibstube. »Wartet bloß, ich werde ihm die Scheiß-Junkers auf den Tisch knallen!« Er kletterte – obwohl kein Pilot – in eine Ju 86, die gerade getankt hatte, und startete. Kaum hatte die Maschine sich vom Boden erhoben, stieß sie an einen Telegraphenmast und fing Feuer.

Ebenso wie vor ihm Werner Borner, absolvierte auch Karl Missy die Funker-Schule in Halle, wo er sich befand, als die Österreich-Krise ausbrach. Eine Luftnachrichten-Abteilung wurde zusammengestellt und Missy zusammen mit der Einheit per Bahn nach Breslau verfrachtet. Sicherheitsmaßnahmen, sagte man. Niemand glaubte, daß es Krieg geben würde. Anfang April war er schon wieder in Halle zurück.

»Ein Volk! Ein Reich! Ein Führer!« schrien die 15 000 Deutschen, die am 27. März in Saaz, im Sudetenland, der nördlichen Grenzprovinz der Tschechoslowakei, demonstrierten. Von drei Millionen Sudetendeutschen aufgegriffen, sollte das Schlagwort zum Vorwand für Hitlers nächsten Schachzug dienen: die Unterdrückung des jungen tschechoslowakischen Staates. Die Operation erhielt den Codenamen: »Fall Grün«.

Die Luftwaffe stand nun bereit, um die Befehle Hitlers auszuführen. Am 1. August 1938 verfügte sie über 2 930 Maschinen, von denen etwas mehr als die Hälfte einsatzfähig war; 690 davon waren Bomber und Stukas und 450 Jäger. Der Flugkapitän Stehlin wußte aus sicherer, Göring nahestehender Quelle, daß die Hälfte der Bomber gegen die Tschechoslowakei eingesetzt werden sollte. Es blieben also weniger als 350, die gegen Frankreich und England bereitstanden. Dagegen war das Gros der Jagdwaffe im Westen stationiert. Diese Vorsichtsmaßnahmen waren notwendig, obwohl Hitler Göring versichert hatte, daß ein Krieg gegen England völlig unmöglich sei. Doch der Oberbefehlshaber der Luftwaffe konnte es sich nicht erlauben, die Luftstreitmacht eines eventuellen Gegners zu ignorieren. Major Schmid, Leiter der »Gegenspionage-Abteilung«, erhielt den Befehl, eine genaue Karte von den strategischen Zielen auf dem englischen Territorium auszuarbeiten. Zum Unglück für die Luftwaffe war »Beppo« Schmid aber für den Posten nicht der ideale Mann: er war kein Pilot, sprach kein Englisch, hatte nie den Fuß außerhalb Deutschlands gesetzt und war nur Major. Sein Gegenspieler bei der R.A.F. hatte den Rang eines Generalmajors. Wie man über »Beppo« sprach, war nicht gerade freundlich: »Einer der verhängnisvollsten Leute im Generalstab der Luftwaffe ... Der Schädel eines Boxers ohne einen Deut von Grips oder Kultur ... Ein Alkoholiker, der Karriere nur gemacht hat, weil er einen übertriebenen, von den Tatsachen aber widerlegten Optimismus zur Schau trägt ...« Die Luftwaffe sollte diesem Mann viel Unheil verdanken. Er besaß keine Qualifikation für seine Schüsselstellung.

Milch sagte mir: »Er war einer der wichtigsten Männer. Aber die Informationen, die er lieferte, waren fürchterlich. Ich erinnere mich an einen von ihm abgefaßten Bericht. Noch nie habe ich einen solchen Unsinn gelesen. Göring war aber anderer Meinung und erklärte mir, davon verstände ich nichts.« Und Göring hatte stets das letzte Wort.

Milch veranlaßte eine ausgedehnte Untersuchung über Ziele, welche die britische Industrie im Fall eines Krieges bot. Er hatte Vögler, den Direktor eines Stahlwerkes, gebeten, ihm ein Standardwerk über die britische Industrie zu empfehlen und forderte beim Londoner Verleger je drei Exemplare an. Für 70 Mark pro Stück fand er alles, was er zu seiner Untersuchung brauchte. Er hatte die Bände sogar Wever gezeigt, der sehr besorgt ausrief: »Ich hoffe, daß es etwas Ähnliches in Deutschland nicht gibt!« Wieder einmal leistete England Milch ahnungslos Hilfe. Die Bücher waren Grundlage zu einem Bericht, der den Titel *Studie Blau* trug und später bei den Angriffen auf England verwendet wurde.

Zwei Jahre lang hatte Dowding als Oberstkommandierender der Jagdflieger sich darum bemüht, die »bedauerlichen Mängel« abzustellen, die er bei seinem Dienstantritt angetroffen hatte. Nun stand ein koordiniertes Verteidigungssystem. Als Ganzes wiederum war es von einem sehr durchdachten und sehr komplexen Netz von Übermittlungen durch Funk und Telefon umschlossen.
Seine stärkste Befürchtung war, daß es ihm an Zeit mangeln werde, um alle seine Vorstellungen zu verwirklichen. Seine Beziehungen zum Ministerium entwickelten sich zu einer Reihe von verbitterten Auseinandersetzungen, die ihm bis zum Ende seiner Karriere keine Ruhe gönnten. Viele waren der Ansicht, daß er einige von diesen Zwistigkeiten durch persönliche Aussprachen hätte bereinigen können. Er selbst hat die Richtigkeit dieser Kritiken zugegeben. »Wahrscheinlich ist es ein Charakterfehler von mir. Aber ich habe festgestellt, daß man ein Stadium erreichen kann, bei dem ... mündliche Aussprachen mehr Unheil als Gutes stiften.« Einmal entdeckte er zufällig, daß der Verteidigungsausschuß Pläne zu einem Ausweich-Operationsraum für das Oberkommando der Jagdflieger studierte, ohne ihn davon in Kenntnis gesetzt zu haben. Er hatte gewisse Anregungen gegeben, um schließlich zu erfahren, daß die Sache bereits endgültig sei. Das war für ihn der Gipfel.
Nichtsdestoweniger wurde er regelmäßig zu den Konferenzen über die Aufrüstung eingeladen. Während einer dieser Sitzungen forderte er kugelsichere Windschutzscheiben für seine Hurricanes und seine Spitfires. »Zu meiner Verwunderung«, erzählte er, »brach die ganze Tischrunde in Gelächter aus, als hätte ich etwas Groteskes und Unmögliches verlangt.«

Unerschüttert erklärte er darauf: »Die Gangster in Chikago haben ja doch kugelsichere Scheiben an ihren Wagen; warum nicht meine Piloten?«

Der Hauptvorteil dabei, sagte er später, war das Vertrauen, das der Pilot gewann, wenn er in einem Geschoßhagel flog, der aus dem Heckstand eines feindlichen Bombers kam. Damals noch war ich weit davon entfernt zu ahnen, wie groß die Zahl britischer Piloten sein sollte, die durch Panzerscheiben gerettet würden. Ich gehörte auch dazu.

Im Sommer 1937 hatte sich anläßlich von Manövern das Embryo unserer Luftverteidigung schlecht und recht bewährt. Doch Dowdings Jagd-Doppeldecker erwiesen sich als zu langsam, um die neuen Blenheim-Bomber abzufangen. Seitdem waren drei Staffeln auf Hurricanes umgerüstet worden, und die Radar-Kette – das Auge der Jagdwaffe – war von drei auf fünf Stationen vermehrt worden. Die neuen Luftmanöver, die vom 5. zum 7. August stattfanden, stellten also einen entscheidenden Test für Dowdings Bemühungen dar und die erhoffte Belohnung für seine energischen Proteste beim Luftfahrtminister. Doch zu diesem Zeitpunkt hatte der Luftfahrtminister bereits für Dowding einen Nachfolger ausgesucht: den Vizeluftmarschall Christopher Courtney.

Die R.A.F. hatte allen Grund, sich zu dem Ergebnis der Manöver zu beglückwünschen: es war vielversprechend. Unter der Voraussetzung, daß die Deutschen bei täglichen Angriffen mit nicht mehr als zweihundert Maschinen anflogen, schätzte man ihre möglichen Verluste auf 10 Prozent dieser Zahl. Eine weitere Hypothese war, daß der Gegner aus Osten und Nordosten einfliegen werde.

Am 17. August, auf Einladung Görings, landete General Vuillemin, Generalstabschef der französischen Luftstreitkräfte, in Berlin. Als er den Applaus hörte, der ihn »Unter den Linden« empfing, war er überzeugt, daß die Deutschen nur Gefühle herzlicher Freundschaft gegenüber Frankreich hegen könnten.

Die Schwäche der französischen Militärfliegerei war für die Deutschen zwar kein Geheimnis, aber sie wußten doch, daß sie in der Lage wäre, im Falle eines Angriffs auf die Tschechoslowakei, die mit Frankreich verbündet war, sofort einzugreifen.

Vuillemin besuchte auch Döberitz. Paul Temme war einer jener jungen Piloten des JG. »Richthofen«, die in »Stillgestanden« verharrten, während der französische General die Front abschritt. Nach der Luftparade hatte Paul Temme Gelegenheit, den Gast und sein Gefolge aus der Nähe zu sehen. Das JG. »Richthofen« gab sich die größte Mühe, um den französischen General zu beeindrucken. Temme und seine Kameraden fühlten sich sehr selbstsicher. Die Luftwaffe war eine Elitetruppe, das JG. »Richthofen« ein Traditions-Verband. Er machte seinem ehemaligen Kommandeur Ehre. Göring war besonders stolz auf diesen Verband, den er einst kommandiert hatte. Die Jugend, der Mut und auch die Geschicklichkeit der Piloten verblüfften Vuillemin ebenso wie ihre hervorragende Ausrüstung. Er setzte seine Rundreise mit einer Inspektion der Messerschmitt-Werke in Augsburg fort, wo die Me 109 und die Me 110, die besten Jagdmaschinen der Welt, in Serienfertigung standen. Weder das Bier, das dem Ehrengast von hübschen bayerischen Mädchen kredenzt wurde (für deren Charme der französische Generalstabschef besonders empfänglich zu sein schien) noch die joviale Gesellschaft von Ernst Udet konnte die Niedergeschlagenheit von Vuillemin und seinem Gefolge beseitigen, als sie die deutsche Luftfahrtindustrie mit ihrer eigenen verglichen.

In der Taktikschule bei Barth nahmen die Generäle Vuillemin und d'Astier de la Vigerie drei Stunden lang an den Übungen von Sturzbombern der Luftwaffe teil. Mit einer unglaublichen Geschicklichkeit und Treffsicherheit griffen sie bewegliche Ziele am Boden an. Nach dem Mittagessen zeigte man die Bibliothek. Sie enthielt Werke von Militärexperten aus vielen Ländern – unter anderen auch die des Obersts Charles de Gaulle. Stehlin war empört, als er merkte, daß niemand aus dem Stab Vuillemins je von diesem Oberst gehört hatte, der bereits eine Autorität auf dem Gebiet des strategischen und taktischen Panzereinsatzes war.

Bei seinem Abflug von Berlin nahm Vuillemin den französischen Luftfahrtattaché, General de Greffier, beiseite. Er sei höchst verwirrt und besorgt über alles, was er gesehen und erfahren habe, sagte er. Dem Botschafter François-Poncet drückte er seine Befürchtung aus, die französischen Luftstreitkräfte könnten im Falle eines Zusammenstoßes mit der Luftwaffe schon nach vierzehn Tagen außer Gefecht gesetzt sein. Einen Monat später berichtete er dasselbe seinem Ministerpräsidenten Edouard Daladier auf dem Weg nach München.

Sommer 1940: die R.A.F. gegen die Luftwaffe

Wer außerhalb der politischen und militärischen Generalstäbe beider Lager
ahnte in den Sommermonaten des Jahres 1940, daß der Wendepunkt des
Zweiten Weltkrieges sich in den Luftkämpfen vollziehen und daß der Ausgang manch künftiger Schlacht damals schon zwischen nur einigen tausend
Fliegern entschieden wurde? Auf britischer wie auf deutscher Seite waren es
alles junge Männer mit derselben ursprünglichen Leidenschaft: der Fliegerei.
Hier ein britischer Jäger, dem durch deutschen Beschuß eine Tragfläche ab-
getrennt worden ist. *(Foto Ullstein)*

Die Protagonisten des Kampfes, der als »Schlacht um England« in die Geschichte eingehen sollte

Im Bildersaal der Weltgeschichte wird die Auseinandersetzung zwischen der
R.A.F. und der Luftwaffe die zweier Männer bleiben: Görings, der Hitler
geschworen hatte, seine Luftwaffe werde England auf die Knie zwingen, und
seines Gegners Dowding, der mit großer Zähigkeit jahrelang um die Organi-
sierung des britischen Verteidigungssystems gerungen hatte. Sein unerschütterlicher Glaube an die Jagdwaffe sicherte schließlich England den Sieg.

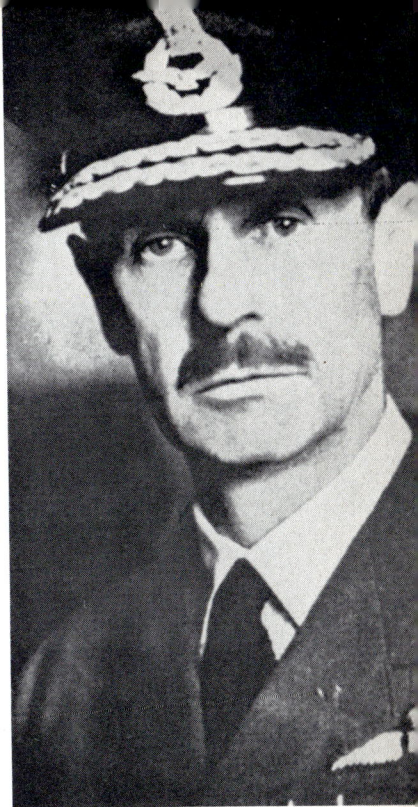

Sir Hugh Dowding (oben) und Sir Hugh Trenchard, der wahre »Schöpfer« der R.A.F. nach 1918 (unten).

Fotos: links Hermann Göring und die bekannten deutschen Jagdflieger Adolf Galland und Werner Mölders. *(links Foto Galland)* Im Hintergrund: Görings Spezialzug *Asia*, sein rollendes Hauptquartier.

Bei der lange Zeit geheimgehaltenen Geburt der Luftwaffe halfen die Russen

Der eigentliche Initiator der deutschen Wiederaufrüstung in den zwanziger und dreißiger Jahren war General von Seeckt (oben links). Er förderte die heimliche Geburt der »schwarzen« Luftwaffe. Die Verkehrsflieger-Schule (unten, *Foto Janke*) war die Brutstätte der künftigen Militärflieger. Und die Sowjets liehen auf Grund von Geheimverträgen ihren Flugplatz Lipezk, südlich von Moskau, für die Ausbildung der »eingeschmuggelten« deutschen Piloten. Fotos rechts: oben eine Fokker DB in Lipezk, zu beachten ist, daß sie mit einem englischen Napier-Motor ausgestattet ist; unten: in Zivil Junck, der Cheffluglehrer in Lipezk, zusammen mit Russen. (*Foto W. Junck*)

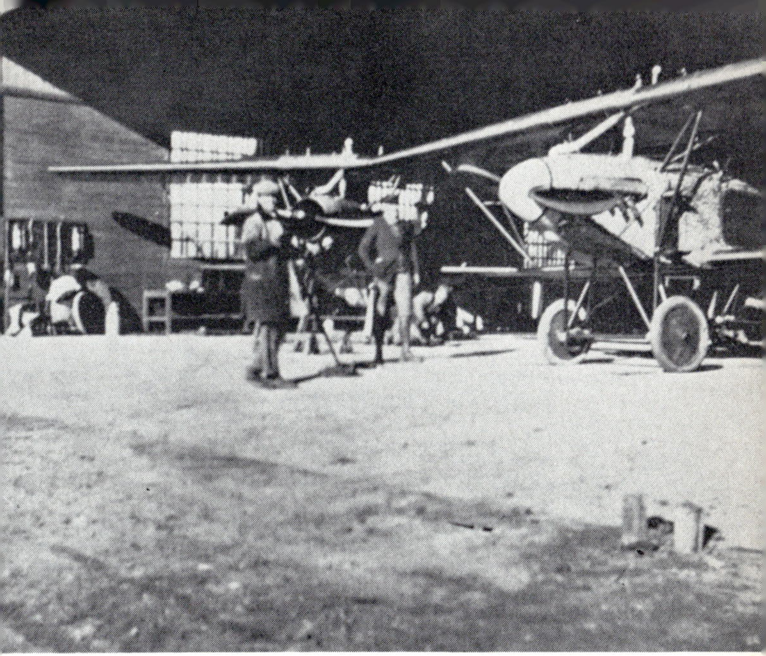

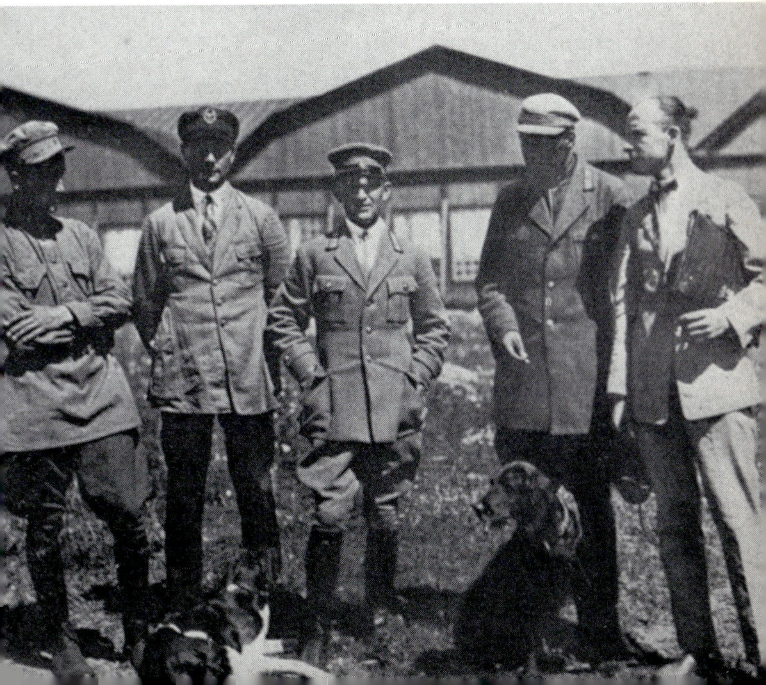

Die 85. Staffel, geführt von Peter Townsend: Hurricanes

Die Hurricane-Jagdmaschinen waren eines der Werkzeuge für den Sieg der R.A.F. neben der Spitfire. Die Mehrzahl der britischen Jagdstaffeln war mit dieser Maschine ausgerüstet. »Ihr gilt meine Anhänglichkeit«, sagt Peter Townsend, dessen 85. Staffel mit Hurricanes ausgerüstet war. Die Hurricane

war ein wenig langsamer als die deutschen Jäger, jedoch wendiger, und auf ihr Konto kommen die meisten Abschüsse deutscher Maschinen. Hier die 85. Staffel im Verbandsflug. Die Hurricane von Peter Townsend ist die dritte von links; auf den Rümpfen das Sechseck, Abzeichen der 85. Staffel seit dem Ersten Weltkrieg. *(Foto Imperial War Museum)*

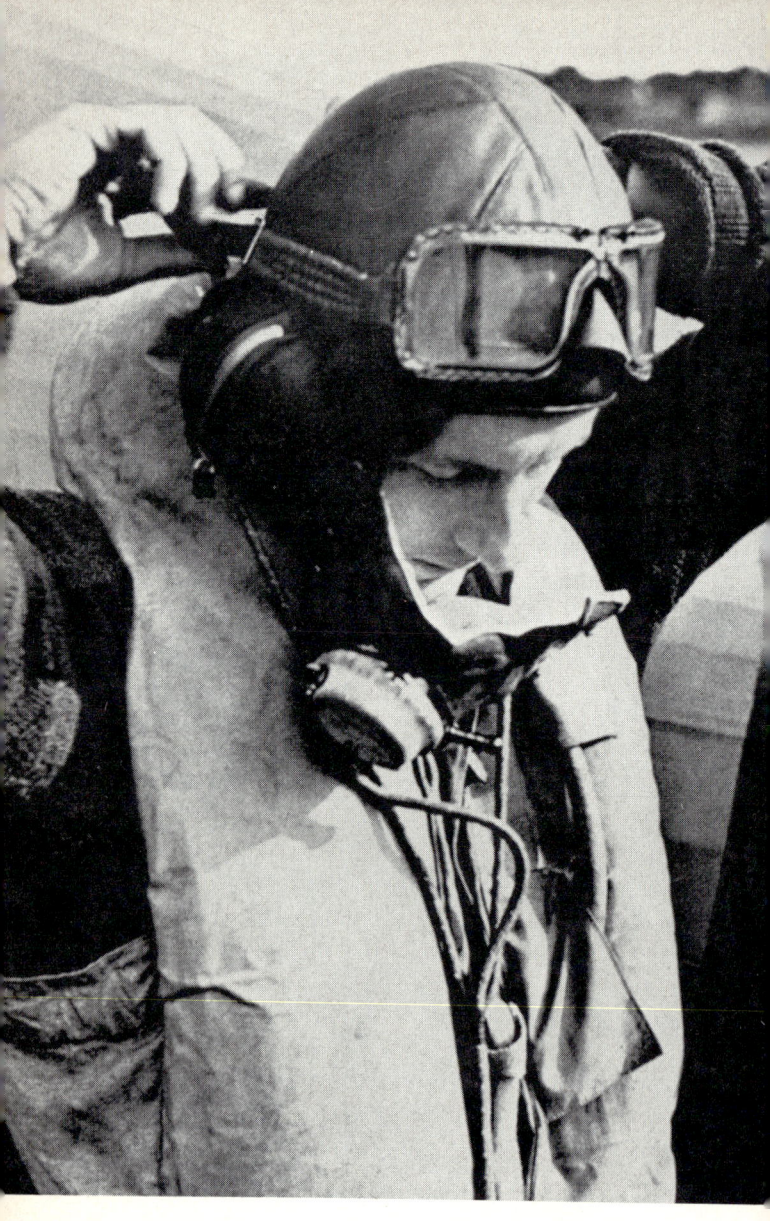

Peter Townsend (3. Februar 1940)

Als Vuillemin nach Paris zurückflog, verlangte der Stabschef der Luftwaffe, General Hans Jürgen Stumpff, noch einmal von General Felmy, dem Chef der 2. Luftflotte, die Pläne für einen Angriff auf England. Die Sudetenkrise tauchte am politischen Horizont auf.

Hitler befand sich in Kiel bei den Flottenmanövern. Er empfing am 23. August den Reichsverweser Admiral Horthy, den Diktator Ungarns, an Bord seines Schiffes, der *Patria*, um ihm klar zu machen, daß er falls er Nutzen aus der Besetzung der Tschechoslowakei ziehen und am tschechischen Schmaus teilhaben wolle, müsse er sich beeilen.

»Wer mittafeln will, muß allerdings auch mitkochen«, sagte Hitler. Von allen, die sich nach Dinard begaben, um Ende August an der großen internationalen Luft-Rallye teilzunehmen, ahnten nur sehr wenige, daß einen Monat später Frankreich und Deutschland an der Schwelle eines Krieges stehen würden. Werner Borner zum Beispiel, der als Bordfunker einer Messerschmitt 108 Taifun ausgesucht worden war, fand, es sei eine prächtige Gelegenheit, Frankreich kennenzulernen. Ein glänzender Empfang erwartete die Gäste. Sie wurden vom Luftfahrtminister Guy La Chambre und von General Vuillemin begrüßt.

Für Werner Borner war es klar, daß der französische Stabschef, kaum von seiner Rundreise durch Deutschland zurück, alles daran setzte, um gut abzuschneiden. Doch die Luftparade machte keinen Eindruck auf ihn. Die deutschen Piloten kletterten in ein Morane-Jagdflugzeug und einen Potez-Bomber letzten Modells. Beide kamen ihnen brauchbar vor. Dann kam der Höhepunkt des Festes: ein Scheinangriff auf Dinard, mit Alarmsirenen und Rauchbomben. »Sind das die französischen Luftstreitkräfte?« fragten sich Borner und seine Kameraden.

»Wir trauten unseren Augen nicht«, hat mir Borner erzählt. »Es war ein Durcheinander von Land- und Wasserflugzeugen. Man hätte meinen können, sie stammten aus dem Ersten Weltkrieg.«

Mitte September, kurz vor der Konferenz von München, war die 43. Staffel in Tangmere mit ihren Kriegsvorbereitungen beschäftigt. Die ganze Nacht über arbeiteten wir zusammen mit dem Bodenmannschaften in den Hangars, um die Patronengurte für die Maschinengewehre mit Munition zu bestücken und – der reinste Vandalismus unserer Meinung nach – unsere schönen silbernen Furies mit Grün und Braun anzustreichen, den vorgeschriebenen Tarnfarben im Kriegsfall. Im Morgengrauen zum 28. September, am Tag der Münchner Konferenz, waren wir bereit zum Kampf, doch mit welch unzulänglichen Waffen!

Eine Fury in bester Form war gerade 320 Stundenkilometer schnell. Der zusätzliche Luftwiderstand der Tarnfarbe und deren Gewicht ließen die Geschwindigkeit um mehrere Stundenkilometer absinken. Die bescheidene Feuerkraft unserer Zwillings-Maschinengewehre war rein akademisch, denn die Zeichnungen feindlicher Bomber, die im Raum der Flugzeugführer hingen, machten uns nur zu schmerzlich bewußt, daß wir unfähig sein würden, die Heinkel 111 und die Dornier 17 je abzufangen, da sie mehr als 390 Stundenkilometer erreichen konnten!

Wir konnten uns nicht einmal mehr über die Mängel unserer Ausrüstung lustig machen. Die Atmosphäre war geschwängert mit Angst und Niedergeschlagenheit. Die Offiziersveteranen des letzten Krieges saßen da, den Kopf zwischen den Händen und sprachen wiederholt die Hoffnung aus, wirklich den letzten aller Kriege erlebt zu haben. Caesar Hull war der einzige, der darauf brannte, den Deutschen eins zu verpassen.

Wenn die 54., die in Hornchurch stationiert war, mehr Begeisterung zeigte, war es vielleicht deshalb, weil sie mit Gladiators ausgerüstet war, die 370 Stundenkilometer flogen und vier Maschinengewehre besaßen. Al Deere, der kleine Neuseeländer, dessen Wunsch zu fliegen endlich in Erfüllung gegangen war, träumte bereits von prächtigen Luftkämpfen. Doch bei der 41. in Catterick, wo man Super-Furies, ein wenig schneller als unsere, hatte, meinte Norman Ryder, wir würden kläglich abschneiden. Wir waren alle nur darin einig, daß unsere Jagd-Doppeldecker, Wunder an Leichtigkeit und Handlichkeit, einer verflossenen Epoche des Luftkrieges angehörten.

Der Generalstab der Luftwaffe teilte die Gleichgültigkeit des Führers gegenüber der englisch-französischen Drohung keineswegs. Ein Memorandum des Oberkommandos Luftwaffe (OKL) vom 25. August 1938 betonte, daß im Fall einer Intervention Englands, die deutsche Luftwaffe nicht in der Lage sein werde, wirksam einzugreifen. Sie werde gebraucht, um in der Tschechoslowakei das Heer zu unterstützen. Und während Chamberlain sich bei Hitler in Godesberg für die Erhaltung des Friedens einsetzte (22. September), studierte Stumpff endlich die Pläne Felmys für eine Luftoffensive gegen Großbritannien.

Sie waren keine angenehme Lektüre. Felmy wies darauf hin, daß die Bomber der deutschen Luftwaffe, wenn sie von den deutschen Basen aus operierten, weder einen genügend großen Aktionsradius noch ausreichende Bombenlast hätten, um entscheidende Resultate zu erzielen. Felmy war der Ansicht, daß die Royal Navy das wichtigste Ziel bilde, doch daß ihre Schiffe wahrscheinlich außer Reichweite gebracht würden. Die R.A.F. hingegen müßte durch Angriffe auf Flugplätze und Flugzeugfabriken in der Umgebung von London und in Südostengland getroffen werden. Schließlich stellte ein Zusatz zu »Fall Grün« fest, daß die Luftwaffe, falls Frankreich und England die Tschechoslowakei bei einem Krieg gegen Deutschland unterstützen sollte, nicht in der Lage sei, strategische Bombenangriffe auf die Britischen Inseln vorzutragen. Ihre Rolle müsse sich auf taktische Unterstützung der Bodentruppen beschränken. Der Stellvertreter des Stabschefs der Luftwaffe, Hans Jeschonnek, sandte Felmys Memorandum zurück mit der Bemerkung, daß es die Luftwaffe lächerlich mache. Göring sah darin eine persönliche Beleidigung. Er setzte mit eigener Hand die säuerliche Randbemerkung hinzu: »Ich habe kein Memorandum angefordert, das die Erfolgschancen abwiegt oder unsere Schwächen herausstreicht. Diese kenne ich selbst am besten . . .« Felmy war in Ungnade gefallen.

Es steht fest, daß die Auslassungen Vuillemins über die Schwäche der französischen Luftstreitkräfte und die Möglichkeit ihrer raschen Vernichtung durch die Luftwaffe bei der Haltung Daladiers während der Sudetenkrise stark ins Gewicht fielen. Tatsächlich hatte Karl von Bodenschatz, Ordonnanzoffizier und Vertrauter Görings, kurz vor dem Ende der Konferenz von München Stehlin privat mitgeteilt, daß 2000 deutsche Flugzeuge längs der tschechischen Grenze massiert seien und daß die Luftoffensive mit den tieffliegenden Heinkel und Dornier, falls sie ausgelöst würde, mörderisch sein werde, selbst wenn die Deutschen dabei die Hälfte ihrer Maschinen einbüßten.

Chamberlains Beweggründe dagegen waren andere als die Daladiers. Der Luftfahrtminister Kingsley Wood, einer seiner vertrauten Mitarbeiter, hatte ihm keinen Zweifel an der erbärmlichen Unzulänglichkeit der englischen Luftverteidigung gelassen. Den anderen Ministern und dem Führer der Labour-Opposition hatte er ebensowenig verhehlt, daß Deutschland 1500 Bomber gegen England in Bereitschaft halte und daß ein eventueller Angriff in drei Wochen eine Million Tote und Verwundete fordern könne. Das düstere Gemälde, das er entwarf, hatte auf seine Gesprächspartner tiefen Eindruck gemacht. Dabei beruhte es auf einer falschen Hypothese. Der »Luftstab« schätzte seinerseits, daß die Luftwaffe nicht einmal im Ganzen über 1500 Bomber verfügte. In Wirklichkeit zählte sie am 1. August alles in allem 1670 einsatzfähige Maschinen; davon waren nur 582 Bomber. Chamberlain wußte sehr gut, daß sein Luftfahrtminister übertrieb. Davon sagte er aber seinem Kabinett nicht ein einziges Wort. Und das Kabinett, aus Furcht vor der scheinbar mächtigen deutschen Bomberflotte, autorisierte Chamberlain, mit Hitler zu verhandeln und notfalls die Tschechoslowakei zu opfern. Chamberlain verachtete ebenso wie Hitler die Franzosen, haßte die Sowjets und träumte von einem englisch-deutschen Bündnis.

Unter welchem Gesichtspunkt man auch den »friedlichen« Sieg Hitlers betrachtet, die Luftwaffe war dabei einer der entscheidenden Faktoren. Hitler begriff durchaus die Rolle, die sie bei der Einschüchterungskomödie gegen die Westmächte spielen konnte. Es war auch eine Schlußfolgerung, die Stehlin zog: Er sah in der Ungleichheit der vorhandenen Luftstreitkräfte eine der Hauptursachen für die »moralische Niederlage« des Westens und des Verlustes seiner Position in Mitteleuropa.

Am 30. September 1938 endete die Münchner Konferenz ebenso schändlich wie sie begonnen hatte. Ehe er in München den Führer verließ, hatte Chamberlain aus seiner Tasche ein Papier gezogen. Darunter stand unter anderem der Satz: »Wir betrachten die gestern unterzeichnete Übereinkunft... als eine Garantie für den Wunsch unserer beiden Völker, niemals gegeneinander Krieg zu führen.« Hitler las die Bemerkung und unterschrieb sie. Ein paar Stunden später kehrte Chamberlain nach London zurück. Als er in Croydon das Flugzeug verließ, schwenkte er das von Hitler unterzeichnete Dokument. »Ich glaube«, sagte er inmitten eines rasenden Beifalls, »dies ist der Friede für eine Generation«.

In Tangmere wurde der Alarm abgeblasen. Freude löste es nicht aus, nur eine tiefe Erleichterung. Auch stolz waren wir nicht. Wir waren die erste Verteidigungslinie des Landes, und wir wußten, daß der Angriff der Luftwaffe, wenn er stattgefunden hätte, uns zermalmt haben würde. Von den 750 Jagdflugzeugen, über die unser Oberkommando verfügte, waren nur 90 Hurricanes. Der Rest setzte sich aus veralteten Doppeldeckern zusammen.

7

In der Kontroverse, die auf München folgte, ließen sich zwei Hauptendenzen unterscheiden. Die eine wurde von einem bemerkenswerten Mann vertreten: Winston Churchill. Am 5. Oktober erklärte er im Parlament: »Wir stehen vor einem Unglück ersten Ranges, und ich zweifle, ob wir schon sein Ende übersehen können. Es ist nur der Anfang einer Abrechnung.«

Die andere Auffassung, München bedeute für England ein Jahr Aufschub, war die des parlamentarischen Unterstaatssekretärs im Luftfahrtministerium, Oberst Harold Balfour. Derselbe Harold Balfour, der 1917 die lustig bemalten Albatrosse des »Zirkus Richthofen« bewundert hatte, als sie sich »wie miteinander spielende junge Hunde« am Himmel tummelten. Damals kommandierte er die Rotte B der 43. Staffel, an deren Spitze ich bald stehen sollte.

»Das eine Jahr Aufschub« war auch für die deutsche Luftwaffe nicht verloren. Es verschaffte ihr Zeit, um in Österreich neue Ausbildungsstätten zu schaffen und aus der Jugend dieses Landes Nachwuchs anzuwerben. In der Wiener Neustadt wurden neue Messerschmitt-Werke errichtet, und sie steigerten beträchtlich die Produktion von Jagdflugzeugen, die in Verzug geraten war. Die Tschechoslowakei bot sich als weiteres Gebiet für neue Stützpunkte und Produktionsstätten an – nicht aber für Flieger: Hunderte von ihnen flohen in die Freiheit.

Das treffendste Wort über dieses »Jahr des Aufschubs« wurde wahrscheinlich von einem Ehemaligen der 43. Staffel ausgesprochen: von Sholto Douglas, der sie 1916 als Major kommandiert hatte und der 1938 Stellvertretender Stabschef der Luftstreitkräfte war. Sein Ausspruch lautete: »1938 hatten wir fast nichts. 1939 hatten wir einen großen Sprung vorwärts gemacht, um das Versäumte aufzuholen; 1940 ‚in der Stunde der großen Bewährung‘, waren wir dazu in der Lage, die wichtigste Schlacht auf Leben und Tod zu liefern, die jemals in der Luft ausgefochten worden ist.«

Weniger als zwei Wochen, nachdem Hitler Chamberlain die Garantie gegeben hatte, daß Deutschland und England nie wieder Krieg gegeneinander führen würden, schleuderte der Führer von neuem seine Beschimpfungen und Drohungen gegen England.

Am 18. Oktober lud er den Botschafter Frankreichs, André François-Poncet, der nach Rom versetzt worden war, zu einem Abschiedsbesuch in seinen »Adlerhorst« auf den Obersalzberg ein. Fliegerkapitän Stehlin begleitete den Botschafter. In 2000 Meter Höhe kamen sie vor die berühmte Bronzepforte, die den Tunnel abschloß, an dessen Ende sie ein Lift zu dem runden Teeraum, einige 120 Meter höher, brachte. Die phantastische Aussicht nach allen Himmelsrichtungen verschaffte ihnen den Eindruck, mitten im Raum zu stehen. François-Poncet wunderte sich: »Ist das das Werk eines normalen Menschen oder eines Mannes, der an hemmungslosem Größenwahn, an Herrschaftssucht und Einsamkeit leidet?« Er beschreibt die Szene, »die im Zwielicht eines Herbstabends lag… als grandios, wild und fast eine Halluzination«.

Hitler wetterte gegen England und gegen die jüngsten Appelle Chamberlains zugunsten einer Wiederaufrüstung seines Landes, obgleich er die Fortsetzung der Friedensgespräche erwartet habe. Mit Schweigen überging er, was Göring vier Tage vorher in einer Rede gesagt hatte: »Ich habe vom Führer den Befehl erhalten, ein riesiges Rüstungsprogramm aufzustellen, neben dem alles, was bisher geschehen ist, bedeutungslos sein wird. Ich habe den Befehl erhalten, so rasch wie möglich eine Luftwaffe aufzubauen, die fünfmal mächtiger ist als die heute existierende.«

Dagegen beteuerte Hitler seine freundschaftlichen Gefühle Frankreich gegenüber und regte sogar einen Freundschaftspakt an. Von nun an sollte seine Politik in der Tat darauf abzielen, die beiden Alliierten zu trennen. England sollte Frankreichs Rolle als »Erbfeind« übernehmen.

Unmittelbar nach München machten sich der britische Luftfahrtminister und sein Generalstab daran, die Irrtümer und Fehlleistungen der Vergangenheit zu analysieren. In einem »Meister-Plan« (Plan M) wurde dem Neuaufbau der Jagdwaffe Priorität eingeräumt. Der Prozeß, den »Nachholbedarf« zu decken, begann für die 43. Staffel am 29. November 1938 mit der Lieferung von Hurricanes L 1725 und L 1727. Mitte Dezember hatten wir unsere Grundausrüstung vollständig übernommen: 16 Maschinen. Die Fury war ein kostbares Spielzeug gewesen; die Hurricane war ein wirkliches Jagdflugzeug. Für ihre acht MGs war sie solide wie ein Felsen und trotz ihrer Größe außerordentlich wendig. Zudem bot sie dem Piloten eine ausgezeichnete Sicht. Der Hurricane fehlten nur die Schnelligkeit und der »Glamour« der Spitfire. Sie war auch langsamer als die Messerschmitt 109, deren Piloten sie verachteten und später die ziemlich snobistische Vorliebe zeigten, sich von Spitfires »abschießen« zu lassen. Doch die Statistiken sollten beweisen, daß Flugzeug für Flugzeug, die Hurricane ebensogut wie die Spitfire bei der Schlacht um England ihrer Aufgabe gewachsen war und alles in allem mehr Lücken in die deutsche Luftwaffe riß als die Spitfire, auch wenn man bedenkt, daß drei Hurricanes auf zwei Spitfires kamen.

Allerdings schuf sie sich zunächst einmal einen schlechten Ruf. An die Leichtigkeit und Wendigkeit der Fury gewöhnt, fühlten sich manche Flugzeugführer durch den Wechsel gehandikapt. Die Hurricane war bei fliegerischen Fehlern sehr viel gefährlicher; in niedriger Höhe konnte ein Irrtum tödlich sein. In Tangmere versuchte ein junger Feldwebel, dessen Motor eine Panne hatte, im Gleitflug niederzugehen. Wir sahen ihn in der richtigen Höhe, jedoch zu langsam zur Landung ansetzen. Die Hurricane rutschte über die Tragfläche ab und stürzte vor unseren Augen steil zu Boden. Der unglückliche junge Mann starb auf dem Weg zur Ambulanz.

Auch die Merlin-Motoren hatten gewisse Probleme. Nachts beeinträchtigen sie die sonst gute Sicht des Piloten durch das Geflacker blauer Auspuff-Flammen. Manchmal kam es vor, daß der Motor aussetzte. Nichts war verwirrender, nichts beängstigender, vor allem nachts, wenn dann die blauen Flammen gelblich wurden. Eines Nachts passierte das auch mir. Ich beschloß, zum Flugplatz zurückzukehren. Im selben Augenblick erfüllte ein Geruch nach Rizinusöl mein Cockpit – ein Geruch, den ich seit meiner Kindheit haßte. Er kam in Form bläulichen Dampfes und stieg in Schwaden aus dem Motor meiner Hurricane auf. Aber ich konnte mir keinen Zusammenhang zwischen der Hurricane und Rizinusöl vorstellen. Ich setzte ziemlich hart auf und gab Gas, um bis zum Ende der spärlichen Reihe der Landefeuer zu rollen, wie es vorgeschrieben war. Auf dem Griff des Steuerknüppels sehe ich noch heute den krummen Bremshebel. Ich drückte ihn herunter. Nichts. Ich drückte abermals, aber stärker. Die Hurricane verminderte ihre Geschwindigkeit nicht. Da trat ich ins Seitensteuer, und es gelang mir, das Flugzeug unter furchtbarem Knirschen zum Stillstand zu bringen. Um Haaresbreite verfehlte ich am Ende der Piste die berüchtigte Hecke. Nach dem Geständnis aller Piloten war sie neben der Schwerkraft unser schlimmster Feind.

Hätte ich meine Hurricane besser gekannt, so würde mir der Geruch nach Rizinusöl eine undichte Stelle im System der hydraulischen Bremen angezeigt haben. Ein guter Liter Bremsflüssigkeit war ausgelaufen, die Bremse versagte. Gegen drei Uhr morgens war ich gerade dabei, mit meinem Mechaniker über den Zwischenfall zu sprechen, als ich die Positionslichter einer zur Landung ansetzenden Hurricane sah. Plötzlich gab es einen fürchterlichen Knall, und die Lichter erloschen. Ich rief nach der Ambulanz und der Feuerwehr. Aber kaum rasten sie durch die Nacht heran, als eine riesige Flammengarbe an der Stelle aufsprühte, wo die Maschine aufgeschlagen war. Das ganze Gelände war taghell erleuchtet.

In der Messe betrauerten wir kurz vor Tagesanbruch Charles Rotherham auf unsere allerdings ziemlich merkwürdige Weise. Fred Rosier holte seine Geige hervor, um, so gut er konnte, eine Schallplatte von *Orpheus in der Unterwelt* zu begleiten. Er wollte uns zum Lachen bringen. Es gelang ihm auch. Als die Platte zur Stelle des Cancan kam, herrschte allgemeine Heiterkeit. Alle begannen im Raum umherzutanzen. Zwei Tage später gingen wir den schon gewohnten Weg zum stillen, kleinen Friedhof von Tangmere. Der letzte Salut für unseren Kameraden. Dann fiel Erde auf seinen Sarg. Schließlich lernten wir unsere Hurricanes besser kennen und mit ihnen auch uns selbst. Sie flößten uns in ihrer Mischung von Vollblut und Langstreckenläufer Vertrauen ein.

Die Messerschmitt Me 109 war schon längst bei den Jagdverbänden der Luftwaffe eingeführt worden, bevor die Hurricane und die Spitfire bei den unseren den Beginn einer Umrüstung zeigten. Sie war schneller und mit zwei 2-Zentimeter-Kanonen und zwei MGs von 7,9 Millimeter bewaffnet, gegenüber den acht MGs der Hurricane und der Spitfire. Wenn sie auch weniger wendig war als die letzteren, so ermöglichte ihr der Daimler-Benz-Einspritzmotor plötzlich vom Horizontal- zum Sturzflug überzugehen, während der Merlin sich unter der Wirkung der Zentrifugalkraft verschluckte. Das ließ uns kostbare Sekunden verlieren.

Hans-Heinrich Brustellin und die Me 109 seiner Einheit, des JG. 51, lagen zum Zeitpunkt der Münchner Konferenz in Wien. Niemand war nervös, es wurde auch nicht Alarm gegeben. »Wir erhofften nur, daß die Franzosen endlich etwas unternehmen würden«, sagte Brustellin zu mir. Doch Daladier war anderer Meinung und meinte, es müsse alles von den Engländern ausgehen. Brustellin machte sich also eine schöne Zeit. Er ging viel mit zwei jungen Engländerinnen aus, den Schwestern Sempill, deren Vater, Präsident des Royal Aerial-Club, sehr bekannt und in internationalen Luftfahrtkreisen hochgeachtet war. »Sie waren liebenswert«, meint Brustellin. Nicht eine Minute dachte er daran, daß in weniger als einem Jahr England und Deutschland Gegner sein würden.

Die Sudetenkrise hatte Otto Hintze in Bad Aibling, nahe der tschechischen Grenze miterlebt, wo er mit dem JG. 135 lag. Die Einheit hatte gleichfalls die Me 109, und ihre Männer brannten darauf – im Unterschied zu uns bei der 43. Staffel mit unseren Furies – zum Einsatz zu kommen. Im Oktober schickte man sie nach Eger ins Sudetenland. Sie wurden mit offenen Armen aufgenommen. »Es war der Krieg der Blumensträuße«, erinnert sich Hintze.

Paul Temme, mit dem JG. 2 in Berlin-Döberitz stationiert, amüsierte sich sehr viel weniger während der Krise von München. Als Elitegeschwader erhielten sie den Auftrag, den Berliner Himmel zu überwachen. Sie flogen noch die alte Heinkel 51, die Paul Temme flog. Die Notlandung endete an einer Mauer in einer Berliner Vorstadt. Wenn ihm das mit einer Me 109 passiert wäre, dann hätte er diese Notlandung kaum überlebt.

Die Luftwaffen-Jagdfliegerschule in Berlin-Werneuchen, an deren Spitze Major Theo Osterkamp stand, mit Johannes Janke als Ausbildungchef und Johannes Trautloft als Staffelkapitän, verfügte über mehrere Me 109, He 51 und Arado 68. An jenem Tag, da sie die ersten Me 109 erhielten, sagte Hauptmann Lützow zu Osterkamp: »Wahrscheinlich wollen Sie die neue Maschine als erster fliegen?« Doch der alte, gewitzte »Onkel Theo«, der noch nie in einer Me 109 gesessen und der keine Lust hatte, sich vor den Augen seiner Schüler lächerlich zu machen, erwiderte: »Nein, nein, fliegen Sie nur los! Ich hab' schon mal eine geflogen.« Er hatte die Absicht, das Wochenende zum Training zu benutzen, wenn niemand da sein würde. Zum Unglück rief Milch ihn am Tag darauf an: »Osterkamp! Ich brauche fünf Fluglehrer, um fünf neue Me 109 beim Werk abzuholen und sie nach Belgrad zu fliegen. Ich denke, Sie werden die Führung des Verbandes übernehmen wollen?«

»Jawohl, Herr General.« Das war alles, was »Onkel Theo« zu sagen wußte. Milch hängte ein.

Osterkamp schwitzte während des ganzen Flugs. Doch er legte eine vorschriftsmäßige Landung hin. Auf dem Belgrader Flugplatz erwartete ihn schon Carl von Schoenebeck, der kürzlich zum Luftwaffenattaché ernannt worden war. »An diesem Abend«, so erzählt Osterkamp, »standen unsere fünf Me 109 in Reih und Glied neben den alten treuen Hurricanes, die bis dahin der Stolz der jugoslawischen Armee waren. *Sic transit gloria mundi.*«

»Onkel Theo« mußte aber wohl bei der Gelegenheit Gespenster gesehen haben. Die ersten Hurricanes wurden erst am 15. Dezember 1938 an Jugoslawien geliefert. So unglaublich es klingt, aber die Jugoslawen genossen mit ganz geringem Abstand die gleiche Priorität wie unsere 43. Staffel, die drei Wochen vorher noch die Aussicht gehabt hatte, mit veralteten Doppeldeckern in einen Krieg einzutreten. Noch besser: auf diesem Umweg stand die Hurricane, das jüngste Kind der englischen Flugzeugindustrie, plötzlich den Deutschen zur Verfügung.

Im Juli 1938 wurde eine weitere Gruppe des JG. 132 auf Me 109 umgerüstet. Die Leutnants Janke und Trautloft flogen mit ihr nach Leipzig-Oschatz, um die Besetzung des Sudetenlandes zu decken. Die jungen Offiziere der Gruppe bewunderten Hitler, weil er ohne einen einzigen Schuß stets der Sieger war. Sie begriffen überhaupt nicht, daß man an einem Krieg nur haarscharf vorbeikam. Abend für Abend gingen sie mit Freunden in eine Weinkellerei.

Am 6. Oktober flog die Gruppe über Pilsen und Marienbad nach Karlsbad im Sudetenland. Kurz danach traf Göring in seinem Mercedes ein. Bei strahlendem Wetter picknickte er mit den Offizieren und den Männern im Freien.

Eine Luftflotte war eine autonome Einheit. Sie umfaßte durchschnittlich 1000 Maschinen aller Typen: Bomber, Sturzbomber, einmotorige und zweimotorige Jäger und Aufklärungsflugzeuge – alles unter einer einheitlichen Führung. Jede Luftflotte war in mehrere Fliegerkorps oder Fliegerdivisionen unterteilt. Jeder »Luftgau« stellte die Bürokratie für Verwaltung und Bodenorganisation. Im Februar 1939 wurde General Kesselring als Stabschef der Luftwaffe durch den jungen General Hans Jeschonnek ersetzt. Erhard Milch, der Generalinspekteur, war im Ersten Weltkrieg sein Gruppenkommandeur gewesen und fand ihn »mutig, jedoch zu langsam«. Als loyaler Anhänger des Führers war Jeschonnek auch ein persönlicher Freund Görings. Leider hatte er nicht genug Charakter, um auch einmal die Stirn zu bieten. Seine Loyalität lastete so schwer auf ihm, daß sie ihn später zum Selbstmord trieb.

Schon am 1. Februar war Ernst Udet Generalflugzeugmeister geworden und verantwortlich für alle Planungen und Versuche an Maschinen und Bewaffnung. Er hätte der mächtigste Mann in der Luftwaffe werden können, doch er war seiner Aufgabe nicht gewachsen. Und als er sich darüber klar wurde, trieb das auch ihn schließlich in den Selbstmord.

In der R.A.F. waren ebenfalls Gerüchte über einen Wechsel im Oberkommando in Umlauf. Am 23. Februar meldete die Zeitung *The Evening Standard,* daß der derzeitige Oberstkommandierende der Jagdflieger, Luftmarschall Dowding, in Kürze abtreten werde, um von Vizeluftmarschall Courtney ersetzt zu werden. Am nächsten Tag rief Stabschef Newall Dowding an und sagte, daß »in diesem Jahr keine Änderungen mehr vorgenommen« werden würden. Zum letztenmal hatte Dowding etwas über seinen Abschied in jenem offiziellen Brief erfahren, der ihm zugestellt worden war, als die Luftmanöver im August 1938 begannen, und dieser Brief hatte ihm angekündigt, das Luftfahrtministerium sähe sich nicht in der Lage, »ihn über den Juni 1939 hinaus zu beschäftigen«. Newalls Anruf war der erste Hinweis, daß das Luftfahrtministerium seine Entscheidung umgestoßen hatte.

Während einiger Tage überdachte Dowding die Situation und brachte seine Überlegungen dann zu Papier. Handschriftlich erklärte er: »Ich bin während der letzten zwei Jahre vom Luftfahrtministerium sehr rücksichtslos behandelt worden. Ich hege wegen dieser Entscheidungen keinerlei Groll, außer mit Hinsicht auf die Unhöflichkeit, mit der sie durchgesetzt wurden.

Es war nicht nötig, mich zu unterrichten, daß ich für die Nachfolge des Stabschef vorgesehen sei, so daß ich erwarten konnte, bis zum sechzigsten Lebensjahr im Amt zu bleiben (er war jetzt sechsundfünfzig). Aber die Änderung dieser Absicht wurde mir auf ungute Weise mitgeteilt.

Ohne Widerspruch befürchten zu müssen, kann ich sagen, daß ich mich in meiner Amtszeit mit einer ganzen Reihe von lebenswichtigen Fragen auseinandergesetzt habe und noch auseinandersetze, die mehrere ‚Luftstäbe‘ während der letzten fünfzehn Jahre vernachlässigt haben: das Aufklärungskorps in kriegsbereiten Zustand zu bringen, die Identifizierung befreundeter Flugzeuge, die Unbrauchbarkeit von Flugplätzen und ein angemessenes Warnsystem gegen Überfälle aus der Luft. Diese Arbeit mußte gegen die Trägheit des ‚Luftstabes‘ durchgeführt werden, eine Erklärung, für die ich, falls erforderlich, ein Übermaß an Beweisen vorlegen kann.«

Mit schwerem Herzen faßte Dowding seine Entscheidung zusammen, seinen Auftrag zurückzugeben: »Trotz … meines großen Interesses an den Problemen der Jagdflugzeuge in naher Zukunft … erkenne ich in der Behandlung, die mir das Luftfahrtministerium in der Vergangenheit widerfahren ließ und die sich bis heute nicht geändert hat, nur wenig, das mich ermutigen könnte, eine weitere Amtszeit auf mich zu nehmen.«

Zwei Wochen später unterrichtete er den Luftfahrtminister Kingsley Wood über seine Absicht und seine Gründe, die R.A.F. im Juni zu verlassen. Am 17. März schrieb er dann an Kingsley Wood: »Bei unserem Gespräch in der letzten Woche sagte ich Ihnen, daß ich keine Bedenken habe zu bleiben … und auch über Ende Juni hinaus, und ich legte Ihnen die Gründe dafür dar.

Wenn es gewünscht wird, meine Amtszeit zu verlängern, sollte ich von Ihnen einen Brief bekommen, der mich zu bleiben bittet und mir zusichert, daß ich die Unterstützung eines Beirats erhalte.«

Drei Tage später erhielt Dowding von Stabschef Newall einen Brief: »Angesichts der Wichtigkeit des Jagdfliegerkommandos … und des Wunsches, keine Änderungen in der oberen Führungsspitze der Einsatzkommandos vorzunehmen … ist beschlossen worden, Sie zu bitten, daß Sie Ihren Abschied bis zum März 1940 zurückstellen. Ich hoffe, daß Ihnen das recht ist.«

Obgleich Newall Dowding nur gebeten hatte, »seinen Abschied zurückzustellen«, hieß das doch, daß der Oberstkommandierende der Jagdflieger blieb, bis er zurücktreten würde. Aber das Schicksal hatte mit ihm noch viel vor.

Hitlers Intrigen und innere Zwistigkeiten der Tschechoslowakei verschafften Hitler einen Vorwand zur »friedlichen Intervention«. Der tschechische Präsident Hácha wurde nach Berlin beordert. Am 14. März um 22 Uhr 40 traf Hácha mit der Eisenbahn dort ein. Er war zu alt und zu krank, um ein Flugzeug zu benutzen. Erst um ein Uhr nachts wurden er und sein Außenminister von Hitler empfangen. Der Führer erklärte ihm, daß er zu der tschechischen Regierung kein Vertrauen mehr habe und daß er seinen Truppen deshalb den Befehl gegeben habe, am gleichen Tag um 6 Uhr morgens in die Tschechoslowakei einzurücken. Die Luftwaffe würde die Flugplätze besetzen.
In dem Salon neben Hitlers Büro lagen die Dokumente der tschechischen Kapitulation unterschriftsbereit auf einem Tisch. Um 2 Uhr 15 erwarteten Göring und Ribbentrop die beiden Tschechen. »Wenn Sie nicht unterschreiben, wird in zwei Stunden halb Prag von unseren Bombern zerstört.« Als Göring sadistisch meinte: »Es würde mir sehr leid tun, wenn ich Ihre schöne Stadt Prag bombardieren müßte«, fiel der unglückliche Hácha in Ohnmacht. Zwei Spritzen brachten ihn wieder zu Bewußtsein. Um 4 Uhr morgens betrat er wankend Hitlers Büro und unterzeichnete. Zwei Stunden später überschritt das deutsche Heer die Grenze, und die Geschwader der Luftwaffe starteten.
Das KG. 2, die neue Einheit Werner Borners, gehörte am 15. März zu jenen massiven Kräften der Luftwaffe, die nach Prag flogen. Während seine Ju 86 die Stadt überflog, beugte Borner sich hinab, um auf Prag hinabzusehen; er dachte: »Wie ruhig doch alles wirkt!« In derselben Nacht flatterte auf dem Hradschin die Hakenkreuzfahne. Hitler war eingetroffen. Bevor er Berlin verließ, hatte er verkündet: »Die Tschechoslowakei hat zu bestehen aufgehört.«
Offenbar war Major Osterkamp damit nicht einverstanden. Er fühlte sich nicht besonders glücklich und war »von der Gerechtigkeit der Sache« nicht überzeugt, als er tags darauf als Mitglied einer Kommission in Prag ankam, welche die tschechische Luftwaffe übernehmen sollte. Unter dem Eindruck der majestätischen Schön-

heit der Stadt schrieb er: »Ich zitterte bei dem Gedanken, daß diese prächtigen Monumente nur um Haaresbreite der Zerstörung durch die Bomben der Luftwaffe entgangen waren.«

Im Stabsquartier eines Flugplatzes, etwa vierzig Kilometer von Prag entfernt, traf er auf einen jungen Offizier, der versteinert die Augen aufriß. »Ich bat ihn«, so berichtet Osterkamp, »mich zu seinem Vorgesetzten zu bringen... der gleichfalls verblüfft war, einen Offizier in der Uniform der deutschen Luftwaffe vor sich zu sehen... Er wurde blaß, als ich ihm die neuesten Ereignisse mitteilte... und er hatte nicht die geringste Ahnung... Er tat mir leid.« Der tschechische Offizier faßte sich und sagte zu Osterkamp: »Mein lieber Freund... obwohl ich Befehle aus Prag abwarten muß, möchte ich Ihnen doch versichern, daß wir Fliegeroffiziere stets gewünscht haben, mit unseren deutschen Kameraden zusammenzuarbeiten.«

Aber diese Einstellung war ganz und gar nicht allgemein, wenn man die große Zahl tschechischer Piloten und Bodenpersonal bedenkt, die ihre Heimat verließen, um nach Frankreich und England zu fliehen. »Onkel Theo«, der eine Art Don Quichotte der Lüfte war, wandte sich mit folgenden Worten an die versammelten tschechischen Fliegeroffiziere: »Ich sehe in dieser Besetzung Ihres Landes nichts Erniedrigendes. Sie hat kein anderes Ziel, als Ihnen freundschaftlichst beizustehen, um einer anderen Invasion zuvorzukommen. Ich bin überzeugt, daß der Führer ebenso erfreut sein wird, wie ich, Sie als Verbündete betrachten zu können.«

Diese gefährliche Abweichung von der Parteilinie trug Osterkamp eine wütende »Zigarre« seitens seines Oberstkommandierenden ein. Göring erklärte ihm, seine Haltung wäre »unverständlich und absurd«. Tatsache ist, daß ein paar Monate später, als deutsche Panzer durch die Tschechoslowakei in Richtung auf die polnische Grenze rollten, »Onkel Theo« zusehen mußte, wie tschechische Piloten mit Fußtritten traktiert wurden. Mit dem anderen mächtigen Nachbarn, Rußland, hatte Deutschland gerade einen Nichtangriffspakt geschlossen.

Die Jagd-Gruppe, die aus Teilen der Jagdflieger-Schule »Onkel Theos« in Werneuchen gebildet worden war, die 4. Gruppe des JG. 132, wurde auf dem Flugplatz Olmütz bei Brno (Brünn) stationiert. Gruppenkommandeur Johannes Janke lag im Lazarett in

Wien. Doch Staffelkapitän Johannes Trautloft war auf seinem Posten. Wie Osterkamp hatte auch er Zweifel bei dem Einmarsch in die Tschechoslowakei. Die Rücksichtslosigkeit Hitlers überraschte alle. Was taten denn England und Frankreich? Warum waren sie ohnmächtig? Und dabei war sich Trautloft doch klar darüber, daß der Krieg ausbrechen mußte. Er fühlte sich nicht wohl in seiner Haut. Als er ohne Zwischenfall in Brno eingetroffen war, ging es ihm schon besser.

In Lüneburg war Karl Missy gerade in das Löwengeschwader, KG. 26, eingetreten, das auf Seeziele spezialisiert war. Er hatte einen zweimonatigen Schießkursus absolviert. Das Ziel war meistens ein Windsack, den eine andere Maschine schleppte, genau wie bei uns in der R.A.F. Missy erwies sich mit dem MG 15 als ein treffsicherer und guter Schütze. Als Bordfunker glaubte er seine ideale Verwendung gefunden zu haben. Es gefiel ihm sogar besser, als Flugzeugführer zu sein. Vollkommen zufrieden und bei den Ereignissen in der Tschechoslowakei weit vom Schuß, dachte er überhaupt nicht an Krieg. Dabei sollte er zu den ersten Kriegsverletzten der Luftwaffe gehören. In weniger als einem Jahr würde er, verwundet von Kugeln aus dem MG meiner Hurricane, in einem englischen Lazarett liegen.

8

In Tangmere bei der 43. Staffel freundeten wir uns rasch mit den Hurricanes an. Sie hatten dazu beigetragen, die anläßlich der Münchner Konferenz entstandenen Befürchtungen zu zerstreuen.
Unsere ganze Ausbildung hatte nur ein Ziel: uns für den Krieg zu rüsten, der jetzt kommen mußte. Und das hieß: Auf 10 000 m Höhe steigen. Dort quälte sich der Motor; die Steuerung funktionierte schlecht; wir atmeten Sauerstoff, der pfeifend in die Maske drang. Es hieß, endlose Schieß- und Angriffsübungen fliegen, hieß das Meer mit MG-Geschossen aufpeitschen. Es hieß, zwischen den Wolken und bei Nacht fliegen, was niemandem Freude machte. Bei meinem Eintritt in die Jagdstaffel hatte man mir gesagt: »Nur Eulen und Narren fliegen bei Nacht.« Übungen im schnellen Tanken und Munitionieren gaben dem Bodenpersonal die Handfertig-

keit, die uns kostbare Sekunden gewinnen ließ. Zwischen diesen Männern und uns herrschte ein Einvernehmen, von dem unser Leben abhing. Das geringste verdächtige Geräusch im Motor, der geringste Fehler, er konnte in 5000 m Höhe und 15 km vor der Küste auftreten, mußte in allen Einzelheiten unseren Mechanikern, Monteuren und Wartungstrupps oder dem Waffenwart oder dem Radioelektriker erläutert werden. Wir gaben die Anweisungen, aber wir verließen uns auf ihre Achtsamkeit, ihr Geschick und ihre Pflichttreue.

Die Jagdstaffeln wurden jetzt, wenn auch langsam, mit Hurricanes und Spitfires ausgerüstet. Gus Holden von der 56. Staffel, stationiert in North Weald, charakterisierte die Hurricane folgendermaßen: »Mit der Stabilität eines Kriegsschiffes gebaut, ausgerüstet mit einem Motor von großer Kraft und großer Sicherheit, war sie in jeder Hinsicht ein ausgezeichnetes und präzises Einsatzgerät.« Er fügte hinzu: »Unsere Ausbildung wurde beschleunigt; wir waren alle überzeugt, daß der Zweite Weltkrieg dicht bevorstand.«

Die erste Spitfire der 65. Staffel in Hornchurch erhielt Ende März Bob Tuck. Die Maschine begeisterte ihn dermaßen, daß er zu der Überzeugung gelangte, auch sein Charakter habe sich dadurch geändert und er habe an Reife und innerem Gleichgewicht gewonnen.

Auch die 41. Staffel in Catterick, wo Norman Ryder zum Rottenführer avanciert war, begann mit der Untersuchung auf der Spitfire. »Wundervoll!« sagte Ryder. »Wenn ein Flugzeug eine rassige Schnauze hat, so ist es immer auch ein gutes Flugzeug. Unsere Spitfires waren so eigenstabil, daß sie uns zum Fliegen gar nicht brauchten. Mancher Pilot verdankt sein Leben dieser Eigenschaft der ersten Spitfires. Verlor einer von uns mangels Sauerstoff die Besinnung, begann seine Spitfire mit der Nase vornüber zu stürzen, dann aber fing sie sich ganz von selbst wieder.«

In Hornchurch konnte Al Deere von der 54. aus Erfahrung sprechen. Kurz nachdem seine Staffel die Spitfires erhalten hatte, konzentrierte er sich während des Steigfluges auf 8000 m in den Wolken so sehr auf seine Instrumente, daß er vergaß, die Sauerstoffzufuhr zu regeln. Er verlor das Bewußtsein, und erst nach einem Sturz auf 4000 m Höhe kam er wieder zu sich, genau im richtigen Augenblick, um über dem Meer abzufangen. Eine Hurricane hätte da nicht so leicht mitgemacht.

»Beide Maschinen«, schloß Ryder, »waren außerordentlich stabil.

Die Spitfire war rascher und leichter; die Hurricane wendiger bei niedrigerer Geschwindigkeit und eine bessere Plattform beim Schießen.«

Überall herrschte das Gefühl, daß der Krieg unmittelbar bevorstand. Als Generalmajor Trafford Leigh-Mallory, der das 12. Geschwader kommandierte, im März die 611. Staffel besichtigte, meldete er James McComb seine Ernennung zum Staffelführer im Fall eines Krieges. Doch er ermahnte ihn streng: wenn auch sein Verhalten im Dienst voll befriedige, so spiele er doch sonst zu sehr den Clown. Worauf Hauptmann McComb seinen Vorgesetzten wissen ließ, daß das, was er außerhalb des Fluggeländes mache, ihn überhaupt nichts angehe. Schließlich wurde er ein enger Freund von Leigh-Mallory, von dem er sagte: »Es war schwierig, ihn kennenzulernen, und er hatte eine ziemlich hochtrabende Art, doch ich glaube, dahinter verbarg sich nur Schüchternheit.«

Am Höhepunkt der Schlacht um England sollte Leigh-Mallory in einen heftigen Konflikt mit dem Befehlshaber des benachbarten 11. Geschwaders geraten. Dieser Offizier hatte mir einen Dienst erwiesen, als er die Basis Tangmere kommandiert hatte. Jetzt war er, als höherer Generalstabsoffizier beim Oberkommando der Jagdwaffe, die rechte Hand Dowdings. Er hieß Keith Park.

Fünf Tage nach dem kurzen Aufenthalt Hitlers im eroberten Prag widmete sich von Ribbentrop einem anderen Problem. Er bestellte den Botschafter Polens, Lipski. Als dieser am 21. März gegen Mittag bei ihm eintraf, fand er einen eisigen und aggressiven von Ribbentrop, der ihm erklärte, der Führer schätze die Haltung Polens immer weniger; man müsse die Frage des Danziger Korridors bereinigen. Am 26. März kehrte Lipski aus Warschau zurück mit der kategorischen Weigerung Becks, des polnischen Außenministers, auf die deutschen Ansprüche an Danzig einzugehen. Am 28. warnte Beck den deutschen Botschafter in Warschau, Hans-Adolf von Moltke, daß jeder Versuch einer Intervention in Danzig ein *casus belli* sein werde. Am 31. verkündete Chamberlain im Unterhaus, daß Frankreich und England Polen jede in ihrer Macht stehende Hilfe leisten würden, wenn es sich einer Aggression gegenübersähe. Am 1. April erklärte Hitler, geschützt von einer kugelsicheren Glasscheibe, beim Stapellauf des Schlachtschiffes *Tirpitz* in Wilhelmshaven, daß er den Weg, den er sich vorgenommen habe, weitergehen werde. Zwei Tage danach befahl er der Wehrmacht, in einer als »geheime Kommandosache« gekennzeichneten Verordnung, der ersten, die mit »Fall Weiß« überschrieben war, sich auf die Verteidigung der Grenzen und den Krieg gegen Polen vorzubereiten. Die Wehrmacht müsse »ab 1. September 1939 jederzeit« bereit sein.

Am 15. April traf Göring in Rom ein. Bei der Unterredung am 16. mit seinem alten Freund Mussolini kam er auch auf Rußland zu sprechen. Ein Satz in einer kürzlich von Stalin gehaltenen Rede sei ihm aufgefallen: »Die Russen werden sich niemals dazu hergeben, als Kanonenfutter für die kapitalistischen Länder zu dienen.« Göring wollte Hitler fragen, »ob man nicht vorsichtig bei Rußland mit dem Ziel einer Annäherung vorfühlen könne.« Mussolini nahm den Gedanken günstig auf.

Am selben Tag empfing in Moskau der Volkskommissar für Auswärtige Angelegenheiten Litwinow den britischen Botschafter. Er schlug ihm einen Beistandspakt zwischen Frankreich, Großbritannien und der UdSSR vor. Doch kaum waren London und Paris von dem sowjetischen Vorschlag verständigt, als der Botschafter der UdSSR im Auswärtigen Amt in Berlin vorsprach. Rußland sehe keinen Grund, erklärte er, warum es nicht normale Beziehungen mit dem Dritten Reich unterhalten sollte. Und aus normalen Beziehungen könnten wachsend bessere werden.

Nichts hätte Hitler besser passen können. Rußland mußte unbedingt in Schach gehalten werden. Da Frankreich und England entschlossen waren, ihm den Weg nach Osten zu versperren, würde er zunächst mit diesen beiden Mächten abrechnen müssen. Dann erst könnte er sich gegen Rußland wenden. Allerdings komplizierte Polen ärgerlicherweise die Sache. Wenn Polen sich hartnäckig weigerte, mit Deutschland zusammenzugehen, mußte man es liquidieren. Das dringendste war jedoch, zu einer Übereinkunft mit Rußland zu kommen.

Göring hatte Mussolini gesagt, daß er mit dem Führer über einen Annäherungsversuch sprechen werde. Am 17. Mai suchte der sowjetische Geschäftsträger in Berlin, Astachow, Dr. Julius Schnurre im Reichsministerium auf. Es bestünden keine außenpolitischen Gegensätze zwischen Deutschland und der Sowjetunion meinte er, und infolgedessen liege kein Grund für eine Gegnerschaft der beiden Staaten vor. Man habe allerdings in der Sowjetunion das ausgesprochene Gefühl der Bedrohung durch Deutschland. Es sei gewiß möglich, dieses Gefühl der Bedrohung und das Mißtrauen in Moskau zu zerstreuen. Der Versuch brachte schon Ergebnisse.

Doch ein anderer, davon sehr verschiedener Versuchsballon kreuzte in jenem Augenblick über der Nordsee an der Ostküste der Britischen Inseln. Registriert als »L 127« war er sehr viel bekannter unter dem Namen *Graf Zeppelin*. An Bord hatte er den Generalmajor Martini, Leiter des Nachrichtenwesens der Luftwaffe, mit einer Ladung von Hochfrequenzempfängern und einem sehr komplizierten System von Antennen. Der Grund zu diesem ganzen Aufwand war, das englische Radarsystem abzutasten.

Seit Februar 1939 unterstand Martini direkt Milch. Lange bevor die Luftwaffe 1935 die Tarnkappe abwarf, hatte er schon die Grundlage zu einem Funkmeß-System und Funknachrichten-System durch den Bau von Sende- und Empfangsstationen gelegt. Da er sich der Bedeutung von Nachrichten für die Luftwaffe sehr bewußt war, hatte er immer wieder betont, daß die Luftwaffe ernsthafte Schwierigkeiten haben werde, wenn ihre eigenen Funkabteilungen nicht durch ein wirksames Übermittlungssystem untereinander verbunden würden. Von der Gondel des *Graf Zeppelin* aus hoffte Martini nicht nur zu entdecken, wie das englische Radar funktionierte, sondern auch welchen Platz es innerhalb der Luftverteidigung einnahm. Die einhundert Meter hohen Masten, die wie Wegmarken von den Orkneys bis zur Insel Wight aufragten, glichen jenen, welche die Deutschen für ihre Radars Freya und Würzburg verwendeten.

Während der *Graf Zeppelin* nördlich von der englischen Küste kreuzte, gaben seine Empfänger nichts Aufschlußreicheres von sich als ein ständiges Geknister; aber die Bedienung in den Radarstationen von Canewdon und von Bawdsey überwachten in aller Ruhe auf ihren Kathodenröhren das langsame Weiterrücken seines »Leucht-Echos«. Und während eine Station nach der anderen das Luftschiff ausmachte und meldete, verfolgten die Auswertungs- und Operationsräume des Oberkommandos der Jagdflieger gelassen seinen Kurs nach Norden. Über der Mündung des Humber fingen die Abhör-Stationen eine Funkmeldung des Zeppelins auf. Er gab seinen Standort als »einige Meilen vor der Küste« durch. Die Spezialisten beim Oberkommando der Jagdflieger konnten sich eines Lächelns nicht enthalten: sie hatten den *Graf Zeppelin* gerade sehr genau in den Wolken über Hull ziemlich weit im Binnenland »geortet«. Der Offizier vom Dienst, Hauptmann Walter Pretty, erzählt: »Wir waren der Versuchung nahe, ihm durch Funk eine Berichtigung zu senden. Aber dann hätte er gemerkt, daß wir ihn auf dem Radar sahen. Wir blieben also stumm.«

Hatte der *Graf Zeppelin* sich wirklich über seine Position geirrt, oder wollte Martini eine Falle stellen? Jedenfalls fiel Pretty nicht darauf 'rein, und Martini flog nach Deutschland zurück, ohne Näheres über das englische Radar entdeckt zu haben.

Die Beobachter der Station Bawdsey erlebten ein paar Tage später um die Mittagszeit eine andere Überraschung. »Die Deutschen kommen!« schrien sie, als das Radar-»Echo« ungefähr 50 Maschinen anzeigte, die sich der Küste näherten. Doch ein Dutzend Kilometer vor der Küste machte das »Echo« kehrt, zurück in Richtung Deutschland. Für die jungen Funkerinnen war es ein Vorgeschmack auf die nahe Zukunft – wie auch für die Luftwaffe, die diesmal allerdings nur einen Übungsflug gemacht hatte.

Anfang Mai sagte der Luftwaffenstabschef, General Hans Jeschonnek, zu General Helmuth Felmy: »Die Rolle Ihrer Luftflotte 2 wird es sein, dem Heer in Holland und Belgien beizustehen und England anzugreifen.« Felmy und sein Stab hielten zahlreiche Konferenzen ab und veranstalteten »Kriegsspiele«, ehe sie sich zu fünftägigen Luftmanövern entschlossen.

Doch die Lehren, die sie aus all dieser Aktivität zogen, waren nicht sehr ermutigend. Die Operations-Abteilung im Generalstab meldete in ihrem Bericht: »Es fehlt uns an Maschinen im Verhältnis zu der großen Anzahl von Zielen und dem ausgedehnten Operationsgebiet«. Der Westen und Südwesten Englands blieben außer Reichweite der Bomber, die von den in Deutschland liegenden Basen abflogen. Kleinere Angriffe gegen Rüstungsfabriken in der Nähe von London und im Südosten Englands waren möglich.

Unter dem Datum des 22. Mai kam der Bericht des Oberkommandos der Luftwaffe (OKL) zu dem Schluß, daß die 2. Luftflotte nicht stark genug sei, um einen entscheidenden Schlag zu führen. Die Schlußfolgerungen General Felmys, die im vorangegangenen Jahr Göring so geärgert hatten, wurden durch die Praxis bestätigt. Diese schlechten Nachrichten waren es nicht allein, die Göring an diesem Tag die Laune verdarben. Eine italienische Delegation mit Außenminister Ciano an der Spitze traf in Berlin ein, um den Stahlpakt zu unterzeichnen, mit dem Mussolini sein Geschick mit dem Hitlers verband. Es wurde ein Empfang gegeben, Hitler war anwesend. An Joachim v. Ribbentrops Hals hing das Band des Annunziatenordens, ein besonderer Gnadenerweis des Königs von Italien. Das war zuviel für Göring. Vor Wut und Trotz fast weinend, rief er aus, der Orden hätte ihm verliehen werden müssen.

Während dieser Zeit zog General Hans Geisler, ein erfahrener Mann des Marinefliegerkorps, der dem Stabsquartier der 2. Luftflotte zugeteilt war, die detaillierte Bilanz des letzten »Kriegsspiels«. Seine Absicht war, im Hinblick auf den Luftkrieg gegen England die bestmögliche Strategie festzulegen. Er brauchte mehr als zwei Monate, bis er mit diesem dornigen Problem fertig wurde. Am 23. Mai, einen Tag nachdem die Operationsabteilung des OKL entschieden hatte, daß die Luftwaffe im derzeitigen Stadium nicht dazu in der Lage sei, einen entscheidenden Sieg über England zu erzwingen, rief Hitler vierzehn seiner Generäle zu einer geheimen Konferenz in die Reichskanzlei. Es nahmen unter anderen teil: Göring, Milch, Admiral Raeder und für die Wehrmacht von Brauchitsch, Halder und Keitel. Oberstleutnant Schmundt, Adjutant des Führers, führte Protokoll. Nach den Notizen von Schmundt war viel von England die Rede. »England ist unser Feind, und die Auseinandersetzung mit England geht auf Leben und Tod.« Doch wie konnte man, nach den Ergebnissen, die das letzte »Kriegsspiel« gezeigt hatte, es der Luftwaffe ermöglichen, die in den Plänen vorgesehenen Schläge auszuführen? Hitler wußte die Antwort: »Die holländischen und belgischen Luftstützpunkte müssen militärisch besetzt werden. Auf Neutralitäts-Erklärungen kann nichts gegeben werden.« Danach setzte er noch prophetisch hinzu: »Der Angriff der Luftwaffe gegen England im Mutterland zwingt England nicht, an einem Tag zu kapitulieren. Wird jedoch die Flotte vernichtet, so ist unmittelbare Kapitulation die Folge.« Doch die Kriegsmarine konnte diese Aufgabe nicht erfüllen. Nach dem Stand des deutschen Kriegsschiffs-Bauprogramm war eine Flottenparität erst in sechs Jahren zu erwarten. Die Luftwaffe sollte also doch die größte Bedrohung der britischen Seestreitkräfte darstellen. »Anzustreben bleibt, dem Gegner zu Beginn den vernichtenden Schlag beizubringen. Hierbei spielen Recht oder Unrecht oder Verträge keine Rolle ... Gelingt es, Holland und Belgien zu besetzen und zu sichern, sowie Frankreich zu schlagen, dann ist die Basis für einen erfolgreichen Krieg gegen England geschaffen ... Ziel ist immer«, schloß Hitler, »England auf die Knie zu zwingen.« Kein einziger seiner Generäle erhob Einspruch.

Am selben 23. Mai machte S.M.S. *Otranto,* auf dem Rückweg nach England, Station in Colombo. An Bord befand sich ein junger Australier von einundzwanzig Jahren, Bill Millington, der in Großbritannien geboren, dann mit seiner Familie ausgewandert war. Wie Tausende anderer junger Australier, Neuseeländer, Kanadier, Südafrikaner und Rhodesier, für die England noch das Mutterland blieb, kehrte Bill Millington in die »Heimat« mit dem düsteren Vorgefühl zurück, daß sie ihn bald brauchen werde.

Die Ankunft Bill Millingtons bei den Docks von Tilbury, am 14. Juni erregte kein Aufsehen. Ebenso unbemerkt, jedoch aus anderen Gründen, blieb die Ankunft von William Strang vom Foreign Office an der Spitze der britischen Delegation in Moskau; sie hatten den Auftrag, mit Stalin und Molotow zu verhandeln.

Hitler hatte ebenso wenig Lust wie die Engländer, vom russischen Bären umarmt zu werden. In seinem Berghof bei Berchtesgaden in 2000 m Höhe entschied er an jenem Tag, er sähe keinerlei Interesse, im Augenblick Gespräche mit Moskau zu führen.

Doch am 18. Juli ergriffen die Russen erneut die Initiative. Zufrieden versprach Astachow, Moskau sofort zu verständigen. Die Deutschen warteten mit wachsender Sorge: sie wußten, daß drei Tage vorher England und Frankreich das Angebot der Russen angenommen hatten, Militärbesprechungen abzuhalten. Doch statt sofort in ein Flugzeug zu springen und nach Moskau zu fliegen, bestiegen sie ein Schiff nach Leningrad. Ergebnis: fünf verlorene Tage. Als sie am 11. August eintrafen, hatte Hitler einen wichtigen Vorsprung gewonnen.

Während dieser ganzen Zeit herrschte auch an anderen Fronten rege Aktivität. Eines der seltsamsten Instrumente von Hitlers anti-englischer Politik, der *Graf Zeppelin,* war wiederum gekommen, um das Radarnetz der R.A.F. zu erkunden. Seit zwei Tagen war abnehmender Mond, aber es lag eine starke Wolkendecke über England, als das große Luftschiff in der Nacht zum 2. August die Nordsee in Richtung auf die Britischen Inseln überquerte; an Bord befand sich der Oberstleutnant Gosweitch, der für die Funküberwachung zuständig war. Seine Aufgabe war es, Wellenlänge, Stärke und die Standorte aller Hochfrequenzsendungen englischen Ursprungs zu ermitteln. Doch auch diesmal hatten die Deutschen wenig Glück. Nicht das geringste Knistern ging durch den Äther, während der *Graf Zeppelin* 25 km vor der Küste mit Kurs Nord kreuzte. Am 3. August um 15 Uhr kam er auf der Höhe von Kincardineshire aus den Wolken heraus und wurde von der Küstenwache und zwei Jägern der R.A.F. gesichtet. Er hatte dabei die Taktlosigkeit, sehr tief über den Leuchtturm von Girdleness hinwegzufliegen.

Am 4. August um 4 Uhr früh hatte der enttäuschte Gosweitch sich zu Hause ins Bett gelegt, als das Telefon klingelte. Stabschef Jeschonek war am Apparat: das Londoner Blatt *Daily Telegraph* berichtete, daß der *Graf Zeppelin* die englische Küste überflogen habe – stimme es? Ganz falsch, antwortete Gosweitch.

Im Laufe des Tages dementierte das Luftfahrtministerium des Reichs, daß das Luftschiff sich absichtlich der englischen Küste genähert habe. Das Kommuniqué stellte jedoch fest: »Es haben in den letzten achtundvierzig Stunden schwere Stürme geherrscht, und es ist darum möglich, daß der *Graf Zeppelin* von seinem Kurs abgekommen ist.«

Wie es das Oberkommando der Jagdflieger in Großbritannien schon im Mai einmal gemerkt hatte, war die Navigation an Bord des Luftschiffs durchaus nicht immer einwandfrei. Man sollte jedoch diese Ausrede nicht über Gebühr strapazieren.

Zum Glück hatte der *Graf Zeppelin* seinen Spionage-Auftrag beendet, als zwei Tage später, am 6. August, die Manöver der R.A.F. begannen. Sonst wäre er in der Lage gewesen, das Funkgeplauder zwischen den Kontrolltürmen und den Verbandsführern aufzufangen – was die gesamte Geheimhaltung der Operationen unmöglich gemacht hätte. Denn obwohl das Radar den Schwerpunkt bildete, war es nur ein Teil des Verteidigungssystems. Die Radarstationen, welche die Feind-Maschinen bei ihrer Annäherung »orteten«, die Jagdverbände, die aufstiegen, um sie abzufangen, die Flak, die Scheinwerfer der Fesselballone, die Alarmsirenen, all diese lebenswichtigen Elemente verband ein Nachrichtennetz von äußerster Kompliziertheit. Es wurde von Hunderten von Männern und Frauen bedient. Das Ganze ergab ein Verteidigungssystem ohnegleichen. Es beruhte darauf, was Dowding »die durchdachte Anwendung der Wissenschaft auf die operativen Erfordernisse« nannte.

Die Radarstationen der CH *(chain home)* hatten ihre »Augen« in

einem Bogen von 120° und mit einer Reichweite von 180 km aufs
Meer gerichtet. Sie konnten Entfernung, Richtung, Höhe und Stärke
eines feindlichen Angriffsverbandes feststellen. Ihre 100 m hohen
Masten schlossen aber jede Beweglichkeit aus. Hatte der Feind die
Küste überflogen, so wurde er durch das Korps der Beobachter
»geortet« und zwar, je nach Wetter und Tageszeit, durch Sicht und
Gehör.

Die Radar-»Ortungen« wurden dem Oberkommando der Jagdflieger übermittelt, das in Bentley Priory in Stanmore bei London
lag, und im Auswertungsraum Dort siebte ein Offizier – einer
für jede Radarstation – die Meldungen und teilte sie in »Freund«
und »Feind«. Nach der Kontrolle gingen die Meldungen zum
benachbarten Operationsraum. Dort befand sich das Kontroll-
zentrum des Oberkommandierenden, in diesem Fall Dowdings. Zu
jeder Sekunde bei Tag und bei Nacht konnte er auf einem Kartentisch die genaue Situation über den Britischen Inseln überblicken.
Außer dem Kontrolloffizier vom Dienst hielten Verbindungsoffi-
ziere Kontakt mit dem Kommando der Flak (Artillerie und Scheinwerfer), dem Korps der Beobachter, dem Bomber-Kommando und
der Küstenverteidigung, der Admiralität und dem Ministerium des
Innern (Alarmsirenen). Die Jagdflieger-Geschwader deckten jeweils
eine genau bezeichnete Zone. Das 11. Geschwader von Portsmouth
bis zur Themsemündung; das 12. von der Nordseite der Themsemündung bis nach Yorkshire, jedes mit einem entsprechenden Hinterland. Weitere Zonen sollten im Lauf des kommenden Jahres geschaffen werden. Jede Zone erhielt vom Oberkommando der Jagdflieger ausgewertete Radarnachrichten und vom Korps der Beobachter direkt alle übrigen verfügbaren Informationen. Auch die
Ballonsperren waren direkt mit dem Operationsraum jeder Zone
verbunden.

In diesem Operationsraum konnten der Überwachungs-Chef und
sein Kontrolloffizier ebenfalls zu jeder Zeit die genaue Entwicklung
der Situation auf der Karte seiner Zone verfolgen. Um diesen Kartentisch herum saßen die Spezialistinnen der W.A.A.F. (Women's
Auxiliary Air Force) mit Kopfhörern und einem Croupier-Rechen
in der Hand, um die Jetons von verschiedener Farbe, die die Flugzeuge darstellten, nach Maßgabe der eintreffenden Meldungen hin-
und herzuschieben. Der Zonen-Überwachungschef verteilte die Ein-
satzaufträge an die Jagdverbände.

Jeder Verband war seinerseits für einen begrenzten geographischen Raum zuständig. Die Flugplätze hatten ihren eigenen Operationsstab, der die D/F *(Direction Finding:* Radiopeilung) und die eigentlichen Operationen bearbeitete, wobei die D/F den eigenen Jägern folgte. Die I.F.F. *(Identificaltion Friend or Foe* – elektronischer Sender-Empfänger) ermöglichte die Identifizierung der Freund- und Feindmaschinen, dank dem kleinen automatischen Sender, der in jeder Maschine installiert war.

Die D/F teilte die Position der eigenen Jäger dem Operationsraum mit, wo zwei Kontrolleure, jeder von einem Navigator unterstützt, rasch die Abfang-Koordinaten ausrechneten und sie übermittelten. Der Zonen-Überwachungschef lenkte das Eingreifen seiner Jäger. Untereinander benützten sie einen sehr einfachen Code: *scramble* = steigen; *angels* = Höhe (z. B. *angels ten* = 10 000 Fuß Höhe); *orbit* = kreisen (um einen bestimmten Punkt); *vector* = steuern (einen bestimmten Kurs); *buster* = Vollgas; *tally-ho* = Feind in Sicht; *pancake* = landen.

Jede Jagdstaffel hatte einen Codenamen, zweisilbige, eigens erfundene Wörter, die manchmal recht merkwürdig waren, etwa: Jaunty, Tennis, Wagon, Lumba usw. Jede Staffel als taktische Einheit von 12 Maschinen war in vier Ketten zu je drei Maschinen unterteilt: die »rote« und die »gelbe« Kette bildeten die Rotte A; die »blaue« und die »grüne« die Rotte B. Die Flieger jeder Kette waren »numeriert«: »Blau 1« flog an der Spitze der Kette »Blau«, es folgten ihm »Blau 2« und »Blau 3«.

Das ganze System beruhte auf ein äußerst kompliziertes und bis ins letzte Detail organisiertes Nachrichtennetz: radiomagnetische Wellen (vom feindlichen Ziel bis zur Radarstation), dann Telefon (bis zum Oberkommando der Jagdflieger, dem Bezirk und der Zone), schließlich Radiotelefon (vom Operationsraum zum Jäger am Himmel). Eine ernstliche Unterbrechung an irgendeiner Stelle dieses komplizierten Kreislaufes mußte zwangsläufig das Ganze mehr oder weniger paralysieren.

Indem die Deutschen den *Graf Zeppelin* ausschickten, um das englische Radarsystem auszuspionieren, suchten sie nur die halbe Antwort. Sie hätten sie mit weniger Mühe und weniger Kosten finden können. Jahrelang war die Abhörstation Bawdsey in Suffolk ohne Drahtverhau; vom Strand aus konnte jeder, der nur wollte, eintreten. Ebenso konnte die Station Dover mit ihren 100 m hohen

Masten vom Strand aus fotografiert werden – was auch tatsächlich häufig geschah. Jeder deutsche »Tourist« in Shorts und mit einem Rucksack, um die nötige Ausrüstung zu tarnen, hätte die Radarsignale abfangen können. Im Hinblick auf das Resultat war der *Graf Zeppelin* ein kostspieliger Versager.

Einen Monat zuvor, am 1. Juli, hatte Hitler, in Begleitung von Göring und Milch, in Rechlin die beiden deutschen Radarmodelle geprüft: Würzburg und Freya. Der Würzburg war klein, außerordentlich beweglich, mit großer Geschwindigkeit im Orten innerhalb eines Radius von 35 bis 40 km. Er war das ideale Gerät für die Flak, obwohl deren Kommando sich nicht besonders dafür zu interessieren schien.

Der Freya dagegen, ein Modell für die Ortung auf große Entfernung, hatte einen Aktionsradius von etwa 110 km über 360°, und auch die Beweglichkeit war vollkommen. Jedoch machte er keinerlei Höhenangaben. Es wurden 800 Würzburg und 200 Freya in Auftrag gegeben. Trotzdem hatten die Deutschen nicht daran gedacht, ihre ausgezeichneten Radars mit einem Luftverteidigungssystem zu verbinden, und zwar aus dem einfachen Grund, weil sie auf die Offensive, nicht auf die Defensive eingestellt waren. Gerade deshalb machte Milch sich wegen des Mangels an Bombern Sorgen. In Rechlin kam er darauf zu sprechen, nur um die kategorische Antwort Hitlers zu erhalten, er habe gar nicht die Absicht, sich in einen allgemeinen Konflikt zu verwickeln.

Beim Oberkommando der Luftwaffe gab es jedoch Realisten, die sich über einen eventuellen Luftkrieg mit England ernsthaft Gedanken machten. Unter anderen General Geisler. Während die R.A.F. eine Generalprobe ihrer Luftverteidigung abhielt, schlug Geisler am 7. August einen Offensivplan vor. Er schlug folgende Ziele für die Luftwaffe vor:

1. die Luftherrschaft sichern
2. die britische Kriegswirtschaft lähmen
3. den Seehandel blockieren
4. die Flotte angreifen
5. die Truppen- und Materialtransporte zum Kontinent angreifen und mit einer Invasion drohen oder sie sogar durchführen.

Es war eine der ersten Anspielungen auf die Möglichkeit einer Invasion. Die allererste scheint vom Leiter des Nachrichtendienstes

»Beppo« Schmidt zu stammen. Er hatte im Juli die Meinung geäußert, daß die Niederlage Englands nicht allein durch Luftangriffe
zu erreichen sei, sondern daß ein entscheidender Erfolg nur durch
eine Invasion erzielt werden könne.

Geisler war hinsichtlich der Chancen, England 1940 zu bezwingen,
pessimistisch. Er meinte, man müsse noch ein Jahr länger dafür
rechnen, wenn die Luftwaffe eine wirkliche Bedrohung geworden
sei. Fast gleichzeitig wie die R.A.F. hielt auch die Luftwaffe eine
Generalprobe ab. Der französische Luftfahrtattaché Stehlin wurde,
entgegen dem bisher üblichen Brauch, nicht mehr eingeladen. Die
2. Luftflotte, dazu bestimmt, im Kriegsfall England anzugreifen,
wurde voll eingesetzt. Mit scharfen Bomben beladen, hatten die
Bomber als Ziele: Häfen, Industrieanlagen und militärische Einrichtungen. Um es realistischer zu machen, nahmen die Bomberbesatzungen ihre komplette Rettungsausrüstungen an Bord und erhielten den Befehl, Kurs aufs Meer zu nehmen.

Dann folgten auch Manöver in der Gegend von Kottbus, südöstlich
von Berlin. Am 10. August kamen in Neuhammer Dutzende von
Generälen zusammen, um einer Vorführung von Sturzkampfbom-
bern zuzusehen. »Das roch schon nach Krieg«, sagte Rudolf Braun,
der mit seiner Einheit, der 1. Gruppe des Stukageschwaders 3, einer
der Teilnehmer war. In der Reihenfolge eines normalen Angriffs
kam zuerst die Stabskette des Kommandeurs, der die Staffeln 1,
2 und 3 folgten. Aus unerfindlichen Gründen erhielt diesmal die
erste Staffel, unter dem Kommando von Oberleutnant Peltz, den
Befehl, als letzte anzugreifen. Rudolf Braun behielt dadurch sein
Leben. Der Wetterdienst meldete zwischen 900 m und 2000 m
dichte Bewölkung. Darunter gute Sicht. Um 6 Uhr morgens griff
Hauptmann Sigel an. Aus 4000 m flog er an der Spitze seiner
Gruppe. Er drehte seine Ju 87 halb auf den Rücken und stürzte
fast senkrecht dem Boden entgegen, begleitet von den Oberleut-
nants Eppen und Müller. Unten lauschten die Generäle, darunter
auch Wolfram von Richthofen, der Kommandant der Stukas, dem
Geheul der Sturzbomber. Während das Geheul anschwoll, stellten
sie entsetzt fest, daß nichts die Katastrophe aufhalten konnte. Der
Wetterbericht hatte sich geirrt: die Bedeckung reichte bis 100 m
herab.

Sigel, der in sein Mikro »Abfangen!« schrie, gelang es noch, sich in
Höhe der Baumwipfel zu retten. Doch Eppen schlug auf; ebenso

Müller. Die neun Ju 87 der 2. Staffel zerschmetterten gleichfalls. Ebenso zwei von der 3. Staffel.

Rudolf Braun und seine Kameraden von der 1. Staffel hatten Sigels Schrei gehört. Sie kreisten weiterhin über der Wolkendecke, durch die nun die Rauchsäulen von den Trümmern der 13 Stukas schwarz aufstiegen. Das Stukageschwader 3 hatte 26 junge Männer eingebüßt. Die Übung war noch nicht beendet, aber man befahl, sie abzublasen und die Einheiten zu ihren Stützpunkten zurückzuschikken. Sigel bestand aber darauf weiterzumachen. Keiner von den paar Piloten, die ihm noch blieben, zauderte.

Göring kam nicht dazu, den Plan Geislers für eine eventuelle Offensive der Luftwaffe gegen England zu studieren, als er ihm am 7. August vorgelegt wurde. Er hatte an diesem Tag eine Verabredung mit einer Gruppe britischer Industrieller in Sönke-Nissen-Koog bei Wenningstedt auf der Insel Sylt. Die Begegnung fand auf Anregung des schwedischen Industriellen Birger Dahlerus statt, den Göring durch die Familie seiner ersten Frau kannte. Dahlerus, der in Deutschland und England große Interessen hatte, war in der ehrlichen Überzeugung zu Göring gekommen, er könne helfen, einen Weltkrieg zu verhindern. Er hatte Göring versichert, daß London die Garantie für Polen sehr ernst nehme. Die Engländer waren gekommen, um dem General der Flieger zu bestätigen, daß die gesamte britische Industrie hinter dem Kabinett stehe.

Nachdem er Emmy und seine Tochter Edda besucht hatte, die auf Sylt Urlaub machten, stieß Göring schwitzend zu den Besuchern. Er antwortete ihnen auf ihre Fragen mit freundschaftlicher Offenheit. Er habe den Eindruck, daß England, in seiner Feindschaft gegen den Nationalsozialismus, die Wandlung nicht begreife, die sich seit dem Wiederaufstieg Deutschlands in Europa vollzogen habe. Trotz der Reibungen zwischen beiden Ländern wolle er sich mit aller Kraft für den Frieden einsetzen und bitte seine Zuhörer, ihren Einfluß im selben Sinn geltend zu machen.

Unter den Anwesenden erhoben sich Stimmen gegen die aggressiven und skrupellosen Methoden Hitlers. Darauf gab Göring sein feierliches Ehrenwort »als Staatsmann und Offizier«, daß Deutschland nicht die Absicht habe, Polen einzukreisen und, daß, sobald das Problem Danzig gelöst sei, keine weiteren Forderungen gegenüber Polen bestünden.

Anschließend an diese Begegnung unternahm Göring eine Rundreise durch das Ruhrgebiet. Am 9. August in Berlin zurück, erklärte er, das Ruhrgebiet werde von keiner einzigen Bombe getroffen werden. »Wenn je ein einziger feindlicher Bomber soweit gelangen sollte, will ich nicht mehr Göring heißen, dann könnt ihr mich Meier nennen.« Nicht einmal neun Monate später nannte ihn ganz Deutschland so.

Um dieselbe Zeit erhielt ein gewisser SS-Mann, Alfred Helmuth Naujocks, vom stellvertretenden Führer der SS, Heydrich, den Befehl, »einen Anschlag auf die Radiostation bei Gleiwitz in der Nähe der polnischen Grenze vorzutäuschen und es so erscheinen zu lassen, als wären die Polen die Angreifer gewesen«. Heydrich betonte: »Ein tatsächlicher Beweis für polnische Übergriffe ist für die Auslandspresse und die deutsche Propaganda nötig.«
Am 11. August trafen sich v. Ribbentrop und Ciano nahe Salzburg. Ihr Gespräch, das Ciano als »eisig« bezeichnete, überzeugte den Schwiegersohn des Duce von der »unsinnigen und halsstarrigen Entschlossenheit Ribbentrops, den Konflikt zu provozieren«. Am Tag darauf begab sich Ciano, sehr beunruhigt, nach Berchtesgaden zu einer Unterredung mit dem Führer. Er fand Hitler genauso unerbittlich entschlossen, seine Aggressionspläne gegen Polen weiterzuverfolgen. Am 13. gelang Ciano vor seiner Abreise, ihm noch das Datum der katastrophalen Unternehmung zu entlocken: »Spätestens Ende August.«
»Das ganze große Theater nähert sich dem Abschluß«, sagte Hitler am Tag darauf zu seinen Oberbefehlshabern der Wehrmacht. Brauchitsch, Raeder und Göring, auch Todt, der künftige Erbauer des Atlantikwalls waren anwesend, ebenso Halder, der Generalstabschef der Wehrmacht. »Die Männer, die ich in München kennengelernt habe«, erläuterte Hitler, »machen keinen neuen Weltkrieg.« England werde vielleicht noch sehr laute Töne machen ... aber nicht bewaffnet in den Konflikt eingreifen ... Polen müsse innerhalb einer oder zwei Wochen geschlagen werden, damit die Welt, von Polens Zusammenbruch überzeugt, keinen Versuch zu seiner Rettung mache.
Auch diesmal erhob keiner der Anwesenden Einspruch. Göring ebensowenig wie die anderen, trotz seines Ehrenworts »als Staatsmann und Offizier«, das er eine Woche vorher den englischen In-

dustriellen gegeben hatte, daß nämlich Deutschland keine feindlichen Absichten gegen Polen hege.

Die folgenden acht Tage waren von der phantastischen Pokerpartie zwischen Berlin und Moskau ausgefüllt. Am Abend des 14. August telegraphierte v. Ribbentrop seinem Botschafter, Schulenburg, in Moskau, er solle Molotow aufsuchen und ihm mitteilen, er, Ribbentrop, sei bereit, »zu einem kurzen Besuch nach Moskau zu kommen«, um über »eine endgültige Bereinigung der deutsch-russischen Beziehungen« zu sprechen.

Molotow nahm den Vorschlag »mit größtem Interesse entgegen«; aber obwohl in den nächsten Tagen ein lebhafter Austausch von Telegrammen zwischen v. Ribbentrop und Schulenburg folgte, zeigte Moskau keine Eile, einen Termin für Verhandlungen festzulegen. Am 19. kam endlich die dringend erwartete Nachricht, der Herr Reichsaußenminister könne am 26. oder 27. August in Moskau eintreffen. Hitler überwand seinen Stolz und beschloß, ein langes persönliches Telegramm an Stalin zu schicken. Er bat ihn, er möge Ribbentrop doch spätestens am 23. empfangen. Vierundzwanzig Stunden ließ Stalin Hitler warten. Dann traf seine Antwort ein, von Schulenburg übermittelt: Er sei mit dem Eintreffen des Herrn von Ribbentrop am 23. August einverstanden. Am 22. reiste Ribbentrop nach Moskau ab.

Während Ribbentrop nach Moskau flog, versammelten sich die Kriegsherren um den Führer. Es waren vierzehn. Für die Luftwaffe: Göring, Bodenschatz, Milch und Jeschonnek. Durch die großen Fenster des »Adlerhorstes« sah man die bayerischen Alpen in der Sonne glühen. Hitler spann sein Thema lange aus: Die Zeit für den Krieg sei gekommen. Deutschland habe nichts zu verlieren, nur zu gewinnen. »Ich habe nur Angst, daß mir noch im letzten Augenblick irgendein Schweinehund einen Vermittlungsplan vorlegt.« Vor der Essenspause dankte Göring noch dem Führer und versicherte ihm, »daß die Wehrmacht ihre Pflicht tun wird«. Es existiert kein Protokoll, aber die Notizen eines der Anwesenden über Hitlers Ausführungen am Nachmittag erhalten folgende Worte: »Vor nichts zurückschrecken ... Kampf auf Leben und Tod ... Ich werde propagandistischen Anlaß zur Auslösung des Krieges geben, gleichgültig ob glaubhaft oder nicht ... Herz verschließen gegen Mitleid. Brutales Vorgehen ... Der Stärkere hat das Recht ... «

Am 23., um 13 Uhr, empfing Hitler Chamberlains Brief und geriet in Wut. Er sei jetzt fünfzig Jahre alt, sagte er, und der Krieg wäre ihm jetzt lieber, als wenn er fünfundfünfzig oder sechzig wäre.

An diesem Abend floß im Kreml Sekt und Wodka in Strömen. Ribbentrop war mittags eingetroffen; in zwei Sitzungen war alles geregelt worden: Nichtangriffspakt mit geheimem Zusatzprotokoll, das der UdSSR die Hälfte von Polen zugestand und ihm eine »Interessensphäre« vom Baltikum bis zum Schwarzen Meer einräumte.

Die 43. Staffel war in bester Form. Wir waren mit unseren Maschinen verwachsen. Tatsächlich waren es unsere Hurricanes, die uns ungeheures Vertrauen einflößten. Dank der Leistung ihres Motors, der furchtbaren Feuerkraft der Maschinengewehre und dem Gefühl rascher und robuster Stärke, das sie uns eingaben. Monate verstrichen noch bis zum wirklichen Ernstfall. Aber wir glaubten an unsere Hurricanes. Die Leistungstabellen der Me 109 und Spitfire waren in vieler Hinsicht besser. Sie machten uns jedoch nicht im mindesten Kummer. Die Hurricane war ein wackeres Streitroß, und wir waren ihrer und unser äußerst sicher.

Caesar Hull, Feldwebel Frank Carey und ich hatten eine Art Kunstflug-Klub gebildet, der ganz und gar ungesetzlich war. Ich hielt die Mitte (es ist die leichteste Position), Caesar flog rechts und Frank links (am schwierigsten). Flügel an Flügel flogen wir Loopings, Rollen und »Immelmanns« (hochgezogene Steilkurven), bestimmten uns als Begrenzung eine Wolkenschicht, über die wir schließlich wie Heckenspringer in vollkommener Harmonie flogen. Wir erreichten dabei jenes Gefühl äußerster Lust, das der unmerkliche psychovisuelle Kontakt geben kann, wie er sich zwischen Flugzeugführern bei Kunstflügen im Verband zuweilen einstellt.

Tangmere Cottage, gegenüber dem Wachlokal, sah mehr als eine lustige Abendgesellschaft. Dort hielten Lord Willoughby de Broke und seine reizende Gattin für die Jagdflieger offenes Haus. John Willoughby hatte seine Staffel, die 605. (Grafschaft Warwick) in ihre Kriegsquartiere von Tangmere verlegt, und seine unfehlbare und warme Freundlichkeit, nebst der seiner Frau, hatte tiefe menschliche Bindungen zwischen den »Söldnern« des Reservekorps und uns »Aktiven« geknüpft.

John Simpson, der Staffelspieß, war der Freund aller. Er gehörte immer zu meiner Rotte, und sogar ich, der ich sein Vorgesetzter war, brauchte Zeit, bis ich merkte, daß er hinter seiner Zurück-

haltung ungewöhnlich viel Mut und Geschick verbarg. Er war Halb-
jude, woraus sich vielleicht die Mischung aus Sensibilität, eisernem
Willen und Fröhlichkeit erklärt, die aus ihm einen bemerkenswerten
Menschen machte. Er war auch ein eifriger Briefschreiber. Am
23. August schrieb er seinem Freund Hector Bolitho: »In diesem
Augenblick sind wir in Alarmzustand und sehr beschäftigt, uns auf
den Krieg vorzubereiten. Dieser Donnerstag, der 24., wird für den
Tag ›J.‹ gehalten. Morgen muß ich die ganze Nacht über fliegen.«
Am 24., dem Tag darauf, war die Rotte B für den Nachtdienst an
der Reihe. Wir unternahmen einen Aufklärungsflug. Es war das
letzte Mal, daß ich die freundlichen Lichter von Horsham, Brighton
und Portsmouth sah. Schon unser folgender Flug würde sich in der
Finsternis der Verdunkelung abspielen. Nach dem 24. August sollte
die 43. Staffel, in Erwartung des Unvermeidlichen, fast nicht mehr
fliegen.
Für Werner Borner und die 2. Gruppe des KG. 2 in Liegnitz, nahe
der polnischen Grenze, war es klar, daß die Stunde Null heran-
rückte. Im Frühsommer hatte das KG. 2 seine alten Ju 86 mit
Dieselmotoren gegen Dornier Do 17 ausgetauscht – ein »Vogel«,
für den seine Männer Anhänglichkeit empfanden. Sie waren sich
des zunehmenden Ernstes der Lage wohl bewußt. Die Ausbildung
war intensiviert worden: Flüge im Gruppenverband in großer
Höhe und im Tiefflug, häufig des Nachts, und Schießübungen.
Borner konzentrierte sich auf die Bedienung des MGs. Er war
entschlossen, im gegebenen Augenblick auf jeden Jäger, der in
Schußweite käme, Knall und Fall loszuknattern.
Am 22. August machte die Gruppe ihre letzte Übung in massiertem
Verband. Dann begann die nerventötende Zeit des Wartens. Während die Morgendämmerung des 25. die Nachtaufklärungsflüge der
43. Staffel beendete, hatten Borner und seine Kameraden mehr und
mehr das Gefühl, daß es nur noch wenige Stunden bis zum Kriegsausbruch wären.

Niemand war am Ende dieses Tages nervöser als der Führer. Die
Stunde Null war auf 4.30 Uhr des 26. August festgesetzt. Da wür-
den anderthalb Millionen deutscher Soldaten über die polnische
Grenze branden, während Hunderte von Bombern aufstiegen, um
bestimmte Ziele anzugreifen.
Während dieses ganzen schwülen und drückenden Tages stieg in

Berlin die Spannung. Kurz nach 18 Uhr hatte Hitler zwei höchst unangenehme Überraschungen: England hatte soeben seine Garantie in einen gegenseitigen Beistandspakt umgewandelt; die Unterschriften waren kaum trocken. Und die ängstlich erwartete Antwort Mussolinis, die kurz danach eintraf, gab zu verstehen, daß er nicht dazu bereit war, mitzumachen. Und bis zur Stunde Null waren es nur noch zehn Stunden.

Hitler ließ den Chef des OKW, Keitel, kommen: »Sofort alles anhalten ... ich brauche Zeit zu Verhandlungen.« General Halder notierte in seinem Tagebuch: »Führer ziemlich zusammengebrochen.« Doch am Tag darauf: »Führer sehr ruhig und klar ... Angriffstermin 1. 9.«

Am 27. August schrieb unser Feldwebel bei der 43. Staffel in Tangmere: »Alle Welt ist hier bemerkenswert fröhlich und nimmt alles sehr ruhig auf.« Von den hohen Regierungskreisen konnte man nicht dasselbe sagen.

Im Lauf der letzten sechs Augusttage waren verzweifelte Anstrengungen gemacht worden. Der Botschafter Henderson auf englischer und auf deutscher Seite sein Freund Hermann Göring versuchten den Frieden zu retten. Doch im Mittelpunkt des unablässigen Kommens und Gehens zwischen Whitehall und Wilhelmstraße stand nun ein dritter Mann: jener Birger Dahlerus, der am 7. August die Zusammenkunft zwischen Göring und den britischen Industriellen zustande gebracht hatte.

Ihre Bemühungen gipfelten in einem deutschen 16-Punkte-Vorschlag an Polen als Verhandlungsgrundlage. Doch Hitler hatte nicht die leiseste Absicht, auf den Angriff gegen Polen zu verzichten. Sein persönlicher Dolmetscher Karl Schmidt hörte ihn in der Folge sagen, er habe nur »ein Alibi, vor allen in den Augen des deutschen Volkes« gebraucht, dem man beweisen mußte, daß man alles zur Erhaltung des Friedens getan habe.

Am 31. August kurz nach Mittag hatte Hitler bereits seine »Weisung Nr. 1 für die Kriegführung« unterschrieben:

»1. Nachdem alle politischen Möglichkeiten erschöpft sind, um auf friedlichem Wege eine für Deutschland unerträgliche Lage an seiner Ostgrenze zu beseitigen, habe ich mich zur gewaltsamen Lösung entschlossen.

2. ... Angriffstag 1.9.39. Angriffszeit 4.45.« Die der Luftwaffe zugewiesenen Aufgaben, im Fall eines Kriegseintritts Großbritanniens, umfaßten die »Störung der englischen Seezufuhr, der Rüstungsindustrie, der Truppentransporte nach Frankreich ... Günstige Gelegenheit zu einem wirkungsvollen Angriff gegen massierte englische Flotteneinheiten ... ist auszunutzen.

Die Angriffe gegen das englische Mutterland sind vorzubereiten ... Angriffe gegen London bleiben meiner Entscheidung vorbehalten.«

General Kesselring, Chef der Luftflotte 1, war zusammen mit Göring in Wildpark in dessen Sonderzug, als ein Offizier eine der acht Kopien der geheimen »Weisung« übergab. Göring verlangte, außer sich, sofort mit v. Ribbentrop verbunden zu werden. Am Telefon schimpfte er: »Da haben Sie ja Ihren dreckigen Krieg! Sie allein sind verantwortlich dafür.« Weiß vor Wut hing er ein.

In den vierzehn Tagen, seitdem er sich in Gleiwitz befand, war der SS-Mann Naujocks nicht untätig geblieben. Ebensowenig der örtliche Gestapo-Führer Müller. An diesem letzten Augusttag um 20 Uhr löste Naujocks seine kleine aber folgenschwere Aktion, Deckname »Konserven«, aus. Müller hatte ein Dutzend deutscher KZ-Häftlinge narkotisiert, die dann von SS-Leuten in polnischen Uniformen erschossen und im Vorgelände der Funkstation liegengelassen wurden. »Wir nahmen die Radiostation wie befohlen«, erzählte Naujocks, »... schossen einige Pistolenschüsse ab und verließen dann den Platz.«

Indessen bewegte sich, in der Schwüle der Sommernacht, die deutsche Wehrmacht auf die polnische Grenze zu. Vor dem ersten Grauen des Tages am 1. September war die Luftwaffe startbereit. Der Hauptmann Adolf Galland, damals bei der 2. Gruppe des Lehrgeschwaders 2, erzählt: »Es war noch dunkel, als wir in die Maschinen kletterten. Blaue Flammen loderten aus den Auspuffrohren der Motore, die warmliefen, und beim ersten Aufdämmern des Tages fing das Feuerwerk an.«

IV

Die Feuertaufe

1

Am 1. September gab Hermann Göring einen Tagesbefehl an die
Luftwaffe aus: Die Luftwaffe, die aus dem Geist der deutschen
Flieger des 1. Weltkrieges geboren und durch die Treue zu dem
Führer beflügelt ist, sei bereit, jeden Befehl des Führers mit Blitzes-
schnelle und mit ungeheurer Kraft auszuführen.

Dieser Geist beflügelte nicht gerade Werner Borners Einheit, die
4. Staffel des KG. 2, die im frühen Morgengrauen auf das Signal
zum Angriff auf den Flugplatz von Brest-Litowsk wartete. War
es die Wirkung der dreifachen Impfung, der man die Männer am
Abend vorher unterzogen und die sie halb k.o. gemacht hatte, oder
war es die Nervosität vor dem ersten Luftangriff? Alle hatten ein
merkwürdiges, beinahe unheilverkündendes Gefühl. Sie kletterten
schweigend an Bord ihrer Do 17-Bomber. Als Bordfunker machte
Borner sich wie ein Roboter ans Werk, überprüfte seine Sende- und
Empfangsgerät und sein MG 17. Um 16.46 Uhr startete die Staffel
in Schippenheim (Ostpreußen). Mit der restlichen Gruppe, insgesamt dreißig Maschinen, traf sie sich alsbald. Plötzlich geriet eins
der Flugzeuge in den Sog eines anderen, drehte auf den Rücken und
stürzte. Zu Borners Überraschung sprang ein Besatzungsmitglied,
der Mechaniker Holewa, heraus. Er sah den Körper wirbelnd fallen. Dann merkte er mit Schrecken, daß Holewa offenbar vergessen
hatte, den Fallschirm umzuschnallen. Er verschwand im Leeren und
aus der Welt. Er war einer der ersten deutschen Flieger, die in
Hitlers Krieg umkamen.

Hans Joachim (Jocho) Helbig hob seinen Bomber Ju 88 vom Lehrgeschwader 1, genau um 4 Uhr morgens, mit heulenden Motoren ab,
auch er mit Kurs auf Brest-Litowsk. Plötzlich sah er einen polnischen Jäger unter sich. Helbigs Jagdinstinkt bekam die Oberhand.
Er tauchte mit dem Bomber hinab und stürzte sich auf den Polen,
während sein Beobachter und sein Schütze einen Kugelhagel aus-
sandten, bis der Gegner seine Tragflächen verlor. Der Beobachter
fotografierte die Trümmer. Als Helbig dem Stabsquartier die Ge-
fechtsmeldung abgab, wollte niemand die Fabel von einem Bomber,
der einen Jäger angreift, glauben. Die Aufnahme lag als Beweis
vor. Das Lehrgeschwader 1 verzeichnete seinen ersten Luftsieg.

Karl Missy war in Gabbert, nahe der polnischen Grenze, bei der 4. Staffel der 2. Gruppe des KG. 26. Niemals begegnete er während seiner zahlreichen Einsätze am polnischen Himmel einem ernsthaften Widerstand. Die polnischen Jagdflugzeuge waren langsam, die Flugabwehrkanonen schossen immer zu kurz. Aber Missy, genau wie Borner, fühlte nichtsdestoweniger ein Unbehagen. Alle Männer seiner Einheit waren überzeugt, daß Polen nur der Anfang war; selbst wenn auch die polnische Luftstreitmacht rasch ausgeschaltet wurde, glaubten sie doch, daß der Krieg sich nicht darauf beschränken könne.

Die schwere Sorge des britischen Oberkommandos der Jagdflieger bestand in der Frage: Wann war der »entscheidende Schlag« zu erwarten, den die Luftwaffe gleich bei Beginn der Feindseligkeiten führen würde? Niemand zweifelte, daß er unmittelbar bevorstehe. Urlaubssperre war verhängt worden. Seit einer Woche hatte man angefangen, das Reservekorps und die Freiwilligen der Reserve zu mobilisieren. Die meisten dieser Zivilpiloten der Friedenszeit steckten jetzt in Uniform.

James McComb, der das Kommando über die 611. Staffel (West Lancashire) übernommen hatte – wie es ihm von Leigh-Mallory versprochen worden war –, hatte seine Einheit am 4. August zu ihrem Kriegsstützpunkt Duxford gebracht, wo sie alle Jahre für eine Übung kampierte. Genau vor fünfundzwanzig Jahren, auf den Tag genau, war sein Vater im Ersten Weltkrieg gegen Deutschland einberufen worden. Am 1. September wartete die Staffel in Bereitschaft mit ihren Spitfires, um innerhalb von fünf Minuten nach dem Startbefehl aufzusteigen. Diesmal sollte die »Übung« von McComb und seinen Leuten sechs Jahre dauern. Und sie bekamen nicht einmal einen letzten Urlaub, um von ihren Familien Abschied zu nehmen und ihre Geschäfte in Ordnung zu bringen.

McComb war verlobt. Ohne wirklich daran zu denken, daß er fallen könnte, gab er sich doch nicht mehr als fünfzig Prozent Überlebenschancen. Er studierte die »Dienstordnung« der R.A.F., um festzustellen, wie hoch die Witwenpension eines Majors sei. Sie reichte aus, die Rechnung beim Krämer zu bezahlen, zu mehr aber auch nicht. Nach einer Unterredung mit seiner Verlobten über das traurige Los, sich mit Drillingen und ohne einen Cent zu finden, kamen sie überein, lieber nicht zu heiraten. Zwei Monate später

machte er sich mit dem Gedanken vertraut, daß – wie Hitler selbst
es befürchtete – der Krieg zehn Jahre dauern könnte, und er faßte
seinen Entschluß: »Wir haben geheiratet«, sagte er später »und
haben nie aufgehört, seither glücklich zu sein.«

In North Weald, wo Gus Holden Adjutant bei der 56. Staffel war,
hatten die Flieger Zelte erhalten, die sie zwanzig Schritt von ihren
Maschinen entfernt auf dem Flugfeld aufschlugen. Die Flugplätze
der Jäger waren alle grasbewachsen und verhältnismäßig klein. Ein
Lautsprecher-System gab die Befehle des Stabsquartiers und des
Operationsraumes des Standortes durch.
In Hornchurch waren die Flugzeuge der 54. Staffel weit von den
Hangars entfernt verstreut aufgestellt. Das Oberkommando der
Jagdflieger hatte begriffen (die polnischen Luftstreitkräfte hatten es
nicht berücksichtigt), daß die größte Gefahr in möglichen Luftangriffen gegen Maschinen und Anlagen am Boden lag. Bei der
54. Staffel verbrachte Al Deere den größten Teil seiner Zeit damit,
»Sand in Säcke zu schippen«, um weit verstreute Deckungen für
jedes Flugzeug zu errichten. »Wir arbeiteten bis zum Gürtel nackt«,
erzählt er, »neben Zivilisten, die einen reichlich bemessenen Stun-
denlohn dafür erhielten.«

Norman Ryder, zum Rottenführer bei der 41. Staffel avanciert,
verbrachte in Catterick seine Zeit auf dieselbe Weise. Piloten und
Wartungstrupps schwitzten dabei, zwei Öffnungen in die Umfrie-
dungshecke des Flugplatzes zu schneiden, damit die Maschinen in
ein benachbartes Feld rollen konnten. Mit »dem seltsamen Gefühl,
allen Komfort des gewohnten Lebens über Bord zu werfen«, ver-
bissen sich Ryder und seine Männer fieberhaft in ihre Aufgabe.
Zelte, Holzhütten, Fluchtwege durch die Hecken, Sandsäcke, Lebensmittel, Brennstoff und Munition, alles war am 1. September an
Ort und Stelle.

Den 1. September 1939 hat Tom Gleave niemals vergessen. Er war
damals Verbindungsoffizier zu den Bombern, abkommandiert zum
Operationsraum des Oberkommandos der Jagdflieger, und er lebte
sehr glücklich mit seiner Frau Beryl und ihrem kleinen Jungen John
in einem Cottage in der Nähe von Iver in Buckinghamshire. Er
hatte gerade dienstfrei, als Mitte des Vormittags seine Wirtin an-

gelaufen kam und rief: »Die Schweinehunde! Sie sind in Polen einmarschiert!« Gleave fand, daß der erste Teil ihres Ausrufs der schönste Euphemismus des Jahrhunderts war. Kurz danach befahl ihm ein Telefonanruf des Oberkommandos der Jagdflieger, sich sofort auf seinen Posten zu melden; mit dem Familienleben war es vorbei. Traurig packten seine Frau und er die Koffer. Überall in Großbritannien wiederholten sich die gleichen Szenen, als die Evakuierung der Kinder aus den großen Städten begann. Am nächsten Tag konnte Gleave es so einrichten, daß er Beryl und John zu seinen Schwiegereltern begleitete. Jahrelang sollten sie kein eigenes Heim mehr haben.

Am 2. September bestand England auf einem Ultimatum an Hitler. Den Franzosen eilte es gar nicht. Ihr Oberbefehlshaber, General Gamelin, kannte die schwachen Punkte der französischen Armee nur zu gut. Er wußte auch, daß sie allein dem ersten Ansturm der Deutschen standhalten mußte, bevor England auch nur Zeit gehabt hätte, den kleinen Finger zu rühren.

Um 18 Uhr telefonierte Halifax mit Paris: »Die Haltung Frankreichs behindert die Regierung Seiner Majestät ganz erheblich.« Die beiden Länder gingen jetzt nicht im Gleichschritt vor. Während Georges Bonnet zauderte und Chamberlain abwartete, wurde an jenem Abend im Unterhaus eine lebhafte Debatte eröffnet, die die Regierung Chamberlain in Gefahr brachte.

Im Luftfahrtministerium in London sah der Stabschef der R.A.F., Sir Cyril Newall, den Vizeluftmarschall Jack Slessor verblüfft an. Man hatte ihnen gerade die Möglichkeit angedeutet, daß die Regierung vor der Situation zurückweichen könnte.

»Es war ein schrecklicher Augenblick«, erzählt Slessor. »Dann rief Newall plötzlich: ›Kommen Sie! Wir müssen unbedingt den Minister erreichen!‹«

Sie eilten zum Unterhaus und ließen Kingsley Wood bitten, für ein paar Augenblicke herauszukommen. Und Slessor berichtet weiterhin: »Newall erklärte ihm in wenigen Worten, daß wir nicht mehr zurückweichen könnten, ohne unterzugehen. Wood zeigte sich zuversichtlich.«

Um 22.30 Uhr, nach dem Ende der Debatten im Unterhaus, telefonierte Halifax mit Bonnet, um ihn inständig zu bitten, der Absendung eines befristeten Ultimatums an Hitler zuzustimmen, und zwar für den kommenden Tag, Sonntag, den 3. September bis 8 Uhr morgens. Bonnet wollte davon nichts wissen. Daraufhin sagte Halifax ihm, falls Frankreich sich nicht entschließen könne, werde England allein handeln.

Obwohl von Ribbentrop lange vorher von Botschafter Henderson um eine Audienz gebeten worden war, ließ er, als der Vertreter Seiner Majestät am Sonntagmorgen um 9 Uhr in der Wilhelmstraße vorstellig wurde, antworten, er stehe noch nicht »zur Verfügung«. An seiner Stelle empfing Henderson der Dolmetscher Paul Schmidt, der ihn gerade noch rechtzeitig durch einen Nebeneingang erreichte. Die beiden Männer wechselten einen Handschlag, doch Henderson lehnte es ab, Platz zu nehmen, als Schmidt ihn dazu aufforderte. »Ich habe die Ehre, Sie darüber zu unterrichten«, sagte er, »daß, falls die Regierung Seiner Majestät in London heute, am 3. September, nicht bis 11 Uhr vormittags eine befriedigende Zusicherung über die Einstellung der Kampfhandlungen in Polen erhalten wird, Kriegszustand zwischen den beiden Ländern von dieser Stunde an bestehen wird.«

Zu derselben Stunde lag ich im Gras auf dem Flugplatz Tangmere, dicht neben meiner Hurricane, und betrachtete die kleinen weißen Wolkenflöckchen, die hoch droben am Himmel zogen, während die schrillen Rufe der Lerchen und verworrener Lärm und Stimmen von den Piloten und Wartungstrupps, die wie ich bei ihren Maschinen verstreut im Gras lagen, herüberklangen. Mein Lebtag war ich nicht von einem solchen Frieden umgeben gewesen.

Dann trat um 11 Uhr vormittags der Staffelspieß John Simpson in den Hangar und sagte zum Feldwebel Chitty:

»Um 11.45 Uhr geht es los!«

Alle Welt kam in der Messe zusammen, wo wir, ein Jahr zuvor, Hitlers kreischender Stimme gelauscht hatten. Unser Platzkommandant Fred Sowrey sah sehr ernst aus. Doch die Gegenwart dieses Veteranen war für uns beruhigend, die wir vom Krieg nichts wußten. Genau dreiundzwanzig Jahre vorher hatte Sowrey auf einem Einsatz mit Hauptmann Leefe Robinson in der Umgebung von London gesehen, wie Robinson einen Zeppelin in Flammen aufgehen ließ; dann hatten Sowreys Maschinengewehre selbst einen anderen Zeppelin abgeschossen, den L 32, und im Mai 1918 hatte er am letzten Kampf teilgenommen, der einem über englischem

Boden abgeschossenen deutschen Piloten das Leben gekostet hatte. So waren denn in der Messe die beiden Generationen vereinigt, die das Entstehen und Wachsen der R.A.F. erlebt hatten. Und der Krieg verband sie. Sowrey erklärte uns: »Bildet euch bloß nicht ein, daß das Leben eines Jagdfliegers nur aus Fliegen und Siegen bestünde. Neun Zehntel eurer Zeit werdet ihr auf eurem Hintern sitzen und warten.«

Unerschütterlich in ihren weißen Jacken servierten unsere beiden Ordonnanzen Macey und Hoskins jedem ein Glas Bier. Die Flügeltür, durch die sie aus- und eingingen, schien lauter zu quietschen, während sich Schweigen ausbreitete und die schicksalsschwere Stunde näherkam.

Plötzlich ertönte im Radio die dunkle und ernste Stimme von Neville Chamberlain: »Dies ist ein trauriger Tag für uns alle... Alles, wofür ich gearbeitet habe, alles, woran ich geglaubt habe, ist in Trümmer gegangen... Ich hoffe noch lange genug zu leben, um den Tag zu sehen, an dem der Hitlerismus vernichtet und ein befreites Europa wiederhergestellt sein wird.«

Weder er noch viele von denen, die ihm lauschten, sollten diesen Tag erleben. Als die Stimme schwieg, rief der hitzige Caesar Hull, während er von einem Fuß auf den anderen sprang: »Phantastisch!« Dann wandte er sich zu John Simpson um: »Mach dir nichts draus, John, lange machst du's nicht mehr!« Und schlug ihm auf den Rücken und brach in Gelächter aus.

Doch John sollte, genau wie ich, aus purem Zufall durchkommen. Nicht aber Caesar, nicht Wilkinson, nicht Woods-Scaven von der Rotte A. Ebenso wenig Tiger Folkes, Eddy Edmonds, Pat Christie oder Joe Sullivan von der Rotte B. Im Zeitraum von einem Dutzend Monaten sollten alle diese jungen Leute, deren Freude das Fliegen war, den Tod finden. Mit einer Chance von fünf zu eins, heil davonzukommen – ohne die Verwundeten und Verbrannten zu zählen –, sollten wir nur eine Handvoll sein, John und ich inbegriffen, die durchkämen.

Doch kein Gedanke an dergleichen verwirrte uns damals. John schrieb: »Wir waren auf diesen Krieg ja gefaßt, es gibt also keinen Grund zu murren.«

Das war nicht unbedingt der Standpunkt Major Hoelckes vom KG. 51. Mit den anderen Offizieren des Edelweiß-Geschwaders saß er vor dem Radio in der komfortablen Messe in Memmingen. Die Bomberoffiziere (Joachim Pötter war auch darunter) fühlten sich in dem rustikalen Rahmen fast wie zu Hause: Holzfeuer, Stiche mit Jagdszenen von Riedinger und mit Hirschgeweihen an den Wänden. Eine warme Sonne schien durch die Fenster und ließ die Bronzeleuchter glänzen; es war der Morgen des 3. September. Die Atmosphäre war mit Nervosität geladen. Seit Tagen liefen Gerüchte um. Der Ansager hatte gerade die schlimmsten Befürchtungen bestätigt: England hatte Deutschland den Krieg erklärt. Alle schwiegen. Nur Hoelcke sprang auf und rief: »Die angelsächsischen Völker sollten Hand in Hand marschieren. Warum zum Teufel muß England gegen uns kämpfen?«

Während wir bei der 43. Staffel und in Tangmere wieder zu unseren Maschinen zurückkehrten, um bei ihnen zu wachen, fuhr Vizeluftmarschall Sholto Douglas in sein Hauptquartier bei Watford. In Gedanken verweilte er in jener Zeit, da er im vorigen Krieg selbst an der Spitze der 43. Staffel gestanden hatte. »Herrgott!« dachte er, »daß man nun mit diesen Burschen noch einmal ganz von vorn beginnen muß! Wir hatten sie doch auf den Rücken gelegt, vor zwanzig Jahren! Warum muß das alles noch einmal erledigt werden?« Und er erinnerte sich an seine Kämpfe mit Richthofen, Boelcke und Immelmann, Göring und Udet. Dann heulten die Alarmsirenen. Doch diesmal kroch er nicht unter ein Klavier wie damals in Bertangles. Er stieg in den Luftschutzraum hinab. »Dort blieben wir, schauten uns ziemlich dumm an und warteten, ob die Deutschen uns Saures geben würden«, erzählt er.

Im Auswertungsraum beim Oberkommando der Jagdflieger war Major Walter Pretty, derselbe, der das Luftschiff *Graf Zeppelin* verfolgt hatte, als es im Mai das Radar-Netz beschnüffelte, wie alle Welt sehr damit beschäftigt, nichts zu tun. Gerade als Chamberlain seine Ansprache beendet hatte, begann das Radar ein »Echo« zu melden, das aus Frankreich einflog. Walter Pretty telefonierte dem Kontrolleur, der keinerlei Risiko eingehen wollte und befahl: »Geben Sie Meldung weiter.« Sofort trat das riesige und komplizierte Netz der englischen Luftverteidigung in Aktion. Sirenen begannen zu heulen – dieselben, die der Vizeluftmarschall Sholto Douglas gehört hatte.

An seinem Schreibtisch in Bentley Priory, dem Hauptquartier nördlich von London, hatte auch Luftmarschall Dowding Chamberlains Rede gehört. Auch er vernahm die Sirenen und dachte: »Die Deutschen verlieren nicht eine Sekunde.« Kurz danach war der nicht identifizierte »Angreifer« entdeckt. Es war Capitaine de Brantes, der französische Militärattaché in London, der auf seinen Posten zurückkehrte.

In Tangmere wurde die Spannung so unerträglich, daß wir schließlich nicht mehr an einen Angriff der Deutschen glaubten und uns wieder ins Gras ausstreckten. Nur unsere treuen Hurricanes, die rassigen und kräftigen Vollblutpferde glichen, warteten weiter geduldig.

In Reichenbach (Württemberg) war Hans-Heinrich Brustellin, inzwischen Kommandeur der 1. Gruppe des JG. 51, ebenso wie wir darauf gefaßt, daß sich der Himmel mit Flugzeugen verdunkeln und Bomben regnen würde. Er vertrieb sich die Zeit mit Kartenspielen und der Lektüre von *Mein Kampf*. »Übel wurde mir davon«, berichtet er. »Die Sprache war ungehobelt, der Stil armselig.« Dann, als sich weder französische noch britische Bomber sehen ließen, entspannten sich die Flieger der 1. Gruppe des JG. 51 genau wie wir.

Am Steuerknüppel seiner Ju 88 hatte Hans Joachim Helbig kaum die Muße, sich an diesem Vormittag des 3. September zu entspannen. Über Warschau wurde sein Flugzeug von der polnischen Flugabwehrartillerie getroffen. Er selbst wurde leicht verwundet. Die paar Kratzer hinterten ihn jedoch nicht am Fliegen. Nach zehn Tagen war er mit dem E.K. II ausgezeichnet wieder an der Front. An Zahl und Ausrüstung hoffnungslos unterlegen, kämpften die polnischen Piloten tapfer. Bei dem zweiten Angriff auf dem Flugplatz Lublin wurde die Heinkel 111 mit Hajo Hermann am Steuer von einem polnischen Jäger aufs Korn genommen. Hermann erzählt: »Es war ein phänomenaler Bursche! Er legte die Maschine auf den Rücken, um besser nach mir schießen zu können.« Tatsächlich mußte Hermann auch mit einem einzigen Motor zurückfliegen. Doch der Widerstand der polnischen Luftstreitkräfte brach schließlich trotz aller Bravour zusammen. Schon am 8. September war das Ende nahe. »Die Versorgung war unmöglich geworden«, sagt Major Kalinowski. »Es gab immer weniger einsatzfähige Maschinen, und es fehlte völlig an Ersatzteilen.« Das war der entscheidende Punkt: Ein Flugzeug kann ebenso wenig ohne eine tüchtige Bodenstation fliegen wie ohne Tragflächen. Das hatte das Oberkommando der Jagdflieger in Großbritannien durchaus begriffen.

Inzwischen führte die Luftwaffe, die wie ein gigantischer Bulldozer der Armee vorausflog, den Polen und der ganzen Welt das erste Beispiel des »Blitzkrieges«. Schwärme von Bombern bahnten den Panzern den Weg. Die deutschen Panzer stießen dabei gelegentlich auf leichte pferdebespannte Artillerie und auf Lanzenreiter der Kavallerie. Zwei Jahrhunderte lagen zwischen beiden Armeen.

Werner Borner erlebte das Schauspiel, als er am 3. September mittags in seiner Do 17 mit der 2. Gruppe des KG. 2 an einer kombinierten Bombardierung teilnahm, um einen Panzer-Angriff auf die Stadt Mlawa zu unterstützen. Während die Heinkel 111 aus großer Höhe ihre Bomben warfen, verbreiteten die Stukas Entsetzen und Verwüstung. Hart auf ihren Fersen tauchten die Do 17 des KG. 2 auf und schossen im Tiefflug, vorn und hinten aus allen Rohren, während die Bomben der Stukas fast unter ihrer Nase platzten. Bevor noch die Verteidiger, versteinert vor Grauen und zerrüttet unter dem Getöse der Bomben, Zeit fanden, sich aufzuraffen, warfen nun auch die Dorniers ihre Bomben ab und vollendeten das Inferno. Borner sah die polnischen Soldaten, die liegend nach den Flugzeugen schossen. Er selbst wurde von ihnen beschossen und erwiderte mit seinem MG 15. Es war eine Metzelei. Dann griffen auch die Panzer ein. Was von den Verteidigern noch übrig war, wurde rasch erledigt.

Der Widerstand der gegnerischen Flak und Jagd war praktisch nicht existent. Am 16. September war der Kampf so gut wie beendet. Man zog die 2. Gruppe des KG. 2 aus der Front. Doch die Stukas hatten ihre todbringende Arbeit noch nicht vollendet: Warschau und die Festung Modlin hielten noch. Am 17. September wurden die Besatzungen der ersten Gruppe des Stukageschwaders 3, darunter Rudolf Braun, ins Zelt des Hauptmanns Sigel zu einer Lagebesprechung gerufen. Angriffsziel: Modlin. Sie nahmen nur ein leichtes Frühstück zu sich. Die Motoren wurden angeworfen, und gleich danach, um 10.50 Uhr, hob die Gruppe ab. Mit Funkstille flog sie in 4000 m Höhe und mit ca. 240 Stundenkilometern ihrem

Ziel entgegen. Sigel an der Spitze der Stabskette, hinter ihr die 1. Staffel in Ketten von je drei Maschinen, die wiederum von zwei anderen Staffeln flankiert war. Als der Kommandeur den Befehl gab: »Fertig zum Angriff!« führte jeder Pilot automatisch dieselben Handgriffe aus: Zielgerät, Luftbremse, Verriegelung des Kühlergitters, Ziellinie. In der verglasten Sichtöffnung genau unter ihm konnte der Pilot jeder Ju 87 senkrecht unter sich das Ziel sehen, wenn er die Augen senkte.

Dann kippte einer der Stukas nach dem anderen ab, um in einem Winkel von 70 Grad und mit 350, 400 ja bis 480 Stundenkilometern hinabzustürzen, während die unter dem Fahrgestell angebrachten Sirenen in heulendem Crescendo ihre unmenschliche Klage anhoben. Und Bomben begannen auf die Festung Modlin und ihre tapferen Verteidiger herabzuregnen.

Contemnit procellas (sie trotzt den Stürmen). Warschau blieb seiner Devise treu. Zehn Tage noch hielt die Stadt den kombinierten Angriffen der Bomben und der schweren Artillerie stand. Eine phantastische Rauchsäule stieg 3000 m hoch empor über der verwüsteten Stadt. Zwischen dem 16. und 24. September warf die Luftwaffe Millionen Flugblätter ab, mit denen die Bevölkerung zur Übergabe aufgefordert wurde. Am 25. gab die Luftwaffe den Gnadenstoß. Drei Tage später kapitulierte Warschau.

In diesem Feldzug von 18 Tagen war der Anteil der Luftwaffe entscheidend gewesen, vor allem durch das Chaos, das sie auf den Verbindungswegen anrichtete und mit dem sie die polnische Armee und Luftstreitmacht lähmte. Es fehlte nicht viel daran, und dieses Ergebnis hätte sich auch gegenüber dem britischen Oberkommando der Jagdflieger wiederholt. Eines steht fest: die Stukas, die einem Udet so am Herzen lagen, hatten sich als ein ideales Werkzeug des »Blitzkriegs« erwiesen. Eine Zeitlang noch setzten sie ihr zerstörerisches Wirken fort, bis sie, kaum ein Jahr später, von den Hurricanes und Spitfires der R.A.F. dezimiert, aus dem Kampf zurückgezogen werden mußten.

An jenem Tag, da Rudolf Braun im Sturzflug die Festung Modlin bombardierte, war ich friedlich damit beschäftigt, einen Angriff auf Ballons zu fliegen, um sie zum Platzen zu bringen. Die Äquinoktialstürme hatten die Ballonsperre auseinandergerissen. In einigen Tagen hatte die 43. Staffel mehrere Fesselballons abschießen müssen. In einer Höhe von einigen 1000 m träge in Luftströmungen tänzelnd, wo auch die Hurricane eher schwerfällig wurde, erwies sich ein Ballon als ein erstaunlich schwer zu treffendes Ziel. Zum letzten Mal sah ich ihn, halb erschlafft auf einem Feld nicht weit von Selsey Hill zusammensacken und sanft vor dem Winde treiben, wie ein verwundetes Tier, das eine Pfote nachzieht; die Einwohner der Gegend machten Jagd auf ihn.

Um dieselbe Zeit besichtigte der Unterstaatssekretär des Luftfahrtministeriums, Oberst Harold Balfour, in Begleitung des Oberkommandierenden »Stuffy« Dowding, unsere 43. Staffel. Wir waren gerade dabei, den Flugplatz zu tarnen und das Gras mit Ruß zu bedecken. »Stuffy«, stolz und stumm, sah uns traurig zu. Allerdings sahen wir auch eher wie Schornsteinfeger denn wie Jagdflieger aus. Harold Balfour dagegen war sehr angetan (er hatte die Rotte B im Jahre 1916 geführt und fand, daß sich bei der 43. Staffel, abgesehen von den Maschinen, gar nichts geändert hatte).

Die Einheit Karl Missys, die 2. Gruppe des Löwengeschwaders KG. 26, wurde Mitte September aus Polen zurückgezogen und in Westerland auf Sylt stationiert. Zwei Wochen später stieß zu ihr auch die 1. Gruppe des KG. 30, unter dem Kommando des Hauptmanns Pohle. Eine Kette dieser Gruppe, geführt von dem Gefreiten Karl Francke hatte, dank der großzügigen Beredsamkeit von Goebbels und seiner Propaganda, den Flugzeugträger *Ark Royal* »versenkt«, der nichtsdestoweniger jetzt gelassen im Süd-Atlantik unterwegs war.

Am 9. Oktober kehrte Pohle wütend mit seiner Ju 88 von einem Unternehmen nach Westerland zurück. Die 1. Gruppe des KG. 30 hatte ihre Kräfte mit denen des KG. 26 und des Geschwaders 1 der Kampffliegerschule (Helbigs Einheit) vereinigt. So war eine Flotte von rund 150 Bombern entstanden, um die *Home Fleet* zu überfallen. Missy mochte, ebenso wie die anderen Piloten, diese Einsätze gegen die Schiffahrt besonders gern. Während der Flugbesprechung spürte er nicht die geringste Angst. Seine Gruppe startete: 48 Maschinen, denen die beiden anderen Gruppen folgten. Sie mußten bei mäßigem Wetter 350 km fliegen, ehe sie die Schiffe entdeckten. Dann kam der Befehl: »Bomben zum Abwurf klarmachen!«, und die Gruppe überflog, Kette nach Kette, das Ziel. Entweder wegen des schlechten Wetters oder wegen des starken Feuers der Fliegerabwehrkanonen scheiterte der Angriff; daher der Ärger Pohles. Und auch der Anpfiff durch Göring bei der Besprechung, die am Tag darauf im Berliner Reichsluftfahrtministerium stattfand.

»Wir müssen unbedingt einen Haupttreffer erzielen, Pohle«, erklärte Göring. »Alle, die dazu beitragen, uns diese Schiffe vom Hals zu schaffen, sollen Anrecht auf ein Haus und auf alle Orden, die verfügbar sind, haben.«

Nach noch nicht einer Woche mußte Pohle den Angriffsversuch erneuern. Göring war ungeduldig. Die Operation gegen die britische Flotte, die bereit war, jede deutsche Herausforderung zu erwidern, sollte beschleunigt werden. Die *Home Fleet* lag in ihren Stützpunkten Rosyth im Firth of Forth und Scapa Flow in den Orkneys. »Es ist überhaupt nicht zu befürchten, daß unsere Bomber dort oben auf britische Jäger stoßen könnten«, versicherte Major »Beppo« Schmid Göring gegenüber. Und Göring glaubte von vornherein alles, was ihm der Chef der Abteilung 5 der Luftwaffe sagte. Doch »Beppo« irrte sich – und es war nicht das letzte Mal.

Am 16. Oktober setzte sich um 11 Uhr morgens Hauptmann Pohle an die Spitze der ersten Gruppe des KG. 30 und verließ Westerland im Verband. Um 12.30 Uhr stieß er, nachdem er über Rosyth gekreist hatte, mit seiner Ju 88 fast senkrecht im Sturzflug nieder. Im Visier hatte er, ca. 3000 m unter sich, den Kreuzer *Southampton*. Er bediente den Auslöser, und eine 1000 kg-Bombe wurde frei. Die automatische Abfangvorrichtung nahm den »Wunder-Bomber« aus seinem rasenden Sturz.

In diesem Augenblick griff Hauptmann Grifford, an der Spitze zweier Spitfires von der Kette Rot der 603. Staffel, Pohle an. Nacheinander wurden sein linker, dann sein rechter Motor getroffen. Pohle konnte, während seine ganze übrige Besatzung tot war, im Firth of Forth »baden gehen«. Ein Fischerboot holte den Besinnungslosen aus dem Wasser. Trotz dieses neuen Mißerfolges – die *Southampton* war nur leicht beschädigt – konnte Görings Zorn ihn nicht mehr erreichen: als Kriegsgefangener lag er im Lazarett von Port Edwards.

Nach Pohle griff Leutnant Horst von Riesen an und tötete oder verwundete eine Reihe Besatzungsmitglieder auf dem Zerstörer *Mohawk*. Dann stürzten sich die Spitfires der 602. und 603. Staffel auf ihn, während er im Tiefflug dicht über den Wellen das offene Meer zu gewinnen suchte. »Ich sah etwas wie Regentropfen ins

Meer fallen«, erzählte Riesen später. Es waren die Kugeln der Spitfires. Sie fanden ihr Ziel: weißer Qualm drang plötzlich aus den Jumo-Motoren, die aussetzten. Im selben Augenblick verschwanden die Spitfires. Er war jetzt mehrere Meilen vor der Küste.

Der Bomber verfolgte seinen Kurs ein paar Meter über dem Wasser; nur mühsam gelang es von Riesen geradeaus zu fliegen. Der Beobachter band seinen Gürtel an den Fußhebel des Seitenruders und zog daran. Aber würden sie beide durchhalten können? Bis Westerland waren noch 650 km zu fliegen. »Und wenn wir zur Küste zurückkehrten?« fragte jemand in der Sprechanlage. Von Riesen schüttelte den Kopf. »Alles war besser, sogar abzusaufen, als noch einmal den verfluchten Spitfires zu begegnen«, erzählt er. Vier Stunden später sah die völlig erschöpfte Besatzung die Lichter von Westerland.

Am nächsten Tag griff Hauptmann Dönch, der neue Kommandeur der 1. Gruppe des KG. 30, mit vier Ju 88 inmitten eines Höllenfeuers der Fliegerabwehrgeschütze Scapa Flow an. Diesmal hatte »Beppo« Schmid hinsichtlich der britischen Jäger recht gehabt: nicht ein einziger ließ sich blicken. Die Flotte hatte eingesehen, daß Rosyth und Scapa Flow entschieden zu gefährdet seien. Die Kriegsschiffe hatten sich nach der Westküste zurückgezogen.

Während die Bomben des KG. 30 am 17. Oktober auf Scapa Flow niedergingen, zerbrachen sich der »Luftstab« und sein Chef Newall die Köpfe, um ein Mittel zu finden, wie man die offensichtlich ungenügende britische Jagdwaffe verstärken könne. Zunächst sah die Situation verzweifelt aus. Vor Kriegsausbruch schätzte man den Bedarf des Oberkommandos der Jagdflieger auf 46 Staffeln für die allgemeine Verteidigung, dazu 6 weitere zum Schutz der Küstengeleitzüge von Scapa Flow. Zusammen 52. Nordirland sollte ebenfalls eine Staffel erhalten. So gerüstet, war Dowding überzeugt davon, jede Offensive der Luftwaffe niederschlagen zu können, die von den Stützpunkten in Deutschland aus operierte. Doch am 3. September mußte er der traurigen Wahrheit ins Gesicht sehen; daß er nur über 35 Staffeln statt 52 verfügte. Das war mager. Und außerdem waren noch vier dieser Staffeln nach Frankreich verlegt, und sechs weitere mußten auf Abruf des französisch-britischen Heeres für den Kontinent bereitstehen. Dowding hatte energisch gegen diese Entscheidung protestiert. Das unmittelbare Ergebnis jedenfalls war, daß das Potential der Jagdwaffe zur Verteidigung der Britischen Inseln auf 25 Staffeln reduziert war, also auf weniger als die Hälfte des Bedarfs.

Dowding verlangte zwölf weitere Staffeln. Man teilte ihm mit, daß man ihm nur drei liefern könne, die zudem mit zweimotorigen Blenheims ausgerüstet waren, hervorragenden Bombern, die aber für die Jagd bei Tage absolut nichts taugten. In seiner Erwiderung beschränkte er seine Forderung auf acht neue Staffeln, wobei er sich mit der Arithmetik abfinden wollte. Die drei Staffeln, die man ihm anbot, ließen sich in sechs halbe Staffeln verwandeln; und zwei weitere komplette Staffeln würden eine Gesamtzahl von acht potentiellen Staffeln ergeben, die man in der Folge auf volle Stärke bringen könnte.

Newall gab gern seine Einwilligung. Er war sich über Dowdings Bedarf an Jagdmaschinen nur allzu klar; doch da die Hurricanes und Spitfires nur stückweise die Montagehallen verließen, blieb er allein auf seinen guten Willen angewiesen. Angespornt von dem Willen und dem Freimut des Oberkommandierenden der Jagdwaffe und seinem eigenen Urteil vertrauend, informierte der Chef des »Luftstabes« am 17. Oktober die zuständigen Stellen: die acht neuen Staffeln haben in vierzehn Tagen einsatzbereit zu sein, und zehn weitere sind in den folgenden vierzehn Tagen aufzustellen. Es war ein geschickter und kühner Schachzug, der der englischen Jagdwaffe in der großen Luftschlacht des nächsten Sommers den Sieg sichern sollte, selbst wenn die Zeitspanne äußerst knapp war. In der Zwischenzeit sollten die Jagdfliegerverbände nicht nur die Britischen Inseln verteidigen, sondern auch noch den Schutz der Handelsschiffahrt innerhalb der Fünfmeilenzone vor den Küsten übernehmen.

2

Ein neuer Küstenschutzauftrag brachte am 18. November die Verlegung der 43. Staffel nach Acklington bei Newcastle. Acklington, eine düstere, windgepeitschte Grasfläche mit schwarzen Blechschuppen und elenden Baulichkeiten, stand im traurigen Kontrast zu Tangmere. In gewissem Sinn trug dieser Wechsel mit dazu bei, uns abzuhärten und uns daran zu erinnern, daß wir ja dazu da waren, zu kämpfen und vielleicht zu sterben. Man sah uns frühmorgens zu unseren Maschinen laufen. Niemand bat uns darum, über dem Meer, meist bei abscheulichem Wetter, Küstengeleitzüge zu sichern. Im Schutz unseres Cockpits sahen wir unten die braven Handelsschiffe gegen den Sturm ankämpfen, den Bug eintauchen und wieder heben und durch ihre schmalen Schlote Rauch ausspeien. Wir saßen ein wenig eingeklemmt und hatten nicht die gleichen Beziehungen zu Regen und Wind, Schnee und Hagel wie die Seeleute; doch mußten wir beide mit dem dicken Wetter und der Weite des Meeres fertigwerden. Unser Leben hing von dem einzigen Merlin-Motor ab, der vor uns regelmäßig brummte. Wenn er uns im Stich ließ, dann konnte unser Schicksal dem der Seeleute gleichen, schlimmer sogar, denn wir hatten kein Rettungsboot, und unsere Schwimmwesten waren gerade geeignet, den Todeskampf in Sturm und eisiger Flut zu verlängern.

Ein Mann jedoch begann den englischen Territorialgewässern und den englischen Stränden ein besonderes Interesse entgegenzubringen: der Befehlshaber der deutschen Kriegsmarine: Admiral Erich Raeder, ein gottesfürchtiger, kaltblütiger und leistungsfähiger Seemann von kleiner Statur. Jeden Morgen um elf Uhr hielt er in seinem Berliner Hauptquartier am Tirpitzufer mit dem »kleinen Kreis« (einer kleinen Gruppe höherer Marineoffiziere) Besprechungen ab. Bei der Besprechung vom 15. November gab er seinem Stab den Befehl, »die Möglichkeit von Truppenlandungen in England zu untersuchen, für den Fall, daß der künftige Verlauf des Krieges dieses Problem aufwerfen sollte«. Seiner persönlichen Meinung nach handelte es sich allerdings um ein Projekt von Verrückten. Er benutzte ausdrücklich das Wort »verrückt«. Die Risiken wären allzu groß.
In fünf Tagen arbeitete Kapitän Hans-Jürgen Reinicke vom Operationsstab eine kurze Studie über das Thema aus. Er kam zu der Schlußfolgerung, daß jede Invasion Englands unmöglich sei, denn die feindliche Luftaufklärung würde jedes Überraschungsmoment ausschalten. Eine der wesentlichen Voraussetzungen einer Landung war die vorherige Vernichtung der gegnerischen Luftstreitkräfte; eine weitere, die Eliminierung aller Seestreitkräfte des Feindes in den Operationsgebieten. Doch dann sei der Feind auf jeden Fall

schon zur Ohnmacht verurteilt, und wozu dann noch eine Invasion? Wenn indessen eine Invasion stattfinden sollte, dann könnte eine Landungsoperation von großem Ausmaß über die Nordsee als ein mögliches Mittel angesehen werden, den Gegner rasch an den Verhandlungstisch zu zwingen.

Der Chef der Luftwaffen-Nachrichtenabteilung, Major »Beppo« Schmid vertrat seine Ansicht über England in einem Dokument, das den Titel trug: »Vorschlag über die Führung des Luftkriegs gegen Großbritannien«. Seine Überzeugung war, daß vom deutschen Gesichtspunkt aus England der gefährlichste aller denkbaren Gegner wäre. Das Reich würde, solange dieser Gegner nicht bezwungen war, niemals einen Sieg erringen. Das Ziel müsse daher sein, noch im laufenden Jahr – und je eher, desto besser – zuzuschlagen, indem man gleichzeitig die Luftwaffe und die Kriegsmarine einsetze. Der Plan von Schmid sah vor, England zu erwürgen, indem man ihm die Versorgungslinien abschnitt, seine Kriegs- und Handelsschiffe versenkte und seine Häfen und Lebensmittelvorräte zerstörte. »Das Ineinandergehen von Wohngebieten und Dock- und Hafenanlagen . . . ist kein Grund, solche Häfen nicht anzugreifen.«

»Beppo« Schmid vergaß allerdings das englische Radarsystem, die Schwäche Deutschlands zur See und die Notwendigkeit, die Luftherrschaft zu erringen.

Immerhin bellte er vor dem richtigen Baum. Seine aggressive Haltung Großbritannien gegenüber fand bei Hitler lebhafteste Nachahmung. Schon am nächsten Tag wandte er sich in der Reichskanzlei an seine Feldherren. Es war übrigens höchste Zeit, denn eine ganze Weile schon bremsten Brauchitsch und die Generäle empfindlich die Auslösung der Westoffensive, die der Führer auf den 12. November festgesetzt hatte. Sie hatten einen Seufzer der Erleichterung ausgestoßen, als am 7. das schlechte Wetter ihren Aufschub bedingte.

Hitler gab ihnen einen Überblick seiner jüngsten Erfolge und schloß, daß der Moment günstig sei. Er erklärte: Als letzten Faktor müsse er in aller Bescheidenheit doch seine unersetzliche Person nennen . . . Er sei von Entschlußkraft durchdrungen . . . Darum bleibe sein Wille unerschütterlich. Er werde England im günstigsten Augenblick und so rasch wie möglich angreifen. Belgiens Neutralität zähle nicht und Frankreich . . . Sieg oder Niederlage! Die Frage sei:

Wer wird künftig über Europa herrschen? ... Er habe das deutsche Volk auf den Gipfel der Macht geführt, auch wenn die ganze Welt es heute hasse. Er setze sein Unternehmen auf einen Wurf ... Vor nichts werde er zurückschrecken, und wer sich ihm entgegenstelle, den werde er vernichten.

Sechs Tage danach, am 29. November, erließ Hitler einen weiteren Tagesbefehl. Deutlich findet man darin das Echo der Argumente von »Beppo« Schmid: im Ringen gegen die Westmächte habe sich England als der Anführer des gegnerischen Kampfgeistes und als die führende Macht gezeigt. Seine Niederlage sei für den deutschen Sieg wesentlich. Und der Weg dazu sei, die englische Wirtschaft mit einem Schlag zu vernichten. Wenn erst die französisch-britischen Armeen geschlagen und ein Abschnitt der französischen Kanalküste unter deutsche Kontrolle gekommen seien, dann ginge die Aufgabe der Kriegsmarine und der Luftwaffe in diesem Krieg gegen die britische Industrie allem anderen voran. Die Stützpunkte in Nordfrankreich seien von lebenswichtiger Bedeutung. Die französischen Häfen würden nicht angegriffen, weil sie französisch seien, sondern weil man sie zur Belagerung Englands brauche.

Sei es wegen der Mahnungen Hitlers, sei es weil er sich durch das Memorandum der Marine in seinem Berufsstolz gekränkt fühlte, jedenfalls erwachte Brauchitsch am Morgen des 13. Dezember mit Invasionsfieber. In dem Dokument, das daraus resultierte, stand in etwa zu lesen: der Oberbefehlshaber habe eine Untersuchung über die Möglichkeiten einer Landung in England angeordnet. Sie laufe unter dem Stichwort »Nordwest«.

Die Wehrmacht zeigte größeren Optimismus als die Kriegsmarine. Habe sie erst auf englischem Boden Fuß gefaßt – ihr das zu ermöglichen sei allein Aufgabe der Marine und der Luftwaffe –, würde sie einen kombinierten Angriff von Luftlandetruppen und Infanterie zwischen dem Wash und der Themse führen.

Doch zur Zeit hatte Göring das letzte Wort. Am 30. Dezember kommentierte er die Untersuchung »Nordwest« ungefähr mit den Worten: die Operation könne ernsthaft nur in Erwägung gezogen werden, wenn der Krieg weiterhin so siegreich verlaufe und man die absolute Luftherrschaft habe ... Die wesentliche Voraussetzung jeder Invasion sei die Vernichtung der R.A.F. Seine Luftwaffe würde dafür kämpfen. Ohne Luftverteidigung wäre England zur

Ohnmacht verurteilt. Folglich verlöre die Invasion jede Bedeutung. Nichts war einfacher. Der Oberkommandierende der britischen Jagdflieger sah die Lage genauso.

In Acklington hatten Caesar Hull und ich unsere akrobatischen Formationsflüge beibehalten. Wir begrüßten das Ende des Jahres 1939, wenn ich so sagen darf, mit Fanfaren. Unsere Nachbarn von der 152. Staffel waren dabei, ihre Gladiator-Doppeldecker gegen Spitfires umzutauschen. Das gab ihnen das Gefühl, uns um einen Schritt voraus zu sein. So daß schließlich Caesar und ich um die Erlaubnis nachsuchten, ihre schönen neuen Maschinen auszuprobieren. Ihr Staffelführer, Freddy Shute, gestattete es uns.

Wir waren noch nie mit einer Spit geflogen. Aber nachdem wir ihr den Puls gefühlt hatten, waren wir beide begeistert. »Phantastisch!« rief mir Hull durchs Mikro zu. »Wollen wir ihnen mal zeigen, was wir können?« Flügelspitze an Flügelspitze gingen wir im Sturzflug auf Acklington hinab. Unten beobachtete uns John Simpson vom Rollfeld aus. Er erzählte später: »Vor aller Augen haben sie einen Looping und eine Rolle in tadelloser Formation geflogen... Stellt euch mal die Reaktion unseres Bodenpersonals vor. Als ob fremde Trainer in den Rennstall der Konkurrenz eingebrochen wären. Unsere Jungens sprangen vor Freude hoch, als sie Caesar und Peter die verflixten Spitfires so sicher bedienen sahen... Freddy Shute war wütend, wußte sich aber trotzdem sehr liebenswürdig zu geben.« Einen Monat später trauerten wir um diesen netten und so gütigen Menschen. Er wurde bei einem Hundewetter auf See vermißt, nicht in einer Spitfire, sondern in einer alten Gladiator.

Mitte Januar nahm der Winter uns fester in die Zange: dichter Schnee behinderte unsere Hurricanes und verbot den Start. In Acklington gab es nichts, was einem Schneepflug ähnlich sah; sogar Schaufeln waren eine Seltenheit. Wie alle anderen Flugplätze im Norden waren wir lahmgelegt. Aber es dauerte nicht lange. Wir hängten eines der Tore an einem Geräteschuppen aus, verpackten drei Männer in einen Haufen Wollzeug und setzten sie auf das Tor. Dann schleppte ein Traktor das Ganze über Buckel und Löcher. Nach und nach wurde so der Schnee planiert und befestigt. Wenn die Männer durchfroren waren, nahmen drei andere ihren Platz ein. Bald verfügten wir über eine glatte und harte Piste, so daß die Geleitzüge auf See nicht mehr ohne Schutz blieben.

Seit einiger Zeit trieben sich Heinkel 111 in der Nähe herum. Caesar Hull hatte sogar eine angegriffen, die sein Feuer erwiderte. Er war mit einer einzigen Kugel in seiner Hurricane davongekommen, während der deutsche Rundfunk behauptete, er sei abgeschossen worden. Jedesmal entwischten uns die Heinkel, indem sie die Maschinen steil hochzogen, um in den sehr tief hängenden Wolken zu verschwinden. Statt dicht unter der Wolkendecke zu fliegen, wo sie uns leicht ausmachen konnten, gewöhnten wir uns also daran, ein paar Meter über der Wasserfläche zu fliegen. Unsere grüne und braune Tarnfarbe machte uns so weniger sichtbar und, wenn wir unserem Merlin Vollgas gaben, hatten wir die Möglichkeit, sehr rasch hochzustoßen und sie abzufangen, ehe sie sich in den Wolken versteckten. Diese Taktik wurde später auch Karl Missy zum Verhängnis. Am Morgen des 30. Januar 1940 flog ich an der Spitze der blauen Kette los. Wir überflogen sehr tief die Mole von Blyth, wo die Brandung hochgischtete. Tiger Folkes beklagte sich über die Spritzer, die ihm auf der Windschutzscheibe die Sicht nahmen. Tiger war ein etwas schüchterner Junge mit roten Haaren und mit blauvioletten melancholischen Augen im rosigen Gesicht, Augen die ständig zu fragen schienen. Wenn man ihn zum Trinken einlud, antwortete er regelmäßig: »Abzulehnen wäre riskant«. Doch unter seiner scheinbaren Zaghaftigkeit verbarg sich der Mut eines Tigers; ich konnte auf ihn zählen; bei jedem Wetter! Eines Tages sollte er für immer draußen bleiben, Opfer des grausamen Meeres, wie so viele andere.

An diesem Morgen also hatte man uns Hals-über-Kopf einem angegriffenen Geleitzug zu Hilfe geschickt. Doch wegen des schlechten Wetters kehrten wir unverrichteter Sache zurück. Als ich auf unserer Piste einfiel, begegnete ich Caesar Hull, der wegen heftigen Windes größte Mühe hatte, zur Startbahn zu rollen. Ich rief ihm durch Funk ein paar Sticheleien zu. Er brach in Lachen aus, warf den Kopf zurück und zeigte seine großen weißen Zähne. Dann startete er. Zwanzig Minuten später war er zurück und, als er aus seinem Flugzeug sprang (dessen Zerstörung der deutsche Rundfunk einen Tag zuvor gemeldet hatte), sagte er uns, daß er soeben eine Heinkel abgeschossen habe. Sie war die erste auf der Siegerliste der 43. Staffel. Er war furchtbar aufgeregt und konnte seine Betroffenheit nicht verbergen. Es war das erstemal in seinem Leben, daß er getötet hatte. Und er hatte mit einem Schlag vier Menschen getötet.

Ein britischer Geleitzug, der nach einer Meldung Schweden verlassen hatte und Kurs nach Süden nahm, verursachte am 2. Februar die Verlegung der 2. Gruppe des Löwengeschwaders KG. 26 von seinem ständigen Stützpunkt Westerland nach Schleswig. Am 3. Februar morgens sollte von hier aus angegriffen werden.

Wie die meisten Besatzungen verbrachte auch jene der Heinkel Nr. 3232 einen ruhigen Abend in der Messe. Mit Kartenspiel und mit ein paar Gläschen. Unteroffizier Karl Missy fühlte sich wohl unter den Kameraden seiner Besatzung: dem Flugzeugführer Hermann Wilms, dem Beobachter Peter Leushake und dem Mechaniker Johann Meyer, alle Unteroffiziere wie er selbst. Sie waren befreundet und ein wirkungsvolles Quartett. Der kleine Luftwechsel kam ihnen gelegen; Westerland war einsam, und sie durften nicht einmal den Fliegerhorst verlassen. Natürlich gab es ein paar Kompensationen: das Essen war sehr gut, und obwohl man eng aufeinander hockte, litt die kameradschaftliche Stimmung nicht darunter.

Um 2 Uhr morgens standen sie auf. Ein Schneepflug und etwa einhundert Soldaten waren schon dabei, die Piste freizulegen, auf der Schnee lag. Trotz der fünf Stunden in der Luft, die sie erwarteten, halfen Missy und seine Kameraden beim Schneeschaufeln. Schließlich war die Piste frei. Sie begaben sich zur Einsatzbesprechung. Wie sonst auch fühlte Missy sich vollkommen ruhig. Die einzige Furcht, die er kannte, betraf das Meer; doch er wußte, daß es allen Kameraden der Gruppe ebenso ging.

Die letzten Meldungen über den Geleitzug bestimmten seinen Standort, um diese Zeit im Nordosten der englischen Küste, mit Kurs nach Süden. Der Befehl lautete, mit drei Minuten zeitlichem Abstand in Rollenformation zu starten und Kurs West zu fliegen. Nach zweieinhalbstündigem Flug würden die einen oder die anderen zwangsläufig den Geleitzug abfangen. Sie sollten angreifen, den Schiffen folgen und ihre Position melden. Die anderen Besatzungen würden dann ebenfalls angreifen.

Nach Beendigung der Einsatzbesprechung begaben sich die vier zu ihrer Maschine. Auf dem Weg hatten sie eine seltsame Begegnung: mit einem Schornsteinfeger, der selbst auch seltsam war, denn er trug – Seltenheit zu jener Zeit – einen Zylinder. Sie winkten ihm fröhlich zu, und Missy dachte: »Ein zusätzliches gutes Vorzeichen«. Zumindest für ihn traf es zu.

Während Karl Missy und seine Freunde in den Baracken von Schleswig die Nacht verbrachten, schliefen wir – die Rotte B von der 43. Staffel – in Acklington wegen der Kälte und Unbequemlichkeit unserer Unterkunft sehr schlecht. Am Morgen des 3. Februar stapfte ich unter einem Wind, der ins Gesicht schnitt, mit meinen Kameraden durch den Schnee zu unseren, am äußersten Ende des Geländes verstreut stehenden Maschinen. Wie üblich versagten einige Batterien, und wir mußten die Motoren von Hand anwerfen (besser gesagt, man kratzte sich die Haut in der Handfläche auf, oder ein Rückschlag des Propellers brach einem das Handgelenk, im schlimmsten Fall wurde man geköpft, wenn man im Schnee ausrutschte und in den Propeller geriet). Einer nach dem anderen begannen die Merlins lebendig zu werden, und wir rollten zu unseren Alarmständen, während im Osten blutrot die Sonne aufging. Dann verschwand alle Farbe vom Himmel, und wir standen mitten in einer sibirischen Landschaft. Der Unteroffizier drehte die Kurbel des Feldtelefons und machte dem Hauptquartier des Sektors Meldung: »Kette Blau und Grün, Rotte B, 43. Staffel, startbereit«.

»Halten Sie Kontakt, halten Sie Kontakt . . .«

Weit entfernt, in der Radarstation von Danby Beacon, an der Küste von Yorkshire, nahm die Funkerin vom Dienst den Telefonhörer auf. Es war 9.30 Uhr morgens. Auf seiner Kathodenröhre hatte der Radar-Beobachter ein »Echo« gesehen. Dann ein zweites: nicht identifizierte Maschinen, beinahe 100 Kilometer auf See, näherten sich in 300 Meter Höhe der Küste. Jetzt buchstabierte die junge Funkerin die Meßergebnisse für das Hauptquartier der Jagdflieger. Gleich darauf schnarrte das Telefon im Unterstand der 43. Staffel.

»Hier Operation . . . Kette Blau der 43. Staffel. Start freigegeben. Steigen Sie auf 300 Meter.«

Ein paar Minuten später flog ich schon weit fort von Acklington mitten im Himmel, Folkes und Sergeant Hallowes dicht hinter mir.

»Kurs 180, Schiff von Gangster zwei angegriffen, auf See vor Whitby. Vollgas.«

Mit ganzer Motorenkraft rasten wir nach Süden, dicht über den Wellen, ausgeschwärmt in Such-Formation, Hallowes zu meiner Linken, Tiger Folkes zu meiner Rechten. Beklommen suchte ich die tiefhängende Wolkendecke ab. Und plötzlich sah ich sie – eine Heinkel rechts oben! Nicht eine Sekunde war zu verlieren: die

Heinkel flog dicht unter den Wolken. Ich kurvte nach rechts und gewann rasch Höhe, hielt die Heinkel im Zielgerät, den Finger auf dem Knopf des Maschinengewehrs.

Im selben Augenblick rief in der Heinkel der Beobachter Peter Leushake: »Achtung, Jäger!«

In der Sekunde darauf eröffnete ich das Feuer – auf Missy, Wilms, Leushake und Meyer, die noch vor wenigen Stunden in Schleswig die Schneeschaufel in der Hand gehabt und belegte Brote und warmen Kaffee zu sich genommen hatten. Während dieses kurzen Augenblicks kam es mir überhaupt nicht in den Sinn, daß ich dabei war, Menschen zu töten. Ich sah nur die riesige Heinkel mit ihrem schwarzen Kreuz. Doch an Bord war Peter Leushake schon gestorben, Johann Meyer tödlich verwundet, den Bauch von Kugeln durchsiebt. Ich jagte hinter der Heinkel her und überholte sie gerade in dem Augenblick, als sie in die Wolken tauchte. Ein schwarzer, verschwommener Schatten, schrecklich nahe, ein wenig über mir. Dann fielen Folkes, die Heinkel und ich, fast einer über dem anderen, aus den Wolken, und der Deutsche drehte zur Küste ab. Er zog eine Rauchschleppe hinter sich her.

Karl Missy wußte, daß er schwer an den Beinen und im Rücken verwundet war, doch er schoß weiter, während Wilms mit viel Geschick die waidwunde Maschine steuerte. Die Heinkel fegte dicht über die hohe Steilküste von Whitby und die Hausdächer hinweg. In einem der Häuser hörte ein junges Mädchen die aufgeschreckten Schreie der Möwen und fast sofort darauf das Vorüberbrausen des Flugzeugs – unmittelbar vor dem Fenster, wie es ihr schien.

J. D. H. Armstrong, ein siebzehnjähriger Junge, der in einem Tee-Lagerhaus in Whitby arbeitete, sah, daß die Heinkel unweigerlich abstürzen werde, sprang in einen Austin-Lieferwagen und raste zu der Stelle, wo sie seiner Meinung nach herabkommen mußte. Der Hilfspolizist Arthur Barrat, der in einem Haus der Love Lane Tee trank, als der Bomber ca. 60 Meter an seinem Heim »mit drei von unseren Jägern hinter ihm wie Fliegen hinter einem Honigtopf« vorbeiflog, eilte zu seinem Wagen und raste hinter der Maschine her, in Richtung auf das Schloß Sneaton.

Und jene Frau, die an der Haltestelle Promenade gerade aus dem Bus nach Castle Park stieg, blieb gebannt stehen, als sie den Bomber so tief vorbeijagen sah, daß sie meinte, er werde auf sie stürzen.

Die Heinkel war verloren; alles hing jetzt davon ab, wie es Wilms gelingen würde, aufzusetzen. Missy, der ruhig hinter seinem MG auf dem Drehsitz hockte, glaubte einen bösen Traum zu träumen: nicht eine Minute hatte er an einen solchen Ausgang gedacht, als er vor drei Stunden Schleswig hinter sich ließ. Wenn er davonkam – und das war keineswegs sicher –, würde man ihn gefangennehmen. Plötzlich ängstigte ihn diese Vorstellung. Wie würde man ihn behandeln, fragte er sich? Er wußte nur zu gut, wie man in England über die Nazis dachte. Er fühlte sich machtlos. Er blickte auf den schneebedeckten Boden hinab, der dem verschneiten Boden in Schleswig glich. Gärten, Häuser, Bäume stiegen ihm entgegen; er konnte Leute erkennen, die heraufsahen. Plötzlich Telegraphenstangen... Die Heinkel fegte hindurch, zerriß die Drähte, dann schwebte sie auf eine Scheune zu. Missy fühlte die verzweifelten Anstrengungen von Wilms, die Maschine noch über das Dach zu bringen. Dann, das Schlittern im Schnee...

Auch ich hatte die Szene verfolgt, während ich ein paar hundert Fuß über der Stelle kreiste. Ich sah Schnee und Schlamm hinter der Heinkel aufspritzen, während sie ihre tolle Rutschpartie am Boden fortsetzte, auf eine Reihe von Bäumen zu. Die linke Tragfläche berührte einen und kappte ihn glatt. Dann drehte sich das große Flugzeug schwer auf dem Bauch. Wenige Meter vor dem Gehöft von Bannial Flats kam es zum Stehen.

Kaum war die Wolke von Schnee in sich zusammengesunken, als der Polizist Arthur Barrat mit ein paar Landarbeitern auf die Heinkel zulief. Er kletterte auf die Tragfläche und wurde so, nach seinen eigenen Worten, »der erste Engländer, der seit Kriegsausbruch in England ein deutsches Flugzeug betrat«. Er sah Wilms im Inneren knien und Papiere verbrennen, »während zwei seiner Kameraden zusammengesunken stöhnten«. Barrat hängte sich mit dem Kopf nach unten in die Kanzel und packte Wilms am Kragen; doch der deutsche Flieger wehrte sich und riß sich los, um seine Vernichtungsaktion zu beenden. Dann kletterte Wilms heraus, und Barrat beauftragte jemanden, »sich um ihn kümmern, während er seine beiden Kameraden da herauszöge ... aber Wilms gelangte zur Nase der Maschine und legte Feuer an das verfluchte Ding, während wir uns mit den Verwundeten abgaben«.

Der junge Armstrong, der in seinem Austin-Lieferwagen wenige Sekunden nach dem Sturz der Heinkel an Ort und Stelle eintraf, erinnert sich, Wilms mit den Händen in der Luft fuchteln gesehen und »Bumm! Bumm!« rufen gehört zu haben – worauf die Handvoll Zuschauer zurückwich. Fünf Löschgeräte und Schaufeln voller Schnee waren nötig, um das Feuer zu ersticken. Doch trotz der Anstrengungen von Wilms waren Nachrichtenoffiziere dazu in der Lage, wichtiges Informationsmaterial und Papiere sicherzustellen.

Zwei Frauen, Miss Sanderson und Mrs. Smales, waren unter den ersten, die bei dem Flugzeug eintrafen. Mrs. Smales rief mehrmals Karl Missy zu, herauszukommen und da erst, als er seinen Drehstuhl verlassen wollte, stellte Missy fest, wie schwer er verwundet war. Seine zerschmetterten Beine gehorchten nicht mehr. Nur mit seinen kräftigen Armen gelang es ihm, sich in die »Badewanne« herunterzulassen, wo Johann Meyer zusammengekrümmt lag.

Meyer, von mehreren Kugeln im Bauch getroffen, schrie vor Schmerzen. Verzweifelt suchte Missy, seinen Freund loszuschnallen, doch er sank schließlich selbst halb auf ihn. Das Blut strömte aus seinen Wunden, doch er verlor nicht einen Augenblick das Bewußtsein. Er schrie Wilms zu: »Hermann, komm, hilf Johann!«

Dann, mühsam kriechend, gelang es ihm, sich aus dem oberen MG-Stand bis auf die Tragfläche zu ziehen und sich von da auf den Boden gleiten zu lassen, von wo aus er Wilms zusah, der den Leichnam von Leushake herauszog. Erst in diesem Augenblick wurde er gewahr, daß Leushake in den Kopf getroffen und auf der Stelle tot gewesen sein mußte. Dann kam Wilms zurück, um Meyer zu holen. Er schleppte ihn zum Vorderteil des Flugzeugs und trug ihn heraus. Missy, der erstaunt war, welche Anstrengungen er selbst gemacht hatte, um herauszukommen, begriff, als er Wilms zusah, daß der Mensch in solchen Augenblicken seine Kraft fast übernatürlich steigern kann.

Armstrong bemühte sich um Meyer, der im Schnee zu kriechen versuchte, Blut in Strömen verlor und mit schwacher Stimme wie eine Litanei immer wiederholte: »Kamerad, Kamerad ...« Dann ging Armstrong zu Missy zurück, der nach den Worten des jungen Mannes »vor Schmerzen schrie«, als er von der Maschine weggezogen wurde. Später entdeckte Armstrong in einem benachbarten Feld »eine Spur von roten Flecken« – Blut, das aus der Maschine getropft war, ehe sie aufsetzte.

Mr. Smales half Wilms, Missy und Meyer ins Gehöft zu tragen. Sie waren steif vor Kälte. Mrs. Smales und Miss Sanderson brachten ihnen in Wolldecken gewickelte Wärmflaschen und machten ihnen Tee. Missy gab durch Winke zu verstehen, daß er Lust auf eine Zigarette habe; man gab allen dreien welche.

Ein Arzt traf ein und kniete sofort bei Meyer nieder, um ihm eine Morphiumspritze zu geben. Dann zerschnitt er mit dem Messer Missys Pelzstiefel und schiente die Beine. Das linke war gebrochen, das rechte schrecklich verwundet. Die Freundlichkeit der Leute ihm und seinen Kameraden gegenüber beruhigte Missy über sein künftiges Los. Inzwischen war der Leichnam von Peter Leushake in einen Schuppen gebracht worden.

Niemals wird Missy die Fahrt ins Lazarett im Krankenwagen, die Agonie Johann Meyers und die erbarmenswürdigen Schreie seines Freundes vergessen. Man brachte Meyer direkt in den Operationssaal. Missy sah ihn nicht wieder. Am Abend war er an der Reihe. Das rechte Bein wurde ihm sehr weit oben amputiert – es war unvermeidlich –, er verlor zuviel Blut. Am linken, gebrochenen Bein schienen die Verwundungen nicht allzu schwer; er wurde in Gips gelegt.

Als er am Morgen des 4. Februar wieder zur Besinnung kam, merkte er, daß am Fußende seines Bettes ein Posten stand. Kein Zweifel: er war Gefangener. Er fühlte sich schwach und hatte große Schmerzen; der Gedanke kam ihm, daß er vielleicht sterben werde. Er dachte an seine Verlobte und seine Familie. Das Haus in der Dohlerstraße 43 in Rheydt schien zu einer anderen Welt, zu einem anderen Jahrhundert zu gehören. Er dachte an den Tag, an dem er nach einem Streit seinen Vater verlassen hatte, und an den Morgen darauf, als der alte Mann mit Tränen in den Augen zum Bahnhof gekommen war, um von ihm Abschied zu nehmen. Dann dachte er auch an seine Kameraden, an den tapferen Wilms, der bis zuletzt seine Aufgabe erfüllt hatte; an Peter Leushake, der, mit dem gefürchteten Ruf »Achtung Jäger« auf den Lippen, gestorben war; an den armen Johann Meyer und seinen langen Todeskampf, an die schreckliche Katastrophe, die am Ende eines so gut mit heißem Kaffee und belegten Broten da drüben im Schnee begonnenen Tages ihre kleine Mannschaft zerstört hatte, und an die unvermutete Begegnung mit dem Schornsteinfeger im Zylinder. Ein merkwürdiger Glücksbringer! Niemals wieder würde Missy eine Schneeschaufel handhaben können. Niemals wieder würde er die prächtige Kameradschaft erleben, die unter der Besatzung der Heinkel 3232 entstanden war. Nur etwas richtete ihn noch auf: er hatte bereits die Sorge – sogar Zartgefühl und Hingabe – bemerkt, die die Krankenschwester im Lazarett ihm entgegenbrachte. In seinem Unglück und Leid war er davon tief berührt. Sie verstand kein Wort deutsch, er nicht ein Wort englisch; trotzdem brachte sie es fertig, in ihm einen Funken Hoffnung entstehen zu lassen. Und dann erlaubte man Wilms, ein wenig mit ihnen zusammenzusein, um als Dolmetscher zu dienen.

Auch wenn er nicht sicher war zu überleben, fand Missy es merkwürdig, daß noch am Tag zuvor die Engländer versucht hatten, ihn zu töten, während ihn jetzt diese Engländerin pflegte, als sei er ein Landsmann von ihr. Sie hieß Schwester Oldfield. Sie kam gerade herein und sagte:

»Ein Besucher für Sie. Er wird nur ein paar Minuten bleiben.« Und Wilms übersetzte.

Im nächsten Augenblick kam Schwester Oldfield zu mir auf den Korridor heraus.

»Es geht ihm sehr schlecht, und es ist noch nicht sicher, ob er davonkommen wird. Nicht länger als zwei Minuten, nicht wahr?«

Dann öffnete sie die Tür zum Krankenzimmer. Ich trat ein und ging auf Missys Bett zu. Ich streckte die Hand aus. Er drehte sich zu mir um und ergriff meine Hand so fest mit beiden Händen, daß es fast schmerzte. Doch werde ich seinen Blick nie vergessen. Wir sprachen nicht dieselbe Sprache, und wir konnten uns nur wie die Tiere verständigen, durch die Berührung, durch den Gesichtsausdruck, durch unsichtbare Mittel. Als er meine Hand nahm, lag der Ausdruck eines sterbenden Tieres in seinen Augen, und ich hätte ihn getötet. Er sagte nichts und sah mich nur an mit einer Mischung aus Mitleid, Angst und unendlicher Traurigkeit, in der ich auch einen Schimmer menschlicher Dankbarkeit zu entdecken glaubte. Tatsächlich empfand er keinerlei Bitterkeit. Er ließ sich in die Kissen zurückfallen. Ich hielt ihm die Tüte Orangen und die runde Schachtel mit 50 Players hin, die ich ihm mitgebracht hatte.

Dann verließ ich ihn, um nach Acklington und in den Krieg zurückzukehren. Wer konnte wissen, ob ich nicht wie er als Krüppel enden würde? Oder verbrannt oder entstellt? Oder in kleinen Fetzen zusammengelesen und in einem unbekannten Friedhof beerdigt, während andere Piloten (wie es üblich war) dem, was von meinem armen Leichnam übrig blieb, die letzte Ehre erwiesen.

Peter Leushake und Johann Meyer wurden mit allen militärischen Ehren in Catterick bestattet. Und auf jedem Sarg lautete die Inschrift auf der Kranzschleife: »Die 43. Staffel – mit tiefer Anteilnahme«.

Ausgerechnet drei Tage später, nachdem Karl Missy sein Bein verloren hatte, erhielt Douglas Bader ein Telegramm aus Südengland. »Versetzt zur 19. Staffel, Duxford.« Bader hatte überhaupt keine Beine mehr, und zum letztenmal hatte er Duxford vor sieben Jahren auf dem Flugplatz gesehen, als er hundertprozentig fluguntauglich davongefahren wurde.

Jetzt hatte er durchgesetzt, wieder fliegen zu dürfen, und am 7. Februar meldete er sich bei der 19. Staffel. Innerhalb von sechs Monaten sollten sowohl die R.A.F. wie die Luftwaffe feststellen, daß mit ihm zu rechnen war.

3

Abermals forderte am 22. Februar eine Heinkel die 43. Staffel heraus. Pat Christie, meine Nummer Zwei, entdeckte sie als erster: einen winzigen schwarzen Punkt, der einen dünnen weißen Kondensstreifen an den blauen Himmel schrieb. Mehr als 6000 Meter über uns flog der Bomber ostwärts auf dem Heimweg. Die vier jungen Flieger an Bord ahnten nicht, daß sie nur noch wenige Minuten zu leben hatten und daß das Schicksal mich zu ihrer Hinrichtung ausersehen hatte. Diese Tatsache kam mir aber nicht zum Bewußtsein während der wenigen Sekunden, in denen die Heinkel vor meinem Visier größer und größer wurde. Das Ziel war sie, nicht die Männer, die sie trug. Das Feuer meiner Maschinengewehre war verheerend. Der Bomber schien im Himmel wie ein Betrunkener zu schwanken, er stieß eine Wolke von Ölrauch aus, der meine Windschutzscheibe verdunkelte. Und als ob der Pilot aufs Armaturenbrett gesunken wäre, stürzte das Flugzeug jäh, die Nase voraus, mit erschreckender Geschwindigkeit. Plötzlich wurden die beiden Tragflächen fortgerissen. Der Rumpf flog in Stücke, die wie Steine ins Meer plumpsten, in einem Regen von leichteren Trümmern. In diesem Augenblick erst wurde mir bewußt, was ich der Besatzung angetan hatte. Übelkeit packte mich.

Am nächsten Morgen verließ die 43. Staffel Acklington, um eine Stunde später in Wick, an der Nordost-Spitze von Schottland, nahe John O'Groats, zu landen. Gegenüber, zwischen den Orkney-Inseln, lag die Flottenbasis Scapa Flow. Unsere Aufgabe war, sie zu verteidigen.

Noch nie hatten wir die Elemente so in Aufruhr gesehen. Der Sturm tobte mit der Gewalt eines Orkans. Er riß unsere Maschinen aus der Verankerung. Eine Eisschicht bedeckte die Tragflächen, und sobald Tauwetter einsetzte, versanken die Räder im Schlamm. Tag und Nacht durchzogen wir den Himmel über dem Malstrom des Pentland Firth und über der wütenden Gischt der hohen See draußen.

Hier war es auch, wo unser treuer und schüchterner Tiger Folkes eines Morgens umkam. Unter uns kämpfte ein Geleitzug gegen den Sturm. Plötzlich wechselte der Begleit-Zerstörer den Kurs und preschte mit Volldampf durch die aufgewühlte See. Ich merkte sofort, daß etwas nicht stimmte, und drehte gleichfalls um. Ich sah das Flugzeug von Plenderleith, aber keine Spur von dem Tigers. Ich raste vor und überholte den Zerstörer. Da mußte ich mich davon überzeugen: wir hatten Tiger verloren. Ein Ölfleck, an dem die Wellen nagten, eine Karte und ein paar Trümmer, das war alles. Die Piloten der 41. Staffel, welche die Küste von Yorkshire bewachten, beschlossen eines Tages, aus ihren Schwimmwesten die Kapok-Füllung zu entleeren und sie platt zu drücken, damit sie sie beim Kartenspielen nicht so behinderten. Am 3. April mußte Hauptmann Norman Ryder eine Partie unterbrechen: man rief ihn dringend, Fischerbooten weit draußen vor Redcar Geleitschutz zu geben. Die atmosphärischen Bedingungen waren schwierig: »graues Meer, schlechte Sicht, graue, sehr niedrige Wolken, das Ganze zusammenfließend zu einer Art Schleier, der keine Einzelheiten erkennen ließ.«

Plötzlich tauchte auf dem grauen Hintergrund eine Heinkel 111 auf. Ryder nahm den linken Motor aufs Korn und glaubte, seinen Augen nicht zu trauen, als er ihn in Flammen explodieren sah. Ein paar Augenblicke später ging die Heinkel baden. Doch während des Angriffs hatte Ryder zweimal einen Knall gehört (»wie Hammerschläge auf ein Schieferdach«, sagte er), und da begann auch der Motor seiner Spitfire zu husten. Die Temperatur des Öls stieg, während der Öldruck absank. Kurz danach glitt Ryder dem Meer entgegen. Von Sekunde zu Sekunde wurden die Wellen scheinbar höher und gewaltiger. In letzter Minute gelang es ihm, parallel zur Dünung aufzusetzen. Ein fürchterlicher Knall folgte. Er hörte sich selbst mit dem allergrößten Respekt sagen: »Jesus!« Dann umgab ihn plötzlich seltsame Stille. Im grünen Licht glitt sein Blick an der endlosen Nase der Spitfire entlang, fasziniert von den Blasen, die aus der Propellernabe quollen, die Motorhaube entlang glitten und bald rechts, bald links zerplatzten. Vollkommen gelassen betrachtete er das Schauspiel und suchte zu erraten, auf welcher Seite die nächste platzen werde. Das Licht wurde immer diffuser, doch betrachtete er immer noch die aufsteigenden Blasen.

Schließlich meinte er, daß es doch Zeit wäre, auszusteigen. Jetzt war es völlig finster, und er wurde sich der Gefahr bewußt ... Während der ganzen Zeit dachte er nicht einen Augenblick daran, sich von seinem Fallschirm zu befreien, um unbehindert nach oben tauchen zu können. Statt dessen krabbelte er hinaus samt Fallschirm. Ein Jahrhundert schien es ihm zu dauern, bis er inmitten drei Meter hoher Wellen auftauchte. Unmöglich, jedesmal bis zum Wellenkamm hinaufzuschwimmen. So zog er es vor hindurchzutauchen. Einmal erreichte er mit höchster Anstrengung auch einen Wogengipfel. Nach langem Ringen befreite er sich endlich von dem Fallschirm und, wie um diesen Sieg zu feiern, schwamm er einen anderen Kamm hinauf, nur um auf der anderen Seite hinabzugleiten, bis er glaubte, er werde nie mehr das Licht des Tages sehen. Dann fühlte er einen heftigen Schlag auf den Kopf; es war sein Fallschirm, an den er sich nun krampfhaft festklammerte.

Zwanzig Minuten später zog ihn ein alter Fischer von einem der Boote, unterstützt von einem jungen Burschen, an Bord. Als der Begleit-Zerstörer dem Fischerboot signalisierte, er solle ihm Ryder übergeben, brummte der alte Seebär: »Wenn wir längsseits gehen, wird uns eure verdammte Konservenbüchse zertrümmern, bei derartiger See!« Erst nach vielen Stunden ging Ryder in West Hartlepool an Land.

Am nächsten Tag bemerkte Ryder im Aufenthaltsraum der Flugzeugführer, daß alle wieder eine Schwimmweste mit Kapok vollgestopft und aufgeblasen trugen.

Für die Flieger auf beiden Seiten wurde die See das gemeinsame Grab. In der Nacht zum 6. April forderte sie weitere Opfer. Wir waren in Alarmbereitschaft auf unseren Sitzen festgeschnallt. Der Störsender des Feindes war auf unserer Wellenlänge sehr laut, was auf einen Angriff schließen ließ. Wir waren so angespannt, daß uns beinahe körperlich schlecht wurde. Plötzlich kam das Signal des Einsatzoffiziers: »Los!« Ich hob ab und flog in Richtung See, hinter mir Hallowes.

»Zwanzig oder mehr!« sagte die Stimme des Einsatzoffiziers. (Zwanzig Feindflugzeuge oder mehr – manchmal war es das Doppelte!) Fast im selben Augenblick verwandelte sich der Himmel über Scapa Flow, wo die Dämmerung sank, in eine Flak-Hölle.

Im Nordwesten bildeten die letzten Strahlen der Sonne, die längst schon untergegangen war, eine Art Leuchthorizont. Doch vergeblich suchte ich diesen Abschnitt mit den Augen ab. Dann zeigte sich der Umriß einer Heinkel sehr hoch über mir; sie flog südostwärts in die Dunkelheit hinein. Sie hatte ihren Auftrag erledigt, ich noch nicht. Während des scheinbar endlosen und tückischen Steigfluges heftete ich die Augen starr auf die fliehende Silhouette. Wieder einmal war ich einsamer Jäger. Wieder einmal hatte ich mit diesem Bomber vier Menschen vor mir, unschuldig wie ich, die nur ihre Pflicht taten: zu töten. In den Augenblicken, die folgen würden, gäbe es Menschenopfer. Wahrscheinlich würden sie es sein – wie es auch in meiner Absicht lag –, doch wußte man das je vorher?

Das Feuer meiner Maschinengewehre zersiebte den Bomber. Das Fahrgestell fuhr aus (ein häufiges Phänomen bei der Heinkel), und die übliche Wolke aus Glykoldampf entquoll den Motoren. Ich hielt Abstand, verfolgt von einem Hagel von Leuchtspurgeschossen. Der Heckschütze konnte mich vor dem Hintergrund des Sonnenuntergangs deutlich sehen. Es sollte ein verzweifeltes Maschinengewehrduell werden. Die ganze Heinkel schien zum Leben zu erwachen. An Bord gab es einen Mann, der entschlossen war, mich abzuschießen. Es wurde zum Einzelkampf: er oder ich.

Ich vergaß den schwarzen Abgrund unter mir und das unerbittliche Meer, das auf eine Beute wartete. Ich dachte nicht mehr an die Küste, die ich 80 km hinter mir gelassen hatte. Ich war einzig von dem Willen beherrscht, den Mann zu töten, der seinerseits nur daran dachte, mich zu vernichten. Meinen zweiten Angriff flog ich genau unterhalb des Feuerkegels, den die Leuchtgeschosse zeichneten (wobei auf ein sichtbares vier unsichtbare kamen, die die Panzerung durchschlagen konnten). Unsere Garben kreuzten sich bis zu dem

Augenblick, in dem wir uns beide fast auf Augensichtweite genähert hatten. Ich erinnere mich noch: in diesem Augenblick hörte ich das Tack-tack-tack des MG 15 der Heinkel genau über meinem Kopf, während ich unter dem Bomber hinwegflog, um den Zusammenstoß zu vermeiden.

Für die Heinkel gab es keinen Ausweg. Ihre Positionslichter flammten auf, und es gelang mir, den Bomber in der Schwärze zu beobachten, wie er aufs Wasser niederging. Dann erloschen seine Lichter. Zwanzig Minuten später kündeten mir die Signale des Leuchtturms von Duncansby Head, daß ich nicht mehr weit von meiner Basis entfernt war. Als ich sie dann überflog, sah ich statt der Ansteuerungsfeuer ein Chaos von Lichtern.

»Nicht sofort landen!« befahl mir der Kontrollturm.

Aber mein Treibstoff war beinahe zu Ende. Ich ging abseits von den Lichtern trotzdem nieder und kam dann angerollt.

Mitten auf dem Gelände lag eine Heinkel 111 auf dem Bauch, mit verbogenen Propellern. Offenbar hatte Hallowes ins Schwarze getroffen, und der Deutsche hatte zur Küste gekurvt. Als er eine Linie von Lichtern sah, hatte er beschlossesn aufzusetzen und »baden zu gehen«, da er sich noch über dem Meer glaubte. Zum Erstaunen des Bodenpersonals war die Heinkel auf unserem Platz gelandet. Eine Tür hatte sich geöffnet, ein Schlauchboot war »zu Wasser gelassen« worden, und zwei Mitglieder der Besatzung waren, nachdem sie sich, um besser schwimmen zu können, die schweren Stiefel ausgezogen hatten, auf festem Boden »ins Meer« gesprungen. Es hieß sogar, sie hätten, nachdem sie ins Boot geklettert waren, zu rudern begonnen. Es war die Folge des Schocks.

Sie beharrten darauf, sie seien von einer Spitfire abgeschossen worden. Es war das erste Anzeichen jenes »Spitfire-Snobismus«, der in der Luftwaffe grassierte. Es gab in einem Umkreis von 100 km kein Flugzeug dieses Typs in unserem Abschnitt. Tags darauf betrachtete ich betrübt meine brave Hurricane. Sie war von Kugeln durchsiebt, das Leitwerk stark beschädigt. Knapp war ich am Tod vorbeigekommen.

Während ich mich über der Nordsee duellierte und die vier Flieger der Heinkel ertranken oder zum mindesten die Agonie im eisigen Wasser und der Kälte erduldeten, dinnierte ihr korpulenter Oberbefehlshaber mit seinem Stab in Berlin. Er gab an diesem Abend seine Befehle für die nächsten Angriffe der Luftwaffe: gegen Dänemark und Norwegen.

Am 9. April, um 5 Uhr morgens, drangen die deutschen Streitkräfte zu Land und zu Meer, unterstützt von der Luftwaffe, in diese beiden neutralen Länder ein. Am Tag darauf starben vier weitere Flieger Görings, nach einem Scharmützel mit der 43. Staffel, in der Nordsee. Das Wetter war an diesem Nachmittag zu schön, als daß man an den Tod dachte. Endlich war das Meer einmal friedlich und spiegelte den leuchtend blauen Himmel. Zu siebt flogen wir im Verband, voran unser Staffelführer George Lott, in Richtung auf die Insel Ronaldsay. Ich glaube wohl, wir riefen alle auf einmal. Eine einsame Heinkel stahl sich durch die Wolken, genau vor uns. Es wurde eine Metzelei – sieben gegen eins. Als ich herankam, konnte ich sehen, daß das ganze Leitwerk hin war und die Motoren Rauch spuckten. Ich bog ab, und während die Heinkel ihren Sturz begann, flog ich parallel zu ihr und sehr nahe, während Caesar Hull das gleiche auf der anderen Seite tat. Das Heck des Rumpfes bot einen entsetzlichen Anblick. Der Heckschütze war neben seiner Waffe hingesunken. Vorn der junge Pilot, dessen blonder Schopf im Wind flatterte, da die Scheiben zertrümmert waren, über die Steuerung gebeugt und bemüht, den tödlich getroffenen Bomber noch zum Weiterfliegen zu zwingen. Durch die Bullaugen blickten mich, stumm vor Verzweiflung, die beiden anderen Mitglieder der Besatzung an. Ich schob das Kanzelverdeck zurück und machte ihnen Zeichen, sie sollten die Küste zu erreichen suchen. Diese Männer waren keine Feinde mehr, sondern Flieger in Not. Wenn wir ihnen nur hätten helfen können! Doch wir konnten nichts für sie tun. Ich wußte, daß ich den letzten Augenblicken dieser drei Tapferen beiwohnte, während die Maschine dem Meer entgegenfiel. Ich folgte ihr mit den Augen bis zu dem Moment, da sie, unfähig weiterzufliegen, auf das Wasser schlug. Der Rumpf brach entzwei. Ein Flügel ragte in einem verrückten Winkel aus dem Meer, ehe er in die Tiefe sank. Niedrig über ihnen kreisend, sah ich die drei Männer wieder; in ihren gelben Schwimmwesten befreiten sie sich aus dem Wrack und begannen zu schwimmen. Ich rief, wie auch mehrere andere meiner Kameraden, die Basis, um die Position zu melden und Hilfe anzufordern. Wir waren mehr als 30 km von der Küste entfernt. Die drei Deutschen würden tot sein, bis man zu ihnen kam. Das Meer hatte seine Opfer gefordert.

Am 10. Mai kurz nach Tagesanbruch sprach der Botschafter des Reichs in Den Haag, Julius Graf von Zech-Burkersroda, im holländischen Ministerium für die Auswärtigen Angelegenheiten vor und überbrachte eine Note. Darin wurde angekündigt, daß die deutschen Truppen in die Niederlande einrücken würden, um ihre Neutralität gegen die Bedrohung durch die französisch-britischen Armeen zu schützen. Sechsundzwanzig Jahre vorher hatte der berühmte Schwiegervater von Burkersroda, der Reichskanzler Bethmann-Hollweg, die deutsche Garantie der belgischen Neutralität »einen Fetzen Papier« genannt.

In Brüssel schnitt der Minister für Auswärtige Angelegenheiten, Paul Henri Spaak, dem deutschen Botschafter, der ihm eine ähnliche Note überreichen wollte, das Wort ab. Das Reich habe soeben sein Land angegriffen, sagte er, das zweite Mal innerhalb von fünfundzwanzig Jahren, »daß Deutschland in verbrecherischer Weise ein neutrales und loyales Belgien überfällt. Was heute geschehen ist, ist vielleicht noch schändlicher als die Aggression von 1914. Bei der belgischen Regierung ist kein Ultimatum, keine Note, kein Protest irgendwelcher Art eingegangen. Erst durch den Angriff selbst hat sie erfahren, daß Deutschland die von ihm gegebenen Verpflichtungen gebrochen hat . . .«

Während die Botschafter Hitlers ihre Noten in Den Haag und in Brüssel überreichten, konnte man schon die Bomben der Luftwaffe auf den Flugplätzen der Umgebung krachen hören. Seit Morgengrauen rückte die Wehrmacht auf einer Front von 280 km vor, und deutsche Bomber waren gegen 70 alliierte Flugplätze in Aktion getreten. Ihre Aufgabe war dreifach: die gegnerische Luftstreitmacht vernichten, die Armee entlasten, die Häfen und Schiffe angreifen. Zwei Luftflotten, die 2. (Kesselring) und die 3. (Sperrle) hatten bei der Offensive 1400 Bomber eingesetzt, gewöhnliche und Sturzbomber, sowie 1260 Jäger. Gegen diese mächtige Armada waren die französisch-britischen Luftstreitkräfte in Frankreich zu diesem Zeitpunkt erbärmlich ungenügend. Die R.A.F. stellte 25 Staffeln mit zusammen 400 Maschinen. Von diesen 25 Staffeln waren 6 mit Hurricane-Jägern ausgerüstet, 8 mit leichten Bombern Battle (die leider nur zu rasch ihren Ruf, »fliegende Särge« zu sein, rechtfertigen sollten). Der Rest waren mittelschwere Bomber Blenheim und taktische Maschinen der Armee, Lysander. Das französische Kontingent mochte, soweit es im Luftbezirk Nord unter General Augereau

stationiert war, am kritischsten Punkt der Front, zwar auf dem
Papier zahlenmäßig stärker sein, es war aber noch weniger leistungs-
fähig als die R.A.F. Seine 275 Tagjäger, Morane 406 und Curtiss,
wogen die Messerschmitt 109 nicht auf, ebenso wenig wie die 55
Nachtbomber und 15 Tagbomber in der Lage waren, auf den Gegner Eindruck zu machen. Auch der Opfermut und die äußerste
Tapferkeit der alliierten Flieger konnten eine so mittelmäßige Ausrüstung nicht wettmachen.

Gus Holden, kürzlich zur 501. Staffel nach Tangmere versetzt, ging
nach einer im Dorchester in London durchtanzten Nacht, an diesem 10. Mai um 3 Uhr morgens in seinen Klub schlafen. Um 8 Uhr
brachte der Kammerdiener ihm eine Tasse Tee.
»Schlechte Nachrichten, Sir«, sagte er. »Die Deutschen sind in Frankreich einmarschiert.«
In Tangmere, wo er nach einer halsbrecherischen Fahrt mit seinem
Wagen um 11.30 Uhr eintraf, wurde Holden von seinem Staffelführer mit den Worten empfangen: »Abflug nach Frankreich punkt
eins.«

Die sechs Hurricane-Staffeln, die schon in Frankreich stationiert
waren, hatten sich seit der Dämmerung mit den Bombern der Luftwaffe herumgeschlagen. Eine von ihnen, die 85., war jene, die Billy
Bishop 1918 nach Bertangles gebracht hatte, wo sie mit der 43. zu-
sammentraf. Zweiundzwanzig Jahre danach raufte sich die neue
Generation von Piloten der 85. genau so wild mit den Deutschen.
Der brillanteste dieser jungen Leute hieß Dicky Lee. 1918 war er
erst zwei Jahre alt gewesen, besaß jedoch bereits einen Ruhmestitel:
er war das Patenkind des berühmten »Boom« Trenchard. Am
10. Mai begann er sich selbst einen Namen zu machen. Die Staffel
flog den deutschen Bombern über Belgien und Holland entgegen,
und den ganzen Tag über fand man Dicky dort, wo es am heißesten
zuging. Verwundet gelang es ihm zurückzukommen. Doch schon am
nächsten Tag stürzte er sich wieder in den Kampf.

Am 10. Mai hatte Hauptmann Werner Streib von der 1. Gruppe
des Zerstörer-Geschwaders ZG. 1 mit seinem Schwarm von 4 Messerschmitt 110 die Aufgabe, acht Junkers 52, die mit Luftlandetruppen bepackt waren, zum Flughafen Waalhaven bei Rotterdam zu

eskortieren. Eine der Ju 52 sollte den Chef der Luftlandetruppen, General Kurt Student, mitnehmen. Vor dem Start fragte Streib General Student: »Herr General, können Sie mir angeben, welches Ihre Maschine ist. Ich lege größten Wert darauf, Ihnen ein Höchstmaß an Schutz zuzusichern.« – »Es ist unwichtig«, erwiderte Student, »Ihre Aufgabe ist es, über alle zu wachen.« Sie verließen ihre Basis Gütersloh um 7.30 Uhr morgens und sollten in Waalhaven gegen zehn Uhr eintreffen.

In Manston in Kent hatte die 600. Staffel kurz nach Tagesanbruch eine Flugbesprechung. Die Fallschirmjäger und Luftlandetruppen der Wehrmacht hatten sich in den Besitz von Waalhaven gesetzt. Die 600. sollte diesen Flugplatz überwachen, Berührung mit dem Feind suchen und das Gelände mit Maschinengewehren beschießen. Die 6 Blenheims, unter der Führung Jimmy Wells, waren alsbald unterwegs zu ihrem gefährlichen Auftrag. Ihre zweimotorigen Blenheims mit einer Höchstgeschwindigkeit von 400 Stundenkilometern und ihrer bescheidenen Bewaffnung von fünf nach vorn schießenden Maschinengewehren, nebst einem rückwärtigen, würden den deutschen Jagdfliegern eine leichte Beute sein. Oberleutnant Norman Hayes flog als Nummer 2, rechts von seinem Staffelführer. Als sie sich Rotterdam näherten, sahen sie »große Rauchsäulen, die von den in der Stadt wütenden Bränden aufstiegen«. Dann gab der Kommandant den Befehl, sich in Angriffsformation zu setzen und stieß hinab. »Ich beschoß eine Ju 52 am Boden«, erzählt er. »Als ich in einer Rechtskurve wieder Höhe gewann, sah ich einige Me 110 etwa 250 m über uns, die versuchten, uns von hinten zu fassen.« Der Staffelführer dieser Messerschmitt-Maschinen war Hauptmann Werner Streib. Er tauchte hinter einer Blenheim auf, die vergeblich versuchte, die Me 110 auszukurven und dann abwärts tauchte – abermals vergeblich: ihr Heckschütze war mit seinem einzigen Maschinengewehr gegen die mörderischen Salven der Me 110 machtlos. Streib schoß sie ab.

Währenddessen war Norman Hayes jedoch nicht untätig. Kaum war er der Me 110 entwischt, die ihm am Rockschoß klebte, als er kurven mußte, um eine Ju 52 anzugreifen. Eine andere Blenheim, geflogen von Hugh Rowe, kam ihm zuvor, wurde jedoch von einer Me 110 angegriffen und auch abgeschossen. Norman Hayes machte sich nun an die Ju 52 heran, deren linker Motor Feuer fing. Im selben Augenblick griff ihn eine dritte Me 110 von hinten an und durchlöcherte den rechten Motor und die Kraftstoffleitung der Blenheim. Ein Strahl Benzin ergoß sich in den Führerraum; doch während sein MG-Schütze, der Korporal Holmes, ihm Richtungsangaben zurief, gelang es Hayes, dem deutschen Jäger nach unten auszuweichen. Es war höchste Zeit heimzukehren. Ein paar Minuten später merkte er zu seinem Entsetzen, daß er schnurgerade nach Deutschland flog. Über Rotterdam kurvend, um den richtigen Kurs einzuschlagen, entdeckte er unter sich drei Heinkel und stieß sofort hinab, um sie anzugreifen. Doch schließlich siegte seine Vorsicht über die Tapferkeit, und er beeilte sich, westwärts abzufliegen. Seine Blenheim war die einzige, die nach Manston zurückkam.

Luftmarschall Arthur Barratt, Befehlshaber der britischen Luftstreitkräfte in Frankreich, hatte den ganzen Vormittag über auf den Befehl des Kommandierenden Generals Gamelin gewartet, um seine Bomber gegen die vorrückenden deutschen Kolonnen loszulassen. Doch auf die Engländer wartete das Verhängnis.

Als er gegen Mittag immer noch ohne Nachricht von Gamelin war, der genau wie Vuillemin einen »Bomben-Krieg« vermeiden wollte, schickte Barratt schließlich seine Schlachtflieger-Staffeln zum Angriff vor. Zu einer von ihnen, der 12., »das dreckige Dutzend«, gehörte der Oberleutnant Bill Simpson. Über Baumwipfeln hinwegfegend, stieß er auf eine deutsche Kolonne. Die Flak durchlöcherte seinen Motor. Er flog weiter, so gut es ging. Dann warf er seine Bomben ab. Einige Augenblicke später machte er eine Bruchlandung in den Ardennen. Die ganze Maschine fing sogleich Feuer, und noch ehe Simpson sich abschnallen konnte, war er von Flammen eingehüllt. »Schon beim ersten Aufflackern des Feuers waren die Hände und die Beine bis auf die Knochen verbrannt... sie waren wie in einem bis zur Weißglut erhitzten Ofen gefangen und auch durch die Furcht gelähmt... Ich wartete auf den Tod.« Er wurde, immer noch brennend, von seinem Beobachter, Feldwebel Odell und seinem Bordschützen, Unteroffizier Tomlinson, herausgezogen. Er betrachtete seine Hände – »die Hände eines Gespenstes, blutleer, von unglaublicher Blässe... die Finger in einer verzweifelten Geste verkrampft... ähnlich den Krallen eines Raubvogels«. Sein nutzloser Einsatz war nur einer von zahllosen, die das Schlachtflieger-Kommando der R.A.F. flog. Von den 32 Schlachtflugzeugen, die an diesem Tag angriffen, gingen 13 verloren, die restlichen wurden beschädigt. Die deutschen Kolonnen setzten den Vormarsch fort.

Während dieses ganzen Tages griff die Einheit von Joachim Pötter, das Edelweiß-Geschwader KG. 51, nun mit Heinkel 111 ausgerüstet, unablässig die alliierten Flugplätze an. Pötter bombardierte den Platz bei Lyon-Bron. Doch als er eben feststellte, daß sein Auslöser verklemmt war, faßte ihn eine Morane 406 von hinten. Am Arm verwundet und mit einem ausgefallenen Motor, brachte er seine Maschine zurück. Pötters Abenteuer blieb beinahe unbeachtet neben dem schrecklichen Mißgriff, der dem Oberleutnant S. passierte. (Sein Name wird in diesem Zusammenhang nirgends genannt.) S. war von Landsberg um 14.23 Uhr an der Spitze einer Kette von 3 Heinkel der 8. Staffel aufgestiegen. Ziel: Dijon-Longvic. In den Wolken verlor er die beiden anderen Ketten der Staffel und flog allein mit der seinen weiter. Er entdeckte einen Flugplatz, den er für Dole-Tavaux hielt und bombardierte ihn.

Im selben Augenblick (es war 15.40 Uhr) sah die Flugwache der Stadt Freiburg im Breisgau drei Maschinen, die eindeutig als Heinkel 111 identifiziert wurden. Um 15.49 Uhr meldete man: »Flugplatz von Freiburg bombardiert ... 2 Maschinen mit bloßem Auge als Deutsche erkannt.« Alle diese Einzelheiten fanden sich auch in einem Bericht vom 10. Mai, den der Befehlshaber des Luftgaus VII abgab. S. und seine Kette hatten Entsetzen in der friedlichen Stadt Freiburg gebracht: 57 Zivilisten, darunter mehrere Kinder, waren von ihren 69 Bomben getötet worden. 24 Bomben waren nicht explodiert. Um so eindeutiger verrieten sie an den Aufschriften ihren deutschen Ursprung.

Als Göring noch am selben Abend diesen Bericht las, geriet er außer sich. Seine Luftwaffe bombardierte eine deutsche Stadt! Und das am ersten Tag der Westoffensive! »Eine schöne Art, den Feldzug zu beginnen!« fluchte er. »Wie stehen wir nun da, meine Luftwaffe und ich? Wie soll man das dem deutschen Volk beibringen?«

Das übernahm Goebbels. Nachdem er zunächst die Franzosen beschuldigt hatte, wälzte er die Schuld dann auf die Engländer. Er drohte Repressalien durch deutsche Bomber an. Jeder Angriff dieser Art werde fünffach gegen englische und französische Städte zurückgegeben werden. Kurz, die Luftwaffe war reingewaschen, die Engländer waren die einzigen Schuldigen, und dieser Schimpf sollte jahrelang auf ihnen sitzen bleiben. Die meisten Besatzungen des KG. 51 fühlten sich erleichtert, wenn freilich auch einige den Propagandatrick durchschauten. Eine geheime Untersuchung bestätigte die Verantwortung von Oberleutnant S. Aber es fand kein Kriegsgerichtsverfahren statt. Die Wahrheit durfte nicht bekannt werden. Der unselige S. mußte unter Gewissensbissen weiterleben ... freilich nicht mehr sehr lange.

Gus Holden hatte noch die Nachwehen eines Katers, als er mit der gesamten 501. Staffel bei Reims auf einem »obskuren Gelände« am frühen Nachmittag einfiel. Fast sofort wurde die 501. Staffel vom Unglück getroffen: die Transportmaschine, welche Ersatzleute für die Flugzeugbesatzungen, das Bodenpersonal und das Gepäck brachte, zerschellte am Boden, wobei fast alle Insassen umkamen. Um 16 Uhr wurde Holden als Aufklärer über Sedan geschickt. Dort konzentrierten sich deutsche Kräfte. Ein paar Minuten lang beobachtete er den Rauch der Kämpfe.

Plötzlich tauchte eine ganze Staffel Me 109 auf. Holden vergaß darüber seinen Kater. Er wendete und tauchte senkrecht mit Vollgas abwärts, ohne einen Blick auf den Fahrtmesser zu wagen. Über Hecken springend, sah er, daß das ganze Rudel ihm noch auf den Fersen war, voran dessen Führer, der »Kugeln spie«.

Holden gelang es, das »obskure Gelände« wieder zu erreichen. Der Tag, der mit einer Tasse Tee in seinem Londoner Klub begonnen hatte, machte aus ihm einen viel reiferen Jungen.

In London gab es indessen eine Regierungskrise. »Dieser Tag wird vielleicht der düsterste in der Geschichte Englands bleiben«, notierte der Abgeordnete Chips Channon, einer der brillantesten Chronisten dieser Epoche. Harold Balfour, Unterstaatssekretär für Luftfahrt, hatte ihn am frühen Morgen angerufen, um ihm den Beginn der deutschen Offensive zu melden. »Wieder einer von den glänzend kalkulierten Coups Hitlers«, notierte Channon. »England ist politisch geteilt und seine regierende Partei durch Meinungsverschiedenheiten und Zorn gelähmt.«

Für das Amt des Premierministers kamen Chamberlain, Halifax und Churchill in Frage; aber die Labour Party weigerte sich, einer Koalition unter Chamberlain beizutreten. Halifax (man nannte ihn »den Papst«) lehnte entschieden den Posten des Premierministers ab. Als Mr. R. A. Butler ihn ein letztes Mal aufsuchte, in der Hoffnung, ihn doch noch überreden zu können, war er beim Zahnarzt. Hat Englands Schicksal von Halifax' Zahnweh abgehangen? Schon möglich. Kurz danach jedenfalls waren die Würfel gefallen: der König, hieß es, werde den neuen Premierminister um 18 Uhr empfangen. Inzwischen fuhr Chips Channon zusammen mit Harold Balfour »voll stummen Kummers beim Gedanken an diesen unglaublichen Tag« durch die Straßen Londons, wo überall die Schlagzeilen zu lesen waren: »Luftangriff auf Paris ... Brüssel bombardiert ... Lille unter Bomben ... Zahlreiche Tote in Lyon« (hatten also die Bomben von Joachim Pötter trotz der angreifenden Morane ihr Ziel getroffen?).

Channon trank Tee mit einem gewissen Mister Van Kleffens, einem Holländer, »einem ziemlich jungen, großen, hageren Mann mit einer Nase, die Cyranos würdig gewesen wäre«. (Dieser Mister Van Kleffens war soeben vor Brighton in seinem Wasserflugzeug gelandet. Man hatte ihn für einen Deutschen gehalten und prompt verhaftet.) Ein wenig später, kurz nach 18.30 Uhr, sickerte die Nachricht durch, daß Winston Churchill sich zum König begeben habe. Während so Churchill das Schicksal des britischen Volkes in die Hand nahm, setzten die Armeen Hitlers die Besetzung Europas fort.

4

Am 11. Mai verstärkte die Luftwaffe ihre wütenden Angriffe auf alliierte Flugplätze. Die 4. Staffel des KG. 2 erhielt den Auftrag, Vaux, bei Sissonne la Malmaison, anzugreifen, die Basis der 114. Staffel des britischen Bomberkommandos, nicht weit von Reims. Werner Borner befand sich an Bord der *Gustav Marie*, einer von den neun Do 17, die in diesem Augenblick Oberleutnant Reimers über die Maginotlinie führte. Sie flogen im Tiefflug, um nicht ausgemacht zu werden. Über die französischen Befestigungen setzten sie im Hammelsprung hinweg und waren schon vorbei, ehe die Fliegerabwehr das Feuer eröffnen konnte.

Kurz nach Morgengrauen rollten die Blenheims der 114. Staffel zu ihrem ersten Einsatz zur Startbahn, doch ihren Auftrag sollten sie nie mehr erfüllen. Während sie aufgereiht das Startsignal erwarteten, tauchten Reimers und seine Dorniers in geringer Höhe über dem Flugplatz auf und belegten die Blenheims mit 50-Kilo-Bomben. Werner Borner sah auf dem Flugplatz das Chaos ausbrechen. Nach beendetem Angriff nahm Borner kaltblütig seine Filmkamera und filmte die Szene, während die *Gustav Marie* über Feuersäulen und schwarzen Rauchschwaden kurvte, die aus den Trümmern aufstiegen, wo wenige Minuten vorher noch eine stolze Bomberstaffel startbereit gestanden hatte.

Doch der Erfolg von Reimers hätte ihm und seiner Besatzung fast das Leben gekostet. Sie gerieten in Abwehrfeuer. Schwer am Bein verletzt, wurde Reimers von seinem Beobachter, dem Oberfeldwebel Krüger, vom Flugzeugführersitz gezogen; Krüger nahm den Steuerknüppel und brachte die Dornier, ohne jemals ein Flugzeug gesteuert zu haben, nach Frankfurt zurück, wo er sie fachmännisch aufsetzte.

Die Flak, die deutsche diesmal, schoß auch Dicky Lee ab, das Patenkind Trenchards. Die 85. Staffel verbrachte, wie alle anderen Hurricane-Staffeln, den ganzen Tag damit, die Bomber der Luftwaffe anzugreifen. Dicky Lee hatte am Vormittag zwei von ihnen abgeschosssen, als er von Granaten getroffen wurde und eine Notlandung inmitten einer Gruppe von Panzern machen mußte. Ein Bauer sagte ihm, es seien belgische Panzer; doch Lee merkte sehr rasch seinen Irrtum. Ebenso rasch nahmen ihn die Deutschen gefangen. Doch da er einen Mantel über seiner Uniform trug, hielten sie ihn für einen zivilen Flüchtling und sperrten ihn in eine Scheune. Er kletterte zu einem Fenster hinauf und entdeckte darunter eine Leiter. Am Tag darauf flog er wieder mit der 85.

Am 12. Mai zog sich die Invasionszange über Holland zusammen. Im übrigen konzentrierte sich der deutsche Druck auf Maastricht und auf die Gegend von Dinant und Sedan.

Bei der 12. Staffel der britischen Schlacht-Bomber hatte man Freiwillige zur Zerstörung der beiden nahen Maasbrücken aufgerufen. Sie waren der Schlüssel zur Verteidigung des Albert-Kanals. Sechs Besatzungen meldeten sich freiwillig. Es war fast ein Himmelfahrtskommando. Schließlich hoben fünf Battles ab.

Sie waren angewiesen, in zwei Ketten zu fliegen. Die Führer Carland und Thomas hatten eine »mehr als lebhafte« Diskussion in letzter Minute über die Taktik: Bombardierung im Sturzflug? Oder aus niedriger Höhe? Entscheidung: jeder sollte es machen, wie er es für richtig hielt.

»Das Resultat wird interessant sein. Mögen wir beide Glück haben und zurückkommen«, so lautete Thomas' Schlußwort vor dem Abflug. Keines der Flugzeuge, aber er kam zurück – nach fünf Jahren Kriegsgefangenschaft. Carland – er war einundzwanzig Jahre alt – starb mit seiner Besatzung, dem Feldwebel Grey und dem Gefreiten Reynolds. Für ihre Tapferkeit erhielten Carland und Grey posthum das Victoria Cross. Reynolds ging leer aus. Dabei hatte er genau wie die anderen das Risiko eines fast sicheren Todes auf sich genommen. Warum die Diskriminierung? Bloße Rangfrage? Oder war das Victoria Cross knapp? Gleichviel. In der anderen Welt, in die sie eingegangen sind, ist es nicht mehr von Bedeutung.

Nicht eine einzige dieser fünf Battles kehrte zurück. Eine Besatzung traf nach einem abenteuerlichen Fußmarsch ein. An diesem Abend waren von 135 britischen Schlachtbombern, die es ursprünglich an der Front gab, nur noch 72 übrig. Die Verluste der sechs Jagdstaffeln waren mit 96 Hurricanes ebenfalls schwer. Doch das den Franzosen gegebene Wort wurde gehalten: das Oberkommando der Jagdflieger beorderte am 12. Mai vier weitere Staffeln (64 Maschinen) nach Frankreich, wodurch sich die Gesamtzahl der britischen Jagdflugzeuge auf französischem Boden auf zehn Staffeln erhöhte. Tags darauf trafen nochmals 32 Hurricanes in Frankreich ein. Das hieß, daß aus dem »Wasserhahn«, durch den, wie der Oberkommandierende der Jagdflieger, Dowding, immer befürchtete, »die gesamte Produktion an Hurricanes ablaufen würde«, bereits 12 Staffeln der Verteidigung der Britischen Inseln »abgezapft« worden waren. Und dabei war der »Wasserhahn« noch keineswegs voll aufgedreht.

Am 13. Mai erzwangen die Armeen General von Kleists bei Houx, nahe Dinant, und bei Sedan den Übergang über die Maas, nachdem unaufhörlich Wellen von Stukas vorausgeflogen waren, die den französischen Widerstand brachen. Zweimal an diesem Tag hob Rudolf Braun mit der 1. Gruppe des Stuka-Geschwaders 3 von seiner vorgeschobenen Basis Dockendorff ab. »Überall schien es Schwärme von Me 109 zu geben. Es war ein beruhigender Anblick«, erzählte Braun. Kein einziger französischer oder englischer Jäger kam in Sicht.

Der Auftrag an die 1. Gruppe des ST. G. 3 lautete, die französischen Truppenkonzentrationen anzugreifen und die Maasbrücken zu zerstören, um einen möglichen Gegenangriff zu blockieren. Die von Rudolf Braun geflogene Ju 87 gehörte zu jenen 200 Flugzeugen, die sich fast senkrecht unter Sirenengeheul herabstürzten. Ihre Bomben hinterließen Gemetzel und Verwüstung. Sie lähmten die französische Verteidigung völlig. Nach allem, was er während des Tages gesehen hatte, war Braun davon überzeugt, daß die feindliche Armee vor der Schnelligkeit und der unerbittlichen Exaktheit des deutschen Vormarsches zusammenbrechen werde; Infanterie, Panzer, Stukas zerstörten alles auf ihrem Weg. Tatsächlich verfolgten Rudolf Braun und die Stukas die alliierten Armeen in einer großen Drehbewegung von der Maas bis zum Ärmelkanal.

Angesichts der Niederlage brachte das französische Oberkommando am 14. Mai die eigenen und die britischen Schlacht-Bomber zum äußersten Einsatz gegen den deutschen Brückenkopf bei Sedan. Kurz nach Mittag flogen die wenigen noch verbliebenen französischen Maschinen ihren Angriff. Die Verluste waren so furchtbar, daß weitere Angriffe unterlassen wurden.

Zwischen 15 und 16 Uhr übernahm alles, was von der britischen Bomberwaffe noch vorhanden war – 71 Maschinen – den Angriff. Bilanz: 40 eigene Maschinen abgeschossen, die meisten übrigen beschädigt. Niemals während des ganzen Krieges sollte die R.A.F. noch einmal einen gleich hohen Prozentsatz an Verlusten erleiden. Ihr Opfer war vergeblich: zwei Stunden nach dem selbstmörderischen letzten Angriff auf Sedan brachen die Deutschen zu ihrem Vormarsch zum Ärmelkanal auf.

Inzwischen hatte der französische Regierungschef Paul Reynaud persönlich zusätzlich britische Jäger aufgefordert: »Wenn wir die Schlacht gewinnen sollten, die für den ganzen weiteren Verlauf dieses Krieges entscheidend sein kann, muß man uns unbedingt und sofort weitere zehn Staffeln schicken.«

Weitere zehn Staffeln! Der aufgedrehte »Wasserhahn« hatte die Verteidigungskräfte Großbritanniens schon auf 36 Staffeln reduziert. Zehn weniger würden Dowding nur 26 Staffeln lassen: genau die Hälfte dessen, was der Luftfahrtminister als Minimum für die Jagdwaffe festgelegt hatte.

Alles deutete darauf hin, daß der Umfang der Katastrophe es für England absolut erforderlich machen werde, eine starke Jagdwaffe zur Verteidigung des Landes zu haben.

Während die erste Schlacht-Bomberwelle der R.A.F. den Brückenkopf von Sedan angriff, verwüsteten 57 Heinkel 111 das Stadtzentrum von Rotterdam. Hitler und Göring hatten genaue Befehle zu einem Massenangriff gegeben; die »Festung Holland« zeigte stärkeren Widerstand als vorgesehen. Hitlers Weisung Nr. 11 befahl, diesen Widerstand unverzüglich zu brechen. Dazu waren Verstärkungen der Luftwaffe eingesetzt worden.

Den Befehl zum Angriff gab General Kesselring. Doch im gleichen Augenblick, in dem die beiden Gruppen Heinkel, eine von 43 Maschinen, die andere von 57, beide vom KG. 54, auf die Stadt zuflogen, waren schon Verhandlungen wegen einer Kapitulation eingeleitet. Die Obersten Hohne und Lackner, Kommandeure der beiden Gruppen, ebenso wie ihre Staffelkapitäne, hatten das Ziel, einen kleinen Verteidigungssektor inmitten der belagerten Stadt, durch ein Dreieck auf den Karten markiert. Man hatte ihnen mitgeteilt, rote Leuchtkugeln, die vom Boden aufsteigen, hießen: Angriff abgeblasen.

Die Spannung sei niederschmetternd gewesen, ob Rotterdam rechtzeitig kapitulieren werde, schrieb Oberst von Choltitz, der später selbst als General in Paris kapitulieren mußte. Hohne sah die Leuchtkugeln in letzter Sekunde und wies seine Gruppe an, nicht zu bombardieren. Doch Lackner sah im Rauch und im Dunst die Signale nicht. Seine Heinkel warfen 97 Tonnen Bomben ab. In wenigen Sekunden war das Zentrum von Rotterdam mit 800 Menschen, vor allem Zivilisten, zermalmt. Um 17 Uhr ergab sich der holländische Stadtkommandant Oberst Scharroo.

Durch einen grausamen Irrtum erlitt somit Rotterdam das Schicksal von Warschau. Die deutschen Militärbehörden hatten verzweifelte Anstrengungen gemacht, um die Katastrophe zu vermeiden – nicht etwa, weil sie für die einfachen Bürger von Rotterdam mehr Mitgefühl empfunden hätten als für die holländische Armee, die ihnen Widerstand leistete; sondern nur, weil bereits Verhandlungen im Gange waren. Sie behaupteten, das getroffene Ziel wäre ein Verteidigungssektor. Doch von wem verteidigt? Von Zivilisten? Und was soll man zu Freiburg sagen, einer offenen Stadt, wo die Luftwaffe irrtümlich auch deutsche Zivilisten getötet hatte? Goebbels konnte der Welt erzählen, die Verantwortung für dieses »Gemetzel« träge England. Dadurch verschaffte sich Hitler ein Alibi, das er in der Tasche behielt, um, wenn der Augenblick gekommen wäre, neues Gemetzel zu rechtfertigen.

Der 15. Mai begann für den Premierminister Winston Churchill dramatisch. Um 7.30 Uhr klingelte das Telefon neben seinem Bett und riß ihn aus tiefstem Schlaf. Paul Renaud war am Apparat. Seine Stimme zitterte vor Erregung.

»Wir haben eine Niederlage erlitten«, sagte er.

Churchill antwortete nicht

»Wir sind geschlagen«, beharrte Reynaud. »Wir haben die Schlacht verloren. Bei Sedan ist die Front durchbrochen ... durch den Einbruch ergießen sich starke Kräfte des Feindes mit Panzern und Panzerwagen.«

Vergeblich versuchte Churchill dem unglücklichen Reynaud Mut zuzusprechen, der immer nur wiederholen konnte: »Es ist die Niederlage, wir haben die Schlacht verloren«. Schließlich sagte ihm Churchill:

»Gut, ich komme nach Paris.«

Das Kriegskabinett trat täglich mehrmals zusammen. Neben Churchill, dem Premierminister und Verteidigungsminister, umfaßte es vier weitere Minister: den schon schwerkranken Neville Chamberlain; Clement Attlee, stellvertretender Premierminister, scheinbar zaghaft, aber (wie Churchill sagte) »ein Kollege mit langer Erfahrung in Sachen des Kriegs und des parlamentarischen Lebens«; Lord Halifax, Außenminister, und Arthur Greenwood, Minister ohne Portefeuille, »ein kluger Ratgeber von großem Mut und ein guter und hilfsbereiter Freund«. Süßsauer setzt Churchill hinzu: »Diese fünf Männer waren die einzigen, die das Recht hatten, wenn der Krieg nicht gewonnen würde, sich in Tower Hill den Kopf abschlagen zu lassen.« Er selbst lenkte die Operationen, wobei er vor dem Kabinett und dem Unterhaus verantwortlich blieb. Bei der ersten Sitzung am 15. Mai teilte er sein Gespräch mit Reynaud mit. Die brennende Frage war, wieviel Jagdstaffeln man noch in die Schlacht um Frankreich werfen könne, ohne Englands Verteidigung zu gefährden und eine Fortführung des Krieges unmöglich zu machen. Die R.A.F. hatte von den 474 Maschinen, die sie ursprünglich zählte, an der französischen Front bereits 206 Maschinen verloren. Doch sowohl militärische Argumente als auch »historische Gründe« bewogen Churchill, den ständigen Hilferufen Reynauds nachzugeben. Immerhin gab es eine Grenze, »deren Überschreitung England das Leben kosten würde«.

Offensichtlich täuschte Churchill sich über diese Grenze. Der Luftfahrtminister bezifferte sie auf 52 Jagdstaffeln für die Verteidigung der Britischen Inseln. Churchill hatte sich die Zahl von 25 Staffeln in den Kopf gesetzt. Durch welche psychologische Alchimie hatte sich die richtige Zahl in seinem Geist umgekehrt?

Bei dieser Sitzung wurde auch über den Angriff der Luftwaffe auf Rotterdam vom Abend zuvor gesprochen. Bis dahin hatte Hitler ebenso wie die Alliierten sehr darauf geachtet, sich nicht auf einen gegenseitigen Bombenkrieg einzulassen. Doch die Deutschen hatten dort, wo sie keine Repressalien zu befürchten hatten, nicht gezögert, Ziele inmitten von Wohnvierteln zu bombardieren und Hunderte von Zivilisten zu töten – man hatte es in Warschau bereits gesehen. Das Kriegskabinett beschloß also zurückzuschlagen und ermächtigte das Bomberkommando, noch am gleichen Abend das Ruhrgebiet anzugreifen. Eine Entscheidung, in der sich Trotz und Opfermut mischten: London und die meisten britischen Großstädte wären der Luftwaffe nun auf Gnade und Ungnade ausgeliefert. Ein Höchstmaß an Wachsamkeit und Stärke wurde für Dowdings Oberkommando der Jagdflieger Lebensnotwendigkeit.

Als Dowding die Instruktion erhielt, bereit zu sein, zehn weitere Staffeln nach Frankreich zu schicken, geriet er in solchen Zorn, daß er umgehend Luftfahrtminister Sinclair ein Schreiben schickte, worin er ihn bat, beim Kriegskabinett zu intervenieren. Es versammelte sich am späten Abend zum vierten Mal. Und Dowding wurde mit dreißig anderen Ministern und Stabschef zugezogen. Churchill führte den Vorsitz, das Gesicht zu einer mürrischen Maske erstarrt, was aber auf Dowding keinerlei Eindruck machte. Beaverbrook, Minister der Flugzeugproduktion und ein guter Freund Dowdings, war anwesend, ebenso für die R.A.F. Luftfahrtminister Archibald Sinclair und der Generalstabschef der Luftstreitkräfte Cyrill Newall, dessen sanfte Augen die Nervenspannung und Überarbeitung verrieten, die ihn einmal blind werden lassen sollten. Weniger bedeutend, doch der dramatischen Bedeutung der Umstände vollauf bewußt, war Oberstleutnant »Bill« Elliot, der zum Kabinettssekretariat gehörte. Er erinnert sich an die merkwürdig elektrisch geladene Atmosphäre, so wie er sie nie wieder erlebt hat.

Dowding saß auf derselben Seite des Tisches wie der Premierminister, etwa sechs Stühle von ihm entfernt, rechts von ihm. Man forderte ihn auf, seine Sache darzulegen. Er tat es kurz, aber mit

Nachdruck. Er sprach fünf oder zehn Minuten. Von Anfang an war es klar, daß die Mehrzahl der Anwesenden seine Argumente ablehnte. Churchill selbst schien gar nicht zuzuhören. Oder vielleicht nahm er es übel, daß ein Offizier der R.A.F. ihm widersprach. Vom Luftfahrtminister, der sich damit begnügte, allen Bemerkungen Churchills beizupflichten, bekam er keine Unterstützung. Cyrill Newall, den Churchill gerade ungerechterweise angefahren hatte, schien in seinem Winkel zu schmollen.

Dann stand Dowding auf und zog aus einer Tasche ein Papier, auf dem er ein Diagramm von den Verlusten der R.A.F. an Hurricanes während der letzten Tage skizziert hatte. Als Beaverbrook ihn aufstehen sah, dachte er (wie er sich später erinnerte): »Er wird jetzt seine Demission einreichen!« Doch Dowding ging stracks auf Churchill zu, legte ihm das Blatt Papier vor und erklärte ihm kurz, daß in den letzten zehn Tagen, so wie die Dinge liefen, nicht eine einzige Hurricane mehr übrig sein werde, nicht nur in Frankreich sondern auch in England. Oberstleutnant Elliot erinnert sich: »Dowding legte die Sache so überzeugend dar und sprach mit so viel Aufrichtigkeit, daß jede weitere Diskussion überflüssig war.« Jedoch der Oberkommandierende der Jagdflieger erhielt von Churchill keine förmliche Zusage.

Am Abend kehrte Dowding in seine Wohnung in Stanmore zurück, wo ihn seine Schwester Hilda erwartete. Miss Dowding, zwei Jahre älter als er, führte ihm, seit er Witwer war, das Haus. Die gespannte Stimmung während der Sitzung hatte ihn erschöpft. Obwohl er das Kriegskabinett vor allem aber den Premierminister überzeugt hatte, vermochte er die Furcht nicht loszuwerden, daß die Entschlüsse wieder umgeworfen würden. Er beschloß, seine Gründe schwarz auf weiß niederzulegen. Er wußte nur zu gut, daß der Krieg verloren war, wenn man nicht dem Abzug von Hurricanes nach Frankreich Einhalt gebot. In einer Art Verzweiflung setzte er daher folgenden Brief an den Staatssekretär für Luftfahrt auf:

Sir,
ich habe die Ehre, Ihnen noch einmal die sehr schweren Abgänge in Erinnerung zu rufen, die die Jagdeinheiten der Inselverteidigung letzthin erfahren haben, bei dem Versuch, die Invasion des Kontinents durch die Deutschen zu verhindern.

1. Ich bin der Hoffnung und der Überzeugung, daß unsere Armeen in Frankreich und Belgien noch siegen können. Wir müssen jedoch auch der Möglichkeit einer Niederlage ins Gesicht sehen.

2. In diesem Fall nehme ich an, daß niemand leugnen wird, daß England, selbst wenn der Rest des europäischen Kontinents von den Deutschen beherrscht würde, den Kampf fortsetzen muß.

3. Zu diesem Zweck ist es notwendig, eine minimale Stärke an Jagdflugzeugen im Land zu behalten, und ich muß darauf bestehen, daß der Luftfahrtrat mich darüber informiert, wie hoch er diese minimale Stärke anschlägt.

4. Ich erlaube mir, den Luftfahrtrat daran zu erinnern, daß die letzte von ihm vorgenommene Schätzung der für die Verteidigung des Landes notwendigen Kräfte sich auf 52 Staffeln belief, während die Stärke, über die ich verfügen kann, jetzt auf ein Äquivalent von 36 Staffeln reduziert ist.

5. Ist erst einmal die Entscheidung hinsichtlich der Grenze gefallen, bis zu der der Luftfahrtrat und das Kabinett die Existenz unseres Landes einzusetzen bereit sind, dann sollte man den alliierten Befehlshabern auf dem Kontinent deutlich klarmachen, daß nicht ein einziges Flugzeug des Oberkommandos der Jagdflieger nach dem Kontinent geschickt wird, sobald diese Grenze erreicht ist, möge die Situation auch noch so verzweifelt sein.

6. Ich darf daran erinnern, daß sich die Schätzung von 52 Staffeln auf die Hypothese gründete, daß der Angriff aus dem Osten käme . . . müssen wir jedoch die Möglichkeit berücksichtigen, daß auch Angriffe aus Spanien oder sogar von der Nordküste Frankreichs kommen können. Das heißt, daß wir unsere Verteidigungslinie auseinanderziehen müssen, eben in einem Augenblick, in dem unsere Reserven reduziert sind.

7. Ich schulde mir den Hinweis, daß wir allein während der letzten Tage 10 Staffeln nach Frankreich geschickt haben und daß die Hurricane-Staffeln, die noch auf unserem Boden verbleiben, schon ernstlich gefährdet sind.

8. Ich muß also dringend darum bitten, daß das Luftfahrtministerium erwäge und beschließen möge, welcher Grad an Stärke dem Oberkommando der Jagdflieger zur Verteidigung des Landes belassen wird, und daß man die Versicherung gibt, daß, sobald dieser Grad erreicht ist, nicht ein einziger Jäger mehr über den Ärmelkanal geht . . .

9. Ich bin überzeugt, wenn Jäger in ausreichender Stärke hier behalten werden, wenn die Flotte weiterhin besteht und wenn die Armee so organisiert wird, um einer Invasion zu widerstehen, daß wir dann in der Lage sein dürften, den Krieg einige Zeit lang, wenn auch nicht unbegrenzt, allein fortzuführen. Doch wenn die Verteidigung der Insel in der verzweifelten Bemühung, die Lage in Frankreich zu bessern, ausgeblutet wird, muß die Niederlage auf französischem Boden die endgültige, totale und unwiderrufliche Niederlage für unser Land nach sich ziehen.

Hochachtungsvoll
H. C. T. Dowding,
Luftmarschall.

Dowding mußte an die Entscheidung denken, die ihm den Posten des Generalstabschef der Luftstreitkräfte gekostet hatte. War diese Entscheidung nicht doch ein Glücksfall? Er hatte darum ersuchen müssen, persönlich vom Kriegskabinett gehört zu werden. Ein paar Tage früher wäre er nicht dazu in der Lage gewesen, den Premierminister vom Ernst der Lage zu überzeugen; ein paar Tage später, und der Schaden wäre nicht wieder gut zu machen. Als »Chef des Luftstabs« wäre er gezwungen gewesen, den Kampf vorzeitig zu eröffnen, gezwungen, vorauszusagen, was möglicherweise eintreffen würde, statt wie jetzt berichten zu können, was tatsächlich eintraf. Er wäre mit seinen Bemühungen gescheitert, und es ist fraglich, ob es ihm in diesem Fall je gelungen wäre, die Jagdwaffe für den Kampf, der kommen sollte, stark genug zu erhalten.

Während Dowding am Morgen zum 16. Mai seinen Brief abschickte, versammelte sich das Kriegskabinett und beschloß, sofort vier weitere Hurricane-Staffeln nach Frankreich zu schicken. Die schlimmsten Befürchtungen Dowdings waren also begründet: es blieben ihm nur noch 22 Staffeln mit einsitzigen modernen Jagdmaschinen – im ganzen etwa 250 Flugzeuge –, dazu neun Staffeln mit überalterten Flugzeugen, anstatt der vorgesehenen 52 Staffeln. Churchills Liebe zu Frankreich versetzte England in eine besonders gefährliche Situation.

Als der britische Premierminister um 15 Uhr desselben Tages vom Flughafen Northolt bei London an Bord einer De Havilland Flamingo abflog, war er noch der Meinung, daß 25 – nicht 52 – Jagdstaffeln für die englische Verteidigung erforderlich seien. Jahre später sollte er schreiben: »Der Luftmarschall Dowding... hatte mir erklärt, daß er mit 25 Jagdstaffeln unsere Insel gegen die gesamte deutsche Luftstreitkraft verteidigen könne. Meine Kollegen und ich waren entschlossen, für die Schlacht um Frankreich alle Risiken einzugehen, bis zu dieser Grenze – und die Risiken waren groß. Darüber hinaus aber wollten wir nicht gehen, welches auch immer die Konsequenzen sein würden.«

In der Theorie stand Churchill also auf Seiten Dowdings. Doch aus einem unerklärlichen Grund hatte er die Ziffern in seinem Kopf umgestellt. Es erscheint um so unerklärlicher im Licht seiner Behauptung: »Meine Kollegen und ich waren entschlossen, alle Risiken einzugehen... bis zu dieser Grenze.« Der Luftfahrtminister und der »Chef des Luftstabs« gehörten zu diesen »Kollegen«. Newall selbst hatte als Stabschef im Oktober 1939 kühn das Fundament zu den 52 Staffeln gelegt, und niemals hätte er Churchill in dem Glauben gelassen, daß die 25 das Maximum darstellen könnten.

Dowding war bestürzt, daß Churchill anzudeuten schien, er, Dowding, habe die falsche Zahl angegeben. »Wie hatte Churchill einen so unglaublichen Fehler machen können?... Ich hatte auf der Kabinettssitzung doch gerade erst einen verzweifelten Kampf geführt, um 36 Staffeln behalten zu können, gegenüber den 52, die der Schätzung nach meinen Bedarf darstellten. Ist es denn überhaupt denkbar, daß ich damals Churchill sagte, 25 Staffeln würden genügen?«

Churchill kam um 17.30 Uhr im Quai d'Orsay in Paris an. Er traf dort den französischen Regierungschef Paul Reynaud, den Verteidigungsminister Daladier und den Oberkommandierenden, General Gamelin. Letzterer verbrachte fünf Minuten damit, ihm zu erläutern, wie die Panzer der deutschen Infanterie die französische Armee zerdrückt hatten und jetzt mit hoher Geschwindigkeit nach Westen rollten. Dann fragte Churchill plötzlich auf Französisch:

»Wo sind Ihre strategischen Reserven?«

»Es gibt keine mehr«, erwiderte Gamelin achselzuckend.

Churchill war sprachlos; Gamelin hatte ihm eine der größten Überraschungen seines Lebens bereitet.

Gamelin beklagte sich über die Luftunterlegenheit Frankreichs und ersuchte um die zusätzliche Abstellung von Staffeln der R.A.F. – namentlich von Jagdflugzeugen. Man brauche sie unter anderem dazu, die feindlichen Panzer zu stoppen, erklärte er. (Er mußte wohl den Kopf verloren haben. Wie konnten Jagdflugzeuge mit Maschinengewehren von gewöhnlichem Kaliber Panzer aufhalten?) Churchill erinnerte ihn daran, daß es die Aufgabe der Jagdflieger doch sei, über der Schlacht am Boden »den Himmel zu säubern«.

Er wußte, daß das Fortbestehen Englands auf einer adäquaten Verteidigungsjagd beruhte, doch er war noch überzeugt, daß die 25 Staffeln das absolute Minimum darstellten und beschloß, bis zu dieser äußersten Grenze zu gehen. Dowdings Warnung mißachtend, hatte das Kriegskabinett am selben Morgen vier Staffeln nach Frankreich verlegt. Churchill bat seine Kollegen, dazu noch weitere sechs zu schicken, wie Reynaud ursprünglich gefordert hatte. Es war für ihn »die letzte Grenze«. In Wirklichkeit hätte es für das Oberkommando der Jagdflieger die Niederlage bedeutet, noch ehe die Schlacht um England überhaupt begonnen hatte.

In den Gärten des Quai d'Orsay brannten große Feuer. Churchill bemerkte im Vorbeigehen, daß »ehrwürdige Beamte schubkarrenweise Archive in die Flammen kippten«. Gamelin hatte gewarnt, daß der Fall von Paris kurz bevorstehe.

Mit seinem Stabschef, General Ismay, kehrte der Premierminister in die Britische Botschaft zurück. Um 21 Uhr telegraphierte Ismay (auf Hindustanisch) dem Kriegskabinett im Namen Churchills: »Meine persönliche Auffasung ist, daß wir die verlangten Jagdstaffeln (das heißt weitere 6) morgen schicken und ... der französischen Armee eine letzte Chance bieten sollten, ihre Tapferkeit und ihre Stärke zu beweisen.« Um 23.30 Uhr kam die Antwort des Kriegskabinetts (ebenfalls in Hindustanisch, das Ismay übersetzte). Churchill verstand sie als eine eindeutige Zusage, doch dies war nicht der Fall. Bei der späten Nachtsitzung stimmte das Kabinett zwar der Forderung Churchills fast einmütig zu. Doch Newall, den Dowding für seinen »Feind« hielt, stellte sich gegen sie. Er hatte sich mit dem Luftmarschall Barratt in Verbindung gesetzt, der ihm meldete, daß die französischen Flugplätze, die noch verwendbar waren, zusätzlich nur drei Staffeln aufnehmen konnten. Außerdem hatte er das Schreiben Dowdings erhalten, das ihn derart beeindruckte, daß er entschlossener war denn je, mit ihm gegen die unsinnige Vergeudung britischer Jäger durch das Kriegskabinett anzukämpfen.

Newall hatte die geniale Idee, am Morgen drei Hurricane-Staffeln nach Frankreich zu schicken und drei andere am Nachmittag, um sie abzulösen. Das hieß sechs Staffeln zum Einsatz zu bringen und dabei noch zu vermeiden, daß sie von der unmittelbar bevorstehenden Niederlage auf dem Kontinent mit verschluckt wurden.

Ich hatte Befehl erhalten, das Kommando über die 85. Staffel in Frankreich zu übernehmen. An diesem 16. Mai flog ich zum letztenmal an der Spitze der Rotte B der 43. Im Tiefflug gingen wir erst über das felsige Steilufer beim Kap John o'Groat's hinweg und gewannen dann Höhe.

Auf dem Kontinent spitzte sich die Lage immer weiter zu. Gerüchte besagten, daß die 85. Staffel in zwei Tagen zwei Staffelführer verloren hatte. Und jetzt erbte ich den Posten.

Der frühere französische Luftattaché in Berlin, Capitaine Paul Stehlin, meldete sich am 16. Mai in Chissey im Jura, um ebenfalls eine Staffel zu übernehmen. Am 13. hatte er sich in Paris ins Luftfahrtministerium begeben, um sich mit dem neuen Minister, André Laurent-Eynac, zu unterhalten. Alles, was er während der vier Jahre in Berlin, dank der Bekanntschaft mit Göring, von der Luftwaffe hatte erfahren können, alle Warnungen, die er ans Ministerium geschickt hatte und die zum größten Teil unbeachtet blieben, alles war jetzt schreckliche Wirklichkeit geworden. Der Minister hörte zu, aber nichts von dem, was Stehlin ihm sagen konnte, schien ihn zu berühren. Stehlin fuhr also nach Chissey ab und Laurent-Eynac seinerseits zu einer Inspektionsreise bei den Einheiten, die ihm noch verblieben. Zurück in Paris, erklärte er am 16. Mai im französischen Rundfunk: »Ich komme mit dem Gefühl absoluten Vertrauens zurück«. Anders war allerdings der Eindruck, den Stehlin gewann, als er bei seinen alten Staffelkameraden eintraf, und ebenso der des Generals Augereau, der den Abschnitt Nord befehligte und angesichts der harten Wahrheit sagte: »Ich habe nichts mehr!«

Sonntag, den 19., verbrachte ich im friedlichen Sussex im Haus meiner Mutter. Ich ging an den *Downs* spazieren, die Augen südwärts nach Tangmere und darüber hinaus aufs Meer gerichtet. In den allerersten Tagen meiner Laufbahn als Jagdflieger hatte ich von meiner Fury aus diese Landschaft von oben gut kennengelernt. Es sah ganz danach aus, als sollte ich sie nie mehr wiedersehen. Am nächsten Tag mußte ich mich im Luftfahrtministerium melden, um dann nach Frankreich und an die Front zu gehen.

Wenigstens glaubte ich es. Doch an diesem Sonntag, dem 19. Mai, beschloß der Luftfahrtminister, vor dem unerbittlichen Vormarsch der Deutschen zum Ärmelkanal, die Mehrzahl der Hurricane-Staffeln, einschließlich der 85., aus Frankreich zurückzuziehen.

Am nächsten Morgen stieg ich in Treyford in den Zug. Während wir durch die Frühlingslandschaft ratterten, dachte ich an diese banale Kehrseite des Krieges. Nichts verriet die gefährliche Natur meiner Reise, die sehr gut noch am selben Abend oder am nächsten Tag in einem Haufen rauchender Trümmer enden konnte. Ich sah aus und hatte beinahe selbst auch den Eindruck, als führe ich nur nach London ins Büro und nicht auf ein Schlachtfeld.

Im Luftfahrtministerium waren die Nachrichten schlecht. Ein dicker Hauptmann von etwa vierzig Jahren, der wenig Respekt vor meinen Litzen zeigt, sagte zu mir in väterlichem Ton:

»Tut mir leid, mein Junge, in Frankreich geht es drunter und drüber, und die 85. Staffel haben wir verloren.«

In der Frontleitstelle erklärte mir Major John Peel:

»Nützen Sie das schöne Wetter aus, während ich eine Staffel für Sie suche.«

Lange sollte es nicht dauern.

Für Göring gab es gute Nachrichten. Der italienische Botschafter Alfieri war in großer Hast im fahrenden Hauptquartier Görings, dem berühmten Spezialzug *Asia,* eingetroffen. Dieser Spezialzug, dem noch ein Begleitzug vorausfuhr, war sehr eindrucksvoll. An beiden Enden war je ein offener Güterwagen angehängt, der mit Flakgeschützen gespickt war. Görings eigener Waggon enthielt zwei Schlafzimmer und ein kleines Büro. Im zweiten Waggon war ein Filmvorführraum, der auch als Salon diente. Ein dritter Waggon enthielt den Operationsraum; ein vierter das Speisezimmer, wo Göring sich selbst und seine Freunde mit einer ausgezeichneten Küche und hervorragenden Weinen labte. Andere Waggons für die Gäste wurden angekoppelt.

Der gut getarnte Zug war wie üblich in der Nähe eines Tunnels abgestellt, wo Göring beim ersten Zeichen eines Luftangriffs Zuflucht suchen konnte.

Alfieri brachte das Halsband des Annunziantenordens, des Ordens, den der König von Italien persönlich verlieh und der vor einem Jahr bei Göring einen Wutanfall hervorgerufen hatte, als Ribbentrop ihn ihm weggeschnappt hatte. Mit vor Erregung zitternder Stimme dankte Göring dem Botschafter. Dann verschwand er, um einige Augenblicke später wiederzukommen: mit dem Halsorden im Kragenausschnitt. Dann rief er die Fotografen herein.

Während Göring mit seinem Halsband für die Fotografen posierte, war sein Führer »außer sich vor Freude« über die Nachricht, daß die Panzer den Ärmelkanal erreicht hatten, und schon eifrig dabei, die Punkte eines Friedensvertrags mit Frankreich auszuarbeiten. Die Engländer, notierte General Jodl, sollten Anrecht auf einen Separatfrieden haben, wenn sie die ehemaligen deutschen Kolonien zurückgäben. Dieses plötzlich erwachte Interesse für Überseegebiete war überraschend bei Hitler, wenn man seine Abneigung gegen das Meer bedenkt. Noch überraschender war, daß er sich auch am folgenden Tag in der gleichen Geistesverfassung befand, als er Admiral Raeder empfing. Der Admiral – so ist es im Tagebuch der Seekriegsleitung notiert – diskutierte privat mit dem Führer die Möglichkeiten einer späteren Landung in England. Es war das erste Mal, daß Hitler eine solche Operation ernsthaft ins Auge faßte.

Endlich hatte Major John Peel für mich eine Staffel gefunden. Am 23. Mai kam ich in Debden in Essex an, um das Kommando über die ruhmreichen Reste der 85. zu übernehmen. Die Bodenmannschaften hatten unter dem Befehl des Feldwebels Tim Moloney England per Schiff erreicht. Eine Handvoll Piloten, die als einziges Gut nur die Kleider, die sie am Leibe trugen, und ihren außerordentlichen Mut besaßen, war an Bord aller Hurricanes, die noch verwendbar waren, in Debden angekommen; die anderen Maschinen hatte man drüben lassen müssen. Dowdings Jagdstaffeln überließen somit der Luftwaffe 120 unbrauchbare Hurricanes, noch dazu die weiteren 75, die während der Kämpfe abgeschossen wurden. Diese 195 Maschinen stellten ein Drittel der zur Verteidigung der Insel vorgesehenen Kräfte dar. Furchtbar geschwächt, sollte die britische Jagdwaffe die bis dahin härteste Prüfung erdulden.

Am Abend hielt Görings Zug *Asia* auf einem Abstellgleis in Polch. Man beeilte sich, unter einer Baumgruppe einen schweren Eichentisch für Göring aufzustellen. Das war Görings Freiluftbüro. Während er mit dem Stabschef der Luftwaffe Jeschonnek und dem Leiter der Nachrichtenabteilung »Beppo« Schmid plauderte, übermittelte man die Nachricht, daß die britisch-französischen Armeen in Flandern fast eingekesselt seien. Göring reagierte blitzschnell. Er rief Hitler an und bediente sich aller Argumente, um seinen Plan zu »verkaufen«. Für die Luftwaffe sei es eine goldene Gelegenheit; außerdem auch für das persönliche Prestige des Führers; denn es sei keineswegs zu wünschen, daß die bevorstehende Vernichtung der britischen Armee ausschließlich auf das Konto der Generäle des Heeres käme. Er verlangte freie Hand und den Rückzug der Panzer aus dem Aktionsgebiet seiner Bomber.

Hitler ließ sich überzeugen.

Und Jodl und Jeschonnek regelten rasch unter sich die Einzelheiten per Telefon.

Als Milch die Nachricht erfuhr, war er skeptisch.

»Was für eine komische Idee! Hitler bildet sich ein, die englische Armee gefangennehmen zu können, indem er sie bombardiert ...«

Der Führer hatte noch andere Überraschungen für England bereit. Die englischen Bomber hatten seit dem 15. Mai Angriffe aufs Ruhrgebiet geflogen. Wenn auch die materiellen Schäden nicht sehr groß waren, so war Hitler doch völlig außer sich – von Göring ganz zu schweigen, den alle Welt nun »Meier« nannte.

Am 24. Mai erreichte die Schlacht am Boden ihren Höhepunkt. Die Panzer Guderians hatten von Abbeville aus einen Blitzvorstoß gemacht, hatten an diesem einen Tag Boulogne erobert, Calais eingeschlossen und Gravelines zwanzig Kilometer vor Dünkirchen erreicht. Im Verlauf der vorangegangenen Woche war Hitler plötzlichem Stimmungswechsel unterworfen. Am 17. hatte Halder ihn »ungeheuer nervös« gefunden. Am Nachmittag begab sich Hitler nach Bastogne ins Hauptquartier der Armeegruppe A des Generals Rundstedt. Nach dem Bericht von General Blumentritt, dem Operationschef von Rundstedts, war er wieder »besonders gut gelaunt«. Hitler war der Ansicht, daß der Krieg in sechs Wochen zu Ende wäre. Er irrte sich nur um wenige Tage, was Frankreich betraf. Hinsichtlich Englands aber täuschte er sich schwer. Er war der Meinung, England würde zu Verhandlungen bereit sein, wenn erst

Frankreich besiegt wäre. Seine Zuhörer waren erstaunt, denn »wir hatten die Engländer anders eingeschätzt«. Sie sollten recht behalten.

Hitler überraschte seine Offiziere auch, wie Blumentritt berichtet, als er mit »Bewunderung vom britischen Imperium sprach, von der Notwendigkeit seiner Existenz und von der Zivilisation, die England der Welt gebracht habe ... Er sagte, alles, was er von England wünsche, sei, es sollte Deutschlands Stellung auf dem Kontinent anerkennen ... Sein Ziel sei, mit England auf einer Grundlage Frieden zu schließen, den anzunehmen es mit seiner Ehre vereinbar finden würde.«

Am folgenden Tag, dem 18., sank Hitlers gute Laune wieder. Halder fand ihn tobend und brüllend vor.

Am 20. war er »außer sich vor Freude«: die Panzer waren in Abbeville am Ärmelkanal. Am 21. erklärte von Erzdorf, der zur Wilhelmstraße gehörte, Halder: »Wir suchen, mit Billigung des Führers nach einem Weg, zu einer Verständigung mit England zu kommen. Auf der Grundlage einer Teilung der Welt.« Am 24. bekam die böse Laune wieder Oberhand, und er explodierte; diesmal war der Feldmarschall von Brauchitsch Anlaß dazu, der zu handeln gewagt hatte, ohne vorher den ehemaligen Gefreiten zu konsultieren, der der Oberste Chef des Heeres geworden war.

Und jetzt auch noch diese Ruhrbombardierungen! Hitler hatte es satt. Obwohl er auch weiterhin bereit war, England mit Blumen zu überschütten, entschloß er sich, ihm eine Lehre zu erteilen. In seiner Weisung Nr. 13 vom 24. Mai befahl er: »Unabhängig von den Operationen in Frankreich wird der Luftwaffe die Kampfführung gegen das englische Mutterland in vollem Umfang freigegeben. Sie ist mit einem vernichtenden Vergeltungsangriff für die englischen Angriffe gegen das Ruhrgebiet einzuleiten.«

Abgesehen von diesem unangenehmen Zug verriet die neue Weisung einen beachtlichen Wandel in den Absichten. In den vorangegangenen Direktiven, namentlich der 6. und der 9., war es Aufgabe der Luftwaffe, zusammen mit den U-Booten der Kriegsmarine, England zu blockieren und es auszuhungern. Durch die Nadelstiche der Luftangriffe auf das Ruhrgebiet aufgebracht, geriet der Führer außer sich, obwohl sein Hauptaugenmerk auf die Bodenoperationen konzentriert war. Otto Dietrich, der Leiter des Presseamtes, erklärte sich die Wutanfälle seines Herrn durch die beharrliche Weigerung, der Wirklichkeit ins Gesicht zu sehen. Sicher ist, daß es sich um eine gefühlsmäßige Reaktion handelte, die der Luftstrategie, die nötig gewesen wäre, um England zu besiegen, keinerlei Rechnung trug. Und es war nicht das letzte Mal, daß der jähzornige Diktator zum großen Schaden der deutschen Luftwaffe in den Luftkrieg gegen England eingriff.

Derselben Art Reaktion entsprang eine weitere verhängnisvolle Entscheidung Hitlers, die am selben Tag fiel und ebenfalls England betraf. Um 11.30 Uhr vormittags tauchte er im Hauptquartier des Generals von Rundstedt in Charleville auf. Die Panzer des Generals hatten eine Überprüfung nötig, und seine Soldaten brauchten Ruhe. Hitler bestand darauf, nach dem Tagebuch der Armeegruppe A, daß es notwendig sei, mit den Panzerfahrzeugen im Hinblick auf die kommenden Operationen, das heißt die definitive Eroberung Frankreichs, hauszuhalten. Eine weitere Verengung des Kessels, in dem die britisch-französischen Streitkräfte eingeschlossen waren, würde nur die Tätigkeit der Luftwaffe behindern. Folglich wurde um 12.45 Uhr den Panzern Befehl gegeben zum Halten. »Wir waren sprachlos«, erzählt General Guderian, der den Sieg bereits in Reichweite sah. Welche Hoffnung konnte die Luftwaffe haben, die britisch-französischen Armeen einzuschließen und zu vernichten? Kesselring hatte die größten Zweifel an den Erfolgschancen seiner Luftflotte 2. General Wolfram von Richthofen, der Kommandeur des Fliegerkorps VIII, dessen Stukas die alliierten Soldaten auf Frankreichs Ebenen terrorisiert und pulverisiert hatten und die nun darauf brannten, sich auf Dünkirchen zu stürzen, war überzeugt, daß bei aller Begeisterung die Luftwaffe allein das erwünschte Ergebnis niemals erreichen könnte. Am 25. Mai rief er von seinem Hauptquartier in Proisy Jeschonnek an.

»Wenn die Panzer ihren Vormarsch nicht fortsetzen, werden die Engländer uns entwischen. Niemand kann ernsthaft annehmen, daß wir sie aus der Luft aufhalten könnten«, sagte er zu Jeschonnek. »Sie sind im Irrtum, lieber Freund; unser Eiserner [Göring] glaubt es.«

Richthofen war bereit, es zu versuchen. Sein Stabschef, Oberst Seidemann, der das Gespräch mithörte, erzählt: »Richthofen wollte ... den Führer von dieser einzigartigen Chance überzeugen, den Engländern einen tödlichen Schlag zu versetzen.« Jeschonnek aber ließ wissen:

»Der Führer will England eine allzu demütigende Niederlage ersparen.« Richthofen fragte sich, ob sein Gesprächspartner nicht verrückt geworden war.

Am 21. Mai war Rudolf Braun mit der 1. Gruppe des ST.G. 3, das sich seinen Weg durch Frankreich praktisch mit Sturzflugbombardements gebahnt hatte, in Guise gelandet, um die linke Flanke des deutschen Vormarschs zu unterstützen, um die sich Hitler, wie Halder am 17. Mai notiert hatte, Sorgen machte. Der schwache Punkt der linken Flanke war die Infanterie: die Stukas hatten helfend einzugreifen.

Die Sorgen des Führers beschäftigten ganz und gar nicht Rudolf Braun. Er erfüllte seine Befehle, die gefährlich und zuweilen ungemütlich waren, wenn er nach beendetem Bombenwurf im Tiefflug über die Hecken sprang oder sogar Waldschneisen entlangflog und dabei die Verheerungen feststellen konnte, die er angerichtet hatte. In Arras erwartete die Stukabesatzungen eine angenehme Überraschung: ein Lebensmitteldepot, das die Engländer zurückgelassen hatten; sie fanden dort genug Zigaretten und Whisky, um bis Weihnachten zu reichen. Für Rudolf Braun war dies der Gipfel der Westoffensive: zum Teufel mit dem Eisernen Kreuz und solchem Heldentum. Von diesem Tag an wurde er ein hartgesottener Whiskytrinker. Er bedauerte die Jungens von den Panzern: sie hatten es so eilig, zum Ufer des Ärmelkanals zu kommen, daß sie gar keine Zeit hatten, Whisky und Zigaretten zu genießen.

Auf jedem neuen Feldflugplatz war die Flughafen-Betriebskompanie da, mit Brennstoff, Bomben, Munition, die von Ju 52 herangeschleppt wurden. Die Organisation klappte vorzüglich.

Am 26. Mai erreichte die 1. Gruppe des St.G. 3 Cambrai. Am selben Abend um 18.57 Uhr setzte das Unternehmen *Dynamo* – die Evakuierung von Dünkirchen – ein.

Während die Royal Navy hastig die Pläne für die Rückführung der britischen Truppen vom anderen Kanalufer ausarbeitete, untersuchte die Kriegsmarine die Möglichkeit, eine Invasionsarmee nach England zu bringen.

Am 27. Mai überquerten die ersten paar Tausend britischen Soldaten das gefährliche Wasser. Inzwischen hatte Admiral Fricke, als Chef der Operationen der deutschen Kriegsmarine, seine *Studie England* beendet. Die Köpfe der deutschen Seemacht bevorzugten jetzt eher die Süd- und Südostküste Englands, anstelle der Ostküste. Ein paar unerläßliche Vorbedingungen waren noch zu schaffen, bevor man drüben landen könnte: Vernichtung der R.A.F., Anlegung schützender Minenfelder und zum Schluß günstige Wetterbedingungen. Umfangreiche Vorbereitungen waren zu treffen: unter anderem Beschaffung und Konzentration von Schiffen, Rekrutierung ihrer Mannschaften und Versorgung der Einschiffungshäfen. Dank des Vormarschs der Wehrmacht wurden mehr und mehr fremde Häfen besetzt. Die in der Führer-Weisung Nr. 6 vom Oktober skizzierten Pläne wurden jetzt ohne Hindernisse ausgeführt. Das Ziel war, soviel Gelände wie möglich in Holland und Belgien, sowie in Nordfrankreich in die Hand zu bekommen, damit es als Basis gegen England dienen konnte. Tatsächlich zog sich das Netz um Großbritannien nun immer enger zusammen.

Noch am 27. Mai gab die Seekriegsleitung ihre Zustimmung zu der Weisung Nr. 13 Hitlers, die als Kriegsziel »die Vernichtung des Hauptfeindes: England« festlegte und hinzufügte, daß der Weg dahin über die Zerstörung Frankreichs führe, mit dem Endziel, das Inselreich Großbritannien auszuhungern. Eine liebenswürdige Aufmerksamkeit für das »nordische Brudervolk«.

Die Präliminarien für die Invasion sollten vier Tage später in Gestalt von Instruktionen für Admiral Schuster eingeleitet werden: Instruktionen über die Erfassung der im Fall einer Landung verwendbaren Schiffe. Eine Woche später lieferten die Nachrichtendienste der Kriegsmarine einen 21 Seiten starken Bericht über die in Frage kommenden Strandpartien, die Häfen, die Verteidigungsanlagen und die englischen Flugplätze von Wash bis zur Insel Wight. Der deutschen Flotte war die Invasion ernst.

Während dieser Zeit erduldeten die britischen Soldaten und Seeleute bei der Rückkehr in ihre Heimat die Hölle. Am 27. Mai um 7.40 Uhr morgens kamen die Stukas. Rudolf Braun erinnert sich, daß ihre Angriffe sich inmitten einem Chaos von Rauch, Flakbeschuß und wütendem Eingreifen der R.A.F. abspielten. Die 1. Gruppe des St.G. 3 erlitt schwere Verluste. »Es war das erste Mal, daß wir wirklich etwas vom Krieg merkten«, sagt Braun. »Die feindlichen Jäger setzten uns einen tapferen, starken Widerstand entgegen.« Doch weit entfernt davon, den Kampfgeist der Stukas zu schwächen, schienen sie eher wie ein Rauschmittel auf sie zu wirken. Beim Anflug wurden sie zwar häufig von englischen Jagdfliegern zerstreut. Dann war jeder auf sich gestellt – von einem klassischen Angriff war nicht mehr die Rede. Sobald sie jedoch zum Sturzflug angesetzt hatten, waren sie in Sicherheit vor den Jägern. Soweit irgend möglich mieden sie es, sich aufs Meer hinaus zu wagen, weil das Flugabwehrfeuer der Flotte heftig war.

Bei der Einsatzbesprechung bekam jeder ein Ziel zugewiesen. Stuka-Angriffe auf Treibstofftanks warfen die meisten Probleme auf: sie gingen in die Luft, und der Stuka wurde von der furchtbaren Explosion mit erfaßt, wenn er zu tief abfing. Rudolf Braun dachte nur an das Ziel – alles Übrige war ein so völliges Durcheinander, daß er keine Gedanken daran verschwendete. Bei dem Hinabtauchen in die Hölle unter dem Geheul der Flugzeugsirenen war sein Blick auf das Ziel und nur auf das Ziel allein gerichtet.

Anders lagen die Dinge für die Piloten in den Messerschmitt 109. Bis dahin hatten sie – genau wie wir – den Feind völlig unpersönlich und keineswegs als Menschen betrachtet. Sie schossen auf eine Maschine, ohne an die Männer in ihr zu denken. Doch auf einmal sollten sie auch am Boden angreifen. Paul Temme, der sensibel und sehr nervös ist, hat mir gesagt: »Ich habe Dünkirchen gehaßt; es war ein reines Blutbad. Der Strand war dicht mit Soldaten besetzt. Ich flog hin und her und beschoß sie aus hundert Meter Höhe. Es war kaltblütige Metzelei aus nächster Nähe. Ein junger Kerl von vierundzwanzig Jahren veranstaltete eine Schlächterei unter wehrlosen Menschen.«

Hans-Heinrich Brustellin, sieben Jahre älter als Paul Temme, war, wenn nicht abgehärteter, doch mehr Philosoph. Was ihn nicht daran hinderte, sich nach MG-Beschießung der Bodentruppen, ebenso empört zu fühlen. Am 29. Mai hob er in Guise um 11 Uhr bei günstigem Wetter ab: tief hängende Wolken, die einen Anflug, ohne gesehen zu werden, erlaubten. Alle Straßen waren von Kolonnen nach Dünkirchen rollender Lastwagen verstopft. Zunächst suchte Brustellin den Himmel nach feindlichen Jägern ab. Dann setzte er zum Sturzflug an. Drunten waren die Lkws so überladen, daß sich Soldaten noch außen anklammerten. Beim Auftauchen der Me 109 sprangen die Männer ab, um Deckung zu suchen. »Es war ein schrecklicher Anblick, wenn man zu nahe hinsah«, sagte Brustellin. »Demoralisierend für einen Jagdflieger!« Doch er betrachtete es auch mit dem Auge des Strategen: Auf dem Strand von Dünkirchen war die britische Armee nach allen Seiten auseinandergezogen und bot daher kein leichtes Ziel. Brustellin, wie die anderen Piloten der Me 109, konzentrierte sein MG-Feuer auf die Kolonnen von Soldaten, die sich einschifften. Da war man sicher, mehr von ihnen zu erwischen.

James McComb, an der Spitze der 611. Staffel des Hilfskorps, sah auch den tragikomischen Aspekt der Affäre. Seine Haltung war typisch für die der meisten britischen Jagdflieger. Als er etwas hinter Dünkirchen seinen ersten feindlichen Jäger erspähte, war er beim Anblick des schwarzen Kreuzes so überrascht, daß er sein MG auszulösen vergaß. Dann sah er in dem allgemeinen Getümmel einen Abwehr-Kreis von fünf Messerschmitt 109, und im Inneren kreiste eine Spitfire in entgegengesetzter Richtung. Er eilte zu ihrer Hilfe. Es war ein Kamerad, den er entdeckte, der Feldwebel Sadler, der wie närrisch lachte und das Verdeck seiner Kanzel völlig zurückgeschoben hatte. Bei jeder Salve einer Me 109, die knapp unter dem Schwanz seiner Spit hinfegte, grüßte Sadler sie – so erzählt James McComb, mit einer vulgären Zweifingergeste. Die 611. Staffel wurde von einer »großen Menge« Me 109 überfallen. McComb spähte verzweifelt nach »irgend etwas, was eine runde Kokarde irgendwo aufwies«. Schließlich schloß er sich Jack Leather, einem seiner Rottenführer an. Dessen Mikrophon hing neben dem Helm, und Leather grinste übers ganze dicke rosige Gesicht. Dann nahm er das Mikrophon vor den Mund und rief McComb zu: »Das ist verdammt gefährlich hier!«

Zur selben Zeit merkte der andere Rottenführer, Stoddard, der sich zwei Hurricanes anzuschließen glaubte, daß es Me 109 waren. »Der hat aber Keile eingesteckt!« erzählt McComb. Dennoch kehrte Stoddard zu seiner Basis zurück. Nur faltete sein Flugzeug beim Aufsetzen die Flügel zusammen »wie eine Taube, die sich auf dem Trafalquar Square niederläßt«.

Hajo Hermann näherte sich in der Kanzel seiner Ju 88 Dünkirchen von Süden her. Fünf oder sechs Hurricanes jagten ihn und setzten ihm arg zu.

Die Treibstofftanks durchlöchert, Instrumente und Windschutzscheibe in Trümmern, ein Motor ausgefallen, ging Hajo Hermann im Gleitflug in Richtung auf ein Schiff nieder – und bombardierte es. Die Hurricanes wurden dadurch gewahr, daß »das Luder noch nicht erledigt« war, stürzten sich wieder auf ihn und trafen auch

den zweiten Motor. Hermann setzte seine Ju 88 aufs Wasser auf...
»Stille, dann eine Menge Luftblasen«, sagte er. »Ich war benommen.
Zwei Kameraden waren schon 'raus, aber nur einer konnte schwimmen.« Hermann schleppte den anderen an den Strand. Sie befanden
sich im Niemandsland und gerieten zwischen die Feuer. Sie kehrten,
um sich zu verstecken, ins Meer zurück. »Wir müssen ziemlich
komisch ausgeschaut haben, als wir so in Richtung auf unsere Linien
durchs Wasser plantschten.« Vor sich konnten sie in den Dünen
deutsche Soldaten sehen, die ihnen winkten und Zeichen gaben. In
diesem Augenblick stieß Hermann auf einen britischen Piloten, der
genau wie sie im Wasser herumkroch. Es war der Pilot der Hurricane, die ihn abgeschossen hatte. Sie nahmen nun ihr Krabbeln
gemeinsam auf, bis zu den deutschen Linien. Dort requirierte Hermann eine große schwarze Limousine, die belgischen Offizieren gedient hatte . Bis auf die Knochen durchnäßt und barfüßig, setzte er
sich ans Steuer und fuhr bis nach Brügge, wohin er seine Besatzung
und den Piloten der Hurricane brachte, der nun sein Gefangener
war.

Zwei Tage lang war die 54. Staffel von Hornchurch aus ununterbrochen gestartet, um den Kanal zu überfliegen und bei Dünkirchen
an den verzweifelten Anstrengungen teilzunehmen, den mörderischen Angriff der Luftwaffe auf die Reste der britisch-französischen
Kräfte abzuwehren. Die Überlebenden der Staffel kamen, nach den
Worten von Al Deere, »auf dem Zahnfleisch daher«. Am 28. Mai
teilte man ihnen mit, daß sie am nächsten Tag von der 41. abgelöst
würden (der Staffel von Ryder, die in Catterick stationiert war).
Um 3.33 Uhr morgens wurde Al Deere am 29. von seiner Ordonnanz geweckt.
»Schöner Tag, Sir«, sagt Roach zu ihm. »Bald wird die Sonne
scheinen.« Deere blickt durchs Fenster: finstere Nacht und strömen-
der Regen. Zwei Stunden später flog er an der Spitze seiner Rotte
seinen letzten Einsatz nach Dünkirchen, mit dem Rest der Staffel.
Über Gravelines stürzte er sich auf eine Dornier 17 und traf ihren
linken Motor mit einer MG-Salve. Doch der Heckkanonier der
Dornier war ein tapferer Mann und ein guter Schütze. Al Deere
fühlte den dumpfen Aufprall der Kugeln, die den Motor seiner
Spit durchbohrten; bald war er von einem feinen weißen Glykoldampf umhüllt. Nach einigen Minuten stieg er wankend aus seiner

Maschine und stapfte über den Strand, etwa 20 km von Dünkirchen entfernt. Am Kopf hatte er einen häßlichen Riß. Nach einem letzten verzweifelten Blick auf seine brennende Spitfire machte er sich auf den Weg zu einem belgischen Feldlazarett. Um dieselbe Zeit rückten die Deutschen in Ostende ein. Nur 30 km entfernt. Er fuhr auf einem Lastwagen ein Stück mit, dann stahl er ein Fahrrad und folgte der endlosen Kolonne von Flüchtenden bis in die Gegend von Bray-Dunes. Als die Straße schließlich so verstopft war, daß er nicht mehr weiterkam, setzte er den Weg zu Fuß bis nach Dünkirchen fort.

»Den Anblick, als ich zum Strand kam, werde ich mein Lebtag lang nicht vergessen«, sagte er. Disziplin und Ordnung, trotz der augenscheinlichen Erschöpfung und der Verzweiflung dieser Tausende von Soldaten, deren Kolonnen sich durch die Dünen bis zum Ufer schlängelten.«

Von einem mit der Evakuierung beauftragten Marineoffizier geführt, bahnte sich Al Deere den Weg zu einem Zerstörer, der an der Mole wartete. Es regnete, doch der Himmel klarte bald auf. Al Deere stand einige Minuten auf der Mole, als drei Ju 88 sehr tief mit großer Geschwindigkeit vorüberflogen. »Alle stürzten sich in Deckung. Die meisten der Männer sprangen einfach ins Wasser, steckten den Kopf heraus und schossen aus Verzweiflung und Trotz mit ihren Gewehren . . . Crescendo der Bomben . . . Strand von MGs beharkt. Ein paar Sekunden, und alles war vorbei. Einige unserer Soldaten brauchten keinen Rücktransport mehr nach drüben.« Al Deere hat nicht erfahren, was aus den Ju 88 geworden war, doch es ist möglich, daß eine von ihnen vom Oberleutnant Joachim Helbig geflogen wurde: seine Einheit, das Lehrgeschwader 1, war von Düsseldorf herbefohlen worden. »Als wir unsere Bomben geworfen hatten, wurden wir ungefähr 100 m über dem Strand von drei Hurricanes aufs Korn genommen«, erzählte Helbig. Er wurde verwundet, von seinem Beobachter verbunden und brachte seine Maschine mit einem Arm zurück. »Wir nannten es die Hölle von Dünkirchen«, fährt er fort. »Der Widerstand der britischen Jäger und der Marineflak war furchtbar. Es war der Wendepunkt des Krieges. Wir merkten, was das für ein Gegner war.«

Als die Ju 88 vorüber waren, begann Al Deere über die Mole zu dem Zerstörer zu rennen. Ein Major vom Heer versperrte ihm wütend den Weg.

»Ich bin Offizier der R.A.F.«, versuchte Deere zu erklären (er kam sich mit der zerrissenen Decke, die er über seine Uniform geworfen hatte, mit seinem blutigen Verband um den Kopf und mit seinem unrasierten und schmutzigen Gesicht nicht sehr überzeugend vor.) »Ich versuche zu meiner Einheit zurückzukommen, zu meiner Staffel, die hier operiert.«

»Mir ist es völlig wurscht, wer Sie sind!« schrie der Major wütend. »Bei dem, was ihr Flieger fertig bringt, könntet ihr genausogut am Boden bleiben!«

Deere schickte ihn zu allen Teufeln. Ein paar Augenblicke später war er an Bord des Zerstörers. In der Offiziersmesse wurde er mit eisigem Schweigen von den Heeresoffizieren empfangen.

»Warum dieser rührende Empfang, meine Herren? Was hat die R.A.F. denn getan?«

»Eben!« erwiderte einer der Offiziere, »was hat sie getan?«

Armer Al Deere! Er ließ sich vor Erschöpfung in einen Sessel fallen und hatte nicht einmal mehr die Kraft, sich darüber aufzuregen, was die Armee von der R.A.F. dachte.

In Dover kam er ohne Geld und ohne Ausweispapiere an, sprang in den erstbesten Zug nach London und schlief ein.

»Die Fahrkarten, bitte!«

Der Kontrolleur war über ihn gebeugt. Deere erklärte ihm, woher er komme und warum er keine Fahrkarte habe.

»Tut mir leid«, sagte der Mann. »Sie müssen an der nächsten Station aussteigen.«

Ein Heeresoffizier, der im selben Abteil saß, brachte die Sache in Ordnung. Aber Deere dachte: »Der Schaffner hat offenbar noch nie etwas von der R.A.F. und von Dünkirchen gehört!«

Am nächsten Morgen flog die 41., wie vor ihr die 54. über Dünkirchen. Was Ryder drunten sah, »spottete jeder Beschreibung.« Kolonnen von Ameisen schlängelten sich auf die provisorisch von Lkws gebildeten Landungsstege, um auf irgend etwas hinaufzuklettern, was sie an Bord der großen Schiffe, die draußen auf dem Meer ankerten, bringen würde. Ich sah Männer hinausschwimmen. Der schwarze Qualm brennender Benzintanks der Stadt wälzte sich ins Landesinnere ... Wenn er nur zum Meer hingetrieben würde, dachte Ryder, um unsere Soldaten zu verbergen ...« Tatsächlich wurde der Qualm schließlich über den Ärmelkanal und bis nach England getrieben. »Wir rochen den Gestank in Sussex«, erzählt

John Simpson, der mit der 43. flog. »Man konnte von Brighton nach Dünkirchen fliegen, ohne sich zu verirren, wenn man nur der schwarzen Qualmspur am Himmel folgte.« Auch Ryder wurde, genau wie Simpson, Zeuge schrecklicher Szenen. Zum Beispiel wie ein Zerstörer auseinanderbrach. Ryder schrieb: »Er war da, und einen Augenblick später nichts mehr ... An seiner Stelle ein Fleck, der sich immer mehr ausbreitete, Öl, Sand vom Meeresboden, Trümmer aller Art ...« Simpson sah auch eine Menge Fallschirme von abgeschossenen Flugzeugbesatzungen und wie sie aufs Wasser, auf den Sand, auf die Felder niedergingen. An einem hing Leutnant Tracey; er fiel ins Meer und begann zu schwimmen, doch bald sah er sich einer Frau gegenüber, die in ihren Armen einen Säugling hielt; er wollte ihr helfen, doch der Säugling fing zu weinen an. »Scheren Sie sich fort, Sie Rohling«, schrie die Mutter empört den Retter an. »Merken Sie denn nicht, daß Sie mein Kind erschrecken?« Einmal hörte Ryder droben in seiner Spitfire aus dem Bordradio Takte der Nationalhymne erklingen. Seine Kehle zog sich zusammen – »sogar ein Stein hätte nicht anders gekonnt, als gerührt zu sein«, sagte er.

Als sich die Morgendämmerung des 30. Mai hob, waren 73 000 Mann evakuiert worden. Der Wind und die atmosphärischen Bedingungen, jahrhundertealte Verbündete der Engländer, ließen sie auch diesmal nicht im Stich. Als die Armada 1588 in Gravelines den Anker lichtete, »blies ER und sie wurden zerstreut« ... Jetzt nahm ER dem Feind ein paar Meilen östlich von Gravelines durch Nebel und Regen die Sicht. Die Luftwaffe konnte nicht aufsteigen, weder während des ganzen 28., noch während der Hälfte des 29. Und am 30. deckte das Wetter sie abermals zu. Etwa 59 000 Mann konnten dadurch an diesem einzigen Tag evakuiert werden, darunter 15 000 Franzosen. Unterdessen kämpften neben den Briten 40 000 französische Soldaten um den deutschen Vorstoß im Umkreis von Dünkirchen einzudämmen, während ihre Kameraden die Schiffe der Royal Navy bestiegen oder sich auf der riesigen Flottille von beinahe 700 kleinen Booten einschifften, die wie eine Flut aus den Häfen von England herübergekommen waren.
Unter der Sintflut von Bomben und Geschossen der Luftwaffe läßt sich die Verbitterung der Seeleute und Soldaten begreifen, wenn sie fragten: »Wo bleibt denn die R.A.F.?« Doch die Jäger Dowdings

leisteten ihr Bestes. Da sie mindestens 150 km von ihrer Basis entfernt operieren mußten, war es ihnen unmöglich (die Anzahl der Maschinen reichte dazu nicht aus), ununterbrochen über dem Strand zu fliegen. »Alle Luftstreitkräfte des Heimatgebietes, sogar das Allerheiligste, die letzten Reserven, wurden in die Schlacht geworfen... Stunde um Stunde griffen sie die deutschen Jäger und Bomber an und brachten ihnen schwere Verluste bei«, schrieb Churchill. Doch diese heftigen Kämpfe, die sich meist in Tausenden von Metern Höhe abspielten, oft auch weit vom Strand entfernt, entgingen zum großen Teil dem Blick der Seeleute und Soldaten drunten in ihrer Hölle.

Nebel lähmte die Stukas am 31. Mai; doch der 1. Juni war klar und sonnig. Er war ein unvergeßlicher Tag für den Soldaten Michel Nastorg. Alles, was mit Krieg und Soldatentum zu tun hatte, war ihm verhaßt. Die Mobilmachung hatte ihn überrascht, als er im Pariser Odéon-Theater in *Peer Gynt* spielte. Da er nun aber einmal Soldat werden mußte, wollte er es im großen Stil sein: außer seinem Gewehr hatte er noch seine Kamera, sein Kofferradio und einen Koffer voller Kleidung bei sich: Maßhemden und Pyjamas mit Streifen in Beige und Blau. Eine Flasche »Fusel« sollte ihm helfen, die Friedenszeiten zu vergessen.

Mit der 7. französischen Armee war er am 10. Mai in Belgien eingerückt. Dann war das furchtbare Durcheinander des Rückzugs gekommen, unter den Bomben der Stukas und den Granaten. In Hogstad hatte ein einziger Treffer zwölf seiner Kameraden getötet; außer vier waren alle anderen in Panik geflohen. Michel war dageblieben, um die Toten zu beerdigen. Dann war er zusammen mit den Verwundeten in einem Lkw in Richtung auf die Küste gerollt. Unterwegs hatten sie die Engländer gestoppt. »Kommt nicht in Frage, Verwundete mitzunehmen! Nur wehrhafte Männer!« Und Michel dachte: »Diese Saukerle!« als er sie ihre Lastwagen, ihre Kanonen und sogar noch ihre Teekessel vernichten sah.

Sie erreichten die Küste bei Bray-Dune am selben Tag wie Al Deere auf seinem Fahrrad. Er sah die Leichen von britischen Soldaten am Ufer im Wasser schwimmen, und es tat ihm leid, daß er sich aufgeregt hatte. »Das könnten genausogut auch wir sein!« dachte er.

Drei Tage lang kauerte er in einem in den Sand gegrabenen Loch, während die deutschen Granaten die Luft über ihm zerrissen.

Am 1. Juni war er mit anderen in einem Vorort von Dünkirchen verschanzt, als die Stukas heulend herabstürzten. Neben ihm rannte einer, um hinter einem Kohlenhaufen in Deckung zu gehen. Andere machten es ihm nach. Michel hatte nicht die Zeit dazu; er sah nur den Kohlenhaufen samt seinen Freunden in die Luft fliegen, inmitten einer Fontäne aus schwarzem erstickenden Staub.

Am 12. mittags fand er sich auf dem Quai in einer Menge französischer Soldaten. Die Einschiffungsvorschriften waren genau: nicht mehr als ein Offizier und 20 Mann gleichzeitig. Weit und breit war aber kein Offizier. »Wir hatten geglaubt, die französische Armee sei die beste der Welt; es war ein schreckliches Mißverständnis«, sagte Michel. Mit seinen Kameraden ging er an Bord der *Scotia*, man führte sie in den Salon, wo Tee serviert wurde. »Wir hatten den Eindruck, einen Wochenendausflug nach London zu machen«, ein Eindruck, der rasch verging.

Rudolf Braun war in Cambrai um 12.10 Uhr mit der 1. Gruppe des St.G. 3 gestartet. Als die *Scotia* in See stach, erschien er mit seiner Ju 87. Er ging im Sturzflug auf das Schiff herab. Vielleicht wurde es von seinen Bomben getroffen. Jedenfalls wurde die *Scotia* von einer furchtbaren Explosion erschüttert, und alle im Salon stürzten zu den Ausgängen. Michel sprang durch ein Bullauge und fiel aufs Promenadendeck, direkt auf jemanden, den er sofort wiedererkannte: Pierre Dux von der Comédie-Française, der seinerseits bei der Mobilmachung gerade in *Le Misanthrope* gespielt hatte. »Nastorg vom Odéon«, stellte Michel sich vor. »Wir begegnen uns unter ziemlich merkwürdigen Umständen«, erwiderte ernsthaft Dux, während die brennende *Scotia* sich auf die Seite legte und zu sinken begann.

Michel sprang ins Wasser und schwamm; er hatte keine Schwimmweste. Ein Ertrinkender klammerte sich an ihn. Er stützte ihn bis zu einem treibenden Brett. Doch ein Dutzend anderer Schiffbrüchiger suchten gleichfalls danach. Michel schwamm weiter; in seinen Ohren gellten die Beschimpfungen und die flehenden Bitten des Sterbenden, den er zu retten versucht hatte. Nun kam wieder eine deutsche Maschine im Sturzflug herab und ließ ihre MGs bellen. Rund um Michel versanken getroffene Menschen. Andere klammerten sich an das brennende Wrack der *Scotia*. Sie riefen nach ihrer Mutter und flehten die Heilige Jungfrau an, sie zu retten. Ihrem Akzent nach stammten sie aus der Corrèze oder der Creuse und hatten wohl noch nie das Meer gesehen. Lieber, als ins Wasser zu springen, blieben sie auf dem Schiff und kamen in den Flammen um. Michel wurde an Bord eines britischen Zerstörers gezogen, der ihn in Dover ausschiffte. Seine erste Berührung mit England war ihm unvergeßlich: »Die Engländer schienen den Krieg überhaupt nicht zur Kenntnis zu nehmen. Die Hälfte der Vorüberkommenden trugen Tennis- oder Golfschläger.« Vierzehn Tage später war der Soldat Nastorg in Cherbourg zurück. Für ihn war der Krieg zu Ende.

Im Nebel und Rauch, die über Dünkirchen hingen, war es schwierig, zwischen Freund und Feind zu unterscheiden. Um vier Uhr morgens an diesem 1. Juni erwachte Otto Hintze von der 1. Gruppe des JG. 186 im »Modern Hotel« von Antwerpen. Nach einem ausgiebigen Frühstück wurde er im Wagen zum Flugplatz Deurne gebracht. Um sechs Uhr flog er an der Spitze seines Schwarms (vier Maschinen) hinter seinem Staffelkapitän, dem Oberleutnant Kientzle. Über Dünkirchen bemerkte er Spitfires, die aus dem Dunst herabstießen, um anzugreifen. Engländer so weit entfernt von England zu finden überraschte ihn. Plötzlich wurde das Kühlersystem seiner Me 109 getroffen. Er gelang ihm, am Strand niederzugehen. Zurück in Deurne, fand er Kientzle sehr in Sorge um ihn.

Wer hatte seine Maschine beschädigt? Die beiden Männer rekonstruierten den Kampf. Die Spitfires konnten es nicht gewesen sein, denn Hintze war außerhalb ihrer Schußweite gewesen. Er kam zur Überzeugung, daß es einer seiner eigenen Flugzeugführer gewesen war. Diese erste Begegnung mit den feindlichen Jagdfliegern hatte die Nerven aller strapaziert. Das Geheimnis wurde nie gelüftet; doch noch heute glaubt Hintze, daß es sein Rottenflieger gewesen sei, ein »Alter«, der schon verheiratet war. »Wahrscheinlich waren seine Gedanken bei Weib und Kind, als er sein MG auslöste.« Diese häusliche Seite des Luftkrieges war stets gegenwärtig. Morgens verließ man das Hotel und sprang ins Flugzeug, um den Tod zu riskieren. Wenn er nicht zum Stelldichein kam, kehrte man ins Hotel zurück, um mit Kameraden eins zu trinken. Oder man ging in die Offiziersmesse.

James McComb, der sich mit Donald Little, Ralph Crompton und ihren Frauen in ein Cottage in der Nähe des Flugplatzes Digby in Lincolnshire teilte, hatte zu Ehren der Damen für den 2. Juni mittags ein kleines Fest organisiert. Nichts, nicht einmal ein Flug nach Dünkirchen, vermochte ihn dazu zu bewegen, das Fest abzusagen. Sein Motor war schon angeworfen, als Donald Little auf die Tragfläche kletterte, um ihn zu bitten, doch seinen Hund zu füttern. Über dem Kanal fragte sich McComb an der Spitze seiner Staffel: »Warum zum Teufel will er, daß ich seinen Hund füttere?« Dann waren sie über Dünkirchen. Dort gerieten sie in Teufels Küche. Zwei Me 109 an den Rockschößen, gelang es Oberleutnant Brown, mit knapper Not, sie abzuschütteln, indem er unter einem Laufkran der Docks von Dünkirchen durchflog.

In der Messe hatte das Fest schon begonnen, während die letzten Piloten einfielen. Man sah sie einzeln oder zu zweit ankommen, bis nur noch zwei junge Frauen von neunzehn Jahren ohne ihre Männer waren. Sie hatten schon begriffen, daß es zwecklos war, noch länger zu warten. James McComb ließ sie nicht aus den Augen. »Sie stahlen sich weg, ohne Aufsehen zu erregen, und ohne eine Träne.« Eine von ihnen war die Frau von Donald Little.

Sie hätten die Moral der Staffel untergraben können. Sie taten nichts dergleichen. James McComb war genau so stolz auf ihren Mut wie auf den seiner Piloten. »Sie waren aus demselben Holz geschnitzt wie ihre Männer«, sagte er.

Unter den Staffeln, die wie die 611. in Martlesham getankt hatten, ehe sie nach Dünkirchen flogen, war auch die 92. von Bob Tuck. An diesem Morgen führte Bob nicht nur seine eigene Staffel, sondern noch zwei weitere, die sich mit der seinen vereinigt hatten, um einen Pulk von etwa 36 Maschinen zu bilden. Über der französischen Küste eröffneten sie den Kampf gegen acht Heinkel 111 (kleine Fische für eine Staffel) und ihre Eskorte von 25 Me 109. Es war das erste Mal, daß die britischen Jäger einen Kampf in dieser Formation lieferten. Es sollte nicht das letzte Mal sein. Das Konzept des Gruppenverbandes sollte die Quelle manchen Zwistes werden.

Als Verbindungsoffizier zwischen den Oberkommandos der Jagdflieger und der Bomber war Tom Gleave ein Fachmann in Fragen der Navigation. Aber seit einiger Zeit hatte er versucht, zur Jagdwaffe zu kommen. Am 2. Mai traf er in Kirton-in-Lindsey, nicht weit von Digby, ein, um das Kommando über die 253. Jagdstaffel zu übernehmen.

Görings Versprechen, die alliierten Armeen am Entkommen zu hindern, erwies sich mehr und mehr als eitel. Die Luftwaffe mochte noch so große Anstrengungen machen: am 1. Juni schifften sich 64 000 Mann nach England ein. Doch ein Ergebnis war, daß Admiral Ramsay entschied, die Operation nur noch nachts weiterzuverfolgen. Göring hatte offensichtlich vergessen, daß Dunkelheit ebenso wie schlechtes Wetter für die Royal Navy nicht dasselbe Problem aufwarf wie für seine Luftwaffe, die gezwungen war, am Boden zu bleiben. In der Nacht vom 2. zum 3. wurde alles, was vom britischen Expeditionskorps noch zurückgeblieben war, nebst 60 000 Franzosen, die mit ihm eingeschlossen worden waren, aus dem Kessel von Dünkirchen herausgebracht. Die Luftwaffe, die sich ihrer Beute beraubt sah, wandte sich einem anderen Opfer zu: der französischen Luftstreitmacht oder vielmehr ihren letzten Resten. Das »Unternehmen Paula« führte wütende Schläge gegen die Flugplätze und die Flugzeugindustrie in der Pariser Gegend. Die Absicht war auch, die französische Öffentlichkeit zu beeindrucken. Die 2. Gruppe des KG. 2 – zu der auch Werner Borner und seine *Gustav Marie* gehörten – bombardierte Orly. »Die wenigen feindlichen Jäger, denen wir begegneten, kämpften wie Löwen«, erinnert sich Borner. Oberst Kammhuber, der das unselige Kampfgeschwader 51 kommandierte (dessen Oberleutnant S. Freiburg im Breisgau bombardiert hatte), führte sein Geschwader, das jetzt mit Ju 88 ausgestattet war, bei einem Angriff auf Etampes. Doch ernsthafte Schwierigkeiten mit seinen Luftbremsen zwangen ihn, hinterher- statt vorauszufliegen und sein Geschwader von hinten anzuführen. Schlimmer noch: er wurde abgeschossen und gefangengenommen.

Am selben Morgen landeten Vizeluftmarschall Sholto Douglas und Admiral Geoffrey Blake in Villacoublay. Sie kamen, um Admiral Darlan und Stabschef Vuillemin zu sprechen. »Wir erwarteten wenigstens jemanden, der uns empfing«, berichtet Sholto Douglas. Doch als ihr Flugzeug aufsetzte, sahen sie nur »ein Männchen im Stahlhelm, an dessen Seite die Gasmaske baumelte«; er rief ihnen zu, Deckung zu nehmen. Sholto Douglas und der Admiral Blake ließen es sich nicht zweimal sagen und rannten zum nächsten Luftschutzunterstand, »einem Haufen Sandsäcke mit einem Wellblechdach und keineswegs vertrauenerweckend«. In den folgenden Sekunden regneten die Bomben der Luftwaffe auf das Gelände und die Schuppen von Villacoublay.

Sholto Douglas hatte drei französische Jäger starten sehen. Von den 50 anderen, die über das Gelände verteilt waren, wurden viele zertrümmert. Sholto Douglas fragte sich, warum die französischen Jäger sich nicht auf den Feind stürzten. (Der britische »Luftstab« hatte das französische Oberkommando am Tag vorher von dem bevorstehenden »Unternehmen Paula« unterrichtet.)

Als er dann mit Blake die Messe betrat, fand er die französischen Piloten »ruhig beim Mittagessen sitzen ... Sie interessierten sich überhaupt nicht für das, was gerade passiert war«. Unwillkürlich mußte er an die Helden früherer Tage denken, an die Generation eines Fonck und eines Guynemer. Erst später, als er unter seinem Kommando Piloten des »Freien Frankreichs« hatte, merkte er, »daß sie ebenso eifrig und tapfer wie die anderen sein konnten«.

Als er Vuillemin sah, sagte ihm der französische General, seine Luftstreitmacht wäre gegebenenfalls bereit, Italien zu bombardieren. Er stellte der R.A.F. zu diesem Vorhaben zwei Flugplätze im Süden zur Verfügung. »Ermutigt durch dieses Angebot einer Zusammenarbeit mit Frankreich«, tat die R.A.F. ihr Bestes, um Bomber, Mannschaften und das nötige Material nach den fraglichen Flugplätzen zu schicken ...

In der Frühe des 4. Juni überflog Douglas Bader an der Spitze der Rotte A der 222. Staffel den Hafen von Dünkirchen. Bader, eine fast legendäre Gestalt ... Der Mann, der seit dem 14. Dezember 1931, an dem er, einer Wette wegen, mit seiner Bulldog abgestürzt war, keine Beine mehr hatte und trotzdem nie darauf verzichtete, zu fliegen ...

Drei Tage nachdem meine Maschinengewehrsalve Karl Missy die Beine zertrümmert hatte, war bei Bader in Südengland endlich das lang erwartete Telegramm eingetroffen: »Zur 19. Staffel, Duxford, versetzt.« Bader war seit dem Tag, an dem er diesen Flugplatz und die R.A.F. mit einer Invalidenrente von 100 % verlassen hatte, nicht wieder in Duxford gewesen. Er hatte in London gearbeitet, haßte das Büroleben, weigerte sich aber zuzugeben, daß seine Beinprothesen ihn von anderen Leuten unterscheiden konnten. Niemals zögerte er, in der U-Bahn seinen Platz einer Dame abzutreten. Er hatte wieder Tennis und Squash spielen gelernt; als ein hervorragender Golfspieler erledigte er am Tag seine 36 Löcher, ohne müde zu werden. Als er nach München davon überzeugt war, daß es zum Krieg kommen werde, hatte er ans Luftfahrtministerium geschrieben, um seine Dienste als Flugzeugführer anzubieten. Damals hatte man ihm geantwortet: »Es ist nicht möglich, Sie jetzt in die Reserve des aktiven Dienstes einzureihen. Doch im Fall eines Krieges werden wir sehr froh sein, auf Ihr Angebot zurückzukommen, falls die Ärzte zustimmen.« Nach Kriegsausbruch hatte man ihn zu einer ärztlichen Untersuchung geladen. Im Ministerium stand er dem Präsidenten der Kommission, Vizeluftmarschall Halahan, gegenüber, seinem ehemaligen Chef auf der R.A.F.-Schule vor vielen Jahren – demselben Halahan, der ihn sich einmal vorgeknöpft hatte: »Männer braucht die R.A.F., nicht Schulbuben.«

Nach beendeter Untersuchung wurde er noch dem Chef des Sanitätsdienstes vorgeführt, der ihm die Notiz hinhielt, die er gerade las. Die Notiz war von Halahan: »Ich kenne diesen Offizier, seit er im College Cranwell gewesen ist. Wenn sie ihn verwendungsfähig finden, teilen Sie ihn ein in die Kategorie A–1 B«; (geeignet zu jedem Dienst am Boden und in der Luft). Später schrieb Bader: »Ich glaube wohl, daß mir der Atem stockte.« Während des endlosen Schweigens, das daraufhin eintrat, blickte er dem Major gerade in die Augen, »um ihn möglichst zu zwingen, daß er genau so dächte wie ich«, sagte er. Schließlich entschied sich der Major und erklärte, wobei er jedes Wort betonte: »Ich stimme der Meinung des Vizeluftmarschalls Halahan zu.« Und der beinlose Pilot, der weiterhin seine hundertprozentige Invalidenrente bezog, kehrte am Abend des 7. Februar nach Duxford zurück und meldete sich bei der 19. Staffel, um als Flugzeugführer zu dienen. Sechs Monate später sollten die R.A.F. wie auch die Luftwaffe Gelegenheit haben, die Tapferkeit wie die Beweglichkeit dieses Naturtalents zu ermessen. Einstweilen betrachtete Douglas Bader am Morgen des 4. Juni das schreckliche Schauspiel von Dünkirchen. Noch immer stieg Rauch aus der Stadt und den Hafenruinen auf. Der Strand war mit Trümmern und Material übersät, aber es war keine Seele zu sehen. Nur das winzige weiße Segel einer kleinen, in See stechenden Yacht fiel ihm auf: es war das letzte Schiff, das Dünkirchen verließ. Görings Versprechen war nicht gehalten worden. Die Luftwaffe hatte nicht verhindern können, daß 338 226 alliierte Soldaten aus dem Kessel entwichen.

Ein anderer Mann überflog an diesem Morgen ebenfalls Dünkirchen, am Steuerknüppel seines Fieseler Storch: der Generalinspekteur der Luftwaffe Erhard Milch. Neben ihm saß der italienische Luftattaché. Sein Adjutant begleitete sie in einem anderen Fieseler Storch. Sie landeten bei einem brennenden Dorf auf einem Feld in der Umgebung von Dünkirchen. Milch sah Haufen von Leichen und darunter einen einzigen Überlebenden, einen farbigen Soldaten. »Ich hatte mich gut nach englischen Gefangenen umgesehen, ich konnte nirgends welche entdecken«, hat er mir gesagt. »Mehr als 300 000 Mann von Ihren Leuten waren uns entkommen, indem sie Waffen und Material zurückließen. Doch das Wichtigste waren ja die Männer. Hitler hatte geglaubt, mit seinen Bomben Gefangene machen zu können. Es war eine merkwürdige Idee . . .« Milch ging bis zum Meer hinüber. Nahe der Küste lagen Dutzende von versenkten Schiffen, und Strand und Dünen waren übersät mit riesigen Mengen von zerstörter Ausrüstung. Tausende von Soldaten waren durch die Maschen des Netzes geschlüpft, aber sie waren jetzt ohne Verteidigung. Jetzt wäre der richtige Augenblick, England zu schlagen und zu besetzen, dachte Milch. Sein Plan (er sollte darum schon am nächsten Tag Göring ersuchen) war es, Luftlandetruppen einzusetzen. Ziel: sich in den Besitz der Flugplätze an der Küste zu setzen. Mittel dazu: zunächst die Jagdflieger und die Stukas, dann die Ju 52 für den Transport des Bodenpersonals und des Materials. Inzwischen würden auf allen verfügbaren Schiffen Truppen den Kanal überqueren.

An diesem Tag blieben dem britischen Oberkommando der Jagdwaffe 331 Hurricanes und Spitfires, also 21 Staffeln. Die Kräfte, die zu keiner Zeit ausreichten, waren durch die Schlacht um Frankreich und durch Dünkirchen noch weiter zusammengeschrumpft. Die Lage war erbärmlich. Die Stimmung der Piloten aber blieb ungebrochen.

Während Milch über eine Blitz-Invasion Englands brütete, sprach Churchill im Unterhaus über Dünkirchen: »Man gewinnt keinen Krieg, indem man Soldaten evakuiert. Doch in dieser Rettung liegt auch ein Sieg . . . Gewonnen wurde er von der R.A.F. Viele unserer Soldaten . . . unterschätzen ihre Leistung . . . Wir haben eine furchtbare Kraftprobe zwischen den englischen und den deutschen Fliegern erlebt. Kann man sich ein gewichtigeres Ziel in der Luft für die Deutschen vorstellen als das, diese Evakuierung unmöglich zu machen? ... Sie taten, was sie konnten ... ihr Versuch wurde vereitelt. Wir haben die Armee zurückziehen können ...

Ich möchte den jungen Fliegern persönlich meine Hochachtung ausdrücken ... Wer sagt uns, ob nicht die Sache der gesamten Zivilisation durch das Geschick und die Hingabe von ein paar tausend Piloten verteidigt wird?«

Churchill verkündete dem Land auch, was es von ihm erwartete: »Selbst wenn weite Strecken Europas ... vielleicht in die Krallen der Gestapo und des ganzen hassenswerten Apparates der Nazi-Tyrannei fallen sollten, werden wir nicht schwach werden und nicht wanken ... Wir werden unsere Insel verteidigen ... Wir werden auf den Stränden kämpfen, wir werden auf den Flugplätzen kämpfen, wir werden auf den Feldern und in den Straßen kämpfen, wir werden in den Hügeln kämpfen; niemals werden wir uns ergeben.«

Göring konnte dem Wunsch nicht widerstehen, die Verwüstungen zu betrachten, die seine Luftwaffe in Dünkirchen angerichtet hatte. An diesem Abend kamen Oberst Werner Junck, kürzlich zum Jagdfliegerführer (Jafü 3) ernannt, das heißt zum Kommandeur der Jagdflieger bei der Luftflotte 3, und der Generalstabschef der Luftwaffe Jeschonnek, an Bord des Sonderzuges *Asia,* der für die Nacht in einem Tunnel abgestellt war. Sie speisten mit Göring. »Merkwürdig«, sagte Junck ironisch zu seinen beiden Vorgesetzten, »als ich klein war, hatte ich immer Angst, durch einen Tunnel zu fahren. Sie scheinen aber Angst zu haben, herauszukommen.«

5

Als Dünkirchen vorüber war, lösten die Deutschen bereits am folgenden Morgen eine furchtbare Offensive gegen die Verteidigungslinie an der Somme aus. Die Todesstunde der französischen Armee hatte geschlagen. Ihre entscheidende Kampfkraft war in Flandern niedergemäht worden, und bis auf eine Division hatte man auch das englische Expeditionskorps abgezogen. Die französische Luftstreitmacht war so gut wie aufgerieben. Nur ein paar Staffeln der R.A.F. setzten zusammen mit ihren Resten den Kampf fort.

In Debden hatten wir den Rauch von Dünkirchen niemals gerochen. Die 85. Staffel war nicht einsatzbereit; meine Aufgabe war es, sie zu einer neuen Kampfeinheit auszubilden. Sie bestand aus einem Dutzend ganz junger Männer, die gerade aus der Jagdfliegerschule kamen und ungefähr der gleichen Anzahl neuer Hurricanes.

In Dicky Lee und Jeffries hatte ich zwei hervorragende Rottenführer. Alle beide hatten in Frankreich gekämpft und das Glück gehabt davonzukommen. (Jeffries trank in Abbeville gerade einen Kaffee, als er die Deutschen in die Straße einbiegen sah; noch nie hatte sich jemand so rasch »auf englisch empfohlen« wie er bei dieser Gelegenheit.) Mailton, ein Kanadier und außergewöhnlicher Mensch, sollte ihn bald ersetzen, da Jeffries zu einer tschechischen Staffel versetzt wurde.

Meine kleine Gruppe junger Leute war bunt zusammengewürfelt. Es gab da den Sohn eines Luftmarschalls, zwei oder drei Universitätsstudenten, einen ehemaligen Versicherungsangestellten und zwei Neuseeländer. Alle waren höchstens zwanzig Jahre alt; bei einigen beschränkte die Erfahrung sich auf zehn Flugstunden auf einer Hurricane. Und da lag eben auch das Problem. Bei einem Einsitzer muß man alles ganz allein machen. Niemand ist da, der einem hilft. Jahre hatte ich gebraucht, bis ich mir ein klein wenig Erfahrung angeeignet hatte, und auch dann noch waren meine Chancen davonzukommen nicht sehr groß. Für sie waren sie noch geringer.

Die Rottenführer und ein paar andere Piloten – Paddy Hemingway, Nigger Marshall, Patrick Woods-Scawen und die Feldwebel Sammy Allard und Geoff Goodmann, die mehr Erfahrung besaßen – halfen mir, die Grundlage zu legen, auf der diese jungen Leute sich weiterentwickeln konnten. Sie wußten ja kaum mit der Hurricane umzugehen, in unerfahrenen Händen eine sehr gefährliche Maschine, wie es zwei tragische Unfälle bald bewiesen.

Wir konnten diesen Jungen unsere Erfahrung durch menschlichen Kontakt, durch Gespräche, durch Intuition weitergeben, indem wir sie aufforderten, Vertrauen in uns und unser Beispiel zu setzen. Durch diese mysteriöse Sprache, die der Verständigung unter Vögeln gleicht, formt sich der Jagdflieger.

Wir brachten ihnen bei, die Augen stets offenzuhalten, immer den Himmel zu prüfen, immer nach rückwärts achtzugeben. Sie drehten mit uns zusammen am Himmel Kreise, und wir brachten ihnen die Tricks des Luftkampf bei, vor allem, wie sie niemals vor der Nase einer Me 109 steigen oder abschwingen durften, wie sie, im Gegenteil, ständig den Feind auskurven müßten, denn darin übertraf die Hurricane die Messerschmitt. Wir führten sie nach Sutton Bridge, um sie am MG zu schulen. Und je nachdem sie Fortschritte machten, schickte ich sie an die Ostküste zu den Geleitzügen, damit sie die Notwendigkeit von Disziplin, Wachsamkeit und Auftragstreue lernten.

Unsere Vorgesetzten ermutigten uns. Und vor allem unser Stützpunkt-Kommandeur, Oberstleutnant Larry Fullergood, ein untersetzter, energischer Mann voll menschlicher Wärme. Wir hatten ihm den Spitznamen »Bulgarengeneral« gegeben, aber ohne jede Bosheit (wir liebten ihn sehr, ebenso wie er uns liebte), einzig und allein wegen seiner dunklen Hautfarbe. Später sollte er mir einmal schreiben: »Für mich wird die 85. immer die erste aller Jagdstaffeln der R.A.F. bleiben.«

Am 3. Juni besuchte uns »Boom« Trenchard. Ohne von uns irgend etwas verlangt zu haben, stärkte er unsere Entschlossenheit, uns seiner würdig zu erweisen. Er erzählte uns folgende, ganz einfache Geschichte: »In London«, sagte er, »rede man die ganze Zeit davon, wie schrecklich es sein wird, wenn einmal die deutschen Bomben herabregnen. Ich erwidere den Leuten: ›Haben Sie jemals an die Masse Tauben gedacht, die es in London gibt? Na ja, stellen Sie sich vor, keiner von ihnen ist es bisher gelungen, mich zu treffen...‹«

Sein Patenkind Dicky Lee war mit der Rotte B auf einem Außenplatz von Debden stationiert, einer Wiese, auf der der Duft des Grases sich mit dem scharfen und stechenden Geruch der Flugzeuge vermischte. Ich ging oft hinüber, denn ich liebte das Bohemeleben in Hemdsärmeln unter der Sonne und überließ die Sterne der Uniform der abgestandenen Luft meines Büros oder der Messe. Oder aber ich nahm meine Maschine, um zur Rotte A nach Martlesham zu fliegen und mit ihr an der Küste und über den Geleitzügen zu operieren. Das Leben im Zelt auf der duftenden Heide gefiel mir. Die Erinnerung an die Zeit in Tangmere wurde wieder lebendig. Abermals hatte ich die Empfindung, zum besten Fliegerklub der Welt zu gehören. Von Tag zu Tag gewann die 85. ihre ursprüngliche Stärke zurück. Wachsam wartete sie in immer größerer Ungeduld auf ihren ersten Einsatz.

Ebenso ging es anderen Staffeln, die die Schlacht um Frankreich und Dünkirchen mitgemacht hatten. Die 253., die Staffel von Tom

Gleave, inzwischen in Kirton, war dezimiert worden. Gegenwärtig war sie eine Staffel »von jungen unerfahrenen Leuten mit ein paar Veteranen, die selbst noch ganz jung waren und die als Sauerteig wirken sollten«. Genau wie bei der 85. Wir jedoch hatten wenigstens die Überwachung der Geleitzüge zu übernehmen, die für uns eine ausgezeichnete Übung war, während Tom Gleave und seine 253. ungeduldig wurden, weil sie niemals den Feind sahen. Die Gespräche drehten sich stets um dieselbe Frage: Wann werden wir die Hunnen endlich zu sehen bekommen? »Wir mußten etwas zu tun bekommen«, sagte Tom Gleave. »Die Staffel war wild nach wirklichen Operationen im Ernstfall.« So hielten sie sich nach der Ausbildung Stunden bei Laune, indem sie Spiele wie Schulbuben trieben und regelmäßig die Kneipen der Umgebung besuchten.

Diese Frage: Wann wird der Feind kommen? beschäftigte auch den Oberstkommandierenden der Jagdwaffe. Nach Dünkirchen hatte Dowding drei Hauptgefahren vorausgesehen: die Invasion, deren Voraussetzung die deutsche Luftherrschaft war, nächtliche Bombenangriffe und die Bedrohung durch U-Boote. Seiner Meinung nach war die ernsteste dieser Gefahren die Invasion, der die Vernichtung der Jagdwaffe vorausgehen würde.

Im Sinne dieser Auffassung setzte er seine ungeheure Energie für die Reorganisierung der Jagdwaffe ein. Es blieben, wie gesagt, 331 Hurricanes und Spitfires. Das Luftfahrtministerium schätzte, daß mehr als 800 Jäger zur Verteidigung des Territoriums notwendig wären. Und nun konnte man über die 331 Maschinen hinaus nur mit etwa 150 veralteten Flugzeugen rechnen, die aus formalen Gründen auf den Materialbestandslisten standen, ohne daß Dowding sich über sie die geringsten Illusionen machte; sie waren langsamer als die feindlichen Bomber. »Ich wünsche, daß Geschwindigkeit die höchste Qualität unserer Jagdwaffe ist«, wiederholte er. Er dachte dabei an die Hurricanes und vor allem an die Spitfires. »Darum«, sagt er heute, »habe ich mich ja so verzweifelt an die Spitfire geklammert.« Die etwas langsamere Hurricane war dennoch »eine verdammt gute Maschine ... robust und solider als die Spitfire«.

Am 14. Mai erschien Lord Beaverbrook, ein Magier, der von unerschöpflicher Dynamik war, auf der Bühne. Als Minister für die Flugzeugproduktion hatte er entschieden, daß im Augenblick die Jagdwaffe der Schlüssel zur Rettung Englands sei und daß England darum Jäger haben werde. Im Februar 1940 hatte der Ausstoß der Fabriken 141 Maschinen betragen. Im Mai stieg die Zahl nach Beaverbrooks Amtsantritt auf 325. Ende Juni steigerte sich die Anzahl auf monatlich 446, und die Produktion beschleunigte sich noch weiterhin. Die menschlichen Beziehungen auf höherer Ebene spielen in der Kriegführung eine große Rolle; es dauerte nicht lange, bis man dies merkte. Das Glück wollte es, daß Dowding und Beaverbrook, trotz ihrer völlig verschiedenen Charaktere, die besten Freunde wurden.

Hinter den großen Flugzeugwerken und ihren »Schattenfabriken« – der berühmten Idee Swintons – gab es 15000 Zulieferer-Unternehmen, die Teilstücke von den Tragflächen bis zu den Schrauben und Bolzen für die Montage herstellten. Die Zulieferer konnten ebensogut mechanische Werkstätten wie auch alte Damen oder Schüler sein, die zu Hause oder in der Schule Heimarbeit organisierten; sie taten ihr Bestes, um dem Appell Beaverbrooks zu entsprechen: »Wir brauchen Jäger!«

Die Tätigkeit Beaverbrooks und seines Ministeriums beschränkte sich nicht nur auf die Produktion von Maschinen. Die beschädigten Flugzeuge mußten repariert oder überholt werden. Zu diesem Zweck wurde eine mächtige Organisation geschaffen: die Zivile Organisation zur Wiederherstellung von Flugzeugen. Im Februar 1940 wurden insgesamt 20 Maschinen repariert. Im Juli 160. Von der Gesamtzahl der bei der Schlacht um England eingesetzten Jagdmaschinen gehörten 35 Prozent zu dieser Kategorie und erwiesen sich als ebenso brauchbar wie neue.

Die 50. Wartungseinheit erhielt den Auftrag, die beschädigten Maschinen zu den Reparatureinheiten zu bringen. Die wirklich nicht mehr verwendbaren Flugzeuge, die nur noch verbeultes Blech waren (wie eines Tages auch meine schöne Hurricane Nr. 3166), wurden gesammelt und ebenso wie die Feindmaschinen von der Wiederverwertungsorganisation zum Einschmelzen geschickt.

Mit der Einkreisung der Britischen Inseln durch die Deutschen, vom Nordkap bis zur Halbinsel von Cherbourg, wurde es notwendig, die Überwachung der Küsten und des Binnenlandes auszudehnen und zu intensivieren. Es brauchte seine Zeit, bis diese zusätzlichen Wachtposten errichtet waren, die aus Radarstationen und Posten des Beobachterkorps bestanden. Man nahm die Aufgabe sofort in

Angriff: in Westengland wuchsen Radarstationen und Beobachtungsposten von Wales bis nach Schottland aus dem Boden.

Mit Ballonsperren und Suchscheinwerfern war Dowding einigermaßen versorgt. Dagegen fehlte es an Flakgeschützen: nur 25 Prozent von den eigentlich benötigten 8000 waren vorhanden. Man konzentrierte die Flak nicht in den großen Städten, die am Anfang verhältnismäßig schutzlos gelassen wurden, sondern um die Flugzeugfabriken und andere wichtige Ziele. Das britische Volk mußte diese düstere Wirklichkeit im totalen Luftkrieg in Kauf nehmen: zuerst die militärischen Objekte zu verteidigen.

Das bei weitem schwierigste Problem, vor dem Dowding stand, war das Fehlen von Jagdfliegern. Die Schlacht um Frankreich und Dünkirchen hatte die R.A.F. 435 gefallene, vermißte oder in Gefangenschaft geratene Piloten gekostet. Mitte Juni fehlten Dowding 360 Piloten bei einem normalen Personalsoll von 1450. Die Weigerung des kanadischen Premierministers Mackenzie King im Jahr 1937, bei dem Ausbildungsplan des Empire mitzuarbeiten, machte sich nun in der kritischen Stunde für die R.A.F. bemerkbar. Zu wenig Flugschüler verließen die Ausbildungsstätten, so daß Churchill eingriff und befahl, alle Piloten zu erfassen, die sich für die Jagfliegerei eignen könnten. Von den Bomber-, Küstenschutz- und Armeekommandos meldeten sich Freiwillige. Die Antwort der Marine kam sofort: 58 Marinepiloten wurden nun zu Jägern und stießen zu ihren Kameraden von der R.A.F. Welch ein Wandel in fünfzehn Jahren, seit jener Zeit der elenden Schikanen zwischen R.A.F. und der Flotte! Damals hatte Trenchard darauf bestanden, daß die Piloten beider Waffen »nach einem und demselben System ausgebildet und nach einem und demselben Programm geschult« würden. Seine Politik zahlte sich jetzt aus.

In diesen kritischen Wochen bemühte man sich verzweifelt um Solidarität und diesmal schien die Admiralität mit gutem Beispiel voranzugehen. Jock Colville, der Privatsekretär Churchills, sagte zu dem Abgeordneten Chips Channon: »Die Admiralität ist phantastisch. Leute, die sich vor kurzer Zeit noch an die Gurgel gefahren wären, sind jetzt enge Freunde und verstehen sich bestens. Winston ist ganz aus dem Häuschen, ein Gebirge von Energie und guter Laune ...«

Unter dem letzten Ansturm der Deutschen brach Frankreich zusammen. Am 11. Juni nahm Churchill (zum vierten Mal) das Flugzeug, um Paul Reynaud zu sprechen, der Paris verlassen hatte und sich im Schloß Briare bei Orléans aufhielt. Als er aus seiner Flamingo-Maschine stieg, setzte er »das Lächeln und die zuversichtliche Miene auf, die man für angebracht hält, wenn alles schief geht...« Den Franzosen war es allerdings nicht zum Lächeln zumute.

Um 19 Uhr begann Churchills Sitzung mit Paul Reynaud, Marshall Pétain, General Weygand (nun Oberstkommandierender), General Vuillemin, Generalstabschef der französischen Luftwaffe, und einem anderen jungen General: de Gaulle. Während der ganzen »miserablen Diskussion«, die nun folgte, wurde Churchill »von dem Gram zerfressen... daß England unfähig gewesen sei, größere Hilfe zu leisten... bedrückt auch von der Tatsache, daß bis jetzt neun Zehntel der Menschenverluste und neunundneunzig Hundertstel des Leidens über Frankreich, und über Frankreich allein, hereingebrochen waren.« Er drängte die französische Regierung, Paris zu verteidigen. Er erinnerte Marschall Pétain an die Worte Clemenceaus: »Ich werde vor Paris, in Paris und hinter Paris kämpfen.« Dann ergriff Weygand das Wort. Er verlangte die Entsendung weiterer britischer Jagdstaffeln. »Das ist ein entscheidender Punkt. Jetzt ist der entscheidende Augenblick.« Doch Churchill dachte an das dramatische Plädoyer Dowdings im Kabinettsrat vom 15. Mai. Die Warnungen des Oberstkommandierenden der Jagdwaffe hatten ihre Wirkung auf ihn nicht verfehlt. Und er antwortete: »Im Einklang mit der Entscheidung des Kabinetts, die in Gegenwart des Luftmarschalls Dowding gefallen ist... müssen 25 Jagdstaffeln um jeden Preis zur Verteidigung Großbritanniens zurückbehalten werden.« Offensichtlich verwechselte er hier die Zahlen: 25 statt 52, die Dowding als Mindestzahl gefordert hatte. Und indem er die Worte Weygands aufgriff, fügte er hinzu: »Es ist so wenig der entscheidende Punkt, wie es der entscheidende Augenblick ist. Der Augenblick wird kommen, wenn Hitler seine Luftwaffe gegen Großbritannien wirft. Wenn wir die Luftherrschaft behaupten können und wenn wir die Freiheit der Meere aufrechtzuerhalten vermögen... dann geben wir Ihnen alles zurück, was Sie verloren haben.«

Während des Essens (»Suppe, Omelette oder etwas Ähnliches, Kaffee und ein leichter Wein«) wurde Churchills persönlicher Stabsoffizier, General Ismay, ans Telefon gerufen. Es sprach Vizeluftmarschall Barratt. Er hatte Ärger in Salon, einem der Flugplätze in Südfrankreich, deren Benutzung nach einer Absprache zwischen Vuillemin und Sholto Douglas der R.A.F. überlassen worden war, um Italien zu bombardieren.

»Unsere Wellington-Bomber sind zwar hier«, sagte Barratt zu Ismay, »aber die lokalen Behörden bestehen darauf, daß sie heute nacht nicht starten, weil sie vor Repressalien Angst haben.«

Tatsächlich hatte man, kaum daß die 99. Bomberstaffel um 15.30 Uhr an diesem Nachmittag gelandet war, von dem nächstliegenden französischen Bombergeschwader Oberst Field angerufen, der in Salon die Bodenmannschaften der R.A.F. kommandierte und ihm erklärt, daß die britischen Bomber auf keinen Fall aufsteigen dürften. Dazu war das Veto der lokalen Behörden gekommen.

Was dachte sich Vuillemin dabei? Um 21.45 Uhr, als er sich gerade mit Churchill zu Tisch setzen wollte, hatte er mit Barratt telefoniert, um ihn zu bitten, die Luftangriffe auf Italien abzublasen. Darum der Anruf Barratts an Ismay.

»Der Premierminister ist der Ansicht, daß die Bomber zu dem Angriff starten sollen«, antwortete Ismay.

Vom Gesichtspunkt Fields aus war das leichter gesagt als getan. Trotz der förmlichen Gegenbefehle der Franzosen gab er kurz nach Mitternacht den Wellingtons Befehl zum Start. Doch die Franzosen waren entschlossen, bis ans Ende zu gehen. Zur Verblüffung der britischen Flieger rasten französische Lastwagen heran und blockierten die Pisten. Der Angriff wurde abgeblasen.

Nach der Begegnung von Briare berichtet Churchill Präsident Roosevelt: »Der alte Marschall Pétain, mit dem im April und im Juli 1918 schon nicht mehr viel los war, ist, wie ich befürchtete, bereit, seinen Namen und sein Prestige zu einem Friedensvertrag für Frankreich herzugeben. Reynaud ... ist für Fortsetzung des Kampfes, und bei ihm war ein junger General de Gaulle, der überzeugt davon ist, daß man viel machen kann. Admiral Darlan erklärt, er werde die französische Flotte nach Kanada schicken.«

Am 13. Juni kam Churchill wieder nach Frankreich, diesmal nach Tours. Auf der Präfektur konferierte er mit Paul Reynaud und Georges Mandel, Minister des Inneren, dem ehemaligen treuen Sekretär Clemenceaus. Die französische Regierung war umgezogen, um sich in Cangé niederzulassen. Sie zeigte sich gekränkt, daß Churchill nicht dorthin gekommen war, doch Churchill wußte nichts davon. Er war gar nicht eingeladen worden, und da außerdem niemand dagewesen war, um ihn am Flugzeug zu empfangen, hielt er diesen Vorwurf für unberechtigt.

Reynaud war deprimiert: Weygand hatte eben erst erklärt, man müsse unbedingt um einen Waffenstillstand bitten.

Churchill antwortete, Großbritannien sei entschlossen, den Krieg zu gewinnen, und er zwang Reynaud schließlich, nicht aufzugeben, bevor die Absichten Roosevelts und die eventuelle Möglichkeit einer amerikanischen Hilfe klar geworden wären. Reynaud versprach auch, den Engländern die 400 Piloten der deutschen Luftwaffe (darunter auch Oberst Kammhuber vom KG. 51 und einen Prominenten, Hauptmann Werner Mölders), die in die Hände der Franzosen gefallen waren, zu überstellen. Die Ereignisse verhinderten diese Auslieferung, und, berichtet Churchill »die deutschen Piloten waren für die Schlacht um England wieder einsatzbereit. Man mußte sie ein zweites Mal abschießen« – ein Schicksal, dem Kammhuber und Mölders entgingen.

Beim Abflug bemerkte Churchill General de Gaulle, der »ausdruckslos und hochmütig« auf der Schwelle stand, und als er an ihm vorbeiging, sagte er zu sich: »Der Mann des Schicksals...« In London zurück, faßte er, ehe er schlafen ging, in den frühen Morgenstunden des 14. (datiert vom Vorabend, dem 13.) eine Botschaft an Paul Reynaud ab: »Wir erneuern«, schrieb er unter anderem, »unser Versprechen und unseren Entschluß, den Kampf fortzusetzen... in Frankreich, auf unserer Insel, auf den Ozeanen und in der Luft... Wir werden diesen Krieg nicht eher aufgeben, als bis Frankreich in seiner ganzen Größe wiederhergestellt ist.«

Die Dämmerung zum Freitag, den 14. Juni, hatte gerade erst begonnen, als General Fedor von Bock, der Kommandeur des deutschen Armeekorps B in Le Bourget aus seinem Fieseler Storch stieg, fast zur selben Stunde, als die Vorhut seiner 9. Division an diesem Flugplatz auf dem Vormarsch nach Paris vorüberkam. Er grüßte seine Truppen, dann setzte er seinen Weg zur Place de la Concorde fort, wo er abermals den Vorbeimarsch abnahm. Darauf fuhr sein Wagen die Champs-Elysées zum Arc de Triomphe hinauf, wo die Parade der 8. und der 28. Division stattfand. Die Hakenkreuzfahne flatterte vom Eiffelturm. Paris war offene Stadt geblieben. Nicht ein Schuß war abgefeuert worden.

Im Verlauf des 13. Juni wußten Churchill ebenso wie Reynaud, woran sie sich hinsichtlich der amerikanischen Absichten zu halten hatten. Die Vereinigten Staaten würden »alles nur irgend Mögliche« tun, um den Alliierten durch »dringend benötigte« Materialsendungen zu helfen, damit sie den Kampf fortsetzen könnten.

Zwei Tage später trat Paul Reynaud zurück; Pétain bildete am folgenden Tag eine neue Regierung in Bordeaux und ersuchte um den Waffenstillstand.

Am selben Tag flog die R.A.F. General de Gaulle nach London. Dort verkündete er durch die BBC seinen berühmten Aufruf an die Freien Franzosen.

Am 18. Juni erklärte Churchill vor dem Unterhaus, daß die Schlacht um Großbritannien bevorstehe: »Die ganze Wut und Macht des Feindes muß sich sehr bald gegen uns wenden. Hitler weiß sehr wohl, daß er entweder uns auf unserer Insel zerschmettern oder den Krieg verlieren muß.«

V

Der Auftakt

1

Hitler hoffte zuversichtlich, daß Großbritannien angesichts der Gefahr eines Luftüberfalls und einer Invasion bereit sein würde, mit Deutschland zu verhandeln, und daß die übrige Welt zusehen würde, während er seinen größten Ehrgeiz befriedigte, die Liquidation Sowjetrußlands.

Aber Großbritannien und Rußland machten Hitler einen Strich durch die Rechnung. Während Deutschland ihm den Rücken zugekehrt hatte, waren Sowjetrußlands Truppen am 15. Juni in Litauen eingefallen. Als man Halifax davon unterrichtete, hatte er in London erklärt: »Das läßt mich kalt.« Das war nicht die Meinung seines deutschen Pendants, von Ribbentrop, dessen Wut sich noch steigerte, als die russische Armee ihren Vormarsch fortsetzte, um in den beiden folgenden Tagen Lettland und Estland zu besetzen.

Am 20. Juni kam Admiral Raeder zum Führer, um mit ihm zu besprechen, was gegen England unternommen werden sollte. Aber bei Hitler wußte man nie, woran man war; man mußte auf alles vorbereitet sein. Raeder hatte deshalb monatelang die Probleme der Invasion studiert, ohne daß seine Begeisterung für dieses Unternehmen gewachsen wäre. Doch was konnte man für die Kriegsmarine tun, nachdem nun Heer und Luftwaffe ihren Triumph gehabt hatten? England, der persönliche Feind der deutschen Flotte, stand noch immer aufrecht. Da Frankreich erledigt war, schien der Augenblick gekommen, England einen Schlag zu versetzen. Invasion oder Blockade, bei beidem konnte man auf die Luftwaffe nicht verzichten. Hatte der Führer nicht vor wenigen Wochen den U-Booten und den Flugzeugen den Vorrang gegeben? Und welche Rolle würde im Fall einer Invasion das Heer übernehmen? Jedesmal wenn es mit der Luftwaffe zusammenzuarbeiten galt, gab es Ärger mit dem Reichsmarschall. Raeder hatte von Göring Fliegerschutz für seinen Stützpunkt in Trondheim in Norwegen verlangt und nur ein grobes Telegramm zur Antwort erhalten, das er seinem Führer laut vorlas.

Offensichtlich war Göring entschlossen, den Krieg mit seiner Luftwaffe allein zu gewinnen. Doch Belagerung oder Invasion oder beides, jedenfalls hatte auch Raeder seine Aufgabe, und um sie zu erfüllen, konnte er auf eine Zusammenarbeit mit Göring nicht verzichten. Die beiden Oberbefehlshaber konnten sich nicht riechen – beängstigende Auspizien für die bevorstehende Schlacht um England.

Die Luftwaffe stand unter den an diesem Tag besprochenen Punkten an erster Stelle. Sie waren der gleichen Meinung: der Erfolg der Invasion hing von der Luftherrschaft über dem Kanal und der Südküste Englands ab. Raeder bestand beharrlich darauf, daß die Luftwaffe unverzüglich die Häfen und Flottenstützpunkte der Engländer angreifen sollte. (Dabei täuschte er sich freilich prinzipiell, denn die Luftwaffe würde die Luftherrschaft nicht dadurch erringen können, daß sie sich an die Royal Navy hielt. Sie konnte sie nur erreichen, indem sie die R.A.F. vernichtete und zuerst die Jagdwaffe, die Flugplätze, Bomberstützpunkte und die Flugzeugfabriken bewachte.) Dann fragte Raeder den Führer, ob er damit einverstanden sei, daß die Kriegsmarine ihre Entwicklung von Speziallandebooten fortsetzte. Hitler billigte sie, aber er war nicht gerade begeistert: einerseits würde die Invasion viel Menschenmaterial erfordern, andererseits war er im Großmut des Triumphs nicht sehr geneigt, Großbritannien zu vernichten; er hoffte immer noch, es zur Vernunft zu bringen.

Das Heer, dem das Hauptgewicht der Kämpfe jenseits des Kanals zufallen würde, war darin ganz und gar seiner Meinung. Unter dem Datum des folgenden Tages, des 21. Juni, kann man im Kriegstagebuch des Operationsstabs der Wehrmacht lesen, daß der ganze Heeresgeneralstab geschlossen gegen das Unternehmen stehe. Hatte das Heer in Frankreich nicht gute Arbeit geleistet? Hatte es nicht ein Anrecht darauf, ein wenig zu verschnaufen und sich ein paar Urlaubstage am Ufer des Ärmelkanals zu gönnen?

Die Luftwaffe machte sich keinerlei Illusionen darüber, was ein Zusammenstoß mit der R.A.F. bedeuten würde. Manche freilich, darunter auch Göring, waren von der Schnelligkeit ihrer Erfolge in Polen und Frankreich so berauscht, daß sie glaubten, ein Angriff auf England sei nur eine Luftparade. Der junge Leutnant Vogel, der sich mit Paul Temme und der 1. Gruppe des JG. 2 in Beaumontle-Roger befand, schrieb am 27. Juni: »Wir hoffen, daß die Tommies in Massen anfliegen werden, damit unsere MGs nicht rosten... Wir baden hier viel im Meer, um uns ans Salzwasser zu gewöhnen.«

Kluge Vorsicht. Vielen von diesen jungen Leuten sollte bald auch das Schwimmen nicht mehr helfen können.

Nach der Schlacht um Frankreich sei alle Welt vom Endsieg überzeugt gewesen, sagt Rudolf Braun. Der Erbfeind lag am Boden, vor allem durch die Stukas und ihre Piloten, zu denen Braun ja gehörte. Und es war so schnell gegangen, daß man nicht sah, warum sich das ändern sollte. Alle Welt glaubte, der Krieg sei zu Ende. Großbritannien werde sicherlich eine Verständigung suchen.

Man hegte sogar Sympathie für England, für den sportlichen Geist und das Fair play seiner Bewohner. Goebbels Propaganda hatte zwar harte Worte über sie verbreitet – zum Beispiel, daß die Männer der Luftwaffe füsiliert werden würden, wenn sie auf englischem Boden landen müßten –, doch Rudolf Braun und seine Freunde glaubten es nicht. Sie hofften alle, daß die beiden Völker sich versöhnen würden.

Die Einheit Rudolf Brauns, die 1. Gruppe des St.G. 3 wurde am 24. Juni nach Caen verlegt. Braun hatte nach Abschluß des Polenfeldzugs geheiratet und mit seiner Frau in Graz Urlaub gemacht. Bei seiner Rückkehr nach Caen mußte er feststellen, daß der Krieg noch nicht zu Ende war. Er bekam Katzenjammer. Er teilte mit seinen Freunden über den Krieg gegen England sehr gemischte Gefühle. Sie schäumten nicht gerade von Begeisterung über. Das Gefühl eines ruhmvollen Abenteuers, das der Frankreich-Feldzug ihnen verschafft hatte, war verflogen. Wenn der Krieg andauerte, würde es ernst werden. Ihre Vorgefühle täuschten sie nicht: das große Massaker der Stukas war nicht mehr fern.

Der ungeduldige Göring forderte immer wieder, die R.A.F. zu zerschmettern, obwohl Hitler ihm eine kalte Dusche verabfolgt hatte, als er sich eines Tages zu kriegerisch gebärdete. Oberst Walter Warlimont, Chef des Planungsstabes beim OKW, erlebte die Szene mit, die sich auf dem Dorfplatz von Bruly-le-Pêche abspielte. Göring übersteigerte sich mit seiner Forderung nach Repressalien für ein paar englische Bomben, die im Ruhrgebiet auf Wohnviertel gefallen waren. »Eine Bombe wollte er mit zehn vergelten und mit ver-x-fachter Kraft zurückschlagen.« Hitler habe sich ausdrücklich jeden Versuch dieser Art verbeten, berichtet Warlimont. Er meinte, man müsse einige Zeit abwarten, ehe man Vergeltungsmaßnahmen ergreife.

Um dieselbe Zeit hatte Monsieur Laroche, der Bürgermeister von Le Coudray, einem kleinen Dorf südlich von Beauvais, den Besuch einer Gruppe von Luftwaffenoffizieren erhalten. Und kaum drei Kilometer nördlich davon war Monsieur Masselin, dem Bürgermeister von Neuville-d'Amont, dieser Besuch ebenfalls angekündigt worden. Sie waren nicht die einzigen: in dem Gebiet zwischen den Dörfern La Boissière, Parfondeval, Le Coudray-en-Thelle und Le Déluge bereitete sich offensichtlich etwas vor. In den Wäldern bei Coudray gab es einen Tunnel. Die Deutschen hatten die eine Seite blockiert. Sie requirierten Gutshöfe, ebenso das Pfarrhaus von Neuville-d'Amont und das Café Le Coudray. Dann sah man Stacheldrahtzäune. Feldgendarmerie mit Polizeihunden traf ein. Die Luftwaffe richtete ihr Hauptquartier in Le Coudray ein. Schließlich durchfuhr der Sonderzug *Asia* den kleinen Bahnhof und wurde in Görings »Kaninchenbau« aufgestellt: dem Tunnel. Göring war eingetroffen.

Die Luftwaffe flog ihre ersten Angriffe gegen die R.A.F. Das 2. Fliegerkorps, das General Bruno Lörzer, ein Freund Görings, kommandierte, war im Pas-de-Calais stationiert. Es gehörten dazu die Einheit von Werner Borner, das KG. 2, unter dem Kommando von Oberst Johannes Fink, sowie zwei Stuka-Geschwader. Die Jäger Me 109 des JG. 51 mit Oberst Osterkamp (Onkel Theo) an der Spitze hatten sie zu begleiten. Im Hinterland von Le Havre lag das 8. Fliegerkorps des Generals Wolfram von Richthofen, bestehend aus der 1. Gruppe des St.G. 3, der Einheit von Rudolf Braun, und dem JG. 2, dem berühmten Geschwader Richthofen, zu dem Paul Temme gehörte. Die Aufgabe dieser beiden Fliegerkorps lautete, den Ärmelkanal von der englischen Handelsschiffahrt zu reinigen.

Jeschonnek hatte hart gearbeitet, um die Pläne aufzustellen. Am 30. Juni wurde eine von Göring unterzeichnete Direktive herausgegeben. Es handelte sich eher um vorbereitende als definitive Instruktionen etwa folgenden Inhalts: Solange die Luftstreitkräfte des Gegners nicht niedergezwungen sind, ist die Hauptaufgabe, sie anzugreifen ... bei Tag und bei Nacht, in der Luft und am Boden, unter Ausschluß jeder anderen Aufgabe. Die klassische Methode, um eine gegnerische Luftmacht auszuschalten, eine Methode, die sich in Polen und in Frankreich bewährt hatte.

Die R.A.F. überall Tag und Nacht angreifen... Doch die Luft-feldzüge auf dem Kontinent waren eine Sache, das Überfliegen des Kanals eine andere. Auch festzulegen, »unter Ausschluß jeder anderen Aufgabe«, war gut und schön, doch Raeder, der Oberbefehlshaber der Kriegsmarine, verlangte in jeder Lautstärke Angriffe auf die Handels- und Kriegshäfen. Und Raeder nicht allein: das Heer und das OKW sollten sich bald schon ihm zugesellen und auch ihre strategischen Ziele aufführen: Lagerhäuser, Geleitzüge, Elektrizitätswerke.

»Die feindlichen Flugzeuge, ihre Einrichtungen und ihre Industrie anzugreifen«, war im Prinzip völlig richtig: es gab für die Luft-waffe keinen anderen Weg zur Erringung der Luftherrschaft, zum mindesten nicht in dem Abschnitt, in dem die Begleitjäger operieren konnten – das heißt von Portsmouth und seiner Umgebung bis zur Themse-Mündung und London. (Die Me 110 sollte sich als Begleit-jäger völlig untauglich erweisen, denn sie hatte gerade genug Treib-stoff, um auf der Strecke nach London und zurück Gefechte liefern zu können.) Im Rahmen dieses lebenswichtigen Sektors konnte die Luftwaffe sich an den taktischen Krieg halten (in dem sie sich so verheerend bewährt hatte), und das mit einer soliden Chance, die britische Jagdwaffe zu zerschlagen.

Doch zu befehlen (wie die Direktive es tat): einen totalen Krieg gegen den Import des Feindes, seine Lagerhäuser aller Art... seine Häfen... seinen Seeverkehr und seine Kriegsschiffe zu führen, ohne die anderen Ziele zu erwähnen, an die man in der Folge würde denken müssen, das hieß, die Luftstreitkräfte von ihrem eingestandenen Auftrag ablenken: der Vernichtung der R.A.F.

Außerdem verlangte diese Art strategischer Kriegführung schwere Bombenladungen. Jetzt beklagte Kesselring das Fehlen von vier-motorigen Bombern, aber er vergaß, daß er selbst unter dem Ein-fluß von Milch 1937 den Befehl unterzeichnet hatte, durch den der Bau solcher Maschinen abgeblasen wurde. Sein Nachfolger Jeschon-nek hatte sich für die Ju 88 begeistert, den »Wunderbomber«, der nur eine Tonne Bomben auf Feindflüge von kurzem Aktionsradius mitnehmen konnte, und um die Hälfte weniger, wenn er bis nach Nordengland vorstoßen sollte.

In Wahrheit zeigte das Oberkommando der Luftwaffe bereits Zei-chen von Zerfahrenheit seiner Vorstellungen, um nicht zu sagen von Ignoranz. Und das war erst der Beginn.

Das OKW und vor allem sein Operationschef, General Alfred Jodl, hatten ebenfalls schon lange ihre Vorstellungen darüber, was mit England geschehen sollte. Aber das OKW hatte seine »Jung-Türken« – die Obersten Warlimont und Lossberg an ihrer Spitze –, denen eine Blockade oder »Belagerung« der Britischen Inseln zu langwierig und zu altmodisch erschien. Später sollte Lossberg (dem Sinn nach zitiert) schreiben: Während unsere Truppen nach dem Sieg rund um Calais kampierten, sahen sie auf der anderen Seite des Kanals die Kreidefelsen von Dover vor sich. Unsere Soldaten hatten damals unbedingtes Vertrauen, überzeugt, daß sie jeden Gegner niederwerfen würden. Wegen der Stimmung in der Truppe, mehr als aus kalter Berechnung, entstand die Idee einer Landung. Doch Jodl war nicht der Mann, der sich drängen ließ. Wie Keitel blickte er nur auf das »militärische Genie« seines Führers. Und Hitler konnte sich auch weiterhin nicht für eine Invasion erwärmen. So war das Memorandum von sechs Seiten, das Jodl am 30. Juni vorlegte, eine Mischung seiner persönlichen Gedanken und derer des Führers. Der Titel lautete: »Über die Fortführung des Krieges gegen England«, und der Inhalt ließ sich in dem Satz zusammenfassen: Wenn die Politik zu keinem Ergebnis kommt, wird man den englischen Widerstandswillen gewaltsam brechen müssen.

Gewalt ließ sich anwenden entweder durch Angriffe direkt gegen das britische Territorium oder aber indem man den Krieg auf die Peripherie ausdehnte (zum Beispiel auf Suez oder Gibraltar). Zum ersten Punkt empfahl Jodl drei Möglichkeiten: Luft- und Seeblockade, Terrorangriffe auf Wohngebiete mit starker Bevölkerungsdichte oder aber Invasion. Welche Methode man auch wählte, Jodl vertrat eine ruhige Gewißheit über das Ergebnis: »Der Endsieg ist nur eine Frage der Zeit.« Zunächst müsse man die R.A.F. matt setzen, und dann könnte die Luftwaffe die Flugzeugindustrie aufs Korn nehmen und die Engländer damit der Pfeile berauben, die gegen Deutschland abzuschießen sie vielleicht beabsichtigen könnten. Jodl sah die R.A.F. schon unter den Schlägen der Luftwaffe zusammenbrechen – und mit ihr Großbritanniens kostbare Flugzeugindustrie.

Dann würde man die Angriffe auf die Versorgung der Britischen Inseln ausdehnen und auch das schmutzige Geschäft »gelegentlicher Terrorangriffe« gegen die Zivilbevölkerung auf sich nehmen. Diese Dosierung, meinte Jodl, würde schließlich den Widerstandswillen des englischen Volkes lähmen und brechen, das dann seine Regierung zur Kapitulation zwingen werde.

Eine Landung könnte nur unternommen werden, wenn die Luftwaffe die Luftherrschaft errungen hätte. Jodl glaubte nicht, daß der Zweck einer solchen Operation sein sollte, England zu Lande zu schlagen. Es wäre in erster Linie eine Angelegenheit der Kriegsmarine und der Luftwaffe. Das Heer würde nur noch landen, »um den Gnadenstoß zu versetzen, wenn er noch nötig sein sollte« bei einem wirtschaftlich gelähmten und in der Luft zur Ohnmacht verurteilten England. Deshalb mußten die Invasionspläne weiter ausgearbeitet werden. Er sagte voraus, daß England auf diese Weise bis zum August oder Anfang September bezwungen sein konnte. Er schloß in einem sehr hoffnungsvollen Ton: alles berechtige zu dem Glauben, daß England »zum Frieden geneigt« sein würde, wenn es bemerke, daß »es ihn sofort und relativ billig« haben könnte.

Hitler durchlebte in seinem neuen Hauptquartier im Schwarzwald, nach den Worten des italienischen Botschafters Dino Alfieri, »eine seiner Perioden der Einsamkeit, die großen Entscheidungen bei ihm vorauszugehen pflegten«. Das war ein wenig übertrieben, denn am Tag darauf, dem 1. Juli wurde der Botschafter vom Führer empfangen und fand ihn aufgeregt. Hitler »überlegte zahlreiche Alternativen... und erhob Zweifel«. Wenn Hitler sich nicht mit einer großen Entscheidung trug, so war er doch sicherlich mit England beschäftigt. Das Memorandum von Jodl lag auf dem Tisch, und er vertraute Alfieri an, daß das Reich sich für den Angriff auf England vorbereite. Er würde »blutig« und »furchtbar« sein.

In Berlin war General Franz Halder auch im Urlaub sehr beschäftigt. Am Tag zuvor hatte er seinen Geburtstag im Familienkreis gefeiert und, das Vergnügen mit der Arbeit verbindend, eine Reihe kurzer Besuche bei Freunden gemacht. Freiherr von Weizsäkker, Staatssekretär in der Wilhelmstraße, hatte ihm anvertraut, daß es »zur Zeit keinerlei konkrete Grundlagen für Friedensverhandlungen« gebe und daß England wahrscheinlich »eine weitere Demonstration der deutschen Militärmacht« nötig habe, ehe es nachgeben und dem Reich in Osteuropa freie Hand lassen würde.

Halder machte sich große Sorgen wegen der 35 Divisionen, die demobilisiert werden sollten. Dann hatte Halder seinen Freund

Schniewind, Admiral und Chef der Marineoperations-Abteilung aufgesucht, um von ihm die neuesten »Tips« über die Invasionspläne zu erhalten. Sie hatten eine lange Unterhaltung unter vier Augen. Die vorrangige Notwendigkeit der Luftherrschaft war bei dem Gespräch wie ein Refrain immer wieder aufgetaucht, auch die Hoffnung, daß die Seeverhältnisse günstig sein würden. Halder hielt für die erste Angriffswelle 100 000 Mann für angebracht, und die Luftwaffe werde bei der Vorbereitung die Rolle der Artillerie zu übernehmen haben. Auch von den U-Booten war die Rede, von Minen und Netzsperren für die Häfen, von Landungsschiffen aus Zement und von den Stränden, wo sie landen könnten. Schniewind war wegen der Überlegenheit der Royal Navy besorgt. Da lagen Gründe, die die Kriegsmarine hinsichtlich der Invasionspläne abkühlen konnten. Halder dagegen war zuversichtlicher. »Nach dem 1. Juli wurde eine Landung in England vom Oberkommando der Wehrmacht durchaus als durchführbar angesehen.« Tatsache ist, daß von diesem Tag an die Heeresleitung nicht mehr mit Friedensverhandlungen rechnete, um nun »die Ausschaltung der Britischen Inseln als Basis für künftige Gegenangriffe auf die vom deutschen Heer besetzten Kanalufer« zu erstreben. Die Überlegung war durchaus richtig. Halder beendete seinen freundschaftlichen Rundgang mit einem Besuch bei dem General Emil Leeb, dem Leiter der Militärverwaltung, um sich zu erkundigen, wie es um das Problem der Amphibien-Panzer stünde. Leeb entgegnete, man habe ihm unaufhörlich versichert, daß es gar nicht in Frage käme, England zu besetzen. Doch Halder warnte ihn: Die Möglichkeiten dazu müsse man überprüfen; denn wenn die hohen politischen Kreise eine Landung verlangten, so wolle man doch, daß alles so rasch wie möglich erledigt werde. Leeb wurde nachdenklich.
Als Halder am 2. Juli in sein Hauptquartier nach Fontainebleau zurückkam, hielt er es für seine Pflicht, sofort mit seinem Oberkommandierenden von Brauchitsch, »die Grundlagen eines Feldzuges gegen England« durchzusprechen. Danach fuhr von Brauchitsch nach Berlin.

Bevor Hitler Bruly-le-Pêche verließ, um sich in den Schwarzwald zu begeben, hatte er das OKW aufgefordert, ihm die Operationspläne für eine Landung vorzulegen. Das OKW sprach nun zum erstenmal von einer »Invasion«. In einer Direktive vom

2. Juli wird festgehalten, der Führer habe entschieden, daß eine Landung in England möglich sei, sofern die Luftherrschaft erkämpft werden könne und einige andere Voraussetzungen erfüllt seien. Mit der Vorbereitung sei sofort zu beginnen. Kriegsmarine und Luftwaffe sollten ihre Pläne vorlegen – die Luftwaffe vor allem mitteilen, ob und wann die Luftherrschaft errungen werden könnte. Davon hing alles ab. Man hatte dringend Studien angefordert. Sie blieben der Einschränkung unterworfen, daß die Invasion nur ein Plan und noch keinerlei Entscheidung gefallen sei. Hitler glaubte auch weiterhin daran, daß das Kriegsende bevorstehe und daß er England veranlassen könne zu verhandeln. Er machte sich nicht einmal die Mühe, unter die Direktive des OKW seine Unterschrift zu setzen. Keitel signierte sie.

Bei einem Picknick im Schwarzwald, an dem auch Staatssekretär Otto Meissner teilnahm, sprach Hitler darüber, daß der Augenblick gekommen sei, England ein großzügiges und großmütiges Friedensangebot zu machen. Er dachte an eine Reichstagsrede. Danach, so hoffte er, werde das englische Volk diesem »kriegstreiberischen« Kabinett in den Arm fallen.

Doch am 4. Juli erhielt sein Optimismus einen harten Stoß. Die Nachricht kam, daß die britische Flotte die französischen Kriegsschiffe bei Oran angegriffen habe, damit sie nicht in die Hände der Deutschen fielen. In Hitlers Hauptquartier im Schwarzwald herrschte Bestürzung. Drei Tage später sagte der Führer in Berlin zu Ciano, er wolle »einen Sturm von Feuer und Stahl« über England niedergehen lassen.

VI

Das Duell der Adler

1

Der Oberkommandierende der britischen Jagdflieger sah der unmittelbar bevorstehenden Luftoffensive mit ruhigem Vertrauen entgegen. Sein »Gefechtsbefehl« vom 7. Juli spiegelte die ungeheure Anstrengung wieder, die im Verlauf der letzten Monate gemacht worden war. Er hatte 52 Staffeln aufgestellt, von denen 25 mit Hurricanes, 19 mit Spitfires, 6 mit Blenheims (allein für die Nachtjagd tauglich) und 2 mit Defiants ausgerüstet waren. Der Zweisitzer Defiant hatte im Himmel von Dünkirchen kurze, aber augenfällige Erfolge erzielt, ehe die Piloten der Me 109 sich vor den vier MGs im Heckturm in achtnahmen. Dann erlitten die tapferen Besatzungen dieses Typs schreckliche Verluste, und die Defiants wurden nur noch zur Nachtjagd eingesetzt.

Die Sollstärke einer britischen Jagdstaffel betrug normalerweise 16 Maschinen. Die 44 mit Hurricanes und Spitfires ausgestatteten Staffeln umfaßten also eine Flotte von 704 Flugzeugen, alles Einsitzer mit acht MGs. In der Luft jedoch bildete eine Staffel eine Einheit von nur zwölf Maschinen. Das bedeutete theoretisch, daß 528 einsatzfähige Jagdeinsitzer Tag für Tag in der Luft sein konnten, um dem Angriff der Luftwaffe zu begegnen.

Das Jagdkommando Dowdings war in Gruppen eingeteilt. Am 7. Juli umfaßte die 11. Gruppe (Vizeluftmarschall Keith Park) den gesamten Süden Englands mit 23 Jagdstaffeln, also 276 Maschinen. Zehn Tage später übernahm eine neue Gruppe, die 10. (Vizeluftmarschall Quintin Brand), die Hälfte dieses Gebietes westlich von Portsmouth, mit sieben von der 11. Gruppe abgezogenen Staffeln, das heißt mit 84 Maschinen. Das ergab für Keith Park 16 Staffeln, also 192 Maschinen, um von Portsmouth bis London, rund um die Themsemündung, den Anflug abzuwehren. Es war offensichtlich, daß die 11. Gruppe den Hauptstoß würde auffangen müssen.

Die Ostküste und die Midlands wurden von elf Staffeln (132 Jagdeinsitzer) der 12. Gruppe (Vizeluftmarschall Trafford Leigh-Mallory) bewacht. Die 13. Gruppe (Vizeluftmarschall R. »Birdie« Saul) war mit der Verteidigung des Nordens und Nord-Ostens beauftragt. 10 Staffeln, 120 Maschinen.

Die »Augen« des Kommandos der Jagdflieger wurden von einem Netz von einigen 50 Radarstationen ergänzt, die die 60. Gruppe bildeten. Ihre Aufgabe war es, die Feindmaschinen auszumachen und deren Ortung an die Auswertung beim Kommando der Jagdflieger weiterzugeben, wo man sie sortierte, um sie dann dem Operationsraum zu übermitteln, der sie seinerseits an die Gebiete und die Operationsräume der betreffenden Abschnitte weitergab. Der Abschnittskontrolleur lenkte die Jäger, indem er ihnen die Abfang-Sektoren durchgab. Über Draht ergänzte das Beobachterkorps das Radar und leitete seine Informationen direkt an die Operationsräume der Gruppen.

Die Deutschen wußten, daß England ein Radarsystem besaß. Doch sie konnten sich nicht vorstellen, daß alles, was das Radar »sah«, bis zu den Jagdpiloten droben am Himmel durchgegeben wurde, und daß das Übermittlungssystem so hoch entwickelt war. Tatsache ist, daß die Luftwaffe die unangenehmste Überraschung erlebte, als die R.A.F. sie schon beim Anflug vor der Küste erwartete.

Hinter den Jägern standen die Verteidigungsbastionen, der Flakbatterien; daneben die Scheinwerfer und die Sperrballone. Die Kommandos der Flak und der Fesselballone wurden bald dem Oberkommando der Jagdflieger unterstellt.

Auf der Gegenseite waren die Luftflotte 2 (General Kesselring, »der lächelnde Albert«) und die Luftflotte 3 (General Hugo Sperrle) gegen Süd-England aufgeboten. Die Luftflotte 5 (General Hans Jürgen Stumpff), in Norwegen stationiert, sollte nur für einen einzigen Tag in die Schlacht geworfen werden, der mit einer Katastrophe endete.

Die Luftflotten 2 und 3 verfügten insgesamt über 1800 einsatzfähige Maschinen. (Die Sollstärke betrug 2500 Flugzeuge.) Diese 1800 Maschinen teilten sich auf in: eintausend Bomber, einschließlich der Sturzkampfbomber, 650 Jagdeinsitzer Me 109 und 160 Jagd-Zweisitzer Me 110 mit großem Aktionsradius. An Flugzeugführern war kein Mangel. All das natürlich nur für Operationen bei Tag.

Im Juli waren also kaum mehr als 500 Jäger auf englischer Seite bereit, gegen ein Aufgebot von 1800 Maschinen der Luftwaffe aufzusteigen. (Die Ziffern von Milch sind ein klein wenig höher: 2105.)

Das vermittelt einen ersten Eindruck von den vorhandenen Kräften. Sie stießen nie in einer regelrechten Luftschlacht aufeinander. Sie schwärmten in kleinen Pulks aus. Aber sie bildeten das Reservoir für die Kampfstärke beider Lager, als die R.A.F. in den heißen Sommertagen des Juli 1940 auf den Angriff der Luftwaffe wartete.

Mit seiner kleinen Truppe von Draufgängern wartete Dowding darauf, daß die Luftwaffe die Schlacht eröffnete. Eine einzige Frage quälte ihn auch weiterhin: Wie lange würde seine Truppe durchhalten können? Oder würden sie alle hingerafft werden, ehe man dem Feind die Schläge heimzahlen könnte? An Maschinen war eigentlich kein Mangel, und man konnte sie ersetzen. Das galt jedoch nicht für erfahrene Piloten, die sie in den Kampf führten.

Eine andere Sorge sollte Dowding am Vorabend der Schlacht bedrücken: seine Zukunft als Oberkommandierender der Jagdflieger. Am 5. Juli hatte der »Chef des Luftstabs« ihm mitgeteilt: »Ich schreibe Ihnen, um Sie zu bitten, ob Sie Ihren Rücktritt nicht erneut über den 14. Juli hinaus verschieben können. Ich würde es alles andere als gern sehen, wenn Sie an diesem Tag das Kommando der Jagdflieger abgeben würden, und ich wäre Ihnen sehr dankbar, Sie könnten es bis Ende Oktober fortführen.« Dowding war verständlicherweise sehr irritiert. Dieses Rücktrittsdatum schien ihm zu diesem Zeitpunkt von nur zu geringer Bedeutung, da die gesamte Verantwortung für das Überleben Großbritanniens in seinen Händen allein lag.

Er antwortete am 7. Juli und bat den Oberkommandierenden, einen »Blick« auf die Liste jener zahlreichen Anlässe zu werfen, in denen die Frage seines Rücktritts zur Diskussion stand. Er protestierte mit Nachdruck gegen »diese fehlende Rücksichtnahme, die sich aus dem Hinausschieben dieses Vorschlages ergibt ... und das zehn Tage vor dem Rücktrittstermin. Viermal sollte ich verabschiedet werden, und nun schlagen Sie mir ein fünftes Mal vor ... vor dem Krieg hätte ich mich glücklich geschätzt, ausscheiden zu können; jetzt muß ich einfach bleiben, weil es niemand gibt, der wie ich darum kämpfen wird, wenn Vorschläge gemacht werden, die die Verteidigungskraft des Landes in die äußerste Gefahrenzone bringen.« Das war der gleiche entschlossene Kampfgeist wie am vergangenen 15. Mai. Vielleicht war es aber auch ein wenig ungerecht Newall gegenüber, der seit damals einer »seiner Verteidiger« geworden war.

Dann kam die Überraschung: »Ich schlage vor, daß ich nicht ...
vor jenem ersten, von mir genannten Datum ausscheide, dem
24. April 1942, oder aber vor dem Kriegsende, je nachdem, welcher Termin früher liegt.« Dann würde er sechzig Jahre alt sein.
Dowding war so wütend, daß er eine Kopie seines Briefes an den
Luftfahrtminister, Archibald Sinclair, weiterleitete, der ihm am
10. Juli antwortete: »Es war mein Wunsch, daß Sie den Befehl
über unsere Jagdstaffeln behalten, von deren erfolgreicher Abwehr
des deutschen Angriffs ... während der nächsten drei Monate sicherlich der Ausgang des Krieges mit abhängen wird. Ich kann Ihnen
kein besseres Zeichen meines Vertrauens in Sie geben ... und die
Versicherung meiner vollen Unterstützung.«

An diesem 10. Juli erhielt die 185. Staffel den Befehl, nach Martlesham, nahe der Ostküste zu verlegen. Ich selbst war bereits seit
ein paar Tagen mit der Rotte A dort, um Geleitzüge zu schützen,
da die Aktivität des Feindes wieder aufflackerte. Neun Jahre waren
seit jenem 10. Juli vergangen, da ich als Schüler, nur vom Fliegen
träumend, eben hier in Martlesham die Beardmore-Focke-Wulf gesehen hatte und mich in die graziöse Supermarine, der Siegerin
beim Schneider-Pokal setzen durfte. Aber ich hatte bei weitem nicht
daran gedacht, daß auf meinem Programm des morgigen Tages eine
Rückkehr nach Felixstowe stehen werde.
Wenn wir nicht über einem Geleitzug flogen, nahmen wir schläfrige
Sonnenbäder und genossen das bukolische Leben in der Heide von
Martlesham. Auf der anderen Seite des Kanals schwammen die
Piloten der Luftwaffe, junge Männer wie wir – zwanzig Jahre oder
nicht viel älter –, auch sie fanden das Leben schön, obwohl der Tod
nahe war.
Gegen Mittag wurden zwei feindliche Aufklärer gemeldet, die einen
nach Westen fahrenden Geleitzug beschatteten, als er vor Ramsgate
in den Ärmelkanal gelangte. Sie wurden von den britischen Jägern
vertrieben, aber zu spät. Im Gefechtsstand von Oberst Johannes
Fink, der bei Cap Blanc-Nez in einem Bus untergebracht war,
klingelte das Telefon: ein Geleitzug gesichtet! Eine Stunde später
hoben die Do 17 der 3. Gruppe des KG. 2 auf dem Flugplatz
Arras-Saint Léger ab; die Führung hatte Major Fuchs. Hauptmann
Johannes Trautloft machte sich an der Spitze von 20 Me 109 seiner Gruppe, der 3. des JG. 51, von Saint-Omer auf, um sich mit

den Bombern zu treffen. Die Eskorte ergänzten 30 Me 110 vom ZG. 26 (Zerstörergeschwader) des Major Huth, der nur ein Bein hatte. Insgesamt 70 Angreifer.

Sechs Hurricanes der 32. Staffel, die in Biggin Hill lag, flogen über dem Geleitzug, als er kurz vor 14 Uhr an den Kreidefelsen von Dover vorüberzog. Aus einer Regenwolke stießen sie mitten in den deutschen Verband und begannen sofort den Kampf, während Teile der 56., 64., 74. und 111. Staffel ihnen zu Hilfe kamen. »Der Himmel war plötzlich voller englischer Jäger«, erinnert sich Johannes Trautloft. »Es war klar, daß es hart auf hart gehen würde.«

Am selben Abend schilderte der Informationsminister Sir Edward Grigg, im Unterhaus dieses Treffen »als eine der größten Luftschlachten des Krieges«. Die Schlacht um England begann.

Dreißig britische Jäger gegen 20 Me 109! Doch es wäre absurd zu glauben, die Deutschen seien an Zahl unterlegen gewesen: es gab ja auch noch die 20 Dorniers und die 30 Me 110.

Auf deutscher Seite stellte man sich vor (auch »Onkel Theo« Osterkamp dachte so), daß die Schlacht um England eine Art romantisches Turnier zwischen den Jägern der R.A.F. und der Luftwaffe sein würde. Die Jäger der R.A.F. interessierten die deutschen Jäger überhaupt nicht – außer in jenen Fällen, da sie sich für uns interessierten. Wir hatten einen Verteidigungsauftrag. Die deutschen Jäger konnten dem Land keinen Schaden zufügen. Die Drohung kam von den Bombern und ihrer Todesfracht. Wir hatten Befehl, sie zu suchen und sie zu zerstören. Nur wenn ihre Eskorte von Me 109 sich einmischte, kam es zu einem kurzen Duell zwischen Jägern. Aber wir versuchten es zu vermeiden, es nicht herauszufordern.

Mit den Me 110 verhielt es sich anders. Jäger mit großem Aktionsradius, mit einer phantastischen Feuerkraft nach vorne (das Doppelte der einer Me 109), waren sie dennoch den Hurricanes und Spitfires gegenüber höchst verwundbar; denn den britischen Maschinen fiel es nicht schwer, sie taktisch auszukurven, bis sie nur noch das einzige Heck-MG vor sich hatten. Wenn sie von unseren Einsitzern bedroht wurden, bildeten die Me 110 sofort einen Abwehrkreis, um sich gegenseitig zu schützen.

Außerdem verachteten die Piloten der Me 109 unsere Hurricanes, die wir selbst so prächtig fanden (und die es auch bewiesen, indem sie etwa 1000 Maschinen der Luftwaffe im Verlauf der Schlacht abschossen). Übrigens verwechselten die deutschen Piloten häufig unsere Hurricanes mit Spitfires. Man erinnere sich der Geschichte von der Heinkel, die auf dem Flugplatz von Wick »wasserte« und deren Besatzung schwor, von einer Spitfire abgeschossen worden zu sein. Und auch »Onkel Theo« selbst hatte offensichtlich schon während der Schlacht um Frankreich überall Spitfires gesehen; dabei hatte es keine einzige gegeben. Wir hatten damals nur Hurricanes.

Die Verluste an diesem 10. Juli beliefen sich auf 3 Hurricanes und 4 Me 109, die über dem Kanal verlorengingen. In Martlesham hatte sich nichts ereignet – nicht ein Schuß war gefallen. Nichts, außer dem Gefühl einer wachsenden Gefahr, das uns noch schärfer über den Geleitzügen wachen ließ. Im Verlauf von vier Einsätzen flog ich an diesem Tag sechs Stunden. Es wurde ein harter Tag, an dessen Abend ich in meinem Zelt am Rand des Platzes in Schlaf sank, ohne mich ganz auszuziehen. Ich mußte am nächsten Morgen um 5 Uhr wieder startbereit sein.

Auf der anderen Seite des Wasser, in Arras-Saint Léger, fielen vier Männer an jenem Abend genauso früh in Schlaf, unter ihnen Werner Borner. Mit seinen Kameraden, Oberleutnant Gonzow als Flugzeugführer, Leutnant Bernschein als Navigationsoffizier und Feldwebel Lohrer als Bordmechaniker, war auch Borner angewiesen am folgenden Tag im Morgengrauen wieder aufzustehen.
Die Do 17 *Gustav Marie* hob sich, mit Borner an Bord, ungefähr um dieselbe Zeit in den Himmel, in der ich per Telefon dem Operationsraum des Abschnitts meldete: »Patrouille Gelb der 85. startbereit.« Bodennebel hing über der Heide von Martlesham, während die Mechaniker unsere Hurricanes warmlaufen ließen. Ich beobachtete meine VY-K, wie sie auf den Bremsklötzen zitterte, die die mächtige Zugkraft ihres Merlin-Motors zügelten. Die »K« war mein »Drachen« seit meiner Versetzung zur 85. Jeder Flieger hat das Gefühl, seiner Maschine zu gehören. Sobald ich angeschnallt war, fühlte ich, daß wir zusammen gehörten. Ich hatte meine »K« gut in der Hand; ich liebte ihren Geruch.

Wieder in unserem Zelt, dösten wir auf den Feldbetten und warteten. Was würde der Tag bringen? Unnütz, es auch nur zu fragen; besser nur dem Augenblick leben! Plötzlich das Telefon. »Einzelne, nicht identifizierte Maschine. Sofort starten! Rufen Sie dann den Kontrollturm!«

In wenigen Minuten hatte ich den Boden verlassen und drang in das dünne Dunstkissen ein. Vom Einsatzoffizier geleitet, stieg ich durch treibende Regenwolken, Kurs Meer.

Immer das Meer. Seit acht Monaten flog ich über Geleitzügen, in jedem Wetter und in jeder See. »In« ist wohl nicht das richtige Wort; unsere Schwimmwesten würden uns zwar über Wasser halten, wir hatten aber keine Schlauchboote. Alles hing von unserem Merlin-Motor ab. Wenn er aussetzte, wenn er getroffen wurde, bedeutete es das Ende, außer bei ungewöhnlichem Glück. Stürzten wir zuweit von der Küste entfernt ab, um sie schwimmend zu erreichen, waren wir eine Beute des Zufalls.

Ich war nun über 2000 m hoch und stieg weiter, bald durch schwere Regenwolken, bald unter blauem Himmel. Unten gähnte die Leere in dunklem Blaugrau; und noch tiefer drunten das Meer.

Plötzlich tauchte aus einer Wolke über mir ein in entgegengesetzter Richtung fliegendes Flugzeug auf. Eine Do 17! Das Wunder des Radars hatte mich zu ihr geführt.

Ich kurvte und verdrehte mir den Hals, um die Dornier hinter mir nicht aus den Augen zu verlieren. Ich durfte sie nicht entfliehen lassen. Meine einzige Hoffnung, nicht entdeckt zu werden, war, genau unter ihr zu bleiben, sie zu belauern, ohne gesehen zu werden, dann zu steigen, bis ich auf gleicher Höhe mit ihr und in Schußweite hinter ihr war. Es war meine einzige Chance, eine entscheidende Salve zu feuern, ehe ich bemerkt worden war. Von Anfang an ging's schief an jenem Morgen. Ich fühlte mich von jeder Deckung entblößt und konnte die Dornier durch meine von Wasser triefende Schutzscheibe kaum erkennen. Ich schob die Kabinenhaube zurück und beugte den Kopf ein wenig seitwärts hinaus in den heftigen Fahrtwind. Das half. Etwa hundert Meter noch, und ich könnte es auf gut Glück versuchen.

Die Do 17 *Gustav Marie* hatte, von Arras-Saint Léger aus, Kurs auf die Nordsee und auf England genommen. »Je näher wir der englischen Küste kamen«, erzählte mir Werner Borner, »desto tiefer hingen die Wolken. Der Regen hämmerte gegen die Kabinenscheiben. Und kein einziges Handelsschiff zu erspähen.« Von seinem Posten im Heck aus verfügte er über bessere Sicht als die übrige Besatzung, und das Leben seiner Kameraden hing von seiner Wachsamkeit ab.

Durch ein Loch in der Wolkendecke sah er schließlich die englische Küste. »Irgendwie ähnelt das Schleswig-Holstein«, sagte jemand an Bord. »Hör mal, was für ein Mist, bei so'nem Wetter fliegen zu müssen!« brummte eine andere Stimme in der Sprechanlage. Es war ihnen untersagt, Ziele an Land zu bombardieren. Das Gerücht ging um, es sei so befohlen, um die Friedenspläne des Führers nicht zu stören. Doch sie gingen tiefer und überflogen das Land; »wir wollten ein bißchen Sightseeing aus der Luft machen«. Über Lowestoft entschloß sich Gonzow, die im Hafen ankernden Schiffe zu bombardieren. Lohrer öffnete die Klappe zum Bombenschacht. Zehn 50-kg-Bomben plumpsten ins Leere. Dann nahm Gonzow Kurs nach Süden, um heimzukehren, und die ganze Besatzung stimmte im Chor den Schlager an: *Good bye Johnny.*

Sie sangen noch, als Minuten später durch die Sprechanlage der Ruf gellte: »Achtung, Jäger!«

Werner Borner hatte mich entdeckt.

Er packte sein MG 15 und feuerte. Ich sah die Kugeln seiner Leuchtspurmunition in schönem hellen Rot auf mich zufliegen, und ich erinnere mich, gedacht zu haben: »Zu früh, um zu schießen.« Die Entfernung war noch zu groß. Dann drückte ich auf den Knopf, und in der Do 17 begann es ungemütlich zu werden. »Metallsplitter und anderes spritzten überall herum«, hat Borner mir gesagt. Eine Munitionstrommel wurde getroffen und fiel ihm auf die Knie. Gleich danach wurde Leutnant Bernschein, der das rechte Heck-MG bediente, am Kopf verwundet und stürzte in der Kabine zu Boden. Eine Sekunde später sank auch der Feldwebel Lohrer in sich zusammen; er war am Kopf und an der Kehle getroffen. Überall war Blut. Übrig blieb nur Werner Borner, um sich mit mir zu schlagen. Als er den Arm ausstreckte, um nach einer neuen Munitionstrommel zu greifen, gab es eine heftige Explosion genau über ihm, und er sah drei Splitter um den Kopf des Flugzeugführers Gonzow peitschen und ihn mit knapper Not verfehlen, während die Windschutzscheibe der Kanzel in Scherben ging. Gleichmütig flog Gonzow weiter; doch Werner hatte das Empfinden, daß ihm Blut über die Wangen lief. »Ich gab nicht weiter acht darauf«, sagte er. »Die Lage war zu brenzlig. Ich nahm alle meine Kraft zusammen, um nach der Hurricane zu schießen. Wir waren so nahe, daß ich den Piloten sehen konnte. Niemals werde ich das Feuerwerk vergessen, die orange-rot-gelben Blitze, die seine MGs ausspuckten und die sich mit meiner Leuchtspur- und Brandmunition kreuzten – all das hob sich von einer schwarzen Bank von Gewitterwolken ab, die Gespenstern glichen. Dann sprang mir mein MG aus den Händen.« Doch erst, nachdem er gute Arbeit geleistet hatte. Ich schoß immer noch, als vor mir die Kanzel vom Knall und Licht einer heftigen Explosion dröhnte und grell-orange erleuchtet wurde. Es ist wahrscheinlich, daß ich noch eine Sekunde länger schoß und daß diese letzten Schüsse Borner das MG aus der Hand rissen. Dann brach ich ab, und er sah meine Hurricane, die Nase voran, abstürzen, hinter sich einen Schweif aus schwarzem Qualm. Im nächsten Augenblick verschwand die *Gustav Marie* in den Wolken.

Die Kabine der Do 17 war verwüstet. »Überall Splitter und Fetzen, blutüberströmte Gesichter, Gestank und alle Scheiben zerschossen«, erzählt Borner. »Die Flügel, der Rumpf, der Motor, alles war von Kugeln durchlöchert. Erstaunlicherweise war niemand schwer verwundet, und ebenso erstaunlich, daß unsere brave alte *Gustav Marie* noch weiterfliegen konnte!«

Von meiner Hurricane VY-K konnte ich dasselbe nicht sagen. Den Motor hatte es erwischt. Ich konnte mich nur durch die Regenwolken gleiten lassen. Ich rief »Kiwi Eins«, die Bodenstation:

»Hallo, hallo, hier *Wagon Leader* (Code-Name der 85. Staffel). Ich rufe ›Kiwi Eins‹. Bin getroffen. Notlandung im Meer. 1, 2, 3, 4, 5 . . . Versucht, Position aufzunehmen.«

Dann kam ich aus den Wolken, und unter mir breitete sich das Meer aus: 30 Kilometer etwa bis zur englischen Küste, 300 Kilometer nach der anderen Seite. Kein Schiff in Sicht. Ich legte die Maschine einmal nach rechts, einmal nach links, prüfte drunten die Wasserfläche. Genau unter meinem rechten Flügel erschien ein kleines Schiff, nicht größer als ein Spielzeug, das gerade eben erst aufs Wasser gesetzt schien.

Die See lauerte. Es war der Augenblick der Wahrheit. Das Leben schien nicht wichtiger als der Tod – nur ein Aufschub für eine Woche oder einen Monat. In einer solchen Lage siegt der Instinkt über die Vernunft, der Geist arbeitet klar und präzise. Ich war überrascht, mich so in jeder Beziehung ruhig zu finden. Vielleicht deshalb, weil noch nichts – Leben oder Tod – sicher war. Das letzte Wort hatte das Meer.

Als ich mich im Cockpit aufrichtete, um mich ins Leere zu werfen, erinnerte ich mich plötzlich an eine Geschichte, die ich in meiner Kindheit gelesen hatte; die Geschichte von einem deutschen Flieger des Ersten Weltkrieges, der vergeblich an der Reißleine seines Fallschirms zog und am Boden zerschmetterte. Ich kreuzte die Arme vor der Brust und packte mit der rechten Hand fest die rettende Reißleine. Dann sprang ich kopfüber ab. Ich erinnere mich, daß ich rücklings stürzte, die Füße himmelwärts gestreckt, inmitten einer unermeßlichen Stille. Da zog ich den Griff. Der Fallschirm öffnete sich, und der Brustgurt riß mich brutal aus meinem Kopfübersturz. Fern unter mir konnte ich noch meine Hurrican VY-K senkrecht fallen und unter einer gewaltigen Fontäne von Schaum und Spritzern eintauchen sehen.

Ich fühlte mich im ersten Augenblick vollkommen in Sicherheit, als ich so, hoch über den Wellen, schaukelte. Nachdem ich die Reißleine an der Strippe meines Mikrophons festgebunden hatte, nahm ich den Fliegerhelm ab und ließ ihn fallen. Das war schon eine Behinderung weniger. Da ich nur eine Hose und einen leichten Sweater trug, war ich nur noch durch meine Fliegerstiefel behindert. Komischerweise aber wollte ich sie anbehalten: ich würde im Wasser noch Zeit haben, sie auszuziehen.

Als der Moment des Eintauchens kam, löste ich die Fallschirmgurte und sank Meter um Meter, wie mir schien, durch blaugrüne Finsternis. Lange Sekunden vergingen, während derer ich, von den Gurten befreit, kräftig mit Händen und Füßen um mich schlug. Als ich endlich auftauchte, sah ich das kleine Schiff in vielleicht 1500 m Entfernung. Zum Glück hatte die Besatzung mich gesehen und ließ bereits ein Boot zu Wasser. Ich stieß meine Stiefel fort und begann zu schwimmen. Mit einem Gefühl der Ohnmacht und Winzigkeit inmitten des unermeßlichen Wassers, aber keineswegs verkrampft und unterstützt durch meine Schwimmweste. Doch dieser knollenförmige gelbe Rettungsgürtel, der mit Kork gefüllt war, konnte nur mit dem Mund aufgeblasen werden. Ich blies in den gelben Schlauch, schluckte dabei nur einige Mundvoll Salzwasser. So schwamm ich lieber in Richtung auf meinen

Helm, der etwa 100 m von mir entfernt wie ein schwarzer Klumpen trieb. Die Reißleine war immer noch sorgfältig an der Strippe des Mikrophons befestigt. Dieses kostbare Souvenir kompensierte weitgehend den Verlust meiner Stiefel. Das Boot kam näher. Vier handfeste Burschen ruderten. Ein fünfter stand im Heck, schwenkte einen Bootshaken und rief:

»Herrgott! Teufel nochmal, wenn's bloß nicht einer von den Hunnen ist!«

Ohne eine Sekunde zu zögern, schrie ich zurück: »Nein! Ich bin einer von den Engländern!« Der Mann senkte langsam seinen Bootshaken. Ein paar Augenblick später umfaßten mich Arme, Hände packten mich, und eine Stimme mit starkem Yorkshire-Akzent sagte:

»Komm nur, Kleiner, wir halten dich, mach dir nichts draus!« Ich wurde an Bord gezogen. Unbekannte helfende Hände hatten mich dem Tod entrissen.

In zehn Minuten brachten sie mich an Bord des Fischdampfers *Cap Finisterre* aus Hull. Der Schiffer, ein stämmiger Bursche mit rosigem Baby-Gesicht, Mr. Samson, brachte mich in seine Kabine und gab mir eine marineblaue Jacke und Hosen mit weit ausgestellten Beinen. Dann kam er mit einer doppelten Rum-Ration zurück. Doch ich lehnte ab, da es erst 6.30 Uhr morgens war und ich noch nichts gegessen hatte.

»Tut nichts! Trink das«, sagte er mir. »Danach brauchst du nur 'runterzugehen und dir ein Frühstück servieren lassen.«

Im Zwischendeck machte ich Bekanntschaft mit der Besatzung. Einer von ihnen war gerade aus Oxford gekommen. Der Maschinist war Burmese. Wieder mußte zu Ehren meiner Rettung angestoßen werden. Dann ging ich an Deck und setzte mich aufs Vorschiff in Begleitung des Zweiten Offiziers, während wir in Harwich einliefen. Der Zweite war der Mann, der den Bootshaken geschwungen hatte. Er sagte mir, daß die *Cap Finisterre* meinetwegen stark vom Kurs abgewichen sei und sich mitten in einem Minenfeld befand, als man mich auffischte. Ich hatte also mehr Glück, als ich geahnt hatte. Zur Erinnerung schenkte ich ihm meinen Helm, und er meinte, das könne bei dickem Wetter von Nutzen sein.

An Bord der Do 17 *Gustav Marie* hatte man die Verwundeten notdürftig verbunden. Gonzow ging auf 200 m herab, um das Meer sehen zu können. Die Besatzung versuchte, die übrigen Bomben auszulösen. Doch eine Kugel hatte das Bordnetz durchschlagen, und auch der Handauslöser war zerschmettert. Meine Kugeln waren offensichtlich an diesen zehn noch vorhandenen Bomben abgeprallt, die Borners Besatzung so vielleicht vor einem schlimmen Schicksal bewahrt hatten. Immerhin, als die Do 17 endlich Arras-Saint Léger überflog, ließ sich das Fahrwerk nicht ausfahren. Die einzige Lösung blieb eine Bauchlandung – mit zehn Bomben unter den Sitzen der Besatzung. Drunten waren Feuerwehr und Ambulanz schon aufgefahren. Doch die *Gustav Marie* kam, nachdem sie das Gras tief umgepflügt hatte und Dreck und Sand bis ins Innere der Kabine spritzten, schließlich zum Stehen. »Trotz 220 Löchern in den Motoren, in den Tanks und anderen lebenswichtigen Teilen waren wir endlich doch noch zurückgekommen«, hat Werner Borner mir gesagt.

Während die *Gustav Marie* schlecht und recht aufsetzte, erreichte ich Harwich, wo die *Cap Finisterre* gegen Mittag einlief. Minensuchboote und Geleitboote lagen Bord an Bord im Hafen, zu dritt oder viert gestaffelt. Wir gingen längsseits des einen Schiffes, und ich verabschiedete mich von Mr. Samson und seiner Besatzung. Dann kletterte ich über das Schutzdeck an Bord des benachbarten Minensuchbootes.

»Ein Geretteter...« Das Wort hatte schon die Runde gemacht.

»Das muß doch begossen werden! Was soll es sein?«

»Rum!« antwortete ich.

In meinem blauen Jersey und in den Hosen mit den weit ausgestellten Beinen fühlte ich mich schon ganz wie ein Seemann. Ich mußte noch zwei weitere »kippen«, bevor mich diese großherzigen Männer ziehen ließen. Ich hatte den größten Teil meiner Behendigkeit eingebüßt, als ich auf das Deck des Nachbarschiffes sprang, ein wenig beunruhigt darüber, daß noch ein weiteres Schiff zwischen mir und der Pier ankerte. Trotz meiner Proteste brachte man mich abermals unter Deck. »Ein Geretteter!« riefen die Matrosen rund um mich unaufhörlich und hoben die Gläser.

Die Zeremonie wiederholte sich noch einmal, und endlich setzte ich mehr schlecht als recht den Fuß auf die Pier. Hauptmann Hamilton von der Staffel A erwartete mich dort. Ein wenig fühlte ich mich in diesem Augenblick als Held. Schließlich war ich abgeschossen worden, und kein Jagdflieger auf der ganzen Welt wird allen Ernstes leugnen, daß es viel heroischer ist, sich abschießen zu lassen als andere abzuschießen. Überdies war ich noch ins Meer gestürzt, und das war wirklich etwas, da ich gerettet worden war und aufrecht dastand – nicht ohne Mühe allerdings –, bereit, mich wieder an die Spitze meiner Staffel zu setzen. Und dabei wurde dieser Offizier, der da vor mir stand und der doch mein Untergebener war, von einem Lachkrampf geschüttelt, als er mir die Hand gab; er sagte, ich sei »unbezahlbar« mit meinen Seemannshosen – und wie zum Teufel hatte ich es überhaupt fertiggebracht, unter uns gesagt, wegen einer Dornier baden zu gehen? Denn auch das hatte schon die Runde gemacht: von einer Dornier abgeschossen! Hamilton brachte mich ins Büro eines würdig aussehenden Marineoffiziers, der mich aufforderte, einen Schein als schiffbrüchiger Seemann zu unterschreiben, ehe ich wieder Flieger wurde. Dann brachte ein Boot mich nach Felixstowe zurück, wo ich einst an einem schönen Sommernachmittag davon träumte, daß ich einmal Flügel haben möchte. Der Traum hatte sich in harte Wirklichkeit verwandelt. Am selben Abend noch bestieg ich, nachdem die Dünste des Rums verflogen waren, eine neue Hurricane zu einem weiteren Einsatz.

Als ich Harwich in einem Boot verließ, startete Hauptmann Al Deere von seinem vorgeschobenen Stützpunkt Manston an der Spitze von 6 Spitfires der 54. Staffel und überflog die Küste nicht weit von Deal. Al Deere beobachtete das glitzernde Meer unter sich. Plötzlich ließ ein silberner Blitz ihn aufmerken. Im Bruchteil einer Sekunde registrierte er, der an die Silhouetten der feindlichen Kampfflugzeuge und ihre grüne und braune Tarnfarbe gewöhnt war, die seltsame Erscheinung: ein weißes Wasserflugzeug mit roten (und nicht schwarzen) Kreuzen – eine Heinkel 59 im Rettungseinsatz, die von einem Dutzend Me 109 umgeben war. Was zum Teufel konnte eine deutsche Rettungsmaschine so dicht vor der englischen Küste zu suchen haben? Suchte sie einen ins Meer abgestürzten Piloten der Luftwaffe? Oder war es nur eine Finte, um einen Geleitzug auszumachen? Die Me 109 waren gewiß nicht nur zu ihrem Vergnügen hier. Daß er eine Rotkreuz-Maschine angreifen könnte, war Al Deere noch nie in den Sinn gekommen. Wenn er ein feindliches Flugzeug entdeckte, schoß er, um es zu zerstören, nicht um die Männer darin zu töten. Kamen sie dabei um, dann dachte er: Arme Teufel, ebensogut hätte ich es sein können. Wenn sie davonkamen; und vor allem, wenn sie aus der See aufgefischt und vor dem Ertrinken gerettet wurden, dachte er: Da haben sie Glück gehabt, und er hoffte, daß es ihm genauso ergehen würde.

Bei uns ging es ja nicht um das persönliche Töten Mann gegen Mann wie bei der Infanterie im Nahkampf, auch wenn wir unsere Salven mit dem gleichen blutigen Ergebnis abschossen. Die Männer im Flugzeug mußten getötet, verstümmelt oder gefangen werden, sonst würden sie ja in den Kampf zurückkehren. Aber nur wenige von uns dachten daran, und das verlieh unserem Kampf den Charakter eines äußerst gefährlichen Sports, doch nicht den einer finsteren und schmutzigen Schlächterei.

Immerhin gab es Ausnahmen von dieser allgemeinen Situation – und Al Deere stand in diesem Augenblick einer solchen gegenüber. Wenn die deutsche Rotkreuz-Maschine einen deutschen Piloten rettete, würde er wahrscheinlich genau wie ich bald wieder Feindeinsätze fliegen. Das war einer der Gründe, die Seenot-Maschine anzugreifen. Ein anderer war: wenn die Rotkreuz-Heinkel einen britischen Geleitzug entdeckte, würde sie nicht zögern, seine Position durchzugeben. Ein dritter Grund, der einfachste von allen: die Eskorte von zwölf Me 109 war eigentlich das Eingeständnis, daß die Heinkel darauf gefaßt war, angegriffen zu werden.

Al Deere rief seinen Spitfires also übers Mikrophon einen Befehl zu und stieß hinab. Eine Minute später bildeten Spits und Messerschmitts nur noch einen wirbelnden und wütenden Schwarm. Eine Spitfire stürzte ins Meer, bald folgte ihr eine Me 109 in Flammen. Eine andere Spitfire löste sich aus dem Knäuel und attackierte die Heinkel 59. Sie wackelte, wurde langsamer, dann sprühten Schaumgarben hinter ihren Schwimmern auf, und sie blieb auf dem Wasser stehen.

Als Al Deere seine Spitfire aus einer jähen Kurve zog, prallte er beinahe frontal mit einer Me 109 zusammen. Zu spät, um auszuweichen. Der Deutsche lag praktisch über ihm. Deere duckte sich und spürte, wie seine Maschine das Gleichgewicht verlor; während die Me 109 mit einem schrecklichen Knirschen über ihn hinglitt. Als er den Kopf hob, sah er seinen Propeller, der fast horizontal verbogen war, sich nur noch langsam drehen. Mit Prellungen und durchgerüttelt, gelang ihm doch noch eine Notlandung auf einem Feld bei Manston. »Unwahrscheinlich, daß ich je knapper davonkommen würde«, sagte er sich. Da irrte er sich jedoch.

Im Jahre 1940 kümmerte die Luftwaffe sich weit mehr als die R.A.F. um ihre ins Wasser gestürzten Besatzungen. Die Deutschen hatten sehr viel mehr Chancen als wir zu überleben, weil sie Schlauchboote besaßen. Auch konnten sie leichter aufgefunden werden, weil sie eine Chemikalie dabei hatten, mit der sie das Meer rundherum gelb färben konnten. Schließlich gab es einen gut organisierten Rettungsdienst: etwa dreißig Seenot-Maschinen und Schnellboote. Nach dem Zwischenfall mit der Heinkel 59 wurden die deutschen Rettungsflugzeuge getarnt und bewaffnet. Oberstabsarzt Greiling vom JG. 52 war gleichzeitig auch Rettungspilot. Wenn ein Seenotruf kam, sprang er sofort in seine Maschine, die zwei Rettungsschlauchboote an Bord hatte. Stunden und Stunden verbrachte er damit, das Meer abzusuchen, und wenn er einen mit den Wellen ringenden Mann entdeckte, warf er ihm ein Boot zu. Die deutschen Rettungsmannschaften fischten ebenso britische Besatzungen auf, von denen manche von eigenen Kameraden getötet wurden, wenn die Rettungsmaschine abgeschossen wurde. Das britische Luftfahrtministerium ging lange mit sich über die Frage zu Rate, ob man deutsche Rettungsmaschinen abschießen sollte. Als dann der offizielle Befehl dazu kam, habe ich ihn doch nie zu Gesicht bekommen. Wenn ja, so mag ich wohl wie James McComb gedacht haben: »Besser wegucken und nichts sehen«. Immerhin war der Standpunkt des Ministeriums vertretbar. Es behauptete, daß britische Geleitzüge und Minenfelder von den deutschen Rettungsmaschinen geortet wurden. Dr. Greiling bestätigte es übrigens.

Unsere eigene Überlebenshoffnung im Meer hing zunächst vom Glücksfall ab. Mit ein bißchen Glück konnte man von den tapferen Besatzungen der Seenotboote oder von einem vorüberkommenden Schiff entdeckt und aufgefischt werden. Es war ein Glücksfall, daß die *Cap Finisterre* an jenem Morgen da war. Zwei Wochen später wurde sie von feindlichen Bomben versenkt.

Hitler hatte sich auf den Berghof zurückgezogen, wo er am 11. Juli Admiral Raeder empfing. Der Admiral machte aus dem Mangel an Begeisterung für die Invasion keinen Hehl. Zuviele Probleme: Minen vor der englischen Küste mußten geräumt und andere auf beiden Seiten des Invasionswegs gelegt werden; eine Flotte von Transportschiffen zusammenzuziehen und auszurüsten, erforderte Zeit und brachte außerdem die deutsche Wirtschaft durcheinander. Noch niemand hatte die Frage der Landungsboote gelöst, obwohl schon Versuche gemacht worden waren. Kurz, der Admiral war dagegen. England würde durch die Belagerung besiegt werden, und dazu waren gemeinsame Anstrengungen von Luftwaffe und Marine vonnöten. Die Invasion sollte nur eine letzte Möglichkeit sein.

Hitler schien an diesem Morgen nachdenklich. So stimmte er zu: Invasion nur als letzter Ausweg. Allerdings hatte er am Abend zuvor bereits Befehl gegeben, alle verfügbare schwere Artillerie an der Kanalküste gegenüber Dover zusammenzuziehen. Seiner Meinung nach würde die dadurch erreichte Feuerkraft bei der Kanalüberquerung von entscheidender Bedeutung sein.

Jedoch hoffte er immer noch, daß seine nächste Reichstagsrede England dazu bringen werde, Frieden zu schließen. Was hielt Raeder davon? Raeder war offengestanden nicht ganz so sicher. Obwohl gegen die Invasion, war er doch der Ansicht, daß jedes Gespräch mit England nur vor einem Hintergrund der Stärke geführt werden könnte. Die U-Boote mußten ihren Griff verstärken, die Luftwaffe mußte die Häfen und dichtbesiedelten Industriegebiete angreifen – Liverpool zum Beispiel oder London. Brutal sein, dadurch England mutlos und es für Verhandlungen geneigt machen.

Im OKL hatte Jeschonnek gerade Befehle ausgegeben, die sich mit den Gedanken Raeders trafen. Der Titel lautete: »Anweisung für die Intensivierung des Luftkriegs gegen England«. Zwar nicht in Raeders feuerfressendem Geist – der ihm nicht lag –, doch betonte das Dokument das inzwischen übliche Thema: die Vernichtung der R.A.F. und deren Rüstungsfabriken als unerläßliche Bedingung für den Erfolg des Luftkriegs gegen England.

Ein Durchschlag ging an den General Otto Stapf, Verbindungsoffizier des Heeres beim OKL. Stapf informierte seinen Vorgesetzten, General Halder, daß die Luftwaffe mit zwei bis vier Wochen rechne, um die feindlichen Luftstreitkräfte niederzuschlagen. Am Tag darauf äußerte sich Jodl zur Invasion. Er tat es in einem Bericht: »Erste Gedanken über eine Landung in England«. Die Landung würde schwierig sein, da England die Seeherrschaft habe. Doch darum lag der Schlüssel eben bei der Luftwaffe. Denn die Luftherrschaft könne die Herrschaft zur See, die Deutschland nicht habe, ersetzen. Die Rolle der Artillerie müsse die Luftwaffe übernehmen. Der Chef der Operationsabteilung beim OKW hatte große Vorstellungen. Die Landung müsse in Form »einer gewaltsamen Flußüberquerung auf breitester Front« vonstatten gehen. Er gab allerdings zu, daß eine strategische Überraschung kaum möglich sei, da die R.A.F. ihre Nase überall habe.

Die Vorbedingung für eine erfolgreiche Landung war nach Jodls Meinung die moralische und tatsächliche Niederlage der R.A.F., und zwar in einem Ausmaß, daß sie nicht in der Lage sei, der Invasion entgegenzutreten. Das würde der Luftwaffe für ihre zweite Aufgabe Handlungsfreiheit geben, den Schutz der Kanalüberquerung und der Landung, den sie Hand in Hand mit der schweren Küstenartillerie und mit Minen zu übernehmen hätte. Die Luftwaffe müsse voll eingesetzt werden; sie müsse die feindlichen Flugzeuge am Eingreifen hindern, die britische Flotte in weiter Entfernung von der Übergangsstelle angreifen, die Küstenverteidigung ausschalten, Bodentruppen des Feindes festnageln, die Verstärkungen vernichten und Zugangsstraßen zerstören. Eine riesige Aufgabe.

Und dann wurde die Invasion »Unternehmen Löwe« getauft. Ein paar Tage später würde sie einen zutreffenderen Namen erhalten.

Die wachsende Begeisterung des Heeres für die Invasion ließ den Oberbefehlshaber der Kriegsmarine kalt. Admiral Raeder wußte, daß seine Flotte, die in Norwegen bereits ein Dutzend Zerstörer eingebüßt hatte, gegen die Royal Navy nicht aufkommen konnte. Wiederum lag der Schlüssel bei der Luftwaffe, worauf jeder (einschließlich Raeder selbst) mit Jodl hinwies. Doch Raeder war nicht sicher, ob die Luftwaffe die Aufgabe wirklich lösen könne. Als Seemann hatte er sich Dünkirchen wohl gemerkt. Die Luftwaffe hatte 240 von insgesamt 860 alliierten Schiffen jeden Typs versenken können, das heißt 28 Prozent. Von Schiffen der Flotte allein – einschließlich einem Kreuzer, mehreren Zerstörern, Geleitbooten, Kanonenbooten und Minenräumbooten, insgesamt 85 Schiffen – hatte sie vierzig versenkt oder schwer beschädigt: beinahe 50 Prozent, eine eindrucksvolle Zahl. Konnte die Luftwaffe, von R.A.F.-Jägern attackiert und vom Wetter abhängig, diesen Prozentsatz wiederholen, wenn die Kanalüberquerung auf heftigen Widerstand stieß? Diese Frage führte ihn abermals auf das alte Problem der Luftüberlegenheit zurück. Der Schlüssel lag bei der Luftwaffe. Sie mußte die britische Flotte aufwiegen und sie ausschalten.

»Kanakafü« (Kanalkampfführer) Fink hatte bereits damit begonnen. Doch mit seinem einen Bombergeschwader (KG. 2, einer Elite-Einheit) und zwei Stuka-Geschwadern würde er wohl kaum seiner weitläufigen Aufgabe, die britische Schiffahrt im Kanal und in der Themsemündung zu vernichten, gerecht werden können. Richthofens Stukas lagen etwas weiter südwestwärts am Kanal, doch bevor sie einen Geleitzug angreifen konnten, mußten sie bis zu 80 Kilometer über See fliegen. Für die Jäger der R.A.F. waren die Stukas »ein Leckerbissen«. Fink und Richthofen gegen ein England, das Nordsee und Ärmelkanal sicher beherrschte, während die Adler der R.A.F. lauerten? Konnten die beiden Britanniens Schild zerbeulen? Der Juli würde es zeigen.

Inzwischen war der Beginn ziemlich kläglich. In den ersten drei Tagen wurden drei Geleitzüge angegriffen. Ein kleines Schiff wurde versenkt, und das auf Kosten von dreiundzwanzig Maschinen der Luftwaffe und dreizehn Maschinen der britischen Jagdwaffe.

Die 85. Staffel der R.A.F. flog in ihrem Abschnitt täglich vom Morgengrauen bis zum Abend über den Geleitzügen – die merkwürdige Codenamen hatten: »Agent«, »Beute« und »Brot«. Wenig Feindberührung – Fink weiter südlich war aktiver –, doch wir blieben äußerst wachsam. Die Geleitzüge übrigens aus. Sie waren ziemlich schweißwütig und feuerten manchmal auf uns. Wir trugen es ihnen nicht nach. Das Erkennen war nicht leicht, und Seeleute hatten es darin noch nie zum Meister gebracht. Einmal schrieb mir mein Bruder, der Kapitän des Zerstörers *Viscount* war: »Meine Kanonen sind so alt, daß sie nicht einmal mit einer Hunnenmaschine fertig werden. Doch neulich überflog uns eine Dornier, und ich gab ihr Saures ... aber nicht lange, denn es war eigentlich eine Anson von unserem Küstenschutz, und es wäre um sie schade gewesen ... sie hat uns eine Zeitungsnotiz eingetragen.«

Im Verlauf des Früheinsatzes flogen wir in der Regel sehr tief über die Geleitzerstörer hin und winkten den Männern auf der Brücke und an Deck mit der Hand zu. Doch einmal erwiderten sie, indem sie uns wütend mit der Faust drohten, weil wir sie erschreckt hatten. Wir bewunderten die Seeleute und taten unser Bestes für sie. Wir waren den gleichen Gefahren ausgesetzt. Am 12. verlor die 85. Staffel Feldwebel Jowitt über See, während er einen Angriff auf den Geleitzug »Beute« abzuwehren half.

Theo Osterkamp, Kommandeur des JG. 51, offiziell großer Beschützer der Bomber von »Papa« Fink, interessierte sich für den Seekrieg ganz und gar nicht. Er war hinter den Jägern her. »Unser Feind sind die britischen Jäger«, sagte er seinen Leuten. »Seid schlau und geduldig wie die Füchse. Wartet auf den richtigen Augenblick, dann schlagt wie der Blitz zu und macht euch schnell davon. Wir haben einen Kampf mit einem besonders hartnäckigen Feind zu bestehen. Viel Glück gegen die Lords«, wie er uns nannte. Wenn der Himmel erst von britischen Jägern gesäubert wäre, würde die Luftwaffe unbestrittener Herr sein. Dann würde auch Admiral Raeder sich wohler fühlen.

Doch wie die britischen Jäger vernichten, wenn die Luftwaffe gleichzeitig auch die britische Schiffahrt zerstören sollte? Osterkamp rief »Papa« Fink zu sich – »zum Glück ein verständiger Mensch«, sagte er. Nach Finks Meinung würden die britischen Jäger bestimmt die Stukas angreifen. »Dann sind Sie an der Reihe«, sagte er zu Osterkamp. Der war nicht ganz einverstanden; eskortierende Jäger waren zu sehr an ihre Bomber gebunden, sie hatten die Hände nicht frei genug, um gegen die feindlichen Jäger eine gute Ausgangsposition einzunehmen. Fink sah es ein, und sie schlossen ein Gentlemen's Agreement.

Die Stukas würden von nun an von Me 110 Zerstörern begleitet werden, und die Eskorte von Me 109 hätte freie Hand. Zweitens würden die Me 110 gelegentlich als Köder für die britische Jagdwaffe dienen, während die Me 109 sich bereit hielten, um sich auf die Beute zu stürzen. Mit ihren beiden Motoren wären die Me 110 so kräftig, daß sie nicht nötig hätten, begleitet zu werden, meinte Osterkamp. Doch er irrte; er ließ sich von Illusionen verleiten. Als »alter Adler« des Ersten Weltkriegs erinnerte er sich, daß die Zeppeline und Gothas London bombardiert hatten. Aber das war nichts im Vergleich dazu, wenn er jetzt an der Spitze seiner Me 109 »unbelästigt eine halbe Stunde über englischem Territorium kreuzen konnte«. Täglich unternahm er derartige Flüge und schloß daraus, daß sie auf die Engländer »tiefen Eindruck machen müßten«.

Aber Dowding und Park waren nicht im mindesten beeindruckt. Ihre Meinung war: »Wenn es den Me 109 Spaß macht, sich in 25 000 Fuß Höhe über England zu tummeln, so laßt sie nur.« Wenn die britische Jagdwaffe nicht eingriff, so bedeutete das noch lange keine deutsche Luftüberlegenheit. Mochte es ihm auch auf die Galle schlagen, so war es doch eine gute Taktik. Dowdings Jäger waren dazu da, die Bomber abzuwehren, nicht aber Jäger. Sie konzentrierten sich auf die angreifenden Stuka-Pulks und ignorierten Osterkamps Me 109.

Am 13. Juli tauchte eine neue Art Me 110 auf: die »Jaguars« der Erprobungsgruppe 210. Sie trugen Bomben, und blitzschnell griffen darum die Jäger der R.A.F. an.

Die Erprobungsgruppe 210 war am 1. Juli in Köln-Ostheim aufgestellt worden; sie bestand aus drei Staffeln: die 1. und 2. war mit Me 110 und die 3. mit Bomben tragenden Me 109 ausgerüstet. Staffelkapitän der 3. Staffel war Otto Hintze. Sie waren ein tapferer, entschlossener Haufen mit einem prächtigen Kommandeur, Hauptmann Walter Rubensdorffer. »Groß, hager, immer gut gelaunt, auch noch in der schlimmsten Situation«, so beschreibt Hintze ihn. Unsere 85. Staffel sollte manchen Strauß mit ihnen ausfechten. Am 13. Juli um 7 Uhr flog die Erprobungsgruppe 210 von ihrem Stützpunkt Denain nach St-Omer. Das Mittagessen wurde vorverlegt: Fleisch, Kartoffeln, Rotkohl, keinen Alkohol. Und um 12.15 Uhr stieg die Gruppe wieder auf. Ziel: ein Geleitzug von Harwich, der auseinanderstob. Das Ergebnis für Erprobungsgruppe 210 war mager, aber jetzt stand sie im Kampf. Und er sollte hart für sie werden.

Die Generäle Brauchitsch und Halder trafen an diesem Morgen um 11 Uhr auf dem Berghof ein: Berichterstattung beim Obersten Kriegsherrn. Sie erläuterten die Invasionspläne der neuen OKH-Abteilung E (England). Hitler prüfte sie kurz und billigte sie. »Empfehlungen gebilligt ... praktische Vorbereitungen ... sofort in Angriff nehmen«, notierte Halder. Nur zwei Tage vorher war Raeder überzeugt gewesen, daß er Hitler für seine Blockadepläne gewonnen habe, bei denen die Invasion nur der letzte Ausweg blieb. Hitler hatte tatsächlich zugestimmt, doch nun befahl er dem Heer, die Invasionsvorbereitungen voranzutreiben.
Am 16. Juli unterzeichnete Hitler die Weisung Nr. 16. Sie begann: »Da England, trotz seiner militärisch aussichtslosen Lage, noch keine Anzeichen von Verständigungsbereitschaft zu erkennen gibt, habe ich mich entschlossen, eine Landungsoperation gegen England vorzubereiten und, wenn nötig, durchzuführen.

Zweck dieser Operation ist es, das englische Mutterland als Basis für die Fortführung des Krieges gegen Deutschland auszuschalten und, wenn es erforderlich werden sollte, in vollem Umfang zu besetzen . . .«

Ein logisches und notwendiges Ziel. Wenn Deutschland es erreichen konnte, würde es den Krieg gewinnen, um sich dann zur »Ausmerzung Rußlands« nach Osten zu wenden. Wenn nicht, könnte es sich auf lange Sicht für Hitlers Ehrgeiz als schicksalshaft erweisen.

Die Vorbereitungen auf die Operation, die nun den Namen »Seelöwe« erhielt, sollten bis zum 15. August abgeschlossen sein. Sie sollten Voraussetzungen schaffen, die die Landung möglich machten. Ganz oben auf der Liste stand, daß die englische Luftflotte materiell und moralisch so vermindert werden müsse, daß sie unfähig wäre, bei der Kanalüberquerung irgendeinen bedeutenderen Angriff gegen die Deutschen zu fliegen.

Beim Oberkommando der Jagdflieger war Dowding ständig über die Schlacht unterrichtet; aber den taktischen Einsatz der Staffeln überließ er seinen Geschwaderkommandeuren. Für den Augenblick schnitten seine »Jungens von der Jagd« nicht schlecht ab. Sie sahen ihren Oberkommandierenden zwar selten, aber sie spürten seine Gegenwart und hatten Vertrauen zu ihm. Das hatte auch der Luftfahrtminister. Dowding erhielt von Sinclair einen Brief über »den Beschluß, für den ich dem Parlament gegenüber persönlich verantwortlich bin . . . Sie zu bitten, daß Sie das Oberkommando über die Jagdfliegerverbände noch bis Ende Oktober behalten«.

Und Sinclair sagte dazu: »Ich sah über dieses Datum nicht hinaus, bis zu dem der Ausgang des Krieges, wie ich glaubte, entschieden sein würde . . . Meine einzige Sorge war, daß der beste verfügbare Kommandeur jetzt diese Schlüsselposition behielt.« Am Abend zuvor hatte Dowding mit dem Premierminister in Chequers, seiner offiziellen Residenz, diniert. »Er war so liebenswürdig, mir zu sagen, daß ich sein Vertrauen genoß«, schrieb Dowding. Dowding war der einzige richtige Mann für diesen Posten.

Die Abteilung E beim OKH arbeitete Tag und Nacht am Unternehmen »Seelöwe«. Ihr Marineberater, Kapitän Otto Loycke, schüttelte vergebens den Kopf und sagte: »Kinder, Kinder, ihr ahnt nicht, was man euch da eingebrockt hat!« Die Armee dachte nur an die Invasion. Das OKH gab Befehl an 13 Elite-Divisionen, sich nach den Einschiffungshäfen in Marsch zu setzen: 6 Divisionen von der 16. Armee des Generaloberst Busch nach dem Pas-de-Calais, um zwischen Ramsgate und Bexhill zu landen; 4 Divisionen von der 9. Armee des Generaloberst Adolf Strauß in dem Raum von Le Havre, um zwischen Brighton und Hove zu landen; und 3 Divisionen der 6. Armee des Generalfeldmarschalls Walther von Reichenau nach der Halbinsel Cherbourg mit dem Ziel Lyme Bay. Die gesamte Operation stand unter dem Befehl von Feldmarschall von Rundstedt. Die erste Welle wäre 90 000 Mann stark; am dritten Tage sollten 260 000 Mann auf einer Front von etwa 350 Kilometern in England Fuß gefaßt haben.

Raeder besprach die Invasion mit dem Oberbefehlshaber des Heeres von Brauchitsch. Als man ihm am 15. Juli die Weisung Nr. 16 telefonisch durchgegeben hatte, war der Admiral bestürzt gewesen. Auch sein Stab hatte gemurrt, doch Raeder hatte befohlen: »Die Aufgabe der Landung in England ist vordringlich... Das Oberkommando erwartet von allen Waffengattungen, daß sie an die neue Aufgabe mit Energie und Tatkraft herangehen.«

Das hinderte Raeder jedoch nicht, von Brauchitsch vor dem Risiko zu warnen, daß die gesamten Invasionstruppen verlorengehen könnten. Doch nichts konnte von Brauchitsch aufhalten. Der Gedanke einer Invasion stammte schließlich von der Marine, bekam sie jetzt kalte Füße? »Es gibt da gar keine Probleme, und in einem Monat müssen wir damit zu Rande gekommen sein«, sagte er zu dem Admiral.

Am 19. Juli wurden die Defiants der 141. R.A.F.-Staffel über dem Kanal dezimiert. Sie waren in Hawkinge nahe der Küste aufgestiegen und hatten Befehl, in 5000 Fuß Höhe über Folkestone zu patrouillieren.

Pünktlich um 13 Uhr mittags traf Hauptmann Johannes Trautloft, Kommandeur des 3. Geschwaders JG. 51, an der Spitze seiner Formation, über St-Inglevert, mit Hauptmann Rubensdorffers Erprobungsgruppe 210 zusammen. Bei hervorragender Sicht flogen die Jagdbomber und ihre Eskorte mit Nordkurs in Richtung auf die englische Küste und suchten ihr Ziel, einen bewaffneten Fischdampfer nordöstlich von Dover. Sie entdeckten ihn aus einer Entfernung von mehreren Meilen. Er begann schon seinen Zickzack-Kurs, da auch er sie gesehen hatte, und als die »Zerstörer« im

Sturzflug herunterstießen, beobachtete Trautloft, wie das Schiff wütend aus allen Rohren« schoß. Dann verschwand es in einem Berg von Schaum.

Das Geschwader Trautlofts begleitete die Me 110 Zerstörer zurück bis zur französischen Küste, wo sie sie verließen, um zur »freien« Jagd zurückzufliegen. Bald rief Leutnant Wehnelt über Funk: »Mehrere Feindmaschinen rechts unten«. Es waren die neuen Defiants der 141. Staffel, unter Führung ihres Staffelkapitäns Richardson, in geschlossener Staffelformation. Doch erst 800 Meter von ihnen entfernt, bemerkte Trautloft einen Drehturm hinter den Flugzeugführern der Defiants. »Ich hatte die Sonne im Rücken«, hat er mir erzählt. »Ich versicherte mich, daß weder Spitfires noch Hurricanes in der Nähe waren.« Er sah auf seine Uhr: 13.43 Uhr. Dann stieß er mit seinem Stabsschwarm nieder. »Ich nahm die rechte Defiant aufs Korn. Der hintere Kanonier beschoß mich mit Leuchtspurmunition. Plötzlich ein heftiger Stoß irgendwo, der meine Me 109 erschütterte. Doch ich schoß Salve auf Salve: sie mußte hinunter. Teile der Defiant splitterten ab und flogen auf mich zu. Dann sah ich eine dünne Rauchfahne und plötzlich einen Feuerball.«

Trautloft kehrte mit klapperndem Motor schnell nach Frankreich zurück, einen Geruch nach verbranntem Öl in der Nase. Ein paar Minuten später flog er tief über Cap Blanc-Nez hinweg und baute in St-Inglevert eine Bruchlandung.

Von den neun Defiants kehrten nur drei nach Hawkinge zurück; eine von ihnen wurde von dem zwanzig Jahre alten Fliegeroffizier Ian MacDougall geflogen. Als die Messerschmitts angriffen, hatte er ihre Leuchtspurkugeln »wie kleine Glühwürmer« durch die britische Formation sprühen sehen. Er beobachtete, wie erst eine, dann eine zweite Defiant sich lösten, fielen und in Flammen aufgingen. Die erste stürzte ins Meer und warf einen Schaumring auf. Die zweite folgte dicht daneben, während darüber zwei Fallschirme schwankten.

Plötzlich schlugen Kugeln in seine eigene Defiant. Der Motor setzte aus, die Kanzel füllte sich mit Rauch. MacDougall ging im Sturzflug herunter, schnallte sich los und rief seinem MG-Schützen zu, abzuspringen. Als von hinten keine Antwort kam, rief er wiederholt: »Feldwebel, sind Sie in Ordnung? Sind Sie in Ordnung?« Die See kam auf ihn zu, und als er abfing, begann der Motor wieder zu arbeiten.

Ein paar Minuten später machte Ian MacDougall eine Bauchlandung in Hawkinge. Als er sich nach seinem Bordschützen umsah, war er verblüfft. Der Sitz war leer. Der Schütze wurde nie gefunden.

Gegen Abend an diesem heißen Julitag erhielt die Rotte A der 43. Staffel (meiner ehemaligen) Befehl, von Tangmere aufzusteigen. John Simpson spürte auf seiner Backe die heiße Ausstrahlung der Auspuffstutzen, als er in seine Hurricane kletterte. In 10 000 Fuß Höhe ostwärts fliegend, entdeckte er ein Dutzend Me 109 genau über sich, die in einer dünnen Schicht von Schäfchenwolken entgegengesetzten Kurs hielten. Die sechs Hurricanes stiegen weiter der Sonne entgegen, dann kurvten sie und stießen zu. Im nächsten Augenblick begann der Kampf, sechs gegen zwölf.

Es wäre für »Onkel Theo« Osterkamp gut gewesen, wenn er hätte zusehen können, denn er war der Meinung, daß »das Gefühl, Maschinen zu haben, die den Me 109 unterlegen waren, sich auf die Moral der britischen Jagdflieger auswirkte, und diese Unterlegenheit sei bei der Hurricane besonders deutlich. Jetzt aber griffen sechs Hurricanes zwölf Me 109 an. Tatsächlich wußten wir, daß wir besser als die Me 109 waren, wenn wir kurvten und uns tummelten, denn wir waren wendiger. Die Me 109 konnten uns nur im Sturzflug und beim Steigen schlagen, und sie waren fast immer über uns. Darin lag die Gefahr.

Die achtzehn Jäger versuchten einander vom Schwanz her zu fassen und sich in den Wolken zu verstecken. Dann bot sich Simpson eine Me 109 buchstäblich an: »Sie schien zu träumen. Ich gab einen kurzen Feuerstoß, der sie beschädigte, und ich näherte mich, um ihr einen zweiten zu verpassen. Sie stürzte mit der Nase voran und wurde steuerlos. Ich folgte ihr bis etwa 6000 Fuß, und da sah ich sie wie einen Stein ins ruhige Meer stürzen. Ich öffnete die Kabinenhaube, um frische Luft zu schöpfen.«

Dann war John Simpson allein und stieg wieder zu der dünnen Wolkenbank hinauf. Drei Messerschmitt flogen so dicht vor ihm vorbei, daß er deutlich die schwarzen Kreuze auf Tragflächen und Rumpf erkennen konnte. Auf die letzte eröffnete er das Feuer. »Ich fuhr fort zu schießen, während wir ununterbrochen in immer enger werdenden Kreisen flogen. Stücke ihrer Tragflächen flogen davon, und schwarzer Rauch drang hinten aus der Kanzel. Sie ging hinab, und ich schoß hinter ihr her. Wir hatten eine phantastische

Geschwindigkeit. Dann ging mir gerade in dem Augenblick die Munition aus, als die beiden anderen Messerschmitt mich angriffen.« John Simpson saß in der Klemme. Er war mehr als 18 000 Fuß hoch und 15 Kilometer von der Küste entfernt. Er ging tiefer, kurvte, flog Zickzack, aber die beiden Me 109 hatten sich festgebissen. »Ich hörte das dumpfe Prasseln, wie ihre Kugeln gegen die Panzerung hinter mir prallten. Ich sah aus meinen Tragflächen Fetzen davonfliegen. Mein Motor kotzte.« Dann war's, als stieße man ihm einen großen Eiszapfen in den linken Fuß, während die Steuerung plötzlich blockiert war und die Kanzel sich mit schwarzem Qualm füllte. »Spring«, sagte Simpson zu sich selbst. Er löste die Kabinenhaube.

Der heftige Fahrtwind besorgte das übrige. »Mir war, als hebe mich eine Hand am Haar von meinem Sitz. Ich befand mich im leeren Raum, wunderbar kühl, und fiel. Stunden schienen es mir, bis ich die Reißleine des Fallschirms zog. Ich verspürte einen furchtbaren Stoß.« Und dann pendelte John Simpson an seinem Fallschirm hin und her. Er mußte sich übergeben. Er trieb auf eine lange Reihe von Villen an der Küste bei Worthing zu.

Eine der Me 109 begann um ihn zu kreisen. »Ich schrak auf. Sie war so nahe, daß ich das Gesicht des Piloten erkennen konnte. Ich meinte, er würde mich abschießen. Doch er benahm sich tadellos. Seine Maschine machte einen Höllenlärm und flog immer um mich herum. Und plötzlich winkte er mir mit der Hand zu.« Dann drehte der ritterliche deutsche Jagdflieger ab.

Simpson hatte Glück gehabt. Für den Piloten der Luftwaffe war er abschußreifes Wild. Ihn zu erschießen, war sein gutes Recht. Selbst Dowding war der Meinung. Über »das Ethische, auf Flugzeugbesatzungen zu schießen, die abspringen mußten«, war seine Auffassung die, daß Deutsche, die über England absprangen, voraussichtlich Kriegsgefangene waren und immun sein sollten, während britische Flieger, die über England absprangen, potentielle Kriegsteilnehmer blieben. Deutsche Piloten waren durchaus berechtigt, auf unsere am Fallschirm hängenden Piloten zu schießen.

John Simpson hing in der Luft und trieb weiter auf die Küste zu. »Ich zog meine Zigaretten heraus und steckte mir eine mit meinem Feuerzeug an. Jahrhunderte schienen zu vergehen; ich fühlte mich glücklich.«

Er hörte die Entwarnungssirenen, als er über den Strand hintrieb, und sah Soldaten, die zu ihm hinaufblickten. Er war erleichtert, als sie nicht auf ihn anlegten. »Ich glaube, noch in 300 Meter Höhe wirkte ich wohl zu englisch dazu«, sagte er. Dann kam ihm die Befürchtung, daß er gegen die Mauer einer Villa schlagen und dabei getötet werden könnte.

Dann begann alles auf ihn zuzustürzen. »Ich schlug auf ein Dach... Rückwärts durchbrach ich einen Gartenzaun und dann lag ich mitten im Glasfenster eines Gurkenbeets.« Er war arg zerschunden, aber die Tränen kamen ihm wie einem Kind, »so froh war ich, noch am Leben zu sein«. Eine Frau brachte ihm Tee, und ein Polizist beugte sich über den Gartenzaun und reichte ihm ein Glas Whisky. Wieder einmal war er davongekommen.

Als John Simpson aus dem Gurkenbeet kroch, stieg Hitler auf die Bühne der Kroll Oper in Berlin. Es war am Abend des 19. Juli. Hitler hatte jedes Wort seiner Rede, der letzten vor dem Reichstag und einer seiner brillantesten, sorgfältig abgewogen.

Vor ihm saßen, Reihe nach Reihe, die Abgeordneten der NSDAP; auf dem Balkon die Creme des Offizierskorps, in den Logen, die in den Nazifarben dekoriert waren, die Größen der Partei. In der Mitte der Bühne, ein wenig hinter seinem Führer, vor dem Hintergrund einer riesigen Hakenkreuzfahne, der Präsident des Reichstags und Oberbefehlshaber der Luftwaffe: Hermann Göring.

Hitler begann mit einem Überblick über die wunderbaren Erfolge der deutschen Waffen, dann ließ er Orden und Ehren auf seine Generäle herabregnen, neun von ihnen wurden zu Feldmarschällen ernannt, dazu drei weitere von der Luftwaffe: Milch, Kesselring und Sperrle. Die beiden letzteren hatten die wenig beneidenswerte Aufgabe, England auf der Landkarte auszuradieren. Doch für den Oberbefehlshaber der Luftwaffe hatte Hitler eine außergewöhnliche Geste vorgesehen, indem er ihm die einmalige Würde eines Reichsmarschalls verlieh. Göring trug bei dieser Gelegenheit eine weiße Uniform. Während die Ehrungen ausgeteilt wurden, kaute Göring, wie William Shirer notierte, an seinem Bleistift, gab seiner Rede den letzten Schliff und klatschte mit den Gebärden eines Gargantua in die Hände.

Dann wandte Hitler sich ernsthafteren Gegenständen zu. Nachdem er Churchill beschimpft und die Briten vor den furchtbaren Leiden gewarnt hatte, die auf sie warteten, bot er ihnen eine letzte Chance:

»In dieser Stunde fühle ich mich verpflichtet, vor meinem Gewissen noch einmal einen Appell an die Vernunft auch an England zu richten. Ich glaube, dies tun zu können, weil ich ja nicht als Besiegter um etwas bitte, sondern als Sieger nur für die Vernunft spreche.« Die Fortführung dieses Kampfes werde mit der totalen Vernichtung von einem der beiden Kämpfenden enden. Mister Churchill meine vielleicht, daß es Deutschland sein werde. »Aber ich weiß, es wird England sein.«

Am nächsten Tag, dem 20. Juli, hatte der neue Reichsmarschall eine ernste Besprechung mit seinen Kommandeuren der drei Luftflotten (Kesselring, Sperrle und Stumpff) über den Luftkrieg gegen England. Aus diesem Grund nahm er nicht an der Besprechung Hitlers mit seinen Befehlshabern in der Reichskanzlei teil. Doch er schickte seinen Stabschef Jeschonnek zum Führer, um die Freigabe von Angriffen auf die Absprunghäfen der R.A.F., die Flugzeugindustrie, Häfen, Industrien, Öllager und den Kanalsektor zu erbitten.

Der Großeinsatz der Luftwaffe sollte beginnen. Die Luftflotten 2 (Kesselring) und 3 (Sperrle) sollten sich auf Südengland konzentrieren. Die Luftflotte 5 (Stumpff) sollte die englische Jagdwaffe in den Midlands und im Norden an den Boden nageln. Erstes Ziel – die britischen Jäger auszuschalten. Nichts weniger als völlige Vernichtung. Danach konnten die Bomber der Luftwaffe ohne Begleitschutz sich frei bewegen und die Flugzeugfabriken zerstören. Die Royal Navy war ein weiteres Ziel auf dieser Liste. Doch Göring warnte davor, die Hafenanlagen zu zerstören, denn man würde sie für die Invasion benötigen, obwohl er selbst wenig Vertrauen in das Unternehmen »Seelöwe« setzte.

»Großeinsatz« war übrigens ein schwerfälliges Wort. Etwas Romantischeres, Wagnerianischeres wäre nötig gewesen, »Adlerangriff« etwa.

Die Kommandanten der Luftflotten wurden aufgefordert, so bald wie möglich Pläne vorzulegen. Einstweilen mahnte Göring: die Jäger müßten besser auf Draht sein. Die Luftwaffe verlor zuviel Bomber und Sturzbomber. Die Me 109 sollten die feindlichen Jäger aus dem Weg räumen, ehe die Bomber kämen.

Der Jägerführer der Luftflotte 3, Oberst Werner Junck, nahm diese Bemerkung Görings höchst unwillig auf. Es war ihm klar, daß die

Luftwaffe keineswegs überlegen war und sich nicht in so günstiger Lage befände. »Ebensogut könnte man von einem Dienstmädchen verlangen, gegen England in den Krieg zu ziehen«, bemerkte er.

In der Reichskanzlei konferierte der Führer mit seinen Oberbefehlshabern, einschließlich Jeschonneks, der Göring vertrat. Offensichtlich hatte der Pessimismus der Kriegsmarine bis zu einem gewissen Grad auf ihn abgefärbt. Auch Rußland beunruhigte ihn. Er war überzeugt, daß England mit den Russen rechnete, glaubte jedoch auch, daß Rußland von sich aus nicht gegen Deutschland losschlagen werde. Für die Briten gab es keine Hoffnung mehr. »Wir haben den Krieg gewonnen«, Halder notierte die Worte des Führers, »es ist ausgeschlossen, daß die Ereignisse sich noch gegen uns wenden.«

In der Frage der Aktion »Seelöwe« war es Hitler klar, daß keine Rede von einer bloßen »Flußüberquerung« sein könne, wie Jodl es sich eingebildet hatte. Es handelte sich durchaus um ein Meer, das vom Feind, einem fest entschlossenen Feind, beherrscht wurde. Die Hauptoperation mußte jedenfalls bis zum 15. September durchgeführt sein.

Doch zwischen dem Heer und der Kriegsmarine hatte es Reibereien gegeben. Das Heer bestand auf vierzig, über 300 Kilometer aufgefächerten Divisionen. Die Kriegsmarine hielt das für unmöglich; es sollten dreizehn Divisionen an einer kürzeren Front sein.

Hitler betonte: Alles hänge von der Kriegsmarine ab. In diesem Augenblick brachte Jeschonnek Görings Ersuchen vor: Konnte die Luftwaffe mit der Erlaubnis zum Großeinsatz rechnen? Der Führer würde sie seine Entscheidung im gegebenen Augenblick wissen lassen. Nachdem die Sitzung beendet war, stellte Hitler sich die russische Frage. Die Engländer, so schien es ihm, waren doch erledigt gewesen, aber jetzt schienen sie von neuem auf den Beinen. Dahinter konnte nur Rußland stehen. Halder notierte: »Russisches Problem in die Hand nehmen.« Er hatte Befehle vom Obersten Kriegsherrn: Feldzug gegen Rußland studieren, möglichst in diesem Herbst. Es war der erste Hinweis, den Hitler auf die Verwirklichung seiner »Lebensaufgabe« gab. Es war auch der erste Schritt auf einem Zwei-Fronten-Krieg und auf Deutschlands Untergang hin.

Der ›Kanalkampf‹ ging weiter. Einer seiner dunkelsten Aspekte war das nächtliche Minenlegen in den englischen Hafengewässern durch Flugzeuge der Luftwaffe. Diese Minen sollten mehr Schiffe zerstören als »Papa« Finks Bomber.

In der Nacht vom 22. Juli erhielt Hauptmann Hajo Hermann, damals Staffelkapitän in der 3. Gruppe, KG. 30, den Auftrag, Minen im Plymouth Sound zu legen. Flugzeugminen waren eine heikle Sache. Die Minen mußten bei langsamem Flug in die enge Fahrrinne der Schiffahrt geworfen werden, weil sonst die Fallschirme zerreißen konnten.

Hermann startete an diesem Abend mit seiner Ju 88 in Zwischenahr in Westdeutschland. Unter jeder Tragfläche hing eine 500-kg-Mine. Er hatte seinen Auftrag sorgfältig geplant. Er wollte sich dem Sound von der Landseite her nähern, indem er Plymouth überflog, würde dann auf 100 Meter heruntergehen und sich schließlich auf das Meer hinaus davonmachen.

Im hellen Mondschein konnte er Plymouth und seine Molen deutlich sehen. Von Nordosten der Stadt her begann er leise mit gedrosselten Motoren und ausgefahrenen Luftbremsen anzufliegen. Plötzlich auf halbem Weg tauchte vor ihm eine unheimliche, blasenförmige Masse auf, direkt auf seinem Kurs: ein Sperrballon. Hermann trat ins Seitenruder – zu spät! Die Ju 88 stieß mitten hinein in den Ballon und verwickelte sich so fest in ihn, daß beide zusammen zu stürzen begannen. Das nächste, was Hermann sah, waren »Scheinwerfer von oben. Wir waren vom Ballon freigekommen, flogen aber auf dem Rücken und verloren jede Kontrolle. Ich hatte das Gefühl, Klavier auf einem Instrument zu spielen, das aus dem 50. Stock eines Gebäudes herunterfiel«.

Hermann fuhr die Luftbremsen ein und gab Vollgas. Die Steuerung gehorchte ihm immer noch nicht, und das Flugzeug fiel wie Blei.

»Abspringen!« rief er der Besatzung zu.

Ein eisiger Luftzug verriet ihm, daß die Haube geöffnet war. Im selben Augenblick gelang es ihm, die Ju 88 aufzurichten. Er war wenige hundert Fuß über dem Sound und gerade an der Stelle, an der er die Minen legen sollte ... nur daß er auch genau über Plymouth und in das Feuer der englischen Flak flog. Er warf die Minen. Trotz blendendem Scheinwerferlicht und höllischem Flakbeschuß gelang es ihm, dem »Käfig«, wie wir diese Situation nennen, zu entkommen.

2

Da der Kanalkampf heftiger zu werden versprach, waren die westlichen Zugänge zu den englischen Küsten gesperrt worden. Die Schiffahrt wurde durch den St. Georgs-Kanal nach nördlichen Häfen, zum Beispiel Liverpool, umgeleitet. Es bedeutete für das Oberkommando der Jagdwaffe eine Erweiterung des Aufgabenbereichs, da sich die Überwachung nun auf das gesamte britische Küstengebiet erstreckte. Dowding mußte in der Nähe von London genügend Staffeln behalten, um die Hauptstadt zu schützen und eine strategische Reserve für den Fall einer Invasion bereit zu haben. Doch er widerstand der Versuchung, den südöstlichen Sektor der 11. Gruppe zu verstärken, dessen Hauptkampfgebiet bei Dover und Umgebung bereits den Namen *Hellfire Corner* verdiente. Auch den heftigsten Kritiken gegenüber blieb Dowding standhaft. Er wußte besser als irgend jemand sonst, daß, wenn er die Sektoren im Westen und vor allem im Norden und in den Midlands schwächte, der Weg für einen Flankenangriff offen war. Er wußte, daß der Angriff von der Flanke sicher käme, dann aber die britischen Jäger abwehrbereit fände.

Dowding verlangte jetzt mehr Staffeln, um seine zusätzlichen Aufgaben erfüllen zu können, und eine enge Zusammenarbeit zwischen Flotte und Oberkommando der Jagdwaffe, um die Geleitzüge besser zu schützen.

Trotz der Sperrung der westlichen Zugänge fuhren auch weiterhin britische Schiffe (nicht immer unbehelligt) unter der Nase von »Papa« Fink, dem »Kanakafü«, und seiner Staffeln durch den Ärmelkanal.

Am Morgen des 24. Juli fuhr ein Geleitzug in die Themsemündung ein, und ein anderer fuhr draußen vor Dover. Um 8.15 Uhr hob Al Deere mit der 54. Staffel von Rochford an der Nordküste der Themsemündung ab. Östlich von Dover und in mehr als 6000 m Höhe hörte er die Stimme des Einsatzoffiziers warnen: »Achtung, Rot! Zwei starke Feindverbände nähern sich der Küste, einer der Themsemündung. Der ist für Sie.«

Im selben Augenblick entdeckte Colin Gray, an der Spitze der Rotte B der 54. Staffel, den anderen Pulk.

»Aufgepaßt!« rief er über Funk Al Deere zu. »Rot! Starke Formation südlich Dover.«

Doch Al Deere hatte nun auch den ihm bestimmten Pulk gesichtet. »Laß deinen Pulk sausen und folg mir!« rief er zurück.

Die feindliche Formation, eine Phalanx von 18 Dorniers im Schutz von einer großen Anzahl von Jägern, die über und hinter ihnen flogen, strebte der Themsemündung zu. Es war die größte Feindformation, die Al bisher gesehen hatte. »Ich meldete die unangenehme Tatsache der Einsatzleitung und forderte sofortige Hilfe an.« Er fand es »erschreckend«, einen so zahlreichen Feind angreifen zu müssen. Die Me 109 stellten »eine mächtige Verteidigung« dar. Er warf einen Blick auf den Geleitzug hinab, der nichts ahnend in die Themsemündung einlief und eine ideale Zielscheibe bot. Die Feindbomber bereiteten sich wohl auf den Angriff vor, man müsse sie jetzt auseinandertreiben, überlegte Al Deere, sonst würde es zu spät sein.

»Hallo, Blau«, rief er Colin Gray zu. »Deck mich mit deiner Rotte, während wir uns mit den Bombern befassen.«

Zurück kam die empörte Antwort: »Zum Teufel, was glaubst du denn, Rot! Wir geben den Jägern ja schon Saures!«

»Du Stiesel!« brüllte Al Deere. »Hast den falschen Pulk erwischt!« Doch zum Zetern war keine Zeit mehr.

Er rief seine Rote und Gelbe Kette:

»Versucht, die Bomber zu beharken, bevor die Me 109 uns angreifen.« Dann warf er sich mit seinen sechs Spitfires auf die Dorniers. »Die rechts außen fliegende erhielt die volle Ladung meiner acht Brownings«, sagt er. Aber schon waren die Me 109 bei den Spitfires. In einem Zirkus von Kurven und Loopings beschoß Al Deere drei Feinde auf gut Glück, ohne das Ergebnis sehen zu können.

Plötzlich war der Himmel klar, und er war allein. »Unmittelbar vorher war der Raum noch ein siedender Kessel voller Hunnen, und im nächsten Augenblick war er leer.« Drunten schien der Geleitzug unberührt und setzte ruhig seinen Weg fort. Immer weiter entfernte er sich von der Gruppe brauner Kreise, die den Fall der feindlichen Bomben anzeigten.

Adolf Galland war einer von den Me 109-Piloten, an der Spitze der 3. Gruppe des JG. 26. Es war sein erster Flug gegen England. »Wir hatten ein hartes Scharmützel mit Spitfires, die den Geleitzug schützten.« Mitten im Getümmel suchte er sich eine von den Spitfires aus. »Ich hing mich an ihren Rockschoß ... und konnte ihr eine lange Salve verpassen. Fast senkrecht ging sie hinab. Ich folgte ihr ... bis ich den Piloten abspringen sah, und auch dann folgte ich noch, bis ich ihn ins Wasser stürzen sah. Sein Fallschirm hatte sich nicht geöffnet.«

Zurück in Caffiers, sahen Galland und seine Flieger einander ernst an. »Wir zweifelten nicht mehr daran, daß die R.A.F. sich als ernst zu nehmender Gegner erweisen würde«, schrieb er.

Die Spits der 65. Staffel hatten ebenfalls teilgenommen. »Diese kleine Keilerei«, schrieb der Verfasser des Staffeltagebuchs, »hat uns aufgemöbelt und zum mindesten werden ein paar von den Hunnen für einige Zeit dienstuntauglich sein.« Auf jeden Fall waren es zwei aus Gallands Gruppe.

Während der zwei Wochen ihrer Tätigkeit war es den Staffeln des »Kanakafü« Fink nicht gelungen, den Kanal für die britische Schifffahrt zu sperren. Was allerdings nicht heißt, daß alle Geleitzüge sich so gut aus der Affäre zogen wie jener in der Themsemündung. In der Frühe des 25. Juli verließ der Geleitzug C.W. 8 diese Mündung in Richtung auf die Straße von Dover. Seit einiger Zeit überwachte die deutsche Freya-Radarstation in Wissant beim Cap Griz-Nez die Meerenge. In der Dämmerung jagten neun deutsche Schnellboote durch die grauen Wogen mit Kurs auf den C.W. 8. Zwei Handelsschiffe wurden versenkt.

Von seinem in einem Autobus untergebrachten Gefechtsstand bei Cap Blanc-Nez beobachtete Fink durchs Fernglas den Geleitzug, der, von den Zerstörern *Boreas* und *Brilliant* eskortiert, seinen Weg fortsetzte. Dann fielen Finks Bomber – Dorniers und Junkers 87 – darüber her und versenkten drei weitere Schiffe, allerdings kleinere. Wie verrückt vor Wut nahmen die beiden britischen Zerstörer stracks Kurs auf die französische Küste und schossen mehrere Salven auf Finks Hauptquartier. Es kam ihnen teuer zu stehen, denn die Bomber kehrten zurück und heizten ihnen ein.

Die Kämpfe in der Luft und zur See an diesem Tag bekräftigten den Standpunkt der Kriegsmarine hinsichtlich »Seelöwe«: alles hing von der Luftwaffe ab. Ihre erfolgreiche Aktion war ein gutes Vorzeichen. Während die tapferen *Boreas* und *Brilliant* nach Dover zurückhinkten, gab Raeder Hitler ein hoffnungsvolleres Bild als sonst. Vorausgesetzt, daß keine besonderen Probleme auftraten, vorausgesetzt – wie immer –, daß die Luftwaffe den Himmel von der R.A.F. säubern könnte, dann würde die Kriegsmarine in der Lage sein, die Invasion durchzuführen. Sogar die weitreichende Marineartillerie würde, außer einer Batterie, am 15. August gegenüber Dover in Stellung gegangen sein. Daraufhin berief der Führer eine weitere Konferenz für den 31. Juli ein.

Doch Raeder, pessimistisch wie stets, wies darauf hin, daß »Seelöwe« für die deutsche Wirtschaft verheerend sein und das gesamte Transportsystem in Unordnung bringen würde. Die Lebensmittel, einschließlich der neuen Ernte, müßten eingelagert werden und liefen Gefahr mangels Transportraum zu verderben. Wenn die Fischdampfer requiriert würden, würde es in Deutschland an Fisch fehlen. Sogar die U-Boot-Produktion, die doch für die Blockade Englands so wichtig war, geriete ins Stocken. Hitler war also gewarnt. Doch er bestand auf der Priorität für »Seelöwe«, wie auch Keitel in einem Memorandum vom nächsten Tag festhielt.

Unsere Verantwortung als Staffelkapitän lastete oft schwer auf uns. Keiner war es wert, sie zu übernehmen, wenn er nicht alles, was er von seinen Piloten erwartete, auch selbst vollbringen und die gefährlichsten Aufgaben selbst übernehmen konnte. Die Staffel war in der Luft eine kleine kompakte Schar von zwölf Männern, die, wenn sie etwas taugten, bereit waren, einem bis in den Tod zu folgen.

Manche Staffelkapitäne, wie James McComb, »lebten in größter Angst, ihre ›Freunde‹, die Staffel, in einen Hinterhalt zu führen und sie aufgerieben zu sehen«. Meine größte Sorge war, daß ich nicht stets neben einem jungen Piloten sein konnte, um ihm aus einer schwierigen Situation herauszuhelfen oder ihn wegen eines Fehlers zu ermahnen. Das halbe Dutzend Veteranen unter uns (und auch wir lernten ständig noch dazu) konnte so manches tun, den jungen Leuten etwas aus unserer Erfahrung zu geben. Doch der Pilot in einem einsitzigen Jagdflugzeug, ob Feldwebel oder Staffelkapitän, ist stets Herr über sein eigenes Schicksal, und niemand sitzt neben ihm, um ihm beizustehen.

Zwei junge Männer hatten wir schon bei Unfällen verloren. Niemand konnte wissen, welchen Fehler sie gemacht hatten. Gerade flogen sie noch mit der Sicherheit, die ihnen ihre Ausbildung gegeben hatte, und im nächsten Augenblick stürzten sie hilflos ab. Ich bin überzeugt, daß einer der Gründe zu großer Ehrgeiz war. Diese jungen Leute waren treu und furchtlos, ihre Stimmung prächtig. Doch in Erwartung des Kampfes wurden sie übereifrig, angesteckt von unserem eigenen brennenden Wunsch, an den Feind zu kommen und ihn abzuschießen.

Erschütternde Nachricht ereilte mich in Martlesham: Rickerdyke, ein stämmiger Neuseeländer, war nahe Debden, unserem Basisflugplatz, fünfzig Meilen landeinwärts, abgestürzt. Der Gruppenkommandeur, Leigh-Mallory, bestellte mich zu sich. Am nächsten Tag stand ich vor ihm in seinem Büro im HQ der 12. Gruppe. In meiner Staffel dürften keine Unfälle mehr vorkommen, sagte er zu mir. Er war bestimmt, aber fair und erwünschte mir viel Glück.

Es war nicht der richtige Augenblick ihn daran zu erinnern, daß er mir schon einmal Glück gewünscht hatte und zwar in Old Sarum, elf Jahre früher, als ich noch ein Knabe von vierzehn Jahren war, der gerade seinen ersten Flug hinter sich hatte. Der Schuljunge war zu einem seiner Staffelkapitäne herangewachsen.

Seit jener Unterredung Raeders mit Hitler vom 25. Juli hatte die Kriegsmarine hart gearbeitet, um die Behauptung ihres Admirals zu bestätigen, daß die technischen Probleme bei dem Unternehmen »Seelöwe« nicht unlösbar seien. Jedoch die Lösung, die sie in einer Denkschrift vom 29. Juli darlegte, rief beim Heer Bestürzung hervor. Raeder, der »völlig einverstanden« gewesen war, widerrief auf einmal alles, was er Hitler gesagt hatte: die Seekriegsleitung rechnete für das Übersetzen der Divisionen ans andere Kanalufer als Minimum zehn Tage; dieses Jahr konnte sie die Verantwortung dafür noch nicht übernehmen, und sie zweifelte, ob es überhaupt je gelingen werde. Die alleinige Hoffnung bestand in einer Verkürzung der Front, was eine einzige Transportstrecke über die Straße von Dover bedingte.

Halder war wütend: der Plan warf alle bisherigen Berechnungen über den Haufen; wenn er stimmte, dann waren alle bisherigen Schätzungen der Marine Unsinn; in diesem Fall war eine Landung nicht möglich. Und General Hans von Greiffenberg wurde eiligst ins Hauptquartier der Kriegsmarine nach Berlin entsandt. Am 30. Juli war er wieder zurück im HQ des Heeres in Fontainebleau mit einer niederschmetternden Nachricht, die von Brauchitsch und Halder zu dem Schluß kommen ließ, daß die Kriegsmarine offenbar nicht in der Lage sei, eine Invasion im Herbst zu ermöglichen. Doch dann kam das Dilemma. Verschob man die Invasion auf später, wurde der Wetterfaktor problematisch. Verschob man sie bis zum Frühjahr 1941, würde es dem Gegner die Verstärkung seiner Verteidigung ermöglichen. War es nicht besser, nach alledem jetzt den Versuch zu machen?

Am 29. Juli lief der Sonderzug *Atlas*, der die gesamte Abteilung »L« (Planung) des OKW unter Oberst Warlimont beherbergte, im Bahnhof Berchtesgaden ein. An diesem Tag bat Alfred Jodl, Operationschef beim OKW, um eine Unterredung mit Warlimont und seinen engsten Mitarbeitern. Sie trafen sich zu fünft im Speisewagen des Zugs. Jodl versicherte sich, daß alle Fenster und Türen gut verschlossen waren. Dann teilte er ohne jeden Umschweife mit, daß Hitler beschlossen habe, ein für allemal mit der bolschewistischen Gefahr aufzuräumen, indem er einen Überraschungsangriff auf Sowjetrußland plane. Der frühest mögliche Augenblick sei Mai 1941. Die Wirkung von Jodls Worten war elektrisierend. Seine Zuhörer waren um so verblüffter, als Jodl ihnen sagte, daß, da ein Krieg mit Rußland »für die beste Methode gelten könnte, England zum Frieden zu zwingen«, der Krieg im Westen und der Krieg im Osten unabhängig voneinander geführt werden könnten. Sie selbst würden alsbald mit verdoppelter Energie ihre Planungen für die Invasion Englands vorantreiben, in der inständigen Hoffnung, daß Hitlers wahnsinnige Idee auf den zweiten Platz rücken werde. Krieg mit Rußland? Der Freundschaftspakt war doch noch nicht ein Jahr alt! Und Zwei-Fronten-Krieg? Das war Irrsinn.

Jodl schnitt ihre Einwände ab. Der Führer habe einen unabänderlichen Entschluß gefaßt. Kein Argument komme dagegen auf. Der Krieg mit Rußland sei unvermeidlich, sagte Jodl, und der Sieg sei ja nur eine Frage von Wochen. Dann würde das Reich sich wieder nach Westen wenden und England zerschmettern. Mit den Plänen für »Aufbau Ost« sei sofort zu beginnen. Mai 1941 war Termin.

Am 30. Juli begann Halder die geheimsten Gedanken Hitlers zu durchschauen. Er schrieb in sein Tagebuch: Wenn Deutschland nicht eine Entscheidung gegen England herbeiführen könnte, bliebe die Gefahr, daß England sich mit Rußland verbündete. Doch die Frage eines Zwei-Fronten-Krieges, die sich stellte, beantwortete der alte Routinier negativ, wie Warlimont und seine Helfer: »Besser mit Rußland gut Freund bleiben.«

Es blieb noch immer die Aufgabe, England auszuschalten, so lange noch Zeit dazu war, ehe das schlechte Wetter einsetzte. Doch außer dem Kanalkampf, der zu Lande nicht viel Staub und zur See nicht viel Schaum aufwirbelte, war die deutsche Kriegsmaschinerie seit Dünkirchen in ihren Unternehmungen gegen England fast zum Stillstand gekommen. Eine Woche war verflossen, seitdem Göring seinen Führer um Erlaubnis für den Großeinsatz der Luftwaffe gegen England gebeten und die Kommandeure der Luftwaffe um Operationspläne ersucht hatte.

Als »der größte Feldherr aller Zeiten« in der luftigen Höhe des Obersalzberg auf seine Generäle wartete, die er zur Besprechung geladen hatte, fragte er sich, was Göring denn eigentlich treibe. An diesem Morgen schickte er ein ziemlich streng abgefaßtes Fernschreiben an den lethargischen Reichsmarschall. Göring erhielt es um 12.20 Uhr. Der Führer befahl ihm, die Vorbereitungen zu der Luftschlacht gegen England unverzüglich zu treffen und abzuschließen.

Schuld an der Verzögerung war zum Teil die Tatsache, daß Kesselring (Luftflotte 2) und Sperrle (Luftflotte 3) sich nicht einigen konnten – ein kleinlicher Zwist zwischen zwei Männern von verschiedener Ausbildung und Erfahrung, doch er lähmte den Fortgang der Dinge. Der Stabschef der Luftwaffe, Jeschonnek, übernahm schließlich als Grundlage die Ideen von Oberst Paul Deichmann, dem Stabschef von Lörzers Fliegerkorps II. Deichmanns Plan war, die Jäger der R.A.F. in der Luft zu vernichten. Dies mußte innerhalb der Reichweite der »kurzatmigen« Me 109 geschehen, die vom Pas-de-Calais aus bis London fliegen, zwanzig Minuten kämpfen und knapp zurückkommen konnten. Doch die Jäger der R.A.F. hatten bisher eine ärgerliche Tendenz gezeigt, Gefechten mit deutschen Jägern auszuweichen. Wie konnte man die britischen Jäger aufscheuchen und sie vor die deutschen MGs bringen, damit die Me 109 den Himmel säubern könnten? Dazu gab es nach Deichmanns Ansicht nur ein einziges Mittel: London zu bombardieren.

Oberst Paul Deichmann hatte nur zum Teil recht. Er begriff nicht, daß die britische Jagdwaffe zur Verteidigung jedes von den Bombern bedrohten Zieles aufsteigen würde und daß das bei weitem für sie wichtigste Ziel ihre eigenen Einrichtungen waren: Radarstationen und Abschnittsflugplätze mit den Operationsräumen und ihren Nachrichtenanlagen. Diese lebenswichtigen Ziele waren obererdig und durch Angriffe aus der Luft verwundbar. Würden sie zerstört, dann wären die Jäger blind, ihr Gehirn und ihr Nervensystem wären gelähmt. Die Luftwaffe hatte die polnische und die französische Luftflotte in wenigen Tagen ausgeschaltet, hauptsächlich am Boden, wo Schäden an den Kommunikationsmitteln alles andere in Verwirrung brachten. Und hier in England war das lebenswichtige, verwundbare Bodenradar-Kontrollsystem zum Himmel hin weit offen. Doch die Planer der Luftwaffe vergaßen die Lektion von Polen und Frankreich und beschlossen, zuerst die R.A.F.-Jäger in der Luft zu bekämpfen. Wo blieben wohl die Nachrichtendienste von »Beppo« Schmid? Alles ließ darauf schließen, daß sie die von Dowding aufgezogene Organisation ganz und gar nicht ahnten.

Ein Angriff auf London würde also die britischen Jäger herauslocken. Der Gedanke gefiel Göring ausnehmend gut. Von Wever bis zum derzeitigen jungen Stabschef, ebenso wie Göring selbst und seine Leute, waren sie alle Douhet-Anhänger. »Die Zersetzung von Völkern ... wird das Werk von Luftstreitkräften sein.«

Dabei war nur ein Haken: Hitler wollte von einer Bombardierung Londons nichts wissen. Seit Beginn der Feindseligkeiten hatte er unaufhörlich seine Weisungen wiederholt: »Angriffe gegen London bleiben meiner Entscheidung vorbehalten.« Und wenn er auch von Vernichtungsschlägen als Repressalie für die Ruhrangriffe gesprochen hatte, hatte er sein Veto noch nicht zurückgezogen. London war tabu.

Nur Theo Osterkamp sah die Tatsache klar. Er und sein JG. 51 hatten alles versucht, um die britischen Jäger herauszufordern, doch die R.A.F. hatte – außer zur Selbstverteidigung – den Kampf abgelehnt. Man mußte sie treffen, wo sie verletzlich war – am Boden; das würde sie aufsteigen lassen, so daß man sie abschießen konnte. Doch niemand hörte auf den klugen alten Adler.

Am 31. Juli hielt Hitler mit Keitel und Jodl fürs OKW, von Brauchitsch und Halder fürs Heer und Raeder für die Kriegsmarine gegen Mittag im Berghof wieder eine Sitzung ab. In Karinhall hatte Göring seine eigenen Kommandeure versammelt. Keiner von seinen Männern war bei der wichtigen Besprechung auf dem Berghof dabei. Hitler fragte, wie weit die Kriegsmarine mit den Invasionsvorbereitungen sei. Sie seien in vollem Gang, erwiderte Raeder. Seine Lastkähne stünden am 15. September bereit, ebenso ihre Mannschaften. Fischerboote würden beschlagnahmt und dürften am 1. September bereit sein. Schade, dachte der Großadmiral, daß der Heringfang in der Ostsee darunter zu leiden hatte; er versprach außergewöhnlich reichlich zu werden. Das Minenlegen sei Sache der Luftwaffe; einen ausreichenden Luftschirm zu geben, dürfe wohl kein Problem sein. Doch man solle sich keine Illusionen machen: vor dem 15. September werde die Kriegsmarine nicht bereit sein.

Da gäbe es noch Einzelheiten, die für die Marine von entscheidender Wichtigkeit seien. Die Landung müsse zwei Stunden nach Einsetzen der Flut stattfinden, damit die Ebbe dann die Landungsboote fest im Sand sitzen lasse. Außerdem, falls das Heer darauf bestehe, in der Dämmerung zu landen (die Kriegsmarine war dagegen), sei ein gewisses Maß von Mondlicht vonnöten, um eine solche Flotte ans Feindgestade zu führen. Das bedeute, daß man zwischen dem 19. und dem 26. September das Unternehmen ansetzen müsse.

Der Großadmiral fügte seine übliche Warnung hinzu: »Seelöwe« werde für die deutsche Wirtschaft eine schwere Belastung bedeuten; die Kriegsmarine könne nur mit einer kurzen Front fertig werden; und schließlich, wäre es nicht überhaupt besser, die Invasion auf Mai 1941 zu verschieben?

Doch Hitler blieb bei seinem Entschluß. Halder notierte, der Luftkrieg werde jetzt beginnen; er würde die relative deutsche Stärke erweisen. Wenn die Ergebnisse nicht befriedigend wären, dann würden die Invasionsvorbereitungen gestoppt. Wenn es aber so aussähe, als ob die Briten unter Luftbombardements nachgiebiger würden, »dann werden wir angreifen«. Inzwischen würden die Landungsvorbereitungen weitergeführt.

Indessen war Hitler weiterhin über Rußland beunruhigt; er war überzeugt, daß Großbritannien noch immer mit den Russen rechnete. Halder notierte: wenn man Rußland zerschmettere, schwände Englands letzte Hoffnung. Folglich mußte Rußland liquidiert werden. Doch blieb England das Hauptproblem. Während der kommenden Wochen sollte er all sein Denken auf die Niederlage Englands konzentrieren.

Am nächsten Tag, dem 1. August, setzte die Führer-Weisung Nr. 17

die Hauptprinzipen fest: »Ich beabsichtige, den Luft- und Seekrieg gegen das englische Mutterland in schärferer Form als bisher weiterzuführen. Hierzu befehle ich folgendes:

1. Die deutsche Fliegertruppe hat die englische Luftwaffe möglichst bald niederzukämpfen ...

2. Nach Erringung einer Luftüberlegenheit ist der Luftkrieg gegen die Einrichtungen der Lebensmittelbevorratung ... weiterzuführen.

3. Außerdem muß sie [die Luftwaffe] für das Unternehmen ›Seelöwe‹ kampfkräftig zur Verfügung stehen.«

Hitler setzte den Tag D auf ein Datum nach dem 5. August fest, je nachdem die Luftwaffe bereit und das Wetter günstig seien. Sich selbst behielt er das Recht vor, Terrorangriffe zu befehlen. Danach folgte eine zweite von Keitel im Namen Hitlers unterzeichnete Weisung, worin angeordnet wurde, daß die Vorbereitungen für »Seelöwe« bis 15. September abzuschließen seien. Eine oder zwei Wochen nach Beginn der Luftoffensive am 5. August würde der Führer entscheiden, ob die Invasion noch in diesem Jahr stattfinden solle oder nicht. »Seine Entscheidung wird weitgehend vom Ergebnis der Luftoffensive abhängen.«

Mit dem Kanalkampf war es also vorbei. Für die Luftwaffe wurde es jetzt tödlich ernst mit dem: *denn wir fliegen gegen Engeland*.

Während der letzten Julitage bestellte Hitler – nach Oberst Kreipe, dem Leiter der Operationsabteilung von Sperrle – den Kommandeur der Luftflotte 3, Sperrle, zu sich und verlangte von ihm den totalen Einsatz der Luftwaffe gegen Großbritannien.

Göring rief seine Kommandeure in Den Haag im HQ des Generals Friedrich Christiansen zusammen. Theo Osterkamp schrieb, daß alles was Rang und Namen hatte, versammelt gewesen sei. Das Wetter war prächtig, und so fand die Zusammenkunft im Garten statt. Der »Eiserne« erschien in einer neuen weißen Paradeuniform. Feierlich teilte Göring die Führerbefehle mit. Der Führer habe ihm befohlen, Großbritannien mit seiner Luftwaffe zu zerschmettern. Durch eine Reihe schwerer Schläge plane er, Göring, diesen Feind, dessen Stimmung schon stark gesunken sei, in nächster Zukunft auf die Knie zu zwingen, so daß die deutschen Truppen ohne jedes Risiko auf der Insel landen könnten.

Dann kam er zur Ausführung seines Plans. Osterkamp berichtet: laut Informationen des Nachrichtendienstes verfüge England im Südabschnitt höchstens über 400 bis 500 Jäger (tatsächlich bestand die Jagdwaffe nur aus etwa 300 Maschinen). Deren Vernichtung in der Luft und am Boden habe in drei Phasen vor sich zu gehen: während der ersten fünf Tage innerhalb eines Radius von 150 bis 100 km südlich und südöstlich von London; in den nächsten drei Tagen innerhalb 50 bis 100 km, und während der letzten fünf Tage im Umkreis von 50 km rund um London. Die gesamte Operation wäre also in dreizehn Tagen abgeschlossen. Dadurch würde die unbedingte Luftherrschaft über England errungen, und damit wäre des Führers Auftrag erfüllt.

»Ich muß wohl ein schrecklich dummes Gesicht gemacht haben, was freilich in meinem Fall kaum auffallen sollte«, erzählt Osterkamp. »Göring sah auf, erblickte mich und fragte: Nun, Osterkamp, haben Sie noch irgendeine Frage?«

»Onkel Theo« erwiderte, daß er während des Juli, als sein JG. 51 allein über England im Kampf war, festgestellt habe, daß im Gebiet von London etwa 500 bis 700 Jäger konzentriert seien. Wenn er die 11. Gruppe meinte, dann schoß Osterkamp weit übers Ziel. Er glaubte auch, daß ihre Zahl beträchtlich gestiegen sei. Auch hier irrte er wieder. Dowding hatte der Versuchung widerstanden, die 11. Gruppe auf Kosten der 12. und 13. Gruppe in den Midlands und im Norden zu verstärken. Zum Schluß meldete Osterkamp seinem Chef, daß elf neue Einheiten mit Spitfires ausgestattet worden seien, die er für ebenso gut wie die deutschen Jagdmaschinen halte. Es stimmte, daß die Spitfire ebenso gut war wie die Me 109, aber von den neuen Jagdstaffeln hatten einige Spitfires, andere Hurricanes.

Göring unterbrach ärgerlich: Das sei Unsinn, seine eigenen Informationen seien ausgezeichnet, und er übersehe die Situation vollkommen. Die Messerschmitt sei viel besser als die Spitfire, denn die Briten seien ja zu feige, um sich mit den deutschen Jägern einzulassen. Osterkamp erwiderte starrsinnig, die britischen Jäger hätten Befehl, den Kampf mit deutschen Jägern zu vermeiden. Das sei doch das gleiche! schrie Göring. »Wenn sie so stark wären, wie Sie es behaupten, müßte ich meinen Luftzeugmeister [Udet] an die Wand stellen lassen.«

Osterkamp fragte: Wieviel Jäger beim Kampf gegen England eingesetzt werden würden. Göring antwortete: »Natürlich werden alle unsere Jagd-Geschwader in die Schlacht geworfen.« »Onkel Theo« hatte mit 1000 bis 1500 Jägern gerechnet. Er wurde »bitterlich enttäuscht«. Tatsächlich wies die Zahl des deutschen Generalquartiermeisters 929 Jäger auf, von denen 700 Me 109 waren, die übrigen zweimotorige Me 110.

Die Anzahl der Bomber gab Osterkamp einen noch größeren Schock. »Ich war völlig verdattert, als die beiden Luftflotten angaben, daß sie nicht einmal 700 Bomber hatten, die einsatzfähig waren.«

Göring sah sich – immer nach »Onkel Theo« – aufgebracht um, »als ob er Hilfe suche« und murrte:

»Ist das meine ganze Luftwaffe?«

Es stimmte, es war sie, aber eine Luftwaffe, der die R.A.F. immer härter zusetzte, seit Karl Missys Heinkel im Februar zu Bruch gegangen war.

Doch die Zahlen des deutschen Generalquartiermeisters waren gar nicht so deprimierend: 875 Langstreckenbomber und 316 Sturzbomber (zusammen 1191) bei den Luftflotten 2 und 3. Die Luftflotte 5 besaß 123 Langstreckenbomber und 34 zweimotorige Jäger Me 109.

Die 13-Tage-Offensive, die in den Den Haag besprochen worden war, sollte gar nichts gegen den Plan des Reichsmarschalls sein, der in einer am nächsten Tag erlassenen Weisung des OKL skizziert war. Die Operation nannte sich endgültig »Adlerangriff«, und ihr Ziel war, die R.A.F. wie die polnische und französische Luftstreitmacht zu vernichten.

Die Luftflotten 2 und 3 würden am »Adlertag« mit drei mächtigen Angriffswellen losschlagen. Nach »Adlertag« und einem weiteren Tag würde dann auch die Luftflotte 5 von Norwegen aus eingreifen. Nach nur vier Tagen sollte die R.A.F. außer Gefecht gesetzt sein. Kriterium für ihre Niederlage: sie wäre erkämpft, wenn Dowding nur noch über 300 Jäger verfüge.

Was waren das für Streitkräfte, die sich im Luftkampf gegenüberstanden? *Fighter Command's Order of Battle* sollte eine Woche später einen Gesamtbestand von achtundvierzig Jägerstaffeln = 768 Flugzeugen (einschließlich der Reserven) aufweisen, bei einer Kampfkraft von 576 Flugzeugen (die Staffel zu 12 Flugzeugen) in der Luft. Doch im Süden, »der einzige Abschnitt, der uns interessierte«, betont Osterkamp, waren sieben Staffeln in der 10. Gruppe und neunzehn Staffeln in der 11. Gruppe – ein Bestand von 312 Flugzeugen, die auf etwa zwanzig Flugplätze verteilt waren. Auf der Gegenseite die Luftflotten 2 und 3, mit zusammen 43 Bomber-Gruppen und 33 Jäger-Gruppen: cirka 2000 Maschinen, die auf 84 Flugplätze verteilt waren. Diese Zahlen verstehen sich zu 12 Maschinen pro Jagdstaffel (*squadron*) bei der R.A.F., ebenfalls 12 Maschinen pro Luftwaffen-Jagdstaffel und 9 Maschinen per Bomberstaffel. Kampfplatz für alles war der Luftraum Groß-britanniens. Über Südengland standen also 312 R.A.F.-Jäger, 2000 Luftwaffen-Bombern und -Jägern gegenüber.

Die 12. und 13. Gruppe, jede mit elf Jagdstaffeln, umfaßten die Midlands und den Norden mit einer Kampfkraft von 264 Flug-zeugen. Oberst Kreipe hörte Göring an diesem Tag sagen: Das englische Volk werde zum ersten Mal in der modernen Geschichte das volle und ganze Gewicht eines Krieges auf eigenem Boden spüren, darum sei zu erwarten, daß die Stimmung in England sehr bald umschlüge.

Unterdessen waren die Deutschen an der diplomatischen Front sehr geschäftig, um mit den Briten doch noch zu einer Übereinkunft zu kommen. Noch einmal wurde die guten Dienste des Königs von Schweden in Anspruch genommen. Doch Churchill ging darauf nicht ein; bevor England sich auf Friedensgespräche einließe, »wäre er-forderlich, daß wirkliche Garantien durch Taten, nicht durch Worte von Deutschland erbracht würden, die der Tschechoslowakei, Polen, Norwegen, Dänemark, Holland, Belgien und vor allem Frankreich ein freies und unabhängiges Leben sicherten ...«

Wir in unserer kleinen Welt wurden kaum gewahr, welche furcht-bare Partie nun gespielt werden sollte. Unsere Gedanken reichten nicht weit über die engen Wände unserer Flugzeugkanzel und die tägliche Aufgabe hinaus, den Feind vom englischen Himmel zu ver-treiben. Nichts durfte uns davon abhalten. Doch für Tom Gleave war es nicht so einfach. Er war beinahe 32 Jahre alt und hatte damit bereits das Alter für einen Staffelkapitän, das Dowding auf 26 Jahre festgesetzt hatte, überschritten. Gleave war eine von den wenigen Ausnahmen. Am 20. Juli wurde er zum Oberstleutnant befördert. Damit war es aus: dieser Dienstgrad war zu hoch für einen Staffel-führer. Sein Platz war nun im Operationsraum der Gruppe. Doch ihn dürstete nach Kampf. Er lief zum Gruppenhauptquartier und spürte in der Messe den Gruppenkommandeur auf, »Birdie« Saul. Er entschuldigte sich bei ihm für die Störung und fragte, ob er seine 253. Staffel behalten könne. Als Saul es zusagte, kam er sich wie ein Begnadigter vor.

Doch am 5. August meldete sich einer von seinen ehemaligen Schüler der R.A.F.-Schule von Sealand, namens Starr, um ihn an der Spitze seiner 253. abzulösen. Da schlug Tom Gleave ihm vor: »Laß mich einfach als Pilot dabei.«

Starr willigte ein: »Wir werden uns die Staffelführung teilen.« Ein Gentleman's Agreement, für das das Schicksal leider grausame Verachtung zeigte.

Auf deutscher Seite herrschten vom Obersten Befehlshaber abwärts Zweifel und Zwietracht. War die Invasion nötig, oder tat es auch ein »Großeinsatz«? Wenn die Invasion stattfand, sollte sie dann mit ausgedehnter oder kurzer Front stattfinden? Sogar innerhalb der Luftwaffe gingen die Meinungen des Reichsmarschalls und seiner Luftflotten und die der Kommandeure der beiden Luftflotten selbst auseinander. Am 5. August, dem Tag, an dem der Adler sich auf die Beute stürzen sollte, war er immer noch dabei, sein Gefieder zu glätten.

Dabei hatte die Luftwaffe bereits ein paar schwere Schläge geführt. Sie hatte manchen Zerstörer der Royal Navy in den engen Gewässern des Kanals und in der Nordsee versenkt oder beschädigt. Wenn sie der R.A.F. die Luftherrschaft abgewinnen würde, wäre die Flotte ihr auf Gnade und Ungnade ausgeliefert. Obgleich die dreizehn Schlachtschiffe der Flotte und ihre schweren Kreuzer im Westen und Norden sich außerhalb der Luftwaffen-Reichweite hielten, wurde pausenlos Patrouille von den beinahe 800 leichteren Kriegsschiffen gefahren. Das war die Antwort auf Görings Prahlerei, daß Britannien nicht länger eine Insel sei. Es war noch eine Insel, wie seine Luftwaffe alsbald merken sollte. Nur hatte die R.A.F. von der älteren Waffe die erste Verteidigungslinie übernommen. Der R.A.F. fiel die Aufgabe zu, das Land zu schützen, die Bewegungen des Feindes auszuspähen und zum Gegenangriff vorzugehen.

Churchill definierte Englands Verteidigungslinien: Die erste liege in den Häfen des Feindes. Diese müßten aus der Luft und von den U-Booten der Flotte überwacht werden. Die zweite Linie der Verteidigung bildeten Patrouillen zur See, die jede Invasionsstreitmacht abzufangen und zu vernichten hätten. Das dritte Abwehrmittel sei ein Gegenangriff, sollte es jemals dem Feind gelingen, die Küste zu erreichen. Dann würde vom Land, von der See und von der Luft aus alles über ihn herfallen. Churchill und seine Ratgeber waren der Überzeugung, daß »jeder Feind, der an Land käme, ins Meer zurückgeschleudert werden würde«. Sie hoffen beinahe, daß die Invasion käme – es würde eine Chance sein, »dem mächtigen Feind einen Schlag zu versetzen, der in aller Welt Resonanz finden werde«. Dieselbe Hoffnung fand ihr Echo bei den Männern, die wachsam auf den Angreifer warteten. Und dazu kam noch der persönliche Groll gegen Hitler.

»Glauben Sie, daß Hitler kommen wird?« fragte ein Soldat der *Home Guard* seinen General.

»Es wäre jammerschade, wenn er nicht käme«, war die Antwort.

Auch Unteroffizier Karl Missy hoffte auf die Invasion. Im Lazarett von Whitby hatte Schwester Odfields Pflege ihm auf den Weg der Genesung geholfen. Dann wurde er ins Royal Military Hospital in Woolwich (Ost-London) verlegt, wo er das Schauspiel aus der ersten Reihe bald miterlebte. Missy und seine Kameraden warteten auf die Invasion, und ihr Optimismus wuchs mit jeder neuen Gruppe von verwundeten Kriegsgefangenen. »Die Invasion steht unmittelbar bevor«, klang der ewige Refrain. Karl Missy tröstete sich mit dem Gedanken an eine baldige Heimkehr in die Dohlerstraße in Rheydt.

Die Kriegshäfen, die Flugplätze der R.A.F., Radar und Flugzeugfabriken, die Armeedepots und öffentlichen Versorgungsbetriebe (Nahrungsmittel, Strom, Brennstoff, Verkehrsmittel), alles war in Beppo Schmids »Studie Blau« aufgeführt – seinem Blaubuch für den Luftkrieg gegen England. Ihr Schutz war Aufgabe der britischen Jagdflieger. Jahrelang hatte Dowding den Standpunkt verfochten, daß der Angriff zwar die beste Verteidigung sein könnte, daß aber die Sicherheit der Basis die wesentliche Voraussetzung sei. Nun war für ihn der Augenblick gekommen, es zu beweisen.

Er machte sich keine Illusionen über die Möglichkeit, den Krieg zu gewinnen. Sein einziges Ziel war zu verhindern, daß die Deutschen jetzt einen Sieg errangen. »Wenn die Deutschen nur für eine Woche die Luftherrschaft an sich reißen, werden sie den Krieg gewinnen«, sagte er.

Die Luftwaffe war nun bereit, Dowdings Jägern die Luftherrschaft abzunehmen. Wenn es ihnen gelang, war England und seine Flotte

3. Februar 1940:
Peter Townsend schießt das erste deutsche Flugzeug über englischem Boden ab

Am 3. Februar 1940, neun Uhr, startete Peter Townsend mit seiner Kette vom Flugplatz Acklington: ein feindliches Flugzeug war von der Küste gemeldet worden. Kurz darauf entdeckte man an Bord des deutschen Bombers die britischen Jäger. Im selben Augenblick eröffnete Peter Townsend das Feuer. Die Heinkel, die tödlich getroffen war, konnte auf englischem Boden eine Bruchlandung machen. *(rechtes Foto oben, Evening Gazette)* Zwei Überlebende nur, der Flugzeugführer Wilms und Karl Missy. *(Foto unten, Karl Missy)*

Vier Monate erbitterter Einzelkämpfe

Während Hitler und seine Generäle vor den Plänen einer Landung und Invasion Englands zögerten, beginnt die Schlacht um die Luftherrschaft über England. Zwei Charakteristika kennzeichnen sie: einerseits die Bedeutung der beiderseits eingesetzten Kräfte. Die R.A.F. und auch die Luftwaffe waren fast

in ihrer gesamten Stärke in die Schlacht verwickelt; andererseits der Aspekt der Kämpfe, die im wesentlichen »Einzelkämpfe« waren, vergleichbar jenen zu Zeiten des Rittertums. Fotos: eine getroffene britische Hurricane *(Foto Galland)*, aufgenommen aus einer deutschen Maschine; und das von Kugeln durchlöcherte Leitwerk eines Flugzeuges der Luftwaffe. *(Foto A. Fritsch)*

Auf beiden Seiten junge Männer voller Lebensfreude, um dem Tod zu trotzen

Selbst die erbittertste Schlacht hat auch ihre Muße-stunden. Manche Flieger hatten ihren Hund und nah-men ihn sogar mit. *(Foto J. Pötter)* Die Ernsten unter ihnen spielten Schach. *(Foto W. Borner)* Die Flieger einer deutschen Bombereinheit hatten beschlossen, sich auf ihre Art selbst zu dekorieren: 80 Feindflüge gaben Anrecht auf eine »Kreissäge«, 100 auf eine »Melone«, 120 auf einen grauen Zylinder. *(Foto W. Borner)* Rechts: in der Messe der 85. britischen Staffel in Debden, Neckerei eines Neulings. *(Foto W.-M. Vandivert)*

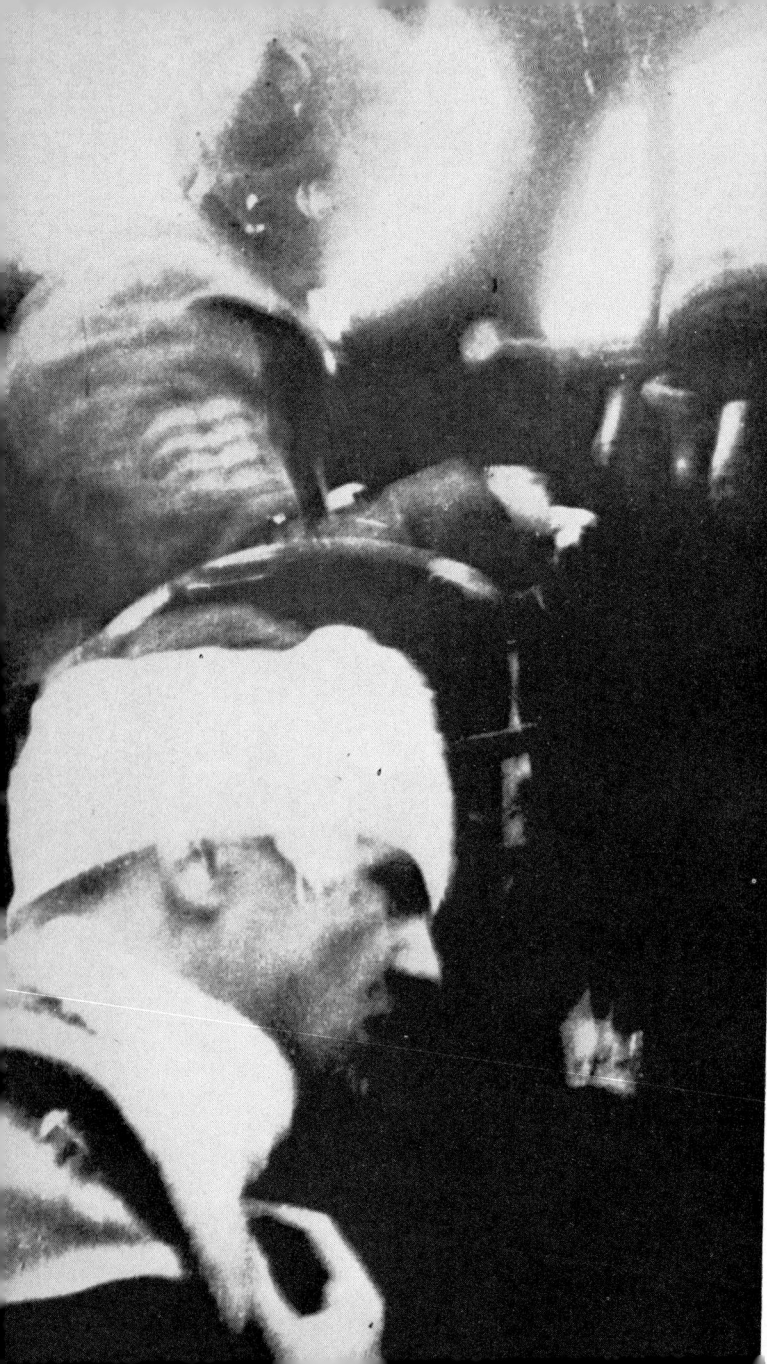

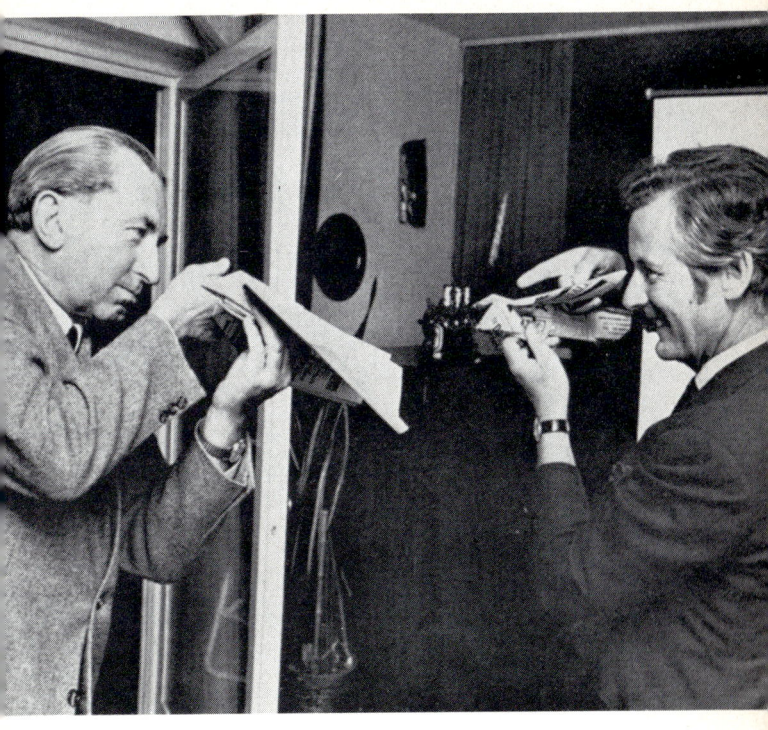

Werner Borner sah Peter Townsend wieder, den er »baden« geschickt hatte

Am 11. Juli 1940, mitten in der Schlacht um England, wurde Peter Townsend nach einem heftigen Kampf über dem Meer von einem Bomber Dornier 217 abgeschossen, nicht ohne den Gegner mit Kugeln durchsiebt zu haben. Werner Borner, der Flugzeugführer des Bombers, nahm das linke Foto selbst auf: seinen verwundeten Bordmechaniker Lohrer. Als Borner 1968 Townsend wiedersah und mit ihm den Kampf rekonstruierte, erzählte er, daß er mehr als 200 Geschoßspuren an seiner Dornier 217 festgestellt habe. *(Foto Bild am Sonntag, Kuhnigk)*

Zwischen diesen beiden Fotos liegen achtundzwanzig Jahre

Auf dem Flugplatz von Sevilla, anläßlich der Dreharbeiten zu dem Film »Die Schlacht um England« *(Foto Life W.-M. Vandivert)* sah Peter Townsend 1968 (Foto unten, Peter Townsend) die alten Heinkel 111 wieder, Maschinen des gleichen Typs, den er 1940 bekämpft hatte. Oberes Foto: nach Rückkehr von einem Kampf hat er gerade seine Hurricane verlassen.

den feindlichen Bombern gnadenlos ausgeliefert, und »Seelöwe« konnte, wenn nötig, in See stechen.

In Karinhall versammelte Göring am 6. August zum letzten Mal vor dem Adlertag seine »Adler«. Dem Reichsmarschall schien es gar nicht eilig damit. Vier oder fünf Tage gutes Wetter war alles, was er wünschte. Er war ganz und gar eingenommen von den Ideen des Generals Douhet, bemerkt Oberst Kreipe. Er wollte Großbritannien in Trümmer legen, das Volk terrorisieren und die Regierung Seiner Majestät zur Kapitulation zwingen.

Doch die Luftwaffenstäbe waren weniger optimistisch. Kesselring war zwar ebenfalls für einen »Sättigungsangriff«. Er war es, der ihn ja auch mit Erfolg gegen Warschau und Rotterdam geleitet hatte. Doch Kesselring war als der Mann Görings bekannt. Er hatte hohe Achtung vor ihm; trotz dessen Brutalität fand er ihn im großen und ganzen freundlich und großzügig. Doch selbst er stimmte über die Ziele des »Großeinsatzes« nicht mit ihm überein. »Ich empfahl dem Reichsmarschall die Invasion aufs dringendste, weil ich daran glaubte«, sagte er. Seine eigenen Vorbereitungen waren sehr einfach, »denn ich und meine Luftflotte standen dem Zielgebiet gegenüber«. Es sei also lediglich eine geistige Vorbereitung nötig gewesen, neben der Verstärkung der operativen Gruppen und der Einrichtung von Flugplätzen, eigentlich nur Absprachen mit dem Heer und der Kriegsmarine.

Alles sah sehr einfach aus, aber die Dinge sollten sich doch anders entwickeln. Aus Görings mündlichen Instruktionen am 6. August schien hervorzugehen, daß die Luftoffensive als Präludium zu »Seelöwe« gedacht war. Aber von Anbeginn an wurde der Angriff nach Richtlinien geführt, die von den ersten Instruktionen erheblich abwichen.

Sperrle verstand sich mit Göring nicht sehr gut. Der große Mann mit dem schweren Kinn, der die Luftflotte 3 kommandierte, war im Ersten Weltkrieg Görings Vorgesetzter gewesen, und der Reichsmarschall hatte ihm nie gewisse »Zigarren« vergessen, die er von ihm wegen Disziplinlosigkeiten hatte einstecken müssen. Er zeigte deutlich seine Verachtung für Sperrle. Sperrle hatte seinen »Kraftakt« von Guernica nicht vergessen, doch im HQ der Luftflotte 3 glaubte, wie Oberst Kreipe bemerkt, niemand ernsthaft daran, daß die Luftwaffe allein Großbritannien besiegen könne. Dagegen war man der Meinung, daß sie eine entscheidende Rolle bei »Seelöwe«

spielen könnte, wenn Heer und Marine sich ihrerseits voll einsetzten. Göring jedoch glaubte nicht an »Seelöwe«. Er hatte eine zu schlechte Meinung von der Kriegsmarine und dem Großadmiral Raeder, dem er öffentlich Verachtung zeigte.

Görings Verhältnis zum Chef des Heeres war kaum besser, und Brauchitsch mißtraute ihm seinerseits, wie fast alle höheren Offiziere, nicht zuletzt wegen Görings heimtückischer Art, die Wehrmachtspitzen bei Hitler in Mißkredit zu bringen und sich dadurch in Gunst zu setzen. Denn die Gunst des Führers bedeutete ihm alles; er fürchtete ihn. Er hat selbst einmal zugegeben, daß er zuweilen entschlossen sei, bei Hitler etwas vorzubringen, doch wenn er dann vor ihm stehe, fehle ihm doch der Mut. Doch er wußte auch, daß sich sein Herr und Meister in Sachen der Luftfahrt mehr auskannte. Der Pressechef Dietrich nannte Hitlers Haltung »tragisch«: er habe keine innere Beziehung zur Fliegerei gehabt, er sei nur ungern geflogen und habe von der Luftfahrt nichts verstanden. Vor der wachsenden Bedeutung des Flugzeugs habe er ein Unbehagen empfunden, weil es seiner Natur so fremd gewesen sei. Daher wohl auch die Leichtigkeit, mit der Göring freie Hand für Dünkirchen bekommen hatte und nun auch wiederum für seinen Angriff auf England. Nach Raeders Ansicht glaubte Hitler, genau wie Göring, daß der Luftkrieg gegen England die Briten auf die Knie zwingen werde, bevor die Invasion nötig würde. Doch gleichzeitig war Raeder auch überzeugt davon, daß es sich bei »Seelöwe« keineswegs um einen Bluff handelte. Niemand konnte es besser wissen als er.

Die »Adlerbesprechung« in Karinhall hatte einen optimistischen Ausklang – vier oder fünf Gut-Wetter-Tage. Doch das Wetter wurde gerade in diesem Augenblick schlecht, und Göring begann unruhig zu werden.

Der Zwist zwischen Heer und Kriegsmarine über eine breite oder schmale Front spitze sich am 7. August zu. Nach der Führerbesprechung vom 31. Juli hatte Raeder seinem Stab der Seekriegsleitung befohlen, die Überquerung der Straße von Dover zu planen. Den Plan des Heeres, auf breiter Front zwischen Brighton und Lyme Bay zu landen, schob er beiseite. Dann begab sich der Großadmiral zusammen mit den Generälen von Brauchitsch und Halder nach Sylt, um Speziallandungsboote zu besichtigen; von seinen Instruktionen ließ er kein Wort verlauten. Erst bei der Rückkehr nach Fontainebleau am 4. August fand Halder auf seinem Schreibtisch eine Abschrift darüber und rief aufgebracht das OKW an. Jodl beruhigte ihn: Raeder habe offenbar falsch verstanden. Der Stabschef der Seekriegsleitung, Admiral Schniewind, kam aus Berlin herbeigeeilt um die zornigen Heerführer zu besänftigen. Ein Stabszug mit beiden Stabschefs an Bord dampfte am 7. August spät abends von Fontainebleau ab, um nach den vorgesehenen Einschiffungsstellen an der Kanalküste zu fahren. Die ursprünglich friedliche Diskussion zwischen den beiden Herren entwickelte sich zu einem heftigen Streit. Schniewind erklärte, daß eine 360 km breite Front von Nore bis Lyme Bay die Möglichkeiten der Kriegsmarine überschreite. Selbst wenn die für ein solches Unternehmen notwendige Armada an Transportschiffen zusammengebracht werden könnte, würde die britische Flotte sie zusammenschießen. Die einzige Hoffnung, nicht die gesamte Invasionsflotte zu verlieren, sei eine Überquerung der Straße von Dover auf enger Front, wo sie Schutz von weitreichenden Küstenbatterien und von der Luftwaffe bekäme.

Der sonst so ruhige Halder explodierte. Den Plan der Marine betrachtete er als »vollkommenen Selbstmord«; genau so gut könne er seine Angriffstruppen durch die Wurstmaschine drehen! Schniewind erwiderte, daß der Plan einer breiten Front ebenfalls selbstmörderisch sei, da man unter der Nase der in Portsmouth und Portland stationierten englischen Flotte übersetzen müsse. Nur der Führer würde entscheiden können. Angeekelt von der Zaghaftigkeit der Kriegsmarine, notierte Halder am Abend in seinem Tagebuch, daß die Admiräle Angst vor der britischen Flotte hätten, um so mehr als die Luftwaffe zur Zeit unfähig sei, deren Drohung zu begegnen. Am Abend vorher hatte er bereits geschrieben, die Kriegsmarine sei voller Mißtrauen, die Luftwaffe widerborstig, das OKW bleibe stumm. Die einzige vorwärtstreibende Kraft komme vom Heer.

Und jetzt begann die Kriegsmarine zu murren, daß die Luftwaffe die besten Gelegenheiten verstreichen ließ, trotz guten Wetters. Doch Seemannswetter ist nicht immer gutes Fliegerwetter. Der auf den 8. August festgesetzte »Adlertag« hatte abermals verschoben werden müssen, obwohl die Luftwaffe am 8. einen wütenden Angriff auf einen Geleitzug machte, der nach Westen durch den Kanal fuhr.

Die zwanzig Handelsschiffe des Konvoys C.W. 8 hatten am Abend vorher die Themsemündung verlassen. Man wollte sich in der Nacht an »Papa« Fink und seinen Stukas vorüberstehlen. Das wenigstens gelang auch. Doch wer konnte glauben, daß C.W. 8 ungeschoren den Kanal passieren könnte? Seit Ende Juli war die Freya-Radarstation der Deutschen in Wissant in Betrieb. Die Dunkelheit konnte die Stukas blind machen, nicht aber Freya. Schnellboote wurden alarmiert. Die Dämmerung hatte sich noch nicht gehoben, da furchten sie schon die grauen Wasser des Pas-de-Calais und schickten ihre Torpedos gegen den Geleitzug. Drei Schiffe und ihre Besatzung gingen zum Grund.

An der französischen Küste wartete das Fliegerkorps VIII. Richthofen befahl seinen Stukas, den Geleitzug völlig zu vernichten. Dreimal flog das massierte Stuka-Geschwader seinen Angriff unter Jägerschutz gegen die Handelsschiffe.

Rudolf Braun stieß mit den anderen herab. Er wußte, daß die Me 109 wegen der Treibstoffvorräte nicht lange bleiben konnten; doch solange sie da waren, glaubten die Stuka-Besatzungen, daß ihnen nichts passieren könnte. Doch auf einmal hatte Braun eine Spitfire am Rockschoß. Als sich der Engländer ihnen näherte, rief sein MG-Schütze Braun zu: »Jetzt!«, und Braun riß seinen Stuka in einer tollen Kurve herum – ein Stuka konnte auf der Fläche einer Briefmarke drehen. Eine kurze Salve auf gut Glück, und dann brauste die Ju 87 davon. Für Stukas war dicke Luft.

Drunten zog C.W. 8 verwundet und geschlagen weiter und ließ in seinem Kielwasser sinkende Schiffe zurück, während droben am Himmel Hurricanes und Spitfires verzweifelt mit den Stukas und den Begleitjägern Me 109 fochten. Für die Tangmere-Gruppe war es ein heißer, aber auch großer Tag. Zwölf Hurricanes der 43. Staffel warfen sich auf die dritte Stukawelle: 82 Stukas, umschwärmt von ihren eskortierenden Me 109, das Ganze in Form einer monumentalen Treppe. Frank Carey, mit dem Caesar und ich so gern Kunstflug machten, war mit von der Partie. Aber jetzt war es kein Kunstflug mehr. Frank sah »einen so schrecklichen und unerbittlichen Pulk, daß man ebensogut eine Dampfwalze aufzuhalten versuchen konnte«. Tony Woods-Scawen, tapfer wie ein Löwe, aber kurzsichtig wie ein Maulwurf, flog direkt durch den Stuka-Haufen und feuerte wie verrückt.

An der Spitze der 145. Staffel hob John Peel in Tangmere ab und stieg über dem Meer auf 15 000 Fuß Höhe. Er sah die Stukas unter sich und ging im Sturzflug hinab. Aus noch größerer Höhe warfen sich die Me 109 auf seine Hurricanes. »Die feindlichen Jäger, silberfarben, machten die halbe Rolle, kamen im Sturzflug an, stiegen steil wieder auf. Auf einen von ihnen jagte ich zwei Fünf-Sekunden-Salven und sah ihn ins Meer stürzen. Dann folgte ich einem anderen, der steil aufstieg, und erwischte ihn, als er überzog.«

Mit der tapferen, aber leichtsinnigen Fahrt von C.W. 8 fiel der Vorhang über den Kanalkampf. Zum Glück waren solche Katastrophen selten. Seit dem 10. Juli waren nur einige 40 000 Tonnen Schiffsraum versenkt worden, von 4 000 000, die zwischen Nore und Land's End Spießruten gelaufen waren. »Kanakafü« Fink und Richthofen war es nicht gelungen, den Kanal von der britischen Schiffahrt zu säubern. Und General Theo Osterkamps vorzeitiges Triumphgefühl, als er unbelästigt mit seiner Me 109 durch den britischen Himmel flog, war endgültig vergangen. In fünf Wochen Einsatz gegen die britischen Jäger waren die Verluste der Luftwaffe auf 286 Maschinen gestiegen, von denen 105 Me 109 und Me 110 Jäger waren. Die Briten hatten 148 Jagdmaschinen verloren.

Am Abend des 8. August unterzeichnete Garfield Weston einen Scheck über 100 000 Pfund, um die am Tag verlorenen Jäger zu ersetzen – eine patriotische Gabe, wie die 100 000 Pfund von Lady Houston, die zehn Jahre vorher die Entwicklung dieser Jäger und ihrer Merlin-Motoren beschleunigt hatten.

General Hap Arnold von der U.S. Air Force sollte später schreiben: »Am 8. August unternahm es das britische Oberkommando der Jagdflieger, die Lage zu retten, und bis Ende September gelang es ihnen auch.«

Am selben Tag wurden in Coudray im Luftwaffen-HQ Görings Wetterfrösche höchst nervös. Auch Göring selbst war nervös. Die Hochdruckzone über den Azoren, die die vier oder fünf Tage schönen Wetters bringen sollte, blieb aus. Der »Adlertag« wurde abermals, jetzt auf den 10. verschoben, doch als dieser Tag heraufdämmerte, sollte Göring seine Adler noch immer nicht loslassen.

Die Offensive der Luftwaffe verschärfte sich jetzt, und Dowding traf eine Maßnahme, der den »Jägergürtel« rund um London verstärkte: Debden (der Abschnitt der 85. Staffel) wurde von Leigh-Mallorys 12. Gruppe der 11. Gruppe zugeteilt. Er gab Vizeluftmarschall Keith Park die Befehlsgewalt über die Zugangswege nach

London von Bournemouth am Kanal bis Great Yarmouth an der Ostküste.

Am nächsten Tag setzte Park seine Hurricane in Martlesham auf. Als mein Flugplatzkommandeur in Tangmere hatte er mir vor zwei Jahren einen sehr großen Dienst erwiesen, der dazu führte, daß ich jetzt eine seiner Staffeln führte. Ich hatte Glück, daß ich überhaupt noch da war, denn am selben Morgen hatte ich eine seltsame Begegnung mit dem Feind.

Es begann mit einer Dornier 17. Ich hatte sie entdeckt, während sie den Geleitzug »Booty« belauerte, und jagte sie durch eine Reihe von dicken, wattigen Wolken, deren Schatten wie Lämmer über die gläserne See wanderten. Während dieses Versteckspiels hörte ich eine ferne Stimme in meinem Kopfhörer, die eine Melodie summte. Sie wurde lauter, bis ich die Melodie erkennen konnte: *September in the Rain*. Dann kam eine Reihe lässiger Befehle auf deutsch. In diesem Augenblick war – 50 km von der Küste entfernt – die Wolkenbank verflogen und von der Dornier keine Spur mehr. Statt dessen aber einige zwanzig Me 110 genau unter mir, die zu zweit und zu dritt im Kreis flogen, während ihr Kommandeur – ich nehme an, daß er es war – fortfuhr, sie und mich mit seinem hinreißenden Refrain zu ergötzen.

Ich bin beinahe sicher, mir damals gesagt zu haben: Nimm an, du wärest Richthofen, der Rote Ritter. Er wartete immer hoch oben auf einen Nachzügler. Und da kam just einer, wie ich erwartet hatte, und kopfüber stieß ich auf ihn hinab und hielt ihn im Visier. Rasch hinein und rasch hinaus! »Onkel Theos« Ratschlag war klug. Ich riß meine Maschine hinauf, fort von dem Zirkus der Me 110, und traf auch einen, der klüger war als die anderen, denn er war noch höher als ich gestiegen und kam jetzt direkt auf mich herab. Er spie nach mir etwas, das wie Ströme von rotglühenden Pingpong-Bällchen aussah (diesen ungemütlichen Anblick bieten die Kugeln der Leuchtspurmunition). Und das aus beängstigender Nähe. Wir kamen so dicht aneinander vorbei, daß wir uns hätten anspucken können, und ich kletterte schleunigst in die nächstbeste Wolke hinauf.

Der Anblick der beiden 20-mm-Kanonen und die vier MGs der Me 110 waren beängstigend. Als ich mich ein bißchen gefaßt hatte, stieß ich wieder aus meiner Wolke hinab auf einen anderen Nachzügler. Im Sturzflug war es unmöglich, das Ergebnis zu sehen – um so weniger, als ich diesmal beim Ausbrechen aus dem Kreis von einem Hagel von Blei verfolgt wurde. Da merkte ich, daß eine Spitfire von irgendwoher gekommen war, um mich vor der wütenden Me 110 zu retten. Unwillkürlich mußte ich lachen, als ich sah, daß die Spitfire auf ihrem Schwanz stand, wie meine Hurricane es auch getan hatte, um eine freundliche Wolke zu erreichen.

Drunten auf dem Meer patrouillierte ein Schnellboot vom ausgezeichneten deutschen Rettungsdienst. Plötzlich machte es eine Wendung nach irgend etwas, das ins Meer gefallen war. Was es war, konnte ich nicht sehen.

Selbstverständlich forderte ich von Anfang an lauthals Hilfe von unserer Bodenstation Hornpipe an.

»Hallo, Hornpipe! Schickt den Rest der Staffel über »Booty«!

Tatsächlich waren sechs von unseren Hurricanes zur Stelle, als die Erprobungsgruppe 210 den Geleitzug angriff. Sie schickten zwei Me 110 hinab ins Meer.

Das war nur ein Geplänkel am Rande. Schwere Kämpfe gab es weiter im Süden – eine Art Hauptprobe für »Adlertag«, der wegen des Wetters noch immer aufgeschoben wurde.

Die 1. Gruppe des KG. 51 (Hans-Heinrich Brustellin) hatte einen Rekordtag im Abschießen von Fesselballons der Doversperre – ein Unternehmen, das Al Deere wurmte und empörte, weil es so sinnlos schien, es sei denn, es sollte den Stukas den Weg freilegen. Doch die Stukas heulten an diesem Tag nicht auf Dover herab. So wenig wie die Dornier-Formationen, die tatendurstig durch den Himmel über diesem Hafen fegten. Wir nahmen an, daß sie als Lockvögel für unsere Jäger dienen sollten – ein außerordentlich unpopulärer Sport bei den Bombern. Die 2. Gruppe des KG. 2 betrieb ihn an diesem Tag, und Werner Borner – an dessen Mut niemand zweifeln kann – hat mir gestanden: »Ich muß ehrlich sagen, daß diese Art Auftrag uns nicht restlos glücklich machte!«

Westlich, über der Marinebasis Portland, hatten die deutschen Jagdflieger den Auftrag, die Jäger der R.A.F. an den Boden zu nageln, während die Bomberstaffeln sich auf Portland konzentrierten. Es war die Chance, auf die die Jagdgeschwader längst gewartet hatten, da sie der Meinung waren, freier Kampf von Jäger zu Jäger sei der beste Weg, die Hurricanes und Spitfires auszuschalten. Es war ein echter Jagd-Auftrag: den Himmel säubern. Sehr viel besser, als das schreckliche Begleitschutzgeschäft, wo man an die Bomber gefesselt war wie ein Hund an seine Leine.

JG. 2 – »Richthofen« – hatte an diesem Tag einen harten Srauß zu bestehen.

»Wir hatten strikten Befehl«, sagte Paul Temme, der mit dem Stabsschwarm flog, »die britischen Jäger um jeden Preis für 35 Minuten niederzuhalten. Vorher abzuhauen war ausgeschlossen.« Gegen 11 Uhr wurden Feindverbände, die in Richtung auf die Küste flogen, von der Radarstation Ventnor (Insel Wight) gemeldet – es war die letzte Meldung, die sie für einige Zeit geben sollte. Das JG. 2 prallte über dem Meer südlich von Portland zum ersten Mal auf die R.A.F.-Jäger. Die »Kaffeemühle« begann sich sofort zu drehen. Sie kreisten immer fort. Von 6000 m Höhe bis knapp über die Wogen war es ein Alptraum von Zufallstreffern und knapp vermiedenen Zusammenstößen.

Eine Spitfire stürzte sich auf Temme. Er feuerte und tauchte tiefer. Unter der Wirkung der Zentrifugalkraft flog ihm der Staub vom Kabinenboden in die Augen. Dann bissen sich zwei Hurricanes an ihm fest – und er mußte noch zehn Minuten aushalten. Er blieb also in ihrer Gesellschaft, und er benötigte dazu seinen ganzen Mut. Wie ein Wilder flog er Zickzack-Kurs. Zum Glück gab es vereinzelt Wolken, sonst hätten die behenderen Hurricanes ihn sicher erwischt. Als er schließlich wieder in Beaumont-le-Roger aufsetzte, war er »fertig« im wahren Sinn des Wortes. Mechaniker hoben ihn aus der Kanzel, und er sank neben Leutnant Helmut Wick, dem aufsteigenden Stern des JG. 2, ins Gras hin. Wick war auch zu erschöpft, um zu sprechen.

Wick hatte einen herkulischen Kampf geliefert. Er reklamierte für sich drei von den zweiundzwanzig Abschüssen, die das JG. 2 an diesem Tag unter den britischen Jägern erzielt zu haben meinte. Doch bei so wütendem Gemenge waren die Angaben schwer nachzuprüfen. Zwei oder drei Piloten beanspruchten oft dasselbe feindliche Flugzeug. Das kam auf beiden Seiten vor. An der ganzen Luftfront von Harwich über Dover bis Portland gingen an dem Tag zweiunddreißig britische Maschinen verloren. Der deutsche Heeresbericht meldete 90 abgeschossene Feindmaschinen und gab den Verlust von sechsundzwanzig eigenen zu. Doch der Generalquartiermeister der Luftwaffe – der schließlich bei der Wahrheit bleiben mußte – schrieb von achtunddreißig Maschinen.

»Neunzig britische Flugzeuge, am Tag vor dem Beginn der berühmten Waldhuhnsaison zur Strecke gebracht, muß doch wirkliche Sportsleute hoch erfreuen.« So kommentierte die Propaganda von Goebbels das Opfer, bei dem im Gestank von Blut und verbranntem Fleisch die Blüte der englischen und der deutschen Jugend hingeschlachtet wurde.

Letzten Ende waren es nicht die Abschüsse, die zählten, sondern die Erfahrung, die man aus den Luftkämpfen zog. Der Kommandeur der Luftflotte 3, Hugo Sperrle, war begeistert: »Der Schutz durch die Jäger war bei Portland hervorragend«, lobte er das Jagdgeschwader. Dowding jedoch konnte sich den Verlust von 32 Jägern schwerlich leisten, insbesondere weil nur fünfzehn von den achtunddreißig verlorenen Feindmaschinen Bomber des Geschwaders gewesen waren, das Portland furchtbar mitgenommen hatte. Die übrigen 23 waren Jäger Me 109 und Me 110. Die R.A.F. mußte sich noch stärker auf die feindlichen Bomber konzentrieren und es vermeiden, sich mit den Jägern einzulassen.

Am selben Abend rief Göring im Berghof an, wo Hitler ungeduldig darauf wartete, daß der Adler seine Schwingen entfaltete. Göring versprach ihm, das Signal dazu zu geben, sobald er drei Tage schönes Wetter habe. Tags darauf meldeten die Wetterfrösche der Luftwaffe für den 13. August das große Aufklaren. Jeschonnek ließ die Meldung durch den Luftwaffen-Verbindungsoffizier beim OKW, Major Freiherr Sigismund von Falkenstein, bestätigen und berichtete Jodl: »Der Wetterbericht ist günstig … der Befehl zum Großangriff wird jeden Augenblick erwartet.«

Doch zunächst hatte die Erprobungsgruppe 210 noch einen Spezialauftrag zu erledigen. Am 3. August hatte Stabschef Jeschonnek den Luftflotten 2 und 3 signalisiert: »Befehl für die erste Welle, die bekannten feindlichen Radarstationen anzugreifen, um sie so bald wie möglich auszuschalten.« Nun wurde der Befehl bestätigt: es war das Signal für den Großeinsatz.

Hauptmann Walter Rubensdorffer versammelte seine Offiziere zur Flugbesprechung. Er selbst übernahm Dunkirk bei Faversham (Kent), mit dem Stabsschwarm. Oberleutnant Martin Lutz sollte Pevensey bei Eastbourne mit Staffel 1 (Me 110) angreifen; und Oberleutnant Rössiger, an der Spitze von Staffel 2 (Me 110) würde Rye bei Hastings bombardieren. Oberleutnant Otto Hintze mit Staffel 3 (Me 109) sollte sich Dover vornehmen. Jede von Hintzes acht Me 109 trug eine 250-kg-Bombe. Otto Hintze hob mit seiner Staffel in Calais-Marck um 10.30 Uhr ab und nahm Kurs nach Norden.

Am Montag, dem 12. August, wurde in der Radarstation Rye die Nachtwache um 8 Uhr abgelöst. Obergefreiter Daphne Griffiths, eine von der Ablösung im Empfängerraum, bemerkte, daß sie alle gespannt und erschöpft wirkten. Irgend etwas lag in der Luft. Daphne setzte rasch den Köpfhörer auf. Nun begann sie mit Rekordgeschwindigkeit die »Ortungen« zu »lesen«, die man ihr durchgab.

»Spur 1, jetzt Entfernung 25«, rief im Hörer die Stimme von Helen, die die Kathodenröhre beobachtete. »Robert 8426. Höhe 18 000 Fuß«.

Daphne gab die Koordinaten direkt an den Auswertungsraum beim HQ des Oberkommandos der Jagdflieger in Stanmore durch.

»Feind 4 jetzt bei 30 km, Stanmore.«

»Robert 7219.«

»20 oder mehr auf beiden Spuren«, sagte Helens Stimme.

»Spur 1 wird Feind 6«, meldete der Orter in Stanmore.

Nach 9 Uhr ließ die Spannung nach.

Ein schöner Augusttag begann das Innere der Baracke zu wärmen. Betty, die Dalmatinerhündin, kam herein und suchte ihr Lieblingsplätzchen zu Füßen von Daphne Griffiths. Plötzlich nahm Daphne eine neue Angabe auf, die von der französischen Küste kam, wo Oberleutnant Rössiger und Staffel 2 noch im Steigflug waren.

»Robert 9433«, sagte Daphne.

»Können Sie die Höhe geben?« fragte Stanmore.

»18 000 Fuß, Entfernung verringert sich rasch.«

»Wir setzen ein ›X‹ auf Ihre Ortung«, meldete wieder Stanmore. Das »X« bedeutete nicht identifiziert.

In Rye konnte man das »Echo« mit größter Geschwindigkeit direkt auf »Flak alarmieren!«

Währenddessen waren Otto Hintze und seine 3. Staffel über Dover. Er hielt seine Me 109 Jabos vorm Wind in einem Sturzwinkel von 45°; sie zielten auf den Fuß eines der mächtigen Antennenmasten.

Wenn man alles auf den Mast konzentrierte, war man sicher, auch einige der entscheidenden Gebäude zu treffen.

Otto Hintze kam es keineswegs in den Sinn, daß im Innern der Gebäude, die er anvisierte, junge Mädchen wie Daphne Griffiths saßen, die sich nicht eine Sekunde lang von ihrem Posten entfernen würden, während die Jabos sich heulend auf sie stürzten.

»Flak alarmieren!«

In Rye zweifelte niemand an den Absichten des Verbandes »X«, der sich näherte. Der Unteroffizier griff zum Telefon. Bevor er noch der Flakbatterie ein Wort sagen konnte, rief der Offizier, der sie befehligte, schon in die Muschel: »Drei Sturzbomber! Deckung!«

Und plötzlich war ein unbeschreiblicher Tumult: die heulend herabkommenden Flugzeuge, die explodierenden Bomben, die Abschüsse der Flak, die Stimmen. Daphnes Reaktion war Verblüffung. Dann hatte sie solche Angst, daß sie weder sprechen noch sich bewegen konnte. Eine ferne Stimme – Stanmore – fragte:

»Hallo Rye! Was ist denn los? Was ist los? Woher der Lärm?«

»Ihre Formation ›X‹ bombardiert uns; da kommen sie wieder!«

Das Heulen der Sturzbomber wurde lauter und schriller. Eine furchtbare Explosion ließ die Baracke erbeben, die sich mit beizendem Rauch füllte. Dann klingelte das Telefon. Helen, das Mädchen an der Kathodenröhre, die nun schwarz geworden war, griff nach dem Hörer.

»Fliegeralarm Rot! Luftangriff!« hörte sie. Es war Stanmore.

»Zum Teufel! Was Sie nicht sagen!« kreischte sie und knallte den Hörer hin.

Im Auswertungsraum beim Oberkommando der Jagdwaffe steigerte sich die übliche Geschäftigkeit noch, als laufend Kommentare von den Radarstationen Dunkirk, Rye, Pevensey und Dover einliefen – alle hatten gemeldet. Dann rief die Ortungstafel den diensthabenden Auswertungsoffizier an, Oberleutnant Robert Wright: »Ventnor ist jetzt an der Reihe!«

Auf einer der Leitungen hatte Robert Wright Ventnor, von wo der Unteroffizier vom Dienst ihm laufend über die Lage – Bombe nach Bombe – berichtete.

»Wie steht es sonst!« fragte Wright.

»Wir haben gehörig eins abgekriegt«, kam die Antwort.

»Was ist mit den Mädchen?«

»Soweit in Ordnung«, rief der Unteroffizier über den Lärm der Bomben und Flugzeugmotoren. »Blondie ist draußen und ruft uns ihre Beobachtungen zu; sie versucht die Scheißkerle zu zählen.«

Arme Blondie! Sie wurde mit dem Zählen der 15 Ju 88, die auf Ventnor herabheulten, nicht fertig. Man fand ihren leblosen Körper zwischen den brennenden Trümmern.

Die Radarstation ging in die Luft. In einem raschen Schlag hatte die Luftwaffe in die Verteidigung Englands eine lebensgefährliche Bresche geschlagen. Zum Glück merkte sie es aber nicht einmal. Da ein anderer Sender auf der entsprechenden Wellenlänge sendete, ließen die Deutschen sich täuschen und dachten, Ventnor sei noch in Betrieb.

In Rye waren die Verluste nur leicht: ein Flaksoldat tot, sechs andere verwundet. Daphne Griffiths inspizierte den Schaden. Erdbrocken und Schlamm waren bis hinauf in die 100 m hohen Sendetürme geschleudert worden, die aber noch standen. Die Straße mit Kratern bedeckt, die Wasserleitung unterbrochen, und wo die Küchenbaracke gestanden hatte, lag ein großer See, auf dem zersplitterte Bretter und Küchengeschirr schwammen. Daphne kehrte in den Empfängerraum zurück. »Schon lieferten die Diesel-Hilfsmotoren wieder Strom, und wir waren wieder auf dem Posten«. Dasselbe in Dunkirk, Dover und Pevensey. Trotz mehr oder weniger schwerer Schäden waren innerhalb weniger Stunden alle Stationen bereits wieder klar.

Mit einer ausgebombten Radarstation hatte die Luftwaffe immerhin einen ganz guten Start, auch wenn sie es gar nicht merkte. Sie hatte auch einer Reihe von Flugplätzen wirkungsvolle Schläge versetzt: Manston, Hawkinge und Lympne an der Küste von Kent. Nicht daß ihr Gelände für Dowding unbedingt nötig gewesen wäre; aber der Angriff war strategisch richtig.

An der Spitze seines KG. 2 wäre »Papa« Fink beinahe über Manston draufgegangen, während seine Besatzungen es in fünf Minuten fast völlig zerstörten.

Die Dorniers tauchten in geschlossenem Verband und im Tiefflug auf. »Weder Jäger noch Flak«, berichtet Werner Borner. »Alles ging glatt.« Es war die erste Welle. Oberst Fink wollte es noch besser machen. Doch beim zweiten Angriff stieß das KG. 2 auf die 56. Jagdstaffel der Briten.

Unter Führung von Oberleutnant Jumbo Gracie war die 56. vom Flugplatz Rochford bei Southend aufgestiegen. Auch Innes Westmacott war dabei.

»Blau York, Lumba ruft. Siebzig und mehr ›Banditen‹ nähern sich Charlie Drei«, rief der North-Weald Einsatzoffizier, Oberstleutnant John Cherry.

Die 56. fing die »Banditen« über dem Meer ab: es waren Do 17, eskortiert von Me 109. Innes Westmacott bemerkte sie von weitem und dachte: »Sieht aus wie hübsches Spielzeug.« In den Spielzeugen saßen Fink, Borner und Trautloft, die von dem Schicksal, das auf sie in wenigen Minuten wartete, noch nichts ahnten.

Auf der Gegenseite waren andere junge Männer wie Geoffrey Page, dem in seiner Hurricane heiß war und der darum die Kabinenhaube geöffnet hatte. Nach einem fröhlichen Abend war er erst im Morgengrauen zurückgekommen, hatte sich aber die Zeit genommen, einem Freund zu schreiben: »In knapp einer Stunde wird es tagen. Für mich heißt das: abermals ein Tag der Metzelei. Es macht mich ganz krank. Wie wird das alles enden?«

Im Hörer befahl Jumbos Stimme:

»Gestaffelter Verband steuerbords! Drauf!«

Und er stürzte sich auf »Papa« Finks führende Dornier. Die Heckschützen der 30 Dorniers eröffneten das Feuer. Für Innes Westmacott war es die Feuertaufe. »Wir erhielten einen heißen Empfang«, sagte er. Er nahm eine Dornier aufs Korn und sah, daß seine Kugeln saßen. Dann kamen die Me 109 von oben herab, und er mußte abbrechen. Alles, was er sagen konnte, war: »Ich feuerte wütend mit meinen MGs und fürs erste Mal, glaube ich, zielte ich nicht schlecht.«

Jumbo hatte gut gezielt. An Bord seiner Dornier hatte Fink eine Karte entfaltet; sie flog ihm plötzlich aus den Händen. Vielleicht kamen die Schüsse aber auch von Geoffrey Page. Er war ganz nahe an die führende Dornier herangekommen und konnte sehen, wie seine Kugeln den linken Motor trafen. Er hatte nur einen Gedanken: Bring sie um, ehe sie dich umbringen! Dann gab es eine Explosion. In seiner rechten Tragfläche gähnte ein Loch. Der Tank im Rumpf vor der Kanzel explodierte ihm ins Gesicht, Flammen umgaben ihn. »Lieber Gott, rette mich«, betete er und machte sich aus den Gurten frei, während er seine Finger unter den Flammen zusammenschrumpfen sah. Dann war er, er wußte nicht wie, klargekommen und fiel. Das Rettungsschiff aus Margate fischte ihn blutend und bis auf die Knochen verbrannt auf, während er mit seinen verquollenen und verkohlten Fingern und Armen noch zu schwimmen versuchte. Wohl mochten die »Sportsleute« der Nazipropaganda sich zu einer »guten Strecke« gratulieren; auf beiden Seiten sollten aber noch Hunderte fallen.

Das war der erste Tag der Manston-Saga, einer Geschichte von selbstlosem Mut und nackter, demütigender Angst.

Kurz nach Mittag beobachtete ich in Begleitung von sechs Hurricanes in 5000 Fuß Höhe unter mir etwa achtzig Schiffe. Die Geleitzüge »Agent« und »Arena« verließen eben die Themsemündung. Die Angaben des Einsatzoffiziers klangen verworren und waren wegen der weiten Entfernung nur schwer zu hören. Der Dunst unten war mit Flakmündungsfeuer gefleckt. Schossen sie nach uns? Die zweiundzwanzig Ju 87, die Hauptmann von Brauchitsch, der Sohn des Generals, führte und die ziemlich ergebnislos die beiden Geleitzüge angriffen, sah ich überhaupt nicht.

Dann tauchten über mir sechs weiße Striche im unendlichen Blau auf. Kondensstreifen der Me 109?

»Vollgas und mir nach!« rief ich den anderen zu und drückte den Gashebel durch.

Plötzlich brachen die weißen Striche ab, und sechs schwarze Punkte stießen auf uns herab. Ihr Kommandeur mochte sich wohl sagen: »Hurricanes«. Ich dachte »Spitfires«, war aber dessen nicht sicher, um so weniger als ich sah, daß Nigger Marshall, meine Nummer Zwei, eine halbe Rolle flog und verschwand. Ich tat das gleiche und entdeckte das Sextett jetzt unter mir. Ich lag höher und hatte die Sonne im Rücken – der Traum jeden Jagdfliegers. Ich flog näher heran. Waren es Heinkel 113? Neuerdings waren einige davon aufgetaucht, und es hieß, sie sähen der Spitfire ähnlich. Vielleicht hatten sie meinen Verband angegriffen. Auf jeden Fall war meine Nummer Zwei verschwunden. Den Daumen auf dem Auslöser der Maschinengewehre, flog ich noch näher heran, das Bild des führenden Gegenübers im Visier. Wenn es aber Spitfires waren? Im selben Augenblick bestätigte ein kleines Detail die Vermutung: der Kühler unter der Steuerbordtragfläche. Es waren Spits. Irrtümer beim Identifizieren waren gar nicht selten.

Fast senkrecht raste Joachim Pötter mit seiner Ju 88 auf die Reede von Portsmouth herab, im Visier das Schlachtschiff *Queen Elizabeth*. Der Angriff des KG. 51 war ein schlecht geplantes Unternehmen. Zunächst einmal hatte die Staffel 7 des KG. 51, zu der auch Pötter gehörte im Sturzflug-Bombenwurf mit der Ju 88 wenig Erfahrung. Zwar würde es dem Großadmiral Raeder Spaß gemacht haben, wenn die *Queen Elizabeth* versenkt worden wäre, doch konnte ein solcher Erfolg die Luftwaffe in ihrer eigentlichen Aufgabe, die britische Jagdwaffe zu vernichten, nicht weiterbringen. Die Bemühung des KG. 51 war reine Verschwendung und kostete sechs der besten Besatzungen. Pötters Bomben verfehlten die *Queen Elizabeth*. In dem Augenblick, als er seine Maschine abfing, klemmten die Luftbremsen. Er blieb wie eine lahme Ente hinter dem Geschwader zurück, und das war seine Rettung. Er sah, wie sich die britischen Jäger auf seine Kameraden stürzten; sie fielen brennend ins Meer. Einer von ihnen war sein bester Freund, Nölken, ein anderer war Oberleutnant S., der so mit seinem Tod den fatalen Irrtum von Freiburg sühnte.

Um 17 Uhr telegraphierte das OKL den Luftflotten den chiffrierten Befehl: der »Adlertag« beginnt am 13. August, um 7.30 Uhr früh. Für Paul Temme und seine Freunde in ihrem Schloß bei Fécamp bedeutete das wenig: der nächste Tag würde wie alle anderen sein. Daran mußte man glauben, sonst hielt man nicht durch. Doch Temme fühlte sich ungewohnt deprimiert, ohne zu wissen warum. War es die Erinnerung an die Blenheim, die er vor ein paar Tagen abgeschossen hatte und als lodernde Fackel abstürzen sah? Dabei war er doch stolz auf diesen Sieg. Er bewahrte sogar ein Stück der Maschine zur Erinnerung auf. Dann hatte er die Fotos und Briefe in der Brieftasche des jungen englischen Piloten gesehen, und da erst wurde ihm bewußt, was er getan hatte.

Helmut Wick war niedergeschlagen, weil er irrtümlich eine Ju 88 abgeschossen hatte. Temme und er unterhielten sich lustlos bis 10 Uhr abends, dann stand Wick plötzlich auf, warf sein Glas in den Kamin und ging steifbeinig hinaus.

Temme versuchte auf einem Sofa in der Bibliothek zu schlafen. Umsonst. Er stand auf und schrieb an seine Mutter. Doch er zerriß den Brief. Sein Blick war auf ein Buch gefallen, die Gedichte von Rainer Maria Rilke. Er öffnete den Band auf gut Glück und las:

»Wer nun weint in der Nacht, weint für mich...« Er fühlte sich unsäglich einsam, als ob alles Leid der Welt ihn bedrückte. Dann schlief er jedoch ein.

Früh an diesem Tag hatte Dowding einen Brief vom Chef des »Luftstabs« Newall erhalten: »Ich bin froh, Ihnen sagen zu können, daß die Entscheidung gefallen ist, die zeitliche Begrenzung Ihrer Bestallung als Oberkommandierender der Jagdflieger aufzuheben.« Dowding fühlte sich endlich frei für die Schlacht um England.

VII

Die Schlacht um England - Der Angriff

1

In den letzten Tagen war Göring immer nervöser geworden. Unaufhörlich lief er neben seiner Hälfte des Sonderzugs *Asia* auf und ab, der im Tunnel in den Wäldern von Coudray stand. Während der Schlacht um England sollte der Reichsmarschall Tausende von Kilometern in seinem Zug zurücklegen. Doch trotz dieses unruhigen Lebens wurde er von einem Trio treuer Dienstboten umsorgt: dem ehemaligen Matrosen Robert Kropp, seinem Kammerdiener, Fedor Radmann von der Mitropa, seinem Küchenchef, und Christa Gormanns, seiner privaten Pflegerin, seinem »Spritzenweib«, wie Milch sie nannte. Sie war eine bemerkenswerte Frau, deren Tätigkeit weit über die klinischen Ansprüche Görings hinausging. Sie bediente sein Telefon, nahm seine Befehle im Stenogramm auf und diktierte sie der Nachrichtenabteilung oder gab sie sogar in barschem Ton telefonisch direkt an die Kommandeure der Luftflotten weiter.

Göring ließ es sich gut gehen. Er war kein großer Esser, aber er liebte nur das Beste – ausgesuchte Gerichte, kostbare Weinsorten, Erdbeeren, die für ihn per Flugzeug aus Spanien kamen.

Sein Stabschef Jeschonnek war stets in seiner Nähe; er hatte seinen eigenen Sonderzug mit dem exotischen Namen *Robinson*. Am Morgen des 13. August las Jeschonnek mit den Offizieren des Stabs – Oberst von Waldau (Operationen) und Major »Beppo« Schmid (Nachrichten) – den Wetterbericht. Am Abend vorher waren die Voraussagen günstig gewesen. Jetzt meldeten die Aufklärungsflugzeuge, daß das Wetter sich eintrübte. Und das KG. 2 von Fink meldete bereits, daß es gestartet sei. Sein Ziel: Flugplatz Eastchurch, östlich von London. Göring befahl sofort: Operation einstellen!

In seinem Bordbuch notierte Werner Borner von der 2. Gruppe des KG. 2: »Gestartet von Arras-Saint-Léger 0550«. Das Geschwader, insgesamt 74 Dorniers, formierte sich zum Verbandflug, »Papa« Fink an der Spitze der 1. Gruppe, hinter ihm Major Weitkus an der Spitze von Borners 2. Gruppe und die 3. Gruppe von Major Fuchs als Nachhut.

Das KG. 2 nahm Kurs auf St-Omer, um sich mit seinem Begleitschutz, den Me 110 von der Zerstörer-Gruppe 76, zu treffen, die von dem einbeinigen Oberstleutnant Joachim Huth geführt wurde. Doch das KG. 2 hatte einen solchen Begleitschutz noch niemals erlebt: die Me 110 flogen über den Dorniers wild durcheinander, als ob sie sie angreifen wollten; eine davon – die Maschine von Huth selbst – stieß direkt auf den Bomberverband zu und vermied nur knapp einen Zusammenstoß. »Was zum Teufel treiben die eigentlich?« fragte sich Borner. Eine Frage, die auch der Kommandeur des KG. 2 sich ärgerlich stellte.

Wenn der Funk in Finks Maschine an diesem Morgen nicht ausgefallen wäre, hätte er verstanden. Vom »Heiligen Berg« aus, wie man das vorgeschobene Hauptquartier der Luftflotte 2 am Cap Blanc-Nez nannte, versuchte man verzweifelt, den Befehl Görings durchzugeben: »Operation einstellen!« Der Funker von Weitkus empfing zwar die Nachricht, doch er irrte sich und verstand genau das Gegenteil: »Operation durchführen«.

»Weitkus bekam hinterher allerhand zu hören«, erzählt Werner Borner, »weil er das Funkgerät auf ‚Sendung‘ geschaltet hatte«. Das blockierte alle anderen. Unbewacht und ohne Begleitschutz setzte darum Fink den Flug nach England fort.

Das Wetter wurde immer schlechter. Fink befahl seiner Gruppe: »Ausschwärmen!« Weit im Norden konnte Werner Borner die Sperrballons um London sehen. Dann ließ Weitkus seine Gruppe auf 500 Meter heruntergehen, um den Flug über Eastchurch einzuleiten. Die Bomben hatten eine verheerende Wirkung, und die Gruppe stieg wieder in die Wolken hinauf.

Die anderen Gruppen hatten weniger Glück. Die 3. Gruppe wurde weit vor dem Ziel schon von Sailor Malans 74. Staffel böse mitgenommen. Auf dem Rückflug wurde Finks eigene 1. Gruppe von der 111. Staffel (Staffelführer Tommy Thompson) gestellt, die fünf Dorniers abschoß.

Als das KG. 2 von Cambrai aufstieg, ließ in Beaumont-le-Roger in der Normandie der Mechaniker Härle den Motor von Paul Temmes Me 109 warmlaufen. Dann nahm er Gas weg und sprang aus der Kanzel, um seinem Piloten Meldung zu machen. Sofort merkte er, daß etwas nicht stimmte.

»Was ist denn los?« fragte er.

Temme gab keine Antwort. Er hielt ihm nur das Bruchstück der

Blenheim hin, die er abgeschossen hatte.

»Kannst es behalten, wenn du willst«, sagte er zu Härle. Dann drehte er sich um und ging zu seinen Freunden Helmut Wick und Rudi Pflanz, um mit ihnen noch eine letzte Zigarette zu rauchen. Pflanz zündete Wicks Zigarette an, dann seine eigene. Temme beugte sich vor, um Feuer zu bekommen.

»Halt! Das bringt Pech«, rief Pflanz, doch Temme zuckte mit den Schultern und brummte: »Geh zum Teufel.«

Der Tag dämmerte, als sie mit dem Befehl starteten: »Freie Jagd im Raum Brighton«.

Der Himmel über der englischen Küste schien von Feindmaschinen leer. Aber Temme sagte sich: »Irgend etwas liegt in der Luft.« Und das war der Fall. Er entdeckte eine Hurricane, die eine Ju 88 angriff und stieß auf sie zu mit zwei Spitfires auf seinen Fersen. Er traf die Hurricane, die explodierte. Im nächsten Augenblick wurde er selbst von den Spitfires getroffen. Der Öldruck sank, das Thermometer war blockiert. Er würde den Rückflug auf keinen Fall mehr schaffen. Augenblicke später rutschte seine Me 109 auf dem Bauch durch einen Kartoffelacker bei Shoreham. Nach dem Verlust der Tragflächen prallte sie gegen einen Bahndamm. Paul Temme wand sich heraus, von Kopf bis Fuß mit Schlamm bedeckt. Seit er bei Lippstadt eine Segelflugpiste gerodet hatte, war ihm nie mehr soviel Schlamm begegnet. Der Junge voller Leidenschaft für die Fliegerei war jetzt Kriegsgefangener.

Als Temme mit dem Stationsvorsteher von Shoreham frühstückte, kämpften Hurricanes der 43. Staffel aus Tangmere hoch über seinem Kopf mit den Ju 88 des KG. 54, die die Flugplätze von Odiham und Farnborough zu erreichen versuchten. Von den Hurricanes bedrängt und durch Bewölkung in die Irre geführt, fanden die Bomber nicht zu ihren Zielen. Eine Ju 88, die von den Kugeln der 43. getroffen war und deren Besatzung absprang, wäre beinahe auf das berühmte Arundel Castle gestürzt. Einer ihrer Besatzung, der unter der Uniform einen knallbunten Pyjama trug, wurde in der Nähe der Radarstation Poling gefangengenommen. Sein Flugzeugführer, Hauptmann Wilhelm Strauch, fand seinen letzten Ruheplatz auf dem Friedhof von Tangmere, wo mancher andere seiner Kameraden sich ihm bald zugesellen sollte.

Das KG. 54 erhielt Befehl zu einem neuen Angriff, diesmal auf

Portland. Doch Göring widerrief wutschnaubend und beschimpfte alle Wetterfrösche. Der Angriff wurde auf 14 Uhr verschoben. Das vermehrte nur die Verwirrung. KG. 54 empfing den Gegenbefehl, sein Jagdschutz jedoch nicht, so daß die Zerstörer-Staffel 5 abflog. Trotz der Lücke im englischen Radarsystem, die die Bomben auf Ventnor gerissen hatten, entdeckten andere Stationen der Radarkette ihren Anflug: »Zwanzig oder mehr«, als sie noch über Cherbourg waren. Hauptmann Leinsberger und seine dreiundzwanzig Me 110 wurden bis zu ihrer Ankunft über Portland beobachtet. Dort fielen die Jäger der R.A.F. über sie her. Sechs Maschinen dieser Elite-Einheit gingen verloren, während die übrigen eiligst nach Frankreich zurückkehrten.

Am Nachmittag herrschte über England ein für den Bombenabwurf sehr ungünstiges Wetter. Zweiundfünfzig Ju 87 von Richthofens Fliegerkorps VIII kreuzten und suchten vergeblich den Jägerflugplatz Middle Wallop bei Salisbury. »Der Flug war ein Fiasko«, schrieb Richthofen in sein Tagebuch, »unsere Verbände kamen zurück, ohne die Bomben abgeworfen zu haben.«

Aber nicht alle kehrten zurück. Dreizehn Spitfires von der 609. Staffel mischten sich unter die Eskorte von Me 110, während sie schon gegen die Hurricanes der 238. Staffel kämpften. Sie schickten neun Stukas in die Tiefe. Einer von den Spitfire-Piloten sagte nach dem Kampf: »Den ruhmreichen Zwölften hab' ich verpaßt, doch der ruhmreiche Dreizehnte war der beste Jagdtag, den ich je erlebt habe.« Genau wie der Nazi-Sportsmann am Tag vorher. Sport? Mag sein, jedoch ein schrecklich gefährlicher, solange man nur an die schießenden Maschinen dachte. Doch wenn man den Gedanken an die verkohlten und zerstückelten Reste der Männer darin nicht verdrängen konnte, wurde die sportliche Seite fadenscheinig und zu dem, was Geoffrey Page geschrieben hatte: »Wieder ein Tag des Gemetzels.« Das dachte gewiß auch Major Hozzel, als er voller Schrecken die Stukas seiner Gruppe in der Luft explodieren und wie feurige Raketen abstürzen sah. Ein anderer Stuka-Führer, Major Eneccerus, sagte: »Sie haben uns den Rücken bis zum Hals aufgeschlitzt.« Die deutschen Jäger leisteten an diesem Nachmittag gute Arbeit. Während die Me 109 (JG. 27) und Me 110 in Kämpfe mit Hurricanes (213. und 238.) und Spitfires (152.) verwickelt waren, griffen sechs Ju 88 Middle Wallop erfolglos an. Zwölf andere Bomber beschädigten den alten Bomberflugplatz in Andover. Unterdessen verursachte Major Kerns 1. Geschwader KG. 1 an den Hafenanlagen von Southampton schweren Schaden. Southampton – ein friedlicher Hafen, in dem in besseren Zeiten luxuriöse Passagierdampfer anlegten und in dem ich mit meiner Mutter am Fuß der Gangway der *Neuralia* bei meiner Abfahrt nach Singapur gestanden hatte. Southampton von den Nazis verwüstet; das war ein bißchen viel. Schwarzer Rauch hing über der Stadt, als zehn Hurricanes der 43. Staffel die Ju 88 abzufangen versuchten, die durch Wolken zurückflohen. Feldwebel Hallowes griff eine frontal an. »Ein schreckliches Erlebnis«, erinnert er sich, wegen der Schnelligkeit, mit der die beiden Maschinen aufeinander zurasten. Er gab einer anderen Ju 88 den Gnadenstoß, deren Tragflächen schon zerfetzt waren. Er sah sie durch die Wolken abstürzen und ihre Trümmer in die Tiefe fallen.

Neun Hurricanes setzten in Tangmere auf. Ein zehnter Flugzeugführer kam im Auto zur Basis zurück: zum vierten Mal hatte der Fallschirm von Woods-Scaven sich anstandslos geöffnet.

Im Osten über Kent versuchten die zwei Stuka-Gruppen von Bruno Lörzer (Fliegerkorps II) und eine, die bei Richthofen ausgeliehen worden war, die Flugplätze Detling bei Manston und Rochford, den Außenflughafen von North Weald bei Southend, zu erreichen. Über ihnen flogen die Me 109 vom JG. 26 unter Führung von Major Gotthardt Handrick (Goldmedaille bei der Olympiade von 1936), der jedoch für eine einsitzige Jagdmaschine schon ein wenig zu alt war. An der Spitze der 3. Gruppe flog sein »Kronprinz«, Adolf Galland. Die 65. Staffel, die am Vortag von den Deutschen als bei Manston »zerstört« gemeldet worden war, fuhr energisch zwischen die Me 109. Wieder einmal war es den deutschen Jägern gelungen, die englische Jagd abzulenken. Unbehindert verwüsteten darunter die Stukas Detling. Rochford blieb wegen der dichten Bewölkung verschont. Hier drehten die Stukas mit ihren Bomben ab; als sie aber etwas weiter von der 56. Staffel angegriffen wurden, öffneten sie die Bombenschächte über Canterbury.

»Wir haben eine harte Lektion erhalten«, erklärte am Abend Innes Westmacott. »Wir haben gelernt, uns vor den Heckschützen des Feindes in acht zu nehmen; sie schießen sehr gut.« Die 65. Staffel hatte eine Hurricane eingebüßt, sechs andere waren schwer beschädigt. Es war das letzte Mal, daß sie ihren Angriff von hinten flogen. In Zukunft griffen ihre Piloten schräg von der Seite oder im spitzen Winkel von unten an.

Die Männer der Luftwaffe hatten sich den ganzen Tag über tapfer geschlagen und am Boden ernsthafte Schäden verursacht. Eastchurch, Detling und die Hafenanlagen von Southampton wurden schwer getroffen. Doch als Eröffnung der großen Luftwaffenoffensive gegen den besonderen Feind, die englische Jagdwaffe, war der »Adlertag« ein Mißerfolg.

In den Wäldern bei Le Coudray drosch Göring seine Phrasen, hatte jedoch keinen Grund, allzu stolz zu sein. Schließlich hatte er selbst den Befehl zu zwei Angriffen gegeben, die jedoch völlig mißglückt waren und die den Verlust von fünf Dorniers des KG. 2 und 6 Me 110 bedeuteten. Das war aber noch nicht alles. Insgesamt fehlten 45 Maschinen, gegenüber 13 Jägern der R.A.F. Das war ein teurer Preis für den Erfolg der Bomber, der außerdem nichts zu dem so sehr erhofften Sieg über die britischen Jäger beitrug. Weder Eastchurch noch Detling noch auch Andover waren Flugplätze der R.A.F.-Jäger. Ebenso wenig Odiham und Farnborough, die sowieso von deutschen Bomben verschont geblieben waren. Die Jagdflugplätze von Middle Wallop und Rochford waren unbeschädigt. Der erfolgreiche Angriff auf Southampton schlug in Dowdings Verteidigung keinerlei Bresche. Und nicht eine einzige Radarstation war getroffen worden.

Der »Großeinsatz« hatte einen schlechten Start, einen sehr viel schlechteren, als das OKL erwartete. Doch Kesselring und Sperrle drückten ihre Zufriedenheit aus. Sie täuschten sich selbst, wenn sie meinten, die britische Jagdwaffe an entscheidenden Punkten getroffen zu haben. Sie ließen sich von den rosigen Meldungen der Einheiten irreführen. Auf ihren Karten strichen sie mit Blaustift Flugplätze wie Manston als nicht mehr existierend aus; die 13 verlorenen R.A.F.-Jäger wurden auf dem Papier zu 134. Es stimmt, daß Johannes Jankes 1. Gruppe des JG. 77 elf Wellington-Bomber über Dänemark abgeschossen hatte, ein ernster Verlust für das britische Bomberkommando, doch für den Ausgang der Schlacht um England hatte er keine wesentliche Bedeutung, der hing in erster Linie von den englischen Jagdfliegern ab. Die Engländer maßen die Bilanz allein an den Verlusten an Jagdmaschinen und an den Schäden, die die Einrichtungen der Jäger erlitten hatten.

Als er erfuhr, daß der Adler sich aufzuschwingen begann, kehrte Hitler nach Berlin zurück. Am 14. August gegen Mittag traf er ein. Um 17.30 Uhr schloß er sich mit den Admirälen Raeder und Schniewind in der Reichskanzlei ein; auch Keitel und Jodl nahmen an der Besprechung teil. Raeder wiederholte seinen gewohnten Refrain: die Idee eines breiten Brückenkopfes mochte berechtigt sein, aber die Kriegsmarine konnte ihn nicht zusichern. Die Gezeiten, die Windrichtung, das Fehlen von Schiffsraum – und die Royal Navy. Hitler gab zu, daß der Großadmiral recht habe; ein Scheitern durfte man nicht riskieren, weil der Prestigegewinn für Großbritannien gewaltig gewesen wäre. Zur Invasion sagte er weder ja noch nein. Es galt abzuwarten, welche Ergebnisse der Großeinsatz Görings bringen werde. Auch von Brauchitsch mußte gehört werden.

Jodl hatte seinen Führer bearbeitet. Er hatte ihm ein Schriftstück auf den Schreibtisch gelegt, in dem er seine persönlichen Ansichten zusammengefaßt hatte. Zu der wesentlichen Voraussetzung, »der Vernichtung der R.A.F.«, hatte er noch eine zweite hinzugefügt, »die Vernichtung der Royal Navy«, zumindest im Bereich des Ärmelkanals. Das Schriftstück schloß mit der Erwartung, daß man in einer Woche weitersehen könnte. Das hieß also am 20. August. Dann konnte man das Unternehmen »Seelöwe« abrollen lassen. Doch nur wenn die Kriegsmarine eine breite Front garantieren konnte, westlich mindestens bis Brighton. War das nicht der Fall, wäre die Invasion ein Verzweiflungsakt, der zu einer verzweifelten Situation führen müßte. Auf jeden Fall blieb England der Feind Nr. Eins, unterstrich Jodl. Die Entscheidungsschlacht gegen England habe begonnen. Bis zum Frühjahr 1941 müsse sein Widerstand gebrochen werden. Wenn der Großeinsatz der Luftwaffe, die U-Boote und das Unternehmen »Seelöwe« es nicht auf die Knie zwingen könnten, gäbe es noch andere Mittel: mit Mussolinis Hilfe Gibraltar und Ägypten anzugreifen. Inzwischen müßten alle Unternehmungen, die nicht auf Englands Niederlage abzielten, aufgeschoben werden, bis England besiegt sei. Alles das fügte sich in Hitlers Traum von der Eroberung Rußlands, die für das Frühjahr 1941 geplant war – wenn England erledigt sein würde. Es war ein logischer Plan.

Am 14. August hielt der Führer eine kleine Feier zu Ehren seiner acht neuen Marschälle ab. Sie erhielten ihre Marschallstäbe. Um aller Welt klarzumachen, daß er einen noch höheren Rang einnahm, tauchte auch der Reichsmarschall Göring in großer Uniform auf. Er hatte den Fünf-Tage-Feldzug gegen die R.A.F. sich selbst überlassen, um die stilvollere Umgebung seines geliebten Karinhall aufzusuchen. Eine Zusammenkunft mit den Kommandeuren der Luftwaffe war für den folgenden Tag angesetzt. Inzwischen tauschte er zu jedermanns Verblüffung Freundlichkeiten mit seinem »Intim-Feind« Erich Raeder aus. Er entschuldigte sich sogar für sein grobes Telegramm, mit dem er Flugzeuge zur Verteidigung von Trondheim verweigert hatte. Jetzt stimmte er den Ansichten des Großadmirals eifrig zu. Raeder glaubte, das Kriegsbeil sei zwischen ihnen begraben. Doch der listige Göring unterstützte nur seine Meinung über das Unternehmen »Seelöwe«, damit die Luftwaffe alle Ehren einheimsen könne.

Als der glänzende Empfang beendet war, sprach Hitler über das Unternehmen »Seelöwe«. Raeders Notizen halten fest, daß der Führer nicht die Absicht hatte, zu große Risiken einzugehen. Englands Niederlage hänge von der Invasion allein nicht ab. Sie lasse sich auch durch andere Mittel erreichen, zum Beispiel durch Görings Großeinsatz. Aber die Drohung einer Invasion müsse man beibehalten, darum müßten die Vorbereitungen weitergehen.

Hitler bluffte nicht. Als die Kriegsmarine vorschlug, eine Scheinoperation könne die Drohung auch aufrechterhalten, erwiderte Hitler, die Vorbereitungen müßten echt und bis zum 15. September beendet sein. Für Raeder reichte es aus. So sehr er sich gegen das Unternehmen »Seelöwe« wehrte, so war er jetzt doch überzeugt, daß es kein Bluff war.

Nach dem unsicheren Beginn beschränkte sich der Großeinsatz am 14. August auf ein paar unzusammenhängende Angriffe. Ein lustiger kleiner Zwischenfall erheiterte das trübe Morgengrauen. Das Rettungsboot *Charles Cooper Henderson,* das gegen 7 Uhr morgens mit zwei Überlebenden von einem britischen Bomber an Bord in Dover einlief, traf auf ein Kanu. Die Paddel führte Miss Peggy Prince, und im Kanu saß ein dritter Überlebender.

Während etwas später die Me 109 des JG. 26 über den Wolken britische Jäger anlockten, tauchte Oberleutnant Rössiger mit der Staffel 2 der Erprobungsgruppe 210 unter die Wolkendecke und bombardierte Manston. Die Blenheim-Nachtjäger der 600. Staffel standen während des Tages am Boden. Doch die Offiziere und Besatzungen taten bei der Verteidigung des Flugplatzes ihre Pflicht. Sie halfen beim Auftanken der Tagjäger, und statt in den tiefen, in den Kreidefelsen gegrabenen Luftschutzräumen Zuflucht zu suchen, improvisierten die Bordschützen der Staffel alle möglichen Hilfslafetten für ihre MGs und beschossen die im Sturzflug herabkommenden deutschen Bomber. Ein 40-Millimeter-Bofors riß den Schwanz der Me 110 des Unteroffiziers Steding ab. Irgendwie gelang es dem Bordschützen, Gefreiter Ewald Schrank, abzuspringen; er landete auf dem Asphalt, nur wenige Sekunden, bevor die Me 110 mit heulenden Motoren aufschlug. Vollkommen verstört wiederholte er nur immer wieder: »Der Großangriff, bald kommt der Großangriff ...«

In diesem Augenblick versenkten die Bomber der Luftwaffe das Feuerschiff von Varne, und ihre Jäger schossen bei Dover acht Sperrballons ab. Solche Scherze trugen zur Vernichtung von Dowdings Jägern nicht viel bei.

Red Tobin, ein schmächtiger Amerikaner aus Los Angeles, der der 600. Staffel angehörte, ging nach dem Mittagessen zu Fuß zum Hangar Nr. 5 auf dem Jagdflugplatz Middle Wallop. Da brachen plötzlich drei Ju 88 aus den Wolken. »Ich legte mich auf die Erde und rührte mich nicht«, erzählte er, »allerhand prasselte auf mich herab ... es war scheußlich. Einem wurde der Fuß abgerissen, einem anderen der Arm bis zum Schulterblatt. Mindestens drei Mann wurden von der Tür des Hangar erschlagen. Tobin erkannte die Spitfire des Feldwebels Alan Feary, die sich auf eine der Ju 88 stürzte und sie abschoß. »Ich bin überzeugt«, schrieb Tobin in sein Tagebuch, »daß der Krieg jetzt in sein brutalstes Stadium kommt.« Red Tobin und zwei seiner Freunde, Andy Mamedoff und Shorty Keough, träumten seit Kriegsbeginn davon, gegen die Deutschen zu kämpfen. Nach manchen Abenteuern gelangten sie nach England, und die R.A.F. nahm sie mit offenen Armen auf. Später lernte ich Red Tobin kennen, er war ein prächtiger Kerl, der direkt aus einem Western zu kommen schien. Seine farbige Sprache brachte uns zum Lachen, zum Beispiel wenn er rief: »Sattle den Gaul, Mensch! Ich reite aus.« Dann lief sein Wartungsmechaniker eilig, um ihm seine Spitfire warmlaufen zu lassen.

Im Hauptquartier des Oberkommandos der Jagdflieger besprach

Dowding mit seinem Freund, General Tim Pile, dem Oberkommandierenden der Flak-Artillerie, den Verlauf der Kämpfe.

Dowding konnte nicht ahnen, daß der vorangegangene Tag den Großeinsatz Görings eingeleitet hatte. So wenig, wie er wissen konnte, wann die Luftoffensive zu Ende gehen werde. Er wußte nur, daß auf Wochen hinaus täglich mehr oder weniger Kämpfe stattfinden würden, vielleicht monatelang, bis eine von beiden Seiten aufgeben werde.

Bis jetzt war er mit dem Verlauf der Kämpfe zufrieden. Wunderbarerweise waren alle Radarstationen intakt geblieben, bis auf Ventnor, für die eine bewegliche Station in Bembridge eingesprungen war. Die Abschnittsflugplätze mit ihren leicht verwundbaren Operationsräumen waren nicht getroffen worden. Drei vorgeschobene Flugplätze, die stark beschädigt worden waren, konnten schon wieder in Betrieb genommen werden. Die meisten Bomben hatte die Luftwaffe auf Flugplätze verschwendet, die nicht den Jägern dienten.

In Fontainebleau studierte Halder den Bericht seines Luftwaffen-Verbindungsoffiziers, General Staff. »Ergebnis der Kämpfe vom 8. bis 12. August. Hauptaufgabe: die feindlichen Jagdverbände in Südengland schwächen. Ergebnis ausgezeichnet. Verluste überall im Verhältnis Luftwaffe – R.A.F. 1 : 3. Bei Jägern allein 1 : 5. Bodeneinrichtungen: acht größere Flugplätze praktisch zerstört.«

All das stimmte natürlich gar nicht. Dowding hat niemals derartige Rechnungen als Kriterium für den Fortgang des Kampfes angesehen. Wenn die Luftwaffe an ihre eigenen Phantasieziffern glaubte, desto besser ... Sie würde auf ihren irrigen Optimismus selbst hereinfallen. Wenn andererseits die R.A.F. ihre Abschußzahlen übertrieb, so konnte es nur die Stimmung im englischen Volk aufmuntern. Die Verhältniszahlen konnte man in den Wind schreiben. Dowding war nur an harten Tatsachen interessiert: an seinen eigenen Flugzeugverlusten, dem Schaden an Bodeneinrichtungen der Jagdwaffe und vor allem aber an Verlusten des Flugpersonals. Daran konnte man Erfolg oder Mißerfolg ablesen. Etwas irritierte ihn: die Kritik, die man von oben her an der Art übte, wie er seine Staffeln aufgeteilt hatte: ein Kampfstärke von 228 Maschinen (19 Staffeln) in Gruppe 11 und sieben Staffeln in Gruppe 10. Nach Meinung der Kritiker war das lächerlich oder tragisch wenig gegenüber den massierten Kräften, die der Gegner auf Süd- und Südost-England konzentrierte.

Doch Dowding hatte diese Aufteilung sorgfältig errechnet. Zunächst einmal konnten weder die Flugplätze noch die Einsatzleitungen in den Gruppen 10 und 11 mehr Staffeln versorgen. Ferner glaubte Dowding, daß es verhängnisvoll wäre, die Nordflanke zu schwächen, an der die 12. und 13. Gruppe mit je elf Staffeln lagen. Die Bilanz des Großangriffs sollte erweisen, daß er recht hatte.

Aus Berlin kehrte Göring nach Karinhall zurück. Dort korrigierte er den Operationsplan der Luftwaffe für den 15. August. Die Luftflotte 5 von Stumpff sollte diesmal teilnehmen. Für die Luftflotte 5 war es ein bedeutungsvoller Entschluß. Bei günstigem Wetterbericht war alles für den Großangriff bereit.

Eine Hochdruckzone über England versprach warmes, sonniges Wetter. 800 Kilometer weiter östlich versuchte Göring sich in seiner Reichsjägermeister-Uniform (weißes Hemd mit Puffärmeln, hohe Stiefel und Jagdmesser im Gürtel) in der Loggia mit Blick auf den See zu entspannen. Im Sommer arbeitete er immer hier. An diesem Morgen war er nicht in Stimmung, sich mit seinen Luftflotten-Kommandeuren Kesselring und Sperrle auseinanderzusetzen; sie waren mit Stumpff und den Fliegerkorpskommandeuren für Mittag bestellt. Alle »großen Tiere« befanden sich an diesem Tag fern von der Luftfront.

Sein Freund Bruno Lörzer, Kommandant des Fliegerkorps II, hatte Oberst Paul Deichmann, seinen Stabschef, mit seiner Stellvertretung beauftragt. Von seinem Hauptquartier in einem von Ratten wimmelnden Gehöft bei Bonningues aus gab Deichmann seinen Bomber- und Jägereinheiten Startbefehl, dann fuhr er im Wagen zum »Heiligen Berg«, dem Hauptquartier der Luftflotte 2 am Cap Blanc-Nez, wo Oberstleutnant Rieckhoff, Chef der Operationsabteilung, in Abwesenheit seines Chefs Kesselring den Befehl übernommen hatte. Rieckhoff war erstaunt, zu erfahren, daß die Geschwader des Fliegerkorps II schon in der Luft waren. »Aus Berlin kam soeben der Widerruf«, berichtete er Deichmann. Es war zu spät. Die Lunte brannte bereits. Die gesamte Luftfront von Norwegen bis Cherbourg war drauf und dran, vor Aktivität zu explodieren.

Die Stukas der Gruppe Deichmann hämmerten schon auf Hawkinge und Lympne, als die Bombengeschwader der Luftflotte 5, von Langstreckenjägern begleitet, die norwegische Küste verließen und das Gebiet von Tyneside in Nordostengland ansteuerten. Angesichts des üblichen Sicherheitsspielraums war es ein weiter Sprung: 1700 oder 1800 Kilometer hin und zurück. Ein Begleitschutz durch die Me 109 der 1. Gruppe des JG. 77 (Johannes Janke) kam gar nicht in Frage. So übernahmen 21 Me 110 von der 1. Gruppe des ZG. 76 diese Aufgabe; jede Maschine war mit einem Brennstoff-Reservetank ausgestattet, einem »Dachshund«, wie man ihn nannte.

Man hatte alles getan, um die britische Verteidigung zu täuschen. An der Spitze des Stabsschwarms flog Hauptmann Werner Restmeyers Me 110 Dora, mit einem Spezialfunkgerät ausgestattet, das die Weisungen der feindlichen Bodenkontrolle abhören konnte, so daß man den Jägern aus dem Wege gehen konnte. Ein höherer Nachrichtenoffizier, Hauptmann Hartwich vom Fliegerkorps X, bediente im Heckstand der Dora dieses Gerät. Ein tragischer, nutzloser Versuch, das britische Radarkontrollsystem zu überlisten.

Ein anderer Versuch, die Verteidigung irrezuführen: zwanzig Wasserflugzeuge wurden vorausgeschickt und steuerten den Firth of Forth an, viel nördlicher als das eigentliche Ziel. Zum Unglück für die dreiundsechzig Heinkel 111 vom Löwen-Geschwader KG. 26 (Missys ehemaliger Einheit), versagte ihr Navigationssystem: als die Küste in Sicht kam, waren sie fast an der gleichen Stelle wie die Wasserflugzeuge, mit einer Abtrift von 120 Kilometern vom beabsichtigten Kurs.

Um 12.08 Uhr orteten die britischen Radarstationen einen Verband (»20 oder mehr«) etwa 120 Kilometer vor der Küste. Der Verband wurde bald größer: »30 oder mehr«. In der Gruppe 13 hatte man reichlich Zeit, die Staffeln einzuteilen. Doch als Ted Graham, an der Spitze der Spitfires von der 72. Staffel, etwa 35 Kilometer vor der Küste den Verband sichtete, verschlug es ihm die Sprache. »30 und mehr« waren auf 84 Heinkel und Me 110 angeschwollen.

Die Spitfires stießen herunter, ein Teil von ihnen stürzte sich auf die Me 110, die übrigen auf die Heinkel. Dora war eine der ersten, die getroffen wurden. Ihr Dachshund-Tank explodierte, und die tapferen Restmeyer und Hartwich stürzten brennend ins Meer, mit ihnen auch das Gerät, von dem sie erhofft hatten, es werde sie vor den feindlichen Jägern schützen.

Nach der 72. Staffel trafen weitere Spitfires von der 79. und der 42. Staffel ein und Hurricanes von der 605. und 607. Fünf weitere Me 110 stürzten ab. Die Heinkel versuchten hartnäckig durchzubrechen, wurden zurückgedrängt und verloren zehn Maschinen, ehe sie an ihre Ziele gelangten: die Flugplätze von Dishforth und Linton, auf denen Bomber der R.A.F. stationiert waren.

Etwa 120 Kilometer südlich flogen fünfzig Ju 88 vom Geschwader »Adler«, dem KG. 30, einen anderen Bomber-Flugplatz, Driffield, an. Sie trafen gut, zerstörten vier Hangars und beschädigten zwölf schwere Whitley-Bomber. Das KG. 30 verlor sechs Ju 88, die zusammen mit den zehn He 111 und sechs Me 110 des im Norden operierenden Verbandes einen kostspieligen Tribut darstellten.

Die R.A.F. verlor nicht einen einzigen Jäger. Die Deutschen meldeten jedoch elf Abschüsse, darunter zwei Spitfires, die man ins Meer habe stürzen sehen.

Die Eindrücke beim Kampf waren stets täuschend; für Dowding zählten nur Tatsachen. Die Luftflotte 5 sollte nie wieder Tagesangriffe fliegen.

Im Süden wurde das Mittagessen in Manston durch Bodenbeschuß von zwölf Me 110 erheblich gestört. Dann kurz nach 15.30 Uhr, sammelten sich fünfzig Dorniers von der 2. und 3. Gruppe des KG. 3 über Cap Gris-Nez und warteten auf ihre Jägereskorte, die ungewöhnlich stark war: etwa 150 Me 109 von drei Jagdgeschwadern – Handricks JG. 26 (Adolf Galland führte die 1. Gruppe), Trubenbachs JG. 52 und Mettigs JG. 54. Dieser Heerhaufen von 200 Maschinen griff die Gelände von Eastchurch und von Rochester an, während Hauptmann Rubensdorffer mit seiner Erprobungsgruppe 210 unbemerkt um die Ostküste schlüpfte. Sechs Hurricane-Staffeln und eine Spitfire-Staffel (insgesamt 84 Jäger) fingen den großen Verband ab, aber der mächtige Begleitschutz vermochte die britischen Jagdmaschinen aufzuhalten, während die 3. Gruppe des KG. 3 ihren Auftrag in Eastchurch ausführte und die 2. Gruppe derselben Einheit in Rochester furchtbare Verwüstungen anrichtete.

Am selben Morgen hatten Hans-Heinrich Brustellin im Château der Grafen von Beauvais bei St-Inglebert, in dem er einquartiert war, zum Frühstück kaltes Rebhuhn gegessen, das ein farbiger Diener servierte. Um 15.30 Uhr stieg er mit der 1. Gruppe des JG. 51 hinter seinem Geschwaderkommodore Werner Mölders auf und überflog den Kanal. Das JG. 51 sollte die Bomber »abschirmen« und »die Luft reinigen«.

Und die Luft war an diesem Tag über England voller Maschinen. Brustellin hatte so schlechte Augen, daß er sich auf die seines Flügelmanns verlassen mußte. Als der plötzlich rief: »Hurricanes in der Sonne!« gab Brustellin Vollgas und trennte sich von dem Stabsschwarm. Von links kam ein Jäger heran. »Einer der unseren«, dachte er. Dann erkannte er aber eine Spitfire. Beide Maschinen kurvten nach links, jetzt nur noch mit halber Leistung, denn jede versuchte, die andere vom Heck her zu fassen. Es wurde zu einem Kurvenkampf im Langsamfliegen, den die Spitfire gewann. Brustellins Me 109 sackte durch und tauchte weg. Wie der Blitz war die Spitfire hinter ihm, alle ihre Maschinengewehre spien. Mit Verwundungen an den Beinen und einer lecken Benzinleitung floh Brustellin nach Frankreich und in die Sicherheit. Eine Bauchlandung in St-Inglebert gab seiner Maschine den Rest. Zwei Wochen im Lazarett setzten vorübergehend dem *vie de château* ein Ende.

Die heftigen und vielfältigen Kämpfe zwischen britischen Jägern und den eskortierenden Me 109 verursachten auf den Ortungstafeln der Abschnitte Verwirrung. Vier weitere Staffeln der R.A.F. wurden eingesetzt. Eine war die 85., eine andere die 17. Staffel, unsere Schwesterstaffel im Abschnitt Debden, die in Martlesham geblieben war. Ich führte die 85. in halsbrecherischer Eile zur Themsemündung und suchte verzweifelt im dichten Nebel nach dem Feind. Der Einsatzoffizier schien den Faden der Schlacht verloren zu haben. Zur selben Zeit wies man die 17. einmal hierhin, einmal dorthin über der Nordsee, um ihr schließlich zu sagen, sie solle in Martlesham landen. Schon aus weiter Entfernung konnten die Piloten feststellen, daß der Flugplatz schwer »bepflastert« worden war. Rubensdorffer war gekommen und wieder verschwunden, nachdem er einen rauchenden Trümmerhaufen hinter sich gelassen hatte, eine Bezeichnung, die wenig später auch auf seine eigene Me 110 zutraf. Denn der forsche Rubensdorffer hatte nur noch drei Stunden zu leben.

Der Feind zog sich zurück: Das KG. 3 zu seinen Stützpunkten in Belgien, die Erprobungsgruppe 210 und die Jagdstaffeln zu ihren zahlreichen Standorten im Pas-de-Calais. Auch die Staffeln Dowdings kehrten zu ihren Flugplätzen zurück, um aufzutanken und Munition zu fassen. Die Luftwaffe hatte eine Chance, sie im ungelegensten Augenblick zu überraschen, doch sie nahm sie nicht wahr. Die Koordination zwischen den deutschen Luftflotten klappte nur schlecht.

Dieser Mangel an Zusammenarbeit war erklärlich, da die Chefs der Luftflotten und Fliegerkorps 800 Kilometer von der Luftfront entfernt mit ihrem Reichsmarschall hinter verschlossenen Türen saßen. Göring war wieder einmal wütend. Nichts wollte klappen. Die Verluste der Stukas waren erschreckend. Die Schuld der Jagdgeschwader! In Zukunft müßten die Jägereskorten verstärkt werden, drei Gruppen je Stuka-Gruppe. Und die Me 110! Die Sache am 13. mit Staffel 5 (Z), LG. 1, war eine Schande! Man verschwende ganz unnütz die Me 110, von der es sowieso viel zu wenige gab. Die Wahrheit war, daß die Me 110 und die Stukas sich trotz des außerordentlichen Muts ihrer Besatzungen im Einsatz bei resoluter Jägerverteidigung als Niete erwiesen. Der Langstreckengeleitschutz durch Me 110 benötigte selbst wieder eine Eskorte. Dem Stuka wirksamen Jagdschutz zu geben, war unmöglich, da er viel zu langsam war.

Die Verluste an Luftwaffenoffizieren waren zu hoch – in Zukunft war nur noch ein Offizier pro Besatzung erlaubt. Und man verschwendete zuviel Mühe auf Ziele, die es nicht lohnten. Was war das für ein Unsinn, das Feuerschiff von Varne zu versenken. Oder die Hafenanlagen von Southampton zu bombardieren. Operationen hatten künftig nur noch den feindlichen Luftstreitkräften einschließlich der Flugzeugindustrie zu gelten. Die Kampfgruppe 100, Nachtbomber-Experten, sollte sich darum kümmern. Nachtangriffe, auch in kleinem Ausmaß, würden der Verteidigung des Feindes und seiner Bevölkerung keine Ruhe gönnen.

Diese Bemerkungen Görings waren im großen und ganzen durchaus vernünftig. Ihm fehlten jedoch die Klugheit, die Urteilskraft und die notwendigen technischen Kenntnisse, um gegen eine so durchorganisierte Verteidigung aufzukommen, hinter der zwanzig Jahre Berufserfahrung standen und die von einem Techniker wie Dowding geleitet wurde; aber auch abgesehen von den Hafenanlagen in Southampton waren die mutigen und geglückten Angriffe auf die Flugplätze des Bomberkommandos und der Küstenverteidigung eine restlose Verschwendung von Elitebesatzungen und gutem Material der Luftwaffe. Die Inkompetenz Görings hatte sich bei Dünkirchen schon als verhängnisvoll erwiesen. Sie hatte eine genauso verheerende Wirkung im Entscheidungskampf gegen England.

Da war zum Beispiel der monumentale Irrtum in einem der Punkte, die Göring auseinandersetzte. Es sei zweifelhaft, erklärte er im Verlauf der Besprechung, ob es sinnvoll wäre, die Angriffe auf die Radarstationen fortzuführen angesichts der Tatsache, daß keiner dieser Angriffe auch nur eine einzige Station außer Betrieb habe setzen können. Der Reichsmarschall hatte keine Ahnung. Ein einziger Angriff hatte Ventnor lahmgelegt. Ein halbes Dutzend Angriffe auf die vier anderen bereits beschädigten Stationen hätten sie ausgeschaltet. Ein guter Nachrichtendienst, ein wenig mehr Anpassung und eine bessere Taktik, etwa die des »Bombenteppichs«, hätten die Zerstörung erreichen können. Das britische Luftfahrtministerium hatte ja schon halbe Vorarbeit geleistet, indem es versäumt hatte, die technischen Baulichkeiten unterirdisch, durch Beton gesichert, anzulegen – wenn es sich schon nicht um die jungen Mädchen kümmerte, die dort arbeiteten. Unglaublich – aber ebenso war es ja auch mit den gleichfalls lebenswichtigen Abschnitt-Operationsräumen (samt den Mädchen in ihnen), die völlig ungeschützt waren.

Doch »Beppo« Schmid und sein Chef merkten es nicht. »Verschwenden Sie keine Zeit auf Radarstationen, sie sind nicht wichtiger als das Varne-Feuerschiff oder Brighton Pier.« Sogar Oberst Paul Deichmann, Stabschef des Fliegerkorps II, stimmte zu, doch aus anderen Gründen. »Laßt den Briten ruhig ihr Radar«, sagte er, »es ermöglicht ihnen, unsere Jagdverbände zu finden, die daraufhin die ihren vernichten können.«

Während sein Kommandierender General sich auf der Terrasse von Karinhall sonnte, leitete Paul Deichmann die größte Luftschlacht, die die Weltgeschichte bis dahin erlebt hatte. Doch seine Theorie versagte. R.A.F.-Jäger fanden allerdings die Luftwaffenverbände, doch anstatt selbst abgeschossen zu werden, brachten sie den Eindringlingen schwere Verluste bei.

Etwa zwei Stunden nach dem Rückflug der Luftflotte 2 im Osten drang die Luftflotte 3 über Portland im Westen vor. Von Lannion in der Bretagne kamen die Ju 87 von Hozzels 1. Gruppe, St.G. 1, und Eneccerus' 2. Gruppe, St.G. 1; von Orléans LG. 1 mit Jocho

Helbig an der Spitze der Staffel 4. Über und hinter ihnen flogen die Me 110 Zerstörer von Vollbrachts ZG. 2, während noch höher die Me 109 von Ibels JG. 27 und Taubadels JG. 53 schwärmten – etwa 60 Bomber in Begleitung von 170 Jägern. Ziel: Worthy Down, der Marineflugplatz bei Southampton, und ein Jagdflugplatz: Middle Wallop. Den Me 109 sollte das Äußerste zugemutet werden, was ihre Reichweite schaffen konnte. Schlimmer noch, sie hatten bereits beim Warten auf die Bomber kostbaren Brennstoff verbraucht. Bei 150 Kilometer Meerüberquerung war das ein heikles Unternehmen; das ist das wenigste, was man sagen kann.

Eine gemischte Einheit von 180 britischen Jägern stieg auf, um die heranfliegenden Verbände zu treffen. Die deutschen Begleitjäger wurden Hunderte von Metern über den Bombern in Kämpfe verwickelt und ließen sie schutzlos. Als der jüngste Staffelkapitän bildete Jocho Helbig die Nachhut zu Major Kramers 2. Gruppe mit Staffel 4. Als die gegnerischen Jäger aus der Sonne herabstießen, war der Zusammenprall mit seiner Einheit furchtbar. »Zwanzig Minuten lang waren wir in eine wütende Schießerei mit drei britischen Jägern verwickelt.« Die Ju 88 schlossen sich enger zusammen, um ihr Feuer zu konzentrieren, doch die Engländer ließen nicht locker. Eine Ju 88 nach der anderen fiel aus. Endlich gelang es Jocho freizukommen, doch sofort hing sich ein vierter Jäger an ihn. Nur die Kaltblütigkeit seines Bordschützen, Oberfeldwebel Franz Schlund, rettete ihn an diesem Tag; indem er dessen Weisungen über das Bordtelefon befolgte, zwang Helbig seinen Bomber zu einer Turnerei, die eines Jägers würdig gewesen wäre.

Aber lange konnte es so nicht weitergehen. Als der Navigator verwundet, der Steuerbordmotor getroffen war und einem Heckschützen die Munition ausging, dachten alle: es ist soweit! Doch sie erlebten eine Überraschung. »Fünf Minuten lang spielte der Jäger Katz und Maus mit uns, kam sogar dicht heran, um uns ins Gesicht zu gucken – dann winkte er mit der Mütze und – weg war er!« Von der Staffel war die Maschine Helbigs die einzige, die zurückkam: acht Besatzungen wurden vermißt gemeldet – 32 Mann, von denen 24 gefangengenommen wurden, aber das konnte Helbig nicht wissen. »Das schlimmste war«, sagte damals der junge Staffelkapitän, »den Familien zu schreiben«. Der Rest des deutschen Verbandes flog beharrlich weiter, ständig von acht Staffeln der R.A.F.

attackiert. Drei Ju 88 gelangten bis Worthy Down, ohne daß ihre Bomben viel Schaden anrichteten. Major Kern drang an der Spitze seiner 1. Gruppe bis Middle Wallop vor. Wie seine Besatzungen dachte auch er, daß ihr Angriff zwei englische Staffeln praktisch am Boden zerstört habe. In Wirklichkeit verfolgte eine von diesen beiden, die 600. von Red Tobin, die deutschen Maschinen bis zur Küste. »Sie trafen den Hangar Nr. 4, verbrannten drei Blenheims und veranstalteten allgemein eine Hölle, doch niemand wurde verletzt; es war nicht allzu schlimm. Die ›Quadratschädel‹ kamen jedenfalls nicht auf ihre Kosten, denn alle acht wurden 'runtergeholt, ehe sie abschwirren konnten«, sagte Tobin.

Die Luftflotte 2 übernahm die Ablösung so rasch, daß sie die Staffeln der Gruppe 11 beim Tanken überraschte. Doch Park, der Kommandeur der Gruppe, hatte genug Maschinen, um den beiden Bombergruppen, die mit dem Abendnebel kamen, einen heißen Empfang zu bereiten. Die erste, die aus Dorniers bestand, flog den Abschnittsflugplatz Biggin Hill, südlich von London an. Die zweite wurde von Hauptmann Rubensdorffer geführt; Ziel: der Abschnittsflugplatz Kenley, einen Steinwurf weit von Biggin Hill entfernt. Es war die Erprobungsgruppe 210 mit fünfzehn Me 110 und acht Me 109 Jagdbombern.
Von der untergehenden Sonne geblendet und vom Nebel behindert, irrte sich die erste Gruppe und warf ihre Bomben auf West Malling bei Maidstone. Sie hielten es für Biggin Hill, ein überaus wichtiges Abschnittszentrum mit dem Operationsraum, während es sich hier nur um einen Gefechtslandeplatz handelte. Glücklicher Irrtum, denn West Malling war danach für eine Woche unbenutzbar.
Vielleicht um nicht mit der Sonne vor sich anzugreifen, schwenkte Rubensdorffer plötzlich nach Norden. Von dort wollte er wohl in den Süden nach Kenley zurückkehren, so daß die Sonne zu seiner Rechten stand. Doch gerade in diesem Augenblick verloren die Begleitjäger Me 109 vom JG. 52 den Kontakt mit der Erprobungsgruppe 210 und kehrten um. Rubensdorffer war bereits über den Vororten von London. London zu überfliegen, war verboten – Führerbefehl. Die Erprobungsgruppe 210 wendete südwärts und ging tiefer. An der Spitze der 3. Staffel (acht Me 109) hörte Otto Hintze den Funkspruch: »Angriff abgeblasen« und Rubensdorffers lakonische Antwort: »Zu spät, wir greifen an.« Aber wo war Kenley?

Unmöglich, im Dunst etwas auszumachen. Dann aber lag vor ihnen ein Flugplatz. Wäre Rubensdorffer einer von den älteren Luftwaffenfliegern gewesen, die ehemals für die Lufthansa nach London flogen, dann hätte er an den beiden Kühltürmen im Norden erkennen können, daß der Flugplatz Croydon war.

Beim Tiefergehen mit seiner 3. Staffel sah Hintze die fünfzehn Me 110, von Hurricanes verfolgt, im Dunst verschwinden. Er warf seine Bomben und ging wieder höher. Dann sah er die Me 110 weit verstreut über sich. Da die britischen Jäger ihnen heftig zusetzten, versuchten sie, einen Abwehrkreis zu fliegen, während ein Haufen Hurricanes ihnen die Hölle heiß machte. Ihrer Bomben ledig, waren die Me 109 wieder zu Jagdflugzeugen geworden, aber sie mußten selbst Abwehrkreise fliegen. Hintze versuchte, sie näher an die Me 110 heranzubringen.

Tommy Thompsons 111. Staffel befand sich in 10 000 Fuß Höhe über Croydon, ihrem eigenen Stützpunkt. Auf dem Flugplatz unten hatte sein Wartungsmechaniker Tommys deutschen Schäferhund Pat an der eisernen Treppe zum nächsten Luftschutzraum angekettet. In diesem Augenblick kam Thompson mit neun Hurricanes im Steilflug herab auf Croydon, den Me 110 auf den Fersen. Eine erwischte er, als sie nach oben entkommen wollte. »Die Fetzen flogen davon«, berichtete er, und der Deutsche landete mit dem, was von seiner Maschine noch übrig war, in einem nahen Feld. Weitere Hurricanes von der 32. Staffel (Staffelführer John Morrall) trafen ein, und zusammen mit der 111. heizten sie den Me 110 kräftig ein, als es den Me 109 von Otto Hintze gelang, sich heranzumanövrieren. Das war Glück für Rubensdorffer. Mit dem Stabsschwarm hinter sich, tauchte er in Richtung Küste und verschwand im Dunst. Doch keiner von ihnen kam heim. Rubensdorffer, tapfer bis zum Schluß, wich noch mit seiner brennenden Me 110 einer Villa aus. Sein Bordschütze und er kamen um; von seiner Me 110 blieb nur »ein Haufen rauchender Trümmer« übrig. Für die Erprobungsgruppe 210 war es ein schwarzer Tag.

Nach der Landung suchte Tommy Thompson überall nach Pat. Doch der Schäferhund war nirgends zu finden. Man hatte zwar Gangster, den Bullterrier von Hauptmann Peter Powell, gesehen, wie er mit einem zerschossenen Bein davonhumpelte – doch von Pat keine Spur. Erst als Tommy abends sein Zimmer im »Aerodrome Hotel« betrat, sah er unter seinem Bett einen Hundeschwanz hervorragen. Pat hatte seine Kette zerrissen und sich einen besseren Unterschlupf gesucht.

An diesem Abend lagen die Piloten der 54. Staffel in Manston bei ihren Spitfires im Gras. »Für heut' hab ich die Nase voll«, sagte Colin Gray. »Die Hunnen wohl auch, möcht' ich wetten. Ich gäb' jetzt was für ein Bier, ein gutes Essen und mein Bett.«

Sein Staffelkapitän, Al Deere, hatte gerade Zeit, ebenfalls Appetit zu empfinden, als die Alarmglocke ging. Starten! Die Piloten rannten, die Merlins erwachten zu Leben. Dann brausten neun Spitfires über den grünen, narbenreichen Rasen von Manston und hoben ab. »Achtung, Führer! Hören Sie mich? Siebzig oder mehr, Höhe 18 000 Fuß, Richtung Dungeness-Dover«, sagte die ruhige Stimme des Hornchurch-Einsatzoffiziers, Ronald Adam. »Greifen Sie die Begleitjäger an!«

Das ist ganz was Neues, dachte Al Deere. Es war eine neue Taktik von Park, die Spitfires gegen die hochfliegenden Begleitjäger zu schicken, während die Hurricanes die Bomber angriffen.

Major »Prof« Leathart ging noch 5 000 Fuß höher. Die vom Radar angezeigte Höhe war nicht immer exakt. Es war besser, an Höhe etwas zuzulegen, damit man nicht von den feindlichen Jägern »angesprungen« wurde. Wie die Dinge lagen, hatte die 54. nun den Vorteil und konnte die Me 109 von hinten »anspringen«. Al Deere suchte sich eine Me 109 aus, folgte ihr in einem langen Sturz südwärts durch einen dünnen Wolkenstreifen. Da drunten lag Frankreich. Flugplatz Calais-Marck, der ganze Umkreis mit Me 109 verseucht. »Du Trottel!« sagte Al Deere zu sich selbst, machte eine hochgezogene Kehrtkurve und tauchte zum Meer hinab, zwei Me 109 an seinem Rockschoß. Sobald sie zu dicht herankamen, flog er einen Looping, um ihnen die Stirn zu bieten, doch jedesmal rückten sie auch näher. Plötzlich zersplitterte sein Armaturenbrett. Dann merkte er, daß sein Motor getroffen war und kotzte, auf die Windschutzscheibe spritzte Öl. Auch die Me 109 sahen sie und kehrten nach Frankreich zurück.

Al Deere überflog die englische Küste mit gerade noch soviel Geschwindigkeit, um auf 1000 Fuß hochzufliegen. Er warf die Kabinenhaube ab, und als das Cockpit Feuer fing, rollte er die Spitfire auf den Rücken, um hinauszuspringen. Doch der Fallschirm blieb irgendwo hängen. Die Spit senkte die Nase und stürzte rücklings ab. Al Deere gelang es im letzten Moment, den Fallschirm loszu-

nesteln und die Reißleine zu ziehen. Sekunden später bekam er
Boden unter die Füße, keine hundert Meter von der Stelle entfernt,
wo seine »Kiwi II« explodiert war.

Kaum hatte er sich aufgerafft, traten zwei Männer in R.A.F.-Uni-
form auf ihn zu. »Ich bin der Ambulanzfahrer«, sagte der eine,
»und mein Kamerad ist gelernter Krankenpfleger. Wir sind auf
dem Weg nach Kenley und dachten, wir könnten vielleicht helfen.«
»Ausgezeichneter Service!« sagte Al Deere.

Drei Stunden später war er in East Grinstead in den Händen von
Archibald McIndoe, einem Zauberer der plastischen Chirurgie, der
Hunderte von verbrannten und zerstückelten jungen Körpern wie-
der in menschliche Wesen zurückverwandelt hat. McIndoe behielt
Al Deere für die Nacht da. Er hätte ihn wegen seines erschöpften
Zustandes noch länger dabehalten, doch der unverbesserliche Neu-
seeländer benützte einen Fliegeralarm, um sich davonzustehlen. Er
nahm den nächsten Zug nach Hornchurch.

Mit den rauchenden Trümmern von Rubensdorffers Me 110 und Al
Deeres Spitfire, deren Teile über die Felder von Kentish verstreut
lagen, war eine neun Stunden während Luftschlacht zu Ende gegangen. Die ersten Schätzungen lagen bei 1 790 Einsätzen der Luftwaffe. Doch später wurde bestätigt, daß über 2 000 deutsche Maschinen einschließlich 800 Bomber, an diesem Tag gegen England
geflogen waren. Die britischen Jäger stiegen im ganzen tausendmal
auf. Beide Seiten übertrieben bei weitem die Zahlen der zerstörten
Flugzeuge, eine unvermeidliche Folge großer Zahlen und verworrener Kämpfe. Die R.A.F. behauptete, 182 Maschinen zerstört zu
haben, mehr als das Doppelte von dem, was der Generalquartiermeister der Luftwaffe als Verlust angab, nämlich 75. Beim OKW
berichtete Major von Falkenstein, daß 108 Feindmaschinen abgeschossen worden seien, gegenüber 55 Maschinen der Luftwaffe (möglicherweise waren die Zahlen der Luftflotte 5 nicht inbegriffen).
Von diesen 108 britischen Maschinen sollten 82 Hurricanes und
Spitfires gewesen sein. Die wirklichen Verluste des Oberkommandos
der Jagdwaffe betrugen 34 Jäger.

Doch während die Deutschen sich einredeten, daß ihre Angaben
stimmten, fiel Dowding weder auf ihre noch auf die von der R.A.F.
genannten Zahlen herein. Als der Luftfahrtminister ihm vorhielt,
die von seinen Piloten gemeldeten Abschüsse seien doch anzuzwei-

feln, erwiderte Dowding ihm: »Wenn die Angaben der Deutschen wahrheitsgemäß wären, würden sie jetzt schon in England stehen.« Das Wunschdenken über die gegnerischen Verluste ändert nichts an der Bedeutung der Luftschlacht dieses Tages, der größten aller Zeiten. Den ganzen Tag über hatten die britischen Jäger auf einer Verteidigungslinie von beinahe 800 Kilometern, von Newcastle bis rund um Portland, der Luftwaffe die Stirn geboten. Doch abermals hatte die Luftwaffe es unterlassen, das ganze Gewicht ihrer Offensive unablässig auf das einzige Ziel zu konzentrieren: die Vernichtung der britischen Jagdbasen. Wenn auch schwer, waren die Schäden auf den weniger wichtigen Flugplätzen – Hawkinge, Lympne, Manston, West Malling und Croydon – nicht allzu empfindlich. Die Bombentrichter auf den Landebahnen waren bald wieder planiert, und das allein war wesentlich. Von den Abschnittsflugplätzen war Middle Wallop ein wenig angekratzt; Biggin Hill und Kenley wurden zu Fehlschlägen für die Deutschen, und die tapferen, zielstrebigen Einsätze der deutschen Flieger waren weitgehend vergebens. Schlechte Planung und Stabsarbeit vereitelten die Fünf-Tage-Luftschlacht Görings, die englische Jagdwaffe zu zermalmen.

Dowding hatte seine Kritiker beschämt. Die Angriffe im Norden, die er vorausgesehen hatte, waren abgeschlagen worden. Seine verhältnismäßig geringen Kräfte im Südosten und Süden hatten den Feind in stundenlangen wütenden Kämpfen abgewiesen. Winston Churchill hatte im Operationsraum des Oberkommandos der Jagdflieger den Verlauf der Schlacht gespannt verfolgt. Er hatte den Beweis für Dowdings Genius erlebt. »Die Voraussicht von Luftmarschall Dowding verdient höchstes Lob: noch bemerkenswerter war die genaue Einschätzung des zu erwartenden furchtbaren Anpralls, die in all diesen Wochen tödlichen Konfliktes im Süden Jagdformationen im Norden zu halten wußte. Wir müssen in der hier bewiesenen Feldherrnkunst ein Beispiel genialer Kriegführung sehen.«
Als Churchill mit General Ismay nach Chequers zurückfuhr, war er in Gedanken verloren. »Sprechen Sie nicht zu mir«, sagte er zu ihm. »Noch nie bin ich so bewegt gewesen.« Und Ismay hörte ihn vor sich hinsagen: »Noch nie in der Geschichte menschlicher Kämpfe sind so viele so wenigen verpflichtet gewesen.«

2

Am 16. August herrschte wiederum warmes und sonniges Wetter. Seit dem Angriff auf die Radarstationen waren vier Tage vergangen. Unglaublich, daß die Luftwaffe nicht abermals dort zugeschlagen hatte, wo sie die britischen Jäger am empfindlichsten treffen konnte, und daß sie auch gegen die Abschnittsflugplätze mit ihren lebenswichtigen, aber verletzlichen Operationsräumen keine Angriffe geflogen hatte. Göring hatte offensichtlich entschieden, die Radarstationen außer acht zu lassen, aber wie lange noch würden die Abschnittsflugplätze unbehelligt bleiben? Middle Wallop war zweimal bombardiert worden, und die Besuche über Biggin Hill und Kenley eröffneten düstere Perspektiven.

Am 16. flog die Luftwaffe abermals nach Südengland 1700 Einsätze. Manston erhielt den üblichen Angriff. Dann, kurz nach 11 Uhr nahmen Dorniers vom KG. 76 Kurs auf West Malling. Die 111. Staffel, die Tommy Thompson in der Früh nach Hawkinge verlegt hatte, wurde alarmiert. Es war Tommys Geburtstag, doch die Ereignisse verjagten Gedanken an Feiern.

Das Ärgerliche an Hawkinge war, daß es in der ersten Frontlinie lag: man war gezwungen, unter dem Feind zu steigen, seinen Jägern auf Gnade und Ungnade ausgeliefert. Thompson stieg mit der 111. vor den anfliegenden Bombern mit Kurs Nordwest. Alles ging gut, als er seine Staffel in einer weiten Linkskurve hochbrachte, um einen Frontalangriff zu fliegen. Dann trat das Unerwartete ein: »Mike Ferris war ein wenig vor mir auf der Innenseite des Verbandes. Er gab Gas und kollidierte frontal mit einer Dornier. Es gab eine furchtbare Explosion, es blieb nicht viel übrig – nur ein paar Fetzen, die niederschwebten.«

Die Dorniers schwärmten aus, und die 111. stürzte sich auf sie. Das war der Vorteil beim Frontalangriff; er trennte den Einheitsführer von seiner Truppe, und in der Verwirrung, die dadurch entstand, konnte man sich den Feind einzeln vornehmen. Es gab allerdings auch Nachteile dabei; die hohe Geschwindigkeit ließ wenig Zeit, zu zielen und zu schießen, und das geringste Scheinmanöver des Feindes warf den Angriff über den Haufen.

Wie auch Dowding sagte: »Die deutschen Piloten zeigten großen Mut.« Das KG. 76 flog stetig weiter, obwohl die 111. Staffel eine Dornier nach der anderen abschoß. Seine Bomben verwüsteten West Malling, wo die Trümmer vom Vortag noch nicht ganz aufgeräumt waren. Besser hätte es freilich daran getan, noch etwa dreißig Kilometer weiterzufliegen und seine Bomben auf den Abschnittsflugplatz Biggin Hill zu werfen. War es etwa die deutsche Vorliebe fürs Formale, die die Luftwaffe veranlaßte, vom äußeren Ring der vorgeschobenen Flugplätze aus vorzugehen, statt sofort direkt aufs Herz zu zielen, auf den inneren Ring der 11. Gruppe und seine lebensnotwendigen Stationen?

Der einzige Jäger-Einsatzflugplatz im äußeren Ring war Tangmere. Kurz vor 13 Uhr hörte John Simpson, gerade vom Genesungsurlaub zurück, die Sirenen, als er auf den Haupteingang von Tangmere zufuhr. Am Himmel tauchten die 2. Stuka-Gruppe und das KG. 51 auf. Simpson hatte nicht einmal Zeit, das Wachlokal zu erreichen, als schon die ersten Bomben fielen. »Der Lärm war unbeschreiblich. Bomben fielen rechts und links. Ich war zu Tode erschrocken; der Gestank und der Staub waren fürchterlich.«
Der Flugplatz Tangmere, den deutsche Kriegsgefangene im Ersten Weltkrieg gebaut hatten, sank in Trümmer. Auch der Hangar der 43. Staffel brannte nieder. Wo einmal das neue Krankenrevier gestanden hatte, sah Simpson »nur noch einen Haufen Schutt... der Gestank machte mich fast krank.« Der Feind rückte den britischen Jagdfliegerbasen immer näher.

Hauptmann J. B. Nicolson von der 249. Staffel flog in seiner Hurricane westlich von Tangmere in 1 700 Fuß Höhe. Er stieß auf ein paar Ju 88 hinab, als die Hurricane plötzlich erbebte. Von hinten prasselten MG- und Geschützmunition durch die Kabinenhaube, traf ihn am Fuß und durchlöcherte den Mitteltank. Flammen schlugen in die Kanzel. Jäh ging er in eine Kurve und entdeckte den Angreifer, eine Me 110, die von oben auf ihn herunterkam. Eine wilde Entschlossenheit, stärker als die Vernunft, ergriff ihn. Die Kanzel ein Hochofen, das Armaturenbrett zerschmolzen, seine verbrannten Hände um den Steuerknüppel und den Gashebel verkrampft, schrie er: »Dich kriege ich!« Und er fuhr fort zu kurven und zu schießen, bis er sah, daß die Me 110 zu trudeln begann und stürzte, und er den entsetzlichen Schmerz in den Händen kaum noch spürte. Da erst ließ er sich aus dem Cockpit fallen, wie eine lebende Fackel. Erst als der heftige Zug der kalten Luft ihn – wie er sagt – »gelöscht« hatte, suchten seine verbrannten Hände die Reißleine und fanden sogar noch die Kraft, sie zu ziehen. Doch als ob seiner Leiden noch nicht genug wären, schoß noch irgendein Dummkopf von der *Home Guard* auf Nicolson und verwundete ihn 15 m über dem Dorf Millbrook in Hampshire.

Der tapfere Nicolson erhielt das Victoria Cross. Von den 3000 Fliegern, die in der Schlacht um England kämpften, war Nicolson der einzige, der diese höchste Auszeichnung für Tapferkeit vor dem Feind erhielt. Es genügt auch. Dreiundzwanzig Jahre alt, war er typisch für seine Kameraden. Allein in ihrer engen Pilotenkabine, viele Kilometer über dem Erdboden, zeichnete sie ein so besonderer Mut aus, daß keine Medaille, kein Ehrenzeichen, kein materieller Lohn ihm entsprechen konnte.

Obwohl die Luftwaffe wochenlang das Funkgeplauder zwischen den Bodenkontrollstellen und den Jagdflugzeugen mithörte, so hatte doch ihr Nachrichtenchef »Beppo« Schmid noch nicht erfaßt, daß die Abschnittsoperationsräume oberirdisch auf den Flugplätzen standen. Der Operationsraum in Tangmere war wie durch ein Wunder verschont geblieben. Bei aller Verwüstung konnte die Abschnittsstation doch operativ bleiben.

Die Luftwaffe machte eine neue Anstrengung und zerbombte die Marineflugplätze Gosport und Lee-on-Solent bei Southampton und die Versuchsstation von Farnborough. Fünf Ju 87 lösten sich von ihrem Verband und bombardierten Ventnor: »Beppo« Schmid wußte offensichtlich nicht, daß die Radarstation Ventnor schon ausgeschaltet war. In einer waghalsigen Attacke auf Brize Norton in Oxfordshire ließen zwei Ju 88 fünfzig Übungsflugzeuge in Rauch aufgehen. Entgegen dem Führerbefehl, zum zweitenmal innerhalb vierundzwanzig Stunden, bombardierten andere Bombergruppen die Vorstädte von London.

Aber keine von diesen entschlossenen, aber falsch gelenkten Angriffen beeinträchtigte die britischen Jäger. Doch die Luftwaffe näherte sich ihrem eigentlichen Ziel, und wir bereiteten uns auf die Angriffe vor.

Bei den Invasionsvorbereitungen hatte der Führer durch einen Kompromiß in dem Streit zwischen Marine und Heer entschieden. In einer Weisung des OKW hieß es, daß die Vorbereitungen bis zum 15. September abzuschließen seien; Lyme Bay war als Landungsplatz gestrichen, aber Brighton wurde als Ausschiffungspunkt für leichte Truppen beibehalten. Der neue Brückenkopf hieß nun Dover-Brighton, doch bei einwöchiger Frist vor dem Einsatzbefehl könnte er, den Wünschen der Marine entsprechend, auf Dover allein begrenzt werden.

Eine Ruhepause im Luftkrieg am 17. August gab Goebbels die Chance, ein paar Propagandabomben zu werfen. Großbritannien war, so meldete Berlin am 17. August, zur See und in der Luft vollständig blockiert – eine Behauptung, die Raeder peinlich war, denn er und seine Seeoffiziere wußten nur zu gut, wie machtlos ihre Überwasserkräfte gegenüber der britischen Flotte waren. Goebbels' Behauptung müsse als reine politische Propagandamaßnahme angesehen werden, schrieb der Chronist der Kriegsmarine.

Ohne die unerfreulichen Tatsachen zu beachten, genoß das Heer inzwischen die Seeluft. Alle, vom Oberbefehlshaber von Brauchitsch herab, waren anwesend, als die Soldaten sich in Boulogne einschifften, um in Paris-Plage, am fashionablen Strand von Le Touquet, die Invasion zu proben. Halder notierte, daß die Landungsboote nur langsam vorankamen – mehr als ein Nachmittag würde erforderlich sein, um das, was Churchill »das Geheimnis der Gezeiten und Strömungen« nannte, zu erforschen.

Nach fast einmonatiger Untätigkeit an der Kanalküste fand der Kommandeur der 3. Gruppe des JG. 26, Major Adolf Galland, daß es für die deutschen Jäger nicht sehr rosig aussah. Seine Aufgabe, Bomber zu eskortieren und die britische Jagdwaffe zu vernichten, ließ sich nicht durchführen. Da war zunächst die begrenzte Reichweite der Me 109. Und die Stukas, die in Polen und Frankreich alles fortgefegt hatten, erlitten jetzt katastrophale Verluste. »Sie ziehen die Hurricanes und Spitfires an wie Honig die Fliegen«, sagte Galland. Und die von Göring befohlene Verstärkung des Jagdschutzes löste das Grundproblem nicht: der Stuka war zu langsam für die Me 109. Doch Göring wollte von solchen Entschuldigungen nichts wissen; die Jäger waren schuld.

Das gleiche galt auch für die gewöhnlichen Bomber, die eine dichter aufschließende Eskorte forderten. Es flößte ihnen Vertrauen ein, wenn sie die Me 109 rundum sahen. Doch die Jäger wandten ein, daß die Bomber sie an die Kette legten und ihnen die Initiative nahmen. Wie Galland es ausdrückte: »Der Jäger muß in der Luft den Kampf suchen.« Zwanzig Jahre früher hatte Richthofen das gleiche gesagt: »Jäger müssen umherstreifen können ... wie und wo sie wollen und wenn sie auf den Feind stoßen, greifen sie an ... Alles andere ist Unsinn.«

Der ehemalige Jagdflieger Göring, Richthofens Nachfolger als Kommandeur des »Zirkus« beachtete diese Regel des Roten Ritters nicht. Er befahl dem Jagdgeschwader, sich eng an die Bomber zu halten, und im gleichen Atemzug warf er ihnen »mangelnden Angriffsgeist« vor. Es war grobe Ungerechtigkeit. Die Jäger zogen »freie Jagd« vor, wie Manfred von Richthofen es gefordert hatte. Doch auch das hatte keinen Erfolg gehabt. Die britischen Jäger stiegen nur gegen Bomber auf. Darum versuchten die Jagdgeschwader andere Methoden; man probierte den »extensiven Schutz«, der den Jägern gestattete, in Sichtweite der Bomber umherzustreifen, frei zum Angriff auf Feindjäger. Ein anderer Plan war »Jäger-Empfang«, wobei sie über der englischen Küste schwärmten, um die Bomber nach Hause zu geleiten. Doch die Verluste an Bombern schwollen ständig an. Göring zürnte. »Die Vorwürfe von oben wurden immer unerträglicher«, beklagte sich Galland.

Das und die beträchtlichen Verluste waren für die Jäger demoralisierend. Adolf Galland sprach mit seinem jüngeren Bruder Wilhelm darüber, der an der Kanalküste in einem Flak-Regiment diente. So könnte es nicht länger weitergehen, meinte er zu ihm. »Man kann an den Fingern abzählen, wann man an der Reihe sein wird.« Die Jagdflieger wurden entmutigt. »Einen Kameraden nach dem anderen sahen wir aus unseren Reihen verschwinden. Kein Tag verging, an dem nicht ein weiterer Platz am Tisch in der Offiziersmesse leer blieb.« Sie waren verbittert: »Wir beklagten uns über die Führung, die Bomber, die Stukas, und waren mit uns selbst unzufrieden.« In dieser Gemütsverfassung landete Adolf Galland am Sonntag, dem 18. August, in Berlin-Staaken.

Ein Stabsbus brachte ihn nach Karinhall, wo Göring die Kommandeure der Fliegerkorps und Geschwader, die am Luftkrieg gegen England beteiligt waren, zu einer Besprechung für den nächsten

Tag bestellt hatte. Adolf Galland betrachtete die Menge, die am Kurfürstendamm flanierte oder auf den Caféterrassen bei einem Glas Bier saß, und ärgerte sich über die »Was-geht-es-mich-an«-Haltung... und der allgemeinen Interesselosigkeit am Krieg. Ihm erschien der Koloß des Zweiten Weltkriegs wie eine umgekehrte Pyramide, die auf ihrer Spitze balanciere und nicht wisse, wohin sie sich neigen werde... die ganze Last des Krieges läge nur, meinte Galland, auf ein paar hundert Jagdfliegern an der Kanalküste. Und so war es auch auf der anderen Seite. Ein paar Hundert britischer und deutscher Flieger, an Mut und Geschicklichkeit ebenbürtig und von derselben Leidenschaft für die Fliegerei beseelt, waren in einen Kampf auf Leben und Tod verwickelt, von dem die Zukunft der Zivilisation abhing. Es war der Gegensatz zwischen der kleinen Gruppe entschlossener Krieger und der müßigen, unbekümmerten Menge, der Galland bedrückte. »Ich kam aus dem Kampf um Leben und Tod... Der Kampf, den wir am Kanal ausfochten, war von entscheidender Bedeutung... für den Ausgang des Ringens.«

Über dem Kanal hatte die Schlacht wieder an Heftigkeit zugenommen. Das KG. 76 war in Vermeille-en-Vexin gestartet und flog um 13 Uhr direkt nach den lebenswichtigen Abschnittsstationen Biggin Hill und Kenley. Neun Dorniers flogen in Höhe der Baumwipfel und bildeten die Speerspitze des Angriffs auf die beiden Flugplätze. Sie sollten zur selben Zeit eintreffen wie die in großer Höhe fliegenden Verbände von fünfzig Dorniers für Kenley und fünfzig Ju 88 für Biggin Hill.

Die niedrig fliegenden Dorniers schlüpften unbemerkt durch das Radarnetz; sie wurden erst im Binnenland von dem Beobachterkorps gemeldet, das eine Warnung an Kenley und Biggin Hill durchgab. Der Kenley-Einsatzoffizier, Major Anthony Norman, witterte Gefahr. Ohne auf Befehle der 11. Gruppe zu warten, ließ er die 64. und 615. Staffel von Kenley und die 111. von Croydon aufsteigen. In Biggin Hill reagierte der Platzkommandant Oberst Grice für die 32. und 610. Staffel auf die gleiche Weise. Einen Augenblick später traf auch der Befehl ein. »Ihr seid zu spät dran«, erwiderte Grice.

Seine und Normans schnelle Reaktion rettete die Staffeln vor der Katastrophe. Minuten später trafen die Dorniers ein und fegten in minimaler Höhe über die Flugplätze hin. In Kenley kamen sie so tief hinter den Bäumen hervor, daß die Flak erst im letzten Augenblick schießen konnte und darum nur zwei abschoß. Aber es bewirkte auch, daß einige Bomben zu flach fielen und nicht explodierten. Der hohe und der tiefe Angriff waren gut synchronisiert. Das KG. 76 traf Kenley schwer: zehn Hangars, mehrere Maschinen und ein Volltreffer auf den Operationsraum.

In Biggin Hill lief der Angriff nicht so gut ab. Die hoch fliegenden Ju 88 kamen spät an, und die neun niedrig fliegenden Dorniers steckten allerhand ein. Ihr Kommandant, Oberleutnant Lamberty, verstrickte sich in einem merkwürdigen Ding, dem PAC (*parachute and cable,* Fallschirm und Kabel) – einer Rakete, die 300 m Kabel hinter sich herzog und die vom Boden aus zwischen die Bomber geschossen wurde, bevor sie dann langsam an einem Fallschirm herabfiel. Tommy Thompson verhedderte sich beinahe selbst in eine, als er einer Dornier nachjagte. Lamberty mußte mit seiner brennenden Maschine eine Notlandung machen. Er konnte sich noch hinauszwängen. Einige Männer der *Home Guard* umstellten ihn. Doch als er auf sie zuwankte, wichen sie schaudernd zurück. Lambertys Haut hing ihm in verbrannten Fetzen um den Körper. Auf seine Bitte hin, nahmen sie aus seiner Tasche eine Schachtel Zigaretten (zwanzig Players, die er in Jersey gekauft hatte) und zündeten ihm eine an. Lamberty entschuldigte sich für sein Aussehen: »Ich fürchte, sehr, daß es für mich mit dem Fliegen für einige Zeit vorbei ist.« Von seiner Staffel kehrten nur zwei Dorniers nach Vermeille-en-Vexin zurück. Eine davon wurde vom Bordmechaniker geflogen, da der Flugzeugführer über Biggin Hill einen Herzschuß erhalten hatte.
Biggin blieb von ernsteren Schäden verschont, aber Grice warnte seinen Stab: »Denken Sie nicht, daß wir außer Gefahr sind, weil wir diesmal davonkamen.«
In Kenley stiegen aus den Hangars Rauch und Flammen auf, das Gelände war mit Bombentrichtern übersät. »Beppo« Schmid las die Meldung, nahm einen Blaustift und strich Kenley auf der Landkarte aus. Er wußte nicht, daß der Operationsraum getroffen war; von dessen Existenz hatte er ja keine Ahnung gehabt. Lebenswichtige Bauten, meinte er, müßten unterirdisch angelegt werden. Ebensowenig wußte er, daß der Operationsraum von Kenley sofort in einen Metzgerladen in Caterham High Street verlegt worden war,

während Telegrapheningenieure fieberhaft arbeiteten, um das Gewirr von Drähten, das Kenley mit dem Netz des Oberkommandos der Jagdflieger verband, wieder in Ordnung zu bringen. Es gab viel, was »Beppo« Schmid nicht wußte. Doch eines konnte er Göring mit Gewißheit melden: Es hatte das KG. 76 zehn Bomber gekostet, Kenley »auszuradieren«. Und Göring entschied: »Keine Tiefflug-Angriffe mehr!« Damit eliminierte Göring, was die R.A.F. am meisten fürchtete.

Unmittelbar nach dem Kenley-Biggin-Angriff nahmen vier Gruppen Ju 87 Kurs auf Gosport, Thorney und Ford, Flugplätze an der Südküste, die zum Tangmere-Abschnitt gehörten. Achtzehn Ju 87 trennten sich vom Verband, um die Radarstation Poling bei Ford anzufliegen.
Um 13 Uhr betrat Unteroffizier Avis Hearn vom weiblichen Hilfskorps mit der Ablösungsschicht C das neue Empfangsgebäude in Poling. Wenige Minuten später erschienen auf der Kathode eine Menge Flugzeuge über der französischen Küste. Der Feind! Die Auswertungsstelle in Stanmore bestätigte, und dann sah Avis Hearn auf die Ortungskarte, daß sie genau Kurs auf Poling nahmen. Wenige Minuten später klingelte das Telefon. Als Unteroffizier Hearn abhob, rief der Feldwebel vom Dienst: »Deckung nehmen!« »Ich kann nicht fort«, wandte sie ein. »Ich muß Stanmore auf dem laufenden halten.«
Der Feldwebel hörte sie nicht. Er war schon zum Schutzraum gelaufen.
Avis Hearn hörte das ohrenbetäubende Brüllen der Motoren. Dann sagte Stanmore:
»Poling! Die Ortung, die wir vorhin gegeben haben, muß jetzt direkt über Ihnen sein.«
»Was Sie nicht sagen!« rief Avis zurück. »Die Bomben fallen mir auf den Kopf.«
Ihre Stimme wurde von einer furchtbaren Explosion übertönt. Dann heulende Stukas, weitere Bomben, MG-Geknatter.
»Sind Sie noch da?« fragte Stanmore an.
»Ja, hören Sie, nehmen Sie meine Ortung auf!« rief sie zurück und bewies damit, wie unrecht das Luftfahrtministerium gehabt hatte, als es einwandte, daß Frauen beim Angriff die Nerven verlieren könnten.

Avis Hearn blieb auf ihrem Posten, bis die Leitung von Bomben getroffen wurde. »Plötzlich schien es still wie der Tod, und ich stützte den Kopf in die Hände und weinte.« Betäubt vor Entsetzen blieb sie, wie ihr schien, stundenlang sitzen. »Ich kam mir vor wie von gallertartiger Stille umgeben.«. Dann kam sie plötzlich zur Besinnung, als die Tür buchstäblich auf sie fiel; ein Offizier stürzte herein und führte sie weg. Draußen lag alles in Trümmern. Ein Lkw brannte zwischen den zu einem Metallgewirr verbogenen Fahrrädern.

Poling war so schwer zerstört, daß wie bei Ventnor eine mobile Sendestation einspringen mußte, um die Lücke zu schließen. Inzwischen griffen die 43. und 152. Staffel die Stukas an. Hauptmann Frank Carey an der Spitze der 43. brach die Formation der Ju 87 bei Selsey Hill auf. »Ich beschoß eine; sie stellte sich steil auf die Nase, und Flammen schlugen heraus.« Inzwischen stieß Feldwebel Hallowes auf fünf in Linie fliegende Ju 87 und eröffnete das Feuer. »Zwei Mann sprangen aus Nr. 5 und zwei weitere aus Nr. 4.« Zwei Fliegen mit einer Klappe. Dann traf er auf einen Stuka, der sich gerade nach seinem Sturzflug fing, und schickte drei kurze Salven nach ihm. »Er brach entzwei und stürzte ins Wasser.«

Westlich über Gosport kam Oberleutnant Rudolf Braun ins Gedränge. Nachdem er im Sturzflug durch die Ballonsperre gebrochen war, hatte er seine Bomben mit tödlicher Sicherheit abgeladen. Zwischen den Ballons wieder hochzuklettern, war nervenaufreibend. Schlimmer noch: Jäger lauerten ihm auf, und sobald er frei kam, griffen sie an. Seine Luftbremsen klemmten, aber es gelang ihm, »auf einem Bein« das Meer zu erreichen. Und dann passierte etwas Erstaunliches. »Die Luft rund um mich war voller Jäger, die offenbar wußten, daß ich eine bleierne Ente war. Sie überholten mich rechts und links und über mir. Unglaublich, sie schossen nicht nach mir; sie winkten mir nur zu.«

Für Rudolf Braun war es der letzte Flug gegen England. »Ich hatte einen besseren Schutzengel als die meisten«, sagte er. Einen besseren sicherlich als jene zwölf Stukas der 1. Gruppe, St.G. 77, die von der 43. und 152. Staffel erbarmungslos abgeschossen wurden. An dem Abend schrieb General Wolfram von Richthofen in sein Tagebuch: Eine Stuka-Gruppe hat sich wahrhaftig die Federn rupfen lassen.

Bei der 85. Staffel in Debden warteten wir mit wachsender Ungeduld, je heißer der Kampf im Süden wurde. Um 17.30 Uhr an

diesem Sonntag, dem 18. August, klingelte das Telefon fast gleichzeitig mit dem Alarmsignal.

»Hallo, die 85.? Kurs Canterbury! Höhe 20 000 Fuß.«

Ein paar Minuten später hoben wir mit Vollgas ab, Kurs Südost.
Bis dahin war ich immer nur in Einzelkämpfe mit dem Gegner verwickelt gewesen, außer bei dem Gefecht mit zwanzig Me 110 von
der Erprobungsgruppe 210. Ich muß zugeben, daß ich unruhig war,
als ich meine kleine Schar mitten in eine riesige Horde von Feinden
führte. Denn die Taktik war ja, immer in unabhängigen Staffeln
von zwölf Maschinen zu kämpfen. Untereinander hatten wir oft
darüber diskutiert. Unsere Aufgabe war, die Bomber anzugreifen.
Die Begleitjäger waren Sache der Spitfires. Nur wenn sie den Weg
versperrten, sollten wir uns mit ihnen einlassen. Ich führte die 85.
in vier Ketten zu je drei Maschinen. Ich flog an der Spitze, flankiert
von zwei anderen Maschinen ein wenig hinter mir, die vierte bildete den Schluß, jede Kette gestaffelt und in richtigem Abstand. Die
Staffel stellte so eine schmale Front dar und war leicht zu manövrieren, während jeder Flugzeugführer gleichzeitig unbehinderte
Sicht hatte.

Die Deutschen verspotteten unsere geschlossenen Formationen. Aber
ihre eigene Schwäche lag in ihrer Dreier-Formation, auf die man
später verzichtete, um zu der deutschen Rotte von zwei Maschinen
überzugehen. Da der Blick auf den Rottenführer geheftet war,
konnten die Piloten in zu dichtem Verbandsflug nicht gut umher-
spähen. Andererseits war es nicht so, daß wir »freie Jagd« flogen.
Von den Anweisungen des Einsatzoffiziers gelenkt, mußten unsere
Staffeln einen ziemlich kompakten Verband bilden, um sich gegenseitig zu schützen, bei schlechter Sicht Kontakt zu halten und vor
allem den Angriff zu konzentrieren. Die Formation, die wir bei der
85. bildeten, gab uns Manövrierfähigkeit, Konzentration und doch
auch die Freiheit, den Himmel abzusuchen.

Wir griffen kettenweise an, wobei die Maschinen sich staffelten, um
freies Schußfeld zu lassen. Meine Kette machte den Anfang, dann
folgte die Kette rechter Hand, schließlich die linker Hand und endlich die Schlußkette. Wir hatten es gut eingeübt; wir wußten alle,
daß es rasche Auffassungsgabe, gute Flugkenntnisse und vor allem
ein blindes Vertrauen in den Staffelführer erforderte. Ich konnte
auf jeden Piloten der Staffel zählen.

Es gab ein weiteres Problem – die Me 109. Sie war so schnell wie die Hurricane, und dank ihres Einspritzmotors konnte sie steil hinabstoßen, ohne daß der Motor aussetzte wie bei unserem Merlin-Vergaser. Aber wir hatten einen großen Vorteil: beim Kurven waren wir flinker. So wußte jeder, was er tun mußte: wenn Me 109 auftauchten und jeder auf sich gestellt war, nicht hochreißen und nicht wegdrücken. Nur kurven. Da man hinten keine Augen hat, ständig hin- und herwenden und daran denken, daß man ständig in Gefahr ist. Angreifen mit der Sonne im Rücken, wenn möglich. Und nie den Wahlspruch vergessen »*Beware of the Hun in the sun!*« (Vorsicht von dem Feind in der Sonne).

»Und denkt daran«, lehrte ich meinen Flugzeugführern, »eure Aufgabe ist, den Feind aufzuspüren und zu vernichten. Wenn ihr glaubt, einen abgeschossen zu haben, fliegt nicht hinterher. Sonst springt euch ein anderer von oben an. Laßt ihn sausen und sucht euch einen anderen aus. Hauptsache ist, den Feind vernichten und nicht, die persönliche Abschußliste zu verlängern.«

Die Staffel flog in perfekter Formation, als wir in etwa 10 000 Fuß Höhe in eine Wolke kamen und immer weiterstiegen. Irgendwo über der Themsemündung kamen wir aus den Wolken heraus. Und da kamen sie in massiertem Verband, etwa 2 500 m hoch gestaffelt, Welle nach Welle und direkt auf uns zu. Die untere Formation Ju 87, darüber die Heinkel, dann die Dorniers und die Ju 88, alsdann ein Verband Me 110 und ganz oben, in etwa 6 000 m Höhe, ein Pulk von Me 109.

Irgendwo in dem Haufen flog Werner Borner. Das KG. 2 rückte näher zusammen, als man uns sah, was ihm eine furchtbare Feuerkonzentration erlaubte, zumal die Maschinen jetzt mit einer zusätzlichen Batterie ausgestattet waren: ein zusätzliches MG 15 auf jeder Seite, also sechs Mündungen pro Flugzeug. Maschinengewehre waren jedenfalls besser als andere Mittel, mit denen sie die britischen Jäger zu überlisten versucht hatten, wie Handgranaten, Konfetti und sogar Rollen von Toilettenpapier.

Als wir auf die Bomber zustießen, schwenkten die Ju 87 und die Heinkel nach dem Meer zu. Ein Dutzend Me 110 schnitt uns den Weg ab und bildete sofort einen Abwehrkreis.

»Hinein in sie!« rief ich ins Mikrophon, und einen Augenblick später kurvte eine Me 110 schwerfällig in mein Visier hinein. Bei dem Versuch zu entkommen sah die Maschine, die ich vernichten wollte, plötzlich hilflos aus. Das Zielen war leicht – zu leicht.

Ein paar Sekunden lang kreisten wir mit den Me 110. Dann kam ein kleiner Schwarm von Me 109 herab. Im Augenwinkel bemerkte ich eine, die auf mich zustieß und Kugeln spie. Eine rasche Wendung schüttelte sie ab; sie schlüpfte unter mir durch und stieg in einer weiten Linkskurve erneut gerade vor mir: fataler Mißgriff. Meine Hurricane stieg unschwer im Innern der Kurve mit. Als ich schoß, schnellte die Me 109 herum, und ein plötzlicher Ausstoß von weißem Qualm verwandelte sich in Flammen. Doch eine andere kam herab. Wieder kurvte ich und war hinter ihrem Heck. Sie schien es zu merken, doch sie handelte falsch, sie fuhr fort zu kurven. Als ich schoß, flogen Fetzen davon, die Kabinenhaube sprang auf, und dann sprang der Flugzeugführer ab. Widersinnig sah es aus, wie er da als flügelloser Körper mitten im Gefecht geflügelter Maschinen hing.

Ich jagte noch weitere Me 109, die zur Küste hinabtauchten. Doch meiner Hurricane gelang es nicht, sie einzuholen. Auf eine gab ich eine Salve ab, doch die Entfernung war zu groß. Dann verstummten meine MGs. Keine Munition mehr. Fünfzig Kilometer vor der Küste, vor Margate, traf ich eine andere Hurricane. Es war jene von Dicky Lee; er jagte den Me 109, die vor ihm noch zu sehen waren, nach.

»Komm zurück, Dicky!« rief ich, doch er brauste davon, trotz meiner wiederholten Befehle. Es war sinnlos, die Deutschen bis übers Meer zu verfolgen. Sie würden tags darauf ja zurückkommen. Sein Brennstoffvorrat mußte genau so erschöpft sein wie der meine, und ich hatte zudem keine Munition mehr. Ich konnte nur kehrtmachen. Unterwegs bemerkte ich ein gelbes Schlauchboot mit vier Deutschen darin. Ich hätte nicht auf sie geschossen, auch wenn ich es gekonnt hätte. Doch nach ihrem Ausdruck zu urteilen, als ich im Tiefflug über sie hinstrich, glaubten sie, ihre letzte Stunde sei gekommen.

Als ich in Debden aufsetzte, waren fast alle Maschinen der 85. Staffel zurück. Nur Paddy Hemingway und Dicky Lee fehlten. Wir warteten voller Sorgen auf sie. Eine andere Hurricane landete noch; sie hatte die rechte Flügelspitze verloren. Als der Pilot heraussprang, erkannte ich Nigger Marshall.

»Was zum Teufel bedeutet das, zu starten ohne Befehl?« fragte ich ihn.

»Tut mir leid«, sagte er, »aber als ich euch alle davonbrausen sah, mußte ich einfach hinterher. Es tut mir schrecklich leid wegen der Flügelspitze. Aber ich hatte keine Munition mehr und mußte eine Heinkel rammen. Es hat sich doch gelohnt, oder?« Wir waren also dreizehn gewesen. Von Paddy kam Nachricht: östlich von Clacton war er von einem Feuerschiff aufgefischt worden. Doch die Sorgen um Dicky gingen in tragische Gewißheit über.

Der 18. August war ein Tag heftiger Kämpfe, der den britischen Jägern einen sehr wichtigen Abschnittsflugplatz, eine Radarstation und 27 Maschinen kostete. Aber für die Luftwaffe war er noch verhängnisvoller: 71 abgeschossene Maschinen, davon 28 Stukas. »Ein schwarzer Tag für die Stukas«, schrieb Richthofens Stabschef Oberst Hans Seidermann.

Für die 85. Staffel dagegen war es ein großer Tag. Meine Jungens hatten sich prächtig geschlagen und kamen alle heil zurück. Als wir uns abends in der Messe erholten, trafen zwei Botschaften für mich ein. Die erste lautete: »Vom Stabschef. 85. Staffel hat sich bei den schweren Kämpfen hervorragend bewährt. Das ist der Geist, der bei Zusammenstößen mit dem Feind erforderlich ist.« Die andere Botschaft ordnete an, daß wir am nächsten Morgen nach Croydon fliegen sollten.

Croydon war der Feldflugplatz für Kenley, ein paar Kilometer nördlicher. Dort empfing uns Tommy Thompson und erklärte, daß wir uns über den exotischen Geruch nicht wundern sollten. Die Erprobungsgruppe 210 hatte am 15. ihr eigentliches Ziel – Kenley – verfehlt, dafür aber eine Seifenfabrik getroffen. Tagelang lag der Blumenduft in der Luft.

Tommy sollte die 111. Staffel zurück nach Debden zur Auffrischung führen. Dazu kam es aber nicht. Wir hatten unser Bodenpersonal in Debden gelassen; die 111. übernahm kameradschaftlich die Aufgabe und sorgte für uns. Tommy und seine Leute berichteten, was sich bei ihnen ereignet hatte. Auch hier war der Kampf heiß gewesen, die Verluste waren schwer. Eines Tages waren zwei neue Piloten angekommen. Tommy empfing sie. »Tut mir leid«, sagte er, »Piloten sind bei uns verzweifelt knapp. Sie müssen alle beide schon beim nächsten Einsatz mitfliegen.« Sie ließen ihren Wagen vor der Tür zur Unterkunft samt ihrem Gepäck stehen. Einer von ihnen holte das seine nicht mehr ab; er fiel bei dem Einsatz und sein Freund wurde schwer verwundet.

Unsere 85. Staffel lag jetzt in vorderster Front, und die Schlacht trat in ihre Entscheidungsphase ein. Von den achtzehn Piloten, die ich nach Croydon geführt hatte, sollten in den kommenden zwei Wochen vierzehn abgeschossen werden, zwei von ihnen zweimal.

Um 12 Uhr am 19. August eröffnete Göring in der luxuriösen Atmosphäre von Karinhall seine Besprechung. Wütend fuhr er seine Kommandeure an: er sei keineswegs zufrieden. Die Schlacht hätte in wenigen Tagen entschieden werden müssen. Doch schwere Mißgriffe hätten zu unnötigen Verlusten geführt. Die schwersten waren bei den Stukas, und Göring befahl, die 220 Ju 87 aus dem Kampf zurückzuziehen. Generalinspektor Milch war anwesend; er notierte: »Göring schäumte vor Wut; die ganze Schuld gab er den Jägern.« Doch in einem heftigen Disput mit dem Reichsmarschall verteidigte Milch die Jäger. Ich sagte ihm, hat er mir erzählt, daß der Fehler vielmehr beim Oberkommando liege, das falsche Befehle gebe. Schließlich faßte Göring zusammen: Man sei in die Entscheidungsphase der Schlacht um England getreten. Man werde alle verfügbaren Mittel einsetzen, um die R.A.F. zu schlagen. Beginnen müsse man damit, die Jagdwaffe zu zerschmettern. »Wenn die britischen Piloten den Kampf verweigern, werden wir sie am Boden zerstören oder sie zum Start zwingen«, indem man Ziele innerhalb der Reichweite der eigenen Jäger bombardiere.

Nach Görings Ansicht war das die Methode, die englischen Jäger zu besiegen. Er meinte, die Hauptsache sei, die britischen Jäger in die Luft zu zwingen – die alarmierenden Verluste der Luftwaffe hätten ihm klar machen sollen, daß man sie dazu nicht zu zwingen brauchte.

Auf Grund von »Beppo« Schmids mangelhaften Nachrichten beging Göring einen entscheidenden Fehler. Denn die britischen Jäger waren am Boden sehr viel verwundbarer als in der Luft. Aber die ihm gemeldeten Abschußzahlen ließen ihn annehmen, die britische Jagdwaffe werde vernichtet. Am 18. August meldete man 134 abgeschossene Maschinen, während die wahre Zahl 27 war. Seine Verbände in der Luft anzugreifen, war gewiß ein Mittel, Dowding zu besiegen. Doch das weitaus sicherste war, aus der Luft anzugreifen. Die Radarstationen und die Abschnittsoperationsräume bombardieren, dadurch die wichtigsten Verbindungen zerstören, und, völlig einerlei, wieviel Jagdflugzeuge Dowding dann noch zur Verfügung hatte, auf jeden Fall würde die Verteidigung zusammenbrechen. Doch Göring und seine Männer waren davon besessen, die britischen Jäger abzuschießen. War es eine Erinnerung an die Tage des »Zirkus« Richthofen, die Göring von seinem Lehnstuhl aus wieder aufleben lassen wollte? Vielleicht. Doch der Hauptgrund war, daß er die Verwundbarkeit von Radar- und Abschnittsstationen nicht kannte, die Leichtigkeit, mit der man ihre Stromkabel und Telefonleitungen zertrennen konnte, die die Jäger mit dem Oberkommando und dem Bezirkshauptquartier verbanden, und die sie erst aktionsfähig machte.

Dann wies Göring die Hauptlast der Tagesangriffe der Luftflotte 2 zu; Luftflotte 3 sollte einen Nachtangriff auf Liverpool vorbereiten und Luftflotte 5 einen auf Glasgow. Beschränkungen bei der Auswahl der Ziele könne es nun nicht mehr geben, das hieß also, daß das britische Volk einen Vorgeschmack vom totalen Luftkrieg bekommen sollte. Er behielt sich das Recht vor, die Angriffe auf Liverpool und London zu befehlen. Damit kam er dem Führer ins Gehege – und Hitler nahm Notiz davon. Wolfram von Richthofen faßte das Ergebnis der Besprechung so zusammen: »Die Offensive gegen England geht energisch weiter, aber auf andere Art.« Göring war noch nicht fertig – zum mindesten was seine Jagdflieger betraf. Er nahm Galland und Mölders beiseite, besänftigte sie durch Verleihung des begehrten goldenen Pilotenabzeichens und stauchte sie dann zusammen. »Der Reichsmarschall erklärte uns ohne Umschweife«, erzählt Galland, »daß er mit seinen Jägern unzufrieden sei, namentlich was die Ausführung der Schutzaufträge betreffe und forderte größere Anstrengung.«

Auch die Besatzungen der Kampfgeschwader verlangten ein wirklich wirksames Begleitschutz-System; sie forderten eine Vorausdeckung und Deckung von oben und von unten durch Jäger, die die Ju 88 bei deren Sturz-Angriffen begleiteten. Doch woher sollten die Jäger denn kommen?

Göring hatte seine eigenen Vorstellungen davon, wie man dem »fehlenden Angriffsgeist« seiner Jäger abhelfen könne. Er nahm Umbesetzungen vor. Er hatte schon Ende Juli damit begonnen, als der tapfere alte »Adler« Theo Osterkamp dem Star Werner Mölders als Kommodore vom JG. 51 weichen mußte. Am nächsten Tag schon wurde Mölders verwundet, aber es war nur ein vier-

wöchiger Aufschub für Osterkamp, der Jagdfliegerführer der Luftflotte 2 wurde.

Der Weg zum Jagdflieger-Star führte über eine hohe Abschußrate.
Mölders hielt die Spitze, dann kamen Adolf Galland, Helmut Wick
und Walter Oesau. Je mehr sie abschossen, desto schneller stiegen sie
auf der Rangliste. Doch dabei blieb es nicht. Sie mußten ihren Vorsprung behalten, sonst verloren sie die Gunst des Reichsmarschalls.
Um beliebt zu bleiben, mußten sie dem Weg des Roten Ritters fol-
den, dessen mörderische Siege sich für ihn in einen Alpdruck verwandelt hatten, bis der Tod ihm die Augen schloß.

Mit 28 Jahren sah Galland sich an der Spitze des JG. 26 mit der
Dienststellung eines Kommodore, anstelle von Handrick, der vier
Jahre älter war als er. Johannes Trautloft ersetzte, ebenfalls mit
28 Jahren, Major Mettig (37 Jahre alt) an der Spitze des JG. 54.
Jugend war Trumpf. Leider erwiesen sich einige von den jungen
Leuten der Verantwortung nicht gewachsen. Obwohl gute Flieger,
waren sie doch nicht fähig, mit den Problemen der Gesamtplanung
und der höheren Strategie fertig zu werden, meinte Dr. Kurt Tank,
Chef-Konstrukteur bei Focke-Wulf. Doch für den Augenblick wirkten sie auf die Jagdgeschwader wie eine belebende Spritze.

Weit weg vom luxuriösen Karinhall analysierte Vizeluftmarschall
Keith Park in seinem Büro im HQ der 11. Gruppe in Uxbridge die
Situation mit mehr Verständnis für fliegerische Belange. Von ihm
hing, mehr als von irgendeinem anderen Bezirkskommandanten,
Englands Rettung ab. Während der heftigen Phasen der Luftschlacht hatte Park Zeit, sich mit Dowding zu verständigen. Park
handelte von einem Tag zum anderen aus eigener Initiative, was
ihm das Lob des Oberkommandierenden der Jagdwaffe eintrug,
wegen der Art und Weise, wie er seine Taktik den jeweiligen Umständen anpaßte und mit neuen Situationen fertig wurde.

Um den Angriffen auf die Flugplätze zu begegnen, befahl Park
seinen Einsatzoffizieren, Jäger nur gegen Verbände zu alarmieren,
die über dem Land flogen, damit sie schlimmstenfalls die Küste
noch im Gleitflug erreichen konnten: »Den Luxus, Piloten im Meer
zu verlieren, können wir uns nicht leisten.« Hauptziel bleibt es,
die feindlichen Bomber zu treffen. Park hatte nicht die Absicht,
seine Jäger nach Görings Pfeife tanzen zu lassen.

Es war vorgekommen und konnte sehr gut abermals vorkommen,

daß alle elf Gruppenstaffeln gleichzeitig im Einsatz waren. In diesem Fall »bei Gruppe 12 oder bei der Zentral-Einsatzleitung die nötigen Staffeln anfordern, um die Jagdsicherung über Debden, North Weald und Hornchurch (den nördlichen Flugplätzen der 11. Gruppe) zu gewährleisten.« Diese Instruktion beruhte auf einer Anordnung Dowdings. In ihr aber lag der Samen zukünftiger Zwistigkeiten.

Auch Dowding legte sich Rechenschaft ab. In den letzten zehn Tagen waren sechs seiner Hauptradarstationen angegriffen worden; zwei waren ausgefallen und von mobilen Ersatzstationen abgelöst worden. Drei Abschnittsstationen waren schwer beschädigt. Hier konnte der Feind einen tödlichen Schlag führen. Ein Wunder war nur, daß er es nicht schon längst getan hatte.

Seit dem 8. August hatten die britischen Jagdverbände 175 Maschinen verloren (die Luftwaffe behauptete, das Dreifache abgeschossen zu haben). Doch Dowding hatte noch reichlich Reserven. Sein Freund Lord Beaverbrook hatte dafür gesorgt. Er hatte den Amtsschimmel aufgescheucht, hatte Engpässe beseitigt und der Produktion von Jagdmaschinen den Vorrang gegeben. Seine »Spitfire-Fonds« und seine Aufrufe, Aluminium in Form von Töpfen und Pfannen zu sammeln, beflügelte die Bevölkerung. Auch die Industrie tat ihr möglichstes: unter der ständigen Drohung feindlicher Bombenangriffe wurde Tag und Nacht gearbeitet. Einige Arbeiter waren vor Erschöpfung zusammengebrochen. Doch der Ausstoß an Jagdmaschinen war auf monatlich 500 gestiegen.

Jagdmaschinen machten Dowding also keine Sorge, doch 94 gefallene und 60 verwundete Piloten in zehn Tagen des Kampfes bedrückten ihn sehr. Er trauerte um den Verlust dieser kampferprobten Männer. Die Freiwilligen und die frisch aus den Fliegerschulen Entlassenen konnten sie nicht ersetzen, so tapfer sie auch waren; die Erfahrung fehlte ihnen.

Doch der Bedarf an weiteren Piloten war dringend. Freiwillige von den leichten Bomberstaffeln und vom *Army Cooperation Command* wurden aufgerufen. Eine Woche zusätzlicher Ausbildung, und fünfzig weitere Jagdflieger standen bereit.

Görings Offiziere hatten Karinhall verlassen. Am nächsten Tag befahl er ihnen, den Kampf gegen die R.A.F. mit dem Ziel, die britische Jagdwaffe zu schwächen, weiterzuführen. Der Feind müsse gezwungen werden, seine Jägerverbände in der Luft zu halten. In London sprach Churchill vor dem Parlament: »Der Feind ist uns an Zahl weit überlegen. Doch... unsere Bomber- und Jägerstreitkräfte sind jetzt nach all den Kämpfen größer, als sie je gewesen sind; wir glauben, daß wir imstande sein werden, den Luftkrieg unbegrenzt fortzusetzen... Und je länger er dauert, desto rascher werden wir uns der Überlegenheit in der Luft nähern, von der weitgehend die Kriegsentscheidung abhängt.« Kein einziger Hinweis auf »die russische Hoffnung«, die nach Hitlers Meinung allein Churchill und sein Volk durchhalten ließ. »Die amerikanische Produktion fängt eben erst an, unser Land zu erreichen«, sagte er, und letztlich rechnete er mit Amerika, seinem halben Mutterland (Churchills Mutter war Amerikanerin). Doch fürs erste glaubte er, daß, wenn die R.A.F. nur standhielt, Großbritannien allein das Schlachtenglück zwingen könne.

Dreiundzwanzig Jahre waren verstrichen seit dem Tag, an dem Churchill die Luftverteidigung der Britischen Inseln kritisiert hatte. »Niemals ist die Situation ernster gewesen«, hatte er im April 1917 nach achtzehn Monaten deutscher Luftangriffe gesagt. Nun sprach er vor dem Parlament den Satz aus, worin er seinen Gefühlen »für die paar Tausend Flieger« Ausdruck gab, auf denen gebannt die Augen der Welt lagen: »Niemals in der Geschichte menschlicher Kämpfe sind so viele so wenigen so sehr verpflichtet gewesen.« Der Abgeordnete Chips Channon saß im Unterhaus. Er notierte: »Winston hielt eine großartige Rede. Der Luftfahrtminister Archie Sinclair aber hat es fertiggebracht, die großartigen Leistungen unserer Flieger langweilig und alltäglich erscheinen zu lassen.«

An diesem Tag zitierte der junge Charles Ingold, den die Vichy-Regierung zum Tode verurteilt hatte, weil er zu den wenigen der R.A.F. gestoßen war, die schönen Worte seines am 5. Mai beim Luftkampf gefallenen Landsmanns A. M. de Gibergues aus dessen Testament: »Wenn ich einmal aus dem blauen Himmel mit gebrochenen Flügeln zur Erde niederstürze und zu Gott heimkehre, so mögen diese Zeilen meinen Eltern die letzten Gedanken und Wünsche und die höchsten Träume ihres geliebten Sohnes überbringen. Wenn das tödlich getroffene Flugzeug den Dienst versagt, wenn ich meine Pflicht nicht mehr erfüllen kann und meine Aufgabe auf der Erde beendet ist, wenn ich zur Erde stürze, dann wird ein langersehnter unendlicher Friede mich durchdringen, und mit ganzer Seele werde ich singen: *Gloria in excelsis Deo*. Die paar Sekunden vor der Agonie und dem Tod, vor denen aller Welt so graut, segnet sie mit mir: sie sind ein Gunstbeweis des allmächtigen Gottes.«

3

Mit unserer Ankunft in Croydon begannen fünf Tage schlechtes Wetter. Es war, als ob ein Schiedsrichter Halbzeit gepfiffen habe. Diese Pause war nötig. Manche Staffeln, wie die 54., waren seit Dünkirchen fast täglich im Einsatz gewesen, meist ununterbrochen, wenn sie nicht am Boden in Manston beschossen wurden oder sich nicht droben mit den Me 109 rauften. Viele von Al Deeres besten Freunden waren gefallen; dreimal war er abgeschossen und dreimal wie durch ein Wunder gerettet worden. Später sagte er: »Unsere Schlagkraft nahm stufenweise ab, je erschöpfter wir waren.«
Obwohl die 85. Staffel in Debden, nördlich von London, in einem ruhigeren Abschnitt lag, hatten die zwei Monate anhaltenden Einsätze über Geleitzügen – tagaus, tagein, vom frühen Morgen bis zur Nacht – uns doch weit mehr mitgenommen, als wir es wahrhaben wollten; namentlich das halbe Dutzend von uns, das die Nachteinsätze flog.
Auch wir hatten unsere Triumphe und unsere Tragödien erlebt. Luftmarschall Trenchard fragte mich am 21. August, wie es »dem großen Jungen Dick Lee, der mein Patenkind ist«, gehe. »Können Sie mir etwas von ihm berichten?« Ich konnte ihm nur das Schlimmste mitteilen. Wie alle großen Männer kannte Boom Trenchard Demut. Ich war noch im Kindergarten gewesen, als er seinen einsamen Kampf um die Rettung der R.A.F. begonnen hatte. Ihm war es zu verdanken, wenn wir jetzt da waren, mit Englands Geschick in unseren Händen. Dem jungen Staffelführer, der ich war, schrieb Trenchard: »Ich bin stolz darauf, einer Waffe angehört zu haben, die den Kampf ausficht, den sie heute kämpft. Es geht weit über das hinaus, was ich von der Jagdwaffe je erwartet habe: daß sie die Waffe ist, die ganz besonders zu uns paßt und die unser Empire retten wird.«

Göring besuchte am 21. August Kesselrings Luftflotte 2 in dem vor-geschobenen HQ am Cap Blanc-Nez. Durch ein besonders starkes Fernglas prüfte er aufmerksam die Radarstation Dover. Des Füh-rers Lieblingswaffe, die weittragende Küstenbatterie, beschoß ge-rade Dover. Wenn der Reichsmarschall aber Treffer mit seinem Fernglas festzustellen hoffte, wurde er enttäuscht. *The Times* kom-mentierte am folgenden Tag in einer Überschrift: »Größere Treff-sicherheit vielleicht bei mehr Übung«.

Betätigung und mehr Betätigung war das einzige Mittel gegen die tödliche, zunehmende Ermüdung, die uns befiel. Während Regen-wolken tief über Süd-England hingen, hielten wir uns munter durch häufige, meist fruchtlose Flüge, auf der Suche nach unsichtbaren Feinden. Einmal kroch eine Dornier 217 vom KG. 2 durch die grauen Wolken über der Themsemündung. Das war am 23., mor-gens um 6.30 Uhr. Werner Borner funkte zurück zu seinem Feld-flugplatz: »Sicht keine, Himmel keiner!«, und die Dornier flog eiligst nach Arras-Saint-Léger zurück. Das schlechte Wetter hatte Borner und seinen Freunden eine Ruhepause verschafft. Später am Vormittag verließen sie ihre Dornier, um sich mit einer Pferde-kutsche zu vergnügen. Bordmechaniker Lohrer, der einzige Bauern-bursche unter ihnen, nahm die Zügel. Doch das Pferd scheute, und zum zweitenmal machte die Besatzung der *Gustav Marie* eine Bauchlandung in einem Graben. Nur diesmal tat es weher.

Unsere Quartiere mit Ruheräumen für das Bodenpersonal und für die Piloten lagen in einer Reihe von Villen am westlichen Rand des Flugplatzes. Ich schlief dort nur halb ausgezogen, um sofort bereit zu sein, falls etwas los war. In den frühen Morgenstunden des 24. August war etwas los. Schrilles und anschwellendes Pfeifen von Bomben und das Getöse der Explosionen rissen mich aus dem Schlaf. Im Türrahmen stand ein Neuankömmling. Er schrie irgend etwas und fuchtelte mit den Händen. Ich kannte wie jeder die Angst, doch diesmal konnten mich nicht einmal die Bomben auf-scheuchen. Ich steckte den Kopf unters Kissen und wartete. Der Neue hatte noch die Kraft, Angst zu haben. Ich war darüber schon hinaus. Ein schlechtes Zeichen: ich war erschöpfter als ich dachte. Zwei unserer Hurricanes brannten, während die deutschen Bomber droben in völliger Finsternis kreisten. Wie hatten sie unsere zer-streut stehenden Maschinen überhaupt treffen können? Einige meiner Männer berichteten, daß sie die Tür eines erleuchteten Zimmers auf- und zugehen gesehen hatten, als ob ein Signal gegeben worden wäre. Die Polizei stellte eine Untersuchung an; inzwischen waren jedoch wichtigere Dinge im Anzug: das Wetter klarte auf.

Ich steckte die Zahnbürste in die linke Brusttasche, nahm meine Toilettensachen und ging ins Bad. Der Herzog von Kent, der Bruder des Königs, wurde für 10 Uhr morgens erwartet. Ich war erst auf halbem Weg, als es Alarm gab. Einige Minuten später startete ich an der Spitze von sechs Hurricanes in Croydon. »Einhundert oder mehr« vom Fliegerkorps II flogen Dover an. Als wir hochkamen, hatten sie bereits wieder abgedreht. Feldwebel Sam Allard, unser bester Flugzeugführer, beförderte eine allein fliegende Me 109 ins Meer. James Lockhart, einer unserer Jüngsten, wurde von der Dover-Flak leicht verwundet. Das gehört halt zum Risiko.

Zurück in Croydon, traf ich auf Tim Moloney, den Adjutanten der 85. Er sagte mir, ich solle mich beeilen. Der Herzog warte bereits. »Laß die Leute antreten; er will sie kennenlernen.« Als ich Hauptmann Hamilton aus Kanada vorstellte, merkte ich zu meiner Verblüffung, daß Hammy mir zublinzelte und sich kaum das Lachen verbeißen konnte. Ich trat einen Schritt zurück und schielte auf meinen Waffenrock hinab. Auf der linken Brust neben den aufgestickten Flügeln und einem einsamen Ordensbändchen ragte eine blendend weiße Zahnbürste aus der Tasche. Ich hatte sie mit in die Schlacht genommen. Der Herzog gab keinen Kommentar.

»Zwingt sie in die Luft, indem ihr Ziele innerhalb der Reichweite unserer Jäger bombardiert«, hatte Göring am 19. August seinen Kommandeuren befohlen. Er hatte viel von Flugzeug- und Aluminiumfabriken gesprochen, aber die Einsatzflugplätze hatte er nicht erwähnt. Für den Nachrichtenchef »Beppo« Schmid war es immer noch unbegreiflich, daß die Kontrollzentren der britischen Luftverteidigung ebenerdig auf den Flugplätzen in Reichweite von deutschen Bombern lagen. Für »Beppo« war jeder Flugplatz ein verborgener Winkel, in dem britische Jäger lauerten, die sich mit deutschen Jägern nicht schlagen wollten, aber auf fettere Bomberbeute warteten.

Die Luftwaffe kam jetzt näher an London heran. Vorgeschobene Flugplätze wie Manston hatte sie erledigt oder beinahe. Am 24. August griff sie Manston zum letzten Mal an. Philip Hunter, der

Führer der 264. Staffel mit seiner sanften Stimme, hatte seine zwei-
sitzigen Defiants in der Frühe vom Abschnittsflugplatz Hornchurch
nach Manston gebracht. Ich hatte einmal mit ihm in Harlesham
gesprochen, er war ein echter Gentleman, ritterlich, ausgeglichen und
von selbstlosem Mut.

Manston und die über Manston tobende Schlacht waren für Defiants kein geeigneter Platz. Vor einem Monat war die 141. Staffel
dort von Trautlofts 3. Gruppe vom JG. 51 zerpflückt worden. Genau wie die Ju 87 waren auch die Defiants gegen Jäger hilflos; denn
sie konnten mit ihrem Drehturm von vier nach rückwärts schießenden MGs nicht nach vorn schießen. Außerhalb der Reichweite der
Me 109, hatten sie sich als Zerstörer-Bomber bewährt. Noch am
Abend zuvor hatte in Hornchurch Jim Bailey, noch nicht zwanzig
Jahre alt, und der Grünschnabel der 264. Staffel, vor seinem Staffelkapitän die Frage aufzuwerfen gewagt, die sie alle wurmte:
Warum sind die Defiants nach Manston verlegt worden? Langsam
und schwerfällig wie sie waren, sollten sie die letzten, nicht die ersten sein, die man gegen den Feind schickte. Hunter hatte ruhig
geantwortet: »Wir erhalten da einen Ehrenplatz und müssen ihn
annehmen.« An diesem Samstag, dem 24. August, hatte Hunter
seine Staffel nach Manston geführt. Ein Abschiedsflug, er sollte das
Kommando abgeben. Als um 13 Uhr Ju 88 im Sturzflug angriffen,
mit der Sonne im Rücken, erwischten sie sieben Defiants, die gerade tankten. Doch irgendwie konnten die übrigen Defiants mitten
im Bombenhagel abheben. Mit verzweifeltem Mut verfolgten Hunter und seine Staffel den Feind. Doch die Me 109 lockten ihn und
zwei andere zum Meer und schossen sie ab. So gab Hunter sein
Kommando ab und bewahrte sich einen »Ehrenplatz« für die Ewig-
keit.

Die Ju 88 ließen ein Chaos von zerbombten und brennenden Hangars hinter sich, ein Gelände voller Trichter, gespickt mit Blind-
gängern. Drei Stunden später ein abermaliger Angriff. Es war der
Gnadenstoß für Manston und beendete sein zwölftägiges Marty-
rium. Die Bomben trennten 248 Telefonanschlüsse und isolierten
Manston vom HQ der 11. Gruppe. Drei Ingenieure vom *General
Post Office* trafen ein und arbeiteten, wenige Meter von einem
Blindgänger entfernt, um die Hauptverbindungen in weniger als
zwei Stunden wiederherzustellen. Aber die Gruppe ordnete die
Evakuierung von Manston an. Und während der Einsatzleiter Al-

bert Twyman und seine Leute von der Margate-Feuerwehr beim Versuch, die wütende Feuersbrunst zu löschen, ihr Leben riskierten, plünderten Zivilisten Werkzeuge und Lebensmittel. Bis zum Schluß zeigte Manston Szenen höchster und niedrigster menschlicher Verhaltensweisen. Die 600. Staffel, die sich bis zuletzt mit ihren Maschinengewehren als improvisierten Flakgeschützen geschlagen hatte, wurde mit ihren übriggebliebenen Blenheims nach Hornchurch verlegt. Die Überlebenden der 264. Staffel waren inzwischen schon dort gelandet, aber nur, um erneut von der Luftwaffe bombardiert zu werden.

15.45 Uhr: Der Stationskommandant Oberst »Boy« Bouchier, ein drahtiger, gepflegter und ansteckend-dynamischer Mann, hatte wenige Minuten vorher über Funk gewarnt: »Achtung, über Calais fängt der Himmel zu brodeln an!« Jim Bailey, der Neuling bei der 264., der »wie üblich am Boden zurückgelassen worden war«, prüfte den Himmel. Da kamen sie schon: ein Verband Dorniers, nicht größer als Fliegen, mit ihrem mörderischen Metallglanz, der in der Sonne funkelte. Sie flogen genau in der Verlängerung der Bomberpiste des Flugplatzes. Die Männer drängten sich in die Luftschutzunterstände. Der Südafrikaner Derrick Smythe begegnete einem umherirrenden Karrengaul und versuchte ihn mit hineinzuzwängen. Jim, der Sohn des Millionärs Abe Bailey, berichtete: »Die lange Kette der Bomben begann zu bersten und näherte sich uns immer mehr ... eine Panik brach aus, und alles warf sich zu Boden. Der Bombenwurf tötete sechs Zivilisten und drei Kühe.«
Begleitet von Me 110 stießen fünfzig Dorniers und Heinkel bis zum Abschnittsflugplatz North Weald vor. Die Staffeln der 11. Gruppe kamen voll zum Einsatz, und entsprechend den Anweisungen Parks forderte man bei der 12. Gruppe Flugzeuge für den Einsatz über North Weald an. »Zwischen uns und den Einsatzoffizieren der 12. Gruppe prasselte es wie in einem brennenden Haus«, sagte John Willoughby de Broke von der 11. Gruppe. Doch etwas ging schief an diesem Nachmittag. Als die Bomber fünfzig Tonnen auf die Station abwarfen, war über North Weald keine Spur eines Jägers der 12. Gruppe zu entdecken. Hatte die 11. zu spät um Unterstützung gebeten? Waren die Staffeln der 12. zu langsam aufgestiegen? Niemand konnte es sagen. Sicher war nur, daß North Weald stark verwüstet, das Elektrizitätswerk halb zerstört war

und es mehrere Tote unter den Fliegern gab. Einige hatten sich in den nahen Wald von Epping geflüchtet.

Für die Bewohner von Portsmouth gab es kein solches Entkommen. Während Joachim Pötter und seine Kameraden vom KG.51 droben am klaren, blauen Himmel dröhnten, hatten sie die lange Reihe der Werften und Docks im Zielgerät. Eine einzige Jagdstaffel stieg auf, jedoch zu spät, um die Ju 88 in 15 000 Fuß Höhe noch zu erreichen. Dann eröffnete die Flak das Feuer und riß in den Rumpf mehrerer Bomber große Löcher. Der Verband löste sich auf. Einige der Bomberbesatzungen verloren die Nerven und warfen ihre Bomben auf gut Glück ab. In den Straßen von Portsmouth bezahlten Hunderte von Zivilisten dafür, daß die Docks verschont blieben.

»Den Feind Tag und Nacht beharken, bis seine Nerven zusammenbrechen«, war eine der Weisungen Görings, mit dem Zusatz, daß er allein über Angriffe auf London und Liverpool entscheiden werde. Doch an diesem Tag wurde ein Befehl des OKW von Keitel unterzeichnet: »Angriffe auf das Londoner Gebiet und Terrorangriffe sind der Entscheidung des Führers vorbehalten.« Die Situation entglitt den Händen der Befehlenden. Croydon, das zu Groß-London gehörte, war bereits mehrfach angegriffen worden, mit schweren Verlusten der Zivilbevölkerung. Auch Liverpool war schon bombardiert worden. Und in der Nacht vom 24. August flogen 170 Bomber Störangriffe über Großbritannien, um nach Görings Vorschrift die Briten zu entnerven. Einige Maschinen überschritten dabei wiederum die Verbote. In London Wall, East Ham und Bethnal Green brannten Häuser lichterloh. In der Innenstadt von London gingen Bomben nieder. Das KG. 1 war auf Ziele in Rochester und Thameshaven angesetzt. Hatte jemand einen Fehlgriff begangen? Göring wollte wissen, wer?

Am nächsten Morgen erhielt Major Josef Knobel, Operationschef des KG. 1, ein Telegramm des Reichsmarschalls: »Sofort melden, welche Besatzungen verbotenes Londoner Gebiet bombardiert haben. Der Oberste Befehlshaber [Hitler] behält sich Bestrafung der betreffenden Flugzeug-Kommandanten vor, die zur Infanterie versetzt werden.« Doch das Unglück war geschehen. Selbst Erschießungskommandos konnten den verhängnisvollen Ablauf der Ereignisse nicht mehr aufhalten, der ausgelöst worden war.

Noch ein anderer Mann hatte an diesem Morgen eine Abrechnung zu erledigen: Oberst Victor Beamish, Kommandant des Flugplatzes North Weald. Mit seinen funkelnden Augen und seinem viereckigen Kinn war er ein Mann, dem man besser nicht widersprach, obwohl er ebenso weich war wie sein irischer Akzent. Seine Leute waren im feindlichen Feuer von Panik ergriffen worden. Er machte einen Rundgang und hielt einige strenge Ansprachen. Das Bodenpersonal, sagte er, habe, genauso wie die Flugzeugbesatzungen in der Luft, das Leben zu riskieren. Dann wurde seine Stimme schärfer, ohne jedoch ihren Charme zu verlieren: »Wenn jemand im Dienst seinen Posten im Stich läßt, werde ich ihn persönlich erschießen.« Man wußte, daß er immer Wort hielt.

Bomben waren auf die Innenstadt von London gefallen. Das Kriegskabinett war ganz und gar geneigt, zurückzuschlagen und den Fehdehandschuh aufzunehmen. Churchill war damit einverstanden. »Nichts ärgert Hitler so sehr, als wenn er britischen Grimm und britische Willenskraft zu spüren bekommt.« Tatsächlich hatte die R.A.F. bereits Nacht für Nacht zurückgeschlagen und zwar so hart, daß Göring die Flugplätze des britischen Bomberkommandos auf seine schwarze Liste gesetzt hatte. Britische Bomber hatten ihren Angriff auf Industrieanlagen im Ruhrgebiet konzentriert. Nicht daß es viel zur Verteidigung Großbritanniens beitrug. Doch ihre Stunde würde bald kommen. Berlin war noch unbehelligt geblieben. Durch die Entfernung von 800 Kilometern konnten die Bomber die deutsche Hauptstadt nur mit verminderter Bombenlast erreichen. Aber sie konnten sie erreichen. In der Nacht vom 25. August nahmen 81 Bomber Kurs auf Berlin.
Wie Adolf Galland gesagt hatte, hatten die Berliner vom Krieg kaum etwas bemerkt. Die Luftschutzwarte hatten allerdings kürzlich die Weisung bekommen, die Einwohner zu unterrichten, daß sie jeden Abend Badewannen und andere Behälter mit Wasser bereitstellen. »Heute nacht werden sie kommen«, sagten sie, aber niemand nahm sie ernst. Deutschland hatte doch gewonnen. Ein Land nach dem anderen war »heim ins Reich« gekommen. Nur England blieb noch, aber es war so gut wie am Ende.
Und niemand hatte das protzige Wort Görings vergessen: »Ich will Meier heißen...« Und nun, in der Nacht vom 25. August, heulten in Berlin die Sirenen. Es konnte ja wohl nichts Ernstliches sein!

»Bleiben wir ruhig bei Tisch« . . . »Jetzt hab' ich grad ein so schönes Blatt! Spiel aus!« . . . »Nichts kann mich dazu bringen, mein Bett zu verlassen . . .« So reagierten eben die Berliner. Sie kletterten eher aufs Dach, als daß sie in die Keller hinabstiegen. Es war aufregend, die metallenen Vögel im Scheinwerferlicht zu sehen.

Ein britischer Bomber wurde über Dahlem abgeschossen. Der Flugzeugführer sprang ab und blieb an einem Baum hängen. Ein paar Kühe eines nahegelegenen Gutes wurden getötet. Eine Schule war getroffen. Waren das die britischen Ziele? Dahlem war ein reiner Wohnbezirk. Natürlich hatten die Briten militärische Ziele im Auge. Doch bei der dichten Wolkendecke fanden die meisten Besatzungen sie nicht. Die Schäden waren gering. Doch wie William Shirer in seinem Tagebuch schrieb: »Die Berliner sind wie vor den Kopf geschlagen. Sie haben nicht damit gerechnet, daß so etwas geschehen könne . . .« Aber es sollte noch viel ärger kommen.

Die heimgekehrten Bomberbesatzungen schliefen fest in ihren Quartieren, als die Staffeln der britischen Jagdwaffe aufstiegen, um dem ersten Angriff der Luftwaffe vom Morgen des 26. August zu begegnen. Der Hauptstoß, der auf Biggin Hill und Kenley zielte, wurde abgewiesen. Zurück kamen stärkere Verbände (KG. 2 und KG. 3 mit ihren Dorniers), umschwärmt von Me 109. Sie flogen Hornchurch, North Weald und Debden an. Zehn Staffeln Jäger der 11. Gruppe bekämpften sie während des ganzen Fluges über englischem Boden. Doch es gelang ihnen nicht, den Schirm der deutschen Jäger zu durchstoßen, unter dem die Bomber Debden zustrebten. Abermals bat die 11. Gruppe die 12. um Verstärkung. »Schickt eine Staffel über Debden!« Doch die Staffel, die in Duxford aufstieg, traf zu spät ein. Debden wurde von einigen hundert Bomben getroffen. Bei wem lag diesmal die Schuld? Der Feind behielt die Initiative. Er konnte seine Ziele wählen wie auch den Zeitpunkt der Angriffe. Er variierte geschickt seine Taktik und verstand durch Finten und Scheinmanöver unsere Verteidigung zu verzetteln.

Um 14.50 Uhr führte ich die 85. Staffel von Croydon weg mit Kurs Ost, um einem Angriff auf Kent zu begegnen. Dreißig Minuten später kamen ein Dutzend Dorniers majestätisch auf uns zu, in Dreiergruppen bildeten sie eine untadelige Phalanx, die sich stufenförmig aufbaute. Diese 7. Staffel vom KG. 3 hatte guten Grund, in eng geschlossenem Verband zu fliegen; sie hatte keine Bomben mit und diente nur als Lockvogel, um uns in Kämpfe mit den Me 109 von Lützows JG. 3 und Trautlofts JG. 54, die darüber schwärmten, zu verwickeln. Es gab ein Mittel, bis an die Bomber zu gelangen, ohne es mit den Begleitjägern zu tun zu bekommen. »Macht euch fertig für einen Frontalangriff und behaltet die Burschen droben im Auge«, rief ich ins Mikro. Dann führte ich die Staffel in eine weite Schleife und ließ sie rottenweise ausschwärmen, bis wir auf gleicher Ebene flogen und dreieinhalb Kilometer von den Dorniers entfernt auf Kollisionskurs gingen. Ich nahm ein wenig Gas zurück, um die Geschwindigkeit zu drosseln, die nur ein paar Sekunden Feuer erlauben würde. Verpaß ihnen eine Salve, halt das Feuer eine Weile durch und achte nicht auf die Leuchtspurgeschosse, die dir über den Kopf wegfliegen. Drück weiter auf den Knopf, bis zu dem Augenblick, da du dir sagst: »Wir prallen zusammen!« Dann stoß den Knüppel nach vorn. Unter dem Schock der Zentrifugalkraft steigt dir der Magen in den Mund. Staub und Dreck wirbeln vom Kabinenboden in deine Augen. Dein Kopf prallt an die Kabinenhaube, wenn du unter dem Bomber wegtauchst.

Die Dorniers fegten über mich weg, ihre Bäuche waren hellblau bemalt, außer bei einem, bei dem er schwarz war. Wahrscheinlich weil er einen Nachtflug hinter sich hatte. Die führende Kette ging mit Rauchschweifen hinab, um am Boden zu zerschellen, während die anderen Maschinen der Staffel sofort kehrtmachten und der See zustrebten. Eine vierte Dornier erreichte ihren Stützpunkt in Melville, Frankreich, ebenfalls nicht mehr.

Die Besatzungen der Kampfgeschwader waren nicht gerade begeistert von solchen Lockvogel-Einsätzen. Die Verluste waren zu hoch. Die 7. Staffel vom KG. 3 galt offiziell als »Köder«-Staffel, doch sie bekam schon bald den Spitznamen »die gerupfte« Staffel. Diesmal hatte es sie vier Dorniers gegenüber einer Hurricane der 85. Staffel gekostet. Paddy Hemingway hatte sich mit den Me 109 eingelassen und beendete seinen Flug in den Sümpfen von Pisea. Es war das zweite Mal, daß er abspringen mußte.

Den ganzen Tag über hatten die Jäger der 11. Gruppe wütend das Zentrum und die Nordflanke verteidigt, in deren Verteidigung über Debden eine Bresche geschlagen worden war. Nachmittags erfolgte ein massierter Angriff im Westen – 150 Maschinen der Luftflotte 3 flogen mit Scheinangriffen Portsmouth an, um die britischen Jäger abzuziehen.

Park ersuchte die 10. Gruppe um Unterstützung. Er hatte es schon öfters getan, und noch nie hatte der südafrikanische Vizeluftmarschall Quintin Brand ihn im Stich gelassen. Wenn er nur die gleiche Zusammenarbeit mit Trafford Leigh-Mallorys 12. Gruppe hätte erreichen können! Dann hätte die Niederlage der Luftwaffe nicht lange auf sich warten lassen.

Drei Staffeln der 10. Gruppe hoben ab und stießen zu den fünf Staffeln der 11. Gruppe. Die R.A.F.-Jäger wollten das Massaker von Portsmouth, das sich zwei Tage zuvor ereignete, vergelten. Sie fingen die Heinkel des KG. 55 über dem Meer ab und fuhren zwischen sie. Hart bedrängt in ihren schwer belasteten Maschinen, riefen die Flugzeugführer der Heinkel in die Sprechanlage: »Abwerfen! Abwerfen!« Und die Bomben fielen ins Meer. Portsmouth und seine Docks blieben verschont.

Die Luftflotte 3 wurde aus den Tageskämpfen herausgezogen. In den kommenden Wochen wurden ihre Kampfgeschwader zu Nachtangriffen eingesetzt. Ihre Jagdgeschwader dagegen wurden an den Pas-de-Calais für die vorgesehene Invasion verlegt. Das Fliegerkorps VIII, das mit Stukas ausgerüstet war, richtete ein vorgeschobenes HQ in Tourcoing ein, um sich mit der 16. Armee des Generals Ernst Busch zu vereinen.

Die Luftfront war also plötzlich verkürzt auf die Dimensionen der Invasionsbreite und des schmalen Brückenkopfes, für den die Kriegsmarine plädierte. Kesselrings Luftflotte 2 und Keith Parks 11. Gruppe standen sich nun in einem gigantischen Ringen um die Luftherrschaft über Süd-England gegenüber.

Wir traten in die entscheidende Phase der Schlacht um England ein. In den nächsten zwei Wochen sollten die Bomber der Luftflotte 2 unerbittlich die Flugplätze der 11. Gruppe angreifen, und ihre Me 109 sollten die verteidigenden Hurricanes und Spitfires bezwingen und verjagen. Vizeluftmarschall Keith Park war für Kesselring ein furchtbarer Gegner. Kesselring kam aus dem Heer und hatte erst vor fünf Jahren fliegen gelernt. Park hatte schon vor fünfundzwanzig Jahren Luftkämpfe mit den Deutschen ausgefochten. Er kannte sie als »gute, geborene Krieger, tapfer und diszipliniert«. Doch er sagte auch: »Ich habe aber auch erfahren, daß sie sich zu langsam umstellen, wenn ein Plan vom Wetter oder einer improvisierten Aktion umgeworfen wurde.« Parks Verteidigung war gerade die Geschmeidigkeit. Bei den geringen Kräften, die ihm zur Verfügung standen, ging es gar nicht anders.

Park hatte nur einundzwanzig Jagdstaffeln – eine Gesamtstärke von 250 Jägern, die Süd-England, einschließlich London, gegen einen zahlenmäßig viermal stärkeren Feind zu verteidigen hatten. Hinter diesen 250 Maschinen stand allerdings die hervorragende Organisation Lord Beaverbrooks, um die Lücken auszufüllen, die die Kämpfe rissen. »Er verfehlte nicht, jeden Abend anzurufen, um sich nach der Zahl der verlorenen Maschinen zu erkundigen.« Und seine Mitarbeiter sorgten dafür, daß die leeren Plätze in den Hangars am nächsten Morgen wieder besetzt waren. »Das war ermutigend; es gab nie eine Panne wegen fehlender Maschinen«, sagte Park. Anders verhielt es sich mit dem fliegenden Personal. Seit die Luftwaffe ihre Angriffe verstärkt hatte, waren die Verluste der britischen Piloten alarmierend gestiegen: in den letzten drei Tagen waren 69 gefallen und ebensoviele verwundet worden. Die Verluste begannen den Ersatz zu übersteigen, der aus tapferen, jedoch unerfahrenen Männern aus den Jagdfliegerschulen bestand. Bei dieser Verlustrate konnte das Oberkommando der Jagdflieger nicht lange durchhalten. Vielleicht würde die Politik der Luftwaffe, »Bringt sie in der Luft um«, schließlich doch wirksam sein.

Auch die zunehmende Kritik konnte Dowding nicht dazu bringen, die Zahl der 250 Jäger der 11. Gruppe zu vermehren. Er wußte nur zu gut, daß die Flugplätze und das Kontrollsystem mehr nicht bewältigen konnten. Andererseits hatte er klare Befehle gegeben, daß, wenn Parks Staffeln voll eingesetzt waren, die 10. und die 12. Gruppe Verstärkungen schicken sollten, falls sie angefordert wurden. Das hatte sich mit Brands 10. Gruppe ausgezeichnet bewährt. Nur Leigh-Mallorys 12. Gruppe hatte ihre Staffeln nicht rechtzeitig geschickt und dadurch die Verwüstung von zwei Abschnittsflugplätzen Parks nicht verhindert. Am 27. August erließ Park, wütend und bestürzt, dann seine Instruktion Nr. 7:

»Dank freundschaftlicher Zusammenarbeit, zu der die 10. Gruppe allzeit bereit ist, ist sie immer in der Lage, zwei bis vier Staffeln abzustellen, zum Einsatz gegen die Massenangriffe im Westen ... Bisher hatte die 12. Gruppe nicht den gleichen Wunsch gezeigt, zusammenzuarbeiten und ihre Staffeln in den jeweils erforderlichen Abschnitt zu schicken ... Wenn die 12. Gruppe ihren Beistand an-

bot und von uns ersucht wurde, unsere Flugplätze zu schützen, dann
flogen ihre Staffeln keineswegs über unseren Flugplätzen... Ergebnis: North Weald und Debden wurden schwer verwüstet. Da...
die direkten Beistandsangebote der 12. Gruppe sich nicht dahin
auswirkten, daß ihre Staffeln sich dort einfanden, wo wir sie
brauchten, werden die Einsatzleiter in Zukunft... ihre Anforde-
rungen direkt an das Oberkommando der Jagdflieger richten... –
doch nur, wenn Massenangriffe von 160 und mehr Maschinen für
die Staffeln der 11. Gruppe einfach zuviel sind.«

Es war nur natürlich, daß die Staffeln der 12. Gruppe selbst darunter litten. Der Führer der 242. Staffel, Douglas Bader, erzählt,
wie er wütend und fluchend in seinem Alarmquartier in Coltishall,
etwa 150 Kilometer nordöstlich von London, mit seinen Männern
hockte und auf einen Anruf wartete, der niemals kam. Der Operationsraum schien ihr Vorhandensein zu ignorieren.

Die 10. Gruppe war stets zur Stelle, die 12. nie. Park war nicht zum
erstenmal wütend auf Leigh-Mallory. »L-M« war ein Außenseiter
für das Oberkommando der Jagdflieger. Im Ersten Weltkrieg war
er Verbindungsoffizier zum Heer gewesen. Er war es noch, als ich
ihn 1929 kennenlernte. Er hatte nichts von einem geborenen und im
Kampf großgewordenen Jagdflieger an sich wie Keith Park. Mit
dem Ruf, ehrgeizig und starrsinnig zu sein, kam er zu der Jagdwaffe erst kurz vor dem Krieg. Im März 1940, als Keith Park
einen höheren Posten in Dowdings Stab bekleidete, hatte Leigh-
Mallory ihn einmal aufgesucht, gerade nach einem Zusammenstoß
mit Dowding. »Er war schrecklich wütend und sagte, er wolle Himmel und Erde in Bewegung setzen, um zu erreichen, daß Dowding
abgesägt werde«, erzählte Park mir. Park, der sich immer von absoluter Loyalität gegenüber seinen Vorgesetzten gezeigt hatte, als
die R.A.F. in schwierigen Zeiten noch um ihren Fortbestand hatte
bangen müssen, war sehr irritiert über die Haltung von Leigh-Mallory und verhehlte das auch nicht. So schwand seine Freundschaft
aus Friedenszeiten für Leigh-Mallory rasch dahin.

Douglas Bader seinerseits war mit Leigh-Mallory sehr befreundet
und durchaus auf dem laufenden über das Zerwürfnis der beiden
Männer. »Es sprang in die Augen.« Doch er versicherte auch, daß
er nie ein Wort der Kritik über Park von Leigh-Mallory gehört
habe. Tatsache aber blieb, daß mit der Zerbombung von North
Weald und Debden bei den höheren Kommandostellen der briti-

schen Luftverteidigung ein Zwist ausgebrochen war, gerade in dem Augenblick, in dem sie in Gefahr war, vom Feind überrannt zu werden.

Dowding, der zugab, daß er auf Park große Stücke hielt, sagte später: »Das einzige, weswegen ich Park Vorwürfe machen muß, ist, daß er nicht zu mir kam und mich von seiner Verärgerung unterrichtete, ehe sie auf die Spitze getrieben wurde. Ich hätte sonst doch eingreifen können.«

Park behauptet: »Ich unterbreitete die Sache dem Oberkommandierenden.« Dowding habe ihn, setzt Park hinzu, während der Schlacht nicht ein einziges Mal bei der 11. Gruppe besucht. Park suchte Dowdings HQ auf oder telefonierte mit ihm.

Dowding sagte später, er habe geglaubt, »bei den Kommandeuren der Gruppen nicht eingreifen zu müssen, da sie selbst verantwortlich seien«. Er merkte erst viel später, daß »das Verhalten des Kommandeurs der 12. Gruppe [Leigh-Mallory] meinen Befehlen gegenüber eine Herausforderung war«.

Hätte er von dem Zwist etwas gewußt, dann »wäre meine Entscheidung gewesen ... die beiden Kameraden zusammen zu mir zu bestellen und mit ihnen zu sprechen ...« Doch erst Mitte Oktober, als die Schlacht schon gewonnen war, entschied er, daß etwas geschehen müsse und trennte sich von Leigh-Mallory.

Da war es schon zu spät.

Wenn hinter den Kulissen der Streit sich erhitzte, so gab es bei den Einsätzen ein merkliches Nachlassen. Den ganzen Tag über waren deutsche Aufklärungsflugzeuge unterwegs, um die Schäden vom Vortag zu fotografieren. Eines wurde von Innes Westmacott und seinem Rottenführer »Jumbo« Gracie abgeschossen. Die Besatzung sprang über dem Kanal ab, wo ein deutsches Schnellboot sie barg. Das Glück war ihr aber auch weiterhin hold. In seinem Deutschenhaß kannte Gracie kein Pardon. Er hätte das Schnellboot und alle in ihm beschossen, doch ihm und Innes war die Munition ausgegangen.

Die 85. Staffel erhielt an diesem Tag keinen Einsatzbefehl. Wir saßen zusammen, warteten und sprachen von banalen Dingen. Sam Allard sagte, er zöge Metallpropeller den hölzernen vor, weil sie die Zweige der Bäume abschnitten, wenn man niedrig flog. Der kleine Feldwebel Ellis meinte: »Wenn ich mal draufgehe, komm' ich im Meer um, denn mein zweiter Name ist Mortimer, *Mort-i-*

mer.« Wir dachten nicht, daß es je einträfe. Ununterbrochen brachte der Plattenspieler bekannte Schlager: *»Tuxedo Junction«, – »I'm in the Mood for Love« – »Don't You Ever Cry« . . .*

»Oh, weine, weine nicht und trockne deine Tränen. Oh, weine, weine nicht, sollt' ich einmal von dir gehen . . .«

In diesen Worten lag nichts Melancholisches, und die einschmeichelnde Melodie entsprach unserer Stimmung. Einige von uns würden in den nächsten Tagen sterben müssen. Es war unvermeidlich. Doch man glaubte nicht, daß man selbst an die Reihe käme. Der Tod war allgegenwärtig, und wir nahmen ihn für das, was er war. Wenn wir sterben mußten, dann würden wir einsam, zerstückelt, lebendig verbrannt oder ertrunken sein. Irgendein schützender Schleier verbarg die Wirklichkeit vor unserem Bewußtsein wie auch den Verlust unserer Freunde. Ihr Verschwinden traf uns weniger wie ein harter Schlag, sondern wie ein dunkler Schatten, der frösteln machte und vorüberglitt. Wir schienen bereits in einer anderen Welt zu leben, einer abgesonderten und erhabenen Welt, in der der Abgrund zwischen Leben und Tod sich geschlossen hatte und nichts Bedrohliches mehr hatte.

Dabei kannten wir die Angst besser als andere. Sidney Bazly von James McCombs 611. Staffel war wie besessen vor Angst. Sogar am Steuer seines Wagens verkrampfte er seine Finger so, daß die Knöchel weiß wurden. In einer brennenden Maschine abgeschossen, gestand er: »Ich habe jede Minute gehaßt.«

»Du mußt einen Erholungsurlaub nehmen«, schlug McComb ihm vor.

»Das Land hat dafür bezahlt, daß ich Jagdflieger werde. So lange ich zwei Augen, zwei Arme und zwei Beine habe, muß ich Jagdflieger sein.« Sidney Bazly war einer von den unbekannten Helden. Vielleicht waren sie die tapfersten von allen.

Tom Gleave meinte, je intelligenter einer sei, desto mehr Angst habe er. Es ist möglich. Doch Intelligenz konnte die Angst auch besiegen. Innes Westmacotts größte Furcht war das Feuer. Darum traf er kluge Maßnahmen und bedeckte soviel wie möglich von seiner Haut. Er flog mit Schutzbrille, Stulpenhandschuhen und Stiefeln. Er öffnete die Kabinenhaube und blockierte sie, weil er den Fahrtwind vorzog.

Ich persönlich trug lieber leichte Kleidung, gewöhnlich nur ein blaues Jerseyhemd mit aufgerollten Ärmeln – und das mit einem

200-Liter-Tank vor der Nase und ohne irgendeine Schutzwand. Doch irgendein sechster Sinn hatte mir gesagt, daß ich Feuer nicht zu fürchten hatte.

Tom Gleave traf auch keine Vorsichtsmaßnahmen. »Wegen Feuer habe ich mir nie Sorgen gemacht«, sagte er. Am 28. August genoß er einen Achtundvierzig-Stunden-Urlaub, weit von der 253. Staffel, in Prestwick, Schottland, mit seiner Frau Beryl. Als sie ihn das nächste Mal wiedersah, sollte sie ihn nicht wiedererkennen.

Mit der aus der Tagesschlacht herausgezogenen Luftflotte 3, die sich nun auf Nachteinsätze konzentrierte, nahmen die Störangriffe auf die britische Industrie und auf die Kriegs- und Handelshäfen erheblich zu. Der Nachtschutz des britischen Oberkommandos der Jagdflieger war völlig unzureichend: ein halbes Dutzend Blenheim-Staffeln, die mit primitiven Radargeräten ausgerüstet waren, bildeten den Kern. Obwohl Dowding von den Problemen der Tagesschlacht stark beansprucht war, kam es doch häufig vor, daß er ganz allein die Fliegerhorste der Nachtjäger inspizierte, um in der Frühe todmüde zurückzukommen. Eines Nachts erbot sich sein persönlicher Adjutant, Oberleutnant Robert Wright, ihn zu begleiten und Notizen für ihn zu machen. Dowding lehnte es freundlich ab: »Nein, das möchte ich nicht. Jemand muß morgen früh rechtzeitig im Büro sein.« Dowding zog es vor, mit seinen Problemen allein fertig zu werden. In der Nacht vom 27. August störte ihn Bombenlärm in seinem Hauptquartier in Bentley Priory auf, als er noch spät am Schreibtisch saß.

»Haben Sie das gehört?« fragte er seinen Stabschef, Vizeluftmarschall Strath Evill.

»Allerdings, Sir«, erwiderte Evill.

»Sagen Sie ihnen, sie sollten das abstellen!«

»Gewiß, Sir. Ich werde diesbezüglich ans Oberkommando der Jagdflieger schreiben.«

Dowding lächelte über den Scherz. Aber allzu sehr war er sich der Ohnmacht bewußt, mit der er den Nachtflügen des Feindes gegenüberstand. Er wußte, daß er sich für die Sicherheit der »Basis Großbritannien« auf den Schneid und Widerstandsgeist der unbewaffneten britischen Staatsbürger verlassen mußte. Sperrle, dessen erster »Kraftakt« in Guernica Hunderte getötet hatte, hatte für die Briten noch weit mehr in Vorbereitung.

In jeder unserer Tagjägerstaffeln war eine Handvoll nachtflug-
erfahrener Piloten. Oft wurden wir ausgeschickt, um mit den Schein-
werferbatterien zusammenzuarbeiten, die uns mehr behinderten als
halfen. Tagkämpfe waren schon aufreibend genug; Nachteinsätze
brachten uns an die Grenze unserer Widerstandskraft. Am Morgen
des 28. August landete ich um 3 Uhr nach zweistündigem Flug und
hatte kaum die Zeit, mich auf mein Bett zu werfen. Kurz nach
Morgengrauen führte ich die Staffel zum ersten von vier Flügen
an jenem Tag.

Für Jim Bailey kam schließlich der Moment der Feuertaufe. »Ich
hatte sehr viel größeres Vertrauen in meine Fähigkeiten, als sie es
verdienten«, sagte er. Vielleicht hätte er geringeres Vertrauen gehabt, wenn er gewußt hätte, daß im selben Augenblick der erfolgreichste deutsche Jagdflieger Adolf Galland in Audembert an der
Spitze der Me 109 des JG. 26 startete und daß es zum Kampf zwischen ihm und der 264. Staffel kommen werde.
Die Defiants waren ungefähr 18 000 Fuß hoch, als der Pulk der
Heinkel über Folkestone flog. Hoch darüber, wie kleine schwarze
Pünktchen am Himmel, hatten die begleitenden Messerschmitt-Jäger
schon den Kampf mit den Spitfires begonnen.
Die Defiants stiegen unter den feindlichen Bombern hoch. »Die
Heinkel sahen so groß wie Elefanten aus«, sagte Bailey. Sein Bordschütze Hardie schoß einer von ihnen in den Bauch, die auch mit
brennendem Motor ausfiel. Hätten die englischen Jäger nur die
Me 109 vertreiben können, würden die Defiants sicherlich die Heinkel vernichtet haben, ehe sie ihre Bomben auf Eastchurch warfen.
Doch Galland und seine Me 109 stießen schon herab und kamen
dann unter den Defiants hoch, die nichtsahnend weiterflogen. Bailey
hörte plötzlich Stöße auf seiner Maschine und einen Ruf: »Ich bin
verwundet.« Über den Flügel abrollend, ging er in einer Spirale
hinab. Höchstwahrscheinlich war es Galland, der auf seine Defiant
schoß, aber zu hoch zielte. Jim Bailey hatte weiteres Glück, daß er
bei der Notlandung unter einer Hochspannungsleitung durchglitt,
ehe er eine Hecke durchbrach. Hardie sprang mit einem Satz aus
der Maschine. »Ich dachte, Sie sagten, Sie seien verwundet?« fragte
Bailey und schielte nach einem Schnitt auf seiner eigenen Nase.
»Nein, ich rief, nach rechts kurven!«
Drei andere Defiants gingen verloren. Fünf Tote. Die Maschine

von Major John Garvin wurde von Galland in Stücke geschossen, der sich wunderte: »Wie können sie derartig lahme Maschinen starten lassen?« Garwin sprang ab. Am selben Abend brachte ihn ein Transportflugzeug nach Hornchurch zurück. Der einzige Passagier an Bord war außer ihm Al Deere, der von einer – Spitfire abgeschossen worden war!

Für die 254. Staffel war es das Ende. Mit nur zwei einsatzfähigen Flugzeugen wurde sie aus der Schlacht gezogen. »Tags darauf waren wir in der Offiziersmesse ziemlich bedrückt und still«, schrieb Jim Bailey. In vier Tagen hatten sie elf Maschinen und vierzehn Piloten verloren.

Viermal stieg ich an diesem Tag mit der 85. Staffel von Croydon auf. Um 16.25 waren wir in 18 000 Fuß Höhe irgendwo über Dungeness auf der Suche. Zu meiner Rechten hatte ich den roten Schwarm von Hamilton, zu meiner Linken den gelben Allards, während der grüne von Patrick Woods-Scaven unter meinem Heck flog. Plötzlich ... Ich traute meinen Augen nicht:
»Me 109 unter uns! Zwei Uhr!« rief ich.
Ein Dutzend von ihnen schlitterte über eine dünne, auseinandergezogene Wolkenbank. Unser Befehl lautete, Bomber anzugreifen, Jägern aber auszuweichen. Doch es wäre zu schade gewesen, die Gelegenheit vorbeigehen zu lassen!
»Rot und Gelb mir nach!«
Und als ich den Finger auf meine Sauerstoffmaske legte, um damit Funkstille zu befehlen, konnte ich sehen, daß Hammy grinste. Wir hatten die Sonne im Rücken und die größte Chance, über die Me 109 herzufallen, ehe sie uns gewahr wurden.
»Hinab! Jeder sucht sich eine aus!«
Und wir preschten zwischen sie. Es war, als ob wir ein Volk Rebhühner aufgescheucht hätten. Eine kam mir vor meine Nase fast im Senkrechtflug, nach links kurvend und bot ein ideales Ziel. Sie überschlug sich und spie weißen Rauch – ein Treffer in ihr Kühlsystem. Der Pilot kam in Kriegsgefangenschaft. Ich hänge mich an eine andere, doch sie entkam mir, indem sie wegtauchte. Ich raste mit Vollgas hinterher und war um eine Sekunde zu spät. Sie kam steil wieder nach oben und gab eine lange Salve auf mich ab, zu tief, vorbeigeschossen! Indem ich aus meiner Hurricane alles herausholte, was sie geben konnte, setzte ich mich wieder hinter die Mes-

serschmitt und gab kurze Salven ab, in der Hoffnung, sie zu treffen. Doch in der Hitze der Jagd vergaß ich die Grundregeln, bis plötzlich eine Kugel in mein Cockpit flog. Noch nie bin ich jemandem so schnell aus dem Weg gegangen! Steuerknüppel nach vorn, Gas weg! Schwarzer Qualm... Und hinter mir dachte der Deutsche in seiner Me 109 ganz gewiß: Ein Engländer mehr hinüber. Inzwischen setzte die 85. den anderen Me 109 zu. Sam Allard schickte eine von ihnen brennend ins Meer, fünf Kilometer von Folkestone. »Honk« English sah es. Allard jagte eine andere halb nach Frankreich zurück und ließ sie qualmend zurück. Die Bestätigung, daß sie verloren war, kam am nächsten Tag.

Hodgson, der Neuseeländer, erwarb einen Punkt für sein Land, indem er den größten Teil des Leitwerks einer weiteren Me 109 zerschoß, während er aus 15 000 Fuß bis auf weniger als 30 Fuß über den Meeresspiegel hinabstieß, dicht bei Cap Gris-Nez. Auch dies wurde am nächsten Tag bestätigt. Die Me 109, die von Feldwebel Walker-Smith angegriffen wurde, explodierte beim Aufschlag aufs Wasser. Und Patrick Woods-Scaven schickte eine sechste mit einem Schweif von schwarzem Rauch und aussprühendem Benzin hinab. Das Beobachterkorps meldete, daß sie bei Dymchurch ins Meer stürzte. Die Jäger der Luftwaffe meinten, die Hurricane tauge nicht viel. Vielleicht nur, weil sie sie häufig für Spitfires hielten? Kesselring ebenso wie Osterkamp verfielen diesem Irrtum. Osterkamp »sah« Spitfires am Boden während der Schlacht um Frankreich, und Kesselring sagte: »Nur die Spitfires machen uns Sorge.« Beide täuschten sich. In Frankreich hatte es gar keine Spitfires gegeben, und in der Schlacht um England schossen sie insgesamt weniger Feinde ab als die Hurricanes.

Wir selbst hielten große Stücke von der Hurricane, und wir bewiesen es. Das Luftfahrtministerium bestätigte später: »Die Gesamtzahl der von Jagdmaschinen abgeschossenen Feindflugzeuge ergab ein Verhältnis von drei Hurricane- zu zwei Spitfire-Siegen«. Allerdings waren mehr Hurricanes eingesetzt worden: »Die Durchschnittszahl der Maschinen... die jeden Morgen einsatzfähig waren, belief sich ungefähr auf 63 % Hurricanes und 37 % Spitfires. Was bedeutet, daß im Verhältnis... die Spitfires 6 % mehr Siege errangen als die Hurricanes.« Schließlich aber war die Hurricane langsamer als die Me 109 und die Spitfire.

Das Oberkommando der Jagdflieger verlor mehr Maschinen als die Luftwaffe. Das will jedoch über ihre jeweiligen Verdienste und über den Fortgang der Schlacht nicht viel besagen. Die R.A.F.-Jäger kämpften gegen beides, gegen die deutschen Jäger und Bomber, namentlich gegen letztere. Doch am 28. mußte etwas in uns gefahren sein. Insgesamt zerstörten wir neunzehn deutsche Jäger und verloren selbst zwanzig. Doch außerdem brachten wir noch zwölf Bomber zur Strecke. Als wir an diesem Nachmittag mit den Me 109 kämpften, beobachtete von unten ein Mann unseren Kampf, die Schultern leicht vorgebeugt, die Zigarre zwischen den Zähnen: Winston Churchill, auf Inspektion bei der Küstenverteidigung. Er wußte, daß mehr als Gutgläubigkeit nötig war, um anzunehmen, daß die spärlichen Waffen und die schwachen, improvisierten Straßensperren irgendeine Chance hätten, eine Invasion zu stoppen. Er setzte sein Vertrauen in die R.A.F., und dieses Duell am Himmel mußte ihn ermutigt haben. Denn am Morgen hatte er das Chaos und die nicht zugeschütteten Trichter in Manston gesehen und war veranlaßt gewesen, »energisch gegen die lahme Art und Weise zu protestieren, mit der die Schäden ausgebessert wurden«. Das ganze Vorgehen »stand in keinem Verhältnis zu dem Wert dieses für den Kampf günstig gelegenen Geländes«. Das mag zugleich auch die Antwort für alle gewesen sein, die wie Al Deere nach der Zerbombung gefragt hatten: »Wer hat eigentlich die Entscheidung getroffen, Manston so lange noch als Flugplatz zu nutzen?« War es etwa der Premierminister selbst?

Seit dem »Adlertag« waren fünfzehn Tage verstrichen. Gemäß der Weisung des OKW vom 1. August war es nun Zeit für Hitler, zu entscheiden, ob die Invasion stattfinden sollte oder nicht. Diese Entscheidung hing – so stand es in der Weisung – von der Luftoffensive ab. Der Oberste Befehlshaber erholte sich seit vierzehn Tagen in der kühlen Höhe des »Berghofs«, wo trotz fehlender Anzeichen für einen Sieg Ciano ihn »über den Lauf der Ereignisse unverändert optimistisch« fand.

Doch das Heer war verzweifelt über den Widerstand der Kriegsmarine. Am 23. August hatte Halder notiert, daß ein Angriff auf England in diesem Jahr keine Erfolgsaussicht habe. Drei Tage später hatte von Brauchitsch darauf bestanden, vom Führer empfangen zu werden, der ihm jedoch klargemacht hatte, daß das Heer sich

dem Standpunkt der Kriegsmarine zu fügen habe: Übergang auf
schmaler Front. Tatsächlich waren weder Hitler noch von Brauchitsch von der Invasion abgerückt, aber sie sahen in ihr nur den
Gnadenstoß für einen schon besiegten Feind. Halder notierte be-
friedigt, daß das Interesse an der Operation sogar gestiegen sei.
Jeder in Hitlers Umgebung beobachtete gespannt den Luftkrieg.
Großbritannien war als »Basis« noch immer intakt, was den R.A.F.-
Bombern einen erneuten Angriff auf Berlin ermöglicht hatte. Diesmal wurde der Görlitzer Bahnhof getroffen und waren zehn Zivilisten getötet worden. Die Nationalsozialisten waren außer sich,
und der *Völkische Beobachter* zeterte über den »feigen englischen
Überfall«, wobei er vergaß, daß die Deutschen den Ball ins Rollen
gebracht hatten, als sie vor fünfundzwanzig Jahren London bombardiert hatten.
In der Reichskanzlei berichtete Hitler am folgenden Tag Ciano,
daß »fortdauernd schlechtes Wetter« die Luftwaffe behindere. Wenn
das Wetter günstiger werde, würden zwei Wochen ausreichen, um
die Luftherrschaft über England zu erringen, was nötig wäre, um
die britische Flottenübermacht zu neutralisieren und eine Landung
zu unternehmen. Falls das Wetter es zuließ, würde die R.A.F. um
den 12. September herum erledigt sein.

4

Tom Gleave hatte sich von Beryl und seinem Söhnchen John verabschiedet und war am Abend nach Prestwick zurückgekommen.
Die Messe war leer. Die Jungens sind sicherlich auf einer Safari
unterwegs, dachte Tom und goß sich ein Bier ein. Das Telefon klingelte. Es war »Johnny«, einer von den Abschnitts-Einsatzoffizieren
in Turnhouse.
»Die Staffel muß morgen nach Süden verlegen«, sagte er zu Tom.
»Sie selbst melden sich morgen aber in Turnhouse.«
»Um Himmels willen, tun Sie etwas, damit mir das erspart bleibt«,
bat Tom Gleave.
»Johnny« war ein guter Freund und versprach, es zu versuchen.
Der Staffelführer Starr und die anderen sind gewiß in der »Obst-
blüte«; er rief dort also an. Als Starr die Neuigkeit hörte, hing er

sofort ein, und wenig später knirschten Reifen vor der Messe.

»Sie kommen doch auch mit?« fragte ihn einer von den Rotten-
führern, Bill Cambridge, und Tom sagte, er werde von Turnhouse
»gewünscht«.

»Kommen Sie ihnen doch zuvor, ehe sie Sie schnappen, Sir«, schlug
Cambridge vor.

Was meinte Starr dazu?

»Auf alle Fälle, Sie müssen mitkommen!« sagte er zu Tom. »Nehmen Sie die halbe Staffel und hauen Sie morgen damit ab, wann's
Ihnen paßt.«

Irgend jemand holte die Unteroffiziere herüber, und sie räumten
Tische und Stühle aus der Bar. Ein altes Kissen wurde mit Bind-
faden umwickelt, und dann begann ein Rugbyspiel Offiziere gegen
Unteroffiziere mit einigen Bier-Pausen.

Dredge, der Wunderknabe, verhalf den Unteroffizieren zum Sieg.
Nach einem gewaltigen Gerangel aller gegen alle noch ein letztes
Glas Bier und ins Bett. »Ich war voll blauer Flecken, aber es war
die beste Partie meines Lebens«, sagte Tom. Es sollte auch für lange
Zeit seine letzte gewesen sein.

Die beiden Joachims, Pötter und Helwig, nahmen in dieser Nacht
an einer anderen Partie teil. Sie flogen zusammen mit insgesamt
160 Maschinen von Sperrles Luftflotte 3 nach Liverpool. Die meisten ihrer Bomben fielen daneben, und zwar so weit, daß die Verteidiger Liverpools gar nicht glaubten, ihre Stadt sei das Ziel.

Die 253. Staffel war am 29. in Kenley gelandet und hatte getankt,
als um 16 Uhr Tom Gleave den Befehl erhielt, mit der halben
Staffel freie Jagd zu fliegen. Das Einsatzkommando in Kenley
hatte auch der 85. befohlen, von Croydon aufzusteigen, und wenig
später schon waren wir in ziemlicher Bedrängnis.

Ich hatte achtzehn Heinkel gesichtet, die in sehr großer Höhe über
Beachy Head einflogen. Im Steigflug konnten wir am blauen Himmel über uns die Silberpünktchen glitzern sehen. Lauter Me 109!
Als ich sie noch beobachtete, wurden sie mehr und mehr, Myriaden
davon – wir meinten, alles in allem einige zweihundert. An diesem
Nachmittag schickte die Luftwaffe im ganzen siebenhundert Jäger
und Zerstörer herüber, um unsere Jäger abzufangen, wenn sie sich
auf die Lockvögel stürzten.

Bei ihrem mühsamen Aufstieg unter den Heinkel waren unsere zwölf Hurricanes leichte Beute. Doch da waren Bomber zu erwischen, und darum stieg ich weiter und bat Sammy und Patrick, die Augen gut aufzumachen, und, wenn Gefahr im Verzug war, zu rufen.

Als wir den Feind anflogen, kam es uns vor, als ob wir tatsächlich nur zwölf gegen zweihundert wären, denn wir sahen nicht einen einzigen anderen britischen Jäger. In Wirklichkeit stürzten sich jedoch ein Dutzend Staffeln wie die unsere aus allen Richtungen auf die Masse der Feinde, als sie tiefer in den englischen Luftraum eindrang. Das war das wesentliche an Parks Taktik: Geschmeidigkeit und Geschwindigkeit. Sie entsprach durchaus den Kampfbedingungen der 11. Gruppe.

Kaum hatte der Feind Frankreich verlassen, war er nach wenigen Minuten schon über Parks Staffeln; doch mußte er abwarten, um zu sehen, wie der Angriff sich entwickelte. Um bei seiner *forward interception* Erfolg zu haben, das heißt, den Feind in den Kampf zu verwickeln, ehe er seine Ziele erreicht hatte, waren Geschmeidigkeit und Geschwindigkeit sehr wesentlich. Dazu mußte er seine Verteidigung in Staffeln zu je zwölf operieren lassen; Gruppen von drei oder mehr Staffeln wären zu langsam, zu schwerfällig gewesen und hätten ihn ins Hintertreffen gebracht.

Wir kletterten weiter und versuchten, die Bomber zu fassen. Möglichst den Jägern darüber fernbleiben! Das war nicht einfach, da sie sozusagen auf uns saßen und zuschlagen konnten, wie sie Lust hatten. Besser in die Sonne ausweichen! Doch ein Dutzend Me 110 nagelte uns unten fest. Jedesmal, wenn sie aus ihrem Abwehrkreis ausbrachen, rief ich ins Mikro: »Laßt sie in Frieden! Keine Einzelkämpfe!« und kurvte ihnen entgegen, damit sie nicht hinter unser Heck kämen.

Dann das Unvermeidliche – die Me 109 kamen herunter, und nun hieß es, jeder für sich. Als ich meinen Gegner schießen sah, kurvte ich, und er beging den verhängnisvollen Fehler, genau in mein Zielgerät hineinzufliegen. Ich verengte den Radius der Kurve, hob ein wenig die Nase – und da hatte ich ihn! Er schwankte wie ein Fasan, der Schrot im Flügel hat. Ein großer Brocken von ihm flog davon, vielleicht die Kabinenhaube. Ein Büschel weißen Rauchs schleppte nach. Den Bruchteil einer Sekunde lang glaubte ich den Piloten zu sehen, während dieser letzten dramatischen Augenblicke, offenbar ganz bewegungslos. Dann sackte das Flugzeug durch und stürzte ab. Bei Hastings schlug es auf.

Diesmal hatte ich das deutliche Empfinden, einen Mann erschossen zu haben. Doch für Gewissensbisse war keine Zeit. Wenn es diesmal er gewesen war, konnte es das nächste Mal ich sein. In dem Irrsinn, der uns im Kampf befiel, schlugen unsere Herzen schneller, und die Anspannung wurde rasend. Doch gleichzeitig stumpfte die Übermüdung auch die Gefühle ab und umnebelte das Denken. Leben und Tod hatten ihre Bedeutung verloren. Der Wille spitzte sich auf einem einzigen wilden Wunsch zu, den Gegner zu packen und ihn vom Himmel zu holen.

Zwei von unseren jungen Piloten, die nicht so wachsam waren wie die anderen, erwischte es bei diesem Ansturm der Me 109. Feldwebel Ellis sprang aus seiner brennenden Maschine ab, und es bekam ihm ganz gut. Feldwebel Walker-Smith, an einem Fuß verwundet, sprang ebenfalls ab und landete nach der rasenden Schlacht mit dem Fallschirm in der friedlichen kleinen Stadt Hawkhurst in Kent. Doch Hammy war hinter eine von diesen Me 109 geschlüpft und schickte sie brennend ins Meer. Es war jedoch nur eine Frage von Stunden, bis er selbst in diesem Todesreigen an die Reihe kam.

Zurück in Croydon, rollten wir aus; die Bodenmannschaft wartete ängstlich: Hat mein Pilot geschossen? Von weitem prüften sie schon, ob das Mündungsfeuer Spuren hinterlassen hatte. Jetzt faßte je ein Mann die Flügelspitzen. Kehrtwendung auf der Stelle, Gas wegnehmen. Der Wartungsmechaniker kletterte herauf und beugte sich ins Cockpit. »Spaß gehabt?« Dann erzählte man kurz, was los war. Schnell Munition fassen, auftanken. Männer klettern über die Tragflächen mit Schraubenschlüsseln, mit Munitionsstreifen, Kabinenhauben werden losgeschraubt. Der Tankverschluß wird auf- und wieder zugedreht: rechter Flügel, Rumpf, linker Flügel – drei Tanks strichvoll. Öl prüfen. Funkgerät prüfen. Neue Sauerstoffflasche. Windschutzscheibe abwischen . . . Zehn Minuten, und die Hurricane ist wieder startbereit. Wir fühlten uns mit der Bodenmannschaft sehr eng verbunden. Es waren ganz junge Leute, geschickt, gewissenhaft, begeistert arbeiteten sie unter dem scharfen Auge ihres Unteroffiziers, selbst schon durch Erfahrung gereift und voll trockenen Humors. Sie hatten unser Leben in der Hand. Das Publikum feuerte uns von der Tribüne aus an, doch unsere wackeren und ergebenen

Wartungstrupps standen an der Markierungslinie, um uns Beifall zu zollen. Uns einsamen Individualisten, die wir allein in unseren Cockpits hockten, gaben sie Mut, immer wieder und wieder in die Schlacht zu ziehen.

»Die 85. starten!« Zum vierten Mal stiegen wir an diesem Tag, um 18.16 Uhr, von Croydon auf. Freie Jagd über Dungeness. In 18 000 Fuß gesellte sich eine einsame Spitfire zu uns. Es war verrückt, ja kriminell! Unsere Wellenlängen waren unterschiedlich, und so konnten wir keine Verbindung aufnehmen. Und Nase gegen Nase konnte eine Spit für eine Me 109 gehalten werden. »Achtung, habt ein Auge auf sie!« rief ich unserer Nachhut zu (»unseren Arschwächtern«, wie wir sie nannten).

Die Stimme der Leitstelle war kaum zu verstehen. Ein blutroter Sonnenuntergang drang durch den blaugrauen Dunst. Die dünne Stimme rief: »Banditen in Ihrer Nähe«, und wir streiften ziellos umher, verdrehten die Hälse und versuchten vergebens, im trügerischen Licht etwas zu entdecken.

Eines Abends, Ende August (er sagt nicht wann), hatte ein Spitfire-Pilot von der 603. Staffel »ein höchst amüsantes, wenn auch schmerzliches Erlebnis«, während er als »Arschwächter« hinter einer Staffel Hurricanes herflog. Sein Name war Richard Hillary. Er traf die Staffel Hurricanes, »die am Himmel herumflogen ... darum schloß ich mich ihnen an. Ich beobachtete aufmerksam meinen Rückspiegel, als plötzlich von links her Kugeln hereinprasselten.« Es war Hodgson, der festgestellt hatte, daß die Spitfire sich in eine Me 109 verwandelt habe. »Vorsicht! Messerschmitts!« rief er, und unser ganzer Verband ging in eine Backbord-Steilkurve, doch nicht bevor ich genau über mir den typischen viereckigen Flügel einer Messerschmitt vorübergleiten gesehen hatte. Als ich wieder in die Gerade ging, verkrampfte sich mein Herz. Steuerbords kippte die Hurricane von Hamilton gerade langsam ab und war in Rauch und Flammen gehüllt. Dann begann sie ihren Sturz zum Erdboden hinab.

Von meiner Staffel gelang es an diesem Abend nur Nigger Marshall, eine Me 109 zu treffen, die rasch im Nebel verschwand; ihr Absturz ist aber nie bestätigt worden.

War es die Spitfire von Richard Hillary? Höhe und Position könnten stimmen. Erst nachdem er sich gefaßt hatte und sich eiligst abtrudeln ließ, kam ihm der Gedanke, die Hurricanes zu verständigen – unmöglich bei verschiedenen Funk-Frequenzen, außerdem hatte sein Funkgerät einen Treffer bekommen. Hillary machte eine Bruchlandung in dem Garten einer Villa, in der ein Brigadestab gerade eine Cocktail-Party gab. Zeitlich stimmte es überein. Wie dem auch war, wir waren jedenfalls wegen der Spitfire verbittert. Wäre sie an unserer Flanke geflogen, statt sich hinter uns zu setzen, hätten wir sie als Spitfire erkannt. Dann wäre Hammy nicht gestorben. »Wenn es je gelingt, den Piloten dieser Spitfire festzustellen, möchte ich, daß man ihm das Vorkommnis zur Kenntnis bringt, denn seine Handlungsweise war zum Teil schuld daran, daß ich einen meiner Rottenführer verloren habe«, schrieb ich in meinem Gefechtsbericht.

Mißgeschick und Überwachungsprobleme bedingten, daß wir den Me 109 an diesem Abend auf Gnade und Ungnade ausgeliefert waren und einen vorzüglichen Kameraden und drei Maschinen verloren, ohne auch nur einen Schuß auf die Bomber abgegeben zu haben. Andere Staffeln hatten die deutschen Jäger gemieden. Das OKW berichtete an diesem Abend, die britischen Jäger hätten den Kampf abgelehnt. Die geschickte Taktik von Park entzog dem Gegner die Beute, die er suchte und bewirkte, daß wir nur die Hälfte von dem verloren, was er selbst an Verlusten zu verzeichnen hatte. Die Situation sollte sich in den nächsten Tagen plötzlich ändern.

Schon zum dritten Mal in drei Nächten waren Feindbomber über Liverpool – beinahe zweihundert.

Am Freitagmorgen, dem 30. August, begann die grimmigste, achtundvierzig Stunden während Phase der ganzen Schlacht. Die gesteigerte Anstrengung der Luftwaffe, Abschnittsflugplätze und Jagdmaschinen zu vernichten, traf auf einen noch verzweifelteren und verlustreicheren Widerstand durch die britischen Jäger als je zuvor. Der Tag dämmerte mit einer dichten Wolkendecke über Süd-England herauf. Sie lag etwa bei 2 000 Meter und beraubte das Beobachterkorps jeder Sicht. Doch in 6 000 Meter Höhe, wo ich mit der 85. Staffel über Dungeness Kreise zog, konnte ich den Feind über Cap Gris-Nez wie Mückenschwärme kreisen sehen. Dann formierte er sich zu Pulks: »Denn wir fliegen gegen Engeland ...« Wir warteten, hoch in der Sonne lauernd, elf Hurricanes, um uns auf ihn zu stürzen. Ich gab dem Einsatzoffizier Kurs, Anzahl und Höhe des

Gegners durch – eine Meldung, die wir seit ein paar Tagen eingeführt hatten, um fehlende Beobachtungen vom Boden aus zu ersetzen. Eine Anzahl Heinkel, begleitet von zahlreichen Me 109 und Me 110, näherten sich der englischen Küste. »Fertig zum Frontalangriff!« Ich führte meine kleine Schar Hurricanes in schwacher Neigung tiefer, ließ sie sich staffeln, kurvte dann, um sie bereits in großer Entfernung auf die Höhe der Heinkel zu bringen und dann direkt von vorn auf sie zuzusteuern. Unser Angriff hatte die gewünschte Wirkung. Er brachte Verwirrung unter die Bomber. »Auf diesen Frontalangriff reagierten sie sehr schlecht.«

Hinter ihnen kamen weitere Wellen. Um jeden Preis mußten Biggin Hill und Kenley geschützt werden. So schickte Park weitere fünfzehn Staffeln und ersuchte die 12. Gruppe um Beistand. Seine Taktik war vollkommen richtig, doch abermals ging etwas bei den Staffeln der 12. Gruppe schief; sie hatten Befehl, Biggin Hill zu bewachen, aber sie flogen ziellos umher, während die Heinkel den Flugplatz mit Bomben eindeckten.

In Kenley war Tom Gleave dabei, einen Imbiß zu sich zu nehmen, als der Lautsprecher dröhnte: »Hallo, 253. Freie Jagd über dem Flugplatz!«

Tom Gleave befand sich 500 Meter hoch über Maidstone, als er ein phantastisches Schauspiel beobachtete: soweit das Auge sehen konnte, Reihen von Me 109, die über den Wolken herankamen. Die »gelben Bäuche« – silberne Me 109 mit gelber Unterseite und gelben Flügelspitzen – flogen langsamer als Gleaves drei Hurricanes, die sie von der Flanke her angingen. »Ich kurvte und nahm die nächste Maschine aufs Korn.« Damit begann eine kurzlebige, aber sensationelle Karriere für Tom Gleave am Himmel über Kenley. Die Messerschmitt rollte langsam auf die Seite, dann – erzählt Tom Gleave – »sah ich in der Sonne ihre zertrümmerte Kabinenhaube glitzern; sie kippte völlig, und ich verlor sie aus den Augen.« Im nächsten Augenblick kam eine andere Me 109 vor Tom Gleaves Nase vorbei, »als ob sie nicht bemerkt habe, was eben passiert war, dabei war es nicht lautlos abgegangen«. Eine einzige Salve, und sie wurde langsamer, während sie eine Rauchschleppe nachzog. Fast wäre Gleave mit ihr zusammengestoßen, er zog hoch – und vermied knapp die Kollision mit einer dritten Me 109, auf die er aus nächster Nähe feuerte und die sich wie ein getroffener Vogel senkrecht aufbäumte und dann jäh abstürzte.

»Erstaunlich«, dachte Tom Gleave, »in einer Bank von Me 109 zu schwimmen und alles, was vorbeikommt, abzuknallen. Für die Gesundheit aber nicht sehr bekömmlich! Leuchtspurkugeln schwirrten überall herum, als ob ich in einem riesigen Käfig aus vergoldetem Draht flöge.« Vergeblich sah er sich nach seinen beiden Flügelmännern Brown und dem jungen Francis um. »All das fliegende Metall konnte doch eigentlich nicht nur für mich bestimmt sein.« Doch Brown, der gleich zu Beginn von einer Me 109 angegriffen worden war, hatte sich zurückgezogen. Sehr ungern nur. Zu seinem großen Kummer sollte Tom Gleave den jungen Francis, den jüngsten der Staffel, nie mehr wiedersehen. »Ein Kind noch, und in eine solche Hölle geraten!«

Tom Gleave aber war noch nicht fertig. Eine vierte Messerschmitt flog über ihm vorbei. Wieder schoß er aus nächster Nähe, wieder sah er sie langsam über den Flügel rollen und abstürzen. Zurück in Kenley, traf Tom Gleave den Nachrichtenoffizier der Staffel, der zu ihm sagte: »Wenn Sie sie nicht auseinanderbrechen, Feuer fangen oder unten aufschlagen sahen, können wir sie nicht als zerstört melden.« Doch Tom war sicher, daß die vier Me 109-Piloten erledigt waren.

Schwer beschädigt, war Biggin Hill noch immer in Betrieb, als die Luftwaffe zu einem abermaligen Angriff zurückkam. Diesmal schickte Park ihnen acht Staffeln entgegen, darunter auch die 85. Der Angriff wurde abgeschlagen. Aus zehn Kilometern Entfernung beobachtete Tom Gleave in Kenley »die funkelnden Gebilde von Freund und Feind, die beim Gehämmer der Maschinengewehre um einander kurvten. Leuchtspurmunition und Rauchschwaden woben phantastische Muster ... das Surren und Heulen der Motoren bildete die Begleitmusik.«

In Northolt, am Westrand Londons, ruhte sich Zdzislaw Krasnodebski in einem Liegestuhl aus. Vor fast genau einem Jahr hatten die Deutschen sein Vaterland erobert. Er und seine Freunde hatten in ihren zu langsamen Maschinen verzweifelt gekämpft und glaubten, daß die Bombardierung der polnischen Städte und der MG-Beschuß der Bevölkerung durch die deutschen Flieger nicht ungestraft bleiben dürften. Als dann das Ende gekommen war, hatte er von seiner Frau Abschied genommen, um den verhaßten Feind auf französischem Boden zu bekämpfen. Auch dieses Kapitel ging zu Ende, er kam nach England, um für »eure und unsere« Freiheit zu kämpfen.

Viele Polen hatten dasselbe getan, unter anderen Jan Zumbach, ein stämmiger Junge mit einer Bronzestimme, Miric Feric, Witor Urbanowicz und der junge Ludwig Paszkiewicz (»Paszko«). Seit sie sich in England befanden, war ihr härtester Kampf der mit der Sprache gewesen; noch waren sie im Englischen zu wackelig, sagte ihr Flugplatzkommandant, Oberst Vincent, als daß die 303. Polnische Staffel im Kampf eingesetzt werden könnte.

Zdzislaw lag in seinem Liegestuhl und dachte an seine Frau. Gelegentlich erhielt er von ihr heimliche Nachricht: »Bin gesund, geht mir gut...« In Wirklichkeit konnte sie kaum vegetieren. An diesem Nachmittag, dem 30. August, verließ die 303. Staffel Northolt um 16.15 Uhr zu einer Angriffsübung auf sechs Blenheims bei St. Albans. Doch über der kleinen Domstadt gerieten sie an eine Armada von sechzig deutschen Bombern, die von Me 109 begleitet waren; das Angriffsziel waren die Automobilfabriken Vauxhall in Luton. Als erster gab der junge Paszko seinem britischen Staffelkapitän Warnung durch, und ehe dieser, Ronald Kellet, noch Befehl gegeben hatte, scherte Paszko aus und jagte auf eine Dornier los; er hörte nicht eher zu schießen auf, bis er sie in Flammen abstürzen sah. Von da an wurde die 303. für einsatzfähig erklärt. Dowding bestätigte es ihr – nur zu froh, eine Staffel mehr zu haben.

Als die 303. kurz vor 17 Uhr wieder in Northolt einfiel, führte Tom Gleave neun Hurricanes der 253. von Kenley aus auf freie Jagd. Über Kent stießen sie auf ein »wirbelndes Gemenge von Hurricanes und Me 109, in dem jeder auf sein Gegenüber schoß«. Er sah, wie eine Me 109 Fetzen aus dem Schwanz einer Hurricane herausschoß. »Mein Blut kochte; der verfluchte Hunne sollte nicht ungeschoren davonkommen.« Sie flogen jetzt hintereinander: Gleave feuerte auf die Me 109, die wiederum auf die vorausfliegende Hurricane. Dann sackte die Me 109 tödlich getroffen ab. Gleave wunderte sich nur, daß die Hurricane sich noch hielt.

Doch beim Anflug auf Kenley sah er sie auf der Zementbahn stehen. Ruder, Fahrwerk, Tragflächen, »ein paar Metallrohre und lauter Luft«, und dennoch funktionierte sie noch. Der Pilot, Bill Wedgewood, den eine Gruppe von Kameraden umstand, »ließ seinen Gefühlen gegen die Deutschen im allgemeinen, im besonderen aber gegen den, der seinen Namen auf die Hurricane geschrieben hatte, freien Lauf ... und das schallende Gelächter gab ihm recht.« Tom Gleave »hatte geschworen, mindestens einen Deutschen zu erledigen, bevor er selbst an die Reihe käme«. Diesmal wurde die von ihm abgeschossene Me 109 als bei Dungeness ins Meer gestürzt bestätigt. Doch seine Freude wurde durch die Nachricht vom Tod des Feldwebels Dickinson verdorben, der von einer Me 109 erschossen worden war, während er am Fallschirm hing. Nach den Kriegsregeln war es gerechtfertigt, einen Piloten zu töten, der von neuem würde kämpfen können. Doch wenige von uns brachten es über sich, kaltblütig einen Hilflosen abzuknallen. Gleave war verbittert.

In Duxford, der 12. Gruppe, wurde das Betteln von Douglas Bader endlich erhört.

»242. Staffel! Sofort starten! Kurs 190«, sagte die Stimme des Einsatzoffiziers. Doch Bader steuerte 30 Grad westlicher, um die Sonne in den Rücken zu bekommen. Dann sah er fünfzig Dorniers, begleitet von Me 110, mit Kurs auf North Weald. »Schweinehunde, hier ist unser Himmel! Was habt ihr hier zu suchen!« dachte er und stieß von oben herab. Er führte die 242. mitten zwischen die Bomber und splitterte ihren Verband auf. Diesmal hatte die 12. Gruppe North Weald gerettet.

Bader war stolz und froh. Zurück in Coltishall, wurde er ans Telefon gerufen. Das Gruppen-Hauptquartier, Leigh-Mallory, selbst war am Apparat.

»Douglas, meinen Glückwunsch zu dem vollen Erfolg!«

»Jawohl, Sir, wenn wir sechsunddreißig Maschinen gehabt hätten, dann hätten wir sechsunddreißig Deutsche abgeschossen, statt bloß zwölf«, antwortete der beinlose Pilot.

Der Begriff der *wing* (drei Staffeln), an die Leigh-Mallory schon längst gedacht hatte, nahm an diesem Abend Gestalt an. (Übrigens hatte die 85. am 21. Juni zusammen mit der 66. Staffel in Duxford schon *wing*-Versuche unternommen).

Die englische Verteidigung hielt gut durch. Biggin Hill funktionierte noch. Dann trat das Unerwartete ein; das Schicksal übernahm, was Göring »für nicht interessant« erklärt hatte. Ein Bruch des Hauptkabels setzte mit einem Schlag alle südöstlichen Radarstationen außer Betrieb. Für die britische Jagdwaffe, die dadurch erblindete, war das katastrophal.

Acht Dorniers 17 von der 3. Gruppe des KG. 76, auf Tiefflugangriffe spezialisiert, überflogen bei dichtem Nebel unbemerkt die Themsemündung mit dem JG. 54 von Johannes Trautloft als Begleitschutz. Plötzlich bogen sie südwärts ab, und wenige Minuten später erschienen sie überraschend über Biggin Hill.

Dieser kühne Angriff verursachte an Verlusten 65 Tote und Verwundete, darunter auch mehrere junge Mädchen des Hilfsdienstes. Hangars brannten nieder, technische Gebäude wurden zerstört. Bomben zerschlugen die Haupttelefonleitung, und Biggin Hill, ein Zentralpunkt der britischen Jagdverteidigung, war abgeschnitten. Seine Staffeln mußten der Einsatzleitung Hornchurch unterstellt werden. Zum Glück gelang es dem Ingenieuroffizier, der noch unter dem Schock einer in nächster Nähe explodierten Bombe stand, ein SOS an den Einsatzleiter in Tunbridge Wells durchzugeben.

Die Dämmerung sank schon, als die 56. Staffel nach ihrem siebten Flug an diesem Tag nach North Weald zurückkehrte. Innes Westmacott hatte an erbitterten Kämpfen teilgenommen – einmal hatte er eine Me 109 von so nahe beschossen, daß das Öl aus dem Motor seines Gegners ihm über die Windschutzscheibe floß. Erschöpft schob er die Schutzbrille auf die Stirn, um beim Landen bessere Sicht zu haben. Doch als er die Kabinenhaube zurückschob, faßte der Fahrtwind die Brille und zerschmetterte sie an der Panzerplatte hinter seinem Kopf.

Die gesteigerten Leistungen der britischen Jäger – über tausend Einsätze an diesem Tag – hatten nur einen Teilerfolg. Biggin Hill fiel für eine Weile aus, die Vauxhall Automobilfabriken in Luton waren schwer getroffen (mit fünfzig Toten unter den Zivilisten), und fünfundzwanzig Jagdmaschinen waren verloren. Trotz des Verlustes von sechsunddreißig Flugzeugen bei der Luftwaffe bedeutete das für die Verteidigung Englands einen schweren Schlag, einen viel schwereren, als es der Luftwaffe klar wurde.

Als Hitler an diesem Nachmittag Jodl empfing, erklärte er ihm, daß die Voraussetzungen für ein Gelingen des Unternehmens »Seelöwe« noch nicht erfüllt seien, zumindest, wenn man nach den Fortschritten der Luftoffensive gegen England urteile. Er verschob darum seine Entscheidung über die Invasion bis zum 10. September. Doch wenn nichts geschähe, um die Luftoffensive zu verschärfen und mit der R.A.F. abzurechnen, würde es in diesem Jahr zu spät werden. Außerdem seien die Angriffe auf Berlin, wenn sie auch keinen großen Schaden verursachten, höchst ärgerlich.

Hitler war klar, wie darauf zu reagieren sei. Er sagte, von jetzt an gebe er die Erlaubnis zu weitgehenden Vergeltungsschlägen gegen London. Das Verbot, an dem er seit Ausbruch des Krieges festgehalten hatte, war aufgehoben, und das sollte weitreichende Folgen haben.

In der folgenden Nacht hörte der Führer die Detonationen der Bomben, die auf die Siemens-Elektrizitätswerke fielen. Es war der dritte Angriff der R.A.F. auf Berlin. Zur gleichen Stunde griff eine Luftwaffen-Formation, die doppelt so stark wie die der R.A.F. war, in der dritten von drei aufeinander folgenden Nächten Liverpool an. Jetzt war der Bombenkrieg nicht mehr aufzuhalten, und die daraus resultierenden Massaker unter den Zivilbevölkerungen begannen.

Hitler beurteilte den Luftkrieg nicht allzu rosig, denn Göring war nicht in der Lage – da er es selbst nicht wußte –, ihm zu sagen, daß die Schläge gegen England eine bedrohliche Wirkung erzielten. Hitler hielt sich an die bekanntgewordenen Ergebnisse, und die R.A.F. war noch immer einsatzfähig. Göring und sein Stab waren auf »Abschußzahlen« versessen. Der Verbindungsoffizier zum Heer beim OKL, Generalmajor Stapf, teilte die Statistik des OKL General Halder mit. Seit dem 8. August habe die R.A.F. 791 Jagdflugzeuge verloren (die wirkliche Zahl war 261). Die Luftwaffe habe 353 Bomber und Jäger verloren (die Ziffer des Generalquartiermeisters der Luftwaffe lautete beinahe 500). Beschönigte das OKL die Ergebnisse zum Gebrauch des Heeres? Durchaus möglich, denn es blähte auch die Effektivstärke an Bombern und Jägern um beinahe 50 Prozent auf. Wenige Tage später überbrachte Major von Falkenstein, der Mann des OKW bei der Luftwaffe, noch verblüffendere Zahlen: seit dem 8. August betrügen die Verluste der R.A.F. 1115 Jäger und Bomber, die der Luftwaffe 464. Achtzehn britische Flugplätze seien zerstört, sechsundzwanzig beschädigt. Schlußfolgerung: die britische Verteidigung durch Jäger sei ernstlich geschlagen.

Als erste machten sich am 31. August in Biggin Hill die Ingenieure und Arbeiter des Telegraphenamtes unter Führung von Inspektor »Jock« Thomson und seinem Vorarbeiter Amos »Mossy« Adams ans Werk. Nach einer halsbrecherischen Fahrt durch rabenschwarze Finsternis hatten sie Biggin Hill am Abend zuvor um 22 Uhr erreicht und den Rest der Nacht beim Kartenspiel in einem zugigen, von Ratten verseuchten Luftschutzkeller verbracht. Erst als es hell zu werden begann, merkten sie, daß die eine Hälfte durch Bomben zerstört worden war. Neben der meteorologischen Station kam aus einem mit Schlammwasser gefüllten riesigen Bombentrichter das Zischen ausströmenden Gases, und auf dem Wasser schwammen ein weicher Hut und zwei Kanister mit den Initialen der R.A.F., die einzige Spur der Wetterstation und ihrer Mannschaft.

Thomson und seine Leute nahmen zuerst im Trichter bei der Offiziersmesse das Hauptkabel in Angriff (74 Doppeldrähte). »Kümmern Sie sich nicht um die Warnsirenen im Norden und im Süden«, instruierte sie der Flugplatzkommandant, Oberst Grice. »Aber wenn Sie das Hornsignal hören, dann hauen Sie ab!«

Doch im Augenblick war es das ausströmende Gas, das den Männern am meisten Sorge machte. Höchstens eine halbe Stunde konnten sie es im Trichter aushalten, dann mußten sie hinauf, um frische Luft zu schöpfen.

Wie die 85. Staffel, wurde auch die 56. am Morgen des 31. August angewiesen, ständig innerhalb von dreißig Minuten einsatzbereit zu sein. Innes Westmacott erlaubte sich trotzdem den Luxus eines Bades. Dann würde er auf die Kammer gehen, um sich eine neue Schutzbrille geben zu lassen. So plant der Mensch... Mitten in seinem Bad wurde die 56. zur Startbereitschaft befohlen. Innes hatte nicht einmal Zeit, die Fliegerstiefel anzuziehen. Als er sich ins Cockpit fallen ließ, fühlte er sich wie nackt: ohne Schutzbrille, ohne Stiefel. Dann startete er nach Osten. Über der Blackwater-Mündung platzte die 56. in einen Verband von Dorniers. Eine davon trafen Innes' Kugeln; sie schmierte ab. Über die Schulter blickte er nach der Eskorte von Me 110, die angriffen. Noch Zeit für eine andere Dornier, dachte er. Doch eine Sekunde später flog sein Armaturenbrett in tausend Fetzen, und eine große Flamme schlug ihm ins Gesicht. Diesmal hat's mich erwischt, dachte er und stellte sich darauf ein. Doch plötzlich raffte er sich auf. Bei bereits offener Kabinenhaube war er im Nu draußen, seine Kleidung brannte. Er fiel in freiem Fall, bis er statt des Feuers kalte Luft spürte. Dann zog er die Reißleine seines Fallschirms. Die Glut hatte seine Lider verklebt, er war blind. Verzweifelt versuchte er sie aufzureißen, denn deutlich vernahm er das Pfeifen einer im Sturzflug herabkommenden Me 109. Die wird mich abknallen, dachte er, der sich noch nie so verängstigt und hilflos vorgekommen war. Doch die Schüsse, die er hörte, kamen nicht von einer Messerschmitt, sondern von den Brownings der Hurricanes des Feldwebels Robinson, der zur Rettung herabkam.

Schließlich gelang es ihm, seine verbrannten Lider zu öffnen. »Der Anblick war schon ziemlich übel«, erzählte er. Seine Hose war verbrannt, er sah die angesengte blaue Unterhose, und seine Beine waren ohne Haut und schmerzten entsetzlich. Außerdem trieb er auf einen dichten Wald zu – und schon beim Gedanken, wie die Äste sein offenliegendes Fleisch aufreißen würden, hatte er Lust zu schreien.

Aber er fiel in eine winzige Lichtung, ohne daß ein einziger Ast ihn berührt hatte. Er war noch zu benommen, um aufzustehen. Nicht einmal vom Fallschirm konnte er sich befreien. Er hörte Stimmen und das Knistern von Zweigen unter näherkommenden Schritten. Schießwütige *Home-Guards*, dachte er. Darum rief er und hörte die Antwort aus dem Wald: »In Ordnung, Kumpel! Wir kommen.« Der weiche, ländliche Akzent klang beruhigend.

Er stammte selbst aus Essex. Leute, die er sein Leben lang gekannt hatte, hatten ihn herabschweben sehen. Im Chelmsford Hospital trafen schon Freunde ein, ehe die Ärzte ihn verbunden hatten.

North Weald litt nicht allzusehr unter dem deutschen Luftangriff. Duxford wurde durch Tommy Thompson und seine in Debden stationierte 111. Staffel gerettet. Aber Debden wurde arg mitgenommen. Oberstleutnant Larry Fullergood, das Gesicht voll Seifenschaum, stand gerade vor dem Rasierspiegel, als die Einsatzleitstelle anrief. Drei Minuten später war er schon drüben, das Gesicht noch immer voll Schaum. Bomben hatten das Quartier des Personals zerstört, und Larry Fullergood räumte den sechzig obdachlosen Damen seine Villa ein.

Weiter im Norden landete der Vizeluftmarschall Leigh-Mallory in Coltishall und sprach mit Douglas Bader zwischen zwei Einsätzen über die Bildung von *wing*-Verbänden. Bader sollte das Kommando über die Gruppe mit der 242., der 310. (Hurricanes) und der 19. Staffel (Spitfires) übernehmen. Die 310. und 19. Staffel sollten den Kern der neuen Einheit bilden. Die Hurricanes würden von Duxford aus, die 19. Staffel der Spitfires vom Flugplatz Fowmere aus operieren. »Und bringen Sie das morgen schon in Ordnung«, sagte Leigh-Mallory.

In Kenley hatte Tom Gleave Bereitschaftsdienst und beobachtete, wie die Staffel zurückkam und einrollte. Ein paar Maschinen waren beschädigt, ein Pilot fehlte – Starr. In diesem Augenblick lag Starrs Leichnam schon in einer Kirche in Kent. Eine Kugel hatte sein Herz durchschlagen. Doch erst als er aus einer kampfunfähigen Maschine ausgestiegen war. Starr starb auf die Weise, über die er sich stets empört hatte – von einem deutschen Jäger kaltblütig abgeknallt, als er am Fallschirm hing. Wut und Abscheu beherrschten die Staffel. »Noch nie habe ich eine solche kollektive Wut erlebt«, sagte Tom Gleave, der zum zweitenmal nun die 253. Staffel übernahm.

Es war Mittag. Während des Vormittags hatte in Biggin Hill dreimal das Horn Alarm geblasen. »Jock« Thomson und seine Leute hatten ihre Arbeit beendet. Biggin wurde wieder in Betrieb genommen. Über Arras waren die Dorniers von Oberst Finks KG. 2 aufgestiegen und nahmen Kurs auf Dungeness. Dort teilten sie sich in zwei Pulks, einer flog Hornchurch an, der andere Biggin Hill.

Tom Gleave ließ Bill Wedgewood mit zwei Ketten in Bereitschaft, während er selbst und die übrigen von der Staffel rasch einen Imbiß nehmen wollten. Doch abermals kam der Einsatzbefehl dazwischen: »253. sofort starten!« dröhnten die Lautsprecher. Gleave fing an zu rennen. Sein Mechaniker hatte den Motor schon angeworfen, und kurz darauf startete er, hinter ihm die beiden Ketten und Bill Wedgewood. Eine Stimme im Kopfhörer warnte: »Vorsicht vor Banditen aus Südost!«
Der westliche Pulk des KG. 2 näherte sich Biggin Hill.
Der andere Pulk des KG. 2 traf schon über Hornchurch ein. Die 54. Staffel war bereits am Start, wurde jedoch zurückgerufen. Zurück an den weit verstreuten Standplätzen, hatten die Piloten kaum

das Gas weggenommen, als ein Offizier vom Dienst ihnen mit ausladenden Gesten winkte, daß sie in größter Eile doch starten sollten. Einige von ihnen, die ihre warmen Motoren absaufen ließen, hatten Mühe hochzukommen.

Al Deere hatte den Eindruck, daß die Stimme des Einsatzoffiziers »Feind in Nähe«, hysterisch klang, doch er verstand ihn gut. Richard Hillary dagegen, der, ohne sich zu beeilen, zu seinem abgelegenen Abstellplatz rollte, hörte die Stimme des Einsatzoffiziers »völlig ruhig« den Anflug eines feindlichen Verbandes melden. Er hob den Kopf und sah »ein Dutzend Brummer, die in der Sonne funkelten«.

Neun Spitfires zogen das Fahrgestell ein, als Al Deere an der Spitze der roten Kette, die als letzte abhob, in den Wind drehte. Er gab Vollgas und raste über die Piste, hinter ihm Feldwebel Davies (Rot 2) und Leutnant Eric Edsall (Rot 3). In diesem Augenblick hörte Richard Hillary das lauter werdende Pfeifen der ersten Bomben. »Aus dem Augenwinkel sah ich die Spitfires, die kaum sechs Meter über dem Boden waren. In der nächsten Sekunde wurde die erste wie von einem Katapult davongeschleudert, die Maschine an der Spitze fiel auf den Rücken, Nr. 2 knickte eine Tragfläche ein, während die linke Maschine ohne Tragflächen ins nächste Feld geworfen wurde.« Hillary dachte bei sich: »Das ist bestimmt der kürzeste Flug, den eine Spit je unternommen hat.«

Ein furchtbarer Luftdruck, dem prasselnde Erde folgte, traf Al Deere ins Gesicht. Es war ihm undeutlich bewußt, daß er sich mit dem Kopf in den Boden wühlte. Steine und Dreck flogen ihm in die Augen, und Steine rissen ihm den Fliegerhelm vom Kopf. Doch wunderbarerweise war er noch am Leben. Ebenso überlebten auch Edsall und Davies.

Die 85. Staffel in Croydon entging dem gleichen Schicksal nur um Haaresbreite. Wir hatten uns gerade zu Tisch gesetzt. Um 13 Uhr sollten wir die Bereitschaft übernehmen. Da holte man mich ans Telefon. Es war der Einsatzoffizier von Kenley.

»Bleiben Sie auf den Füßen! Wahrscheinlich brauchen wir Sie ganz schnell.«

»Auf, Jungens, kommt mit!«

Ich kam mir vor wie ein Western-Sheriff. In wenigen Minuten kletterten wir schon in unsere Hurricanes, die Motoren liefen. Ungeduldig rief ich Kenley an: »Himmelherrgott, sollen wir nicht starten?«

»Warten Sie noch ein Weilchen, alter Junge!« antwortete die Stimme gleichgültig.

Dann blickte ich mich nach meiner Staffel um, die schon Aufstellung genommen hatte. Unwillkürlich bewunderte ich unsere Hurricanes; sie zerrten an ihren Bremsklötzen, die gierigen langen Nasen schon himmelwärts gehoben, und die wirbelnden Luftschrauben glänzten im Sonnenschein. Alle meine Piloten blickten auf mich und warteten auf das Signal. Endlich kam es.

»Los! Starten!« hörte ich Kenley.

Und schon waren wir fort, im wütenden Aufbrüllen von 12 000 Pferdestärken. Es war das letztemal, daß ich meine Staffel bei Tag in den Kampf führte.

Die Bomben fielen bereits. Ich hatte gerade den Hebel zum Einziehen des Fahrgestells bewegt, als mein Motor zu stottern begann, aussetzte und dann weiterlief. Der Luftdruck der Explosion hatte den Motor getroffen wie ein Faustschlag auf die Lunge. Als ich mich umwandte, sah ich die übrige Staffel aus einem riesigen Geysir aus Rauch und Trümmern auftauchen. Dann blickte ich hinauf: hoch oben kurvten die Me 110 im Blau, darüber schwärmten Me 109. Ich hätte geschworen, daß die Bomben von ihnen kamen. Manche behaupten aber, ein Dutzend Dorniers hätten im Tiefflug angegriffen. Ich sah jedenfalls keine Dorniers. Ich war vor Wut auf die Me 110 wie verrückt.

»Los! Auf sie! Doch behaltet die Me 109 im Auge!« rief ich, und die wilde Jagd begann.

Irgendwo über uns schlugen sich Tom Gleave und seine sieben Hurricanes mit den Dorniers des KG. 2 herum. Genau wie wir, waren sie zu spät losgeschickt worden. Als er von unten her angriff, hörte Tom Gleave einen metallischen Schlag an seiner rechten Tragfläche. Eine lange Flamme züngelte auf, leckte um die Kanzel und hüllte ihn ein. Es war, als ob eine riesige Lötlampe plötzlich die Kabine erhitze. Er versuchte tastend, in der Glut sein Funkgerät und seine Sauerstoffbehälter auszukuppeln. Vergeblich. Auf seinen Händen und Handgelenken hob sich die Haut und bildete scheußliche weiße Blasen. Seine Kleider brannten, die Flammen grillten seine Beine. Tom Gleave verbrannte bei lebendigem Leib, aber er fühlte keine großen Schmerzen. Wie Mick Mannock im vorangegangenen Krieg, hatte er für eine solche Gelegenheit stets einen Revolver bei sich, und in diesem Augenblick wollte er ihn auch benützen. Doch nein – erst noch etwas anderes versuchen. Er schnallte sich los und versuchte auszusteigen. Der Sauerstoffschlauch und der Draht des Funkgerätes behinderten ihn aber weiterhin. Irgendwie streifte er den Helm ab und öffnete die Haube. Blendende Helle, und Gleave wurde wie ein Geschoß aus dem Cockpit geschleudert. Als er hinabwirbelte, gelang es ihm schließlich, mit seinen von Blasen bedeckten Fingern die Reißleine des Fallschirms zu fassen und zu ziehen.

Er kam hart auf dem Boden auf, er setzte sich und betrachtete seinen wunden Körper. Die Haut an den Beinen war wie von innen aufgeblasen und umgab sie wie mit einer weiten, grotesken Golfhose; Handgelenke und Hände steckten wie in hängenden Säcken. Sehen konnte er nur durch zwei winzige Schlitze in dem verquollenen Fleisch. Schwankend schleppte er sich bis an den Rand des Feldes, von wo ein Kuhhirte ihm half, zur Mace Farm zu gehen. Dort brachte ihn eine Mrs. Wilson rasch in ein sauber bezogenes Bett. Er protestierte. »Ich werde es schmutzig machen.« Mrs. Wilson wollte davon nichts hören, doch sie schickte ihren Sohn Alex in den Luftschutzkeller. Tom Gleave war kein Anblick für einen neunjährigen Jungen.

Mit Vollgas über Croydon steigend, sah ich im Süden scheußlich schwarze Rauchpilze. Biggin Hill hatte es abermals erwischt. Vom Operationsraum Jock Thomsons und seiner Leute blieb nichts mehr übrig. Als die Bomben fielen, rannten sie alle in den Wald. Beim Kriechen unter einem Stacheldraht wurde Jock Thomson der Hosenboden aufgerissen. Die meisten liefen hinter Mossy Adams her, weil er als Glückspilz galt. Den Kopf zwischen den Armen, hinter einen dicken Baum geduckt, hörten sie die Mädchen beim Bombengetöse tapfer singen. Um Sid Sharvill zu zitieren: »Es war wie die Hölle auf Erden«.

Unnachsichtig holte ich im Steigflug aus meiner Hurricane alles heraus, was sie hergab. Rasch kam ich den Me 110 näher. Die Staffel flog irgendwo hinter mir her; das genügte. Ich dachte nicht weiter an sie. Nur daran: »Gib es den unverschämten Schurken«, die uns beim Essen gestört, unseren Flugplatz verwüstet hatten und in unseren Luftraum eingedrungen waren. Als sie uns kommen sahen, bildeten sie einen Abwehrkreis. Macht nichts, dachte ich, flieg nur mitten zwischen sie hinein. Ich hatte die Kabinenhaube aufgeschoben, um die Me 109 besser beobachten zu können. Sie kamen schon herab, und ein heftiger Kampf begann, bei dem mir ein unbestimmtes Vorgefühl sagte, daß er für mich nicht gut ausgehen werde. Schwärme von Leuchtspurgeschossen, kurv nach links! Andere leuchtende Schwärme, kurv nach rechts! Dann kam eine Me 109 unter mir vorbei, bog nach links und stieg. Meine liebste Schußposition. Die Me 109 schwankte, spie schwarzen und weißen Qualm, überrollte sich. Mehr zu sehen, war keine Zeit.

Weitere Me 109 kamen, doch jetzt hatte ich mir eine Me 110 vorgenommen. Allerdings mußte ich erst eine Me 109 aus dem Weg räumen. Ich schoß, sie verschwand, das war alles. Noch eine gerade unter mir – so dicht, daß ich den Piloten sehen konnte. Doch dahinter folgte eine Me 110 mit bedrohlich zielenden MGs. Ich zielte so intensiv auf die Me 109 unter mir, daß ich gar nicht merkte, wie die Me 110 mich im Visier hatte.

Mein Daumen lag auf dem Abdrückknopf, doch ich schoß nicht. Ein Hagel prasselte auf meine Hurricane, mein linker Fuß wurde vom Seitensteuer gerissen, Benzin ergoß sich ins Cockpit. Der Schock war so erschreckend, daß ich für ein paar Sekunden die Kontrolle über die Maschine verlor, die abzustürzen begann. »Verdammt...« hörte ich mich ganz leise sagen, als ob ich ein wenig Tee auf den Teppich im Salon verschüttet hätte. Rechts von mir sauste eine Hurricane senkrecht hinab und zog eine lange schwarze Rauchschleppe hinter sich her.

Ich fing mich wieder. Durch irgendein Wunder hatte meine Hurricane nicht Feuer gefangen. Ich saß da im blauen Pullover mit aufgerollten Ärmeln und war von den furchtbaren Qualen verschont geblieben, mit denen Tom Gleave auf dem makellosen Leinen bei Mrs. Wilson lag, bis zur Unkenntlichkeit verbrannt. Meine Windschutzscheibe war mit Geschossen gespickt – ein Glück, daß Dowding darauf bestanden hatte, wir müßten mindestens ebenso geschützt sein wie die Gangster von Chicago.

Doch ich mußte noch landen. Die dichtbewaldete Gegend unter mir bot dazu keine Möglichkeit. Ich sprang daher ab und sah meine arme Hurricane hinuntertrudeln und zwischen den Bäumen explodieren. Dann stieg ein Haus zu mir herauf, zwei Mädchen standen auf der Schwelle der Hintertür und sahen mich herabkommen. Etwa hundert Meter über ihren Köpfen schaukelnd, rief ich ihnen ziemlich albern zu: »Hallo! Würde es Ihnen was ausmachen, mir ein bißchen behilflich zu sein, wenn ich herabkomme?«

Ich wurde hin und her geschüttelt, auch hatte ich irgend etwas an meinem Fuß und mußte zwischen die Bäume fallen. Aber ich hatte das gleiche Glück wie Innes Westmacott. Ein Gehölz von alten Eichen knapp um ein paar Meter vermeidend, rollte ich schwer über einen elastischen Teppich ganz junger Fichten. Nach dem tödlichen Kampf kam ich mir ganz dumm vor, wie ich da mitten im Wald auf meinem Hintern saß, mit einem großen Loch im Schuh. Mein Fuß sah gar nicht gut aus. Ich steckte mir also eine Zigarette an und wartete.

Aus dem Dickicht trat ein Mann mit einer Flinte. Er zielte auf meinen Kopf. Von der anderen Seite kam ein Polizist angerannt. »Ihr Name und Wohnort?« brüllte er mich an, als habe er mich beim Überschreiten der Höchstgeschwindigkeit ertappt.

Zum Überschreiten der Höchstgeschwindigkeit kam es erst etwas später, als Mr. Sauter mich in halsbrecherischer Fahrt über die Waldschneisen von Kent nach Hawkhurst fuhr. Der Kampf von vorhin war gar nichts gegen die Angst, die mir seine Fahrkunst einflößte. Er lieferte mich im Krankenhaus von Hawkhurst ab, wo ein Arzt meinen Fuß untersuchte.

»Ich könnte es Ihnen ja zunähen. Aber es wäre dumm, wenn was drinstecke.«

Davon war ich überzeugt. Es begann höllisch weh zu tun. Außerdem war ich halbtot vor Hunger, da die verflixten Messerschmitt-Jäger mich am Mittagessen gehindert hatten. Man brachte mir einen prächtigen Teller Rühreier. Dann ließ man mich zu Bett gehen, und Admiral Harper, ein Held aus der Skagerakschlacht, besuchte mich und hatte mich bald davon überzeugt, daß sein Kampf sehr viel gefährlicher gewesen sei als der meine.

»Nichts als ein Streifschuß!« sagte er mit einem Blick auf meinen Fuß, was aber den schlimmen Schmerz nicht stillte.

Die Tradition verlangte, daß ich in die »Royal Oak« geführt wurde, wo wir unsere Krüge auf die Vernichtung unserer Feinde hoben. Pyers Worrall kam herein. Er war von hinten abgeschossen worden und hatte im Schenkel ein paar Splitter stecken. Auch ein kleiner pausbäckiger Australier kam in seiner dunkelblauen R.A.F.-Uniform. »Bill Millington«, stellte er sich vor. Auch er bekam einen Krug in die Hand. Er hatte sein Heim in Sydney vor mehr als einem Jahr verlassen, nur um diese Schlacht mit auszufechten. Seiner Schwester Eileen schrieb er von diesem 31. August als »einem ziemlich epischen Tag. Die Stimmung sei so hoch wie die Schwänze unserer Maschinen«. An diesem Morgen war Bill abgeschossen worden und hatte bei Folkestone eine Bruchlandung gebaut. Ein Polizeiauto hatte ihn mittags nach Biggin Hill gebracht, gerade rechtzeitig zu einem neuen Flug, bei dem er eine von den Dorniers des KG. 2 hinabgeschickt hatte, ehe er selbst abermals abgeschossen worden war.

Ein Bedford-Lkw holte uns ab. Als ein Polizist mir meinen Fallschirm übergab, sagte er: »Ich hoffe, es macht Ihnen nichts aus, wir hatten ihn für die Spitfire-Sammlung ausgestellt. Es hat ganz schön was eingebracht.«

Um unseren Lastwagen stand eine kleine Menge herum, nette Leute, voll menschlicher Wärme und Gutmütigkeit. Sie wollten von uns Autogramme haben, und wir fühlten uns wie Champions der Ortsmannschaft. Eine zierliche, altmodisch gekleidete Lady warf mir ihren grauen Handschuh zu.

»Ich hab' kein Papier dabei, signieren Sie ihn doch bitte für meinen Enkel!«

Dann fuhr der Lkw los, und die Leute riefen: »Vorwärts, die R.A.F.!« Es war wirklich ihr Krieg so gut wie der unsere. Unser Chauffeur war totenbleich und trug eine rote Perücke. Pyers, Bill Millington und ich lagen auf der Pritsche des Lastwagens, hatten uns in unsere Fallschirme gewickelt und klapperten vor Fieber mit den Zähnen. Die Wunden schmerzten mehr und mehr. Durch die Rückscheibe des Fahrerhauses sah ich die auf und ab tanzende rote Perücke.

Um 22 Uhr legte man mich auf den Operationstisch im Allgemeinen Krankenhaus von Croydon. Der Chirurg, Mr. Brayn-Nicholls, beugte sich über mich.

»Wir werden versuchen, die Zehe zu retten.«

Ich bekam die Maske aufs Gesicht, und die Alarmsirenen verloren sich im schwindenden Bewußtsein. Die Schlacht um England war für mich zu Ende.

Die 85. Staffel leistete noch einige Tage Widerstand. Zwei Rottenführer waren gefallen, ich selbst verwundet, und Patrick Woods-

Scaven übernahm das Kommando. Noch am selben Abend führte er bei Sonnenuntergang neun Hurricanes gegen einen Pulk Me 109 und schickte vier von ihnen hinab.

Die erste Gruppe des JG. 3 unter Führung von Hauptmann Keller flog mit Westkurs über der Themsemündung. Als am Nachmittag der Startbefehl gekommen war, hatten sie nur siebzehn Me 109 statt der üblichen vierzig zusammenbringen können. Die 1. Staffel von Hauptmann Rau hatte nur vier stellen können. Im Augenblick war Hauptmann Rau ärgerlich: der Verband flog genau auf die untergehende Sonne zu, und er war völlig geblendet. Sein Flügelmann, Oberleutnant Loidolt, war zwar da, aber Leutnant Binder und Feldwebel Vollmer waren im Dunst verschwunden.
Plötzlich rief Keller ins Mikro:
»Achtung! Jäger in der Sonne!«
In der nächsten Sekunde war er in eine wütende Schießerei verwickelt. Loidolt stürzte brennend ab, während Rau ein paar laut dröhnende Treffer erhielt. Ein Wort ging ihm durch den Sinn, ein Wort, das Göring verboten hatte: »Verreisen« (zurück nach Hause). Als er seine Me 109 nach einem Sturzflug auffangen wollte, reagierte der Motor nicht mehr. Um abzuspringen, war er schon zu tief. Er flog im Gleitflug auf das Ufer zu. Es war Ebbe; es gelang ihm mit knapper Not, seine Me 109 über eine Mole springen zu lassen, so tief, daß er ein Schild lesen konnte: »No trespassing« (Durchgang verboten). Dann fiel die Maschine »wie ein Klavier vom vierten Stock herab« in den Schlamm. Die Home Guard erwartete ihn schon.
Nicht weit davon war Hodgson, nachdem er eine Me 109 in Brand geschossen hatte, vom Geschoß einer anderen getroffen worden. Er war schon halb aus dem Cockpit geklettert, als er unter sich die Öltanks von Thameshaven erkannte. Sofort kletterte er wieder zurück und konnte sich gerade noch über eine Menge Küstenbefestigungen hinwegheben, um in einer Wiese bei Essex zu landen.

Sowohl die R.A.F. wie die Luftwaffe waren am Ende ihrer Kraft. »Nur ganz wenige von uns waren nicht im Kanal baden gegangen«, schrieb Oberleutnant von Hahn, den eine Erkrankung daran gehindert hatte, an diesem Tag die 1. Gruppe der JG. 3 zu führen. Und Leutnant Helmuth Ostermann sagte: »Die Englandflüge hatten uns vollkommen fertig gemacht.« Und doch war diese Massierung von Bombern und Jägern drauf und dran, die englische Jagdwaffe zu schlagen.

Achtzehn Tage waren seit dem »Adlertag« verstrichen. Die Schlacht hatte von Tag zu Tag an Heftigkeit zugenommen, seit die Deutschen auf die abwegigen Masseneinsätze in breiter Front verzichtet hatten, um ihre Angriffe unaufhörlich auf die Londoner Umgebung, die 11. Gruppe, zu konzentrieren.

Während der achtundvierzig Stunden des 15. und 16. August mit der phantastischen Zahl von 3 500 Anflügen der Luftwaffe zwischen der Tyne und Portland hatte die R.A.F. mit 1 750 Starts der Jagdwaffe geantwortet und dem Feind seine schwersten Verluste beigebracht: 120 Maschinen gegenüber 55 auf englischer Seite. Der 18. August war ein Tag erbitterten Nahkampfs gewesen: nur 950 Anflüge der Luftwaffe gegenüber 760 Starts der englischen Jagdflieger. Doch er hatte die Deutschen 71 Maschinen gekostet gegen nur 19 abgeschossene Jäger auf britischer Seite. Während des 30. und 31. August machte die Luftwaffe die äußerste Anstrengung gegen die Flugplätze rund um London und bestürmte sie mit beinahe 2 800 Anflügen. Nie während der ganzen Schlacht hatte die englische Jagdwaffe von ihren Piloten soviel verlangt, wie an diesen zwei weißglühenden Tagen. Und nie hatte sie größere Verluste: 2 020 Starts, 65 verlorene Maschinen. Der 31. August, an dem wir 39 Jagdmaschinen einbüßten, war der schwärzeste Tag von allen. Die Opfer an Menschen (115 Piloten in einer Woche gefallen oder verwundet) waren katastrophal – beinahe das Doppelte vom Ausstoß der Jagdfliegerschulen. Und die Situation war noch schlimmer als sie aussah: gefallene und verwundete Piloten mit Kampferfahrung mußten durch junge, unerfahrene ersetzt werden. Die Situation begann höchst prekär zu werden, und der Kampf ging unvermindert weiter.

Unsere Stärke wurde auch von innen sabotiert. Am Morgen des 1. September schoß Feldwebel Geoff Goodman von der 85. Staffel mit nur vier funktionierenden MGs eine Me 109 ab; die Luftkühlung der anderen MGs waren mit Streichhölzern blockiert, Sabotage durch Leute im Depot, die mit den Deutschen sympathisierten.

Kurz vor 14 Uhr leitete Patrick Woods-Scaven seinen letzten Einsatz. Die 85. wurde vom Pech verfolgt. Feldwebel Booth, ein ruhiger, großer junger Mann, sprang brennend mit dem Fallschirm ab und starb Monate später nach schrecklichen Qualen. Was aus Ellis geworden ist, dem kleinen Kampfhahn, der über seinen Familiennamen *Mort-i-mer* spöttelte, weiß niemand; vielleicht ahnte er im voraus, welcher Tod ihm bestimmt war. Gus Gowers, der Unwiderstehliche, für den das Leben nur ein gewaltiger Spaß war, wurde verwundet und erlitt schreckliche Verbrennungen; man legte ihn aus Platzmangel in eine Psychiatrische Anstalt in Caterham, und trotz seines Martyriums mußte er lachen, wenn er dachte, daß er, was ihm nie in den Sinn gekommen wäre, in einem Irrenhaus landen werde.

Patrick mit den ewig lachenden Augen war der erste der Familie Woods-Scaven, der in diesem Krieg fiel. Einen Tag später war sein Bruder an der Reihe, »Wombat«, wie er genannt wurde; er war so kurzsichtig, daß er sich bei Feldwebel Parker entschuldigte, weil er so oft beharkt und abgeschossen wurde: »Ich sehe fast gar nichts. Aber bitte kein Wort davon! Sonst ist man imstande, mich zum Operationsstab zu versetzen.«

Der 1. September war ein schwerer Tag für die englische Jagdfliegerei. Zwei Angriffe zertrümmerten Biggin Hill. Feldwebel Helen Turner und Unteroffizier Elspeth Henderson hielten in der Telefonvermittlung aus, während der Operationsraum um sie zusammenstürzte. In der völligen Finsternis kroch ein anderes Mädchen zwischen den Trümmern umher, um seine Strickjacke zu suchen. Oberst Grice wollte nicht fort, ehe er nicht seine Pfeife gefunden hatte. Die englischen Jäger verloren an diesem Tag 15 Maschinen; die Luftwaffe nur 14. Am 2. September, dem Tag, an dem »Wombat« fiel, war die Luftwaffe, obwohl sie 35 Flugzeuge verlor, wieder im Vorteil: 31 englische Jäger wurden abgeschossen (die Deutschen glaubten 88). Biggin Hill, North Weald und Debden schwer getroffen, Detling und Eastchurch völlig ausgeschaltet, doch das war reine Verschwendung, beide Flugplätze gehörten zum Küstenkommando. Am Morgen des 2. September wurde die 85. nach Debden verlegt, und die 111. kehrte mit großen Lücken in ihrem Personalbestand wieder nach Croydon zurück. Dowding meldete: »Unsere Verluste sind so schwer geworden, daß die neuen Staffeln zusammenschmelzen, ehe die in Ruhestellung liegenden sie wieder ablösen können.« Auf deutscher Seite hatte man den Eindruck, daß die britische Jagdverteidigung zusammenbreche. Auf der anderen Seite des Wassers gehe nun nichts mehr vor sich, schrieb der Kommandeur des ZG. 76, Walter Grabmann, in einer Meldung. Und Jafü 2, Theo Osterkamp, war überzeugt, daß die unbedingte Jagdüberlegenheit bereits errungen sei. Das war nicht ganz die Ansicht der deutschen Bombergeschwader. Ihre Verluste waren alarmierend, doch sie fuhren fort, unaufhörlich den Schutzschirm Londons, die Jagdfliegerplätze rund um die Metropole, anzugreifen. Am 3. September wurde North Weald schwer getroffen. Trotz Konzentration des Begleitschutzes wurden allerdings andere Bomberverbände auseinandergetrieben. In einem erbitterten Jäger-gegen-Jäger-Kampf rettete die 310. tschechische Staffel Duxford. 16 Maschinen gingen auf jeder Seite verloren. Eine Verlustdifferenz gab es nicht mehr.

Das deutsche Oberkommando war immer noch der Ansicht, die Invasion sollte der Gnadenstoß sein. Doch erst sollte die Luftwaffe Großbritannien auf die Knie zwingen, und zwar schnellstens. Die Kriegsmarine war nicht untätig: am 24. August war der entscheidende Befehl ergangen, vom 1. September an die Invasionsflotte bereitzuhalten. Die 16. Armee registrierte die ersten Lastkähne in Gent am 27. August. Am 31. August meldete die Aufklärungsstaffel von Oberstleutnant Geoffry Tuttle dem britischen Oberkommando, daß Schiffe zusammengezogen wurden. Hellblau angemalte Spitfires, die man um ihre MGs erleichtert hatte, hatten aus großer Höhe in Ostende achtzehn Spezialboote fotografiert. Am 1. September zeigten andere Fotos, daß sich ganze Züge von diesen Booten auf den belgischen Kanälen dem Meer näherten. Am 2. September hatte die Ansammlung in Ostende sich bereits auf 70 vermehrt.
Doch die Kriegsmarine erinnerte abermals an ihre schlimmsten Befürchtungen: Wie der Feind seine Küsten ständig verteidige, wie er Bomber auf die Einschiffungshäfen von »Seelöwe« konzentriere, wie aktiv seine Küstenaufklärung sei, alles ließ darauf schließen, daß er auf eine unmittelbar bevorstehende Landung gefaßt sei, während die englischen Bomber operativ noch ungeschwächt seien. Allerdings warf das britische Bomberkommando, nach monatelangen Nadelstichen gegen das Ruhrgebiet, nun sein ganzes Gewicht in die Verteidigung Englands. Während die Jäger die Sicherheit der »Basis Großbritannien« garantierten, flogen Bomber ihre Störangriffe gegen die Invasionsvorbereitungen.

Am 3. September waren 1 910 Lastkähne, 1 600 Begleitschiffe, 419 Schlepper und 168 Truppentransporter zusammengezogen, und das OKW gab einen Geheimbefehl heraus, daß das früheste Datum für das Auslaufen der Invasionsflotte auf den 20. September festgesetzt worden sei. Ausschiffung am 21. September. Der Angriffsbefehl werde zehn Tage vor dem Tag D, wahrscheinlich am 11. September gegeben werden. Die Luftwaffe hatte nicht mehr viel Zeit zu verlieren. Am 3. hielt Göring in Den Haag mit seinen Kommandeuren eine Besprechung ab. Auch »Beppo« Schmid war zugegen. Die Lage war nicht mehr so rosig wie an jenem Tag vor einem Monat, als Göring erklärt hatte, der Führer habe ihm den Befehl gegeben, England mit seiner Luftwaffe zu zerschmettern. Damals hatte er mit einem Vier-Tage-Krieg gerechnet. Daraus waren nun schon vier Wochen geworden, und England lag noch immer nicht am Boden. Blieb eine letzte Hoffnung: London zu bombardieren. Göring war ganz und gar dafür. Paul Deichmann vom Fliegerkorps II hatte von Anfang an dazu geraten. Ganz gewiß würden die Briten ihre gesamten Jäger für die Verteidigung Londons einsetzen; die Me 109 würden den Himmel ein für allemal reinfegen. Dann könnten die Bombergeschwader ohne Jagdschutz operieren. Deichmann rechnete aber nicht mit Dowding und dessen Weigerung, die Jagdfliegerverbände um London zu konzentrieren und dabei den Rest des Landes zu entblößen. Und Hitlers Verbot, London zu bombardieren, hatte den Plan ebenfalls verhindert. Doch da es jetzt zurückgezogen war, drängte Kesselring auf einen Großangriff gegen London. Nicht nur sei es ein gutes Ziel, sondern auch die Kampfmoral der Briten würde zusammenbrechen, dachte der »lächelnde Albert«, der ebenso Warschau und Rotterdam bis zur Übergabe zerbombt hatte. Die brennende Frage war: Konnten die Bomber sich London ohne allzu große Risiken vornehmen? Kein Problem, versicherte Kesselring, die englische Jagdwaffe sei beinahe schon zerschlagen. Aber Sperrle war anderer Ansicht; die Briten mußten noch 1000 Jagdflugzeuge besitzen (750 kamen der Wirklichkeit näher), die über ganz Großbritannien verteilt seien. Fahren wir fort, die Flugplätze zu zerstören, predigte Sperrle.

»Am Boden werden wir ihre Jäger nie und nimmer ausschalten«, argumentierte Kesselring. Wäre »Beppo« Schmid ein besserer Nachrichtenoffizier gewesen, dann hätte er den General aufklären können, daß man vor allem mit dem Luftüberwachungssystem rechnen müsse, und das war fast schon zerschlagen. Doch »Beppo« wußte nichts von den zerbombten Telefonleitungen, Elektrizitätskabeln, Operationsräumen und von der Verlegenheit, in die das die britischen Jäger gebracht hatte. Seine Vorgesetzten wußten es ebenso wenig. »Wenn wir die Flugplätze südlich von London zerstören, bleibt den Engländern immer noch der Ausweg, nach Norden auszuweichen, wo sie außer Reichweite unserer Bomber sind.«

Auch da wieder machten die Deutschen ihre Rechnung ohne Dowding. »Es war eine Idee, die mir ständig bewußt war«, sagte er später, »doch ich hatte blindes Vertrauen, daß wir im Süden durchhalten könnten. Wenn ich Staffeln nördlich von London verlegt hätte, wäre es äußerst schwierig gewesen, sie ohne Radarsystem überm Kanal zum Einsatz zu bringen. Da die Jäger bei Vollgas auch nur 55 Minuten in der Luft bleiben konnten, hätten sich daraus, ebenso wie aus der Bodenkontrolle, weitere Probleme ergeben.« Kesselring beurteilte die Situation falsch. Er war Soldat, aber kein Luftwaffen-Stratege.

Sperrle schlug vor, bei Tag die Flugplätze und bei Nacht die Hafenanlagen von London zu bombardieren. Doch Kesselring wollte davon nichts wissen, und er behielt an diesem Tag die Oberhand. Neues Ziel: London.

An diesem Morgen fischte das Margate-Rettungsschiff einen jungen britischen Piloten, der furchtbar verbrannt war und vor Schmerz wirres Zeug redete, aus dem Wasser: Richard Hillary. Sein Ahne, Sir William Hillary, hatte 110 Jahre früher den Dienst der Rettungsboote gegründet.

Da an den Plänen für den »Zielwechsel« eifrig gearbeitet wurde, brauchte Hitler sie nur noch auszuschlachten. Das tat er am Nachmittag des 4. September bei der Eröffnung des »Winterhilfswerks« im Berliner Sportpalast vor einer Menge hysterischer Weiber. Der Sarkasmus war plump, die Technik wohlbewährt: Vorwürfe auf die Engländer häufen, die Deutschen zur Rache anspornen. (Doch bereits im August hatte die Luftwaffe über 1000 britische Zivilisten getötet.) Nach den üblichen Ausfällen gegen Churchill kam Hitler auf die Frage, die sich jeder stellte: Wann fände die Invasion in England statt? England werde zusammenbrechen, schrie er. »Und wenn man in England heute sehr neugierig ist und fragt: ,Ja, warum kommt er denn nicht?' Beruhigt euch, er kommt! Beruhigt euch, er kommt!«

Und die Luftangriffe der R.A.F.? Nacht für Nacht schlage man jetzt zurück, und mit wachsender Stärke. »Wir werden ihre Städte ausradieren!« Frenetischer Beifall der Frauen. Hitler schloß seine Rede damit, daß einer von beiden untergehen werde, doch es werde nicht das nationalsozialistische Deutschland sein.

Ciano, der die Rede in Rom im Radio mithörte, dachte: »Hitler muß nervös sein.«

Am nächsten Tag befahl Hitler den »Angriff auf die Wohnviertel und die Luftverteidigung der englischen Städte, einschließlich Londons«. In Deutschland wartete man stündlich auf die Invasion der Insel. In der Dohlerstraße Nr. 43 in Rheydt hoffte man auf die Rückkehr Karl Missys. Und in einem Lazarett in Woolwich, höchstens zwanzig Kilometer von dem Lazarett entfernt, in dem ich lag, dachte Karl Missy, als er die Bomben immer näher fallen hörte: Da kommen meine lieben Kameraden! Verwundete Luftwaffenleute, die ständig bei uns eintrafen, erzählten mir das gleiche: »Für lange sind wir nicht hier! Die Invasion steht unmittelbar bevor.«

5

Am 5. September waren die Schäden auf den Flugplätzen der 11. Gruppe so erheblich, daß sie, wie Park berichtete, »weitgehend die Verteidigungskraft unserer Jagdstaffeln verminderten. Die Zerstörung zahlreicher Telefonleitungen ... die Verwendung von Not-Operationsräumen ... und eine beinahe vollständige Desorganisation des Verteidigungssystems erschwerten ganz beträchtlich die Führung unserer Jagdstaffeln ... Hätte der Feind seine schweren Angriffe gegen Biggin Hill und andere anschließende Abschnitte fortgesetzt, dann wäre die Verteidigung Londons durch die Jagdwaffe gefährdet gewesen.« Später würde Park bittere Anklage erheben: »Dadurch, daß die 12. Gruppe es ständig abgelehnt hat, meinen Abschnittsflugplätzen Jagdschutz zu geben, hat sie unseren Sieg in dieser kritischen Schlacht ernstlich aufs Spiel gesetzt.«

Am 4. September hatte ein tieffliegendes Dutzend Ju 88 die Vikkerswerke in Brooklands zerstört, dabei 100 Zivilisten getötet und die Produktion von Wellington-Bombern unterbunden. Am 5. September gab Park neue Instruktionen heraus: »Da die feindlichen Angriffe auf unsere Jagdflugplätze in den letzten drei Wochen die Verteidigung durch Jäger nicht *sichtlich* beeinträchtigt haben, richtet er jetzt seine Hauptangriffe gegen Flugzeugfabriken.« Intuitiv ahnte der Chef der 11. Gruppe den Zielwechsel im voraus, konnte allerdings die ganze Tragweite nicht erkennen.

Er befahl Sondereinsätze zum Schutz der drei Hawker-Werke, die die Hurricanes herstellten und genau westlich von London lagen, und die Supermarine-Werke in Southampton. »Die Werkhallen von Southampton sind für die R.A.F. lebenswichtig.« Von dort stammten die Spitfires.

Der Hauptangriff, ermahnte er seine Einsatzoffiziere, »muß zwischen der Küste und der Linie unserer Abschnittsflugplätze maximalen Widerstand finden. Wann immer die Zeit es erlaubt, müssen die Staffeln paarweise angreifen«, wobei die Spitfires sich gegen die feindlichen Jäger, die Hurricanes gegen die Bomber wenden sollten.

»Wann immer es die Zeit erlaubt...« Park mußte aus dem, was ihm zur Verfügung stand, das Beste machen: er verfügte über etwa zwanzig Staffeln und einen Kreis von Abschnittsflugplätzen und Einsatzleitstationen, die zusammen mit ihren Außenstellen einen engen Gürtel um die Hauptstadt bildeten. Die Zeit war sein schwierigstes Problem. Selten ließen sich die Absichten des Feindes voraussehen, ehe er die britische Küste erreicht hatte – die nur zwanzig Flugminuten von der Londoner Innenstadt entfernt lag. Und das war genau die Zeit, die die britischen Jäger brauchten, um die Höhe von 6 000 oder 7 000 Meter zu erreichen. Die Staffeln mußten blitzschnell starten, sofort nach dem Alarm. Park hatte keine andere Wahl, als mit kleinen Einheiten zu manövrieren, mit einer oder höchstens zwei Staffeln. »Die Grundlage meiner Planung war«, sagte er, »meine Jäger zeitlich und räumlich zu konzentrieren.«

Doch im Prinzip war Park durchaus der Meinung Dowdings, der es für angebracht hielt, »Jägerverbände in größter, taktisch wünschbarer Stärke« zu verwenden. Bei Dünkirchen hatte er Gruppen von vier Staffeln eingesetzt, doch in diesem besonderen Fall hatten sie Zeit gehabt, sich unterwegs zu formieren, ehe sie mit dem Feind zusammentrafen. Jetzt aber fehlten dazu nach Dowdings Meinung sowohl die Zeit wie die Mittel. Dowding und Park hatten beide fünfundzwanzigjährige Erfahrung darin, Jäger operativ zu leiten. Sie wußten, wovon sie sprachen.

Leigh-Mallory, ein Neuling in der Jagdfliegerei, hatte andere Vorstellungen, hinter denen die stürmische Energie von Douglas Bader stand. Douglas Bader war sicherlich von den erfolgreichen Fliegern des Ersten Weltkrieges beeinflußt, Leigh-Mallory vielleicht auch von seinen Erfahrungen in der taktischen Kooperation mit dem Heer, das instinktiv Angst vor feindlichen Jägern hatte. Hinter den Kulissen hatte Leigh-Mallory einen mächtigen Helfershelfer in der Person des stellvertretenden Chefs des »Luftstabs«, Sholto Douglas. Der Kommandeur der 43. Staffel im Ersten Weltkrieg war ein Vollblut-Jagdflieger. Doch sein Glaube war: es kommt nicht darauf an, wo man den Gegner abschießt, wichtig ist nur, daß man ihn in großer Menge abschießt. Später gab er zu, »daß es ihm nie recht gelegen habe, ein Eingreifen von Jagdstaffeln gegen Bomber auf deren Flug zu ihren Zielen zu versuchen«. Von den Kommandohöhen des Luftfahrtministeriums aus konnte Sholto Douglas zwar beide Seiten sehen. Doch »dem Geist nach« war er Offensiv-Jäger wie Leigh-Mallory und Douglas Bader.

Dowding und Park waren zu Meistern in der Defensiv-Jagd geworden. Sholto Douglas' Vorstellungen liefen ihrem Prinzip des »frühzeitigen Abfangens« strikt entgegen. Nach Dowdings Worten: »Wenn in jener Zeit starke Gruppen von Jägern verwendet worden wären, hätten sehr viel mehr Bomber ihre Ziele ohne Widerstand erreicht.« Und Park wurde noch deutlicher: »Hätte ich versucht, Baders Theorien von den großen Verbänden mir zu eigen zu machen, dann hätte ich die Schlacht um England verloren.«

Sholto Douglas hielt es für »ideal«, wenn Parks Staffeln die anfliegenden Bomber angreifen könnten, während Leigh-Mallorys Gruppen ihnen auf dem Rückweg auflauerten. Douglas Baders Idee war genau das Gegenteil davon: Verbände, die ausschließlich von der 12. Gruppe und den Flanken der 11. aus operierten, sollten aufsteigen und Höhe gewinnen, während der Gegner sich über Frankreich formierte, dann massenweise vorstürmen und den Feind beim Überqueren der Küste angreifen. Inzwischen würden die Staffeln der 11. Gruppe von den vorgeschobenen Flugplätzen aus aufsteigen und den Feind bei seiner Rückkehr erwarten, um seine

Kräfte auf dem Rückzug aufzureiben. Der Gedanke, daß die Verbände von den Flugplätzen der ersten Linie der 11. Gruppe aus operieren könnten, war ihm nie gekommen.

Douglas Baders Theorie ging sogar noch weiter: er wollte die Zentralisierung der Einsatzführung am Boden in den Händen des Oberkommandos der Jagdwaffe – letzten Endes in Dowdings Händen. Doch Dowding als Oberbefehlshaber war viel zu sehr mit Problemen der Strategie beschäftigt, um die Schlacht Zug um Zug verfolgen zu können. Diese Sorge überließ er den Chefs der einzelnen Gruppen. »Baders Vorschlag geht über die Hutschnur«, war Parks Kommentar. »Ein einziger Einsatzoffizier, der fünfzig Staffeln führen soll? Unmöglich.«

Keith Park hatte »die größte Bewunderung für Douglas Baders Schneid«, ebenso Dowding für Douglas Baders »Mut und andere Qualitäten«. »Man stelle sich vor«, sagte er, »beide Beine zu verlieren und trotzdem weiterzufliegen und weiterzukämpfen, wo es am heißesten zugeht, und dabei so verflucht gut zu sein!« Doch beiden erschien Baders Gruppentheorie unbrauchbar. Nicht ihr Urheber beunruhigte Dowding, sondern das Bader »mit seinem großartigen Mut und Ungestüm« Leigh-Mallory dazu gebracht hatte, sie zu übernehmen.

Freilich lagen die Flugplätze der 12. Gruppe weiter zurück, außerhalb der Reichweite von begleiteten Bombern, und so hatten die Staffeln Zeit, sich zu formieren. Doch man darf nicht vergessen, daß Dowding der 12. Gruppe den Befehl gegeben hatte, die 11. zu verstärken, wenn sie Hilfe anforderte, und die krasse Tatsache bleibt, daß am 31. August die 12. Gruppe es dreimal unterlassen hat, verheerende Angriffe auf die Flugplätze der 11. Gruppe abzufangen. Woran lag das? Um die neue *wing*-Formation der 12. Gruppe ging es nicht, weil es sie noch gar nicht gab. Forderte die 11. Gruppe die Hilfe zu spät an? Douglas Bader hatte den Einsatzoffizier oftmals gebeten: »Um Himmels willen, lassen Sie uns endlich eingreifen!« Doch die Antwort war stets dieselbe: »Tut mir leid, mein Lieber, die 11. Gruppe hat Sie noch nicht angefordert.«

Wollte die 11. Gruppe etwa die Schlacht ganz allein schlagen? Warum sollte sie? Wiederholt war ja auch Brands 10. Gruppe zu Hilfe gerufen worden. Die Intervention der 10. Gruppe hatte Hunderte von Toten in Portsmouth und Southampton verhütet. Warum hat die 12. Gruppe sich nicht in gleicher Weise eingesetzt?

Es sieht so aus, als habe Leigh-Mallory seine Staffeln einzig nach seinem Kopf eingesetzt, ohne sich um die Befehle der vorgesetzten Dienststelle zu kümmern. »Ich kann es nicht über mich bringen, Bader zu tadeln«, sagte Dowding später, »doch ich betrachtete ihn in dieser Hinsicht als ein ausgesprochenes Verhängnis für Leigh-Mallory.«

Nur sechs Monate vorher hatte Leigh-Mallory zu Park gesagt, daß er »Himmel und Hölle in Bewegung setzen werde, um Dowding absägen zu lassen«. Und Sholto Douglas hörte auf ihn, also auch der Stabschef der Luftstreitkräfte und der Luftfahrtminister. Der Konflikt mußte bis zu ihnen vordringen.

Allerdings war die *wing*-Theorie am 5. September noch nicht ausprobiert worden. Douglas Bader übte mit der Gruppe Duxfords seit dem 1. September. Seine letzte Meldung besagte, daß die Startzeit bei den letzten Versuchen auf drei Minuten gebracht werden konnte – die gleiche Zeit wie für den Start einer Staffel. Das Zusammenführen in der Luft war aufs äußerste vereinfacht worden: er selbst stieg mit der 242. Staffel geradeaus auf, die 310. und die 19. Staffel brauchten nur aufzuschließen.

Auch weiterhin fanden über den Abschnittsflugplätzen am 5. und 6. September blutige Gefechte statt. Werner Borner, aus einem Urlaub zurück, war bei der 2. Gruppe des KG. 2, als am 5. September Biggin Hill um 10.30 Uhr »gründlich mit deutschen Bomben« gepflastert wurde. Er notierte: »Schwerer Flak-Beschuß, Feindjäger spärlicher«. Die Verluste waren ungefähr gleich. Doch für Generalfeldmarschall Milch kamen schlechte Nachrichten. An diesem Abend rief Oberst Max Ibel, Kommandeur des JG. 27, bei ihm an, um ihm zu sagen: »Ihr Schwiegersohn ist vermißt.« Hauptmann Joachim Schlichting war aus seiner brennenden Me 109 über der Themsemündung abgesprungen.

Das Schicksalsrad war drauf und dran, eine volle Umdrehung zu machen. Die bloß zufällige Bombardierung von London durch das KG. 1 vor zwölf Tagen hatte sofort einen Angriff von R.A.F.-Bombern auf Berlin zur Folge gehabt.

Das war zuviel für Hitler. Er hob sein Verbot auf; London wurde ein Ziel wie andere. Doch zunächst ging man noch zurückhaltend vor. In dieser Nacht flogen aus vier Geschwadern ausgesuchte Besatzungen in die Themsemündung ein und luden sechzig Tonnen Bomben auf die Hafenanlagen von London ab. Mit einem – mißlungenen – Angriff am nächsten Tag auf die Hurricane-Werke in Brooklands mehrten sich die Zeichen. Die Luftwaffe ließ ein wenig von den Abschnittsflugplätzen ab und tastete sich an London heran.

Am 6. September war die britische Jagdfliegerei in traurigem Zustand. Sechs von den sieben Abschnittsflugplätzen der 11. Gruppe waren ernstlich beschädigt, ebenso fünf von den vorgeschobenen Flugplätzen. Der Verlust an Jagdmaschinen in den letzten vierzehn Tagen überschritt den Ausstoß der Produktion um 200 Stück. Die Reserven waren auf einem niedrigen Stand: 127 Maschinen. Im August waren 300 Piloten getötet oder verwundet worden; der Einsatz durch jungen Nachwuchs ließ – abgesehen von der fehlenden Erfahrung – eine ständige Lücke von vierzig Planstellen. Die kleine Gesellschaft von etwa tausend Jagdfliegern war um ein Viertel zusammengeschmolzen. Doch die unbewaffneten Zivilisten in Großbritannien litten am schwersten unter dem Gemetzel: 1 075 Opfer im August, darunter 355 Frauen und 113 Kinder. Andere Länder hatten den ungeheuerlichen Verbrechen, die im Namen von Hitlers Nationalsozialismus begangen wurden, einen schweren Tribut bezahlt, doch vergeblich. Ein noch höherer Preis war nötig, um Europa freizukaufen. Großbritannien allein lag noch im Rennen, und es war selbstverständlich, daß es die Folgen trug. Zum zweiten Mal in fünfundzwanzig Jahren waren die Deutschen darauf aus, England mit ihrer Erfindung, dem Mord vom Himmel aus, zu bezwingen.

Die Briten blieben ruhig und dachten an häuslichere Dinge. Es kamen Beschwerden, daß Pferde, die sich, von den Bomben erschreckt, losgerissen hatten, eine öffentliche Gefahr darstellten: es waren dringend mehr Eisenringe nötig, um sie besser festzubinden. Eifrige Vogelliebhaber teilten ihre merkwürdigen Beobachtungen mit: Fasane stießen einen Alarmschrei aus, wenn Luftschutzsirenen heulten; doch die Schwalben waren weniger beeindruckt. Man hatte sie, völlig unbeteiligt, ein brennend abstürzendes Flugzeug zwitschernd umkreisen sehen, während vier Fallschirme in der Luft schaukelten. Der Golfklub von Saint Mellons änderte seine Satzungen: »Jeder durch feindliche Einwirkung verschobene Ball kann wieder zurückgelegt werden … Jeder in einen Trichter gefallene Ball kann dort

liegenbleiben ... Jeder Spieler, dessen Schlag durch eine gleich-
zeitige Bombenexplosion beeinträchtigt wurde – oder auch durch
Maschinengewehrfeuer –, hat Recht auf einen anderen Ball ...
Strafpunkt: ein Schlag.«
Sogar in London schwammen und ruderten die Leute in der Ser-
pentine des Hyde Parks.
»Wie sind die Abschußzahlen heute?« fragte man sich mit Hinsicht
auf die verzweifelten Kämpfe, die sich über den Köpfen abspielten,
als handelte es sich um ein Kricketspiel.
Doch schon Stunden später stieg den Londonern der Geruch von
Blut und Brand in die Nase.

In der Reichskanzlei in Berlin erstattete Großadmiral Raeder seinen
Abschlußbericht über die Vorbereitungen der Kriegsmarine. Alles
klappte wie vorgesehen. Im Gebiet Hoofden, östlich der Straße von
Dover, waren Minen gelegt worden; dagegen war das Räumen der
feindlichen Minen in Verzug geraten, weil das Wetter schlecht war.
»Doch die Luftherrschaft geht mehr und mehr an uns über«, berichtete Raeder dem Führer. »Wir können es schaffen.« Die Kanalüberquerung würde, so meinte er, sehr schwierig sein; sie war aber möglich, solange die Luftwaffe den Himmel beherrschte. Daran zweifelte Hitler nicht. Er war fest davon überzeugt, daß Englands Niederlage bevorstehe, sogar auch ohne Invasion, notierte der Großadmiral. Und wer außer des Seemanns Lieblingsfeind konnte solche
Heldentat vollbringen? An diesem Abend wurde der Zug *Asia* im
Pas-de-Calais abgestellt. Hermann Göring war eingetroffen, um
selbst das Kommando zu übernehmen.

Im Lauf des Tages lieferten die Fotos der Aufklärungsspitfires nä-
here Angaben über die Ansammlung der Invasionsflotte: 205 Lastkähne in Ostende, 120 in Flushing, eine Zunahme um 34 in Dünkirchen, 53 in Calais seit 48 Stunden. Die Kampfgeschwader 26 und
30 waren von Norwegen zur Luftflotte 2 gestoßen, und von Richthofens Stukas wurden im Pas-de-Calais zusammengezogen.
Vier Spione wurden gefaßt, nachdem sie wenige Tage vorher in
Rommey Marsh an Land gekommen waren, und gestanden ihren
Auftrag ein: den Invasionstruppen Informationen zu geben. Statt
dessen wurden sie gehängt.
Der Mond und die Gezeiten begünstigten eine Landung zwischen

dem 8. und 10. Alle Anzeichen brachten die Stabschefs dazu, den Einheiten mitzuteilen: »Invasion in den nächsten drei Tagen wahrscheinlich.«

In der Nacht griffen Blenheim-Bomber die lauernde Armada jenseits des Kanals an, während der Himmel über England beunruhigend ruhig blieb.

Es gab eine Zeit, da die gesamte Luftwaffe auf Hermann Göring schwor, den Helden aus dem Ersten Weltkrieg, und in der Göring sich gern bei seinen Männern aufhielt, die ihn »unseren Hauptmann« nannten. Doch seitdem der »Großeinsatz« gegen England nicht zu dem gewünschten Erfolg führte, war der Reichsmarschall am Rande eines Nervenzusammenbruchs. Selbst Hitler spöttelte: »Sie haben offenbar mehr Flugzeuge abgeschossen, als die Engländer jemals besessen haben.« Und Görings Erzfeind Goebbels mußte der Luftwaffe mit Propagandasiegen beispringen.

Göring verfiel wieder seinem alten Laster und nahm Rauschgift. Sein »Spritzenweib« Christa Gormanns war ständig bei ihm; sie hatte sogar in dem Luftwaffenarzt Dr. Ondarza Beistand bekommen. Göring fühlte sich lustlos, nur Anrufe seines Führers konnten ihn aus der Lethargie hochreißen. »Wir merkten gleich, wenn Hitler am Apparat war«, sagte ein Offizier. »Göring nahm dann Haltung an, als ob er persönlich vor ihm stünde.« Er machte Verbeugungen und zog den Hals ein, während die rauhe Stimme ihn abkanzelte. Doch jetzt, da die Operation »Loge« (der Codename nach dem germanischen Gott, der Siegfrieds Schwert schmiedete) eingeleitet war, nämlich die Luftangriffe auf London, fühlte Göring sich schon besser. Das hinderliche Verbot war gefallen; endlich war der Weg frei für ihn, »den Feind auf die Knie zu zwingen«, wie er vor mehr als einem Monat versprochen hatte. Die Luftwaffe hatte seit Guernica auf diesem Gebiet nie versagt.

Nun stand sie mit Bomben für London bereit, einer Bombenlast, die fünfmal größer war als die, mit der die Innenstadt von Rotterdam zertrümmert worden war. Wenn es bei Dünkirchen nicht geklappt hatte, dann nur, weil über einen Strand hin zerstreute Soldaten schwierige Ziele boten und sie außerdem unter Beschuß noch diszipliniert blieben. Aber das East End von London war etwas anderes – eine Menge der auf die Hafenanlagen geworfenen Bomben sollten die Londoner selbst treffen. Die Luftwaffe würde die

Engländer auf die Knie zwingen. Mit Loges flammendem Schwert in der Hand, würde Siegfried den Sieg erringen.

Am 7. September war Göring optimistischer als in all den Wochen vorher, selbst wenn manche Leute hinter seinem Rücken billige Scherze machten. Der »Dicke« – das mochte er, aber »der Pascha« und »Nero« waren weniger nett. Die eigenwilligen Kommandeure Junck und Osterkamp waren ebenfalls ein Ärgernis. Sie machten sich öffentlich über seinen Befehl lustig, mit dem er angeordnet hatte, daß sie ihre Kommandostellen so nah wie möglich an die Küste verlegen sollten.

Er hatte Junck sagen hören: »Na, Osterkamp, wie ist's mit der vorgeschobenen Kommandostelle? Versuchen Sie mal, mich zu schlagen. Meine ist soweit vorgeschoben, daß ich bei Ebbe bis zu den Knien im Wasser stehe, bei Flut bis zu den Augen, aber stets mit Blick zum Feind.« An der Tür zu Osterkamps Hauptquartier in Cap Blanc-Nez stand die Inschrift: »Befehle sollten wir anderen nur geben, wenn wir vorhaben, den Krieg zu verlieren.«

»Osterkamp«, hatte Göring gesagt, »ich will das nicht mehr sehen.« Bis jetzt war Adolf Galland ebenso enttäuscht worden wie die beiden alten Adler. Görings Verhalten den Jägern gegenüber hing ihm zum Hals heraus. Im Verlauf einer Inspektion am 2. September hatte der Reichsmarschall »nur Worte des Vorwurfs« von sich gegeben. Er hatte sich auf die Seite der Bomber gestellt und »einen engmaschigen und energischen Schutz« für sie gefordert.

»Die Me 109 ist weniger als die Spitfire für rein defensive Zwecke geeignet«, hatte Galland eingewandt. Doch Göring hatte weiterhin nur Spott für die Jäger. Erst beim Weggehen war er zugänglicher geworden. Was er für sie tun könne? Mölders hatte sich stärkere Motoren gewünscht.

»Und Sie?« fragte Göring Galland.

»Ich hätte gern, daß mein Geschwader mit Spitfires ausgerüstet würde.«

Göring war sprachlos. Grollend fuhr er weg. Doch jetzt, nach einer stürmischen Aussprache in Den Haag mit den Luftflottenchefs zurück im Pas-de-Calais, war der Reichsmarschall offensichtlich in Form. »Loge« konnte beginnen. Zwei Fliegerkorps (I und II) bildeten die Angriffskräfte. Der Kommandeur des Fliegerkorps I, Generaloberst Ulrich Grauert, hatte vor ein paar Wochen vier Seiten »Gedanken über den Krieg gegen England« zu Papier gebracht. Unter anderem hatte Grauert empfohlen, England durch Zerstörung seiner Häfen zu »strangulieren«, und war für »erbarmungslosen Vergeltungsangriff gegen Großstädte« eingetreten. Der geplante Angriff sollte eine kluge Mischung von beidem sein.

Der Angriffsbefehl für das Fliegerkorps I sah drei Wellen vor, die um 17 Uhr (englischer Zeit), um 17.40 Uhr und um 17.45 Uhr über dem Ziel zu sein hatten. Viele hielten den Morgen für die beste Zeit – um die Sonne im Rücken zu haben –, doch die Feuersbrünste bei Abendangriffen würden den Nachtbombern als Leuchtfeuer dienen können. Die Aufgabe der ersten Welle war es, die englischen Jäger hoch zu bringen, so daß sie, wenn die beiden anderen Wellen eintrafen, keinen Brennstoff mehr hätten. Das bewies eine höchst naive Vorstellung davon, wie Dowding und Park ihre Geschäfte führten.

Jedes Bombengeschwader sollte ein Jagdgeschwader zur Begleitung haben. Das war ein wenig spärlich; sie hätten sich besseren Schutz gewünscht.

Die drei Wellen sollten die Küste zwischen Cap Gris-Nez und Boulogne im Süden überfliegen. Göring, der in Cap Gris-Nez den Abflug beobachtete, war verärgert, weil ihn die Sonne blendete. »Es ist wesentlich, das Ziel direkt anzufliegen.« Keine Umwege unterwegs; das hatte für die unseligen Me 109 allzu oft mit einem Bad im Kanal geendet.

»Es ist wesentlich, daß die Einheiten in der Luft eng zusammenbleiben.« Die Bomber sollten gestaffelt zwischen 5 000 und 6 500 Meter Höhe fliegen.

Galland fühlte sich etwas wohler, als sich die Verbände an der Kanalküste versammelten. »Als diese Luftstreitmacht, wie sie es in dieser Stärke noch nie gegeben hatte, Kurs auf London nahm, fühlte jeder der Teilnehmer die Bedeutung der Stunde.« Es waren 378 Bomber und 645 Jäger, zusammen über 1 000 Flugzeuge. Hatte Göring nicht Felmy gegenüber geschworen, der Himmel über London werde sich verdunkeln?

Beinahe 500 Tonnen Bomben! Und merkwürdigerweise waren es genau fünfundzwanzig Jahre her, daß die Deutschen zum ersten Male London angegriffen hatten. Der entschlossene Kapitänleutnant Mathy in Zeppelin L 13 hatte eine halbe Tonne Bomben abgeworfen, die »ausgedehnte Schäden« verursacht hatten.

Der Initiator dieses Großangriffs verdrehte sich in diesem Augenblick den Hals in Cap Gris-Nez. Von Kesselring, Örzer und andere Generale umgaben ihn. Er bot einen grotesken Anblick in seiner hellblauen, mit Orden bedeckten Uniform, rötlichen hohen Stiefeln und Sporen. Hans-Heinrich Brustellin, von seiner Verwundung genesen – er hatte zur Zeit der »schwarzen« Luftwaffe bei der Kavallerie gedient –, hob die Augenbrauen, als der Reichsmarschall vorbeiwatschelte und dabei am Ende seines juwelenbesetzten Marschallstabs kaute.

Als die Luftarmada nordwärts nach London donnerte, jubilierte Göring. Es war die Stunde seines Triumphes. »*Denn wir fliegen gegen Engeland* ...« schmetterte der Großdeutsche Rundfunk, abwechselnd mit Kommentaren der Kriegsberichterstatter an Ort und Stelle. Und die Deutschen kamen in Stimmung. Wenigen von ihnen war bewußt, in welchen furchtbaren Tornado sie geraten würden!

Angesichts der blutrünstigen Drohung Hitlers gegen die britischen Städte war es höchst verwunderlich, daß keine besonderen Maßnahmen getroffen worden waren, um London zu schützen. Park hatte die Wendung in der Schlacht wohl gespürt und vorausgeahnt, daß die Luftwaffe ihre Ziele ändern werde. Die Angriffe auf die Flugzeugwerke und die Hafenanlagen waren Anzeichen dafür. Die Deutschen hatten nicht gemerkt, daß sie mit den Angriffen auf die Abschnittsflugplätze die 11. Gruppe an den Rand des Zusammenbruchs gebracht hatten. Park wagte es aber nicht, den Schutz der Flugplätze aufzugeben. Sie mußten um jeden Preis verteidigt werden, oder das Spiel war aus.

An diesem Morgen bemerkte Park trocken in einer Instruktion, daß die vom Einsatzleitoffizier angegebenen Höhen in der Regel um 300 bis 600 Meter zu hoch angesetzt würden, zunächst vom Abschnittsleitoffizier, »weil er es besser wisse«, dann von dem Staffelkapitän, »weil er hoffe, daß sich noch höher keine feindlichen Jäger aufhielten«. Das Ergebnis: viele feindliche Bombergruppen waren unbemerkt unter den britischen Jägern durchgeschlüpft.

Kein Teilnehmer an dem Großangriff Görings auf London dachte allerdings, daß er unbemerkt durchschlüpfen könnte. Doch das Unglaubliche ereignete sich. Die 11. Gruppe erwartete wie gewöhnlich, daß die große Menge von Radarechos und von Ortungen sich nach Überfliegen der Küste aufspalten werde. Doch das trat nicht ein. Die Masse setzte unentwegt ihren Kurs fort. Das KG. 30 änderte seinen Kurs über Sevenoaks und begann den Zielanflug. Seine Aufgabe war, »die britischen Jäger hoch zu locken«. Doch nicht ein Jäger war zu sehen. Das KG. 1 folgte; von Riverhead aus flog es den Fluß entlang. Dann das KG. 76, von Westerham aus. Sie begegneten kaum vereinzelten Jägern, während sie Kurs auf die vertrauten U-Schleifen der Themse hielten, die das Herz von »Dockland« ist, dem Bezirk der großen Hafenanlagen.

»Keith Park hatte einen untrüglichen Sinn dafür, welche Angriffsmethoden die Deutschen wählten und wie er seine Einsatzbefehle geben mußte. Er überließ es der Leitstelle, die Verteidigungskonzeption vorzubereiten, sah sich dann die Situation an und nahm die notwendigen Korrekturen vor.« Doch an diesem Abend war der Kommandeur der 11. Gruppe nicht in seinem Operationsraum, um seine Staffeln zu dirigieren. Er hatte eine Besprechung mit seinem Oberkommandierenden Dowding.

Park hatte sorgfältig die Pläne zum Schutz seiner hart getroffenen Abschnittsflugplätze ausgearbeitet, und seine Staffeln flogen an diesem Abend von der Küste landeinwärts, auf einen abermaligen Angriff gefaßt. Daher fand das Fliegerkorps I, von Süden kommend, den Weg nach London frei. Der Befehl lautete, direkt nach London zu fliegen, ohne jede Finte und jedes Ablenkungsmanöver. Es brauchte keinerlei List anzuwenden, um den Gegner vollständig auszuflankieren.

Eine Lawine von Bomben stürzte auf die Millwall Docks und die Commercial Docks, auf Silvertown, Tilbury und Thameshaven, bevor die 11. Gruppe sich von ihrer Überraschung erholt hatte und zum Gegenangriff überging. Von Northolt starteten die 1. und die 303. (polnische) Staffel. Sie stiegen auf 8 000 Meter Höhe. Man rief die 12. Gruppe zu Hilfe. Douglas Bader hob mit der 242. von Duxford ab, es folgten die 19. und 310., die anderen beiden Staffeln der Gruppe Duxford. Und die 43., an diesem Nachmittag in Ruhestellung auf ihrem Flugplatz, wurde in dem verzweifelten Versuch, die Bomber abzufangen, ehe sie London erreichten, von Tangmere aus eingesetzt.

Die Kampfgeschwader des Fliegerkorps II hatten nicht einen gleich ruhigen Flug. KG. 2 gehörte dazu, und für Werner Borner war es einer der ereignisreichsten Tage während der Schlacht um England. Das KG. 2 hatte den Auftrag, östlich von der U-Schleife die Victoria-and-Albert-Docks anzugreifen. Von der französischen Küste aus konnte Werner Borner die riesigen schwarzen Rauchwolken sehen, die aus den Öl-Tanks von Thameshaven schon seit dem Vortag aufstiegen und mehr als 5 000 Meter Höhe erreichten. Auf nach London! Navigation war überflüssig. Borner und seine Kameraden fühlten sich bei der Menge der Me 109, die um sie herumschwärmten, ziemlich sicher.

In der Ferne über London meldeten weiße Wölkchen Flakfeuer, und die Kondensstreifen der Flugzeuge, daß eine heftige Luftschlacht im Gang war. Jetzt schlug der eigene Begleitschutz des KG. 2 die britischen Jäger zurück, und Borner sah sie sich weiter und weiter entfernen. Die Flak begann zu schießen – erst die Kanonen von Medway, dann die Batterien von Londons innerer Artilleriezone. Für die Bomber galt als Regel: »Bei Flakbeschuß auseinanderziehen, bei Jägern sich zusammenschließen!« Doch die Wahl war schwierig. Flugzeuge stürzten rundherum ab; einige Dorniers des KG. 2, die hinter dem Verband flogen, boten für die britischen Jäger eine sichere Beute. Sobald sich ein Jäger der R.A.F. dem Verband näherte, empfing ihn höllisches Feuer. Unmöglich, Freund und Feind zu unterscheiden. Unter sich sah Werner Borner ein Chaos von Feuer, Rauch und Bombenexplosionen. In 5 000 Meter Höhe durchquerten Borner und seine Kameraden die schwarze Wolke von Thameshaven. Endlich lag unten die Albert-and-Victoria-Docks. Die Bomben des KG. 2 sausten hinab, »genau ins Ziel«, sagte Borner. Danach machten die Dorniers kehrt, um nach Frankreich zurückzufliegen. Ihr Begleitschutz von Me 109 war verschwunden – wahrscheinlich aus Treibstoff- und Munitionsmangel. Der Rückweg wird kein Vergnügen werden, dachte Werner Borner.

Neun Hurricanes der 43. Staffel mit Caesar Hull an der Spitze stürzten sich auf die Heinkel des KG. 1. Seit er vor einer Woche das Kommando übernommen hatte, hatte Hull noch nicht die Zeit gefunden, sich auf die Uniformbluse neue Litzen nähen zu lassen. Die 43. war ununterbrochen im Einsatz, und an diesem Nachmittag war sie endlich für eine Ruhepause an der Reihe gewesen. Doch davon war jetzt für die erschöpften Piloten nicht mehr die Rede. Die Heinkel erschienen. Hauptmann John Kilmartin, der die Deckung führte, hörte die rauhe Stimme von Hull in der Kopfmuschel: »Killy, tu dein möglichstes, ihren Jägern einzuheizen!« Drei Hurricanes gegen ein Jagdgeschwader, das JG. 54 von Johannes Trautloft. Und die sechs anderen gegen eine Gruppe des KG. 1. »Dann«, erzählte Kilmartin, »hörte ich Caesar kichern, als er uns sagte, dazwischenzufahren und sie zusammenzuhauen.«

Nie wieder wurde etwas von dem munteren und tapferen Caesar Hull gehört, dem Symbol für die Unbesiegbarkeit der 43. Staffel. Die Hurricanes der 303. Staffel gingen, aus allen Rohren feuernd, nebeneinander im Sturzflug herab. »Wir gaben ihnen alles, was wir drauf hatten«, sagte der britische Staffelführer Ronald Kellett. »Wir brachen erst ab, als wir sie voll im Zielgerät hatten.« Zehn Dorniers fielen der rächenden Wut der Polen zum Opfer. Ihr Anführer, Krasnodebski, war nicht dabei; am Abend vorher abgeschossen, lag er in diesem Augenblick, den Körper voller Brandwunden, zwischen Leben und Tod.

»Hallo, Douglas«, klang die ruhige Stimme von Oberst Woodhall, dem Kommandeur des Flugplatzes Duxford, »siebzig und mehr überqueren die Themse östlich von London.«

Trotz des Befehls, in 3 000 Meter zu fliegen, tat Douglas Bader das Verbotene und stieg noch 1 500 Meter höher. Und selbst dann noch befand sich die 242. Staffel weit unter den Dorniers und Me 110 – wahrscheinlich war es die 76. Zerstörer-Gruppe mit dem Auftrag, die Luft über London zu säubern, ein seltsamer Auftrag für die schwerfälligen Me 110.

Bader sah sich nach dem Rest der Duxford-Gruppe um. Die 19. und die 310. Staffel bummelten in geringerer Höhe hinterher. Leutnant Dickie Cork von der Royal Navy war der einzige Pilot der 19. Staffel, der einigermaßen in der Nähe war. Dieser Seemann mußte wohl alle Segel gesetzt haben, denn gewöhnlich hatte die Spitfire nicht die Steiggeschwindigkeit der Hurricane. Kurz, es fehlte Bader an Höhe, und er war mit einer Staffel allein. Die Gruppentaktik – plötzlich und massiert im Sturzflug dazwischenzufahren – war diesmal nicht anzuwenden. Doch wenn der Rest der Gruppe auch nicht aufkreuzte, Baders eigene Staffel, von dem wackeren Seemann unterstützt, traf die Deutschen hart, aber für die *wing*-Theorie der Duxford-Gruppe war es kein brillantes Debut.

»Wenn wir nur früher starten könnten«, verteidigte Bader bei Leigh-Mallory die *wing*-Theorie.

»Das wird von der 11. Gruppe entschieden«, erwiderte Leigh-Mallory. »Die meinen, sie müßten warten, bis die Deutschen einfliegen, und das gibt ihnen wenig Chance, in großen Verbänden hochzukommen.«

Leigh-Mallory verstand die Probleme der 11. Gruppe; die Wurzel allen Übels war sein Starrsinn gegenüber Dowding – die Gruppe einzusetzen; eine Gruppe konnte aber einfach nicht so schnell in die Luft kommen wie eine Staffel.

In Whitehall hatten sich die Stabschefs um 17.20 Uhr versammelt. Weniger als eine halbe Stunde später ließ sie die Explosion der Bomben bei den Hafenanlagen zusammenfahren. Vor mehr als drei Monaten, als die Evakuierung von Dünkirchen begann, hatten sie dem Premierminister versprochen: »Solange unsere Air Force besteht, werden Navy und Air Force in der Lage sein, die Deutschen daran zu hindern, eine ernsthafte Invasion zur See zu unternehmen. Die entscheidende Frage ist die Luftherrschaft.«

Luftherrschaft. Noch besaß England sie – für wie lange? Ein Massenangriff auf London selbst – der zu allen anderen hinzukam – konnte durchaus den Auftakt für die Invasion bedeuten. Die Stabschefs beschlossen, für die Kommandostellen des Heeres im Osten und Süden »sofortige Alarmbereitschaft« zu befehlen.

Keith Park war sofort nach der Besprechung beim Oberkommando der Jagdflieger nach Northolt gefahren. London an Bord seiner Hurricane »OK 1« überfliegend, sah er auf die Feuersbrünste hinab, die unten wüteten. »London steckt es jetzt ein«, dachte er. »Wir sind gerettet.« Wenn die Hauptstadt nun die Angriffe der Deutschen auf sich zog, hatte das Oberkommando der Jagdflieger eine Chance, sein zerrissenes Verbindungsnetz auszubessern und die in Trümmer liegenden Einsatzleitstellen wieder aufzubauen.

Mr. J. J. Cotterell vom Hilfs-Feuerwehrkorps erfreute sich seines ersten Urlaubstags wie alljährlich in seinem Garten, nicht weit von der Feuerwehrkaserne von Forest Hill entfernt. Als die Sirenen heulten, beachtete er sie nicht. Dann folgte das Getöse der Bomben und des Maschinengewehrfeuers, und am Nordufer des Flusses stiegen hohe Rauchsäulen auf. Auch nicht die Bitte seiner Frau – »Bleib, du hast doch Urlaub!« – konnten ihn zurückhalten. Er sprang aufs Fahrrad und fuhr zur Kaserne. Seine Mannschaft wurde eiligst mit einer von einem Taxi gezogenen Pumpe nach Woolwich zu den

Siemens-Werken geschickt. Siemens ging es wirklich schlecht: in Berlin von der R.A.F. bepflastert, in London von der Luftwaffe. Dutzende anderer Pumpen waren bereits da, und das erste war, daß die Männer Deckung nahmen oder sich flach auf den Bauch legten, da sie andere Bomben pfeifen hörten. Doch schon sehr bald achteten sie nicht mehr darauf und machten sich an die Arbeit.

Dann wurden Cotterell und seine Leute zu den Surrey Docks beordert. »Da war wirklich was fällig! Riesige Holzhaufen brannten lichterloh«, sagte er. Er war nicht darauf vorbereitet, daß sie die ganze Nacht über löschen mußten.

Konstabler Ernest Hooper vom Kommissariat Catford sagte: »Wir taten Dienst wie alle Tage, nur daß es mehr zu tun gab. Man gewöhnte sich daran.« Für ihn waren die Vorfälle entweder »Routine« oder aber »schlimm«. Das schlimmste, was er je gesehen hatte, war die Schule in Ardgowan Road, Hither Green – ein Volltreffer, der das Gebäude brennend zusammenstürzen ließ. Fünfzig Kinder waren noch darin. »Das Blutbad war unbeschreiblich. Überall im Schulhof lagen Kinder, einige verstümmelt, andere verbrannt, wieder andere einfach zerfetzt« – Kinder, nur ein wenig älter als Hermann Görings hübsche kleine Edda. Hooper erzählt: »Ein Mädchen weinte immerzu, weil das Blut ihr über die Augen lief und sie nicht sehen konnte. Sie wußte nicht, daß sie gar keine Augen mehr hatte.«

Am Cap Gris-Nez wurde Göring ans Telefon gerufen. Seine Frau Emmy war am Apparat. »Hast du schon gehört, Emmy? Ja, es war ein wundervoller Tag. Ich hab' meine Bomber nach London geschickt. London steht in Flammen.«

Göring war vor Freude außer sich. Kesselring fühlte sich nicht ganz wohl, als Göring das Mikrophon eines Funkreporters ergriff und den deutschen Hörern zurief: »Dies ist ein historischer Augenblick! Nach den Angriffen auf Berlin in den letzten Nächten hat der Führer beschlossen, einen gewaltigen Vergeltungsschlag zu führen. Ich habe persönlich das Kommando bei dem Angriff auf die Hauptstadt des britischen Empire übernommen ... und ich habe das triumphale Dröhnen unserer Geschwader gehört, die den Feind zum erstenmal mitten ins Herz getroffen haben.« Göring war überzeugt, daß der Angriff den beabsichtigten Zweck erfüllen werde. Die Ereignisse sollten bald beweisen, wie sehr er im Irrtum war.

Am 6. September allerdings hatte die Luftwaffe den Sieg beinahe im Griff. In den vorangegangenen beiden Wochen hatte die Offensive gegen die Flugplätze der britischen Jäger 295 Maschinen (täglicher Durchschnitt 21) und 103 gefallene Piloten (täglich über 7) gekostet, zudem waren 170 Maschinen schwer beschädigt und 128 Piloten verwundet. Während der folgenden drei Wochen der Offensive bis zum 27. September gegen die Flugzeugfabriken und gegen London sanken die Verluste der R.A.F. ganz erheblich: 199 Jagdflugzeuge (9,5 täglich) und 95 gefallene Piloten (4,5 täglich). Während der beiden verzweifelten und blutigen Wochen der Offensive gegen die Flugplätze war die Luftwaffe dem Sieg näher denn je, obwohl Dowdings Staffeln unter den Maschinen der Luftwaffe nie dagewesene Verluste anrichteten: 378 Flugzeuge, täglich 27. Doch die britischen Verluste an Jagdflugzeugen und Piloten waren noch nicht alles; die alarmierenden Schäden an den Einsatzleitstellen und die nahezu lahmgelegten Verbindungen des Kontrollsystems setzten die Verteidigung beinahe matt. Hätte die Offensive gegen die Flugplätze angedauert, dann wäre, wie Park sagte, »die Verteidigung Londons durch Jäger in ein gefährliches Stadium geraten«. Und General Theo Osterkamp, Jafü 2, äußerte: »Mit Tränen der Wut und Bestürzung sah ich, schon im Begriff zu siegen, wie die entscheidende Schlacht gegen die britische Jagdwaffe zugunsten der Angriffe auf London abgeblasen wurde.

Göring hatte wieder einmal einen Fehler begangen. Zuerst hatte er aufgehört, die Radarstationen zu bombardieren, dann hatte er in der Annahme, den Kampfgeist Londons brechen zu können, die Angriffe auf die Flugplätze aufgegeben.

Die ganze Nacht setzten 247 Bomber den Angriff fort und ließen ihre Bombenlast in die wütenden Feuersbrünste hinunterprasseln. Zielen war nicht nötig. Auch Hauptmann Hajo Hermann war in seiner Ju 88 über London. »Die Nacht war sehr hell ... Es wimmelte von unseren Bombern ... Die Feuersbrünste erhellten alles wie gigantische Fackeln.« Bis zum 7. September lauteten die Befehle strengstens, nicht wahllos zu bombardieren. »Doch jetzt hatten wir zum erstenmal Erlaubnis, ohne Rücksicht zu bombardieren.«

Der *Völkische Beobachter* vom 8. September schrieb: »Letzte Nacht hat der Feind wiederum die Reichshauptstadt angegriffen ... darum wurde die Luftwaffe mit starken Kräften zu einem Angriff auf London angesetzt.« Görings Flieger töteten ungefähr tausend Londoner, etwa das Doppelte der während der ganzen Schlacht um England gefallenen R.A.F.-Piloten. Als ein Schüler von Douhet konnte Göring sich wahrlich gratulieren, die altmodischen Methoden von Kapitänleutnant Mathy so vervollkommnet zu haben.

Doch die Hölle auf die Zivilbevölkerung herabzuschicken, hieß nicht, die Luftherrschaft zu erringen. »Göring hätte sich besser weiter auf die Flugplätze konzentrieren sollen, von deren Organisation und Zusammenarbeit die gesamte Abwehrkraft unserer Luftstreitkräfte in diesem Augenblick abhing. Als er die klassischen Prinzipien der Kriegführung ebenso wie die bis dahin eingehaltenen Forderungen der Menschlichkeit aufgab, beging er einen schweren Irrtum.« Das war die Meinung des Premierministers Winston Churchill.

Doch Göring glaubte, das Richtige zu tun, und das OKL bestärkte ihn in seinem Optimismus, als es 98 abgeschossene britische Flugzeuge meldete. Die wirkliche Zahl war 28, während der Generalquartiermeister der Luftwaffe 41 deutsche Maschinen abschrieb und sich fragte, wie er bei der verminderten Produktion solche Lücken füllen sollte. Selbst Goebbels gab »schwere Opfer« zu. Aber Göring war keineswegs beunruhigt. Der Militärattaché an der Japanischen Botschaft in London meldete »die gute Wirkung der deutschen Luftangriffe«, und prächtige Nachricht kam von dem eigenen Militärattaché in Washington, General Friedrich von Bötticher: Die Moral der britischen Bevölkerung sei stark beeinträchtigt. Zeichen von großer Ermüdung. Optimismus sei verschwunden. Die Auswirkung auf das Herz von London sei die eines Erdbebens. Große Schäden auch in den öffentlichen Versorgungsanlagen. Sogar Hitler glaubte ernsthaft, in England werde eine Revolution ausbrechen.

Göring erwärmte sich immer mehr für sein Zerstörungswerk. Er hatte London in zwei Sektionen eingeteilt: Sektion »A«, das East End und die Hafenanlagen, Sektion »B«, West-London. Die Luftwaffe hatte das East End so erfolgreich beharkt, daß er jetzt anordnete, die Angriffe seien auch auf das West End auszudehnen auf die großen Bahnhöfe und die Elektrizitätswerke. Allerdings waren für derartige Zerstörungen in großem Ausmaß noch stärkere Bomber und viermotorige Bomber erforderlich – doch Göring hatte 1937 das Bauprogramm für viermotorige Bomber selbst gestrichen.

Dowding stieß einen Seufzer der Erleichterung aus, als er am 7. September sah, daß die Luftwaffe sich von den Abschnittsflugplätzen abwandte. An diesem Tag verlor er von 28 abgeschossenen Piloten neunzehn. Scheinbar eine geringe Zahl, verglichen mit den tausend Londonern, die bei dem schrecklichen Massaker umkamen. Doch während der vorausgegangenen Tage wurden Dowdings Staffeln in der Kampfzone derart dezimiert, daß es schon unmöglich geworden war, den Schutz der Geleitzüge aufrechtzuerhalten.

Während Göring am 8. September London in zwei Sektionen »A« und »B« einteilte, beschloß auch Dowding, einen »Stabilisierungsplan« mit der Staffeleinteilung A, B und C zu verwirklichen. Die der Kategorie A sollten bei der 11. Gruppe und seinen Flanken bleiben; B würde eine kleine operative Reserve bilden; C-Staffeln, die von der eigentlichen Schlacht entfernt stationiert waren, sollten Ergänzungseinheiten sein, die neue Piloten für die Front fit machten. Manche Leute glaubten, es sei kränkend für die C-Staffeln, zu denen nun auch die 85. gehörte, daß sie für frontuntauglich angesehen würden. Doch wir fühlten uns nicht gekränkt; wir waren in ausgezeichneter Gesellschaft mit der 43., 54. und 111. Staffel und mit vielen anderen höchst tüchtigen Kampfeinheiten. Gleich ihnen waren wir drei Monate und länger im Süden stationiert gewesen und hatten bei schweren Verlusten die mörderischste Phase der Schlacht ausgefochten. Unsere Kampfmoral war gut, und wir wußten, daß schon bald von uns sehr viel mehr erwartet werden würde. Wir waren nicht empfindlich, weil wir zur Kategorie C gezählt wurden.

Nur seine außerordentliche Willenskraft befähigte Dowding, so sichere Kontrolle über die Schlacht in diesem Augenblick zu haben. Seine Jagdwaffe hatte der Niederlage ins Gesicht gesehen. Wie durch ein Wunder schien man die Lage nun wieder in die Hand zu bekommen. Doch die Rettung Großbritanniens blieb noch immer gefährlich und hing von ihm ab. Noch war die Schlacht nicht gewonnen. Sie zu schlagen erforderte seine ganze Energie und Zeit. Dazu noch ein Kampf hinter den Kulissen, um sich gegen die feindseligen Kräfte zu behaupten, die sich gegen ihn verschworen. Geduldig und hartnäckig weigerte er sich, sich vor ihnen zu beugen. Dies war seine Schlacht, und er meinte, sie nach seinen eigenen Plänen führen zu müssen.

Die Begeisterung des Oberbefehlshabers der Luftwaffe an dem persönlichen Kommando war offensichtlich kurzlebig. Am 8. September machte Göring mit Jeschonnek ein Picknick nach Dünkirchen, während fünfzehn von seinen Flugzeugen über Südost-England abgeschossen wurden. Und für die englischen Jäger ließ der Druck nach: nur zwei Maschinen gingen verloren.

Doch London litt abermals schwer während der Nacht. Eine Meldung des OKL sprach davon, daß der Angriff fünfzehn bis zwanzig Feuersbrünste im Westen der City hinterlassen habe. »Mittelpunkte der Bombardierung: Kensington, Buckingham Palace, West Ham.« Das reimte sich nur schwer mit dem Bericht des *Völkischen Beobachters* vom 9. September. »Die Angriffe unserer Luftwaffe gegen wichtige militärische und wirtschaftliche Ziele wurden mit starken Kräften und schwersten Bomben fortgesetzt . . .« In dieser Nacht töteten die Deutschen 412 Londoner Bürger.

Als die Luftwaffe am späten Nachmittag des 9. September zum Angriff zurückkam, waren neun von Parks Staffeln zum Empfang bereit. »Die Luft war voller Tommies«, sagte Johannes Trautloft, Kommodore des JG. 54. »Zum erstenmal hatten wir das Gefühl, an Zahl unterlegen zu sein.« Und die Bomber, überrascht von einer Verteidigung, von der sie geglaubt hatten, sie läge im Sterben, machten die Jagdflieger verantwortlich. Ihr erster Angriff wurde über Canterbury abgeschlagen. Doch ein anderer Verband, der über Beachy Head einflog, drang ins Binnenland vor. Park forderte von der 10. Gruppe Hilfe an, um die Flugzeugwerke Hawker und Vickers zu verteidigen, und ebenso von der 12. Gruppe, um die Abschnittsflugplätze nördlich von London zu schützen.

»Hallo, Douglas.« Woodhall rief Bader, der die Duxford-Einheit führte. »Würden Sie zwischen North Weald und Hornchurch fliegen, Höhe 6000 Meter«. Doch Douglas dachte an die Sonne. Er vergaß North Weald-Hornchurch und stieg 7000 m hoch. Dann wuchsen sich ferne Glitzerpunkte am Himmel zu zwei großen Bomberpulks aus. Er befahl der 19. Staffel noch höher zu steigen, um mit den Spitfires die Hurricanes der 242. und der 310. zu decken. Dann den Hurricanes: »Kiellinie, wir stoßen in der Mitte hinein«, und im Sturzflug ging es hinab.

Aufgespalten, bevor sie ihr Ziel erreichen konnten, warfen die feindlichen Bomber einige hundert Tonnen Sprengbomben auf gut Glück über den südlichen Vorstädten von London ab. Diesmal hatte Baders Einheit gute Arbeit geleistet, wenn auch die Meldung ihrer Bilanz – 20 deutsche Maschinen abgeschossen – ein wenig optimistisch klang. Im ganzen verlor die Luftwaffe zwar 28 Maschinen an diesem Tag, so blieben den anderen neun ebenfalls eingesetzten Jagdstaffeln nur acht Abschüsse.

Als Douglas Bader die Bomber sichtete, hatte er gedacht: »Ebenso gut, als wenn ich den Befehl, über North Weald und Hornchurch zu fliegen befolgt hätte.« Das Resultat gab ihm recht. Doch für Dowding und Park war es glatter Ungehorsam. Bader dachte aber nur daran, es noch besser zu machen. Zu Leigh-Mallory sagte er: »Wenn ich über mehr Jäger verfügt hätte, dann hätten wir die Deutschen in Stücke gerissen.« Und Leigh-Mallory versprach ihm zwei weitere Staffeln, was seine Einheit auf sechzig Maschinen brachte.

Nach neuneinhalb stündigem Luftangriff böte London einen Anblick des Schreckens, verkündete der *Völkische Beobachter* am Morgen des 10. September. In der Nacht zuvor hatte die Luftwaffe 370 Londoner umgebracht und 1400 verletzt. In der dritten Nacht betrugen die Gesamtverluste 1700.

Die Ohnmacht der britischen Jäger gegen die Nachtbomber ließ die Hauptstadt bei den Angriffen völlig ungedeckt. Doch trotz dieses Blutbades machte die Kriegsmarine sich keine Illusionen über Görings Erfolg. Ihr Tagebuchschreiber notierte am 10.: »Kein Anzeichen für eine Niederlage der feindlichen Luftstreitmacht.« Trotz »beträchtlicher deutscher Überlegenheit an Jagdflugzeugen« habe die Luftwaffe noch immer nicht jene operativen Voraussetzungen schaffen können, die für die Invasion unerläßlich wären, nämlich unbestrittene Luftherrschaft im Gebiet des Ärmelkanals und Ausschaltung jeder feindlichen Lufttätigkeit in dem Gebiet, in dem die deutschen Seestreitkräfte sich sammelten. Für »Seelöwe« würde es zuträglicher sein, wenn die Luftwaffe sich jetzt weniger auf London und mehr auf Portsmouth, Dover und andere Flottenhäfen konzentrierte, meinte der Bericht.

Und scheinheilig fuhr er fort – ausgehend von den wahren Gefühlen der Seeleute dem »absoluten Luftkrieg« Görings gegenüber –, die Seekriegsleitung halte die Zeit noch nicht für gekommen, deswegen bei der Luftwaffe zu intervenieren... da der Führer glaube, Großangriffe auf London würden entscheidend sein und... »Seelöwe« überflüssig machen. Hitler war unentschieden. Einerseits war er sich, genau wie Raeder bewußt, daß die R.A.F. der Luftwaffe am vergangenen Tag eine Abfuhr erteilt hatte und daß R.A.F.-Bomber und Minenleger die Ansammlung der Invasionsflotte aktiv behinderten. Andererseits schien London, wenn man Görings begeisterten Berichten Glauben schenken konnte, kurz vor dem Zusammenbrechen zu stehen. Die Luftwaffe mochte es vielleicht wirklich allein schaffen! Das war sowohl Hitlers wie Raeders heiße Hoffnung. Doch er zögerte mit der Entscheidung über »Seelöwe«, ebenso wie Raeder sich vor dieser Operation drückte. Dabei war der Tag, um den Entschluß zu fassen, schon gekommen. Für den folgenden Tag, den 11. September, war das Unternehmen ursprünglich vorgesehen. Da aber Raeder zehn Tage vorher benachrichtigt sein mußte, könnte die Invasion erst am 21. starten. Mond und Gezeiten machten jedoch den 24. zu einem günstigeren Datum. Nach reiflichen Überlegungen verschob Hitler die schicksalhafte Entscheidung auf den 14. Inzwischen sollte die Luftwaffe weitermachen; von ihr hing alles ab.

Winston Churchill »sah das Ringen nicht unter dem Blickpunkt der Verteidigung von London oder sonst einem Platz, sondern einzig und allein im Hinblick auf den Luftsieg«. Am 11. September erklärte er dem britischen Volk: »Die Bemühungen der Deutschen, die Luftherrschaft über England am Tage zu erringen, ist natürlich der Angelpunkt des ganzen Krieges.«
Churchill sah in Sachen Invasion sehr viel klarer als Hitler. »Eine Invasion unseres Landes zu wagen«, fuhr er fort, »ohne die Luftherrschaft errungen zu haben, wäre andererseits ein äußerst tollkühnes Unternehmen. Nichtsdestoweniger setzt Hitler seine Vorbereitungen für eine Invasion in großem Maßstab beständig fort... beträchtliche Ansammlungen von Schiffen sind derzeit festzustellen... von Hamburg bis Brest. Hinter diesen Scharen von Schiffen warten starke deutsche Truppenverbände auf den Befehl... die sehr gefährliche, unsichere Fahrt über das Meer anzutreten... niemand darf die Augen davor verschließen, daß die Deutschen

mit ihrer ganzen üblichen Gründlichkeit und Methodik einen schweren, großangelegten Angriff auf unsere Insel vorbereiten... Es scheint nicht, daß er lange hinausgeschoben werden kann... wir müssen diese Woche für einen höchst wichtigen Zeitpunkt in unserer Geschichte ansehen. Sie kommt jenen Tagen gleich, als die spanische Armada sich näherte... oder als Nelson zwischen uns und Napoleons ›Grande Armée‹ in Boulogne stand.«

Das deutsche Oberkommando war überrascht, daß die R.A.F. noch immer standhielt, trotz all der optimistischen Meldungen, die das OKL und sein Chef herausgaben. Doch die Luftkämpfe an diesem Tag beruhigten wieder. Etwa hundert Bomber erzwangen sich den Weg nach London. Die Supermarine-Werke in Southampton wurden schwer getroffen, bei großen Verlusten an Menschenleben, und der Verlierer des Tages war die R.A.F. Das OKL verkündete seine feste Überzeugung, daß die Briten 56 Maschinen eingebüßt hätten. Aber auch die tatsächliche Zahl von 29 war um vier höher als die Zahl der abgeschossenen deutschen Maschinen.

Hoffnung zog wieder in Berlin ein, allerdings nicht an den Ufern der Spree, wo die Seekriegsleitung lag. Am 12. klagte die Marine: »Der Luftkrieg wird als absoluter Luftkrieg geführt, ohne Rücksicht auf die gegenwärtigen Erfordernisse des Seekriegs und außerhalb des Rahmens von ›Seelöwe‹. In seiner derzeitigen Gestalt kann der Luftkrieg zu den Vorbereitungen für ›Seelöwe‹ nichts beisteuern.« Das klang ziemlich hohl angesichts der mangelnden Begeisterung für die Invasion bei der Kriegsmarine. Doch sie hatte einen echten Grund, auf die Luftwaffe ärgerlich zu sein die es unterließ, Angriffe auf die Schiffe der britischen Flotte zu fliegen, »... die jetzt in der Lage sind, im Kanal fast ungehindert zu operieren!« Denn am selben Tage hatte das Marinekommando West in Paris gemeldet: »Die durch feindliche Luftstreitkräfte, Ferngeschütze und leichte Flottenverbände verursachten Unterbrechungen haben zum erstenmal größere Bedeutung angenommen.« Ostende, Dünkirchen, Calais und Boulogne waren nachts für ankernde Schiffe nicht mehr sicher.

Hinter dem britischen Widerstandsgeist lag die Tatsache, daß London noch standhielt. Zum Glück hatte das Wetter den Londonern eine höchst nötige Ruhepause am Tag und in der Nacht vom 12. September gegönnt. Niemand genoß diese Ruhepause mehr als Unteroffizier Karl Missy, der in seinem Lazarettbett in Woolwich ein hilfloses Ziel für die Bomben seiner »lieben Kameraden« darstellte. Sie trafen das Arsenal von Woolwich nahebei, und Bomben regneten auch auf die Docks jenseits des Flusses.

Wenn die Sirenen heulten, erhielt jeder Gefangene drei Zigaretten. Sie rauchten eine bei jedem Alarm, doch zuletzt wurden sie ihnen ständig zu knapp. Täglich heulten jetzt die Sirenen, und zwischen dem Krachen der Bomben konnten sie das Pfeifen der herabstürzenden Maschinen hören. Ob Bomber, Jäger, Me 109 oder Spitfire konnten sie am Geräusch der Motoren hören.

Es kamen noch weitere Kriegsgefangene. Missy traf auch mit Kameraden aus seiner ehemaligen Einheit zusammen, dem KG. 26, das am Vortag schwer mitgenommen worden war. Das Ziel sei, erklärten die Neuangekommenen, durch Bombardierung den Hafen von London mit gesunkenen Schiffen zu blockieren und ihn damit unbenutzbar zu machen. Und wie immer: die Invasion stünde nun unmittelbar bevor. Hitler wäre schon bald in London, dann würden sie frei sein.

»Im Bett zu liegen mit dem Risiko, von unseren eigenen Bomben getötet zu werden, war nicht angenehm«, sagte Karl Missy. »Ich wußte, wie wirkungsvoll deutsche Bomben sein konnten; wenn sie uns träfen, würde nicht viel übrigbleiben.« Während der Ruhepausen fragten Karl und seine Freunde sich mit erzwungenem Humor: »Warum kommen sie denn nicht? Ein paar müssen doch noch übrig sein.« Und als die Zeit verstrich, gewöhnte Karl Missy sich auch an die Furcht.

Nicht so die Lazarettwachen. Sobald die Sirenen heulten, stürzten fünfzig Soldaten in die Krankensäle; jeweils einer am Kopfende jedes Bettes. Wenn die Bomben näher und näher fielen, krochen einige von den Wachen unter die Betten. Missy lehnte sich dann heraus und fragte: »Wie geht's da unten?« Und ein Schwall von Flüchen kam unter dem Bett hervor. Die Krankenwärter waren ohnehin im Luftschutzkeller verschwunden. Nur die Schwestern harrten aus.

Es war das gleiche im General Hospital in Croydon, wo ich lag, fünfzehn bis zwanzig Kilometer von Karl Missy entfernt. Hier fielen die Bomben nicht so dicht, aber wir bekamen auch unser Teil. Unfähig zu gehen und ans Bett gefesselt, war ich maßlos erschrocken. Die Schwestern waren immer wunderbar ruhig und schoben unsere Betten vom Fenster weg, nicht ohne Grund, denn manchmal zersplitterten die Scheiben. Und die Mädchen kamen und hielten uns die Hand und sagten, wir brauchten keine Angst zu haben, uns, die wir doch als Kriegshelden galten. Im Lazarett waren die Rollen vertauscht.

Pyers Worrall, Bill Millington und ich schlugen, in einem großen Krankensaal liegend, die Zeit tot. Bill schrieb seiner Schwester Eileen in Sydney. »Ich kann das Lazarett durchaus empfehlen ... die Schwestern sind phantastisch. Die meisten Splitter in meinem Schenkel sind entfernt worden. Die übrigen werden eventuell herausheilen.« Bills Brief sollte seine Schwester erst erreichen, als er das Lazarett schon verlassen hatte und wieder in seine Spit geklettert war, um nicht mehr zurückzukommen, und er traf gleichzeitig ein mit einem anderen, aus dem Juni datierten Schreiben:

Meine lieben Eltern,

ich habe Miss MacDonald, die ganz besonders freundschaftlich und freundlich zu mir war, gebeten, diese paar Zeilen für Euch zu verwahren. Die Möglichkeit, dieses Leben ein wenig hastig verlassen zu müssen, ist immer gegeben. Ich gehe leichten Herzens in den Kampf, entschlossen, mein Weniges für die edle Sache beizutragen, für die mein Land im Kampf steht. Nachdem ich es von allen Seiten bedacht habe, bin ich überzeugt, daß Freiheit und Demokratie am Ende sich siegreich bewähren werden.

Als Brite bin ich stolz auf mein Land und sein Volk, stolz unter dem Union Jack zu dienen und sehe es als ein Vorrecht eines Engländers an, für all das zu kämpfen, was das Leben lebenswert macht – Freiheit, Ehre und Fair play.

Für allen Kummer und Ärger, den ich verursacht habe, bitte ich aufrichtig um Verzeihung. Doch bitte weint nicht über mein Hinscheiden. Die Fliegerei war für mich immer sehr viel mehr als ein Existenzmittel. Die Kameradschaft mit Männern und Jungens, die die gleichen Interessen teilen, den Rausch der Schnelligkeit, die freie Luft, die ins Gesicht peitscht und die regelmäßigen Takte des Motors lassen im Tiefsten meines Wesens irgendwelche Saiten erklingen, wie es nicht zu beschreiben ist.

Lebt wohl

Euer Euch liebender Sohn
Bill.

7

Am 13. September zog sich Hitler vor dem Mittagessen mit Reichsmarschall Göring in sein düsteres Arbeitszimmer in der Reichskanzlei zurück. Er war in Verlegenheit: die Zeit verstrich, und er
mußte sich endlich entscheiden: für oder gegen die Invasion. Das
ganze Volk wartete darauf. Goebbels hatte öffentlich einen Tag
für den Sieg festgesetzt, und der Großdeutsche Rundfunk plärrte
unaufhörlich den ganzen Tag: *Denn wir fliegen gegen England* und
Bomben auf En-ge-land, so daß die Hörer in Erwartungsfieber versetzt waren. Der Oberbefehlshaber des Heeres, von Brauchitsch,
hatte bei einer Inspektion der Invasionstruppen am 10. September
die Leute brennend vor Ungeduld, daß es endlich losginge, gefunden. Die Matrosen der Kriegsmarine standen in Bereitschaft, in See
zu stechen. Doch Hitler wartete noch. Um nichts in der Welt wollte
er einen Mißerfolg riskieren; er wäre für Deutschlands Prestige zu
verhängnisvoll gewesen. Er sehnte sich danach, von dieser schrecklichen Verlegenheit erlöst zu werden: Invasion, ja oder nein?
Göring sprach jetzt. Der Führer könne ihm alles überlassen. Die
R.A.F. verfüge überhaupt nur noch über 50 Spitfires. England sei
offensichtlich schwer angeschlagen. Die Bombardierung von London
habe eine furchtbare Wirkung gehabt. Der Beweis: alle Flak-Ein-
heiten wären in der City zusammengezogen. Die Nerven der
Engländer seien bis zum äußersten gespannt. Das Wetter hatte wie
gewöhnlich manches gehemmt; doch noch vier oder fünf Tage, und
die Luftwaffe würde es geschafft haben.
Hätte Göring seinem »persönlichen Kommando«, das er stolz übernommen hatte, mehr Zeit gewidmet, statt in Dünkirchen zu pick-
nicken und in Paris einzukaufen, dann hätte er so rosarote Ge-
schichten nicht erzählt. Doch so belebte er Hitlers Phantasie und
bestärkte ihn in seiner Hoffnung auf einen raschen Zusammenbruch
Englands. Hitler und Göring waren ein Herz und eine Seele, als
sie sich zum Essen begaben, das zu Ehren der neu ernannten General-
obersten gegeben wurde. Zu zwanzig setzten sie sich an den runden
Tisch in dem großen, mit roten Teppichen ausgelegten Speisesaal
mit seinen Säulen aus rotem Marmor und seinen weißen Wänden.
Während dieses Empfangs, der von einem großen Deckengemälde

Aurora in Wolken überwölbt wurde, äußerte Hitler sich, nach Halders Darstellung, höchst optimistisch. In der derzeitigen günstigen Luftlage habe er nicht die Absicht, das große Risiko einer Landung in England einzugehen. Jodl hatte den Eindruck, daß der Führer beschlossen hatte, »Seelöwe« ganz aufzugeben.

Dann lag alles bei Göring. Doch der Luftwaffenadler pickte an diesem Tag an England nur mit Angriffen auf Ziele wie den Buckingham Palace, Dowding Street und Chelsea Hospital – ohne daß er etwas anderes bewirken konnte, als den englischen Widerstand nur noch zu verstärken. Die Verluste in der Luft waren auf beiden Seiten unerheblich. Aber während in der Nacht die Royal Navy Schiffsbewegungen bei Ostende, Boulogne, Dünkirchen und Calais mit ihren Schiffsgeschützen beschoß, donnerten die R.A.F.-Bomber in voller Stärke heran und versenkten achtzig Landungskähne bei Ostende.

Am selben Abend feierte Douglas Bader. Leigh-Mallory hatte ihm telefonisch zu der Verleihung des Distinguished Service Order gratuliert. Er setzte hinzu: »Zwei weitere Staffeln, die 302. und 661. werden morgen zu Ihrer Einheit stoßen.« Das war für Bader sehr viel wichtiger als der Orden.

Wenn Göring es verstand, seinen Führer zu beruhigen, hatte Raeder mit seiner Verachtung für den Reichsmarschall und seinem heillosen Respekt vor der Royal Navy die entgegengesetzte Wirkung. Raeder nahm an dem Essen vom 13. September nicht teil, als Hitler »Seelöwe« in einem Anflug von Hochstimmung wegen des Luftkriegs über Bord warf. Nun war der Großadmiral dabei, den Zauber zu brechen, den Göring über seinen geliebten Führer geworfen hatte. Am 14. empfing Hitler um 15 Uhr ihn neben von Brauchitsch und Jeschonnek, da Göring zurück zum Pas-de-Calais gefahren war. Kurz vor der Besprechung händigte Raeder dem Führer ein Memorandum aus. Es begann: »Bei der gegenwärtigen Luftlage läßt sich die Operation [Seelöwe] nicht durchführen ...« Das besagte, daß die Luftwaffe nicht das leistete, was Göring in rosigen Berichten vorgegeben hatte. »Indessen«, fuhr der Großadmiral fort, »ist es unerläßlich, auf das Unternehmen ›Seelöwe‹ nicht zu verzichten.« Der Führer stand wieder vor dem Dilemma. Die Invasion, die er am Vortage so wohlgemut beiseitegeschoben hatte, tauchte abermals auf. Halder notierte: ».. . Erfolgreiche Landung mit folgender Besetzung würde Krieg in kürzester Frist beenden.« Man wollte sich nicht beeilen, aber ».. . lange Dauer des Krieges nicht erwünscht...« Mit anderen Worten, England mußte säuberlich ausgeschaltet werden, und die Chancen dazu waren gestiegen. Englands Hoffnung auf russische Hilfe hätte sich nicht verwirklicht; Amerikas Aufrüstung werde sich erst 1945 voll auswirken.

Allem Anschein nach sei England in der Klemme. Hitler fuhr fort: Die schnellste Antwort wäre, in England zu landen. Die Kriegsmarine sei bereit (es mußte Raeder einen Schauer über den Rücken jagen!); die Küstenartillerie sei in Stellung gebracht; ».. . Einsatz der Luftwaffe über jedes Lob erhaben. Vier bis fünf Tage gutes Wetter... Chance, den Engländer total niederzuringen, groß«. Schon jetzt sei die Auswirkung furchtbar, doch für den totalen Sieg seien diese vier oder fünf Schönwettertage nötig. Die gesamte britische Flak sei in London zusammengezogen. Der Gegner sei schon schwer angeschlagen. So plapperte Hitler Görings Predigt nach.

Doch es gäbe eine Schwierigkeit. Der Feind schlage noch immer zurück. Die feindlichen Jäger seien noch nicht ausgeschaltet. Die deutschen Berichte über Erfolge gäben kein ganz zuverlässiges Bild. Nach diesem Hieb auf Göring resümierte Hitler: ».. . die Voraussetzungen für ›Seelöwe‹ sind noch nicht gegeben.«

Nicht, daß irgend jemand an der Spitze die Hoffnung verloren hätte. Der Tagesbefehl Nr. 1 der Armee-Gruppe A für die Durchführung von »Seelöwe«, war an diesem Tag nicht von General von Rundstedt, ihrem Kommandeur, der von »Seelöwe« nicht das mindeste hielt, sondern von General Busch unterschrieben, dessen 16. Armee die schwierigste Aufgabe hatte: einen Brückenkopf von Folkestone bis Worthing zu schaffen. Der Befehl war gleichzeitig auch von Admiral Günther Lütjens, dem Marinebefehlshaber in Boulogne, unterzeichnet.

Hitler hegte immer noch Hoffnung: »Auch wenn Lufterfolge erst in zehn bis zwölf Tagen eintreten, können auf englischer Seite noch hysterische Massenerscheinungen auftreten.« Die Vorstellung packte zwar Jeschonnek, doch er bat, anderer Meinung sein zu dürfen. »Der materielle Erfolg übersteigt unsere Erwartung«, sagte er, aber Massenpanik habe es bisher noch nicht gegeben, weil Wohnviertel noch nicht angegriffen und zerstört worden seien. Tausende von

Toten und Verwundeten in der einen Woche der Angriffe auf London war für diesen rachedurstigen Krieger noch nicht genug. Er forderte freie Hand für Angriffe auf Londoner Wohnviertel, notierte Halder.

Sogar Raeder, der als ein aufrichtiger, gottesfürchtiger Seemann galt, befürwortete diesen Vorschlag wärmstens. *Gott mit uns.* Man zerbombe lieber wehrlose Frauen und Kinder alle Tage, als den Hals bei dem wahnsinnigen Abenteuer »Seelöwe« zu riskieren! Doch Hitler zögerte. Was würden die Neutralen von der deutschen Kultur denken? Er stimmte halb zu, militärische Ziele müßten unbedingt den Vorrang haben: »Als Letztes [erst] muß die furchtbare Drohung des Bombenwurfs auf die Bevölkerung bleiben.« Inzwischen könne man ja mit den danebengehenden Bomben rechnen und auch durch sie einen gehörigen Blutzoll unter britischen Zivilisten erwarten.

Doch bei all diesem deutschen Gerede von Massenhysterie und von Englands Zusammenbruch sahen die Briten die Dinge ganz anders an: »Die Angriffe waren für uns eine Atempause, die wir höchst nötig hatten«, schrieb Winston Churchill über die Offensive der Luftwaffe gegen London, die das Feuer von den Basen der englischen Jäger abzog.

Das Ergebnis dieser lebhaften Aussprache in der Reichskanzlei an diesem Tag war ein Führerbefehl an die Luftwaffe, die Angriffe fortzusetzen. »Die Luftangriffe gegen London sind fortzusetzen. Das Zielgebiet ist zu erweitern.« Raeder, skeptisch wie immer, warf ein, da die Situation in der Luft sich nicht vor dem 17. ändern werde, könnte der Termin für die Landung – der 27. – auf den 8. Oktober verschoben werden. Von Brauchitsch regte eine Landung unter Einnebelung an, wenn die Luftwaffe nicht genügend Unterstützung geben könne. Doch da der Großadmiral ihn wieder auf den Invasionsplan gebracht hatte, wollte Hitler dabei bleiben. An diesem Tag, dem 14. September, hatte die R.A.F. sich wieder bemerkbar gemacht. Bilanz vierzehn Verluste. Aber Geduld! Noch vier oder fünf Tage, vier jedenfalls ... »Neuer Befehl ergeht am 17. September. Alle Vorbereitungen sind weiterzuführen«, befahl Hitler. Die Invasion stand weiterhin an. Mochte Hermann Göring inzwischen lustig weitermachen. Die Luftwaffe stand auf ihren Fliegerhorsten startbereit zu ihrem schwersten Einsatz.

Der Großadmiral war weniger hoffnungsvoll; in dieser Nacht hatte er mit heftigen R.A.F.-Angriffen von Antwerpen bis Boulogne fertig zu werden. »In Antwerpen beträchtliche Verluste ...«

Am 14. um 13 Uhr unternahm der Oberbefehlshaber der britischen Jagdflieger eine Inspektionsreise zu seinen Tag- und Nachtjägerstaffeln. Dowding wußte besser als irgend jemand in England, einschließlich Churchill, wie Englands Chancen zum Überleben standen, da sie zuerst und vor allem von ihm und seinen »Jungens« abhingen. Dowding war der Stratege. Er führte die Schlacht nach weit voraus festgelegten Plänen, während er die Entscheidungen, die jeder Tag mit sich brachte, seinen Gruppenkommandeuren überließ. Nicht vor Mittag des 15. kehrte er nach Stanmore in sein Hauptquartier zurück.

Immer würde sich Vizeluftmarschall Keith Park an diesen 15. September erinnern als an »einen jener Herbsttage, an denen die Landschaft ihren ganzen Reiz entfaltet«. Außerdem war es der Geburtstag seiner Frau, doch – er entschuldigte sich bei ihr dafür während des Frühstücks – er war in letzter Zeit so gehetzt gewesen, daß er vergessen hatte, ihr ein Geschenk zu kaufen. Mrs. Park trug Uniform, sie gehörte als Chiffrierungsoffizier zum Stab ihres Mannes. In diesem Kampf auf Leben und Tod, den England führte, war eine Atmosphäre von Häuslichkeit immer gegenwärtig.

Mrs. Churchill begleitete den Premierminister bei dem kurzen improvisierten Besuch, den er Park im HQ der 11. Gruppe in Uxbridge an diesem Morgen um 10.30 Uhr machte. Er meinte, das Wetter sei für den Feind günstig. Tatsächlich sollte Churchill im Operationsraum mit seinen aufflammenden bunten Lämpchen und den ebenfalls bunten Jetons auf dem Kartentisch, die schweigend hin und her geschoben wurden, Zeuge einer der Entscheidungsschlachten des Zweiten Weltkrieges werden. Wie Waterloo fand sie an einem Sonntag statt. Park führte seine Besucher in die »Höhle«, den unterirdischen Operationsraum der 11. Gruppe. »Alle seine Einrichtungen und Anlagen waren auf den höchsten Stand der Vervollkommnung gebracht – und jetzt verschmolz alles zu einem höchst kunstvollen Kriegsinstrument, desgleichen nirgends auf der Welt vorhanden war.« So Churchill.

Auf der anderen Kanalseite wurde die Schlacht von Kesselring am Cap Blanc-Nez und von Sperrle in Deauville kommandiert, während Göring als »persönlicher Oberbefehlshaber« in seinem Zug *Asia* in Boulogne saß. »Unsere Piloten und unsere Besatzungen haben wiederholt gefühlt, daß der Sieg in Reichweite war«, schrieb Oberst Werner Kreipe von Sperrles Stab. Und niemals so nahe wie an diesem sonnigen Morgen. Für Göring mußte er die Krone des Ruhmes bringen; da London in Trümmer fiele und die Engländer an der Schwelle zur Massenhysterie ständen und nur noch eine Handvoll englischer Jäger übrig seien, müßte heute der letzte Schlag gelingen.

Es war 11 Uhr morgens, und die Radarstationen belebten sich. Unteroffizier Daphne Griffiths meldete von Rye:

»Hallo, Stanmore? Feind 6 in 18 km Entfernung. Höhe 5000.«

»Wieviel, Rye?«

»50 oder mehr. Kommen rasch näher. Wiederholen Sie ...« kam Daphnes ruhige Stimme über den Draht zum Einsatzleiter in Stanmore.

Nun konnte sie schon die Armada droben hören, ein pulsierendes Dröhnen, das den ganzen Himmel erfüllte. Unteroffizier Syd Hempson, der draußen gewesen war, um zu beobachten, stürzte herein:

»Das war das Schönste, was ich je gesehen habe! Unsere Jäger kamen von oben herunter und rasten einfach quer durch den Haufen.«

Die riesige Zahl von Kampfgeschwadern, flankiert von Me 110 Zerstörern und hochgestaffelt bis zu den Jagdgeschwadern von Galland, Mölders und Trautloft, die bis zu 5000 m darüber schwärmten, mußten von diesem Augenblick an, als sie die Küste überquerten, um ihr Leben kämpfen.

Im unterirdischen Operationsraum der 11. Gruppe beobachtete Churchill schweigend, wie der Einsatzleitoffizier, Oberstleutnant Eric Douglas-Jones, zwölf Staffeln starten ließ. Während diese zwölf den Feind auf dem ganzen Weg nach London bekämpften, lagen zwölf weitere Staffeln in Reserve, und Douglas-Jones forderte bei der 12. Gruppe Verstärkung an. Siebzehn Staffeln englischer Jäger: zweihundert Maschinen!

Baders Einheit von fünf Staffeln traf auf die Bomber über dem südlichen Randgürtel von London, als sie sich schon aufgelöst hatten. »Das größte Schlachthaus, in das ich je geraten bin«, nannte Bader es. Vom Wirbel der angreifenden Jäger gepackt, war der Feind nicht mehr in der Lage, genau zu zielen oder die Aktion zu koordinieren. Die Bomben fielen kilometerweit über Londons südliche Vorstädte, von Tooting bis Lambeth, von Lewisham bis Kensington. Leute, die aus der Kirche kamen, suchten Unterschlupf. In 8000 m Höhe fragte Trautloft sich: »Wer würde glauben, daß es Sonntag ist, wenn's das Radio nicht angesagt hätte?«

Eine schwere Bombe traf den Buckingham Palace, eine andere fiel auf den Rasen davor. Droben feuerte Feldwebel Holmes von der 504. Staffel auf eine Dornier; sie explodierte und brachte seine Hurricane ins Trudeln. Während das Wrack der Dornier das Dach der Victoria Station durchschlug, ging ihre Besatzung mit dem Fallschirm auf dem ovalen Kricketplatz von Kennington nieder. Holmes Fallschirm setzte ihn weniger gnädig in einem Müllkasten in Chelsea ab. Die Töchter des Hauses zogen ihn heraus, umarmten und küßten ihn.

Für Red Tobin von der 609. Staffel war es der härteste Tag, den er je erlebte. Red beschoß eine Me 109, »einen von den Vögeln mit gelbem Schnabel«; nachdem er dann eine Dornier südlich von London hinabgeschickt hatte, sah er eine Spitfire brennend abtrudeln. »Ich sagte mir, hoffentlich ist es nicht Jeff!« Jeff Gaunt war einer seiner besten Freunde. »Und wenn doch, dann wird er in einen besseren Himmel kommen.«

Wie in allen Schlachten vermischte sich auch hier Tragisches mit Komischem. Während Jeff – denn er war es – zu Tode stürzte, fiel ein Teil von einer zerschossenen Dornier – notierte der Tagebuchschreiber der 609. Staffel – in Pimlico genau vor einer Kneipentür nieder, zur größten Freude des Kneipenwirts und seiner Frau.

Ein paar Kilometer von Pimlico entfernt, schickte ich mich gerade an, das Lazarett zu verlassen. Der Adjutant Tim Moloney hatte zu mir gesagt: »Beeilen Sie sich mit der Genesung. Wenn Sie nicht in drei Wochen zurück sind, schickt man uns einen neuen Staffelkapitän!« Drei Wochen wären am 21. um. Die Krücken hatte ich schon fortlegen können, und mit einem Bein und dem Stock konnte ich schon herumhumpeln.

Sieben Jahre waren seit dem Tag verflossen, an dem mein Fluglehrer Poyntz Roberts zu mir gesagt hatte: »Vorwärts, flieg los!« Und dann war ich zum erstenmal allein von der Erde aufgeflogen. Meine ganze Leidenschaft galt der Fliegerei. Niemals hätte ich geglaubt, daß sie mich in dieses Leichenhaus bringen werde, wo die meisten meiner Freunde nun verbrannt und verstümmelt lagen. Und doch blieben die ewige, unbefleckte Reinheit des blauen Himmels und das Bewußtsein, zu sterben für ein Land, das wir liebten, das uns ernährt hatte und das uns seinen herrlichen, unbezähmbaren Geist schenkte.

Mit dem Rand des Absatzes – am heilen Fuß – auf dem Gashebel meines Wagens, verließ ich Croydon, während die Sirenen zum zweitenmal an diesem Tag heulten. Ich fuhr durch Surrey und über den Hog's Back nach Sussex. Und in diesen wenigen Stunden wurde mir voll bewußt, warum dieses Land sich nicht beugen würde. Es war in sich völlig gefestigt. Seine Geschichte und sein Reichtum lagen in den Dörfern eng beieinander: mit ihren bestellten Feldern, mit ihren Obstgärten und alten Kirchtürmen. Fünf Jahrhunderte waren vergangen, seit Geoffrey Chaucer von den derb-lustigen Pilgern sang, die längs dem Hog's Back nach Canterbury zogen. Noch länger lag der Tod des Märtyrers Becket zurück, der starb, weil er seinem tyrannischen König trotzte; und noch viel länger, seitdem die rauhen, kriegerischen Sachsen sich im friedlichen Sussex angesiedelt hatten. Und beinahe neunhundert Jahre seit Wilhelm, dem letzten Eroberer. Aus Gründen, die Engländern im tiefen Innern bekannt sind, die sie aber nicht erklären können, konnte nie wieder ein Eroberer diese Insel betreten.

Neunhundert Jahre nach der Zeit des Normannen Wilhelm und einen Steinwurf weit von der Stelle entfernt, wo er landete, schaute ein junges Mädchen in hellblauer Uniform auf einen Bildschirm mit tanzenden Leuchtpunkten und begriff klarer, als Worte es ausdrücken können, warum die Eindringlinge jetzt in die Flucht geschlagen wurden. Es war Daphne Griffiths.

»Zunächst sahen wir große Verbände«, erzählte sie, »als weite, tiefe, ständig flackernde Echos, die langsam, beinahe majestätisch, von rechts nach links über die Bildfläche zogen ... Die Pulks, die östlich und nördlich von uns einfielen, wurden an Intensität immer schwächer, bis sie gänzlich verblaßt waren, die anderen jedoch, die sich Dungeness näherten, wurden immer deutlicher, bis die Echos bis zu 10 oder 12 cm unter der Meßlinie pulsierten. Die Röhre war im Maßstab von etwa 1:15 justiert und blieb es, während unsere Jäger den Verband auseinandertrieben und – nachdem sie viele zerstört hatten – die Überreste aufgelöst nach Hause schickten.

Vom unteren Streifen tauchte ein einzelnes Echo auf, dann ein anderes, dann drei, weitere zwei, ein anderes ... Für viele von ihnen sank die abgelesene Höhe, sank, sank und fasziniert sahen wir das Echo verblassen und dann verschwinden – im Meer, wenigstens hofften wir es.«

Eine Stunde später kam der Feind in noch größerer Zahl zurück. Diesmal blickte Daphne in den Himmel hinauf, mußte die Augen dabei aber gegen das grelle Licht schützen. »Das Schauspiel war unvergeßlich ... Ein dichter Schwarm von schwarzen Insekten kam auf mich zu, jedes zog einen kilometerlangen weißen Streifen hinter sich her. Ich konnte meine Augen von den wundervollen Kondensstreifen nicht abwenden.«

Um dem zweiten Angriff zu begegnen, der noch massierter war, ließ die 11. Gruppe dreiundzwanzig Jagdstaffeln aufsteigen und ersuchte die 10. Gruppe, ihr drei weitere zu schicken. Insgesamt etwa 310 Jäger. Winston Churchill war sich klar darüber, daß keine einzige Staffel mehr in Reserve lag. »In diesem Augenblick rief Park Dowding in Stanmore an und ersuchte darum, ihm drei weitere Staffeln zur Verfügung zu stellen.« Einen Augenblick später waren 370 britische Jäger aufgestiegen. Irgendwo über London stieß das JG. 27, das die Dorniers des KG. 76 eskortierte, auf einen großen Haufen von ihnen, und Oberleutnant Ludwig Franzisket rief unwillkürlich aus:

»Jungens, da kommen sie, die letzten fünfzig Spitfires!«

Denn nach den offiziellen Angaben war mehr von der R.A.F. gar nicht übrig.

Die Dorniers, die Baders Einheit der 12. Gruppe mit sechzig Jägern abfing, flogen sehr viel höher als er. Seine beiden Spitfire-Staffeln erreichten sie zwar; doch über seine drei Staffeln Hurricanes fielen die Me 109 von oben her und zerstreuten sie. Bader war krank vor Wut. »Wieder zu spät losgeschickt!«

In gewissem Sinn hatte er recht. Aber die Unhandlichkeit seines *wing*-Verbandes war ebenfalls schuld. Bob Tuck stieg an diesem Nachmittag mit einem Verband, der aus nur drei Staffeln der 11. Gruppe bestand (32 Maschinen), in Debden auf. Doch als er auf die Bomber stieß, blieb ihm nur ein kleiner Pulk von acht Maschinen, die übrigen waren noch nicht hoch genug. Das war unvermeidlich. Größere Jägerverbände brauchten länger, um zu steigen und sich zu sammeln als ein kompaktes Dutzend. Bereits ein, zwei Staffeln waren langsamer. Zeit aber war ein entscheidender Faktor beim Kampf; der Ausgang der Schlacht konnte von wenigen kurzen Minuten abhängen. Während Park auf dem Einsatz-Leitstand auf und ab ging und mit wachsamem Auge jede Bewegung der bunten Jetons beobachtete, wurde Churchills Aufmerksamkeit von einem jüngeren Offizier abgelenkt, der neben ihm saß und mit ruhiger, eintöniger Stimme die Befehle seines Gruppenkommandanten übertrug. Es war John Willoughby de Broke. Nachdem er die Leitung der Warwickshire Hounds für das Kommando einer Hilfsstaffel aufgegeben hatte, stand er jetzt in der vordersten Linie bei einer der entscheidensten Schlachten der Weltgeschichte. Seine Aufgabe kam ihm vor wie »eine ruhmvolle Schachpartie, nur sehr viel packender und verantwortungsvoller, weil ein falscher Zug den nicht wiedergutzumachenden Verlust von Leben unter den Jagdfliegern kosten konnte und Schäden an den Docks, Flugplätzen und Fabriken oder in den Straßen unserer Städte«. Er war Offizier vom Dienst gewesen, als einmal der Premierminister mit seiner Sekretärin gekommen war. »Genau das wird der PM mögen!« erklärte sie ihm. »Ich habe manchmal das Wochenende mit ihm verbracht, indem wir auf dem Teppich der Bibliothek mit Bleisoldaten die Schlacht bei Blenheim [Höchstädt] rekonstruierten.«

Die Jetons auf dem Operationstisch waren ein bißchen das gleiche; ebenso die buntfarbigen Lampen, die aufflammten und wieder erloschen. Die roten Glühbirnen zeigten an, daß nahezu alle Staffeln der 11. Gruppe in die Kämpfe verwickelt waren. Churchill, der bisher kein einziges Wort gesagt hatte, merkte Parks Nervosität und fragte: »Was für Reserven haben wir noch?« – »Keine«, erwiderte Park bündig. Genau vier Monate vorher hatte Churchill dieselbe Frage am Quai d'Orsay in Paris dem französischen General Gamelin gestellt und dieselbe Antwort erhalten. England konnte seinen Sternen danken, daß Park die Dinge besser im Griff hatte als der ängstliche französische General.

In Boulogne wartete Göring in seinem Zug *Asia* nervös auf günstige Meldungen. Christa Gormanns kam und ging mit Pillen, um seine fieberhafte Unruhe zu besänftigen. Gerade als im Operationsraum der 11. Gruppe die roten Lampen anzeigten, daß alle Staffeln Parks fast restlos im Einsatz waren, bemerkte Görings Adjutant, Hauptmann Bernd von Brauchitsch:

»Sie müssen doch nun am Ende Ihrer Reserven sein. Der heutige Angriff müßte den Schlußpunkt setzen.«

Halb und halb hatte er recht. Doch rote Lampen brannten in diesem Augenblick ebenso auch in den Cockpits der deutschen Me 109. Brennstoff wurde knapp. Es blieb den deutschen Jägern nichts anderes übrig als schleunigst umzukehren und heimzufliegen. Die kleine rote Lampe war der Alptraum der Me 109-Piloten. Galland hatte einmal zwölf Maschinen seines Jagdgeschwaders während eines einzigen Fluges verloren; da ihnen der Brennstoff ausgegangen war, hatten sie notlanden oder wassern müssen. Johannes Janke verlor fast die gesamte 4. Gruppe des JG 51, weil sie mit ihren Bombern getreu bis zum Schluß über den Wolken kreuzten, bis sie gerade noch Zeit hatten, zur französischen Küste zurückzukommen, wo vierzig von ihnen am Strand und auf nahen Feldern eine Bruchlandung machten.

Mit verbissenem Mut setzten die Luftwaffengeschwader trotz der britischen Jäger und eines Gewitters von Flakbeschuß ihren Weg fort. Sie ließen ihre Bomben auf das schon schwer geprüfte East End hinabpfeifen, doch wie am Vormittag waren Treffsicherheit und Konzentration bei derartigem Widerstand nicht möglich.

Nur zwei Einheiten kamen ohne allzu große Verluste davon: die Heinkel des KG 55, die während des Tumults über London unbemerkt einflogen – und ergebnislos die Dockanlagen von Portland bombardierten –, und die Erprobungsgruppe 210, die im Sturzflug auf die Supermarine-Werke in Southampton niederging, aber das Ziel dank des Abwehrfeuers der britischen Flak verfehlte.

General Albert Kesselring erschrak über die Meldungen, die in seinem HQ am Cap Blanc-Nez eintrafen; er rief *Asia* an und sagte zu Göring:

»In diesem Tempo können wir nicht weitermachen. Wir geraten unter die Sicherheitsgrenze.«

Als Churchill nach Chequers zurückkam, fühlte er sich von dem »Drama« der 11. Gruppe erschöpft und erwachte aus seinem Nachmittagsschlaf erst um 20 Uhr. Sein Erster Privatsekretär John Martin kam mit den Abendnachrichten: Irrtümer, Verzögerungen, unbefriedigende Antworten, schlimme Schiffsverluste im Atlantik...

»Immerhin«, sagte Martin, »ist das alles von den Fliegern wieder gutgemacht worden. Wir haben 183 abgeschossen bei weniger als 40 eigenen Verlusten.«

Die Eigenverluste der R.A.F. waren sechsundzwanzig, aber ihre angegebenen Abschußzahlen waren eine phantastische Übertreibung, ein Phänomen, das man bei schweren, räumlich ausgedehnten Kämpfen stets bemerken konnte. Die 12. Gruppe zum Beispiel meldete zweiundfünfzig Abschüsse – nur vier weniger als die Gesamtsumme von sechsundfünfzig zerstörten Maschinen der Luftwaffe, obwohl dreißig Staffeln im Kampf gewesen waren. Zum Glück für England dienten solche Übertreibungen auch dazu, die Stimmung der Öffentlichkeit zu heben. Aber die Londoner *Times,* die sich nicht so leicht hinreißen ließ, schrieb: »Die Zahlen geben Anlaß für eine nüchterne Befriedigung.« Und Dowding ließ sich von Abschuß- und Verlustziffern nie beeinflussen, für ihn zählten allein harte Tatsachen. An diesem Tag sprachen sie für sich selbst. Winston Churchill nannte den 15. September »den entscheidenden Tag«.

Die Luftwaffe mußte der bitteren Wahrheit ins Gesicht sehen. Hitler und Göring hatten auf diesen Tag große Hoffnung gesetzt, doch bei einem mächtigen Angriff von über 1300 Einsätzen war die Luftwaffe von einer Streitmacht geschlagen worden, die sie praktisch für erledigt gehalten hatte. Die Verluste waren höher als in den ganzen letzten vier Wochen.

Natürlich gab man wieder den unseligen Jägern die Schuld. Bomberbesatzungen beklagten sich bitterlich, von ihrem Begleitschutz im Stich gelassen worden zu sein, so daß sie den britischen Jägern auf Gnade und Ungnade ausgeliefert gewesen wären. Den britischen Jägern, die nach allen Meldungen doch aufgehört hatten zu existieren! Der Luftwaffenmajor beim OKW meldete »ausgedehnte Luftkämpfe und große Verluste wegen mangelnden Jägerschutzes«. Das OKL meldete: Die schweren Verluste seien darauf zurückzuführen, daß die britischen Jäger auf dem Heimweg in kleinen Gruppen und ohne Jagdschutz fliegende Bomber angegriffen hätten. Die Operationen des Tages seien ungewöhnlich verlustreich gewesen.

In der Nacht waren die Bomber der R.A.F. tätig: »Starke feindliche Luftangriffe auf gesamtes Küstengebiet zwischen Le Havre und Antwerpen« meldete die Kriegsmarine und sandte ein SOS für stärkeren Flakschutz aus.

Außer sich vor Wut und Enttäuschung berief der Oberbefehlshaber der Luftwaffe am 16. September die Chefs seiner Luftflotten und Fliegerkorps nach Boulogne. »Unsere Jäger haben versagt«, bellte Göring, puterrot im Gesicht. »Onkel Theo« Osterkamp gab Kontra: »Wenn wir wie Kettenhunde an die Bomber geschmiedet sind, attackieren uns die britischen Jäger in immer größerer Anzahl.« – »Gerade das wollen wir ja!« schrie Göring, der noch immer an dem vergangenen Ruhm des »Richthofen-Zirkus« hing. »Dann können wir sie abschießen.« »Onkel Theo« wußte, daß alles Reden umsonst war.

Die Absicht bei Görings Angriffen auf London war, die übriggebliebenen englischen Jäger in die Luft zu zwingen und sie abzuschießen. Doch die Luftwaffe hatte bei weitem mehr einkassiert, da sie 190 Maschinen verloren hatte gegen 120 britische Jäger. Die Situation des Oberkommandos der britischen Jagdflieger hatte sich gebessert, doch Göring wollte es einfach nicht sehen. Zunächst machte er das schlechte Wetter verantwortlich; dann behauptete er zu Unrecht, daß alle verfügbaren Jäger und die gesamte Flugabwehr um London zusammengezogen seien. Wenn es dem Gegner nicht gelang, London zu verteidigen, wäre es ein großer Erfolg. »Wir können seine Hauptstadt zerstören, folglich sollten wir darauf unsere ganze Anstrengung verwenden, so daß er nach vier oder fünf Tagen weiterer schwerer Verluste am Ende sein muß.« Es war genau die Linie, die er am 13. September auch vor Hitler verteidigt hatte. Der Führer hatte sie ihm abgenommen und sie am 14. bei der Besprechung zu seiner eigenen gemacht. Doch nach den Leistungen der Luftwaffe am 15. hegte er einige Zweifel an Görings Versprechen.

Am Abend des 16. humpelte ich an Bord des Zerstörers H.M.S. *Viscount* in Southampton. Ich hatte mir große Mühe gegeben, repräsentativ in meiner neuen Uniform auszusehen. So kam ich mir ziemlich dumm vor, als ich den Kommandanten des Schiffs, meinen Bruder Michael, auf der Brücke in einem weißen Sweater, grauen Flanellhosen und Turnschuhen stehen sah.

»Man kann so besser schwimmen«, erklärte er mir. Das verstand
ich sehr gut, da ich ja selbst in der Nordsee einen tiefen Schluck
genommen hatte. Wir sollten uns mit drei anderen Zerstörern treffen, einer war ein Pole, und im Kanal während der ganzen Nacht
patrouillieren. Als wir in See stachen, sagte mein Bruder:
»Wenn wir sinken sollten, wird es in den nächsten fünfzehn Minuten sein. Vergangene Nacht haben sie im Hafen von Southampton
Minen abgeworfen.«
Bei hellem Mondschein durchfurchte unsere kleine Flottille still und
heimlich die ganze Nacht über den Kanal, auf der Suche nach Anzeichen für die Invasion. Vergeblich.

Hitler hatte am 17. September seine Entscheidung über »Seelöwe«
treffen wollen. Sie kam in den frühen Morgenstunden vom OKW
in einem Fernschreiben: »Wird auf unbestimmte Zeit verschoben.«
Was Göring davon auch denken mochte, diese fünf Worte drückten
für die Luftwaffe die Niederlage aus. Sowohl in der ursprünglichen
Form eines »gewaltsamen Flußübergangs« wie auch in der Taschen-
ausgabe einer verkürzten Front beim Überschreiten der Straße von
Dover, um dem zerbombten und demoralisierten Feind den Gnadenstoß zu versetzen, hing »Seelöwe«, wie Hitler immer wieder
betont hatte, von einer wesentlichen Voraussetzung ab: dem Sieg
der Luftwaffe über die R.A.F. War der errungen, konnte »Seelöwe«
starten, in welcher Form auch immer.
Bei all seinem Zaudern und Schwanken hatte Hitler darauf bestanden, daß die Vorbereitungen fortgeführt wurden, bis zu dem
durch Mond, Gezeiten, meteorologische Voraussetzungen und die
von der Kriegsmarine gestellte Forderung einer Zehn-Tage-Frist
begrenzten Termin. Bis zum 17. September hatte er auf den von
Göring seit 33 Tagen versprochenen Luftsieg gewartet, für den die
Luftwaffe vier bis fünf Tage berechnet hatte. Wahrscheinlich war
es die glühende Hoffnung des Führers, daß ein solcher Sieg jede
Opposition gegen die Invasion ausräumen werde und daß diese
selbst nur noch die Besetzung eines besiegten Landes bedeutete.
Jedoch in Übereinstimmung mit seinem Außenminister Ribbentrop
war Hitler nach dessen Worten »entschlossen, England auf dessen
eigenem Territorium zu besiegen ... er würde diesen Entschluß
auch ausführen.«

Ins einzelne gehende Pläne für eine »neue Ordnung« in England waren von den Nationalsozialisten bereits aufgestellt. Merkwürdig genug, daß gerade an diesem Tag Reinhard Heydrich, der Stellvertreter des gefürchteten Gestapo-Chefs Heinrich Himmler, der Göring haßte, einen Brief an den SS-Oberst, Professor Dr. Franz Six, schrieb; worin er ihn »kraft Vollmacht des Herr Reichsmarschalls Göring« zum Beauftragten des Reichssicherheitsdienstes in Großbritannien ernannte. »Ihre Aufgabe ist es, alle anti-deutschen Organisationen zu bekämpfen. Zu Ihrem Hauptquartier bestimme ich London.«

Professor Six, ein Intellektueller, der auf raffinierte Tötungen und wissenschaftlich ausgeklügelte Folterungen spezialisiert war, trat freilich dieses Amt nie an. Doch später machte er sich in Rußland einen Namen, wo er höhere Beamte für die SS-Einsatzgruppen zu Spezialisten für den Massenmord ausbildete.

Hitler war über Görings Versagen bei der Niederwerfung Englands schwer enttäuscht und bestellte ihn nach Berchtesgaden. Nach seinem alten Freund und Adjutanten Karl Bodenschatz war der Oberbefehlshaber der Luftwaffe recht kleinlaut, als er am 17. September mit dem *Asia* abdampfte, um seinem Führer Bericht zu erstatten.

Der immer siegreiche »größte Feldherr aller Zeiten« hatte eine Schlappe eingesteckt, die erste, die er erlebte, seit er in den letzten sechs Jahren Europa erobert und geplündert hatte. Zum erstenmal in der Geschichte war ein Tyrann durch eine entscheidende Luftschlacht um den Sieg gebracht worden. Hitler hatte die Invasion – und England verfehlt. Zwar würde er Ausflüchte machen: Deutschland habe bereits die Luftherrschaft erkämpft – absolute Superiorität sei bereits unbestreitbar – der Widerstand der englischen Jäger werde schwächer und schwächer. Ribbentrop sollte es ein paar Tage später Mussolini gegenüber vertreten, ohne die »gigantischen Vorbereitungen« zu vergessen, die für eine Landung in England gemacht worden seien. Ciano war überzeugt, daß Hitler es ernst meinte, aber seinen Optimismus teilte er nicht. »Es wird wohl ein langer Krieg werden«, notierte er.

Es kam nur daher, daß Hitler das wirklich einleuchtende Ziel nicht erreicht hatte, das er in seiner ursprünglichen Invasions-Weisung Nr. 16 festgelegt hatte: »das englische Mutterland als Basis für die Fortführung des Krieges gegen Deutschland auszuschalten«. Das schwerwiegendste Faktum in Hitlers Leben war nun, daß das englische Mutterland nicht hatte ausgeschaltet werden können. Hitlers Sicht war aber vernebelt durch seinen leidenschaftlichen Wunsch, die Russen zu vernichten. Als Raeder eine Woche später das selbstherrliche Kriegsgenie davon zu überzeugen suchte, daß der Krieg aufs falsche Geleise geriet und daß England die Hauptgefahr bleibe, »bewies« Hitler ihm das Gegenteil. Aber wenn irgend jemand die Engländer kannte, so dieser vorsichtige Haudegen, nicht aber der Gefreite.

So blieb England – wie Hitler befürchtete – intakt als ständige Drohung, als Basis für die Verlängerung des Krieges, eine Basis, von der Geleitzüge nach Rußland fuhren, eine Basis, um die Deutschen in Nordafrika zu bekämpfen, eine Basis für die R.A.F. und für amerikanische Bomber, Deutschland in ein Trümmerfeld zu verwandeln, eine Basis, von der aus die Invasion Europa von der Naziherrschaft befreien sollte – eine Basis, kurz gesagt, die ein ständiger Dorn in Hitlers Seite blieb und die sein Untergang werden sollte.

Am 17. September erklärte der britische Premierminister vor dem Parlament: »Der Kampf vom Sonntag [den 15. September] war der glänzendste und erfolgreichste, den die R.A.F. bis zu diesem Tag ausgetragen hat.« Und er fuhr fort: »Wir dürfen die Entscheidung dieser langen Luftschlacht mit nüchterner aber wachsender Zuversicht abwarten.«

Das war nicht Görings Ansicht. Er hatte nie großes Zutrauen in »Seelöwe« gehabt, aber er meinte immer noch, England mit seinen eigenen Mitteln ausschalten zu können. Es würde länger dauern, ihm seine Illusion zu nehmen. Während er am 18. September bei Hitler seine Sache vertrat, kämpften siebzehn Jagdstaffeln der R.A.F. mit einhundertneunzig Maschinen der Luftwaffe an der Peripherie von London. Diesmal waren die Briten zahlenmäßig die Überlegenen, und als Douglas Baders Einheit mit einem Verband von vierzig Bobmern fertig war, schwebten allenthalben deutsche Fallschirme herab. Soviel hatte man noch nie gesehen. Doch abermals wurden die Abschußzahlen bei dem Wirrwarr des Kampfes verdoppelt und verdreifacht. Die Einheit behauptete, dreißig Maschinen zerstört zu haben, doch gingen nur neunzehn Feind-Flugzeuge an diesem Tag verloren, Hauptsache jedoch war, daß der Feind abermals geschlagen worden war.

Die Kriegsmarine, über die Aufschub-Entscheidung vom Vortag höchst erfreut, war abermals froh, als der Befehl kam: »Das Zusammenziehen von Transportschiffen aller Art ist zu stoppen.« Am Tag darauf noch ein weiterer Befehl zur Liquidierung von »Seelöwe«: »Schiffseinheiten zerstreuen!« An diesem Tag lagen über 1000 Lastkähne in den Kanalhäfen (abgesehen von 3000 anderen Schiffseinheiten); Ende September sollten es nur noch 700 sein. Lastkähne und Motorboote wurden in Binnenkanäle und Flüsse gebracht, Dampfer und Schlepper nach benachbarten Häfen.

Ich kam am 21. September in Church Fenton, Yorkshire, an, wo die 85. Staffel auf dem Gelände verstreut stand. Die Wunde an meinem Fuß hinderte mich am Gehen, nicht aber am Fliegen. Ich brauchte nur noch den Beweis dafür zu erbringen, indem ich eine Hurricane durch alle Gangarten trieb. An diesem Tag erklärte mich der Arzt der Einheit als vollkommen fähig, das Kommando über die 85. Staffel wieder zu übernehmen.

Nach seinem Zusammentreffen mit Hitler kehrte Göring nach Paris zurück und hielt am 20. September in Sperrles HQ, im Palais du Luxembourg Kriegsrat. Der »Dicke« bestand noch immer darauf, daß seine Luftwaffe die R.A.F. bezwingen werde, doch seine Generäle fanden ihn gedämpfter und weniger überzeugend. Als *Asia* aus dem Gare du Nord dampfte, waren beide Seiten froh über die Trennung. Göring hatte es ziemlich satt, Reichsmarschall zu sein; er hatte noch ein weiteres Amt, das ihm ein weit lohnenderes Vergnügen versprach, das des Reichsjägermeisters. Am nächsten Tag brachte *Asia* ihn nach Rominten in Ostpreußen, seinem Jagdhaus, dem Reichsjägerhof, einem Blockhaus mit überhängendem Strohdach. Den Krieg von hier aus zu verfolgen würde sehr viel geruhsamer sein.

Adolf Galland, nach Mölders der zweitberühmteste Jagdflieger und Ritterkreuzträger, wurde am 25. September nach Berlin befohlen, um das »Eichenlaub« zu empfangen, das respektloserweise von den deutschen Fliegern »Blumenkohl« genannt wurde. Er hatte Gelegenheit zu einer längeren Unterredung unter vier Augen mit Hitler und drückte ihm seine Hochachtung für den Feind jenseits des Kanals aus. Die Spötteleien über die R.A.F. in Presse und Rundfunk erbitterten ihn. Er erwartete von Hitler eine barsche Zurecht-

weisung für seinen Freimut. Doch keineswegs. Hitler stimmte ihm
durchaus zu; seine große Bewunderung für die angelsächsische Rasse
habe es für ihn nur noch schwerer gemacht, in den Kampf auf
Leben und Tod mit England eintreten zu müssen, einen Kampf,
der mit dem Untergang einer der beiden Parteien enden müßte.
Wenn es Großbritannien sein sollte, würde eine Lücke zurückblei-
ben, die nicht ausgefüllt werden könne. »Die Engländer sind uns
hundert Jahre voraus.« Hitler sprach leidenschaftlich von seiner
Sympathie für das englische Volk und von seiner Bewunderung für
dessen Führer. Alle ihre angeborenen guten Eigenschaften würden
jetzt, in diesem kritischen Augenblick ihrer Geschichte, offenbar.
Hitlers großes Bedauern war es, daß er die Engländer und die
Deutschen nicht habe zusammenbringen können.
Doch seine Sympathie für die Engländer verhinderte nicht, daß
seine Bomber an diesem Tag 250 Männer und Frauen töteten oder
verwundeten, die in Filton in den Bristol Flugzeugwerken arbeiteten. Noch daß zweihundert Bomber in der Nacht London abermals
angriffen. Werner Borners Dornier war darunter; sie wurde von
der Flak getroffen und hinkte mit einem Motor nach Frankreich
zurück. Doch ehe sie die Küste erreichten, kamen Borner und seine
Kameraden in Bedrängnis.
»Abspringen!« kam der Befehl des Kommandanten. Der Bordmechaniker sprang als erster. Borner wollte folgen. Doch als er unten
das Meer sah, änderte er seinen Entschluß. Er war ein Glückskind,
denn in diesem Augenblick sprang auch der einzig verbliebene Motor wieder an, und es gelang ihnen, heil nach Arras - Saint Léger
zurückzukommen. Der Mechaniker wurde von günstigem Wind
landeinwärts getragen. Er feierte in der Nähe von Abbeville Geburtstag mit seinen Rettern. Die Bomberbesatzungen empfanden,
daß die Jäger mit Orden zugedeckt wurden, während man sie ver-
nachlässigte. Das KG. 2 beschloß daher, seinen eigenen Orden zu
stiften: eine »Kreissäge« für 80 Flüge über feindlichem Gebiet; für
100 Flüge eine graue »Melone«, für 120 einen grauen Zylinder;
über 120 einen grauen »Schornstein« mit Eichenlaub – allerdings
nicht das gleiche, das Galland verliehen bekommen hatte.

Die ständigen Nachtangriffe auf London machten Karl Missy nicht
viel Freude. Seit dem 15. September trafen weniger verwundete
Kriegsgefangene im Lazarett in Woolwich ein, und die, die ein-

trafen, erzählten, daß die Invasionsflotte wieder aufgelöst worden sei. Der Lärm der Bombenangriffe bei Tag entfernte sich mehr und mehr, und die besonderen Wachen bei Luftangriffen, die unter die Betten krochen, traten nicht mehr in Erscheinung. Jetzt, da die Tage abnahmen, glaubte niemand mehr an die Invasion, von der sie sich ihre Befreiung erhofft hatten. Nach und nach gab Karl Missy betrübt alle Hoffnung auf, bald die Dohlerstraße in Rheydt wiederzusehen.

Am 26. September lenkte Adolf Galland kein Gedanke an Bomben auf England ab. Er war völlig mit einem versprochenen Urlaubstag beschäftigt, der dem Waidwerk gewidmet sein sollte. Immer, wenn es seiner Einheit an Maschinen mangelte, schoß er ein paar Rebhühner und schickte sie Göring, um als Gegengabe ein paar Me 109 zu erbitten. Jetzt kam er als Görings Gast in den Reichsjägerhof.
Der Chef der Luftwaffe war in seinem Element, Hunderte von Meilen von der Schlacht entfernt, die die Luftwaffe so teuer an jungen Leben und kostbaren Maschinen zu stehen kam.
Als Galland eintraf, trat Göring aus dem Haus, »in einer grünen Wildlederjacke über einer seidenen Bluse mit Puffärmeln, hohen Jagdstiefeln und im Gürtel ein Jagdmesser. Er war in bester Laune ... Seine Sorgen um die Luftwaffe und die Schlacht über England schienen weggezaubert zu sein«.
Es war Brunftzeit der Hirsche; sie röhrten in den Wäldern, und Göring hatte ein Extrageschenk für Galland: einen Reichsjägermeister-Hirsch, ein kapitales Tier. Sie sprachen vom Waidwerk bis spät in die Nacht. Obwohl an diesem Abend die Luftflotte 3 einen verheerenden Angriff auf die Spitfire-Werke in Southampton flog, fiel keine Bemerkung über den Krieg im allgemeinen oder die Schlacht um England im besonderen, berichtete Galland.

Galland stand am Morgen des 27. früh auf, doch nicht so früh wie die Jäger im Pas-de-Calais. Um 8 Uhr waren sie schon im Anflug über Dungeness mit einer Gruppe Me 110 Jagdbombern. Die Jäger kämpften hart auf ihrem Weg nach London und blieben über dem Ziel, um »die Luft zu säubern« für die beiden folgenden Wellen, die aber nicht kamen, weil die britische Jagdabwehr zu heftig war.
Die Jagd am Himmel von London war erbitterter, aber weniger lohnend als die in Ostpreußen. Als die Me 109 heimkehrten und

entmutigt ihre Verluste zählten, schoß der Jäger Galland seinen Hirsch, den Göring ihm reserviert hatte. Jetzt dachte er nur noch daran, zu seinem JG. 26 zurückzukehren. Doch Göring hielt ihn zurück. Die täglichen Meldungen von den Luftflotten 2 und 3 würden gegen Abend eintreffen, und sie würden sie zusammen prüfen. So blieb Galland. Sein Gastgeber war prächtiger Laune und schickte ihn nach der Mahlzeit zu einem Spaziergang rund um den See, während er selbst sich irgendwelchem Papierkram widmete.

Zwei Stunden später brachte eine Ordonnanz Galland ins Büro des Reichsmarschalls. Er war verblüfft über die Verwandlung Görings, der beim Mittagessen gescherzt und gelacht hatte und jetzt völlig niedergeschlagen zu sein schien. Mit müder Geste wies er auf die Meldungen, die gerade eingetroffen waren. »Ich warf einen Blick darauf«, erzählt Galland, »sie waren katastrophal. Beim jüngsten Angriff auf London hatten wir größere Verluste erlitten als zu Beginn der Kämpfe.«

Die Luftwaffe hatte eine Niederlage erlitten, die fast so schwer wie die vom 15. September war: 55 Maschinen, davon 34 Jäger, 28 R.A.F.-Jäger waren verlorengegangen. Die Spitfires und Hurricanes hatten die meisten Bombergruppen aufgespalten und zurückgetrieben, ehe sie London erreichen konnten. Mehr: sie hatten den starken Jagdbegleitschutz der Deutschen überwunden. »Göring war ganz erschüttert«, sagte Galland. »Er konnte nicht verstehen, wieso unsere Verluste ständig wuchsen.« Er bat Galland, ihm reinen Wein einzuschenken. »Halten Sie vor mir nichts zurück!« So sagte Galland seinem Oberbefehlshaber alles, was er ein paar Tage zuvor auch dem Führer gesagt hatte: Trotz der großen Anzahl abgeschossener britischer Jäger zeigte der Feind keine Anzeichen von verminderter Stärke oder von sinkender Kampfmoral. Im Gegenteil, die R.A.F. gab der Luftwaffe Schlag um Schlag zurück.

Nach diesem Tag, dessen verhängnisvoller Ausgang Göring so erschüttert hatte, fühlte Dowding sich endlich sicher, daß seine Jäger gewinnen würden. Denn die Luftwaffe änderte ihre Taktik, sie griffen nur noch in Verbänden von 30 Bombern mit einem Begleitschutz von 200 bis 300 Jägern an. Am 30. September kostete ein letzter Schlag gegen London sie weitere 47 Maschinen.

In der frischen Luft und Weiträumigkeit der Rominter Heide brütete Göring über Gallands Worte, und die krasse Wahrheit, die seinen Untergebenen bereits bekannt war, dämmerte auch ihm. Die Anstrengungen der Luftwaffe, die Luftherrschaft über England zu erringen, waren gescheitert. Zwar mochte er eine Änderung der Taktik anordnen und versprechen, daß »in vier oder fünf Tagen schwerer Verluste« die Jäger der R.A.F. erledigt sein würden. Aber es waren die Verluste der Luftwaffe, die doppelt so hoch geworden waren wie die der R.A.F., seit dem demütigenden Wendepunkt des 15. September. Wegen Verschlechterung der Lage wurden die Massenangriffe bei Tage eingestellt. Kesselring gab die Begründung: »Weil unsere Verluste zu hoch waren; weil wir nicht genug Jäger zur Begleitung der Bomber hatten«. »Onkel Theo« Osterkamp bestätigte: »Unsere Jäger waren praktisch vernichtet« – während er von Anbeginn darauf bestanden hatte, man dürfe bei der Verlustrate das Verhältnis von 1:5 zu Gunsten der Luftwaffe nicht überschreiten.

Sperrle hatte stets gewarnt, es gäbe mehr britische Jäger, als man annähme. Sein Chef der Operationsabteilung, Oberst Werner Kreipe, sagte: die Luftwaffe, zum Ausbluten gebracht, erlitte Verluste, die niemals im Verlauf des Krieges wieder gutgemacht werden könnten. Göring hatte noch eine letzte Karte auszuspielen. Da die Jäger den Schutz der Bomber nicht hatten gewährleisten können, sollten sie nun selbst bombardieren. Er befahl, daß jedes Jagdgeschwader zu einem Drittel zu Jagdbombern – Jabos – umgerüstet werde, von denen jede Maschine eine 250-kg-Bombe mitnähme. So übernahmen dann die Me 109, Jäger und Jabos, die Offensive. Dowding erkannte sofort, was es bedeutete: die Jabos konnten nichts weiter bewirken, als lästig zu sein.

Doch bei den Jägern der Luftwaffe war man niedergeschlagen. Galland selbst fühlte sich voller Wut zur Ohnmacht verdammt. Görings ständige Vorwürfe hatten unter den Jägern schon tiefe Verbitterung geschaffen und ihre Kampfmoral gedrückt. Nun hielten sie mit ihrer Kritik an dem Oberbefehlshaber der Luftwaffe nicht mehr zurück und dehnten sie auch auf das Oberkommando selbst aus. Nachdem die Bomber aus der Schlacht bei Tage zurückgenommen waren, wurde die Jagdwaffe, die bereits schmerzlich an Maschinenmangel litt, durch die undankbare Aufgabe zu bombardieren, weiter geschwächt.

Der scharfsinnige, alte Veteran, General Theo Osterkamp, kochte

vor Empörung über diesen »unsinnigen Befehl«. Als Jafü 2, Jagd-
führer der Luftflotte 2, wußte er besser als irgend jemand über die
Jagdwaffe Bescheid. Verzweifelt fragte er Jeschonnek nach dem
Grund zu dieser törichten Entscheidung. Der Stabschef der Luftwaffe konnte aber auch nichts dagegen tun; es war ein persönlicher
Befehl des Führers. »Wir haben zuverlässige Nachrichten«, sagte er,
»daß die Engländer völlig demoralisiert sind. Die nächste Bombe
kann schon die sein, die sie zusammenbrechen läßt.«

»Da wurde mir klar«, sagte »Onkel Theo«, »daß wir die Schlacht
um England schließlich verloren hatten.«

Dowding war mit sichtbarer Erleichterung zur selben Schlußfolgerung gekommen.

Schlußwort

Es ist immer interessant, wenn nicht sogar unerläßlich, beide Seiten eines Problems zu sehen. Als daher Robert Laffont mich bat, ein Buch über die Schlacht um England zu schreiben, verlor ich keine Zeit und fuhr nach Deutschland, um mit den Männern zu sprechen, die 1940 gegen uns gekämpft haben. Meine Recherchen setzte ich länger als zwei Jahre in Großbritannien und Frankreich fort. Überall fand ich wertvolle Unterstützung, und ich kann hier nur einen geringen Teil meines Dankes zum Ausdruck bringen, vor allem für die persönlichen Berichte, die so reich an menschlichem Interesse sind. Für irgendwelche Auslassungen, die mir unterlaufen sein könnten, bitte ich um Entschuldigung.

Robert Wright, der Biograph Lord Dowdings, war mir zum Teil bei meinen historischen Forschungen behilflich, indem er für mich, mit freundlicher Billigung unseres einstigen Oberkommandierenden, viele von dessen persönlichen Aufzeichnungen und Erinnerungen gesammelt hat. Wenn diese Tätigkeit Robert Wright dazu inspiriert hat, selbst ein Buch über Lord Dowding zu schreiben, so kann es mir eigentlich nur Freude machen, somit indirekt zum Verständnis der Geschichte beigetragen zu haben.

Dank gebührt auch der Freundlichkeit von Henry Erlich von der Zeitschrift *Look*, der ein hervorragend freimütiges Interview mit Lord Dowding hatte und der mir erlaubt hat, eine Abschrift einzusehen, die mich über vieles belehrt hat.

Luftmarschall Sir Keith Park, der in der Schlacht um England mein Gruppenkommandeur gewesen ist, gab mir auf alle meine Fragen herzliche und umfassende Antwort, und ich bin ihm sehr dankbar für die Informationen, die er mir gab, und ebenso Anne Meo und der BBC für die auf Band aufgenommenen Interviews.

Ganz besonderen Dank schulde ich Richard Collier, dem Autor von *Eagle Day*, der mir eine Menge Arbeit erspart hat, indem er mir erlaubte, seine eigenen Notizen und Dokumente einzusehen, einschließlich vieler Stücke aus der Karlsruhe-Sammlung, die von Nadia Radowitz übersetzt wurden. Mr. Collier hat mir freundlicherweise ebenfalls das private Tagebuch von Leutnant Eugene Tobin (Dank Herrn I. Quimby Tobin) zur Verfügung gestellt und

hat mir erlaubt, direkten Gebrauch von Augenzeugenberichten zu
machen, die er von Mr. J. J. Cotterell, Feuerwehrhilfsdienst Surrey
Docks; Unteroffizier Avis Hearn, WAAF, Radarstation Poling;
Konstabler Ernest Hooper, Catford, Süd-London; Staffelführer
Zdzislaw Krasnodebski von der 303. (polnischen) Staffel, Northolt;
Mr. Sid Sharvill und Inspektor Abraham »Jock« Thompson, General Postoffice, Tunbridge Wells, Biggin Hill zusammengestellt
hat. Dienstgrade und Titel sind jene, die sie damals trugen, mit
dem Zusatz des Ortes, von dem aus sie die Schlacht beobachteten.

Von Beginn meines Projektes an habe ich weitgehend von der
Freundschaft und Erfahrung von Mr. Louis Jackets, Direktor der
historischen Abteilung des Verteidigungsministeriums, profitiert.
Unschätzbar ist die Hilfe, die er mir bis zuletzt gewährte, da er
und seine Assistentin, Miss A. N. Marks, in kürzester Zeit das
Manuskript im Hinblick auf die offizielle Zustimmung durchlasen.
Ich bin dankbar für seine Erlaubnis, britische und deutsche Dokumente aus dem Besitz des Verteidigungsministeriums auswerten zu
können, und Mr. Gately für seine Hilfe, mich darin zurechtzu-
finden.

Ich bin dankbar erkenntlich für die Erlaubnis des Verteidigungsministeriums und des Archivars des Stationary Office Ihrer Majestät aus den Kriegsberichten, den Operationsprotokollen, den Instruktionen und anderer offiziellen Korrespondenz und aus Lord
Dowdings Telegramm zu zitieren, welches in der Beilage zu der
Londoner *Gazette* vom 10. September 1946 veröffentlicht wurde.

Mein Dank gebührt Pamela Colman für die Kontaktaufnahme mit
vielen meiner Kameraden, die in der Schlacht um England gekämpft
haben, und dafür, daß sie ihnen meinen Fragebogen zugestellt hat.
Ich werde nicht vergessen, wie bereitwillig sie geantwortet haben.
Ich grüße vor allem Oberst Tom Gleave und danke für die reichen
Informationen, die er mir verschafft hat; sie gehen weit über seine
persönlichen Erlebnisse hinaus, denn als Seniormitglied des Vor-
stands der Battle of Britain Association und durch seinen hohen
Posten in der Abteilung für die Geschichte des Flugwesens beim
Verteidigungsministeriums leitete er mich und stellte mir eine Fülle
offiziellen Materials zur Verfügung. Er erlaubte mir auch, Material
zu benützen, das er für sein eigenes Buch *I Had a Row with a
German* gesammelt hat.

Noch vielen anderen schulde ich wärmsten Dank dafür, daß sie mir ihre Erlebnisse mitgeteilt und sich sogar die Mühe gemacht haben, sie für mich aufzuschreiben: Lord Willoughby de Broke; den Generalmajoren Alan Deere, Ian MacDougall und John Thompson; den Obersten Douglas Bader, Denys Gillam, James McComb und Norman Ryder; den Oberstleutnants Mindon Blake, E. »Gus« Holden, Eric Douglas Jones, Robert Stanford Tuck und Innes Westmacott. Ich bin meinem Freund Michel Nastorg aufrichtig dankbar, für seine spannende Erzählung von Dünkirchen; Mrs. J. M. Robinson für die Erlaubnis, aus dem Tagebuch und den Briefen ihres verstorbenen Bruders Bill Millington zu zitieren; Gérard Ingold für die Erlaubnis, aus dem feinfühligen Buch zu zitieren, das er über seinen verstorbenen Bruder Charles geschrieben hat *(Un matin bien rempli)*; Leonard Mosley, der mir erlaubt hat, einige Stellen aus seinem Buch *On Borrowed Time* zu übernehmen; Alfred Price für die Erlaubnis, seine persönlichen Notizen zu verwerten und Auszüge aus seinem Buch *German Air Force Bombers* zu benutzen; Peter Breedon für die Satzungen des Saint Mellon's Golf Club von Major G. L. Edsell; Miss Wynne Lewis für die Erlaubnis, aus ihrem unveröffentlichten Manuskript *On the Invasion: Doorstep in Sussex* zu zitieren; Mr. Bill Barratt für die Erlaubnis, aus einem Brief seines verstorbenen Bruders Arthur Barratt zu zitieren; der Newcastle *Sunday Sun* und Mr. Roy Anderson für die Artikel aus der Serie *The Day of the Eagles*; Christopher R. Elliott für seinen Artikel über Dokumente der Luftwaffenziele, veröffentlicht in dem *East Anglian Magazine*; der BBC für die Sendung von Charles Gardner vom 14. Juli 1940; Christopher Doll, der mir gestattet hat, Auszüge aus dem gefilmten Interview zu benützen, das wir zusammen mit Generalfeldmarschall Milch hatten; Harry Saltzman, Benjamin Fisz und den Spitfire Productions, den Herstellern des Films *The Battle of Britain*, daß sie mir gestatteten, ihre chronologische Aufstellung zu benützen und mit den britischen und deutschen Flugzeugen, die im Film verwendet wurden, zu hantieren.

Um mich meinen deutschen Quellen zuzuwenden, so bin ich besonders dankbar Herrn Eduard Neumann, Generalsekretär des Deutschen Jagdfliegerverbandes, und Frau Neumann für ihre herzliche Gastfreundschaft und die endlose Mühe, die sie sich gemacht haben, um mich mit anderen deutschen Jagdfliegern und mit Herrn Hans Ring, dem beglaubigten Historiker der deutschen Jagdfliegerpiloten, in Verbindung zu setzen. Hans Ring saß viele Nachtstunden mit mir zusammen, als wir sein Buch *Die deutsche Jagdfliegerei im Zweiten Weltkrieg* und seine persönlichen Notizen konsultierten; er erzählte mir auch manche Anekdoten, die von Nutzen für mich waren. Als wäre das noch nicht genug, diente er mir außerdem als Dolmetscher bei den langen Gesprächen, die ich mit früheren Luftwaffenpiloten führte.

Der Rekord von all diesen Marathongesprächen waren sieben und eine halbe Stunde, die ich mich mit Hauptmann Otto Hintze unterhielt. Ich bin ihm sehr dankbar, mich in seinem Heim so freundlich willkommen geheißen zu haben, ebenso wie ich es auch vielen anderen bin, die mich ebenso freundlich empfingen und deren Berichte über die geheime Basis Lipezk, über die Lufthansa und über die Luftwaffe eines der Hauptthemen meines Buches bilden: Generalfeldmarschall Erhard Milch und sein Schwiegersohn, Oberst Joachim Schlichting; die Generäle Werner Junck, Carl August von Schoenebeck, Werner Streib, Hannes Trautloft, Dietrich Harback, Gebhard Greiling und – last not least – General Adolf Galland, Autor des ausgezeichneten Buches *Mein Leben als Jagdflieger*, dessen Freundschaft und Hilfe von großem Wert für mich waren.

Andere unter den Jagdfliegern, denen ich dankbar bin, sind Gallands »Flügelmann«, General Gustav Rödel, Major Werner Andres und Dr. Helmut Rau, die mir mit ihren Berichten und ihren Archiven zu Hilfe kamen; und ferner noch andere, die ich stundenlang befragte, während ich ihre liebenswürdige Gastfreundschaft genoß: die Obersten Claus von Below (einst Hitlers Adjutant) und Johannes Janke, Major Hans-Heinrich Brustellin, Hauptmann Paul Temme und Frau Josef Priller, Witwe des gefürchteten Majors »Pips« Priller, der die ganze Schlacht um England erlebt hat und mit seinem »Flügelmann« der einzige Pilot der Luftwaffe war, der die alliierten Armeen am 6. Juni 1944 bei der Landung in der Normandie angriff.

Unter den Bomberpiloten schulde ich aufrichtige Dankbarkeit Oberst Werner Borner und Herrn Karl Missy. Dank ihrer war ich in der Lage zu erzählen, wie wir uns in zwei Luftkämpfen trafen, die beinahe mit dem Tod von uns allen dreien geendet hätten.

Oberst Robert Kowalewski, Präsident des deutschen Verbandes der Kampfflieger, vermittelte mir die Verbindung zu einer Anzahl von Bomberpiloten. Dafür bin ich ihm dankbar, ebenso General Hannes Heise, Oberst Werner Kanther, Oberst Joachim Helbig und Oberst Hajo Hermann für ihre unschätzbare Hilfe beim Abfassen meines Berichtes. Ich hatte lange und fesselnde Gespräche mit Hauptmann Rudolf Braun, der 500 Stuka-Einsätze überlebte, und mit Oberst Joachim Pötter; durch die Bemühung und Hilfe von »Bob« Pötter vermochte ich nach achtundzwanzig Jahren Werner Borner zu treffen. Schließlich muß ich General Josef Kammhuber für die freimütige Diskussion danken, die wir in seinem Heim über den »Unfall« des Angriffs auf Freiburg hatten, in den seine Einheit, das KG. 51, verwickelt gewesen war. Generalmajor Frank Beaumont, der Göring und Udet seit dem Ersten Weltkrieg sehr gut gekannt hat und der Luftwaffenattaché in Prag, Wien und Budapest während der kritischen fünf Jahre vor dem Zweiten Weltkrieg gewesen war, gab mir einige unschätzbare Informationen über die Wiederaufrüstung der deutschen Luftstreitmacht. Auch Frau Emmy Göring bin ich dankbar für die Einladung zu dem Abend, den ich in ihrem Haus mit ihr verbrachte, und ihrer Tochter Edda, die uns als einfühlsame Dolmetscherin diente; beide sind in eine Tragödie verwickelt, die sie heute mit Mut und Würde ertragen.

Auf verschiedene Weise habe ich Hilfe, für die ich aufrichtig dankbar bin, erhalten von Generaloberst Kurt Student, Dr. Jürgen Rohmer, Leiter der Bibliothek für Zeitgeschichte; Herrn Noack und Herrn Ziggel vom Bundeswehrarchiv, und Dr. Arenz vom Militärgeschichtlichen Forschungsinstitut.

Die *Bild Zeitung*, Hamburg, leistete mir einen großen Dienst, indem sie mir behilflich war, Karl Missy wiederzufinden. Ebenso *Time-Life* in Godesberg, deren Direktor, Hermann Nickel, und Leny Heinen ich dankbar bin, weil sie mir eine prächtige Mitarbeiterin in Alexandra von Buckwald besorgt haben; ihre intelligente und mühevolle Suche in deutschen Publikationen und Dokumenten war mir von größtem Nutzen. Elizabeth Leslie half mir ebenfalls mit ihrer hervorragenden Kenntnis des Deutschen und ihrem geschärften Sinn für Details, indem sie mir bei den Interviews mit Luftwaffenpiloten beistand.

Unter den in der Bibliographie aufgeführten Werken waren die folgenden für mich von besonderem Nutzen: Andrew Boyles schöne Studie über den größten britischen Flieger, *Trenchard;* William Shirers monumentales Werk *The Rise and Fall of the third Reich;*

Alan Bullocks *Hitler, a Study in Tyranny*. Willi Frischauers *Göring;* Winston Churchills *The Second World War*, Band II; *Their Finest Hour;* Telford Taylors *The Breaking Wave;* Walter Ansels *Hitler Confronts England;* Ronald Wheatleys *Operation Sea Lion;* Paul Stehlins *Témoignage pour l'histoire;* Derek Woods und Derek Dempsters *The Narrow Margin;* Basil Colliers *The Defence of the United Kingdom;* James Beedles *43 Squadron, a History;* »Cajus Bekkers« *Luftwaffen-Kriegstagebücher (Angriffshöhe 4000);* Richard Colliers *Eagle Day;* Alan Deeres *Nine Lives;* Paul Brickhills *Reach for the Sky;* Larry Forresters *Fly for Your Life;* Hector Bolithos *Combat Report;* Adolf Gallands *Die Ersten und die Letzten;* Theo Osterkamps *Durch Höhen und Tiefen jagt ein Herz.*

Ein Glück war es, daß ich auf die geistige Unterstützung und die große Erfahrung einiger Freunde zu zählen vermochte. Robert Laffont, mein Verleger, sagte zu Anfang: »Das wird unser Buch werden«. Er hielt Wort. Michael Korda von Simon and Schuster machte nach der Lektüre des Originalmanuskriptes einige kluge Vorschläge, die es mir möglich machten, den Text beträchtlich zu verbessern. Viele hilfreiche Bemerkungen kamen auch von Georges Belmont, von den Editions Robert Laffont; ich bin beiden tief dankbar für ihre Ratschläge und ihre Ermutigung. Eine weitere Schuld habe ich Georges Belmont gegenüber, weil er zusammen mit Hortense Chabrier mein Englisch so lebendig und getreu ins Französische übertrug und sich um die endlosen Einzelheiten bei der Umwandlung meines Manuskriptes in ein Buch kümmerte. Die Zusammenarbeit mit ihm war stets eine Freude. Heide Herzog leistete mir einen unschätzbaren Dienst, indem sie viele Seiten deutscher Texte übersetzte, und ich bin ihr dankbar für die Eindrücke während der ersten R.A.F.-Angriffe auf Berlin. Françoise Claude lieh mir ebenfalls ihre Hilfe durch die Übersetzung von deutschen Dokumenten, und Olga Robertson hatte den Mut die 700 Manuskriptseiten zu schreiben.

Während der vielen Monate, die ich auf die Niederschrift verwandte, lebte meine Frau nur mit einem Schatten von Mann und stand mir bis zur letzten Zeile durch ihre liebevolle Geduld bei.

Anhang

I. Die taktischen Einheiten der Luftwaffe

Die Staffel war die taktische Grundeinheit der Luftwaffe. Sie bestand aus neun, manchmal zehn Flugzeugen des gleichen Grundtyps. Sie entsprach in der R.A.F. einer *squadron* (12 Flugzeuge); geführt von dem Staffelkapitän.

Die Gruppe bestand aus drei Staffeln des gleichen Flugzeugtyps. In der R.A.F. entsprach sie einer *wing*; geführt vom Gruppenkommandeur.

Das Geschwader bestand aus drei oder mehr Gruppen des gleichen Flugzeugtyps. In der R.A.F.: *group*; sie wurde von dem Geschwaderkommodore geleitet.

Das Fliegerkorps bestand aus drei bis sechs Geschwadern von verschiedenen Flugzeugtypen. Es war also eine gemischte Einheit. In der R.A.F. gab es nichts Entsprechendes. Es umfaßte 250 bis 500 Flugzeuge.

Die Luftflotte bestand aus zwei oder mehr Fliegerkorps nebst den zugehörigen Bodeneinheiten. Sie war die größte taktische Einheit der Luftwaffe; ihre Stärke hing von den jeweiligen Erfordernissen der Lage ab.

II. Gegenüberstellung der britischen und deutschen Flug-
zeuge, die in der Schlacht um England eingesetzt waren.

Defiant

Eindecker, Zweisitzer. 1 Motor Rolls-Royce Merlin von 1030 PS. Ausmaße: 13 m Spannweite; 11,70 m Länge; 4 m Höhe. Leergewicht: 3,1 t; beladen 3,55 t. Bewaffnung: 4 MG Browning im Drehturm, Feuerkraft nach rückwärts. Höchstgeschwindigkeit: 480 Stundenkilometer. Anfängliches Steigvermögen: 680 m in der Minute. Aktionsradius: 950 km. Hergestellt von Boulton Paul Aircraft.

Blenheim

Eindecker, Zweisitzer. 2 Mercury-Motoren von
840 PS. Ausmaße: 18,50 m Spannweite; 13,20 m
Länge; 3,30 m Höhe. Leergewicht: 4 t; beladen
6,2 t. Bewaffnung: 5 MG nach vorn, 1 MG nach
hinten (später 2). Höchstgeschwindigkeit: 420 km.
Anfängliches Steigvermögen: 500 m in der Minute. Aktionsradius: 1700 km. Hergestellt von
Bristol Aeroplane.

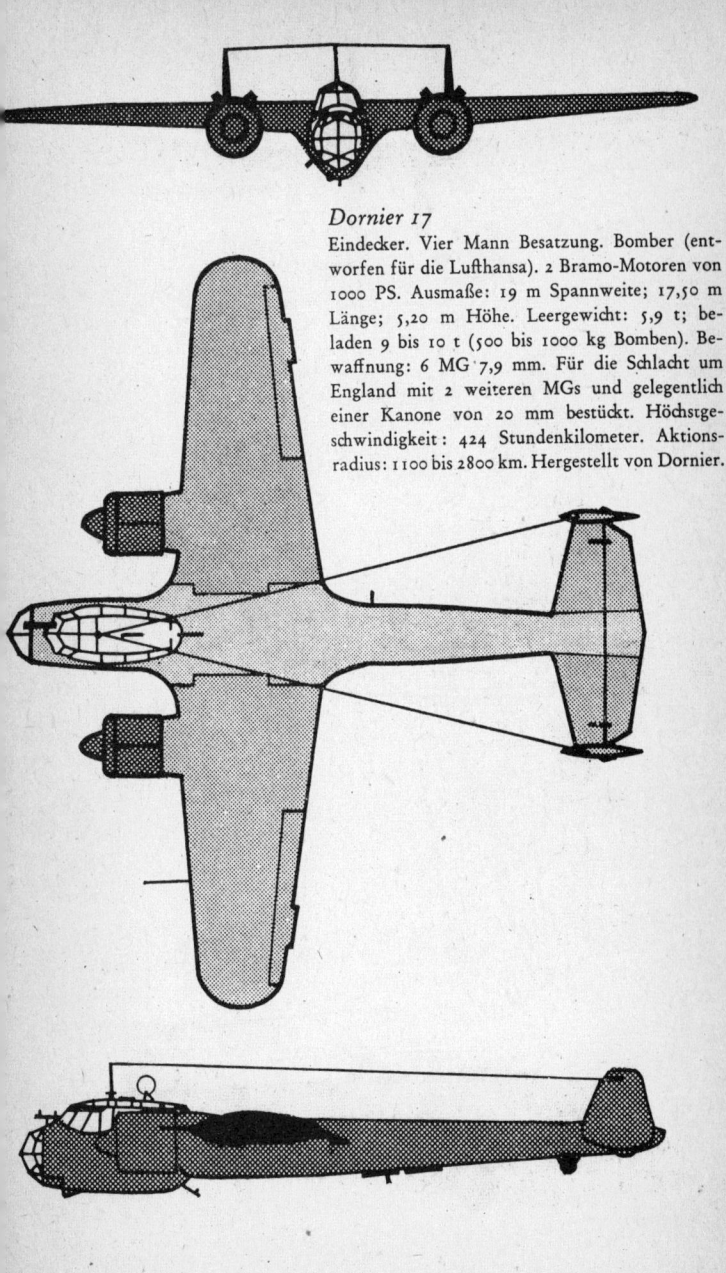

Dornier 17

Eindecker. Vier Mann Besatzung. Bomber (entworfen für die Lufthansa). 2 Bramo-Motoren von 1000 PS. Ausmaße: 19 m Spannweite; 17,50 m Länge; 5,20 m Höhe. Leergewicht: 5,9 t; beladen 9 bis 10 t (500 bis 1000 kg Bomben). Bewaffnung: 6 MG 7,9 mm. Für die Schlacht um England mit 2 weiteren MGs und gelegentlich einer Kanone von 20 mm bestückt. Höchstgeschwindigkeit: 424 Stundenkilometer. Aktionsradius: 1100 bis 2800 km. Hergestellt von Dornier.

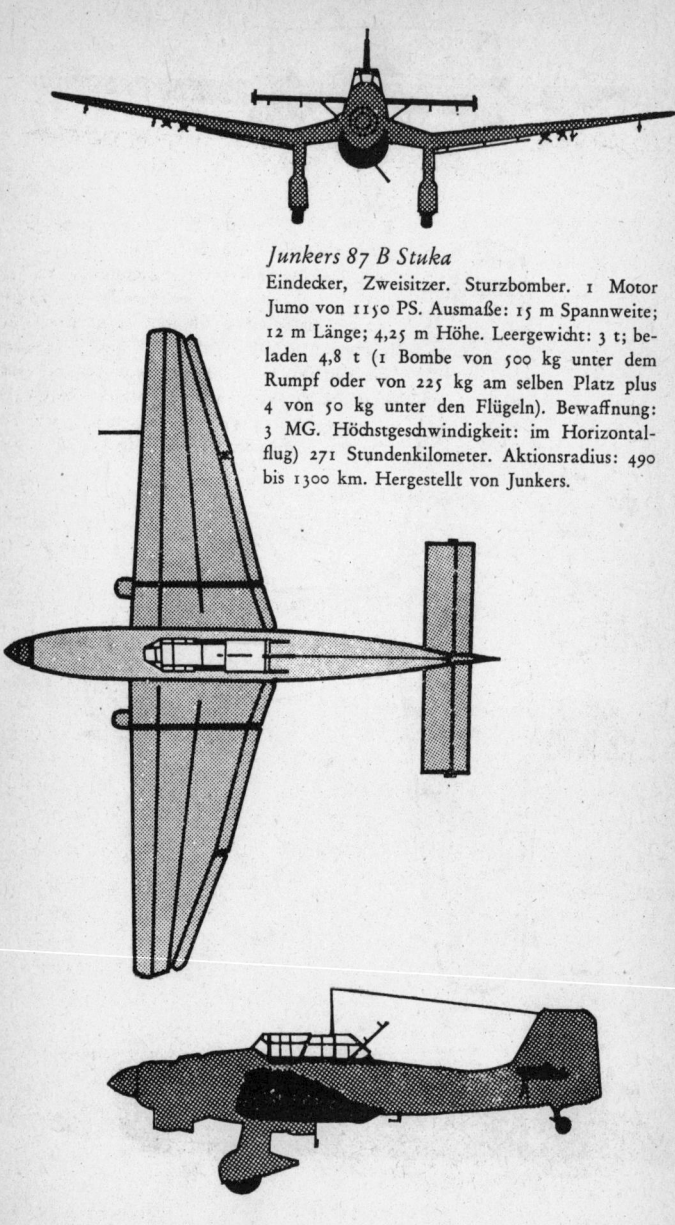

Junkers 87 B Stuka

Eindecker, Zweisitzer. Sturzbomber. 1 Motor Jumo von 1150 PS. Ausmaße: 15 m Spannweite; 12 m Länge; 4,25 m Höhe. Leergewicht: 3 t; beladen 4,8 t (1 Bombe von 500 kg unter dem Rumpf oder von 225 kg am selben Platz plus 4 von 50 kg unter den Flügeln). Bewaffnung: 3 MG. Höchstgeschwindigkeit: im Horizontalflug) 271 Stundenkilometer. Aktionsradius: 490 bis 1300 km. Hergestellt von Junkers.

Hurricane

Eindecker, Einsitzer. 1 Motor Rolls-Royce Merlin von 1030 PS. Ausmaße: 13,70 m Spannweite; 10,35 m Länge; 4,95 m Höhe. Leergewicht: 2,3 t; beladen 3,2 t. Bewaffnung: 8 MG Browning 303 mm. Höchstgeschwindigkeit: 515 bis 530 Stundenkilometer. Anfängliches Steigvermögen: 800 m in der Minute. Aktionsradius: 900 bis 1000 km. Hergestellt von Hawker.

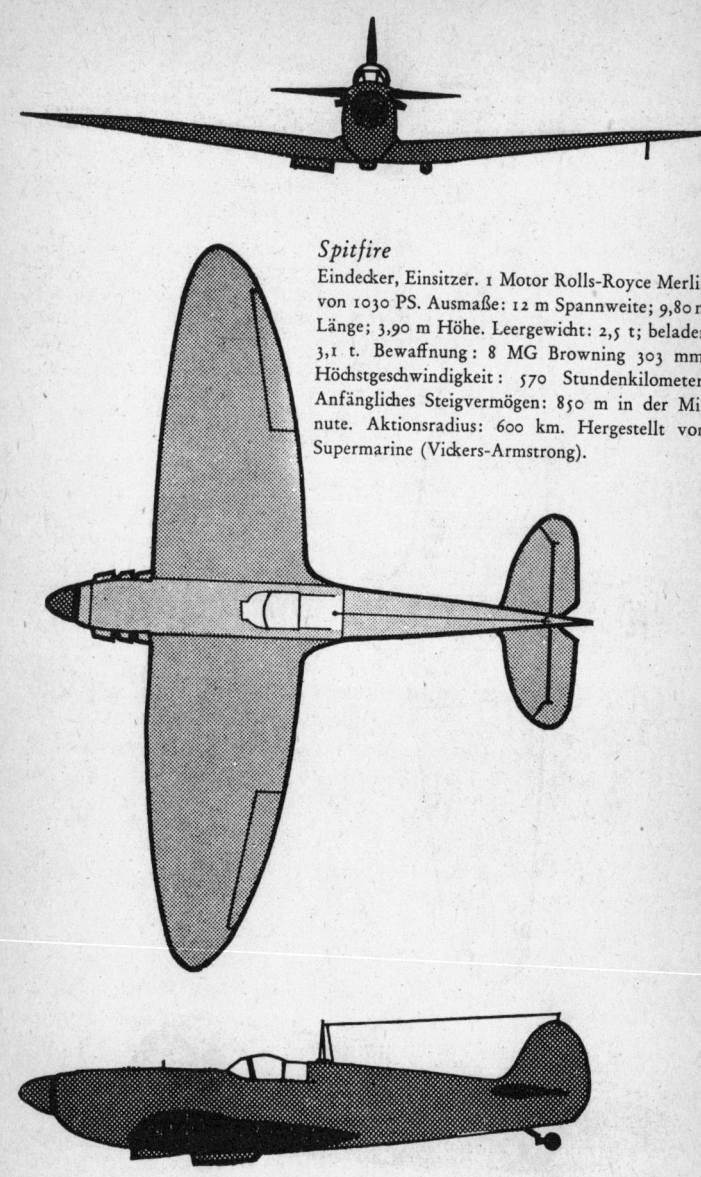

Spitfire

Eindecker, Einsitzer. 1 Motor Rolls-Royce Merlin
von 1030 PS. Ausmaße: 12 m Spannweite; 9,80 m
Länge; 3,90 m Höhe. Leergewicht: 2,5 t; beladen
3,1 t. Bewaffnung: 8 MG Browning 303 mm.
Höchstgeschwindigkeit: 570 Stundenkilometer.
Anfängliches Steigvermögen: 850 m in der Mi-
nute. Aktionsradius: 600 km. Hergestellt von
Supermarine (Vickers-Armstrong).

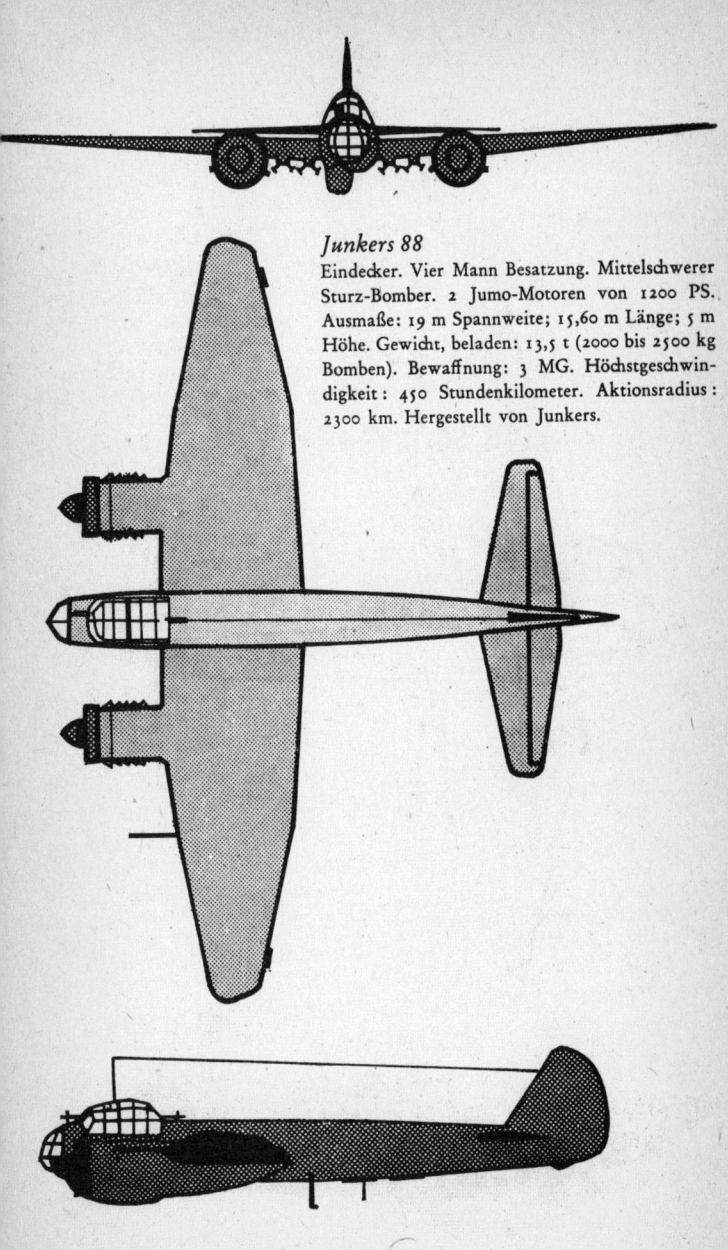

Junkers 88

Eindecker. Vier Mann Besatzung. Mittelschwerer
Sturz-Bomber. 2 Jumo-Motoren von 1200 PS.
Ausmaße: 19 m Spannweite; 15,60 m Länge; 5 m
Höhe. Gewicht, beladen: 13,5 t (2000 bis 2500 kg
Bomben). Bewaffnung: 3 MG. Höchstgeschwin-
digkeit: 450 Stundenkilometer. Aktionsradius:
2300 km. Hergestellt von Junkers.

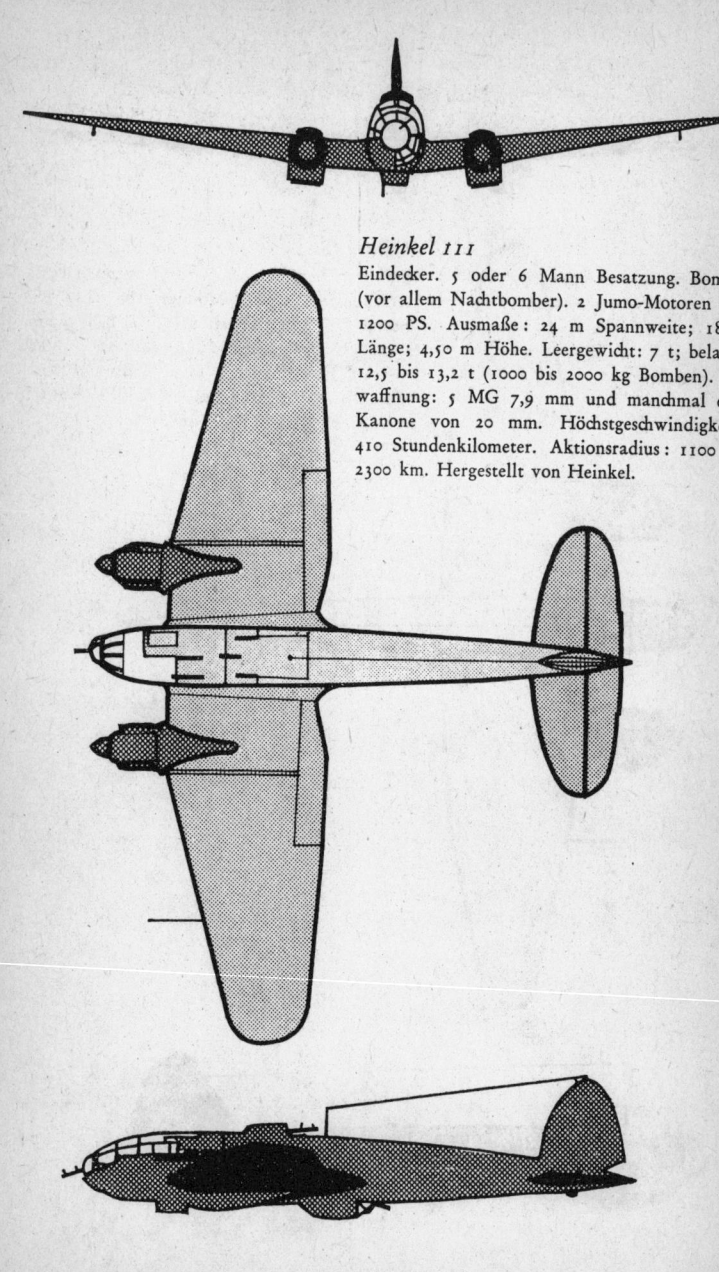

Heinkel 111

Eindecker. 5 oder 6 Mann Besatzung. Bombe
(vor allem Nachtbomber). 2 Jumo-Motoren vo▸
1200 PS. Ausmaße: 24 m Spannweite; 18 n
Länge; 4,50 m Höhe. Leergewicht: 7 t; beladen
12,5 bis 13,2 t (1000 bis 2000 kg Bomben). Bewaffnung: 5 MG 7,9 mm und manchmal eine
Kanone von 20 mm. Höchstgeschwindigkeit
410 Stundenkilometer. Aktionsradius: 1100 bi▸
2300 km. Hergestellt von Heinkel.

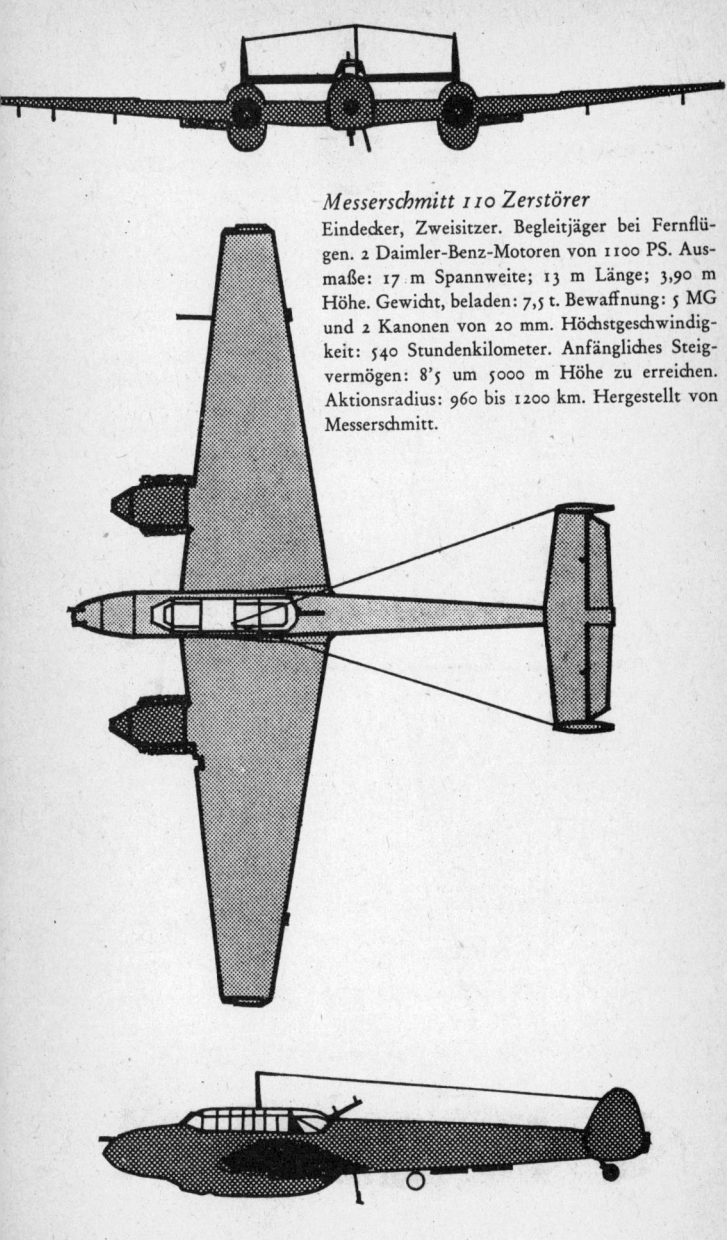

Messerschmitt 110 Zerstörer

Eindecker, Zweisitzer. Begleitjäger bei Fernflügen. 2 Daimler-Benz-Motoren von 1100 PS. Ausmaße: 17 m Spannweite; 13 m Länge; 3,90 m
Höhe. Gewicht, beladen: 7,5 t. Bewaffnung: 5 MG
und 2 Kanonen von 20 mm. Höchstgeschwindigkeit: 540 Stundenkilometer. Anfängliches Steigvermögen: 8'5 um 5000 m Höhe zu erreichen.
Aktionsradius: 960 bis 1200 km. Hergestellt von
Messerschmitt.

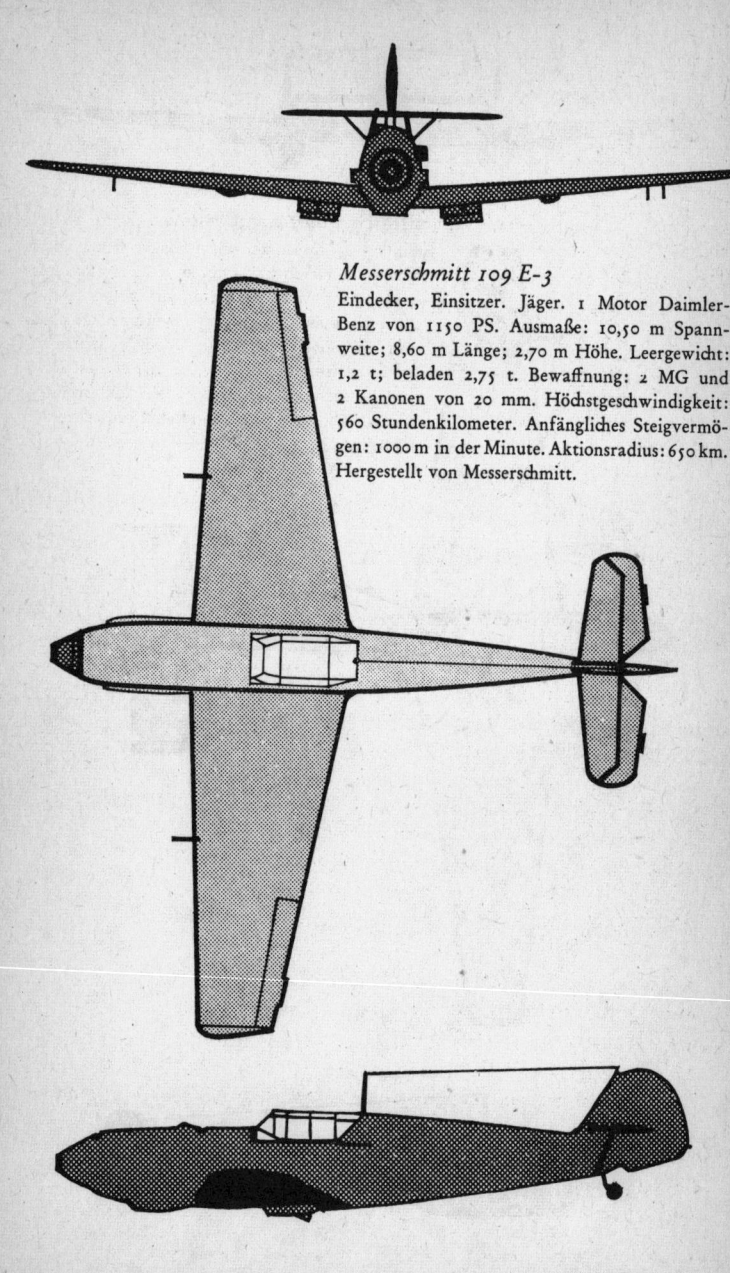

Messerschmitt 109 E-3

Eindecker, Einsitzer. Jäger. 1 Motor Daimler-
Benz von 1150 PS. Ausmaße: 10,50 m Spannweite; 8,60 m Länge; 2,70 m Höhe. Leergewicht:
1,2 t; beladen 2,75 t. Bewaffnung: 2 MG und
2 Kanonen von 20 mm. Höchstgeschwindigkeit:
560 Stundenkilometer. Anfängliches Steigvermögen: 1000 m in der Minute. Aktionsradius: 650 km.
Hergestellt von Messerschmitt.

III. Bibliographie

Manuskript-Quellen

Die folgenden aus der Karlsruhe-Sammlung, übertragen von Nadia Radowitz, wurden mir freundlich von Richard Collier zur Verfügung gestellt:

Deichmann, Paul, General *Aktionen des Fliegerkorps II in der Schlacht um England*
Fliegerkorps I, Luftwaffe *Operative Befehle für Angriffe auf »Sea of Light« und »Loge«*
Gefechtskalender, Luftflotten 2 und 3, 1. August bis 15. September 1940
Deutsche Angriffe auf R.A.F.-Bodenziele, 13. August bis 6. September 1940
Göring, Hermann, Reichsmarschall *Konferenzbeschlüsse vom 21. Juli und 1., 3., 15. und 19. August 1940*
Grabmann, Walter, General *Die Rolle der Jäger in der Schlacht um England*
Greiner, Helmuth *Die Schlacht um England, 4. September bis 7. September 1940*
Massen-Tagesangriffe auf London
Milch, Erhard, Generalfeldmarschall *Bericht des Generalinspekteurs der Luftwaffe, 25. August 1940*
Osterkamp, Theo, General *Erfahrungen als Jagdfliegerführer 2 am Kanal*
Richthofen, Wolfram von, General *Privates Tagebuch*
Seidmann, Hans, General *Aktionen des Fliegerkorps VIII am Kanal*
Einige Gründe für die Umstellung auf Nachtbombardierung
Der Kampf um die Luftherrschaft während Phase I der Schlacht um England

Allgemeine Werke

Amsler, Jean *Hitler*, Paris 1960
Ansel, Walter *Hitler Confronts England*, Durham 1960
Bähr, Hans-Walter, Hrsg. *Die Stimme des Menschen*, München 1966
Bailey, J. R. *Eskimo Nel*, Kapstadt 1964
The Battle of Britain, Flugschrift des Luftfahrtministeriums 156, August 1943
Beedle, James *43 Squadron, a History*, London 1966
Bekker, Cajus *Angriffshöhe 4000, Ein Kriegstagebuch der deutschen Luftwaffe*, Oldenburg 1964

Bickers, Richard T. *Ginger Lacey, Fighter Pilot*, London 1962
Bishop, Edward *The Battle of Britain*, London 1960
Blood-Ryan, H. W. H. W. *Göring, The Iron Man of Germany*, London 1939
Bolitho, Hector *Combat Report*, London 1943
Boyle, Andrew *Trenchard*, London 1954
Brickhill, Paul *Reach for the Sky*, London 1954
Bross, Werner *Gespräche mit Hermann Göring*, Flensburg/Hamburg 1950
Buchheit, Gert *Hitler der Feldherr*, Rastatt 1958
Bullock, Alan *Hitler. Eine Studie über Tyrannei*, Düsseldorf 1953
Burckhardt, Carl J. *Meine Danziger Mission, 1937—1939*, München 1960
Carne, Daphne *The Eyes of the Few*, London 1960
Castex, Louis *De Clement Ader à Gagarine*, Paris 1967
Chalmers, Rear Admiral W. S. *The Life and Letters of David, Earl Beatty*, London 1951
Churchill, Winston S. *Der Zweite Weltkrieg*, München 1949—1954
Ciano, Galeazzo, Graf *Tagebücher 1939—1943*, Bern 1946
Collier, Basil *Brasshat – A Biography of Field Marshall Sir Henry Wilson*, London 1961
Collier, Basil *The Defence of the United Kingdom*, London 1957
Collier, Richard *Adlertag*, Hamburg 1967
Deere, Alan *Nine Lives*, London 1959
Dietrich, Otto *Zwölf Jahre mit Hitler*, München 1955
Douglas, Sholto *Combat and Command*, New York 1966
Douhet, Giulio, General *Luftherrschaft*, Berlin 1935
Farrer, David *The Sky's the Limit*, London 1943
Feuchter, Georg *Der Luftkrieg*, Frankfurt 1954
Forrester, Larry *Fly for Your Life*, London 1966
Fraenkel, Heinrich/Manvell, Roger *Hermann Göring*, Hamburg 1964
François-Poncet, André *Als Botschafter in Berlin 1931–1938*, Mainz 1947
Freidin, Seymour/Richardson, William, Hrsg. *The Fatal Decisions*, Part. I., The Battle of Britain, New York 1956
Freund, Gerald *Unholy Alliance*, New York 1957
Freund, Michael *Geschichte des Zweiten Weltkriegs*, Bd. I, II und III, Weltgeschichte der Gegenwart in Dokumenten. Freiburg 1953, 1955, 1956
Friedländer, Saul *Auftakt zum Untergang*, Stuttgart 1965
Frischauer, Willi *Göring. The Rise and Fall of Hermann Göring*, Boston 1951
Galland, Adolf *Die Ersten und die Letzten. Die Jagdflieger im Zweiten Weltkrieg*, Darmstadt 1953
Gallico, Paul *The Hurricane Story*, London 1954

Gisevius, Hans Bernd *Adolf Hitler*, München 1961

Gisevius, Hans Bernd *Bis zum bitteren Ende*, Berlin 1964

Gleave, Thomas *I had a Row with a German*, London 1941

Görlitz, Walter *Keitel, Verbrecher oder Offizier?*, Göttingen 1961

Görlitz, Walter *Der Zweite Weltkrieg*, Stuttgart 1951

Grey, C. G. *History of the Air Ministry*, London 1940

Gritzbach, Erich *Hermann Göring, Werk und Mensch*, München 1938

Groves, P. R. C. *Behind the Smoke Screen*, London 1934

Gruchmann, Lothar *Der Zweite Weltkrieg*, München 1967

Hagemeyer, Hans, Hrsg. *Gestalt und Wandel des Reiches*, Berlin 1944

Halder, Franz *Kriegstagebuch*, Stuttgart 1963

Hassell, Ulrich von *Vom anderen Deutschland*, Zürich/Freiburg 1946

Herzfeld, Hans *Geschichte in Gestalten*, Frankfurt 1963

Hillary, Richard *The Last Enemy. Falling through Space*, London 1961

Hillgruber, Andreas/Hümmelchen, Gerhard *Chronik des Zweiten Weltkrieges*, Frankfurt 1966

Hitler, Adolf *Mein Kampf*, München 1933

Hoare, Samuel *Empire of the Air*, London 1957

Hofer, Walter *Der Nationalsozialismus, Dokumente 1933–1945*, Frankfurt 1962

Ingold, Gérard *Un matin bien rempli*, Limoges 1969

Ismay, General Lord *Memoirs*, London 1960

Jacobsen, Hans-Adolf *Der Zweite Weltkrieg*, Frankfurt 1965

James, Robert Rhodes, Hrsg. *Chips, the Diaries of Sir Henry Channon*, London 1967

Jullian, Marcel *La Bataille d'Angleterre*, Paris 1965

Kesselring, Albert *Soldat bis zum letzten Tag*, Bonn 1953

Kessler, Harry, Graf *Aus den Tagebüchern 1918–1937*, München 1963

Killen, John *The Luftwaffe, a History*, London 1967

Klee, Karl *Das Unternehmen Seelöwe*, Göttingen 1949

Klöss, Erhard *Reden des Führers*, München 1967

Klose, Werner *Hitler*, Tübingen 1961

Lange, Eitel *Der Reichsmarschall im Kriege*, Stuttgart 1950

Lloyd, F. H. M. *Hurricane, the Story of a Great Fighter*, London 1945

Martel, J. *Clemenceau*, London 1930

Meier-Welcker, Hans *Seeckt*, Frankfurt 1967

Middleton, Drew *The Sky Suspended*, New York 1960

Mourin, Maxime *Les Tentatives de Paix*, Paris 1949

Müller, Franz *Kein Ort zu bleiben*, Zürich 1954

Nowarra, Heinz J. *The Fokke-Wulf 190, a Famous German Fighter*, Letchworth 1965

Nowarra, Heinz J.   *The Messerschmitt 109, a Famous German Figther*,
Letchworth 1963

Osterkamp, Theo   *Durch Höhen und Tiefen jagt ein Herz*,
Heidelberg 1952

Picker, Henry   *Hitlers Tischgespräche im Führerhauptquartier 1941-1942*,
Bonn 1951

Ploetz, A.G.   *Geschichte des Zweiten Weltkrieges*, Würzburg 1960

Price, Alfred   *German Air Force Bombers*, Chalfont St. Giles 1968

Price, Alfred   *Instruments of Darkness*, London 1967

Priller, Josef   *Geschichte eines Jagdgeschwaders – Das JG. 26
1937 bis 1945*, Heidelberg 1962

Raeder, Erich   *Mein Leben*, Tübingen 1957

Richard, Denis   *The Royal Air Force*, London 1953

Rieckhoff, H. J.   *Trumpf oder Bluff?*, Zürich/New York 1945

Robertson, B.   *Spitfire, the Story of a Famous Fighter*, Letchworth 1960

Roskill, Stephen   *Naval Policy Between the Wars*, London 1968

Saundby, Air Chief Marshall Sir Robert   *Air Bombardement*,
New York 1961

Schmidt, Paul   *Statist auf diplomatischer Bühne, 1923–1945*, Bonn 1949

Schramm, Percy Ernst   *Hitler als militärischer Führer*, Frankfurt 1962

Schramm, Percy Ernst, Hrsg.   *Kriegstagebuch des OKW*, Frankfurt 1965

Schramm, Wilhelm von   *Aufstand der Generale*, München 1964

Seeckt, Hans von   *Gedanken eines Soldaten*, London 1930

Seraphim, Hans-Günther, Hrsg.   *Das politsche Tagebuch Alfred Rosen-
bergs*, München 1964

Shirer, William L.   *Berlin Diary*, New York 1941

Shirer, William L.   *Aufstieg und Fall des Dritten Reiches*,
Köln/Berlin 1961

Simpson, William   *I Burned My Fingers*, London 1955

Slessor, Marshall of the R.A.F. Sir John   *The Central Blue*, London 1956

Slessor, Marshall of the R.A.F. Sir John   *The Great Deterrent*,
London 1957

Spetzler, Eberhard   *Luftkrieg und Menschlichkeit*, Göttingen 1957

Stehlin, Paul   *Témoignage pour l'histoire*, Paris 1964

Taylor, J.W.R. / Allward, M.F.   *Spitfire*, London 1946

Taylor, Telford   *The Breaking Wave*, New York 1967

Tippelskirch, Kurt von   *Geschichte des Zweiten Weltkriegs*, Bonn 1951

Tobin, Eugene / Low, Robert   *Yankee Eagle over London*,
Liberty Magazine, März–April 1941

Trévor-Roper, H.R.   *Hitler's Table Talk*, London 1953

Trévor-Roper, H.R.   *Hitler's War Directives*, London 1964

Vernehmung des Reichsmarschall Göring durch die Sowjets am 17.6.1945,
Wehrwissenschaftliche Rundschau, Bd. XVII., Frankfurt 1967
Viker, Karl Heinz *Die Deutsche Luftwaffe 1933–1939*, Stuttgart 1967
Warlimont, Walter *Im Hauptquartier der deutschen Wehrmacht
1939–1945*, Frankfurt 1964
Watson-Watt, Sir Robert *Three Steps of Victory*, London 1958
Wheatley, Ronald *Operation Seelöwe*, Minden 1958
Wheeler-Bennett, John W. *Die Nemesis der Macht: Die deutsche Armee
in der Politik 1918–1945*, Düsseldorf 1954
Wood, Derek / Dempster, Derek *The Narrow Margin*, London 1961
Wright, Robert *Dowding and the Battle of Britain*, London 1969
Zentner, Kurt *Illustrierte Geschichte des Dritten Reiches*, München 1965

Zeitschriften

The Aeoroplane
The City of London Squadron Magazine, Sommer 1961
East Anglian Magazine
Flight
The Newcastle Sunday Sun
The Times (London)
The Whitby Gazette

P.S. Unter den Illustrationen zu diesem Buch von Peter Townsend
finden sich einige von ganz außerordentlicher Authentizität. Ich
verdanke sie dem überaus herzlichen Entgegenkommen einiger
Deutscher (Adolf Galland, Joachim Pötter, Werner Junck, Werner
Borner, Karl Missy und A. Fritsch), die sie ihren persönlichen
Fotoalben entnahmen, um sie mir zur Verfügung zu stellen. Ein
weiterer Dank, den ich ihnen schulde.

Inhalt